柬埔寨的政治經濟變遷 1953-2018

蕭文軒　顧長永　林文斌

——著——

吳哥王朝是柬甫寨人民的驕傲，但是古廟曾被熱帶雨林覆蓋，如今已老舊不堪。

吳哥王朝雖有過去驕傲的歷史，但是現在當地的基層人民仍相當辛苦。

法國人曾統治柬甫寨近百年，在金邊市中心隨處可見法式建築，大多已老舊。

赤柬曾短暫統治，留下恐怖悲慘的歷史，吐斯廉屠殺博物館呈現大屠殺實況。

洪森統治柬甫寨多年，柬甫寨人民黨是他的政治機器，右圖是中央黨部。

左圖是人民黨的村級黨部，右圖是洪森在2018年7月大選的競選照片。

佛教是柬甫寨的主要宗教，設有宗教部及佛教大學，負責管理佛教事務。

柬甫寨隨處可見佛教僧侶向人民祈福。

開放後的金邊已大不相同，高級大樓應運而生，左圖的鑽石雙星是台北兆基集團投資開發。

越南曾入侵柬甫寨，但兩國已恢復友好，這是柬越友誼紀念碑，越南觀光客很多。

自2015年起，中國投資大量進入西哈努克市（簡稱西港），西港已經成為海外的澳門，這是在西港的兩家中資飯店，右邊那家賭場2018年2月剛開幕。

中國投資大量進入柬甫寨後，金邊機場前的四號公路兩旁，到處可見中國投資廠商。

改革開放後，豪宅如雨後春筍般地興建，與豪宅前的小攤販形成強烈對比，顯示貧富差距擴大。

改革開放後，金邊的基礎建設有大幅改進，湄公河的對面已有五星級大飯店。

改革開放後外來投資增加，台灣設置的銀行特多，左圖是國泰世華銀行，右圖是合作金庫。

瑞華學校是金邊最悠久的華校，由潮州公會設立，顯示華校與華社的密切關係。早期移民華人大都經營事業有成，擁有雄厚的政商關係。

這是金邊的兩間華人教會，兼辦中文學校，頗有規模。

改革開放後，金邊基層人民的生活仍然辛苦，貧富差距懸殊。

這是金邊市區最普遍的交通工具及路邊的攤販，每天賺取餬口的工資。

洞里薩湖的水上人家（左）及水上教堂（右），顯示基層人民的辛苦。

柬、泰邊境的柏威夏寺入口，兩國為此爭吵不休。

縮寫對照

原文	本書中譯
Armee Nationale Sihanoukiste, ANS	施亞努民族部隊
Association Generale des Khmers à l'Étranger, AGKE	海外柬埔寨人協會
Caisse Nationale d'Equipment, CNE	國家發展銀行
Cambodia National Rescue Movement, CNRM	柬埔寨救國運動
Cambodia National Rescue Party, CNRP	柬埔寨救國黨
Cambodian Investment Board, CIB	柬埔寨投資局
Cambodian People's National Libration Armed Forces, CPNLAF	柬埔寨人民民族解放軍
Cambodian People's Party, CPP	柬埔寨人民黨
Cambodian Rehabilitation and Development Board, CRDB	柬埔寨復原和發展局
Coalition Government of Democratic Kampuchea, CGDK	民主柬埔寨聯合政府
Committee for Free and Fair Elections in Cambodia, COMFREL	柬埔寨自由公正選舉委員會
Council for Mutual Economic Assistance, CMEA	經濟互助委員會
Council for the Development of Cambodia, CDC	柬埔寨發展理事會
Democratic and Patriotic Front for National Unity, DPFNU	國家團結民主和愛國陣線
Forces Armees Nationales Khmeres, FANK	柬埔寨武裝部隊
Foreign Operation Administration, FOA	援外事務管理署
Front uni national du Kampuchéa, FUNK	柬埔寨民族統一陣線
Gouvernement royal d'union nationale du Kampuchéa, GRUNK	柬埔寨王國民族團結政府

Implementing the National Programme to Rehabilitate and Develop Cambodia, INPRD	東埔寨復原與發展國家計畫之執行
Indochinese Foreign Ministers Conference, IFMC	印支外長會議
Informal Meeting on Cambodia, IMC	東埔寨問題的非正式會議
International Commission for Supervision and Control, ICSC	國際監督與控制委員會
International Committee on the Reconstruction of Cambodia, ICORC	東埔寨重建國際委員會
International Conference on Kampuchea, ICK	東埔寨問題國際會議
International Control Commission, ICC	國際監督委員會
International Peace Keeping Force, IPKF	國際維和部隊
Jakarta Informal Meeting, JIM	雅加達非正式會議
Jeunesse Socialiste Royale khmère, JSRK	皇家吉蔑社會主義青年
Kampuchean People's National Liberation Armed Forces, KPNLAF	東埔寨人民全國解放武裝
Kampuchean People's National Liberation Front, KPNLF	東埔寨人民全國解放陣線
Kampuchean People's Revolutionary Council, PRCK	東埔寨人民革命委員會
Kampuchean United Front for National Salvation, FUNSK	東埔寨救國民族團結陣線
Khmer People's Revolutionary Party, KPRP	高棉人民革命黨
Liberal Democratic Party, LDP	自由民主黨
Military Assistance Advisory Group, MAAG	軍事援助顧問團
Military Assistance Program for Cambodia, MAPC	東埔寨軍事援助項目
Military Equipment Delivery Team Cambodia, MEDTC	東埔寨軍事設備運輸大隊
Ministerial Conference on Rehabilitation and Reconstruction of Cambodia, MCRRC	東埔寨復原與重建部長會議

Mission française d'Aide Économique et Technique, M.F.A.E.T.	法國經濟與技術援助任務
Molinaka and Naktaorsou Khmere for Freedom, MOLINAKA	莫利納卡黨
National Army of Democratic Cambodia, NADK	民主柬埔寨民族解放軍
National Government of Cambodia, NGC	柬埔寨民族政府
National Strategic Development Plan, NSDP	國家發展戰略計畫
National United Front for an Independent, Peaceful, Neutral, and Cooperative Cambodia, FUNCINPEC	爭取柬埔寨獨立、和平、中立和互助之民族聯合陣線，簡稱奉辛比克陣線
Office Royale de Coopération, OROC	皇家合作社
Paris International Conference on Cambodia, PICC	巴黎柬埔寨問題國際會議
People's Republic of Kampuchea, PRK	柬埔寨人民共和國
Permanent Members of the United Nations Security Council, Perm Five	五個常任理事國
Provisional National Government of Cambodia, PNGC	柬埔寨臨時民族政府
Rectangular Strategy, RS	四角戰略
Royal Government of Cambodia, RGC	柬埔寨皇家政府
Sam Rainsy Party, SRP	山蘭西黨
Sangkum Reastre Niyum, SRN	人民社會同盟
Second Socio-economic Development Plan 2001-2005, SEDP-II	第二個社會經濟發展計畫
Societe nationale d'exportation et d'importation, SONEXIM	國營進出口公司
Société Nationale de Distribution de Produits Importés, SONAPRIM	國營進口分配公司
Southeast Asia Treaty Organization, SEATO	東南亞安全公約組織
Special Representative of the Secretary-General, SRSG	聯合國秘書長特別代表

Supreme National Council, SNC	全國最高委員會
the Buddhist Liberal Democratic Party, BLDP	佛教自由民主黨
the Cambodia Democratic Movement of National Rescue, CDMNR	東埔寨民族拯救民主運動
the first Socioeconomic Development Plan, SEDP	第一個社會經濟發展計畫
The National Programme to Rehabilitate and Develop Cambodia, NPRD	東埔寨復原與發展國家計畫
the Nationalist Party, NP	國家黨
The Paris Peace Accords, PPA	巴黎和平協定
Union of Cambodian Democrats, UCD	東埔寨民主聯盟
United Nations Advance Mission in Cambodia, UNAMIC	聯合國駐東先遣團
United Nations Transitional Authority in Cambodia, UNTAC	東埔寨過渡時期權力機構
Workers Party of Kampuchea, WPK	東埔寨勞動黨

柬埔寨地名翻譯對照

原文	本書中譯	原文	本書中譯
Phnom Penh	金邊	Oddar Meanchey	奧多棉吉
Banteay Meanchey	班迭棉吉	Pailin	拜林
Battambang	馬德望	Preah Sihanouk	施亞努省
Kampong Cham	磅湛	Preah Vihear	柏威夏
Kampong Chhnang	磅清揚	Pursat	菩薩
Kampong Speu	磅士卑	Prey Veng	波蘿勉
Kampong Thom	磅同	Ratanakiri	臘塔納基里
Kampot	貢布	Siem Reap	暹粒
Kandal	干丹	Sisophon	詩梳風
Koh Kong	戈公	Stung Treng	上丁
Kep	白馬	Svay Rieng	柴楨
Kratié	桔井	Takéo	茶膠
Mondulkiri	蒙多基里	Tboung Khmum	特本克蒙

目次

表目次

圖目次

第一章

緒論

第一節　前言

> 這就是今日的柬埔寨：有上千交錯的枝節，千種故事交織
> 在一起，歷史的千種潮流以不同的方向流動。要理解柬埔寨
> 的現在，就必須回顧柬埔寨的過去。[1]
>
> ——湄公網絡（Mekong Network）創辦人　Bruce Sharp

柬埔寨過去曾以「溫和之土」（Gentle Land）、[2]「微笑國家」（Smiling Country）而聞名，[3]被描寫成一個充滿和平與柔順之民的叢林天堂。[4]柬埔寨的人口約有1,562.6萬人（2016年），[5]共有二十個族群，主體族群是吉蔑族（ethnic Khmers），約占總人口數的97%，主要的少數族群則包括：占族（Cham, 1.8%）、[6]華人

1　原文是 "This is Cambodia today: a thousand intertwined branches, a thousand stories woven together, a thousand currents of history swirling in different directions. To understand Cambodia in the present, it is necessary to look at Cambodia in the past." Bruce Sharp, "The Banyan Tree: Untangling Cambodian History," *Beauty and Darkness: Cambodia in Modern History, Mekong.Net*, last updated 30 July 2009, accessed 3 July 2016, http://www.mekong.net/cambodia/banyan1.htm.

2　John Barron and Anthony Paul, *Murder of a Gentle Land: The Untold Story of Communist Genocide in Cambodia*（New York: Crowell, 1977）.

3　Gérard Brissé, Introduction to *War and Hope: The Case for Cambodia*, by Norodom Sihanouk, trans. Mary Feeney（New York: Pantheon, 1980）, p. xiii.

4　Ervin Staub, *The Roots of Evil: The Origins of Genocide and Other Group Violence*（Cambridge: Cambridge University Press, 1989）, p. 188.

5　National Institute of Statistics, Ministry of Planning, *Cambodia Socio-Economic Survey 2016*（Phnom Penh: Ministry of Planning, October 2017）, p. 3.

6　占族是柬埔寨境內的馬來族（Malay），主要分布在北部與東北部地區，因信仰伊斯蘭教，正式名稱是伊斯蘭吉蔑族Khmer Islam，另一個信仰伊斯蘭教的

（0.4%）。[7] 此外，高山地區還有稱為「高地吉蔑族」（*Khmer Leu,*
Upland Khmer）的高山民族，像是布勞族（Brao）、庫依族
（Kuay）、普農族（Phnong）、寮族（Lao）、嘉萊族（Jarai）等，
人數約占總人口的1.5%。[8] 從族裔的構成來看，柬埔寨實際上是一
個高度同質性的國家。

　　柬埔寨也是一個佛教化相當深的國家。從最早的扶南王國
（Funan Kingdom, AD 50/68-550）、真臘王國（Kingdom of Chen-
la, AD 550-800），以及後來的吳哥王國（Kingdom of Angkor, AD
802-1431），柬埔寨都是以印度教與佛教的「神王崇拜」（Devaraja
cult, god-king cult）觀念作為支撐王權的基礎。[9] 以至於佛教寺廟不
僅是柬埔寨的宗教中心，更是政治及教育的中心。

　　時至今日，若論及柬埔寨，首先浮現於眾人腦海者，十有八
九應該是吳哥窟（Angkor Wat），其自建造完成以來，就是世界
上最大的宗教建築群。就像著名的旅行指南《孤獨星球》（*Lonely*
Planet）所觀察的，「吳哥無所不在：在旗幟上、國酒（即吳哥啤
酒Angkor Beer）、飯店、旅館與雪茄──任何事務與各種事務。
吳哥是一種民族性與強烈自豪的象徵。柬埔寨人建造吳哥窟，而

族群是Chvea，也是馬來族的分支。Save Cambodia's Wildlife, *Atlas of*
Cambodia: Maps on Socio-Economic Development and Environment（Phnom
Penh: Save Cambodia' Wildlife, Second Edition, 2014）, p. 121.

[7]　National Institute of Statistics, *Cambodia Socio-Economic Survey 2016*, 6.

[8]　Save Cambodia's Wildlife, *Atlas of Cambodia*, p. 124.

[9]　Nidhi Aeusrivongse, "The Devaraja Cult and Khmer Kingship at Angkor," in
Explorations in Early Southeast Asian History: The Origins of Southeast Asian
statecraft, eds., Kenneth R. Hall and John K. Whitmore（Ann Arbor: Center for
South and Southeast Asian Studies, University of Michigan, 1976）, pp. 107-148.

且再也沒有比它更偉大的建築。」[10]

　　吳哥王朝是柬埔寨歷史上最輝煌強盛的朝代，曾享有「富貴真臘」的美名，[11]極盛時期的勢力範圍幾乎涵蓋整個中南半島。吳哥王城則是穩固的區域權力中心，是當時世界上最大的城市，其作為柬埔寨王朝的首都，時間長達五百年。中國元朝周達觀在親自造訪柬埔寨後所寫下的《真臘風土記》中，以大量的篇幅來形容吳哥城建築的宏偉、雕刻的精美，深刻記錄當時吳哥王朝的繁榮及興盛。他描述：

> 　　州城周圍可二十里，有五門，門各兩重。……城之外皆巨濠，濠之上皆通衢大橋。橋之兩傍，共有石神五十四枚……城門之上有大石佛頭五，面向四方。中置其一，飾之以金。門之兩旁，鑿石為象形。城皆疊石為之，高可二丈。[12]
>
> 　　國宮在金塔、金橋之北，近北門，周圍可五六里。其正室之瓦以鉛為之；餘皆土瓦，黃色。梁柱甚巨，皆雕畫佛形。屋頗壯觀，修廊複道，突兀參差，稍有規模。[13]
>
> 　　凡出時，諸軍馬擁其前，旗幟鼓樂踵其後。宮女三五百，花布花髻，手執巨燭，自成一隊，雖白日亦點燭。又有宮女

10　原文是 "Angkor is everywhere: on the flag, the national beer, hotels and guesthouses, cigarettes – anything and everything. It's a symbol of nationhood and of fierce pride; Cambodians built Angkor Wat and it doesn't come bigger than that." Nick Ray, Greg Bloom, and Daniel Robinson, *Cambodia*, 7th ed.（Victoria, Australia: Lonely Planet Publication, July 2010）, p. 44.

11　周達觀著，夏鼐校注，《真臘風土記校注》（北京：中華書局，1981），頁43。

12　同前註。

13　同前註，頁64。

皆執內中金銀器皿及文飾之具，制度迥別……又有宮女，手
執摽槍、摽牌為內兵，又成一隊。又有羊車、鹿車、馬車，
皆以金為飾。[14]

　　一個曾經極盛於9至13世紀的偉大帝國，曾經建立起歷史學
家所謂的「吳哥時代」，卻從14世紀開始遭逢一連串來自暹羅
（Siam，泰國的舊稱）、越南等外部勢力的嚴峻挑戰，導致吳哥王
城在1431年陷落，逐漸淹沒在荒煙蔓草中。直至1858年，法國
博物學家兼探險家穆奧（Henri Mouhot, 1826-1861），受到巴黎地
理學會的委託，前往柬埔寨進行考古調查之後，才首次「發現」
湮沒數百年之久的吳哥遺跡。

　　吳哥王城的建築遺跡作為當代的一種地景，正象徵著柬埔寨
過去光輝的歷史歲月。就像穆奧所讚嘆：「此地廟宇之宏偉，遠
勝古希臘、羅馬遺留給我們的一切，並且，和蠻荒國家形成一個
哀傷的對比」；「這樣宏偉的遺跡，結構保持相當良好，其完成必
定耗費許多勞動成本；看第一眼時，無不充滿讚嘆，而不得不發
出疑問，這些龐大建築的作者，是如此的文明開化與進步，這個
強大種族的境遇究竟如何呢？」[15]

　　15至19世紀間，柬埔寨因內部各派系王位爭奪日漸激烈，給
予暹、越介入內政的機會，內外憂患使其逐步走向衰弱不振的困
境，最終在19世紀前期同時淪為越南與暹羅的朝貢國，大部分的
領土遭到兩大強鄰的兼併，「或者作為柬埔寨要求援助的補償，

14　同前註，頁183。

15　Henri Mouhot, *Travels in Central Parts of Indo-china（Siam）, Cambodia, and Laos, during the Years 1858, 1859, and 1860 I*（London: John Murray, 1864）, pp. 278-279.

或者作為戰爭的獎賞」，[16]這段歷史因此成為東埔寨在進入1970年代大浩劫以前最黑暗的一段時期。穆奧當時就曾指出，東埔寨「這個民族現在正在殞落」；[17]而且，「現在的東埔寨是悲慘的，未來則是險惡的。它過去是一個強大且人口眾多的國家，這些可以從馬德旺（Battambang）和吳哥的壯麗遺跡獲得證明。但是，為對抗鄰國連續不斷的戰爭，導致人口極度地減少。」[18]

就在穆奧重新「發現」吳哥的百年以後，東埔寨仍未從對抗鄰國的困境中掙脫出來，反而捲入更激烈的國際地緣政治賽局的鬥爭中，最終淪為英國編劇羅賓森（Bruce Robinson）筆下的「殺戮戰場」（The Killing Fields）。影響所及，「東埔寨人甚至到今天都還是世界上最不被善待的一群人」。[19]然而，「東埔寨的詛咒」不僅僅是大國政治所造成的悲劇，同時也是國內政治菁英權力鬥爭下的產物。亦即，外生因素與內生因素共構了東埔寨的政治經濟發展過程，而此兩者如何具體的交互影響並發生作用，然後促成東埔寨的政治經濟變遷，將是本書所欲釐清的核心重點。

---

16 Paul M. Collard, *Cambodge et Cambodgiens: Métamorphose du royaume Khmêr par une méthode française de protectorat*（Paris: Sociétés d'éditions géographique, 1925）, 76. Quoted in V. M. Reddi, "A History of the Cambodian Independence Movement, 1863-1955"（Ph.D. diss., Sri Venkateswara University, 1962）, p. 6.

17 Mouhot, *Travels in Central Parts of Indo-china（Siam）, Cambodia, and Laos,* 279.

18 Ibid., pp. 274-275.

19 原文是 "As a result, even today, Cambodians remain the most abused people in the world." Joel Brinkley, *Cambodia's Curse: The Modern History of a Troubled Land*（New York: Public Affairs Books, 2011）, p. xix.

第二節　與強國為鄰：柬埔寨的政治地理及其影響

　　自從古老的吉蔑帝國沒落以後，地理已經和政治結合在一起，共同塑造柬埔寨國家的命運。[20]

　　　　　　　　　　　　——英國學者　雷弗（Michael Leifer）

　　柬埔寨是其地理與政治低度發展的犧牲品。[21]

　　　　　　　　　　　　——英國記者　蕭克勞斯（William Shawcross）

　　就地理位置來看，柬埔寨位於中南半島南部，面積是181,035平方公里，北與寮國相接，東鄰越南，西部及西北部與泰國為鄰，南部瀕臨泰國灣（Gulf of Thailand）。地形上，柬埔寨的地貌呈現出中部與南部為湄公河低地平原，東部、北部及西部為高原和山地環繞的特色。在政治地理學的分類上，柬埔寨的國家形狀屬於「盆狀國」，主要特點是周圍為山脈環繞，因為自然之勢，常超越經濟的單位而被制於政治的單位。[22]其中，環繞洞里薩湖（Tonle Sap Lake）的中央平原占全國面積四分之三以上，貫穿柬埔寨中央的大河，像是湄公河（Mekong River）、洞里薩河

20　原文是 "Ever since the decline of the ancient Khmer Empire, geography has combined with politics to shape the fortunes of the Cambodian state." Michael Leifer, "The International Dimensions of the Cambodian Conflict," *International Affairs* 51, No. 4（1975）: 531.

21　原文是 "Cambodia is a victim of its geography and of its political underdevelopment." William Shawcross, *Cambodia's New Deal: A Report*（Washington, D.C.: Carnegie Endowment for International Peace, 1994）, p. 5.

22　阿部市五郎著，李長傅、周宋康譯，《地理政治學》（上海：商務印書館，1935），頁110。

（Tonle Sap River）、巴薩河（Bassak River）等，雖無法成為國境線，但能夠成為主要的交通要道，而且，各大河川沖積帶來肥沃土壤，是發展農業的絕佳條件，但也經常遭遇季節性洪澇災害，嚴重衝擊農業經濟的發展。

　　柬埔寨的主要山脈包括北部的扁擔山脈（Dangrek Mountains）和西南部的豆蔻山脈（Cardamon Mountains）及象山山脈（Elepahant Range）。扁擔山的山勢狹長且東高西低，與泰國境內的碧差汶山脈（Phetchabun Mountains）圍繞出一塊正方形的呵叻高原（Korat Upland，伊森地區Isan），是分隔泰國東北部和柬埔寨北部的天然邊界。豆蔻山脈則是跨越柬埔寨西部和西南部，自馬德望省向東南綿延數百里，接象山山脈延續至貢布省海岸。山脈不是行動的絕對障礙，但卻妨礙行動，而且提供一極易將各山脈的稜線或分水嶺劃作邊界的障礙地帶。[23]以山脈作為國界，即使不是完美的防禦障礙，確實有助於邊區的安定。不過，山脈作為障礙的價值，並不像一般山區的地形那樣依賴它的絕對高度，防禦的價值仍端視其他各種條件，包括：山脈的坡度及走向；隘道的數量、高度及方向等。[24]

　　柬、泰邊境的扁擔山脈，最高點的海拔高度僅有753公尺，但因南緣山壁陡峭，成為捍衛柬埔寨中部平原的屏障。當一個國家必須越過相當困難的地理障礙才能攻擊鄰國時，往往不會選擇侵略作為解決爭執的手段。此時，山脈入口及山脈之間的走廊就成為重要的通路，具有極大的政治、軍事價值。柬埔寨西北部與

---

[23] Nicholas J. Spykman and Abbie A. Rollins, "Geographic Objectives in Foreign Policy, I," *The American Political Science Review* 33, No. 3（June 1939）: 401.

[24] Nicholas J. Spykman, "Geography and Foreign Policy, II," *The American Political Science Review* 32, No. 2（April 1938）: 234-236.

泰國東南部相接，因扁擔山脈與豆蔻山脈的平行分布而構成一戰略通道，亦即今日的「瓦塔納走廊」（Wattana Corridor）。自從中南半島進入「傣語族的世紀」（Tai Century, 1219-1350）以來，[25]此一戰略通道就成為暹羅軍隊入侵柬埔寨的主要路線，在越人展開「南進」（Nam Tiến, march to the South）運動以前，西邊的暹羅（Siam）一直是柬埔寨主要的威脅來源。然後，暹羅國王更利用指派柬埔寨統治者作為手段，將它變成一個實質上的殖民地。

相似地，柬埔寨的東南部因湄公河經過而與湄公河三角洲相連。自古以來，湄公河三角洲即是柬埔寨的勢力範圍，其土地遼闊且肥沃，「厥土沃壤肥田，澤田滷海，魚鹽谷菽，地利之最」，但「未遑遠略」，導致「雖地廣，人民未眾」。[26]尤其是西貢（Sài Gòn，胡志明市）周遭地區，佈滿沼澤及木棉樹構成的森林，不利於城市發展，直至17世紀都還鮮少進行開發。[27]不過，因為安南山脈（Annamite Mountains，亦稱長山山脈）的屏障，以及占城王國（Champa Kingdom, 137-1697）的存在，阻隔柬埔寨與越南接觸的機會，使柬埔寨得以免於越南人的威脅。17世紀以後，越人開始推行南進運動，並於1697年完全吞併占城王國，然後逐漸占領整個湄公河三角洲，成為柬埔寨國家安全的另一個威脅。隨著暹、越兩大強鄰的權力與影響力開始提升，而且，它們的存在變得越來越無法承受，終使柬埔寨經常處在一個「進退兩難」

---

25 David K. Wyatt, *Thailand: A Short History*, 2nd ed.（New Heaven: Yale University Press, 2003）, p. 30.

26 鄭懷德著，〈嘉定城通志・疆域志〉，戴可來、楊保筠校注，《嶺南摭怪等史料三種》（鄭州：中州古籍，1991），頁120。

27 Nghia M. Vo, *Saigon: A History*（Jefferson, NC and London: McFarland & Company, 2011）, p. 7.

（rock and a hard place）的困境中。[28]

　　從柬埔寨的歷史經驗來看，國家在本質上具有濃厚的地理性，而且地理背景與歷史發展是完全分不開的。因此，若要深入理解一個國家的歷史變遷，必須掌握其地理特性。地理使國家們毗鄰，強烈地影響及定義它們至關重要的利益。[29]其中，國家的區域位置，亦即，與鄰近國家的關係位置的限制力，對其國際關係與外交政策極為關鍵，決定鄰國的多寡與強弱，而該地區內的地形又限制與這些鄰國接觸的方向與性質。美國學者史派克曼（Nicholas J. Spykman）就曾斷言，理智的外交政策必須根據權力政治的現實來掌舵，而且也要根據國家的特殊位置來加以調整。一國的安全問題，正是由一國的地理位置及該國與軍事權力諸中心的關係所界定。[30]儘管地理現實不會改變，但這些現實對外交政策的意義將會改變；政治世界中的變動條件將透過改變特殊因素在特定時期中的重要性而影響結論。尤其是權力的行使，因為通訊速度與工業科技的進步將使個別國家的權力位置產生變化。[31]

　　按照地緣政治的觀點來看，國家的區域位置決定其潛在敵人，甚至限定某一國家參與集體安全體系中的角色份量。由於地理性內在因素經常具有固定不變的特性；相對地，外部強權的鄰

---

[28] Milton E. Osborne, *Sihanouk: Prince of Light, Prince of Darkness*（Honolulu: University of Hawaii Press, 1994）, p. 13.

[29] Stephen Ross Norton, "Geography Never Changes," *The Hr-net Forum: International Policy*, August 1998, accessed 30 March 2016, http://www.hri.org/forum/intpol/norton.html.

[30] Nicholas J. Spykman, *America's Strategy in World Politics: The United States and the Balance of Power*（New York: Harcourt, Brace and Company, 1942）, pp. 446-447.

[31] Nicholas J. Spykman, *The Geography of the Peace*（New York: Harcourt, Brace and Company, 1944）, pp. 6-7.

近性、敵意、國力等條件因素則會隨著不同的情境而變動，後者因此成為一國在制訂對外政策時的首要考量。尤其是，像柬埔寨這種在性質上屬於弱國（weak state）位處兩大強鄰之間的國家類型，[32] 同時也是區域強權競逐過程的中間地帶國家，由於權力格局相對較小，對其他國家的影響力亦不高，脆弱性使其容易受強權介入的影響，較難透過自身能力鞏固國家安全，在多數情況下，本身的國家生存必須仰賴其與外部強權的互動。那麼，弱國究竟要與哪些強權進行互動，以及採取何種互動方式？這些必然涉及弱國在國際政治體系中所處的戰略地位，同時，也與弱國政治菁英對國家安全利益及個人政治利益的理解有關。

對弱國來說，維護國家的主權獨立與領土完整無疑是至關重要的國家利益。至於外部威脅的來源，亦即「敵人」的界定，根據國際關係學者瓦特（Stephen M. Walt）的主張，國家最主要是依照其他國家的意圖而非客觀力量的差距來判斷是否具有威脅性。[33] 他指出，一國在判斷威脅來源時主要有四項條件，包括：（1）、整體實力（aggregate power），國家能運用的整體實力／資源（total power/total resource）乃是對其他國家所施加之威脅的重要構成，整體實力越強的國家，越能夠對他國造成威脅；（2）、地理鄰近性（geographic proximity），由於投射能力會隨著距離而減弱，鄰近國家對本國所造成的威脅將比遠處國家來得大；（3）、攻擊能力（offensive power），一種威脅其他國家主權或領土完整的能力，國家的整體實力有可能轉化成攻擊或防禦的能

32　另外還有兩種類型：一是強國處於兩弱鄰之間；二是兩鄰國相對力量大致相等。Spykman, "Geography and Foreign Policy, II," p. 225.

33　Stephen M. Walt, *The Origins of Alliances* (Ithaca: Cornell University, 1987), p. 5.

力，端視何者較為有利，一旦國家將鄰國的實力視為攻擊性時，就會感受到威脅；（4）、侵略的意圖（aggressive intentions），那些被視為具侵略性的國家，甚至實際能力並不足以威脅他國，都有可能刺激其他國家來制衡對抗它們。[34]

由於當代的國族國家體系是一種建立在國家主權原則基礎上的政治體系，領土邊界乃成為區隔國內與國外的重要標示，以至於「友敵之分」首先就建立在國家邊界之上，因為邊界與領土的衝突足以將鄰國作為敵人的主要候選者。此外，鄰國為了造成本國邊疆的去安定化，亦可能提供領土來作為本國叛亂團體的外部庇護所，也就是所謂的「安全天堂」（safe heaven）或「安全領土」（safe territory），[35] 為其提供叛亂動員的重要機會，同時也提高叛亂團體與本國政府談判的籌碼。[36] 不過，一旦本國陷入內戰衝突狀態時，鄰國考量到武裝衝突的外溢效果，像是外部的軍事干預、難民流動及對區域造成的經濟衝擊等風險，經常會積極地在

---

[34] Walt, *The Origins of Alliances*, pp. 22-29.

[35] 所謂「安全領土」是指集中或分散的物理空間。在這物理空間上，社會網絡得以發展並塑造正式與非正式的支持基礎，藉以在武裝活動者與當地居民之間維持縝密情感及家庭與個人的關係，從而使得政治暴力組織能夠安全地管理合法或非法的活動，從事成員甄補、訓練與取得資源，傳播與培養反抗的集體行動意識，進而正當化此一新社會的模式。其中，該物理空間的安全程度乃涉及權威當局的意識形態、收編與鎮壓的戰術，以及國家控制與管理此一領土的能力和意願。就現代國家的意義而言，「安全領土」的成功就意味著國家的失敗，因為，這代表暴力組織具有挑戰國家合法壟斷武裝力量以及統治給定領土及其居民的能力，而此能力正是現代國家位格（statehood）最重要的象徵。Lorenzo Bosi, "Safe Territories and Violent Political Organizations," *Nationalism and Ethnic Politics* 19, No.1（2013）: 81-83.

[36] Idean Salehyan, "Transnational Rebels: Neighboring States as Sanctuary for Rebel Groups," *World Politics* 59, No. 2（January 2017）: 217-242.

解決衝突的和平談判中扮演調停者的角色來極小化風險。[37]

　　申言之，國際政治即是大國政治。由於大國對國際政治所發生的變故最具影響力，無論是大國或次要大國，所有國家的命運都取決於那些最具實力國家的決策與行為。[38]弱國被鑲嵌在大國政治的結構中，除了面臨強鄰的威脅之外，因為國家權力格局相對較小，雖然無法直接在區域與全球層次的事務上具有直接的影響力，但是地理位置賦予弱國特定的戰略價值，以及自身所蘊藏的戰略資源，將使其得以在大國政治中扮演關鍵性的角色，從而利用大國間的競爭關係來促進自身安全利益。故而，弱國在確認外部威脅以後，必須考量國家的外部環境與內部政經結構來制訂出回應方案。

　　弱國基於國家安全的對外戰略選擇，隨著主觀所感受到的「威脅層次」（level of threat）的高低不同，將會採取不同的回應策略，主要包括：抗衡（balancing）、扈從（bandwagoning）、中立（neutrality）等，前兩者乃是弱國面對強鄰時自然會考慮的政策選項。其中，所謂抗衡是指與其他行為者合作來對抗優勢的威脅，而扈從則指涉與威脅來源結盟，[39]扈從行為總是侷限於特別弱小而孤立的國家。[40]一般來說，當國家認為威脅的層次高，將採取與威脅者對抗的抗衡策略；威脅的層次低，將採取與威脅者結盟

37　SungYoung Lee and Abdelgabar Abdelrahman, "The Intervention of 'Neighbor' Countries in Civil War Peace Negotiations," *Conflict Resolution Quarterly* 33, No. 4（Summer 2016）: 355-381.

38　John J. Mearsheimer, *The Tragedy of Great Power Politics*（New York: W. W. Norton & Company, 2001）, p. 5.

39　Walt, *The Origins of Alliances*, p. 17.

40　Ibid., p. 263.

合作的扈從策略。[41]除了制衡與扈從以外，弱國選擇安全策略的選項還有中立，亦即，扮演地理上或政治上位於兩個或兩個以上之較強國家間的緩衝國，藉以維繫強國間的和平。不過，弱國採取中立政策的空間實際上相當有限，只有在大國競爭關係和緩，並同意弱國的中立地位時，弱國才有中立的可能。這意味著，弱國要採取中立策略存在諸多困難。[42]

　　必須強調的是，弱國決定向強權或威脅者靠攏，並不全是出於被迫的屈服，也可能是出於自身對於獲利的期待，因為政治菁英的主要關注乃是鞏固其統治，故而，扈從策略可以協助一個虛弱政權藉由消除外部顛覆勢力、削弱國內政敵，以及提供經濟援助等手段來重新取得政治權威。[43]如此一來，對外政策就成為國內政治權力鬥爭的反映，主要為領導人的執政地位和政權生存服務。尤其在第三世界，國內政治岌岌可危的非民主國家，因為國內政治不穩定，執政黨的政權生存顯然更為重要，政治菁英經常選擇向敵對強權靠攏，藉此抗衡更加危險的國內或國外威脅。[44]學者將此策略稱為「豺狼式的扈從」（Jacckal Bandeagoning），意指居領導地位的強權透過結盟方式獲得絕大部分利益，弱國也因為與強權合作，從靠攏過程中攫取邊際利益。[45]

---

[41]　Ibid., 5.

[42]　楊三億，〈歐洲中小型國家安全政策：策略選擇與轉型〉，《問題與研究》56，第2期（2017年6月）：38。

[43]　Randall L. Schweller, "Bandwagoning for Profit: Bringing the Revisionist State Back In," *International Security* 19, No. 1（Summer 1994）: 77.

[44]　Steven R. David, *Choosing Sides: Alignment and Realignment in the Third World*（Baltimore, Md.: The Johns Hopkins University Press, 1991）.

[45]　Deborah Welch Larson, "Bandwagon Images in American Foreign Policy: Myth or Reality?" in *Strategic Beliefs and Great Power Competition in the Eurasian*

　　那麼，強權願意提供誘因的主要動力，來自於弱國政策發展能配合強權的政策需求；相對地，弱國願意接受強權所提供的誘因，取決掌握政治決策權力的政治菁英認為接受誘因能夠能鞏固菁英的權位與持續執政，一旦弱國接受誘因及其所提出的附帶條件，就表示弱國願意遵循強國的政策，像是同意強權在弱國境內駐軍、組成更緊密的聯盟、要求弱國從事政治經濟體系的改革，例如民主化、經濟自由化、尊重人權等。[46]舉例來說，西方國家對第三世界國家所提供的貸款或援助，都會有附帶的民主改革與人權條件；相反地，中國所提供的貸款或援助表面上沒有類似西方國家的附帶條件，實際上卻以此換取受援國的順從並與中國的利益緊密結合，也因此容易讓非民主國家的執政者鞏固威權統治，尤其是對區域鄰近的威權國家更具影響力。[47]兩者對於受援國的國內政治發展究竟走向民主抑或威權，明顯扮演著關鍵性的角色。

　　根據學者波密歐（Sarah Blodgett Bermeo）的研究指出，援助國乃是影響受援國民主化的可能性的關鍵所在，亦即，來自民主國家的援助一般會提高受援國民主轉型的可能性，相反地，來

Rimland, eds., Robert Jervis and Jack Snyder（Oxford: Oxford University Press, 1991）, pp. 85-87.

[46] Sandra Lavenex and Frank Schimmelfennig, "EU Democracy Promotion in the Neighbourhood: From Leverage to Governance?" *Democratization* 18, No. 4（2011）: 902-903.

[47] Julia Bader, Jörn Grävingholt and Antje Kästner, "Would Autocracies Promote Autocracy? A Political Economy Perspective on Regime-type Export in Regional Neighbourhoods," *Contemporary Politics* 16, No. 1（2010）: 81-100；杉麗雅（Celia Hatton），〈研究：北京給了其它國家多少援助資金？〉，《BBC中文網》，2017年10月11日。https://www.bbc.com/zhongwen/trad/business-41579400.

自威權國家的援助則無助於受援國的民主化。[48]政治學者李維基（Steven Levitsky）和韋（Lucan A. Way）曾以「連結度」（linkage）與「作用力」（leverage）來分析西方國家對威權政權或國家的實際影響。前者是指兩國或兩個政治實體之間的經濟、地緣政治、社會、溝通、跨國公民社會等五個面向的連結強度；後者則指現任政府對於民主化之外部壓力的脆弱度，其牽涉國家的大小與力量和經濟實力，弱國政府和高度援助依賴的經濟體，對於外部壓力的脆弱度相對較高。[49]另外，坦西（Oisín Tansey）、科勒（Kevin Koehler）與施摩茲（Alexander Schmotz）等三位學者則是提出「威權連結」（autocratic linkages）的概念來分析威權政權的生存與國際連結政治的關係，其研究指出：若是威權國家與他國的連結性越強，對該國的作用力或壓力越大，則該威權國家對其影響力也就越強，也就越有利於威權的擴散。[50]顯然，弱國在面臨外部政治和經濟力量時，其脆弱性甚高，導致外部干涉經常成為弱國政治經濟結構中的一個重要現象。

　　毫無疑問，沒有任何國家能夠選擇鄰國。柬埔寨的地理位置和地形使其成為政治地理學上的「通道國家」（passage state）。強鄰環繞的地理環境預設柬埔寨必須面臨兩面作戰的先天命運，

---

[48] Sarah Blodgett Bermeo, "Foreign Aid and Regime Change: A Role for Donor Intent," *World Development* 39, No. 11（2011）: 2021-2031.

[49] Steven Levitsky and Lucan A. Way, "Linkage Versus Leverage. Rethinking the International Dimension of Regime Change," *Comparative Politics* 38, No. 4（2006）: 379-400.

[50] Oisín Tansey, Kevin Koehler and Alexander Schmotz, "Ties to the Rest: Autocratic Linkages and Regime Survival," *Comparative Political Studies* 50, No. 9（2017）: 1221-1254.

這也是它的致命要害，而實存的歷史發展已為此提出證明。無論是封建時期暹、越兩國對柬埔寨的宗主權之爭，抑或冷戰對峙下，美、蘇、中國等強權直接透過援助，或者透過泰、越來干涉柬埔寨內部事務的歷史軌跡，無不說明強鄰因素對柬埔寨政治經濟發展的影響力。因此，若要完整的釐清柬埔寨的政治經濟變遷，就無法不論及它在國際政治體系中的角色，而且這將取決於權力諸中心的動態變化所界定，像是泰、越等兩大強鄰，東協諸國與印支國家等近鄰，以及中國、美、日等國際強權。

第三節　「神聖化身」：統治的傳統技藝

社會心理學者尼茲彼（Richard E. Nisbett）在解釋西方人與亞洲人的思想如何存在著差異時，曾主張：「不同的生態環境將造就不同的經濟、政治和社會狀態，從而產生相異的思維方式。」[51] 故而，在論及政治變遷時，若認為只有西方政治哲學才能促進自由與人民主權的觀念，實是天真的想法。還有其他的社會與文化力，塑造東亞、東南亞等東方國家的政治景象。[52] 根據瓦提

---

51 尼茲彼認為：確實存在著兩種（東方與西方）對世界完全不同的認知方法（approach），……這些方法包含：完全不同的社會關係、對世界本質不同的觀點，以及各自獨特的思考歷程。每一方法都是自我增強的恆定系統（self-reinforcing homeostatic system）。社會習俗促成了世界觀；世界觀支配了思考歷程，而思考歷程證明其世界觀的正確並支持社會習俗。理查·尼茲彼（Richard E. Nisbett）著，劉世南譯，〈序論〉，載於《思維的疆域：東方人與西方人的思考方式為何不同？》（譯自 *The Geography of Thought: How Asians and Westerners Think Differently and Why?*）（新北：聯經出版公司，2007），頁 xxi。

52 Michael R. J. Vatikiotis 著，林若雩譯，《東南亞政治與發展》（譯自 Political

裘提斯（Michael Vatikiotis）的觀察，本土傳統和文化作為正當化的重要角色，也許是掌握東南亞政治變遷過程的關鍵所在。[53] 在眾多的文化要素中，又以宗教信仰最為明顯。

在東南亞國家，宗教信仰的影響力並非僅止於宗教事務領域，更涵蓋整個世俗權力運作領域；亦即，「宗教」與「政治」不僅沒有明顯的分界，甚至在某種程度上指涉相同的事務。統治者藉由宗教權威來正當化政治權力，尤其經常可見。[54] 德國梵文學者貝歇特（Heinz Bechert）曾指出，東南亞國家的宗教權威正當化政治權力的六種方式，包括：（1）、以神話式的「轉輪王」（*Chakravartin*, rule of the universe）來識別現今的統治者；（2）、將統治者歸因於菩薩的道德與精神圓滿；（3）、將理想君王描述為佛教的倡導者與保護者；（4）、認為統治者是藉由法（*dhamma*）來進行統治的權威，例如：王法（*rajadhamma*, King-law）；（5）、將統治者描述為神王（*Devaraja*, god-king），是一種神的典範或展現，諸如印度神（Hindu god）或佛陀（Buddha）；（6）、透過佛教徒與非佛教徒的崇拜來共同支持東南亞國王。[55]

柬埔寨是個名符其實的佛教國家，超過九成以上的柬埔寨人

---

change in Southeast Asia）（新北：韋伯文化事業，1999），頁25。

53 同前註，頁35。

54 參考：Bardwell L. Smith, ed., *Religion and Legitimation of Power in Thailand, Laos, and Burma*（Chambersburg, Pa: Anima Books, 1978）; Peter Gyallay-Pap, "Reconstructing the Cambodian Polity: Buddhism, Kingship and the Quest for Legitimacy," in *Buddhism, Power and Political Order*, ed., Ian Harris（London and New York: Routledge, 2007）, pp. 71-103.

55 Heinz Bechert, "Aspects of Theravada Buddhism in Sri Lanka and Southeast Asia," in *The Buddhist Heritage*, ed., T. Skorupski（Trink, U.K.: Institute of Buddhist Studies, 1989）, pp. 20-21.

信奉佛教，佛教無疑是柬埔寨人日常生活的重心。即使是將宗教視為「人民的鴉片」的赤柬[56]（*Khmer Kror-Horm*, Khmer Rough），也無法將柬埔寨的佛教消滅；或者，當柬埔寨分裂成兩個對立政權時，國內唯一持久不衰且一致的要素就是佛教（Buddhism was the only enduring and unifying factor）。[57]然而，若論及柬埔寨的宗教傳統，卻無法就此假定上座部佛教（Theravāda Buddhism）本身就是柬埔寨國內唯一的宗教或世界觀的根源。事實上，柬埔寨的日常佛教是印度神崇拜與萬物有靈論（animist）的混合體。[58]

　　柬埔寨在信奉印度宗教以前，已經存在萬物有靈論的本土信仰，而且是宗教生活的重要部分。與印度諸神大多用以祈福不同，地域性靈主大多與懲罰有關。在柬埔寨人民的認知中，靈主的威力勝過一切，諸如火山爆發、地震、瘟疫、乾旱、無雨

56　所謂「赤柬」，又稱「紅色高棉」（Red Khmers），即是波布（Pol Pot）領導下的柬埔寨共產黨（Communist Party of Kampuchea, CPK，以下簡稱柬共），前身為柬埔寨勞動黨（Workers Party of Kampuchea, WPK），1966年更名為柬埔寨共產黨。「赤柬」一詞是施亞努執政時期用以稱呼柬共的詞彙，之後被西方新聞記者用來指稱反對施亞努統治的極端左翼支持者。波布雖然自1963年2月起就已擔任柬共的總書記一職，但是一直隱身幕後。本書將1975年4月17日以後的柬共統稱為「赤柬」，以突顯波布躍居幕前作為柬共領導人的事實。關於「赤柬」的起源與成長，參考：Wilfred Burchett, *The China-Cambodia-Vietnam Triangle*（Chicago: Vanguard Books, 1981）, pp. 47-78.

57　Alain Forest, "Buddhism and Reform: Imposed Reforms and Popular Aspirations," in *People of Virtue: Reconfiguring Religion, Power, and Moral Order in Cambodia Today*, eds., Alexandra Kent and David Chandler（Copenhagen: Nordic Institute of Asian Studies, 2008）, p. 24.

58　Jeong Yeonsik, "The Idea of Kingship in Buddhist Cambodia," *Kyoto Review of Southeast Asia* 11（March 2011）, accessed 17 October 2018, https://kyotoreview.org/issue-11/the-idea-of-kingship-in-buddhist-cambodia/.

等，都被認為是這些靈主發怒的信號，必須在祖先墓地等這類的特定地點舉行撫慰和祭祀儀式，提供相應的祭品來使其息怒。[59] 因此人民多祈求此等神靈保護其免遭意外、病痛與不幸。即使在印度教或佛教文化傳入柬埔寨以後，這種源自村寨生活的小宇宙（microcosm）觀依然存在；同時，由於這種鬼神崇拜、自然崇拜、萬物有靈等思想都與印度宗教的觀念相近，靈主有時候甚至與印度神融合在一起，然後創造出一種獨特的崇拜對象。除了本土宗教以外，柬埔寨的宗教信仰還包括印度教、佛教等外來宗教。當本土的原始神靈不足以讓村寨領主維持或獲得統治正當性的情況下，就必須依賴外來宗教的「正身」。印度婆羅門教和佛教等相繼傳入，正好滿足領主與原始國家國王神聖的心理需求。[60]

在吳哥帝國（Angkorian Empire）興起以前，柬埔寨是由吉蔑族印度教王國的真臘（Chenla）所統治，以信奉印度婆羅門教（Brahmanism）為主，不過，基本上是屬於佛教與印度教混合信仰的情況。[61] 真臘最終在西元802年屈服於尊崇印度教的吳哥帝國。簡單地說，印度教對柬埔寨與東南亞政治發展產生最大影響的部分，即是所謂的「神王崇拜」（Devaraja cult, god-king cult）觀念；[62] 佛教則是「轉輪王」（*Chakravartin*, rule of the universe）

---

59 謝小英，《神靈的故事：東南亞宗教建築》（南京：南京大學出版社，2008），頁18。

60 同前註，頁18。

61 關於真臘的宗教發展概況，參考：Miriam T. Stark, "Pre-Angkorian and Angkorian Cambodia," in *Southeast Asia: From Prehistory to History*, eds., Ian Glover and Peter Bellwood（London: RoutledgeCurzon, 2004）, pp. 89-119.

62 關於吳哥的神王崇拜與王權關係的詳細討論，參考：Nidhi Aeusrivongse, "The Devaraja Cult and Khmer Kingship at Angkor," in *Explorations in Early Southeast Asian History: The Origins of Southeast Asian Statecraft*, eds., Kenneth R. Hall

／「轉輪聖王」（*Chakravartin Raja*）的觀念。

　　一般而言，「神王崇拜」的歷史原型／典範乃是來自印度孔雀王朝（the Mauryan dynasty, 317-189 B.C.E）的阿育王（Asoka Maurya, 274-232 B.C.E.）。在阿育王所處的時代，印度半島上所信奉的宗教極為繁雜，除有影響力的婆羅門教、佛教、耆那教、印度教和土著信仰之外，還有一些小教派。因此，在阿育王統一印度半島以後，他領悟到「以正法征服人者，為最善之征服方法」，乃制訂以「法」教化的政策，[63]根據法來統治，根據法來管理，根據法來保護臣民，使得道德領域和政治領域之間沒有區隔。[64]除此之外，阿育王也致力推展其「中央四方」意識強烈的新世界觀，不僅在現實世界的「中央—地方」、對外關係的建立上，亦即學者們所稱的「蔓荼羅」（Mandala）或「銀河系政體」（galactic polity）的概念；[65]同時，也在其宏揚的如來國土上，亦

---

and John K. Whitmore（Ann Arbor: Center for South and Southeast Asian Studies, University of Michigan, 1976）, pp. 107-148; I. W. Mabbett, "Kingship in Angkor," *Journal of the Siam Society* 66, No. 2（1978）: 1-51; Hermann Kulke, "The Devaràja Cult: Legitimation and Apotheosis of the Ruler in the Kingdom of Angkor," in *Kings and Cults: State Formation and Legitimation in India and Southeast Asia*, ed., Hermann Kulke（New Delhi: Manohar, 1993）, pp. 327-381.

63　I. W. Mabbett, *Truth, Myth and Politics in Ancient India*（New Delhi: Thomson Press, 1972）, p. 37.

64　Ibid., p. 63.

65　Oliver W. Wolters, *History, Culture and Region in Southeast Asian Perspectives*（Singapore: Institute of Southeast Asian Studies, 1982）; Stanley Tambiah, *World Conqueror and World Renouncer: A Study of Buddhism and Polity in Thailand Against a Historical Background*（Cambridge: Cambridge University Press, 1976）; Stanley Tambiah, "The Galactic Polity: The Structure of Traditional Kingdoms in Southeast Asia," *Annals of the New York Academy of Sciences*, 293（1977）: 69-97.

即以須彌山（Mount Meru）為中心，兼含天道、人道及地獄道等的佛國組織，[66] 構成所謂的「三個世界」（The Three Worlds）的宇宙觀，其中，人道乃是由「轉輪王」／「轉輪聖王」所統領。[67]

首先，根據婆羅門教義（Brahmanic doctrine），世界是由一個圓形為中心大洲所組成，即是「贍部洲」（Jambudvipa），周圍環繞七個環狀的海洋與七個環狀的大洲。在最後的七個海洋遠處，世界被一座巨大的山脈（即是大鐵圍山）所封閉。在「贍部洲」的中心，即是世界的中心，有一高聳的須彌山，即是宇宙山，太陽、月亮和星辰以它為中心環繞並旋轉著。在須彌山的尖峰上平置著上帝之城，為帝釋天（即是因陀羅，Indra）所居住之處，被世界的八個守護神所圍繞。即便在佛教體系中，須彌山也是宇宙的中心，周圍由七個區隔彼此的山脈所圍繞。[68]

---

[66] 佛國土的組織，在當時結集的《起世經》（Aggana Suttanta）有詳細說明。簡單地說，一佛國土眾生，包括了諸天、鬼神、龍族、金翅鳥族、阿修羅道、惡道、地獄道、人道等。依止於這佛國天地間的各道眾生，以須彌山為中心，作縱與橫的分布。最接近須彌山的是人所居的四大洲，距離最遠的則是地獄道。陸豔冰，〈阿育王的統一與並治〉，《中華佛學研究》，第2期（1998）：160-161。

[67] 根據《長部波提耶品轉輪聖王修行經》（Dighanikya Patheyyavag Cakkavattisutta）指出，轉輪王應履行十二規：善待臣子、灌頂加冕、任用婆羅門、保護紳綽、發展村鎮、愛憐獸類、珍視禽鳥、勿行不法、施捨財物、依靠僧侶、求教疑難。李謀等譯注，《琉璃宮史》（上卷）（北京：商務印書館，2007），頁57。

[68] Robert Heine-Geldern, "Conceptions of State and Kingship in Southeast Asia," The Far Eastern Quarterly 2, No. 1（November 1942）: 16-17. 須彌山，佛教傳說該山山頂為帝釋天，四面山腰為四大天王，周圍有七金山、七香海，外圍有鐵山所圍繞之四鹹海，鹹海四周又有南贍部洲、北俱盧洲、東勝身洲、西牛貨洲等四大洲等，南贍部洲即人類生活的地方。李謀等譯注，《琉璃宮史》，頁12-13。

　　其次，所謂「轉輪王」或「宇宙之王」的概念，在印度教與佛教中都可以發現。印度教的「轉輪王」是一種「歷史之人」（historical man）的概念，其興起是為拯救世界於腐敗之中。作為神的一種典型，一旦宇宙秩序有所改善，則「轉輪王」就隱身於傳說中。至於佛教的「轉輪王」概念，則是指一個理想的佛教統治者。在理想狀態中，「轉輪王」乃是以正義或法、征服（righteous or dharmic, conquest, *dharmavijaya*，法勝）來單獨的創建普世性／宇宙帝國，而較差的統治者必須承認「轉輪王」在道德上的優越性，並自願將其王國置於「轉輪王」的統治下。[69]

　　早期佛教將國家政治視為正法得以實行的必要條件，政治生活中象徵法的就是法輪，而非權杖。法在政治生活中的實際應用具有一大特徵，即對非暴力的強調。亦即，希望國家之間的關係能置於道德的控制之下，並且，堅持法的信仰乃是人性在物質與道德提升上的重要力量。若要解決宗教主張與政治實踐之間的衝突，只能依靠佛教君主藉由暴力征服廣大土地及人民以後，才放棄暴力而大修功德，這是一種理想化的統治者。[70]據此，東南亞佛教王國的統治者就將這種宇宙觀加以變易，然後套用到人世間。從而認為，首都是帝國的神奇中心，是加冕儀式重要的一部分，

---

[69] Mabbett, *Truth, Myth and Politics in Ancient India*, 39; Martin Stuart-Fox, "Buddhism and Politics in Laos, Cambodia, Myanmar and Thailand," *the Cambodia, Laos, Myanmar and Thailand Summer School, Asia Pacific Week 2006*, 31 January 2006, accessed 24 September 2008, http://www.anu.edu.au/thaionline/BUDDHISM%20AND%20POLITICS%20IN%20SOUTHEAST%20ASIA.pdf.

[70] Charles Drekmeier, *Kingship and Community in Early India*（Stanford, California: Stanford University Press, 1962）, pp. 162-163, 203；宋立道，《神聖與世俗：南傳佛教國家的宗教與政治》（北京：宗教文化出版社，2000），頁79。

透過這樣的巡行，國王不僅取得首都城市，並且掌握整個帝國。國家的宇宙觀結構大部分只可由諸省的數量及位置和其統治者的功能、象徵來顯現，首都城可被形塑為宇宙的現實印象，即帝國這個大宇宙中的小宇宙。古代的城市清楚證明宇宙觀盛行於整個政府體系。[71]

在吳哥帝國，其開創者闍耶跋摩二世（Jayavarman II, r.802-850）在統一水、陸真臘以後，企圖藉由印度教神明及寺廟來強化自我的正當性，並建立國家的政治體系。他雖非出身於婆羅門，但深受爪哇宗教的啟發，進一步修改援引自印度教濕婆派（Saivite）的觀念，藉由林伽（linga，即陽物的象徵）崇拜而在國王與神之間作出密切連結。闍耶跋摩二世延聘一位印度婆羅門，在其首都摩亨陀羅山（Mount Mahendra）上作法，將神授君權注入國王的身上，使他變成濕婆神（god Siva）的化身，這個新的崇拜儀式就是「神王崇拜」。[72] 闍耶跋摩二世亦在寺山上修建許多廟宇，主要是一座金字塔形的結構，來供奉濕婆神的林伽。國王過世以後，這座廟宇將成為他的埋骨之所，以便和濕婆神合而為一，而繼續存活於世。這座山上的廟宇就等同於須彌山，而被視為宇宙的軸心，國王就稱為「宇宙之王」或「轉輪王」。於是，國王就成為一切權威的來源，是既定秩序的維護者及宗教信仰（或法）的保衛者。[73] 此後，吳哥的婆羅門教國家意識形態經過數

---

71 Heine-Geldern, "Conceptions of State and Kingship in Southeast Asia," p. 17. 事實上，這種宇宙觀的影響乃具體呈現在國王稱號、城市名稱及各種王室儀式中。

72 George Coedès, *The Indianized States of Southeast Asia*, trans., Susan Brown Cowing（Honolulu: East-West Center Press, 1968）, p. 101; Nidhi Aeusrivongse, "The Devaraja Cult and Khmer Kingship at Angkor," p. 107.

73 薩德賽（D. R. SarDesai）著，蔡百銓譯，《東南亞史》（譯自 *Southeast Asia:*

個階段的發展以後，逐漸將國王帶往接近神的地位。[74]

　　基本上，供奉國王林伽的神廟大多建立在廟山（temple-mountains）之頂，廟山無論是天然或人工堆砌的，都在王城的中心，既象徵宇宙中心，也代表國家與國王的命運。吳哥時期的宗教與政權、個體生命存在如此緊密的關係，以至於從國王到王族、諸侯、功臣都樂於興建寺廟。然而，自從信奉大乘佛教（Mahāyāna Buddhism）的蘇利耶跋摩一世（Suryavarman I, r.1002-1050）即位以後，「神王」（*Devaraja*, god-king）的觀念就開始逐漸轉化為佛王合一（buddha-king）的傳統，這具體展現在其廟山供奉的是菩薩像。繼任的蘇利耶跋摩二世（Suryavarman II, r.1113-1150）雖然是印度教毗濕奴派（Vishnuite）的忠誠信徒，但在其統治期間佛教影響力卻逐漸擴大。時至闍耶跋摩七世（Jayavarman VII, r.1181-1218）期間，一心將佛教教義與柬埔寨王權結合，使吳哥窟變成國家的佛教中心。他以佛教徒的偽裝來實踐皇家神化的新「神王崇拜」，將大乘佛教作為國家意識形態，所興建的寺廟屋頂都雕刻著象徵佛王一體的四面菩薩像。[75]

　　不過，闍耶跋摩七世雖然建設了吳哥歷史上最強大的版圖，也規劃吳哥的完整新都城：吳哥通（Angkor Thom），但其佛教崇

Past and Present）（台北：麥田出版，2001），頁45-46。

74　值得注意的是，吳哥時期的柬埔寨及東南亞國家因為多次發生政治變革，作為政治支撐的宗教也隨之變化，婆羅門教、印度教、佛教交替或同時成為其占統治地位的宗教和意識形態。舉例來說，開拓吳哥王朝盛世並興建吳哥窟的蘇利耶跋摩二世（Suryavarman II, r.1113-1150），就是印度教毗濕奴派（Vishnuite）的忠誠信徒，將自身視為毗濕奴的化身，而其逝世後的諡號「帕拉馬毗濕奴洛卡」（Paramavishnuloka），乃標誌著毗濕奴派在宮廷裡獲得篤信。Coedès, *The Indianized States of Southeast Asia*, p. 162.

75　謝小英，《神靈的故事》，頁21。

拜亦對人民造成嚴重負荷，最終驅使人民轉宗上座部佛教，使其在後吳哥時期重新崛起為一個真正的國家意識形態與民俗宗教。[76]此一轉變讓創造一個準平等主義（quasi-egalitarian）的宗教社群變成可能，甚至君王自己也變成社群成員。然後，這個新宗教社群轉而充當限制君王之過度權威的有效機制。[77]

在上座部佛教的權力、權威與政治統治概念中，雖然婆羅門教的宇宙論依然存在，但也吸收許多新的理念，像是在佛教概念中融入印度教的王權概念等。上座部佛教取代「印度教—大乘佛教」的信仰體系以後，改以「業」（kamma）的教義和宗教功績（merit）來作為統治正當化的理由。當人類透過模範行為而取得統治的權力，上座部佛教君主經由《十王法》（Dasarajadhamma, Ten Royal Virtues）的實踐，[78]就被視為維護佛教教義和佛法的最佳人選。然後，君主只要奉行《十王法》，就能展現平等主義的精神，即使像阿育王那樣採取獨裁統治，目的也是要提升社會大

76　Kulke, "The Devaràja Cult," pp. 375-376.

77　Harry J. Benda, "The Structure of Southeast Asian History: Some Preliminary Observations," *Journal of Southeast Asian History* 3, No. 1（March 1962）:120-121.

78　《十王法》意指國王的十種責任，包括：（1）、*Dāna*，豪爽（liberality）、慷慨（generosity）、慈善（charity）；（2）、*Sīla*，高尚的道德品性（a high and moral character）；（3）、*Pariccāga*，為人民的利益犧牲一切（sacrificing everything for the good of the people）；（4）、*Ājjava*，誠實正直（honesty and integrity）；（5）、*Maddava*，仁慈溫厚（kindness and gentleness）；（6）、*Tapa*，習慣節約（austerity of habits）；（7）、*Akkodha*，無瞋無恚無怨毒（freedom from envy, ill-will, enmity）；（8）、*Avihimsa*，不尚暴力（non-violence）；（9）、*Khanti*，忍耐、自制、寬容、諒解（patience, forbearance, tolerance, understanding）；（10）、*Avirodha*，不做反逆梗阻之事（non-opposition, non-obstruction）。Walpola Rahula, *What the Buddha Taught: Revised and Expanded Edition with Texts from Suttas and Dhammapada*（New York: Grove Press, 1974）, p. 85.

眾的利益和廢除個人的私利。顯然，後吳哥時期的國王不再是個「神王」，而是個公正的統治者，或是「法王」（dhammaraja），即是被視為人民之父的道德之人，其以個人方式進行統治，透過尊崇佛法來確保人民的幸福。[79] 如果說，「印度教—大乘佛教」的象徵性是以朝廷為中心的（court-centred），而且無法以可觸知的方式滲入村莊層級，那麼，上座部佛教就是一種人民宗教，其透過人道救贖的提供來延伸國家的目標。[80]

整體來說，無論是「神王」、「轉輪王」或是「法王」等概念，都賦予國王神聖的地位，使其扮演神聖和世俗等兩個世界間的中介者或傳達者的角色，透過宗教儀典的力量，國王就能取得正式的權力與權威。於是，宇宙觀、權術、王權等三者巧妙地融合成一體，構成一種「神聖化身」（divine incarnation）或「神性批准」的理論，為證明國王統治的正當性而服務。此種傳統文化在歷經長達90年的法國殖民統治後，僅僅遭到輕微地結構性損壞。瓦提裘提斯就指出，在前殖民時代，反叛國王意指褻瀆宗教，就和政治上的鼓動因而擾亂國家的和諧是一樣的。其中，人民對統治者的溫順態度不總是受到權威壓迫而起，有時是源於人民對於統治者應如何被尊重的認知而來。正是由於統治者掌握精神的力量，而且，這種精神詮釋被代代傳遞下來，存續在文化脈絡裡，根深柢固在人民的心智中，以至於社會無須確認統治者在世俗脈絡下的統治正當性，現代統治者才得以將此精神要素轉化為當代的政治術語，進而正當化其統治的事實。[81] 然後，這種源於

---

79 C. G. Gour, *Institutions constitutionelles et politiques du Cambodge*（Paris: Dalloz, 1965），p. 23. Quoted in Gyallay-Pap, "Reconstructing the Cambodian Polity," p. 77.

80 Gyallay-Pap, "Reconstructing the Cambodian Polity," p. 77.

81 Vatikiotis著，《東南亞政治與發展》，頁79。

印度教與佛教的傳統政治文化，就成為當代東埔寨威權政治的穩固基石。正如瓦提裘提斯所言，傳統主義有助於保存並集中權力，而非擴散權力。[82]

　　舉例來說，法國殖民政權在東埔寨引入君主立憲的代議政治，試圖建立一個多黨制的民主國家，但是，多黨制所助長的黨派之爭使得國家的政府運作出現困難，迫使施亞努國王（King Norodom Sihanouk，或譯為西哈努克）必須採取特定手段來削弱那群受西方教育的自由主義份子。他解決脆弱的憲政民主政治的方式，不是找尋新的指引民主的生活方式，而是強調東埔寨的吉蔑族歷史與佛教宗教傳統，因為他知道這些傳統能夠將權力予以正當化或神聖化。然而，施亞努訴諸傳統的統治模式最後卻遭到龍諾將軍（Gen. Lon Nol）發動政變推翻。他將此歸咎於佛教的中道與慈悲無法抵擋邪惡的暴力。相反地，龍諾的解釋則是，國王的行徑違背佛祖的教導，為維護佛教，糾正國王對佛教的濫用與歪曲，自己的政府必須善盡佛教護法人的責任。他表示：以前佛教的護持者是國王，現在則是一個「民主政府」。[83]龍諾的支持者甚至將他視為「未來佛」（future Buddha），從天上降臨至東埔寨的土地上，拯救國家擺脫「摩羅」（Māra，佛陀的敵人）的擁護者——施亞努和「紅魔鬼」（ascendance of the red demons）的權勢。[84]

82　同前註，頁37。

83　羅楊，《他邦的文明：東埔寨吳哥的知識、王權與宗教生活》（北京：北京聯合出版公司，2016），頁220-221。

84　Norodom Sihanouk, *Souvenirs doux et amers*（Paris: Hachette, 1981）, p. 34; Norodom Sihanouk, *Shadow over Angkor, Volume One: Memoirs of His Majesty King Norodom Sihanouk of Cambodia*, ed. and trans. Julio A. Jeldres（Phnom Penh: Monument Books, 2005）, p. 42.

1970年起，龍諾與波布（Pol Pot）的內戰，即是他作為僧伽（Sangha）保護者和企圖消滅佛教的敵人——「摩羅」之間的一場戰爭。1979年初，洪森（Hun Sen）及橫山林（Heng Samrin）等人偕越南之力推翻波布政權並建立柬埔寨人民共和國（People's Republic of Kampuchea, PRK）。PRK受到社會主義意識形態、越南扶植掌權等因素的影響，無法重新主張君主傳統來作為自身遺產的一部分，僅能仰賴宗教傳統來尋求權力的正當性。故而，橫山林掌權後的第一步就是允許佛教及其相關活動的恢復；同樣地，洪森在擔任總理一職時，為爭取人民廣泛地支持，更以象徵須彌山與生命無常的傳統佛教葬禮結構，為遭到赤柬殺害的平民興建眾多的陵塔。[85]由此顯見，柬埔寨的王權及宗教傳統在統治菁英正當化政治權力時的重要性。

回顧柬埔寨的整個歷史，一直維持著超過千年的權力和權威的君主政體，柬埔寨人民受到宗教信仰的影響，從未停止將國王視為神一樣的崇拜，由於這種精神上的意識，使得國王繼續成為正統政權的真正來源。影響所及，無論是1960年代的施亞努國王，或是21世紀掌權的洪森，無不利用傳統王權的崇拜模式來強化其威權統治的正當性。毫無疑問，這可說是當代柬埔寨政治菁英鞏固政治權力首要的一種傳統技藝。

85　Charles Keyes, "Buddhism and Revolution in Cambodia," *Cultural Survival Quarterly* 14, No. 3（September 1990）, accessed 25 October 2018, https://www.culturalsurvival.org/publications/cultural-survival-quarterly/buddhism-and-revolution-cambodia.

第四節　章節安排

　　根據前面兩節的說明，儘管本書寫作的主要內容是關於柬埔寨的政治經濟發展，在性質上應屬國內層次，不過，本書在研究方法上將不侷限在國內層面的分析，而是採取一種涵蓋國際體系、國內政治結構與個人的層次分析（levels-of-analysis）方式，[86]同時，也將著重政治與經濟兩者互動的連結效果，也就是一種議題連結（issue-linkage）的分析架構，[87]希望藉此完整勾勒出柬埔寨獨立以後的政治經濟發展之變遷。此外，本書將採取時間序列的縱向研究，從柬埔寨的歷史發展過程中考察其變遷，同時採取橫向研究，分別就柬埔寨的政治、經濟及外交等面向進行深入分析。儘管歷史發展因其連續性而難以精確區分成各個階段，但為行文方便必須作出概略性的歷史分期。毫無疑問，柬埔寨是東南亞地區經歷政府與政治變遷最多，而且是深受外部強權影響最鉅的國家之一，自從1953年正式獨立以後共經歷以下五個重要階段，體現出它的政治與經濟的變遷，包括：

　　1、施亞努執政時期的黃金時代（1953-1969）；

　　2、捲入國際冷戰對抗，進而衍生出的龍諾與柬共的內戰、波布極權統治，以及越南推翻波布而導致境內產生兩個政權的分裂時期（1970-1978）；

　　3、國際社會介入處理「柬埔寨問題」，最終在聯合國的干預下，終於獲得和平解決，由聯合國在柬埔寨過渡時期權力機構

86　參考：宋學文，〈層次分析對國際關係研究的重要性及模型建構〉，《問題與研究》47，第4期（2008年12月），頁167-199。

87　參考：宋學文，〈議題連結與兩岸關係之研究〉，《問題與研究》37，第2期（1998年2月），頁21-35。

（United Nations Transitional Authority in Cambodia, UNTAC）進行治理（1979-1992）；

4、柬埔寨舉行衝突後的第一次選舉，並且在成立聯合政府以後，進入恢復與重建階段（1993-2003），但是「赤柬問題」尚未解決並成為民族和解的主要障礙，而且國家雖然百廢待興，拉納烈（Norodom Ranariddh）與洪森兩位共同總理卻處於激烈的政治鬥爭，最後由洪森取得最後的勝利；

5、洪森獲得政治鬥爭的勝利以後，展開權力的壟斷與鞏固，帶領柬埔寨進入強人政治的時代（2004-2017），經濟發展也在歷經十年的恢復與重建以後邁向起飛的階段，柬埔寨從「殺戮戰場」躋身為新的「亞洲經濟之虎」。

整體來看，柬埔寨的每個歷史發展階段，國家內部均存在明顯的相互敵對的政治勢力，而且，每個政治勢力在外部均有各自支持的強權國家，分別透過政治、經濟、外交等手段來進行支援，使得柬埔寨的政治經濟變遷深受外部環境的影響。與此同時，掌握政治權力的政治菁英也亟思透過人民的權威崇拜來正當化其統治，並且作為打擊政治對手的手段。據此，本書的分析架構可簡單地以圖1-1來表示。

必須說明的是，本書重點在探討柬埔寨的政治經濟變遷，因涵蓋的時序超過60年餘，文中涉及許多柬埔寨重要的黨政人物、地名等，但多處未見通用的中文譯名，本書將以網路上蒐集可得的中文譯名為主，並於文中附上英文全名。此外，本書在探討經濟變遷時必然涉及經濟統計數據的引用，但受限於柬埔寨的統計系統的未臻完善，必須仰賴國際組織的統計數據，再輔以少數的官方數據，然後經由作者的計算與換算，從而產生各種數據差異的問題，例如以瑞爾（Riel）或美元（USD）作為計價單位所產

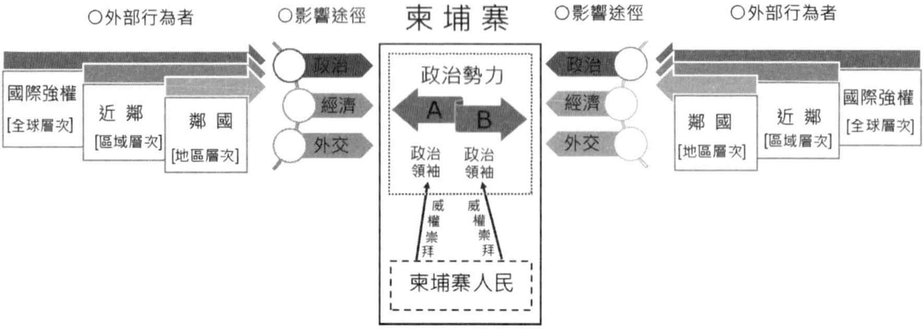

圖1-1：本書的分析架構圖
資料來源：作者繪製。

生的差異等，惟數據的選擇將取決作者的主觀認定。

　　在文獻引用方面，目前學界探討柬埔寨的中文專書尚不多見，[88]本書主要參考外文資料，涉獵範圍除涵蓋學術上的專書、期刊論文、學位論文，以及聯合國的正式文件，[89]世界銀行（World Bank，以下簡稱世銀）、亞洲開發銀行（Asian Development Bank, ADB，以下簡稱亞銀）、國際貨幣基金會（International Monetary Fund, IMF，以下簡稱IMF）等國際組織發表的研究報告之外，同時，也大量參考各國新聞媒體的報導，包括：柬埔寨當地的《金

88　例如：陳鴻瑜，《柬埔寨史》（台北：獨立作家，2015）；畢世鴻等編著，《柬埔寨經濟社會地理》，東南亞叢書第2輯（廣州：世界圖書，2014）；余春樹，《柬埔寨：邁進和平發展新時代》，第2版（香港：香港城市大學出版社，2012）；李晨陽、瞿建文、盧光盛、韋德星編著，《柬埔寨》，列國志，第2版（北京：社會科學文獻出版社，2010）。

89　聯合國的正式文件，查閱自正式文件系統（Office Document System）。UN, *Office Document System*, http://www.un.org/en/documents/index.html.

邊郵報》（*The Phnom Penh Post*）、《柬埔寨日報》（*The Cambodian Daily*）、《柬埔寨星洲日報》、[90]《高棉日報》、[91]《柬華日報》，[92]新加坡的《海峽時報》（*The Straits Times*）、《商業時報》（*The Business Times*）、《聯合早報》，台灣的《中國時報》，以及中國的《人民日報》等。其中，新加坡的報紙全文檢索自新加坡國家圖書館（National Library Board, NLB）的線上新聞資料庫（NewspaperSG-NLB eResources），[93]《中國時報》檢索自中國時報五十年報紙影像庫，[94]《人民日報》則是檢索自人民日報圖文數據庫（1946-2017），[95]其餘報紙的新聞報導均查詢自其官方網站。

　　最後，本書將參考芝加哥格式（Chicago style）中的「註釋─參考書目格式」（notes-bibliography style，簡稱NB）來作為主要的引註格式。[96]

90　《柬埔寨星洲日報》，http://www.camsinchew.com/。

91　《高棉日報》，http://cn.thekhmerdaily.com/。

92　《柬華日報》，http://jianhuadaily.com/。

93　Singapore National Library Board, *NewspaperSG-NLB eResources*, http://eresources.nlb.gov.sg/newspapers/.

94　《中國時報五十年報紙影像庫》，http://140.117.120.61.ezproxy.lis.nsysu.edu.tw:8080/ctime/ctnews.htm。

95　《人民日報圖文數據庫（1946-2018）》，http://data.people.com.cn/rmrb/index.html。

96　參考：Kate L. Turabian著，邱炯友、林雯瑤審譯，《Chicago論文寫作格式：Turabian手冊》（譯自 *A Manual for Writers of Research Papers, Theses, and Dissertations: Chicago Style for Students and Researchers*, 8th ed.）（台北：書林出版，2015）。

第二章

施亞努時期的政治經濟發展
（1953-1969）

第一節 「佛教社會主義」的政治實踐

假如說有一種宗教能激勵一個國家走向現代化的話，這種宗教大概就是佛教了。[1]

——柬埔寨國家元首 施亞努

施亞努親王無疑是柬埔寨近代史上最重要、最受爭議的政治人物。他的個性反覆不定，意識形態不左不右、忽左忽右、既左既右，使得柬埔寨原本較單純的政治問題，變成一個非常複雜及難解的政治習題。他出身柬埔寨的諾羅敦（Norodom）王室家族，在莫尼旺國王（King Sisowath Monivong, 1875-1941）於1941年過世以後，法國為平息民族主義者的不滿，以及化解諾羅敦與西索瓦（Sisowath）兩大王族的「分支之爭」，決定讓施亞努繼承王位。[2]儘管施亞努只是傀儡政府，但仍是柬埔寨人民心目中的世襲領袖。施亞努國王日後曾經感嘆：「1884年至1945年間，我們的國王們僅僅只是柬埔寨人所稱的『鸚鵡』而已，被訓練用來只

---

1 原文為 "S'il y a une religion qui mérite d'inspirer un Etat moderne, ce ne peut être que le bounddhisme." Sihanouk, *Souvenirs doux et amers*, pp. 267-268.

2 早在諾羅敦國王加冕時，法國官員就已經和暹羅官員共同主持加冕典禮。那是最後一次由曼谷來選擇與賜予柬埔寨國王的頭銜，也是最後一次由兩個外國朝廷來認可柬埔寨國王的正當性，更是柬埔寨國王首次從歐洲人的手中接過王冠。1904年4月24日，諾羅敦國王逝世。法國當局決定打破由長子繼承王位的傳統，排除具有民族主義傾向的尤根托（Norodom Arun Yukanthor, 1860-1934），改以親法的西索瓦（Sisowath, 1840-1927）取而代之。1927年4月9日，西索瓦國王辭世。法國又恢復長子繼承制度，讓莫尼旺（Sisowath Monivong, 1875-1941）繼任國王。1941年4月22日，莫尼旺國王病逝，由施亞努繼承王位。

會說『是、是』。」[3]因此，施亞努國王致力於從法國手中爭取柬埔寨的主權獨立。

　　1945年8月，日本戰敗投降以後，法國與泰國隨後在11月17日簽訂的《華盛頓條約》（the Treaty of Washington），[4]廢止1941年5月簽訂的《東京協議》（the Tokyo Convention of 9 May 1941），[5]泰國必須歸還自法屬印度支那取得的領土。馬德望（Battambang）、暹粒（Siem Reap）、詩梳風（Sisophon）等西部三省，那些從1794年起就被暹羅人所占領的領土，二度回歸柬埔寨的懷抱，最終恢復柬埔寨的領土完整。不過，法國並未就此保住柬埔寨。儘管法國人控制著柬埔寨的行政大權、各行政部門與教育體系，甚至操縱王位繼承權，試圖透過持親法立場的柬埔寨國王來強化殖民統治。但是，隨著柬埔寨境內各種民族主義運動的興起，法國對柬埔寨的殖民統治也遭遇諸多挑戰。

　　同盟國在日本投降後按照波茨坦會議（Potsdam Conference）的決議，[6]率軍進入中南半島。1945年10月，英國格萊西上將

3　原文為 "De 1884 à 1945 nos souverains n'étaient plus que ce que le peuple khmer appelait les « perroquets » dressés à dire seulement « Bat, Bat »（oui）." Norodom Sihanouk, *L'Indochine vue de Pékin: Entretiens avec Jean Lacouture*（Paris: Éd. du Seuil, 1972）, p. 27.

4　〈法暹協定的條款和附件（1946年11月17日訂於華盛頓）〉，載於《領土邊界事務國際條約和法律匯編》，中華人民共和國外交部條約法律司編（北京：世界知識，2006），頁30-32。

5　根據《東京協議》的規定，柬、泰邊界沿北緯15度向南，通過暹粒和馬德望兩省現有省界，終於貢卜河（Stung Kombot）口，即洞里薩湖的終點。〈法國和泰國和平條約（1941年5月9日訂於東京）〉，載於《領土邊界事務國際條約和法律匯編》，頁27-30。

6　根據1945年7月17日至8月2日所舉行的波茨坦會議的決議，第二次世界大戰結束以後，中南半島北緯16度以北地區（包括寮國大部分地區與越南的

（Major General Douglas Gracey）偕同法軍與印度軍隊進入金邊，推翻山玉成（Son Ngoc Thanh, 1908-1977）領導的新興獨立政府，改由莫尼勒親王（Prince Sisowath Monireth, 1909-1975）擔任首相。翌年1月7日，法、柬簽署一項《臨時協定》（Franco-Khmer *modus vivendi*），規定柬埔寨是法蘭西聯盟（French Union）中的自由邦（autonomous state），柬埔寨有權管理自己的事務，不過，臨時協定對柬埔寨的內部及外部主權存在諸多限制，規定重要的決定必須詢求法國高級專員的同意。[7] 名義上，柬埔寨是自由邦，但法國仍掌握絕大部分的權力；有別於過去的「直接管理」，法國此次則是透過柬埔寨人進行「間接統治」。

　　隨著法國與胡志明（Hồ Chí Minh）領導的越南獨立同盟會（Việt Nam Độc Lập Đồng Minh Hội, Việt Minh，簡稱「越盟」）的軍事衝突日漸升高，戰場上的失利使法國無力再與印支各國周旋，被迫開始作出讓步。1949年11月8日，法國總統歐里爾（Vincent Auriol, 1884-1966）與柬埔寨國王施亞努簽署《法柬條約》（Franco-Khmer Treaty of November 8, 1949），承認柬埔寨作為印支三個「聯繫國」（Associated States）之一，在外交、司法與經濟享有部分權力，以及包括馬德望與暹粒兩省等軍事區的自主權。[8] 不過，施亞努認為法國所承認的獨立並不完全，在對內與對外的主權上有諸多限制。他曾在接受美國《紐約時報》記者詹

中、北部）由中國受降，以南地區（包括柬埔寨、越南南部）由英國受降。

7　Ellen J. Hammer, *The Struggle for Indochina*（Stanford: Stanford University Press, 1954）, pp. 121-122; Donald Lancaster, *The Emancipation of French Indochina*（London: Oxford University Press, 1961）, pp. 134-135.

8　Michael Leifer, *Cambodia: The Search for Security*（London: Pall Mall Press, 1967）, pp. 35-39.

姆士（Michael James）訪問時指出：「柬埔寨的司法審判不能向法國申請，而且，我們的警察無法接觸到他們。在經濟問題方面，法國對我們綁手綁腳，我們不能自由地進口與出口，而且，我們沒有徵稅的自由。」[9] 故而，施亞努國王決定在 1952 年至 1953 年間展開「獨立十字軍遠征」（Royal Crusade for Independence），為柬埔寨尋求真正的獨立。[10]

　　1953 年，印度支那的形勢發生重大變化。韓戰結束以後，中華人民共和國將大量的軍火物資從朝鮮半島轉而援助越盟，讓越盟得以將攻勢擴大到寮、柬等國，導致印支戰局急轉直下。隨著法軍在中南半島的戰事挫敗，法國政府面臨來自國內輿論的壓力，使其必須重視施亞努國王所提的柬埔寨完全獨立的要求。施亞努國王提出警告：「除非法國在最近幾個月內授予柬埔寨人民更多的獨立，否則真正的危險是他們將會叛亂來對抗現在的政權，並且變成共產黨領導的越盟運動的一部分……過去幾年，已經有越來越多柬埔寨人民支持越盟為國家獨立的戰鬥。」[11] 該年 10 月 17 日，柬埔寨和法國簽訂移轉軍事權力協議，並將司法和外交事務的權力移轉給柬埔寨政府；[12] 11 月 9 日，柬埔寨終於宣布獨立。1954 年 5 月 8 日，日內瓦會議（Geneva Conference）召開第二階段的議程，[13] 討論中南半島問題，希望透過外交解決的方式來

9　Michael James, "King, Here, Warns Cambodia May Rise," *New York Times*, 19 April 1953.

10　Lancaster, *The Emancipation of French Indochina*, 271-274; Leifer, *Cambodia*, pp. 43-52.

11　James, "King, Here, Warns Cambodia May Rise."

12　Leifer, *Cambodia*, p. 49.

13　日內瓦會議乃是根據 1954 年 2 月的柏林外長會議公報而召開，共分兩階段：

結束法、越衝突，使中南半島重返和平。

　　1954年7月21日，日內瓦會議經過兩個月的協商終於達成協議，與會各國於次日簽署一系列關於停戰與印支和平的協定，亦即《日內瓦協議》（Geneva Accords）。根據《柬埔寨停戰協定》（Agreement on the Cessation of Hostilities in Cambodia）的內容，法國承認柬埔寨在主權與領土上的獨立，並從其領土上撤軍；與會各國亦聲明尊重尊柬埔寨的獨立、主權、領土的統一與完整，且不干涉其內政；越盟軍隊應於協定生效之日起的九十天期限內撤出柬埔寨，而吉蔑反抗軍（Khmer Resistance Forces, KRF）應就地復原，不設集結區；柬埔寨不准參與任何軍事聯盟，以及建立外國軍事基地，而且各種軍援、武器、彈藥、軍事人員不得進入其境內。[14]至此，隨著日內瓦會議的落幕，法國在柬埔寨長達九十年的殖民統治也正式宣告結束。然而，柬埔寨的政治局勢卻未因獨立而走向穩定發展，位居政治光譜兩端的施亞努國王和議會多數黨的民主黨（*Krom Pracheathipatay*, Democratic Party）之間的長期對立，導致柬埔寨的政治局勢仍處於不穩定的狀態中，驅使施亞努國王展開一場政治權力的變革。

　　早在1946年，法國與柬埔寨簽署《臨時協定》以後，法柬聯

第一階段主要討論韓國和平政治會議事宜，於4月26日召開，目的是要解決朝鮮半島問題；第二階段則是討論中南半島問題，於5月8日召開。

[14] US Department of State, "Agreement on the Cessation of Hostilities in Cambodia, 20 July 1964," in *American Foreign Policy, 1950-1955: Basic Documents, Vol. 1* (Washington, D.C.: U.S. Government Printing Office, 1957), pp. 767-775 (hereafter cited as *AFP*, with volumes)；〈關於在柬埔寨停止敵對行動的協定（1954年7月20日）〉，載於《印度支那問題文件彙編》第1集（北京：世界知識出版社，1959），頁91-94；Russell H. Fifield, *The Diplomacy of Southeast Asia: 1945-1958*（New York: Harper & Brothers, 1958), pp. 279-280.

合委員會（joint Franco-Cambodian committee）就據此制訂出一部
《選舉法》，並在5月31日通過。這部《選舉法》允許柬埔寨組織
政黨，舉行選舉來成立諮商議會（Consultative Assembly），並且
建議施亞努國王起草憲法。當時，柬埔寨新成立的政黨主要有民
主黨、自由黨（*Kanaq Serei Pheap*, Liberal Party, LP）和進步民主
黨（*Krom Chamroeun Chiet Khmer*, Progressive Democratic Party,
PDP），分別受到溫和派與保守派的贊助。

　　民主黨是由尤帝萬親王（Prince Sisowath Yuthevong）所領
導，具有強烈的反帝國主義意識，主張立即獨立，反對法國提出
的印支聯邦（Indochinese Federation）概念，不過，法國若以平等
和自由為基礎，民主黨則支持法蘭西聯盟的構想。另外，民主黨
也訴求民主改革，試圖藉由將近兩千年的舊絕對君主制轉型為自
由民主的政府體制，從而為柬埔寨尋求政治變遷，所以倡導君主
立憲的議會政府體制和具有立法權與審議權的民選議會，而其支
持者包含教師、公務員、積極參與政治的佛教僧侶，以及深受
《吳哥寺報》（*Nagaravatta*, Angkor Wat）的民族主義訴求所影響
者。許多民主黨員對於採取暴力方式的吉蔑伊沙拉[15]（Khmer
Issarak）懷有同情之心，尤其在尤帝萬親王過世以後，由契辛萬
（Chheam Vam）領導的民主黨變得更為激進，而且與吉蔑伊沙拉
發展出緊密的關係，造成民主黨的分裂。[16]隨著激進派、溫和派、
隨機派、追求利益者等派系的崛起，民主黨逐漸喪失議會政治的

15　吉蔑伊沙拉亦稱自由吉蔑（Free Khmer）或「自由高棉」（Free Cambodia），
　　也就是施亞努國王所稱的「藍色高棉」（*Khmers Bleus*, Blue Khmers），具有
　　反施亞努（anti-Sihanouk）和親美國（pro-America）的右派傾向。

16　Reddi, "A History of the Cambodian Independence Movement, 1863-1955", pp.
　　101, 137.

主導性。

　　有別於激進的民主黨，諾因迪斯親王（Prince Norodom Norindeth）領導的自由黨是一個保守政黨，主張在維護傳統君主制度的同時，也提倡緩慢與漸進的民主改革，性質上屬於資產階級的組織。自由黨的主要代表是大地主、華裔商人與高階官員等舊鄉村菁英的利益。由於自由黨和法國軍事圈保持友好關係，傾向與法國繼續保持某種形式的殖民關係。另一個保守政黨是由蒙塔納親王（Prince Norodom Montana）所領導的進步民主黨，他們認為柬埔寨人的民主素養仍屬落後，堅信在和法國行政當局的共同合作下，柬埔寨將朝民主的方向進步演化，所以該黨成員積極教導柬埔寨人適應民主，而其主要的口號就是「民主化柬埔寨人社群」（Democratise the Cambodian community）。[17] 一般來說，民主黨相較於其他兩個政黨，政黨結構較為組織化。

　　1946年9月1日，柬埔寨舉行諮商議會選舉。選舉結果是，民主黨贏得73%的選票，取得67席中的50席，自由黨僅贏得14席，其餘3席由獨立候選人獲得，進步民主黨則未能贏得任何席次。[18] 此後，民主黨支配了柬埔寨政治將近十年的時間。由於民主黨因為在諮商議會中占有絕對多數而掌握主導權，乃忽略諮商議會不具制憲權力的顧問性質，將其轉型成事實上的（de facto）制憲議會（Constituent Assembly），並以法國第四共和（French

17　Ibid., pp. 101-102.

18　Christof Hartmann, "Cambodia," in *Elections in Asia and the Pacific: A Data Handbook, Volume II South East Asia, East Asia and the South Pacific*, eds., Dieter Nohlen, Florian Grotz and Christof Hartmann（Oxford: Oxford University Press, 2001）, p. 69.

Fourth Republic, 1946-1958）為藍本來起草柬埔寨的新憲法。[19] 不過，施亞努國王認為，柬埔寨仍受殖民主義遺緒的束縛，人民的教育水準依舊低落，不適合採行現代的民主政治體制及成立完全成熟的民主政府，所以，對於民主黨主導制憲議會並提出新憲法感到不甚高興。儘管如此，施亞努國王仍在1947年5月7日頒布施行新憲法，[20] 將柬埔寨從絕對王權帶向君主立憲制的國家。施亞努國王同意新憲法的真正目的是，希望藉此重新獲得威望與影響力，同時凝聚人民的支持來打擊勢力日漸茁壯而且與越盟關係益加緊密的吉蔑伊沙拉。[21] 然而，新憲法既要取悅君主主義者，同時又提倡一個強大且民主的議會，此一特性就成為日後國王與國民議會頻繁發生政治鬥爭，進而導致政府癱瘓的根源。

　　1947年12月21日，柬埔寨舉行首次國民議會選舉。投票的結果是，民主黨贏得75席中的55席，剩餘的席次則由自由黨獲

19　法國第四共和憲法的主要特點是國民議會比總統享有更大的權力，是國家權力的核心。柬埔寨憲法與其主要差異在於，它明文規定：「所有一切權力源自國王，並且根據憲法行使各種權力」（第二十一條），而且，各種權力「以國王名義來實行之」（第二十二條至第二十四條）。洪應灶譯，〈柬埔寨王國憲法〉，《世界各國憲法大全》，世界各國憲法大全編輯委員會主編（台北：國民大會憲政研討委員會，1965），頁799。

20　1948年11月28日，法國總統歐里爾宣布：法國政府承認柬埔寨的獨立，而此獨立除作為法蘭西聯盟的一員外，沒有任何其他限制。12月，法蘭西聯盟主席批准柬埔寨憲法，而且，法國在該月16日於金邊宣布，在法蘭西聯盟架構下，柬埔寨獨立。數日後，柬埔寨國民議會將憲法中的「自治」一詞改為「獨立」。*Cambodge*, 29 December 1948. Quoted in Reddi, "A History of the Cambodian Independence Movement, 1863-1955", p. 136.

21　Le Khoi Thanh, "Cambodia in Transition," *Eastern World* 8（February 1954）, 21. Quoted in Reddi, "A History of the Cambodian Independence Movement, 1863-1955", p. 108.

得。[22]根據1947年憲法的規定，雖然所有權力源自於擔任國家最高元首（Chief of state）的國王，但其權力相當有限而且大多僅是名義上的，政治權力實際上掌握在部長委員會（Council of Ministers，即所謂內閣）與國民議會手中，前者行使行政權（第二十三條），後者行使立法權（第二十二條），[23]而且，前者必須向後者負責（憲法第八十一條）。[24]因此，在國民議會中占有多數席位的民主黨就順理成章地掌握了柬埔寨的政治實權。於是，民主黨選後開始系統性地封鎖施亞努國王及其任命者（內閣首相）所倡議的立法案。

　　舉例來說，民主黨因堅決反對法國而拒絕批准1949年的《法柬條約》，而產生一場憲政危機。施亞努國王曾氣憤地表示：「如果你們否決我，請你們立刻就完全獨立問題與法國政府談判，你們可以利用全體選民賦予你們的權力來進行這項工作。」然而，民主黨卻回應，提出這樣要求的時機「還沒有到來」。[25]就施亞努國王的立場來說，民主黨僅僅是為反對而反對。1949年11月18日，施亞努國王為因應來自民主黨的挑戰，決定解散國民議會，之後並未按照憲法第三十八條所規定的在兩個月內舉行新選舉，而是在王國委員會[26]（Council of the Kindom）的協助下，主導政

22　Roger M. Smith, "Cambodia," in *Governments and Politics of Southeast Asia*, ed., George McTurnan Kahin, 2nd ed.（Ithaca and London: Cornell University Press, 1964）, p. 611.

23　洪應灶譯，〈柬埔寨王國憲法〉，頁799。

24　同前註，頁803。

25　Sihanouk, *Souvenirs doux et amers*, p. 175.

26　王國委員會或稱「第二議院」（Second Chamber），是柬埔寨立法機構中的上（參）議院，性質類似殖民時期的諮商議會。不過，根據憲法第二十二條的規定，王國委員會委員有提出法律案的權力。王國委員會由24名來自任命與民

治將近兩年的時間。[27]直至民主黨在1951年9月9日舉行的國民議會選舉中，贏得78席中的54席的多數席次，[28]並由惠甘得（Huy Kanthoul）在10月13日籌組內閣，柬埔寨才又恢復正常的議會政體。

民主黨重新取得政治權力以後，不僅無法針對現存問題提出解決方案，更以分贓制度（spoils system）來作為運作政府的基礎。這時候，民主黨已經發展出完善的階層組織，並由單一派系所支配，他們設法指派忠誠黨員擔任官職，深入滲透到各個行政組織，許多有能力的公務員因此遭到解職或取代，從而引發諸多

選的委員組成，任期為4年。所有委員的年齡必須等於或大於40歲以上。其中，有2名是由國王選自王室家族成員並任命，2名是由國民議會選舉，不一定是國民議會成員，8名出自地方選舉，8名選舉自各種職業，其餘4名代表政府雇員或公務員。洪應灶譯，〈柬埔寨王國憲法〉，頁802-803。

27　1950年6月1日，施亞努國王指派其叔叔摩尼朋親王（Prince Monipong）成立新政府，並要求各政黨針對是否該召回舊國民議會、舉行新選舉或是修改憲法等問題尋求解決之道，以合法化當前現勢。其中，民主黨與自由黨主張召回舊國民議會，但新成立及小型的政黨則偏好舉行新選舉，希望能藉此獲得席次。經過數個月的爭辯，各政黨仍無共識，民主黨、自由黨與進步民主黨皆拒絕參與內閣，直至1951年3月3日由翁慶孫（Oun Chheang Sun）成立新政府以後，才決定舉行新選舉。

28　1951年9月的選舉，共有9個政黨參與競選，除民主黨贏得78席中的54席以外，自由黨贏得18席，由吉蔑伊沙拉前領袖達春（Dap Chhuon）新成立的勝利東北黨（*Kanapak Khmer Eisan Mean Chey*, Victorious Northeast Party）贏得4席，刁龍（Nhiek Tioulong）與龍諾（Lon Nol）領導的吉蔑民族創新黨（Khmer National Renovation Party, KNRP）贏得2席，其餘包括嚴森波（Yem Sambaur）新成立的民族重建黨（*Kanapak Damkoeung Pracheacheat*, National Reconstruction Party, NRP）、進步民主黨、人民黨（People's Party, PP）、金愓特（Kim Thit）領導的民族團結黨（Parti de l'Union Nationale, PUN）等則未能贏得任何席次。Smith, "Cambodia," pp. 613-614.

不滿。[29] 與此同時，民主黨與莫尼勒親王也敦促施亞努國王要求法國釋放山玉成，允許他返回柬埔寨。施亞努國王希望利用山玉成來激化民主黨內部的政治裂痕，同時提升自身政權的支持度，決定出面向法國交涉。他曾通知法國，釋放山玉成「將對柬埔寨民意產生很大的取悅效果，對法柬關係也是一項意義深遠的政治行動」。[30] 最後，法國同意釋放山玉成，使其得以在1951年10月29日順利返回金邊，而且獲得英雄式的歡迎。儘管山玉成答應施亞努國王和法國當局，回國後將避免參與所有的政治活動，他卻在返國後不久隨即投身政治。

　　1952年1月，山玉成在茶膠省的一個公開場合中表示，唯有法國軍隊撤離柬埔寨才能保證柬埔寨的獨立，國家的政治生活才能回歸和平與秩序。此外，他也在金邊創辦《柬埔寨醒報》（*Khmer Krouk*, Cambodian Awake），煽動柬埔寨人民的反法意識。同年2月，法國當局關閉《柬埔寨醒報》，理由是該報文字的強烈反法語調，而且指控山玉成在柬埔寨製造混亂，導致他因懼怕遭到逮捕而於3月初流亡至暹粒、奧多棉吉一帶的豆蔻山區，而且加入吉蔑伊沙拉，甚至被任命為柬埔寨民族解放委員會（*Kana Kamathikar Khmer Sang Cheat*, Khmer National Liberation Committee）的主席。山玉成甚至刻意選在3月9日當天宣布，展開「為柬埔寨自由而鬥爭」（struggle for the freedom of Cambodia）

29　Philippe Devillers, "Dynamics of Power in Cambodia," in *Politics in Southern Asia*, ed. Saul Rose（London: MacMillam & Co., Ltd. 1963）, pp. 150-151.

30　Norodom Sihanouk, *L'Action de S.M. Norodom Sihanouk pour L'Independance du Cambodge 1941-1955*（Phnôm-Penh: Imprimerie du Ministere de l'information, 1959）, p. 21. Quoted in Reddi, "A History of the Cambodian Independence Movement, 1863-1955," p. 156.

的計畫。對此，施亞努國王指控山玉成是「叛國賊」，山玉成則譴責施亞努國王是法國的傀儡，而且大肆鼓吹柬埔寨最好是共和國的理念。[31]

　　山玉成的民族主義論述與行動，深受年輕人、知識份子、佛教僧侶，以及民主黨的支持，儼然是民族主義者的精神領袖。影響所及，學生團體在5月於金邊發起示威遊行活動。隨著社會不安的情緒加劇，施亞努國王要求惠甘得內閣採取強硬措施來平息這場混亂，惠甘得反而逮捕國王的頭號支持者——前首相嚴森波（Yem Sambaur）。施亞努國王在面臨來自法國的強大壓力之餘，同時也對民主黨感到失望，認為民主黨將個人利益置於國家利益之上，而且為國家帶來混亂。6月15日，施亞努國王發動一場不流血的「皇家政變」（royal coup d'etat），[32]宣布解散惠甘得政府，並且自任首相，中止憲法，實行個人直接統治。施亞努國王在向國民議會發表的皇家咨文中，要求將權力全部交給國王，使其在三年期限內能有效地進行戰鬥，若國民議會拒絕，可能被解散。[33]他甚至在眾神（Tevodas）與真正權力者（Most Real Powers）面前宣誓，任期屆滿時將允許人民就是否達成目標來公開向他提

[31] Martin F. Herz, *A Short History of Cambodia: From the Days of Angkor to the Present* (London: Steven and Son, 1958), pp. 83-84; David J. Steinberg, Cambodia: Its *People, Its Society, Its Culture* (New Haven: HRAF Press, 1959), pp. 101-102; Smith, "Cambodia," p. 614; Reddi, "A History of the Cambodian Independence Movement, 1863-1955," p. 158.

[32] Wilfred P. Deac, *Road to the Killing Fields: The Cambodian War of 1970-1975* (College Station: Texas A&M University Press, 1997), p. 27.

[33] Sam Sary and Mau Say, *Bilan de l'œuvre de Norodom Sihanouk pendant le mandat royal de 1952 à 1955* (Phnom Penh: Imprimerie Albert Portail, 1955), p. 10.

出評斷。[34]此即著名的「皇家委任」（Royal Mandate, 1952.6.15-1955.2.7）。

　　實際上，「皇家委任」並非立基於任何賦予國王權力的憲法條款之上，讓施亞努國王可以在緊急狀態中接管各種權力，而是一種完全外在於憲法的獨裁措施。[35]這意味著，他已從憲法的束縛中奪走權力，將君主立憲制轉變為個人權力制。施亞努國王正在實踐一種犬儒主義的政治（politics of cynicism）：「不支持我者即是反對我」（Who is not with me is against me）。[36]民主黨就認為，在君主立憲的體制下，國王應該是「統而不治」（regin but not rule），[37]施亞努國王的舉動明顯是「違憲且不民主的」（unconstitutional and undemocratic），所以拒絕支持他所組成的新政府，並持續對其施政展開系統性杯葛，反對其所提出的建軍預算案及戒嚴法案。此時，左派份子亦對施亞努展開攻擊。1958年8月，法國巴黎發行的一本雜誌《高棉學生》（Khmer Student），在其特刊中出版一封公開信，批判施亞努國王與首相，並且譴責東埔寨國王對於民族的背叛與對人民的壓迫，導致兩大異議升高，包括：國王與法國強權共同合作，以民族獨立的代價來換取自身的利益，維護其王位；東埔寨國王的惡造成東埔寨人民墜入地獄之河，而且

34　Norodom Sihanouk, "Proclamation royale au peuple cambodgien, 15 juin 1952," in *Proclamations et Messages Royaux à l'Occasion de la Constitution d'un Gouvernement d'Union Nationale*（Phnom Penh, 1952）, p. 21. Quoted in Reddi, "A History of the Cambodian Independence Movement, 1863-1955," p. 166.

35　David J. Steinberg, *Cambodia*, p. 19.

36　"The Draft of The Republic Spirit," *Le blog de Sangha OP*, 31 janvier 2010, accessed 23 October 2018, http://www.op-sangha.fr/article-the-draft-of-the-republic-spirit-44002187.html.

37　Smith, "Cambodia," p. 614.

使其處於奴隸的狀態。[38]

　　對於民主黨與左派份子的批判，施亞努國王與君主主義者則是指控國民議會已經變成「叛賊的庇護所」（refuge for treason），民主黨正與共產主義份子或是地下共產主義者（crypto-communist）的山玉成「完全勾結」（outright collusion），懷抱著掩護激進份子與吉蔑伊沙拉的犯罪意圖。[39] 1953年1月13日，施亞努國王宣稱「國家正陷入危機中」（nation in danger），然後「毫無預警地」解散國民議會和王國委員會，[40]頒布戒嚴法，由國王根據憲法條款外的法令（decree）來進行直接統治。他提出警告，從現在開始，反對我的政策的任何個人或政黨都將被公布為國家的背叛者，必須受到處罰。[41]可以說，「皇家委任」讓施亞努國王得以投注全力向法國爭取完全的獨立，成為他展開「獨立十字軍遠征」的基礎，最終在與法國簽署權力移轉的一系列協議以後，柬埔寨獲得完全的獨立，而此獨立也進一步在1954年《日內瓦協定》中得到保證。

　　根據《日內瓦協定》的規定，除了對叛亂團體實行特赦，並將其重新融合到國家的公共生活中，同時也要恢復民主自由與舉行新選舉。[42]換言之，由於國家不再處於危機中，有必要結束緊急

38　"The Draft of The Republic Spirit."

39　Reddi, "A History of the Cambodian Independence Movement, 1863-1955," pp. 167-168.

40　Osborne, *Sihanouk*, p. 89.

41　*Radio Address*, 13 January 1953. Quoted in Philip Short, *Pol Pot: Anatomy of a Nightmare*（New York: Henry Holt, 2005），p. 83.

42　根據《柬埔寨停戰協定》的第六條內容規定：柬埔寨王國政府，關心保證王國人民的和諧和一致，宣布決心採取有效措施，俾使全體公民不受任何歧視地團結在全國共同生活中，並保證他們享有王國憲法所規定的權利和自由；

狀態，重新考慮政黨與議會，讓國家回歸到正常的憲政體制。國民議會選舉的時程原訂在1955年3月舉行，但是，新世代主導下的民主黨仍對選民深具影響力，況且山玉成也正在組織一場人民運動，試圖藉此參與選舉。[43] 對施亞努國王來說，當前趨勢雖然偏向將權力鞏固在國王的手中，過去的政治經驗（1947-1952）也顯露出允許立法機關支配行政機關的議會體制的弱點，不過，他在面臨來自各政黨政治人物要求舉行新選舉的壓力時，仍必須採取一些政治措施來避免民主黨支配的再起，並且確認權力掌握在自己的手中而不受他們挑戰。

1954年10月至11月，施亞努國王指示前首相嚴森波盡可能地將各政黨集結成一個統一戰線，來作為抵銷民主黨及山玉成的力量的嘗試，同時也可藉此將各政黨置於他的直接控制之下。當時，由四個在國民議會沒有任何席次的小黨所組成的政治結盟，[44] 就是著名的團結黨（*Sahapak*, United Party）。他們被稱為右派、君主主義者、傳統主義者，原則上反對政黨政治。

申明全體柬埔寨公民均能自由地以選舉人和候選人的資格參加秘密投票的全國選舉。對這些國民及其家屬不採取任何報復；每人應與其他國民同樣不受任何歧視地受到憲法所規定的有關保護人身、財產以及民主自由的一切保障。凡有要求在正規軍或地方警察部隊服務的，如果合乎軍隊和警察部隊目前的招募條件，可准許參加。同樣，恢復平民身分的人也可用與其他國民相同的條件申請擔任文職。US Department of State, "Agreement on the Cessation of Hostilities in Cambodia, 20 July 1954," p. 769；〈關於在柬埔寨停止敵對行動的協定〉，頁92-93。

43 *Kampuchea*（Phnom Penh）, 20 January 1955. Quoted in Smith, "Cambodia," p. 619.

44 這四個政黨包括：吉蔑民族創新黨、勝利東北黨、自由民主進步黨（Liberal Democratic progressive Party）、民族改革黨（National Reform Party）。

　　團結黨成立以後，施亞努國王決定在1955年2月7日舉行一場公民複決，題目是關於判斷國王是否完成三年前允諾的「皇家委任」：讓柬埔寨獲得完全的獨立及安全。施亞努國王為確保獲得大量的支持，除了在複決前夕將山玉成的主要追隨者逮捕入獄，並且，派遣警察搜查金邊所有的報社，鎮壓親民主黨的報紙所出版的新聞，逮捕某些記者，同時特別允許僧侶、士兵可以參加投票以提升得票數。最後的投票結果顯示有99.8%投票選民贊成施亞努國王已經達成「皇家委任」。當公民複決的投票結果公布以後，許多民眾在首都金邊舉行遊行，大皇宮前亦出現來自各省的請願者，要求國王延後甚至是取消選舉。各省代表與國王會面時，甚至敦促他重新控制政府，阻止「政客」重新掌權。人民的支持給予施亞努國王很大的信心。他曾向美國駐柬大使提及，他真正想要的就是兼顧「理論上的真正民主」與「由一個仁慈且開明的絕對君主來統治柬埔寨人民」。

　　1955年2月19日，施亞努國王為反對重返先前的憲政體制，乃針對1947年憲法提出一系列的改革方案，並且建議再次舉行公民複決來確認人民是否贊成憲改方案。簡單地說，施亞努國王的憲改方案有兩大重點。一是內閣由國王任命的國務大臣（secretary of state）組成，並且直接對國王負責，無須集體向國民議會負責。當內閣與國民議會有意見不同時，議題將被退回國民議會，退回兩次之後，若意見仍然不合，國民議會將被解散。二是國家的立法機關為兩院制，由諮商委員會（Consultative Committee）和國民議會所構成，前者由國王所任命的22名成員組成，後者的成員是來自每區各一位的民選代表。另外，為確保新國民議會具有真正代表性，所有參選的候選人不得為政黨提名，必須以個人身分參選，並且是在其選區居住超過三年的居民。[45]第二點的部分內容顯然將所有的吉蔑伊沙拉成員排除在選舉之外。施亞努國王堅持要對親民主黨的吉蔑伊沙拉採取強硬措施，不允許山玉成及其他任何的吉蔑反抗軍在柬埔寨的政治生活中扮演重要的角色，明顯違反《柬埔寨停戰協定》第六條對吉蔑反抗軍的規定，從而引起民主黨和山玉成陣營，以及某些國際監督與控制委員會（International Commission for Supervision and Control, ICSC）成員的反對。[46]

有鑑於憲改方案遭遇嚴重挫敗，施亞努國王認為由他作為一個候選人而不是國王來親自投入競選活動，將是避免民主黨重新掌權的最佳方法，如此才能將他的改革方案以民主方式傳遞給人民。3月2日，施亞努國王決定辭退王位投身選舉，作為一個「全職政治人物」（full-time politican），國王一職改由父親蘇拉馬里特親王（Prince Suramarit）繼任。關於放棄王位的理由，施亞努國王曾解釋：

> 我作為一個統治君王的責任，在柬埔寨取得獨立時就已結束，還有別的工作在等待著我，那就是解決社會問題與倡導真正的民主體制。現今的柬埔寨，政府的權力已被集中在少

---

45 憲改方案的其他內容還包括：（1）、使婦女享有與男性同樣的政治權利；（2）、成立民選的省議會，有權控制省的預算與徵稅、省的法律，假若中央政府任命的省長怠忽職守，省議會有權將其撤職；（3）、每個選區的選民有權罷免自己選出的議員，當大多數選民正式向國王提出罷免案時，國王應該允許該選區舉行新的選舉，而遭罷免的議員在新的選舉中仍有權重新報名參加選舉。（4）、國王有權撤銷部長的職務，以及有權作為憲法的最後仲裁者。Sihanouk, *Souvenirs doux et amers*, pp. 216-217; Smith, "Cambodia," p. 620.

46 D. R. SarDesai, *Indian Foreign Policy in Cambodia, Laos, and Vietnam, 1947-1964* (Berkeley: University of California Press, 1968), pp. 129-130.

數特權階級的手裡，他們並非代表人民的真正利益，反而是
在剝削人民。我的目標就是保證權力將由人民來實踐，並且
協助人民來消除這些不正義、貪污，以及人民長期所遭遇的
痛苦。而此項工作無法由在位的國王來適切地完成，因為國
王發現自己被禁錮在一個由相關利益者所創造的，無法輕易
調整的穩固體制中。基於外國政府體制無法符合柬埔寨人民
之本質與需求的事實，最終導致人民對於所謂的民主制度喪
失信賴。我藉由放棄王位，希望為子民服務來達成這些目
標。[47]

　　施亞努投身選舉的第一步是在1955年3月23日籌組「人民社
會同盟」（*Sangkum Reastre Niyum*, SRN, Socialist People's
Community，意指熱愛人民者同盟，以下簡稱SRN）的群眾政治
運動，[48]並且擔任最高委員（Supreme Councilor），以指導式民主
或稱「柬埔寨式民主」（Cambodian-style democracy），取代過去
十年採行的多黨民主體制。簡言之，SRN倡導維護君主體制及佛
教文化，確保「國家—宗教—國王」（Nation-Religion-Roi）的三
位一體，以實現社會主義及民主主義，希望藉此涵蓋所有柬埔寨
政治生活中的各個黨派，在國家無法再承受內部分裂的時刻，能
夠達成一種國家團結意識，恢復柬埔寨過去的豐功偉業；同時，
也榮耀道德品質，透過促進社會、經濟與文化的進步來提升人民

---

[47] Ministry of External Affairs, India, *Foreign Affairs Record*（New Delhi）, Vol. 1,
No. 3, March 1955, p. 51.

[48] 人民社會同盟的成員及其簡介，參考：Sangkum Reastr Niyum, *Biographie des
membres du Comité central et des membres des Comités provinciaux du Sangkum
Reastr Niyum*（Phnom Penh, 1955）.

生活水平。[49]

　　根據SRN的規章，該組織在性質上並非政黨，[50]而是真正的柬埔寨人民、平凡百姓的精神象徵，是一個反對不公正、貪污、勒索、壓迫、背叛人民與國家等行為的國民集合體（第四條）。若要成為SRN的成員必須不屬於任何政黨，或者沒有剝奪任何公民權利的情事；必須同意為達成運動的目標而奮鬥，以及遵守紀律，對人民效忠（第六條）。[51]這意味著要加入SRN，必須放棄其他任何政治團體成員的資格，施亞努此舉明顯意在裂解現存的政黨，SRN則是他排除其他政黨的政治工具。

　　1955年9月11日，柬埔寨舉行獨立以後的首次大選。本次選舉的主要參與者有以下三個：（1）、施亞努領導的SRN，提出「獨立、中立、和平、民主、廉潔」的口號；（2）、山玉成領導的民主

49　Norodom Sihanouk, *Statut de Sangkum Reastr Niyum*（Phnom Penh: Ministère de l'Information, 1955）, pp. 1-2; Michael Leifer, "The Cambodian Opposition," *Asian Survey* 2, No. 2（April 1962）: 12.

50　SRN的組織架構概略分成中央委員會（Central Committee）、單位（Units）、省級大會（Provincial Congress）與國民代表大會（National Congress）。其中，中央委員會由16名成員所構成，包括：施亞努所擔任的最高委員，其角色是領導運動與維持凝聚力；一名作為主要管理者的秘書長；14名委員。單位則是在省、區、城鎮與村等各級行政所成立的組織，其官員每年由選舉產生，省督與政府官員經常是單位主管（Unit Chief）。在單位主管之下有一選舉產生的委員會主任與辦公室。省級大會的代表是省級單位的成員，一年聚會三次來討論單位的走向，以及確定參加SRN內部組織選舉的候選人。Sihanouk, *Statut de Sangkum Reastr Niyum*, 2-3; Frederick P. Munson, Keenneth W. Martindale, David S. McMorris, Kathryn E. Parachini, William N. Raiford, and Charles Townsend, *Area Handbook for Cambodia*（Washington, D.C.: U.S. Government Printing Office, 1968）, pp. 176-177.

51　Sihanouk, *Statut de Sangkum Reastr Niyum*, pp. 2-3.

黨；（3）、由前吉蔑伊沙拉領袖所支持的吉蔑人民黨（*Pracheachun*, Khmer People's Party），性質是越盟扶植的一個共產主義陣線，由高棉人民革命黨（Khmer People's Revolutionary Party, KPRP，[52] 以下簡稱柬共）成立的合法政黨，[53] 被施亞努稱為「越盟的禮物」（gift of the Viet Minh）。[54] 其中，民主黨曾經在過去幾次選舉中贏得勝利，但是許多政黨領袖在這次選舉期間已經倒戈加入 SRN，使得民主黨改由激進的年輕世代所掌控，但他們大多缺乏參與國家政治的經驗，與國家的連結不像上個世代的那般深入。同樣地，新崛起的吉蔑人民黨也是如此。這讓 SRN 得以利用選舉過程來消滅反對勢力任何取得國會席次而挑戰施亞努的機會。

　　首先，施亞努陣營利用內政部這樣的國家官僚，對中央與地方的各階層文官人員施壓，強迫他們成為 SRN 的成員。其次，由於控制民主黨的年輕世代，大部分是從法國巴黎返回柬埔寨，成員也涵蓋巴黎當地的馬克思主義研究圈的成員，從而被描述成「共產主義者的接收者」（communist takeover）。所以，施亞努陣營也試圖對民主黨發布法律禁令，並且，迅速地起草與頒布反共產黨法。尤其是，他們原本就已掌握政府的安全和情報機關，以至於許多反對陣營的候選人和社會活動者遭到逮捕或發生意外事

52　1960 年，高棉人民革命黨改稱為柬埔寨勞動黨（Workers Party of Kampuchea, WPK）。

53　其他政黨還包括；自由黨、國民黨（Reastr Niyum Party, Nationalist Party, RNP）、Khmer Ekreach、高棉勞動黨（Khmer Labour Party）。

54　US Department of State, "Memorandum of a Conversation, Department of State, Washington, September 39, 1958, 4:15 p.m.," in *Foreign Relations of the United States, 1958-1960, Vol. 16, East Asia-Pacific region; Cambodia, Laos*, eds., Edward C. Keefer and David W. Mabon（Washington, D.C.: Government Printing Office, 1992), p. 250.（hereafter cited as *FRUS*, with years and volumes）

件。明顯地，柬埔寨獨立後的首次正式選舉，並不像1946年、1947年和1951年的選舉那樣的自由或公平。對此，國際監督委員會成員對於選舉是否自由也有所爭辯。[55]

本次選舉的投票率為75%，有效票數為761,744票，[56]選舉結果是SRN贏得630,085票（82.7%），囊括新國民議會的91席全部席位，施亞努成為國家的新總理；山玉成領導的民主黨僅得到93,921票（12.3%），從此被迫流亡到南越及泰國，民主黨甚至在1957年被迫解散，直至龍諾成立高棉共和國（Khmer Republic）以後才又重新崛起；至於吉蔑人民黨只獲得29,505票（3.9%），由於他們對其秘密活動相當忠誠，繼續從柬共甄補其他的擁護者。SRN獲得選舉勝利，乃標誌著多黨體系與民主的終結，開啟個人控制的單一政黨時代。[57]

在缺乏反對黨競爭的情況下，施亞努領導的SRN連續在1958年及1962年所舉行的兩次大選中，都贏得絕對的勝利，[58]奠下施亞努在柬埔寨人心目中的領袖地位。申言之，施亞努不僅透過選

55　"1955 Polls: The Sangkum Takes Hold," *Phnom Penh Post*, 13 February 1998.

56　Hartmann, "Cambodia," p. 69.

57　Marie Alexandrine Martin, *Cambodia: A Shattered Society*（Berkeley, CA: University of California Press, 1994）, p. 63.

58　施亞努在1958年大選期間的選戰策略乃是採取反共路線、鎮壓共產黨的策略。由於吉蔑人民黨深受越南勞動黨（Đảng lao động Việt Nam, Workers Party of Vietnam）的支持，施亞努陣營透過選舉宣傳將吉蔑人民黨成員塑造成柬埔寨人民的敵人，以及為外國（越南）利益服務的僕人。本次的選舉結果是，人民社會同盟獲得1,646,488票，吉蔑人民黨僅獲得409票。1962年選舉時，吉蔑人民黨遭遇施亞努以反共之名而採取鎮壓策略，最終被予以瓦解，以至於該年選舉僅有人民社會同盟參加。Hartmann, "Cambodia," p. 69; "Strong Is the Sangkum; The Stirrings of Discontent," *Phnom Penh Post*, 27 February 1998.

舉程序掌握行政權和立法權，而且在被尊稱為「西索瓦國王第
二」的蘇拉瑪烈國王（King Norodom Suramarit）於1960年4月3
日逝世以後，又被任命為「國家元首」（Chief of State），[59] 擁有和
國王一樣的權力、特權和優先權，徹底的將柬埔寨從「議會民
主」轉變為「仁慈的威權主義」（benevolent authoritarianism）。[60]
無疑地，施亞努已經徹底掌握柬埔寨的政治權力，猶如吳哥時代
的闍耶跋摩二世國王一樣。[61] 1960年代的一位美國記者夏波倫
（Robert Shaplen）曾經寫道：「柬埔寨就是施亞努」（Cambodia Is
Sihanouk）。[62] 此外，由於民主黨已經解散，真正反對施亞努政策
的人僅來自SRN內部的不同派系，這也讓他得以具體落實自己的

59　根據憲法規定，國王逝世後應由王位委員會（Crown Council）任命繼承人，
　　鑑於施亞努的高度聲望，理應由其繼承，但他曾在退位時許諾不再擔任國
　　王，導致王位委員會無法召開，造成一場王位繼承危機。王位委員會經過反
　　覆協商後，提議進行修憲，設立一個非國王的「國家元首」職位來行使國王
　　的權力。1960年6月5日，為確認人民是否贊成施亞努擔任國家元首一職，
　　舉行一次公民複決投票，而其結果是：登記選民數為2,199,731人，有效票共
　　有2,020,741票，贊成票是2,020,349票。國民議會與王國委員於6月11日接
　　受修憲的建議，並於兩天後進行修憲，將國王改為國家元首。6月14日，國
　　民議會與王國委員會舉行一次聯合會議進行投票，同意由施亞努出任國家元
　　首一職，而國王的象徵仍被維持並由其母親哥沙曼皇后（Queen Kossamak）
　　擔任。1961年1月23日，國民議會與王國委員會無異議通過國家元首一職涵
　　蓋所有的行政權與立法權。Sihanouk, *Souvenirs doux et amers*, 258; Smith,
　　"Cambodia," pp. 626-627; Hartmann, "Cambodia," p. 68.

60　Smith, "Cambodia," p. 644.

61　Robert Garry, *La Renaissance du Cambodge de Jayavarman VII, roi d'Angkor à
　　Norodom Sihanouk Varman*（Phnom Penh: Department de l'Information
　　Cambodge, 1964）.

62　Robert Shaplen, "Cambodia: The Eye of the Storm," in *Time out of Hand: Revolution
　　and Reaction in Southeast Asia*（London: Andre Deutsch, 1969）, p. 303.

目標，全面推進國家經濟和社會的進步，進而將柬埔寨帶向一個穩定與繁榮的「黃金時代」。因此，施亞努執政時期的柬埔寨就被刻畫為「和平的綠洲」（oasis of peace），「東南亞的卡美洛」（Southeast Asian Camelot）。[63]

　　概略來說，施亞努的施政綱領主要是以「王制的社會主義」及佛教的教義為基礎，稱為「佛教社會主義」（Notre Socialisme Buddhique），亦即所謂的「吉蔑社會主義」（Khmer Socialism），是一種結合國王（Monarchy）、宗教（Religion）及柬埔寨鄉村傳統（Cambodia's rural traditions）等三要素所構成的意識形態，其本質上是務實的，制訂來作為國家政治經濟發展措施的指導原則。[64]他認為，意識形態是建構現代國家的必要因素，獨立的柬埔寨必須有自己的政治與社會的意識形態，當柬埔寨將自身建設成一個現代國家時，意識形態可以用來支持自身。[65]其中，佛教與國王乃是達成民族團結所不可分離的要素，兩者可以引導國家邁向現代化。施亞努表示，SRN引用佛教的淵源和許多世紀以來偉大的先王們所建立的傳統，來喚醒並鼓勵人民投入緊迫且持續的國家建設運動；[66]我們是社會主義者，但我們的社會主義更多是由佛教道德與民族既存的宗教傳統所啟發，而非來自國外所輸入的

63　David M. Ayres, *Anatomy of a Crisis: Education, Development, and the State in Cambodia, 1953-1998* (Honolulu, Hawaii: University of Hawai'i Press, 2000), p. 31.

64　Ministère de l'Information, ed. *Considerations sur le socialisme khmer* (Phnom Penh: Imprimerie du Ministère de l'Information, 1961), pp. 2-4.

65　"Notre Sangkum," *Le Monde*, 8 Oct 1963, reproduced in *Le Sangkum: Revue politique illustrée*, 1 (Aug. 1965). Quoted in Margaret Slocomb, "The Nature and Role of Ideology in the Modern Cambodian State," *Journal of Southeast Asian Studies* 37, No. 3 (2006): 378.

66　Sihanouk, *Souvenirs doux et amers*, p. 262.

教義。[67]明顯地，施亞努所倡導的社會主義，明顯不同於馬克思主義者的社會主義或共產主義，本質上是吉蔑族的，直接啟發自柬埔寨人的宗教原理，鼓勵互助與為所有人而採取道德關注的社會行動，隱含著尊重人類及達成個人成就與福祉的目標。[68]

　　在政治方面，施亞努積極推動親民的「民主政治」，那是一種近似古希臘與古羅馬式直接民主的公民大會。他曾表示，當柬埔寨獲得真正的獨立以後，爭取主權的責任已經結束，未來的工作是解決社會問題，並且建立一個真正的民主政體來終結政府權力集中在少數特權團體手中的情況，那些人並非代表而是剝削人民的利益。施亞努的目標是，政治權力應該由人民自己來行使。[69]由於SRN的目標是要建立一個真正民主的、平等的社會主義的柬埔寨，所以施亞努首先設立SRN代表大會，後來又成立國民代表大會（National Congress），並且在1957年被載入1947年憲法的修正案中，作為一種國家制度來監督國民議會、政府機關，甚至是國家元首，成為這時期柬埔寨民主的基本組織。此後，當國民議會與部長委員會產生無法解決的爭議時，將交付國民代表大會裁決，若國民代表大會無法達成共識，將進一步交由公民複決。施亞努認為：

67　Marcello Zago, "Contemporary Khmer Buddhism," in *Buddhism in the Modern World*, eds., Heninrich Dumoulin and John Maraldo（New York: Macmillan, 1976）, p. 112.

68　Politique économique du SRN, official communiqué of the Sangkum Reastr Niyum and the Royal Government（Phnom Penh, 1961）, pp. 1-2. Quoted in Slocomb, "The Nature and Role of Ideology in the Modern Cambodian State," p. 379.

69　Devillers, "Dynamics of Power in Cambodia," pp. 155-156.

　　唯有透過這種方式，人民的意志才能真正地得到體現。農民和其他勞動人民的意見是非常珍貴的東西，人民的聲音必須被聽見，而且只有通過國民代表大會才能發揮最大的效果。國民議會的代表和政府官員為尋求自身的重新當選，每隔四年才與人民見面一次，這是不夠的。他們應該每六個月聚會一次，向人民解釋他們活動，回答人民的提問，聽取人民的建議。[70]

　　一般來說，國民代表大會由施亞努主持，每年在皇宮前的廣場舉行兩次，不分性別和政治傾向，接受民眾參加。人民完全有發言權，也可以充分行使自己的權利。國民代表集會時，內閣成員、議員及省長必須對國民代表的提問作出回應。自1955年至1958年初，國民代表大會共舉行過六次聚會，商討重要的國內及外交政策問題，例如：中立及不參與軍事同盟的對外政策，同共產集團建立外交關係，接受美國的軍事援助與共產集團的經濟援助，國民代表大會的憲政地位，省級議會的成立，憲法修正的倡議等。[71]

　　由於施亞努透過SRN、國民代表大會，對政治領域幾乎達到排他性和個人控制的狀態，特別是1957年通過的憲法修正案，除了讓國民代表大會凌駕於國民議會之上，儼然成為「最高決斷」（supreme judge），修正案還讓國王可以選擇與任命政府成員，並且在終審中有權解釋憲法條文。此外，施亞努透過1960年公民複

70　Norodom Sihanouk, *My War with the CIA: The Memoirs of Prince Norodom Sihanouk* (New York: Pantheon Books, 1972), p. 97.

71　Sihanouk, *Souvenirs doux et amers*, pp. 243-244; Smith, "Cambodia," p. 623.

決所擔任的「國家元首」一職，更是集合所有的行政權與立法權。他所採取的這些看似民主的各種措施，為其個人化的政權披上一層民主的外衣。實際上，施亞努所提的憲法修正案只是想捍衛王權來對抗民主黨，而非實現一場有利於人民的改革。[72] 1965年以前，儘管施亞努在統治上逐漸呈現出專制的傾向，即使1959年發生所謂的「達春陰謀」（Dap Chhuon Plot），[73] 幾乎未曾遭遇嚴重的內部挑戰而能順利統治國家。然而，1960年代中期開始，源自國內、外的緊張局勢在SRN的領導關係中逐漸變得更具決定性。

　　基本上，施亞努提倡社會主義的主要目的，是要避免共產主義在柬埔寨取得勝利。為此，施亞努自1958年起開始對左派青年採取開放的態度。尤其是，施亞努掌握所有的政治權力引發年輕一代的不滿，特別是從法國留學歸國的知識份子。所以，施亞努在1961年8月決定吸納吉蔑人民黨員來擔任SRN的議員，甚至任命為國務秘書，像是喬森潘（Khieu Samphan）、胡榮（Hou Yuon）、胡寧（Hu Nim）等。施亞努曾表示：「我嘗試一種在年輕一代和年長者之間避免衝突的實驗，世代衝突對於我亟欲達成與鞏固的民族團結，已造成致命一擊……他們想要達成的是攻擊現有政權並以共產主義來取代它，毫不考慮其行動對民族利益所造成的後果。」[74]

　　舉例來說，胡榮在1958年至1963年間，身兼數個部長職位，

---

[72] Martin, *Cambodia*, p. 65.

[73] 「達春陰謀」是指一場由右翼政治人物桑沙立（Sam Sary）、山玉成、達春（Dap Chhuon），以及泰國與南越兩國政府，甚至美國情報局都有涉入，意圖推翻施亞努的國際性計畫，該事件後來被施亞努作為電影《吳哥陰影》（Shadow over Angkor）的主題。Sihanouk, *My War with the CIA*, pp. 102-111.

[74] Smith, "Cambodia," p. 628.

其中之一就是經濟部長。他在提到解決鄉村問題時，主張要以社
會主義計畫來保衛國家，主要的方法是成立合作社。[75] 有別於此，
喬森潘則是強調須以階級同盟來改善國家的經濟依賴，為發展國
家經濟，民族鬥爭對抗國際資本主義遠比國家內部的階級對立來
得重要。[76] 由於這些左派團體在 1960 年代初期支持引入社會主義
經濟，並且反對任何將柬埔寨帶向與西方結盟的行動，從而遭到
一群保守的、親美的右派領袖的反對，像是前總理沈法（Sim
Var, 1906-1989）、宋山（Son Sann）等。保守的右派團體偏好私
人計畫能在國家經濟中扮演更大的角色，同時，在中立的外交架
構下，與西方國家保持緊密的合作來對抗北越的入侵。[77]

　　1963 年，施亞努宣布拒絕美國的援助，但美援一向是用以平
衡國內預算，以及支付進口的來源，施亞努的決定大幅降低可取
得的經費數量。因此，金邊政府試圖透過增加出口盈餘來填補資
金缺口，特別是稻米的出口。為此，施亞努的手段之一就是降低
政府自農民手中收購稻米的價格，導致 1963 年到 1964 年間提供

---

75 胡榮在 1964 年出版的《合作社的問題》（*Pahnyaha Sahakor*, The Cooperative
　　Question）一書中，要求在愛國政權的架構中提升階級鬥爭，藉以改善農民
　　的生活水平，強化施亞努的反美地位。Hou Yuon, "Solving Rural Problems: A
　　Socialist Programme to Safeguard the Nation," in *Peasants and Politics in
　　Kampuchea, 1942-1981*, eds., Ben Kiernan and Chanthou Boua（London: Zed
　　Press, 1982）, pp. 134-165.

76 Khieu Samphân, *Cambodia's Economy and Industrial Development*, trans. Laura
　　Summers（Ithaca: Southeast Asia Program, Dept. of Asian Studies, Cornell
　　University, 1979）, pp. 100-104.

77 Donald P. Whitaker, Judith M. Heimann, John E. MacDonald, Kenneth W.
　　Martindale, Rinn-Sup Shinn, and Charles Townsend, *Area Handbook for the
　　Khmer Republic*（Cambodia）（Washington, D.C.: U.S. Government Printing
　　Office, 1973）, p. 177.

給稻米生產者的平均價格下跌20%，大幅降低農民的所得，又因無利可圖導致稻米生產停滯；農民也不願和政府收購單位交易，助長稻米走私的盛行，從而在鄉村地區引發一場經濟危機。[78]此外，美援也是金邊政府用以支付軍人薪資的來源，施亞努拒絕美援嚴重損及軍人的利益，不僅無法支付軍人的薪資，也導致軍隊缺乏武器與備用零件的窘境，重挫軍隊的士氣與效率。軍事領袖無不期盼美國人的回歸，而要求發動政變來對抗施亞努。[79]

　　1965年，施亞努開始實施國有化政策，將銀行與進出口貿易收歸國有，導致經濟發展停滯，城市菁英的生活水平因此遭受影響，但是某些在國有經濟占據重要職位者卻奢華腐敗，反對聲浪日漸高漲，此種不滿成為城市地區的右派份子推展反施亞努政權運動的基礎。儘管施亞努利用「佛教社會主義」來為其國有化政策辯護，強調這些政策最終目的是對人民有益，因為都是根據佛陀教義和偉大先王們所建立的吉蔑族傳統。但是，過度介入經濟，公共生活貪污嚴重，農作物歉收，再加上必須調整國家預算的損失來填補先前拒絕美援所導致的空缺，使得施亞努政府面臨極大的財政危機。困頓的經濟局勢遂成為下一屆內閣發生戲劇性變動的契機。[80]

　　1966年是柬埔寨國內政治發展的一個轉捩點。該年9月11

[78] Stephen Heder, "Kampuchea's Armed Struggle: The Origins of an Independent Revolution," *Bulletin of Concerned Asian Scholars* 11, No. 1（January-March 1979）: 5.

[79] Milton E. Osborne, *Politics and Power in Cambodia: The Sihanouk Years*（New York: Longman, 1973）, pp. 89-90.

[80] Michael Leifer, "Cambodia: The Limits of Diplomacy," *Asian Survey* 7, No. 1（January 1967）: 72-73.

日，柬埔寨即將舉行獨立後的第四次國會選舉。在過去的三屆選舉中，SRN的執行委員會都會在成員中提名候選人組成代表團來參加大選。此舉遭到外國觀察家的批判，認為國家元首透過這種方式進行初步篩選，目的是不要讓候選人數高於席次總數。[81] 在本屆大選舉行以前，數百位潛在候選人聯名向施亞努遞交請願書，要求舉行公開競選，並獲得施亞努的允許，任何SRN的成員都可以自行參選。這意味著，這次大選是施亞努自1951年以來首次面臨到候選人和他沒有多大關係的情況。本次選舉共有415名候選人競逐國會的82個席位，所有的候選人都是來自SRN，其中，有42位候選人是自行參選。選舉結果揭曉以後，有五名當選人可視為左派代表，自1962年起就接受王室的恩惠；另外，Douc Rasy、沈法、隆波烈（Long Boret）、嚴森波、Op Kim Ang、鄭煌（Trinh Hoanh）等六位右派領袖則是全部當選。[82] 照顧地方利益的候選人擊敗主要依賴施亞努忠誠才取得資格的候選人，因此被某些評論者稱為是反動力量的勝利。[83] 顯而易見，9月大選為右派份子迎來一場明確的勝利。更重要的是，這場選舉將龍諾將軍及軍方帶向政治舞台的中心。

1966年10月22日，柬埔寨議會投票以73票贊成、0票反對、4票棄權的一面倒投票結果，提名長期擔任國防部長兼陸軍司令的龍諾擔任柬埔寨的新總理。[84] 由於龍諾將軍贏得中年保守派

---

[81] Martin, *Cambodia*, p. 111.

[82] Justin Corfield, *The History of Cambodia*（Santa Barbara, Calif.: Greenwood Press, 2009）, pp. 63-64.

[83] David P. Chandler, *A History of Cambodia*, 2nd ed.（Chiang Mai: Silkworm Books, 1993）, p. 195.

[84] Martin, *Cambodia*, p. 111.

的支持，特別在華裔商業經濟菁英中相當受到歡迎，所以，他不僅任用資深的保守主義者，同時也網羅具有右派信念的年輕人。龍諾的新內閣共有八名部長和四名國務秘書是未曾在前屆政府中任職的新進者。[85] 這場9月大選因此被認為是柬埔寨歷史上最保守的一次選舉。正如學者奧斯伯恩（Milton E. Osborne）所言：「如果右派尚未明確地躍上馬鞍，至少已經堅定地踩在馬鐙上。」[86] 新內閣成員在政治傾向是右派與保守的，反映出一種激進的菁英流轉。當擁護私營經濟的右派團體進入議會，首先要反對的就是施亞努所實施的進出口行業國有化政策，因為這項經濟政策造成他們損失慘重。

　　施亞努對於保守性格的新政府相當不滿，在公布詔令任命新內閣的兩天後，隨即由追隨者與包含普差（Phouk Chhay）、蘇年（So Nem）、Tan Kim Huon、趙紹（Chau Sau）等人的左派份子，籌組一個類似英國「影子內閣」（shadow cabinet）的一種「對抗政府」（Counter-Government），作為對政府的意識形態批判，試圖對新內閣產生一種抑制的影響力，並且在兩大競爭團體中保持一種政治平衡。由於影子內閣與右派政府無法配合，從而引發一場內閣危機。兩個星期以後，龍諾提出辭職，但不被施亞努所接受。實際上，影子內閣的成立不僅弱化施亞努長久以來無可挑戰的權威，同時也導致左派團體開始打擊龍諾政府。[87]

　　1967年初，困擾柬埔寨經濟最嚴重的問題是大量的稻米被走私到「越共」（Viet Cong，即越南南方民族解放陣線 National

---

85　Whitaker and others, *Area Handbook for the Khmer Republic*, p. 177.

86　原文是 "If the Right was not yet clearly in the saddle, it stood at least firmly on the mounting block." Osborne, *Politics and Power in Cambodia*, p. 97.

87　Leifer, "Cambodia: The Limits of Diplomacy," p. 73; Martin, *Cambodia*, p. 111.

Front for the Liberation of Southern Vietnam, NFLSV）的控制區域或西貢的黑市，政府收購單位僅能收購到三分之一的稻米。龍諾政府為根除稻米外流，決定由政府軍隊負責在主要生產區進行收購稻米。由於政府的收購價格遠低於黑市的三分之一，遂引發馬德望省三洛地區（Samlaut）的農民起而反抗，從而與馬德望南部存在已久的階級衝突相結合。施亞努下令鎮壓農民動亂，引爆武裝衝突，導致超過4,000人被捕，至少有400人入獄，此即所謂的「三洛事件」（Samlaut Rebellion）。[88]

　　1967年4月22日，施亞努指控喬森潘、胡榮等左派議員為叛亂的指使者，必須負起主要的責任，因此，他們決定逃離金邊，加入柬共的武裝叛亂活動。之後，這場農民暴動危機擴散至城市地區，再從城市中心蔓延至其他六個省分的鄉村地帶，包括：菩薩、磅清揚、磅湛、磅同、磅士卑、貢布。龍諾面臨此一政治危機乃選擇辭職，由施亞努成立宋山領導的緊急政府來處理叛亂，不過，國會仍繼續由右派所掌控。基本上，金邊政府採取強硬鎮壓措施來消除農民不滿產生兩個明顯的影響：一是激化農民持續地分裂現況，導致他們容易受到柬共的號召；二是驅使柬共的高層領袖地下化，讓懷疑者開始信服，透過現存的國家組織來進行政治鬥爭在柬埔寨政治中不再是個可行的戰術。換言之，左派團體的戰術如果不從政治行動主義轉換成政治暴力，將會遭到施亞努政權的根除。[89]因為施亞努從1967年中期開始，政策走向明顯

88　詳細內容，參考：Ben Kiernan, "The Samlaut Rebellion, 1967-68," in *Peasants and Politics in Kampuchea, 1942-1981*, pp. 166-205; Martin, *Cambodia*, pp. 112-117.

89　Craig Etcheson, *The Rise and Demise of Democratic Kampuchea*（Boulder, Colorado: Westview Press, 1984）, p. 71.

只有一種，即是從金邊政治中消除城市中的激進份子。[90]

　　學者基爾南（Ben Kiernan）將「三洛事件」視為柬埔寨歷史的一個轉折點，認為它標誌著武裝鬥爭的起點，最終在 1975 年導致共產主義者的勝利。美國學者艾克森（Craig Etcheson）同樣認為，「三洛事件」預示著革命時期之初步階段的終結，以及七年內戰的開端。[91] 不過，施亞努公開反對這種觀點，主張從未有過這樣的叛亂事件，若有也僅僅是農民的不滿，並且不是針對他，而是要反對龍諾。[92] 無論如何，「三洛事件」確實改變施亞努對左派的態度，同時，也試圖重修與美國的外交關係來恢復經濟與軍事援助。然而，施亞努的政治地位已大幅滑落，最終無法避免地遭到龍諾為首的右派團體所推翻。

第二節　外國援助下的「經濟奇蹟」

　　一個國家如果經濟落後，就是沒有獲得真正的獨立，不具備完整的主權，因為它要一切依靠外援。[93]

　　柬埔寨的經濟可以說是一個奇蹟。我們的國家在追求現代化的同時並不放棄自己的傳統，保持了自己的獨立，不受任何外來干涉。……如果有人要談奇蹟二字的話，那麼他們便

90　Osborne, *Politics and Power in Cambodia*, p. 102.

91　Etcheson, *The Rise and Demise of Democratic Kampuchea*, p. 71.

92　Corfield, *The History of Cambodia*, p. 65.

93　原文是 "Il N'y a pas d'indépendance réelle, en effet, pour un Etat qui possède tous les attributs de la souveraineté, mais qui est économiquement sous-developpe, donc très dépendant des aides étrangères." Sihanouk, *Souvenirs doux et amers*, p. 227.

　　會發現這個奇蹟就在柬埔寨。[94]

——柬埔寨國家元首　施亞努

　　自古以來，柬埔寨人民得利於優越的自然環境，生活條件相當優渥。關於柬埔寨的物產豐饒，周達觀所著的《真臘風土記》中曾如此描述：「大抵一歲中，可三四番收種，蓋四時常如五六月天，且不識霜雪故也」；[95]「山多異木，無木處乃犀、象屯聚養育之地。珍禽奇獸，不計其數。細色有翠毛、象牙、犀角、黃蠟。麤色有降真、荳蔻、畫黃、紫梗、大風、子油」；[96]「蔬菜有蔥、芥、韭、茄、西瓜、冬瓜、王瓜、莧菜。……不識名之菜甚多，水中之菜亦多種」；[97]「魚鱉惟黑鯉魚最多，其他如鯉、鯽、草魚亦多。……更有不識名之魚亦甚多，此皆淡水洋中所來者。至若海中之魚，色色有之。……蛤、蜆、蟶螺之屬，淡水洋中可捧而得」。[98]故而，柬埔寨人「不著衣裳，且米糧易求，婦女易得，居室易辦，器用易足，買賣易為」。[99]

　　然而，柬埔寨在歷經與暹、越兩大鄰國的數百年軍事衝突以後，已陷入農業生產落後，對外貿易幾乎不存在的窘境。柬埔寨淪為法國的保護國以後，被納入資本主義的殖民經濟體制之內，所有的經濟活動發展主要是為殖民母國的利益而服務，主要以原

---

94 引自王爰飛，《叢林戰火二十年：施亞努沉浮錄（上）》（北京：國防大學出版社，1995），頁20。

95 周達觀著，夏鼐校注，《真臘風土記校注》，頁136。

96 同前註，頁141。

97 同前註，頁155-156。

98 同前註，頁156-157。

99 同前註，頁180。

物料的出口為主，以至於法國殖民幾乎沒有為柬埔寨帶來任何的工業發展。除了生絲、棉花等柬埔寨本地物產的出口，法國更引進橡膠種植，使其成為支撐柬埔寨出口貿易的重要經濟作物，並且迅速地支配柬埔寨的初級部門，許多棉花田因此被改成橡膠園。此外，法國殖民當局為滿足本國對原物料的需求，甚至在1884年廢除柬埔寨土地禁止自由買賣的限令，使其得以買賣大量的土地來種植橡膠，導致大量土地除被置於殖民者的控制之下，也流入王族、官僚、土豪等上層階級的手中，從而產生越來越多的小農與無土地的農民。他們有些受雇於大地主從事橡膠種植，有些則向大地主租賃土地成為雇農，一方面要面臨來自地主的剝削，另方面要承擔沉重的租金壓力。[100]尤康托爾親王（Prince Norodom Arun Yukanthor）於1900年向法國政府遞交的請願書中，就曾對法國在柬埔寨的殖民統治提出強烈的批判。他指出：

　　過去，根據法律規定，所有柬埔寨的土地屬於國王。但是，土地事實上屬於使用土地和耕種土地的那些人。……是你們法國人在柬埔寨建立起私有財產權，是你們在柬埔寨劃出巨大的租借地。都是因為你們，柬埔寨人民已經變得貧困。你們利用武力強迫柬埔寨人民在使用土地時必須付出重大的代價，這在以前，國王的命令是授予他們免費使用土地。[101]

---

[100] 關於殖民時期的經濟發展，參考：Margaret Slocomb, *An Economic History of Cambodia in the Twentieth Century* (Singapore: NUS Press, 2010), pp. 30-72.

[101] Sihanouk, *My War with the CIA*, p. 149.

　　除了農業生產與土地問題，法國資本還控制了柬埔寨的金融、林業、漁業、航運業，以及進出口貿易。可以說，法國殖民統治時期的柬埔寨經濟發展毫無獨立性，僅僅作為法國的原料產地和商品銷售市場而存在，這種困境一直延續到柬埔寨獨立初期。施亞努國王曾說：「我們已經是一個獨立自主的國家，我們應該設法從速發展國家的經濟，因為獨立的國家好比一間屋子，經濟好比屋柱，如果屋柱不夠堅硬，這間屋子又怎麼會穩固呢？」[102]

　　1955年，施亞努率領人民社會同盟（SRN）取得政權以後，以佛教社會主義／吉蔑社會主義作為指導國家政策的意識形態，其核心價值是「平衡」或「均衡」，同義字為「中立」（neutrality）。在經濟方面，施亞努採取一種強調在資本主義與共產主義等兩大體系之間平衡地適應的「經濟中立」（economic neutrality）政策，這是在公共行動與私人行動之間促進一種穩定平衡的國家政策，其具體應用是融合私人資本與企業，以及國家資本與監督的「混合經濟企業」（mixed-economy enterprise），然後，保衛國家利益來對抗國內或國外的特權資本主義者。國家對主要的經濟部門保有完全的控制權，像是能源、運輸、採礦等，至於工業、農業和商業等其他領域的混合事業則偏好給私人企業，而且柬埔寨資本的比重必須占有多數。[103]

　　由於柬埔寨是一個貧窮的國家，缺乏財政資源，國營企業、私人企業和公私合營企業等三種企業形式的平行發展是必要的。這種經濟政策為國家帶來特定的好處，包括：（1）、在生產與成

102　魏達志編著，《東盟十國經濟發展史》（深圳：海天出版社，2010），頁567。

103　Slocomb, *An Economic History of Cambodia in the Twentieth Century*, p. 78.

本上，可促進和平的競爭而有利於國家經濟的發展；（2）、在社
會領域上，私人企業必須與國家部門合作，提供工人階層適當的
權利和生活水平。另外，施亞努政權接受與外國利益的經濟共
存，並不反對接受外國的經濟援助及外國資本，為解決建設資金
短缺的困境，甚至大力歡迎外國資本的投入。不過，SRN深知未
能控制外國投資的危險，所以規定外國企業中，雇用人員中的柬
埔寨人的比重不得少於70%，柬埔寨資本不得少於51%。整體來
看，吉蔑社會主義在工業部分反映在國營企業的快速成長、三種
企業形式在良好的條件下發展、由友好國家共同參與三種企業的
發展等三個特色。[104]

　　關於農業部分，佛教社會主義在農業上的應用，包括：生產
工具，以及藉由信用合作社與生產合作社等生產媒介來進行農產
品的行銷，也就是要走向「半社會主義」（semi-socialiste）。簡言
之，SRN的目標主要有五：（1）、讓每一個農民家庭都能擁有土
地所有權，他們可以發展與自由處置辛勞所獲得的成果；（2）、
協助每位農民取得較好的設備，以及讓每個村莊得以最少的工具
來達到農業機械化；（3）、協助村人口發展農業資源以外的其他
資源，像是手工貿易、林業開發、畜牧、漁業等；（4）、保證農
民能以最佳的條件販售產品；（5）、在鄉鎮發展的架構下，透過
村莊的社會空間（ĺespace social）的合理化，特別是藉由協助他
們管理環境、衛生設施、學校等，來帶領農民集體改善村民的生
活型態。[105]

　　基本上，柬埔寨的農業發展有其先天的優勢與限制，包括：

104　Ministère de l'Information, ed., *Considerations sur le socialisme khmer*, pp. 8-9.

105　Ibid., pp. 12-13.

富足的農田，高生產力的農業土壤，氣候適合穀物與蔬菜大範圍的密集生長，湖泊與河川孕育豐富的魚產，森林富含珍貴的柚木資源。柬埔寨的年降雨量達到85.15英寸，在正常狀態下理應有足夠的水資源可供給農業使用，然而，降雨卻集中在每年的5月至10月，導致水源的控制與有效利用成為重要的問題，經常性的洪水氾濫造成洞里薩湖─湄公平原的縮小，如何避免洪災並保存多餘的水資源以供灌溉使用，成為農業發展的關鍵。此外，效率低落的傳統技術，像是柬埔寨人偏好使用雙水牛犁田而非單一動物等，讓氣候與土壤理論上可允許一年多穫，實際上卻僅能一年一穫。[106]

再從成長經濟學的觀點來看，柬埔寨的農業主要面臨三大結構性的問題。第一，鄉村人口的年成長率超過3%，但是農業成長率卻較為緩慢。第二，對處女地的耕種擴張所帶來的成長，無法回應逐漸升高的生產成本和下降的回報率。第三，農業的集約發展受到四項因素的限制，包括：（1）、缺乏大型灌溉系統，導致灌溉率低，例如1953/54年的水稻地區有170萬公頃，灌溉面積為34,872公頃，灌溉率僅有2.05%；（2）、金屬工具、耕畜、殺蟲劑與肥料的高成本；（3）、農業技術停滯導致鄉村生產力低落，農民僅能一年一穫；（4）、家庭持分的農地因繼承而變得不經濟與不連續，導致在1950年至1970年間，小農擁有的土地面積太小，農民被迫賣掉土地，然後為地主工作，使得佃農與租農的比

106 Frederick P. Munson, Caroline S. Birnberg, Federic H. Chaffee, Chungnim C. Han, Millard Peck, and Jojn Hughes Stodter, *Area Handbook for Cambodia* (Washington, D.C.: U.S. Government Printing Office, 1963), p. 261; EIU, the Economist Intelligence Unit, *Country Report: Indochina, Vietnam, Laos, Cambodia* (London: Economist Intelligence Unit, 1987), p. 44.

例出現明顯的增加。[107] 例如：農地持有者所持有的農地面積低於五公頃者在1929年約占農村人口的94%，1956年時約92%，時至1962年下降至86%，顯示富農和地主的比例快速地增加，而且其所擁有的土地面積占總灌溉土地的比重也從1929的31%增加到1962年的46%。由此顯示，柬埔寨的土地越來越集中在相對少數的地主手中。[108]

　　然而，統治菁英僅意識到，農民缺乏現金，而且需要貸款來支付季節性與其他的投資。官方認為，農業最主要的問題是華人控制所有的鄉村商業與貸款，以及華人的財富移轉是來自主要的生產者與國家。也就是說，農民所得的短缺或流動是因為依賴華人店主、放款人與碾米廠的服務，這些人以每年70%到120%不等的利率，將貸款擴展到鄉村消費者與產品，並且在收成時期對農民的稻米提供低價，這些都被斷定為是一種剝削。[109] 歷史學者湯普森（Virginia Thompson）曾在1937年寫道，這個國家被高利貸所吞噬，而且債權人逼迫債務人頻繁地變換位置。[110] 這種現象一直延續到1950年代仍未見改善。法國殖民信貸局在1952年進行的調查中發現，柬埔寨有75%的農民身負債務。另外，根據法國學者德爾沃特（Jean Delvert）對1950年代柬埔寨農民的研究結果指出，華人店主以月息10%或令人吃驚的年息240%貸款給農

107　Laura Summers, "The Sources of Economic Grievance in Sihanouk's Cambodia," *Southeast Asian Journal of Social Science* 14, No. 1（1986）: 21-22.

108　Ben Kiernan, "Introduction," in *Peasants and Politics in Kampuchea, 1942-1981*, pp. 4-6.

109　Summers, "The Sources of Economic Grievance in Sihanouk's Cambodia," p. 22.

110　Virginia Thompson, *French Indochina*（New York: The Macmillan Company, 1937）, p. 356.

民，有些案例的月息甚至高達20%。一旦農民無法支付負債時，就有義務販售其土地，或是透過本人或家庭成員為債權人工作來償還債務。[111] 德爾沃特判斷，東埔寨農民和地方放債者之間存在一種象徵性的關係。他認為，華人賦予東埔寨人經濟生活。沒有華人，東埔寨農民難以保障其生計。[112]

因此，施亞努政府為協助貧窮的農民，減輕農村地區的債務，同時便利政府控制稻米貿易，乃於1956年6月成立皇家合作社（Office Royale de Coopération，以下簡稱OROC），藉以在稻米及其他農產品的交易中，提升國家的競爭力，並且提供低利貸款來鼓勵農業、手工業和小型工業的發展，為鄉村貧民提供替代高利貸的可行方案。[113] 換句話說，OROC的主要任務是作為政府貸款基金來協助創立並援助農業合作社，以低於市場利率來提供信貸。所以，OROC被視為打破高利貸業者控制，同時促進農民儲蓄合理化的手段。[114] 根據統計，OROC所發放的貸款總數，從1956年的1億瑞爾增加到1968年的5.13億瑞爾。[115] 不過，根據亞銀在1970年提出的報告卻顯示，OROC作為主要的農業信貸機構，僅有10%到30%的東埔寨農民曾經從合作社體系取得貸款，大部分的耕種者仍然向放債者、中間人、貿易商與村莊店主進行

---

[111] Jean Delvert, *Le Paysan Cambodgien* (Paris, Mouton, 1961), Ch. 17. Quoted in Kiernan, "Introduction," p. 8.

[112] Jean Delvert, *Le Paysan Cambodgien*, p. 523. Quoted in Slocomb, *An Economic History of Cambodia in the Twentieth Century*, p. 120.

[113] Khatharya Um, *From the Land of Shadows: War, Revolution, and the Making of the Cambodian Diaspora* (New York: New York University Press, 2015), p. 92.

[114] Munson, Birnberg, and others, *Area Handbook for Cambodia*, p. 339.

[115] Summers, "The Sources of Economic Grievance in Sihanouk's Cambodia," p. 25.

借貸。[116]由此顯示，OROC的實際運作未能達成打擊高利貸的預期目標。

此外，施亞努時期的經濟發展政策還有另一項特點，亦即國家發展計畫的實施。法國經濟學者Achille Dauphin-Meunier曾指出，1955年至1960年間，柬埔寨第一個由國家領導推進的經濟擴張與現代化開始了。[117]加拿大學者加里（Robert Garry）也表示：由於施亞努的極力推進，柬埔寨正經歷一段從衰落中復興及其向一個獨立王國與現代吉蔑國家（Khmer Nation）發展的激烈轉型，主要的發展集中在農業、灌溉、工業、教育、公共衛生及通訊線路，這些發展充分顯示施亞努對於發展與建設的狂熱。[118]

首先是兩年計畫（Biennial Plan, 1956.11-1958.06），亦即著名的「研究、反思與實驗的計畫」（Plan d'études, de réflexion et d'expérimentation, Plan of study, reflection and experimentation），主要是作為大範圍計畫啟動前的一種預備計畫，總體目標是強調教育、醫療、通訊與運輸設施的擴張，灌溉系統與洪水控制工程的建立，小型私人企業的發展，以及鄉鎮的發展等，從而展現出施亞努政府在這階段優先著重在農業與輕工業或食品工業的特性，至於工業化的部分則要等待下一個發展計畫才開始推動。

---

[116]　Asian Development Bank, *Economic Report on Cambodia*（Manila, 1970）, p. 16. Quoted in Slocomb, *An Economic History of Cambodia in the Twentieth Century*, p. 121.

[117]　Achille Dauphin-Meunier, *Histoire du Cambodge*（Paris: Presses Universitaires de France, 1961）. Quoted in Sophal Ear, *Cambodia's Economic Development in Historical Perspective: A Contribution to the Study of Cambodia's Economy*（Berkeley, CA: S. Ear, 1995）, p. 40.

[118]　Garry, *La Renaissance du Cambodge de Jayavarman VII*, p. 1.

　　1956年1月14日，柬埔寨成立國家發展銀行（Caisse Nationale d'Equipment, CNE）來掌控兩年國家發展計畫的財政，使其成為國家計畫委員會（National Planning Council）的運作機構。該計畫原先預計支出35億瑞爾（約1億美元），建設事業及生產事業各占38%，社會事業占17%，一般部門占5%（參考表2-1）。不過，兩年計畫實際到位的投資額僅有24.55億瑞爾，其中有15.31億瑞爾來自美國的援助，4.04億瑞爾來自法國的援助，4.07億瑞爾來自柬埔寨政府的支出。[119] 由於該計畫未能在預定時程內達成預期目標，所以延長至1959年。在該計畫實施的四年期間（1957-1959），被視為柬埔寨從一個完全依賴法國的財政援助而受其控制的保護國邁向一個新興獨立國家的過渡時期。[120]

　　兩年計畫在美國與法國的經濟援助下，聚焦在基礎設施的發展上，原先分配的金額是13.3億瑞爾，但實際到位金額卻達到15.2億瑞爾，比預期多出14.3%。基礎建設最重要的成果是以施亞努港為中心的相關建設，包括：法國經濟與技術援助任務（Mission française d'Aide Économique et Technique, M.F.A.E.T.）耗資超過350萬法郎，動員超過1,500名柬、法兩國人員，所推動的施亞努深水港的建設，以及連結金邊與施亞努港的高速公路和鐵路等。其中，連結金邊與施亞努港的柬、美友誼高速公路（Khmer-American Friendship Highway，即著名的國道四號），乃是由美國經濟援助任務（American Economic Aid Mission）提供3,200萬美

119　此外，其他資金來源還包括：中華人民共和國的6,200萬瑞爾、可倫坡計畫（Colombo Plan）的2,900萬瑞爾，以及蘇聯的2,200萬瑞爾。Munson, Birnberg, and others, *Area Handbook for Cambodia*, pp. 253-254.

120　Ibid..

表2-1：兩年計畫的預算概要（1956-1958）

A. 一般部門		B. 建設事業		C. 生產事業	
旅遊事業	103	電、用水	147	農業	113
其他	42	**道路橋梁**	**504**	**農業水利**	**337**
小計	175	鐵路	114	畜牧業	53
實際到位金額	91	**港口**	**231**	林業	92
		航空運輸	177	漁業	116
D. 社會設施		通訊	154	礦業、工業與手工業	39
教育	275	小計	1,330	**生產援助**	**580**
公共衛生	**230**	實際到位金額	1,520	小計	1,330
城市計畫	160			實際到位金額	405
小計	665			四項總計	3,500
實際到位金額	445			實際到位金額總計	2,451

說明：金額單位為百萬瑞爾。

資料來源：南洋研究所集刊編委會，《廈門大學南洋研究所集刊》（廈門：南洋研究所集刊編委會，1959），頁62。引自譚實主編，《柬埔寨》（南寧：廣西人民，1985），頁85。

元資金所興建，建設鐵路的資金則是由德國和法國所提供。[121]

　　必須強調的是，施亞努港使柬埔寨成為一個海洋國家，有助於打破越南西貢港對柬埔寨貿易的壟斷，從而在面向外部世界時享有較大自主性；柬、美友誼高速公路的建設完成，則讓柬埔寨無須再依賴船舶透過湄公河航經越南或是透過鐵路行經泰國，而

---

[121] Serge de Labrusse, "Communications maritimes et fluviales du Cambodge," *Politique étrangère* 24, No. 3（1959）: 336-342; Jean Delvert, "L'économie cambodgienne et son évolution actuelle," *Tiers-Monde* 4, No. 13-14（1963）: 202-203.

得以直接從事遠洋貿易，同時，也因建設需要而開放新農地的墾殖，以及允許開發人跡罕至的森林資源，將有助於經濟發展；作為港口公路項目的一部分，柬埔寨人學習到操作重型道路機械及公路營建的技術，而且該項目完成以後，價值600萬美金的公路設備被移交給柬埔寨政府來作為高速公路的營建與維護之用。[122]除了施亞努港建設項目以外，水力發電也是兩年計畫的重要基礎建設。在1957年至1960年的四年間，施亞努政府除挖掘7,000座水井與3,000座蓄水池，還有建設100座小型水壩與基里隆（Kirirom）水力發電廠。[123]

　　1960年以前，由於柬埔寨剛脫離戰爭與危機，嚴重缺乏資源，外國援助不僅成為工業發展的基礎，也是國家發展計畫能夠順利實施的主因。關於兩年計畫，外國援助的比重約占92%，國家預算僅占8%。[124]美國無疑是柬埔寨最重要的援助來源國，援助目的是要鞏固柬埔寨的獨立，建立一個強大的國民經濟，並且發展人民新的知識與技術來推動經濟發展計畫，改善柬埔寨人民的生活水平及生產能力，尤其是鄉村地區的人民。[125]根據統計，美國在1955年至1959年間對柬埔寨提供援助金額高達2.6億美元，

---

122 US Department of State, *Cambodia, Fact Sheet: Aid in Action*（Washington, D.C.: U.S. Government Printing Office, 1961）, p. 6.

123 Jean, "L'économie cambodgienne et son évolution actuelle," p. 203.

124 Norodom Sihanouk, "Extraits du discours du chef de l'Etat prononcé à l'occasion de l'inauguration de l'exposition permanente des réalisations du Sangkoum, le 11 novembre 1964," in Royaume du Cambodge, *Les progrès du Cambodge, 1954-1964*（Phnom Penh: Department de l'Information Cambodge, 1964）, p. 2.

125 United States Opérations Mission tô Cambodia, *Le programme de l'aide économique américaine au Cambodge 1955-1959*（Phnom Penh: Administration de Coopération internationale, mission d'aide AmericainauCambodge, 1960）, p. 9.

其中的1.8億美元是經濟與軍事援助，有9,320萬美元用以支付經濟與技術項目（參考表2-2），包括：公共事業、農業、教育、公共衛生、民警、工業、通訊等領域（參考圖2-1）。

　　舉例來說，儘管法國在殖民柬埔寨時已經在馬德望建設一座

表2-2：美國對柬埔寨的經濟與軍事援助（1955-1960）

項目／年別	1955	1956	1957	1958	1959	1960	合計
軍餉與軍事設備	21.3	22	15.5	15.4	13.1	12	99.3
經濟與技術項目	24.6	23.8	19.1	13.2	12.5	10.7	103.9
合計	45.9	45.8	34.6	28.6	25.6	22.7	203.2

說明：金額單位為百萬美元。

資料來源：United States Opérations Mission tô Cambodia, *Le programme de l'aide économique américaine au Cambodge 1955-1959*, p. 12.

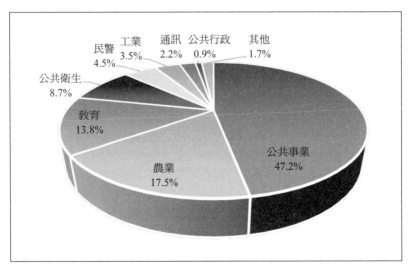

圖2-1：美國對柬經濟與技術援助的構成（1955-1960）

資料來源：同表2-3，頁13。

攔河壩以作為灌溉目的之用，但直至1950年代中期以前並未開始運作。所以，美援投注在農業方面的項目是計畫在暹粒與磅湛恢復最古老與最重要的原始灌溉系統，亦即建造於吉蔑帝國時期的西大人工湖（Barai Occidental），並且建設新的灌溉系統，計畫灌溉2萬公頃的面積。此外，柬、美兩國專家緊密合作改善穀物、畜牧業、林業與合作社等。在教育方面，美援著重在教師訓練、課綱發展，以及在各省成立示範學校。1957年，柬埔寨第一個小學教師訓練中心在美國指導下於Kampong Kantuot成立。[126]可以說，美國協助改善柬埔寨的教育機構，發展初級、中級和高等學校，以及鄉村地區的技術訓練中心等。[127]

　　其次是第一個五年計畫（First Five-Year Plan, 1960-1964），焦點是生產的發展與工廠的建立，主要目標是要將人均國民生產毛額（GNP per capita）每年提升3%，或者在五年期間將國民生產毛額（Gross National Product, GNP）合計提升至40億瑞爾。施亞努政府採用三比一的生產係數（Coefficient of Production），亦即資本產出率（Capital Output Ratio）的假定，[128]所以，第一個五年計畫的總資本投入預計達到120億瑞爾。三分之一來自私營經濟，其餘三分之二來自政府支出，而且，在政府投入的80億瑞爾中，約有40%的金額運用在提升生產上，其餘部分是基礎設施占28%、社會領域占24.5%、行政部門占7.5%（參考表2-3）。

---

[126]　US Department of State, *Cambodia, Fact Sheet*, pp. 9-10.

[127]　United States Opérations Mission tô Cambodia, *Le programme de l'aide économique américaine au Cambodge 1955-1959*, p. 10.

[128]　Tan Kim Huon, *Role of the Universities in Development Planning: The Khmer Republic Case*（Singapore: Regional Institute of Higher Education and Development, 1974）, p. 5.

表2-3：第一個五年計畫的預算概要（1960-1964）

A. 生產事業								
項目／年別	1960	1960-64	項目／年別	1960	1960-64	項目／年別	1960	1960-64
農業	34	198	**礦業**	**180**	**742**	生產援助	25	250
農業用水	40	263	電力化	30	191	旅遊業	50	150
畜牧業	26	205	水源供給	80	307	農業學校	18	72
林業	23	135	國營企業	80	300	神學院	10	15
漁業	9	72	未開發地區的發展	35	300	小計	640	3,200

B. 建設事業			C. 社會設施			D. 行政部門		
項目／年別	1960	1960-64	項目／年別	1960	1960-64	項目／年別	1960	1960-64
道路建設	**159**	**1,080**	**國民教育**	**221**	**1,138**	城市規劃與住房	20	150
鐵路建設	12	128	**公共衛生**	**79**	**691**	建設管理	119	373
港口建設	75	368	社會工作	15	71	運輸管理	13	39
水路建設	6	22	資訊	15	60	人口調查	2	24
航空建設	45	250	合計	330	1,960	計畫管理服務	6	14
運輸建設	48	300				小計	160	600
氣象	25	92						
小計	370	2,240				**四項總計**	**1,500**	**8,000**

說明：金額單位為百萬瑞爾。

資料來源：*Annuaire statistique du Cambodge 1939-1960*（Phnom Penh, 1960）, pp. 165-166.

　　第一個五年計畫雖然強調依靠國內資源，仍須仰賴外國的協助，在政府所投入的資本中，約有31%的是來自外國的經濟援

助，包括：美國、法國、蘇聯、捷克、波蘭、英國與中國等國，
其中尤以美援構成最重要的部分。不過，外國的經濟援助已經從
1960年的6.5億瑞爾降至1964年的3.5億瑞爾（參考表2-4）。事
實上，第一個五年計畫實際到位金額僅有52億瑞爾，資本到位率
只有65%，各領域實際到位資本包括：生產發展是17.7億瑞爾，
基礎建設是13.5億瑞爾，社會設施是15.6億瑞爾，行政部門5.2
億瑞爾，資本到位率分別是55.3%、60%、80%及86.7%。[129]

表2-4：第一個五年計畫的財政來源（1960-1964）

項目／年別	1960	1961	1962	1963	1964	合計	比重（%）
國家預算	850	850	1,100	1,250	1,450	5,500	68.75
外國援助	650	550	500	450	350	2,500	31.25
合計	1,500	1,400	1,600	1,700	1,800	8,000	100

說明：金額單位為百萬瑞爾。

資料來源：同表2-3，頁164。

　　在農業生產的發展方面，第一個五年計畫的目標是希望將橡
膠的生產從3.3萬噸提升到4萬噸，棉花從200噸提升到6,000
噸，蓖麻油從300噸提升到6,000噸，黃麻從零提升至5,000
噸。[130]與此同時，由於柬埔寨缺乏工業的傳統，這時期也開始展
開工業化進程，在中國與捷克的援助下，各種工廠紛紛成立，像
是合板工廠、紡織廠、水泥廠、棕櫚糖煉製廠、輪胎工廠、拖拉
機裝配廠等。1955年時，柬埔寨僅有650家中、小型企業，其中

---

[129] Rémy Prud'Homme, *L'économie du Cambodge*（Paris: Presses Universitaires de France, 1969), p. 276.

[130] Jean, "L'économie cambodgienne et son évolution actuelle," p. 201.

有254家是私營企業，1964年時已經超過2,500家。儘管第一個五年計畫在建設工業廠房方面取得顯著的成就，並且初步有所產出，不過基礎設施的實際經費遠超出預期，而其在農業、工業與礦業等方面所提升的生產能力卻未如預期。1964年，施亞努政府宣布第一個五年計畫所涵蓋的主要項目已經接受國家的所有行政、技術與財政能力，決定將計畫延長兩年來完成已經推動的項目，所以新的五年計畫（Second Five-Year Plan, 1968-1972）直到1967年才被採用並於1968年開始實施。[131]

　　關於第二個五年計畫，假定年度固定資本形成比率為國內生產毛額（Gross Domestic Product, GDP）的18%，基於3.6比1的資本產出率，預計投入320億瑞爾的投資額，希望達到平均年成長率5%的目標，將國民生產毛額（Gross National Product, GNP）從312億瑞爾提升到391億瑞爾。該計畫以農業和基礎設施的發展為兩大優先重點，農業與工業各占總投資的25%，電力傳輸、通訊與旅遊業則合計占35%。施亞努政府為達到計畫目標，下令採取兩大特定措施。一是鼓勵外國投資，具體政策包括：財政優勢、非國有化的保證、利益轉讓的授權等。二是偏好農業，奉行「農業支持工業，工業發展農業」的原則，具體政策像是採取支持農業價格的政策，同時也應用在棉花和黃麻等工業原物料上；透過農業貸款、合作社組織、化學肥料的生產、小型農業機械等方式來實現對農業生產的支持。[132] 然而，柬埔寨內部政治局勢在1970年3月發生激烈動盪，導致第二個五年計畫被迫中斷。

　　綜觀施亞努執政期間（1955-1969），柬埔寨的經濟發展狀態

131　Whitaker and others, *Area Handbook for the Khmer Republic*, p. 45.

132　Huon, *Role of the Universities in Development Planning*, pp. 6-7.

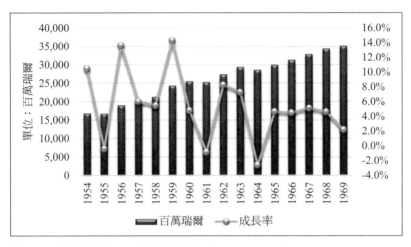

圖2-2：東埔寨的GDP及其成長率（1953-1969）

說明：GDP數值為1966年價格。

資料來源：World Bank, *Report of Economic Mission to Cambodia – 1969*（*Volume 3*）: *Statistical Appendix*（Washington, D.C.: World Bank, 1970）, Table 2.1.

並不平衡。GDP的平均年成長率是5.1%，而且，1950年代的成長速度快於1960年代（參考圖2-2）。1956年至1963年期間，隨著國家發展計畫的實施，以及美援的大量挹注下，東埔寨的經濟取得快速的進展，GDP的平均年成長率達到7.4%，絲毫不遜色於菲律賓、泰國等東南亞最繁榮的國家（參考圖2-3）。可以說，東埔寨已經從印度支那的米倉轉型成東南亞最繁榮的國家之一。[133] 然而，隨著公路建設與施亞努港的營建，施亞努政府轉向發展本土資源，高喊「東埔寨自助」（*Le Cambodge s'aide lui-même*, Self-

---

133　Helen Grant Ross, "The Civilizing Vision of an Enlightened Dictator: Norodom Sihanouk and the Cambodian Post-Independence Experiment（1953-1970）," in *Cultural Heritage as Civilizing Mission: From Decay to Recovery*, ed., Michael Falser（Switzerland: Springer International Publishing, 2015）, p. 164.

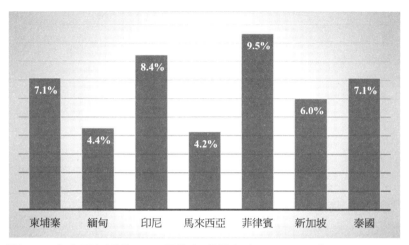

圖2-3：東南亞各國的GNP平均年成長率（1956-1963）

資料來源：UN, *Economic Survey of Asia and the Far East 1964*（Bangkok: United Nations Publication, 1965），p. 231; UN, *Economic Survey of Asia and the Far East 1969*（Bangkok: United Nations Publication, 1970），p. 220.

aid for Cambodia）的政治口號。[134]他在1963年11月宣布切斷來自美國的所有援助，雖轉向其他國家進行貸款來維持投資政策的持續，已對經濟發展造成不小的衝擊。1963年至1969年間，柬埔寨的GDP的平均年成長率下降至3.7%。[135]儘管如此，施亞努仍自豪地表示，很少有新獨立且缺乏礦產資源的第三世界國家，能夠獲得高速發展這樣可喜的成就。[136]

　　從GDP的產業構成來看，柬埔寨的經濟發展主要是仰賴第一級部門與第三級產業部門，第二級部門所占的比重雖然呈現逐年

---

[134] Ministry of Information of Cambodia, *Self-aid for Cambodia*（Phnom Penh: Ministry of Information of Cambodia, 1963）.

[135] Whitaker and others, *Area Handbook for the Khmer Republic*, p. 227.

[136] Sihanouk, *Souvenirs doux et amers*, p. 229.

成長的趨勢，但即使是最高的1969年，亦不到20%。獨立之初，東埔寨第一級部門占GDP的比重曾超過50%，然後才逐年下降。其中，從事農業的人口估計有200萬人，[137]有三分之二是稻農，掌握80%的耕種土地，[138]農業產值對GDP的貢獻平均約16.6%，占GDP的比重則是從1953年的36.7%下降至1968年的25%。相對地，第三級部門占GDP的比重則是呈現逐年上升的趨勢。其中，政府與金融服務的比重從1953年的7.1%，緩慢升高至1969年的16.5%，而商業所占比重的變化較小，運輸業所占比重則多半維持在2.2%上下（參考圖2-4）。農業、商業及政府與金融服務對東埔寨經濟發展的重要性，具體反映在它們對GDP成長率的貢獻度上。1956年至1963年間，東埔寨處於經濟快速成長時期，農業、商業及政府與金融服務對GDP的平均貢獻度分別達到1.7%、1.97%、1.11%，遠高於製造業和營建業的0.7%與0.98%（參考圖2-5）。

　　事實上，雖然第一級部門占東埔寨GDP的比重較大，但生產力卻沒有明顯的改變，這部分可從稻米、玉米、黃豆、花生、菸草、棉花等主要農作物的單位面積產量的變化獲得證明。在眾多的農作物中，稻米是東埔寨耕種面積最廣的農作物，平均約占總耕作面積的86%，主要集中在茶膠省（Takeo）、波蘿勉省（Prevy Veng）及磅湛省等湄公河三角洲各省，以及馬德望等西北省分，這些省分的稻米產量約占總產量的66%。獨立之初（1953年），稻米的每公頃產量是0.999噸，1969年時只提升到1.031噸，即使

---

[137] 根據1962年的調查結果顯示，東埔寨的經濟活動人口為2,499,735人，從事農、林、漁業的人口高達2,008,063人，約占總經濟人口的80.3%。

[138] World Bank, *Report of Economic Mission to Cambodia – 1969*（Volume 1）: *The Main Report*（Washington, D.C.: World Bank, 1970）, p. 12.

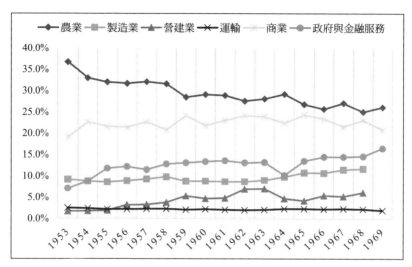

圖2-4：柬埔寨各產業占GDP比重之變化（1953-1969）

資料來源：World Bank, *Report of Economic Mission to Cambodia – 1969*（*Volume 3*），
Table 2.1.

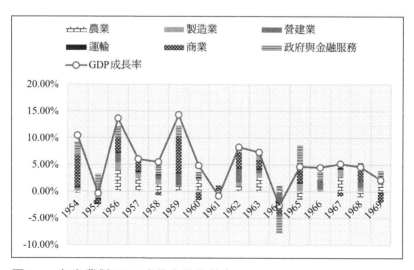

圖2-5：各產業對GDP成長率的貢獻度

資料來源：計算自 World Bank, *Report of Economic Mission to Cambodia – 1969*
（*Volume 3*），Table 2.1.

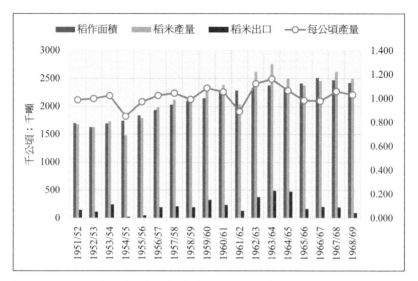

圖2-6：稻米的耕作面積及產量（1950-1969）

資料來源：World Bank, *Report of Economic Mission to Cambodia – 1969*（Volume 3），Table 7.2.

是最高的1964年也只有1.161噸（參考圖2-6），僅優於寮國，是亞洲排名第二低的國家。不過，若不考慮單位面積產量，柬埔寨的稻米產出在1955年至1964年間仍呈現持續增長的趨勢，不僅可以自足而且還能提供出口，尤其是1964年為稻米收成最好的一年，產量達到276萬噸，其中有48.8萬噸出口至國外，出口值達到21.2億瑞爾（參考圖2-6）。1965年的稻米出口值雖略微下降至19.4億瑞爾，但仍占所有農產品出口總值的52%。[139] 1969年以前，柬埔寨一直都是稻米淨出口的國家，其可以自足並出口的原因，包括：農業機械化、化學肥料的初步使用，以及小農耕作面

139　Munson and others, *Area Handbook for Cambodia*, p. 227.

積的持續擴張等。[140]

　　1960年代，撐起柬埔寨的國家發展與經濟獨立的還有天然橡膠，是柬埔寨最重要的經濟作物，也是僅次於稻米的第二重要出口產品，而且價格相較於稻米更為穩定，不容易受到世界價格波動的影響。由於種植橡膠需要肥沃、排水良好的的土壤，所以主要集中在土壤適合橡膠種植的磅湛省東南部和東北地區的臘塔納基里省。雖然柬埔寨的橡膠種植面積僅占總耕作面積的2.3%，但其附加價值卻超過三倍以上。[141]柬埔寨是亞洲最早進行橡膠種植的國家之一，最早可追溯到法國殖民統治的1913年。所以，柬埔寨的天然橡膠主要是由法國人擁有的私人經營的大型橡膠園所生產，約有80%的耕種土地是控制在法國人手中，主要的橡膠園是由柬埔寨公司（Compagnie du Cambodge）所經營，其產量約占全國總生產的一半，而且是全世界最大的橡膠園之一。[142]

　　1960年代，柬埔寨是世界第六大橡膠生產國，種植面積從1954年的3.1萬公頃逐年擴大到1969年的5.1萬公頃，產量則從1954年的2.4萬噸，增加到1967年的5.3噸。這時期，柬埔寨的膠園曾創造出單位面積產量居世界前茅的佳績。儘管柬埔寨的天然橡膠的產量呈現逐年成長的趨勢，但割膠率卻逐年下降（參考圖2-7）。私人經營的中型和小型橡膠園雖然都有種植橡膠的紀錄，但1960年以前的種植面積不到1,000公頃，1960年以後才逐年擴張，並在1968年超過1萬公頃；國營橡膠園的種植面積就更小，即使在最高的1969年也只有5,247公頃。這些橡膠園的產量累計

140　Prud'Homme, *L'économie du Cambodge*, 73; EIU, *Country Report*, p. 44.

141　World Bank, *Report of Economic Mission to Cambodia – 1969*（Volume 1）, p. 16.

142　Walter Frank Choinski, *Cambodia: Country Study*（Washington, D.C.: The Military Assistance Institute, Department of Defense, 1963）, p. 34.

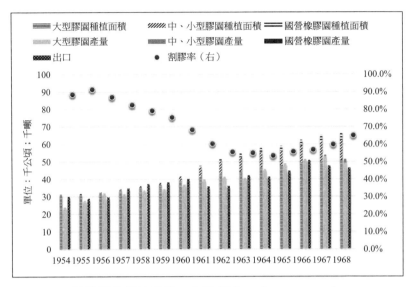

圖2-7：天然橡膠的種植面積、產量與出口（1954-1968）

資料來源：World Bank, *Report of Economic Mission to Cambodia – 1969*（Volume 3）, Table 7.4, Table 7.5.

僅有3,183噸。普遍來說，柬埔寨的天然橡膠主要是以煙膠或燻乾的生橡膠片、生膠、乳膠等形式出口，由於柬埔寨出產的天然橡膠品質佳，在世界市場具有相當的競爭力，特別是1959年至1966年間的橡膠產出，質與量均有大幅提升，其主要出口市場是美國，占其橡膠總出口量的三分之二。[143]

玉米則是柬埔寨另一重要的出口農產品。除稻米以外，玉米是柬埔寨唯一能生長足夠數量以顯示在商業與統計資料中的糧食作物。柬埔寨廣大地區都適合種植玉米，但以東部高原和金邊附

143　Munson, Birnberg, and others, *Area Handbook for Cambodia*, 273; Munson and others, *Area Handbook for Cambodia*, p. 231.

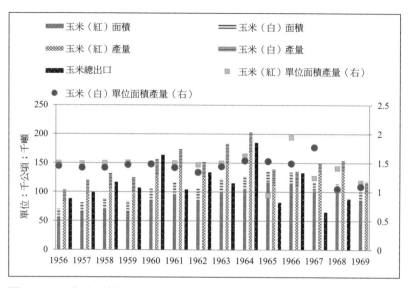

圖 2-8：玉米的種植面積與產量（1956-1969）

資料來源：World Bank, *Report of Economic Mission to Cambodia – 1969*（Volume 3），Table 7.6.

近省分最為集中。馬德望省的玉米產量占全國產量的 70%。早在第二次世界大戰以前，玉米就已經有出口的紀錄，[144] 在 1937 年達到生產高峰的 40 萬噸，然後在第二次世界大戰期間幾乎停止耕種，1946 年的產量僅有 1,500 噸，1940 年代末期才又重新開始大量種植。[145] 玉米和稻米一樣，單位面積產量的變化幅度很小，但隨著種植面積的逐年擴張，使得玉米的產量在 1956 年至 1964 年間呈現逐年提升的趨勢，並在 1964 年達到最高的 20.4 萬噸，隨即在 1965 年大幅滑落到 13.9 萬噸（參考圖 2-8）。從品種來看，柬埔

144　World Bank, *Report of Economic Mission to Cambodia – 1969*（Volume 1），p. 19.

145　Whitaker and others, *Area Handbook for the Khmer Republic*, p. 269.

寨主要生產白玉米和紅玉米兩個品種。白玉米因質地甜脆鮮嫩，口感極佳，大部分供給國內消費，而紅玉米是世界著名的上等飼料，因此種植面積較大，主要用來出口到中國、日本與新加坡等其他東南亞國家賺取外匯，以1964年的出口量最多，達到18.5萬噸，其次是1960年的16.4噸。此外，柬埔寨尚有其他的經濟作物，像是棉花、甘蔗、花生等，但種植面積和產量都遠不如稻米、橡膠和玉米。明顯地，施亞努執政時期，柬埔寨的農業部門的生產量是可以自給自足，而且還有剩餘可以出口。

　　關於柬埔寨的工業部門，法國殖民政府長期忽略製造業與加工業，導致柬埔寨獨立以後鮮少有組織化的工業，僅存在一些小型的家庭工業和手工業，從而呈現出兩項基本特性：一是衰弱與不穩定；二是高度仰賴外國，柬埔寨僅能控制很小的部分。這時期，柬埔寨的工業大部分掌握在華人和越南人手裡。在政府當局的思維中，雖然認為工業是經濟均衡成長的有用且必要的因素，卻非發展的獨立引擎，所以一直採取「農業優先於工業」的政策方向。[146]這具體反映在製造業和營建業等工業部門兩大產業的產值占GDP的比重上，兩者在1955年以前的產值占GDP比重未增反減，分別是10.9%、10.6%、10.5%（參考圖2-4）。工業產出低於農業產值的三分之一。

　　柬埔寨經濟的非工業特性也反映在工業的從業人口比例上。根據1962年的調查，柬埔寨的經濟活動人口共有250萬人，礦業、製造業、營建業等工業部門人口約有9.4萬人，僅占總數的

146　World Bank, *Report of Economic Mission to Cambodia – 1969*（Volume 1）, p. 30; World Bank, *Report of Economic Mission to Cambodia – 1969*（Volume 2）: *Sectoral Annexes*（Washington, D.C.: World Bank, 1970）, p. 65.

3.8%。[147]歸納來說，柬埔寨的工業發展遠落後其他亞洲國家的原因有四：（1）、工業原物料的相對短缺；（2）、法國保護時期，柬埔寨在法國聯盟的經濟架構中只是扮演提供加工的初期商品供應者的角色；（3）、缺乏適合柬埔寨工人用以技術性職業與專業的職業訓練；（4）、法國雇主一般無法建立師徒體系，來增進柬埔寨工人的技術發展與應用。[148]施亞努率領SRN取得政權以後，採取「吉蔑社會主義」的意識形態，強調國營企業、私營企業和公私合營企業等三種企業形式的平行發展，但是，柬埔寨的工業投資在1958年以前都是由私營工業所進行。施亞努政府為有效利用與儲備外匯，以及提供生產性就業與技術能力來提升勞動力，並且開發天然資源，將國家的工業化，尤其是輕工業的發展，當作政府的施政目標。施亞努認為：「我們沒有工業或製造業階級可言，所以，我偏好在協助手工業等小型工業發展的同時，建立一定數量的國營工業。」[149]他表示，中國國務院總理周恩來很支持他的工業化政策。周恩來曾建議施亞努：你的國家是個富饒的農業國家，你應該充分利用農業的豐富性，合理地與農業配合來推動工業發展，千萬不要嘗試發展重工業；不要追求聲望，只求有利於民眾的務實工業政策。此即人民社會同盟制訂工業政策的原初構想。[150]

　　不過，由於柬埔寨缺乏管理技能、知識，以及私人國內資本對於嘗試走向現代化工業的意願不足，所以施亞努認為必須由國營工業企業來發揮開路先鋒的功能。第一個五年計畫的實施提供

---

[147]　World Bank, *Report of Economic Mission to Cambodia – 1969*（Volume 3）: *Statistical Appendix*（Washington, D.C.: World Bank, 1970）, Table 1.2.

[148]　Munson, Birnberg, and others, *Area Handbook for Cambodia*, pp. 283-284.

[149]　Sihanouk, *My War with the CIA*, p. 94.

[150]　Martin, *Cambodia*, p. 77.

國營工業建立的機會。在中國的經濟與技術援助，以及捷克提供貸款的情形下，自主國營企業開始陸續成立，並展開工業投資。時至1962年，柬埔寨工業的年度成長率高達8%。[151] 1960年代中期，柬埔寨的工業企業固定資產總額達到33.2億瑞爾，國營和公私合營的部分合計占51.46%，私人資本占48.54%；不包括手工業企業在內，柬埔寨已有大小工廠2,209間，其中國營工廠有14間，[152] 公私合營工業企業有10間，私營工業企業2,185間。[153]明顯地，施亞努政府執政前期乃是柬埔寨當代工業發展史上發展速度最快、最輝煌的時期。

　　1959年至1968年的十年間，國營工業的投資金額達到16.86億瑞爾，約占工業投資總額42.3億瑞爾的39.9%；公私合營工業則是從1965年開始投資，並且在1967年的投資額高達7.06億瑞爾，占該年度總投資額的76.9%，而且短短的四年間，公私合營

151　Prud'Homme, *L'économie du Cambodge*, p. 88.

152　國營工業企業包括：高棉釀酒廠（Société Khmer des Distilleries, S.K.D.）、國營膠合板廠（Société Nationale de Contreplaqués, SONACO）、國營水泥廠（Soc. Nationale de Ciment, SONACIMENT）、國營紡織廠（Soc. Nationale de Textile, SONATEX）、國營輪胎廠（Soc. Nationale de Pneumatiques, SONAPNEU）、國營黃麻廠（Soc. Nat. de Jute, SONJUTE）、國營造紙廠（Soc. Nationale de Papier, SONAPAP）、國營糖廠（Soc. Nationale de Sucre, SONASUCRE）與國營拖拉機裝配廠（Soc. Nationale de Tracteurs, SONATRAC）、國有營建公司（Soc. Nationale de Construction, SONAC）、國營鋸木廠（Soc. Nationale de Scierie, SONASCIE）、國營玻璃廠（Verrerie d'Etat, VERRETAT）、國有林業開發公司（Soc. Nat. d'Exploitation Forestière, SONEF）、國營漁業加工廠（Soc. Nat. de Conserverie de Poissons, SONACOP）、國營貿易公司（S.N. d'Exploitation et de Commercialisation des Pierres et Métaux.Precieux et Semi-précieux, SON EXPIEROR）。

153　王士錄編著，《當代柬埔寨經濟》（昆明：雲南大學，1999），頁221-222。

工業就投資9.46億瑞爾。雖然施亞努政府將所有注意力都集中在國營工業和公私合營工業上，私營工業對柬埔寨工業的發展亦相當關鍵，十年的累計投資額達到15.9億瑞爾，1964年的工業投資甚至高達4.5億瑞爾，占該年度總投資額的75.5%，之後雖然開始大幅衰退，但每年的投資額都保持在1億瑞爾以上（參考表2-5）。就附加價值來看，私營工業遠遠超出國營工業。以1964年為例，私營工業的附加價值將近34.5億瑞爾，附加價值占比達到64.9%，反觀國營工業只有1.16億瑞爾，附加價值占比僅為2.2%。如果說，柬埔寨的工業進展主要是因為私人資本的努力與投資所促成，一點也不為過。

表2-5：柬埔寨的工業投資（1957-1968）

	國營工業		公私合營工業		私營工業		合計
	投資額	比重	投資額	比重	投資額	比重	
1957	-	0%	-	0%	22.5	100%	22.5
1958	-	0%	-	0%	61.4	100%	61.4
1959	193.9	73.4%	-	0%	70.2	26.6%	264.1
1960	213.9	67.5%	-	0%	103.2	32.5%	317.1
1961	121.8	58.5%	-	0%	86.5	41.5%	208.3
1962	333	58.6%	-	0%	235	41.4%	568
1963	241.1	69.1%	-	0%	107.8	30.9%	348.9
1964	146.1	24.5%	-	0%	450	75.5%	596.1
1965	67.4	35.3%	11.4	6.0%	112.2	58.7%	191
1966	207.6	61.2%	15.4	4.5%	116.4	34.3%	339.4
1967	70.1	7.6%	706.3	76.9%	142.3	15.5%	918.7
1968	90.8	19.1%	213	44.9%	170.8	36.0%	474.6
合計	1,685.7	39.1%	946.1	22.0%	1,678.3	38.9%	4,310.1

說明：金額單位為百萬瑞爾。

資料來源：World Bank, *Report of Economic Mission to Cambodia – 1969*（Volume 3), Table 8.5.

　　法國學者普魯多姆（Rémy Prud'Homme）就認為，施亞努政府缺乏對實際情況與可能性的調查與研究，所以沒有工具來進行總體規劃，從而允許他們以完整的知識來進行選擇與指導工業的發展。相較於此，私營資本不受總體規劃的指導，只為尋求利益而集結，政府當局既無法將其規劃延伸到私營部門上，也缺乏權威對這些私營企業進行課稅。這些現象可以解釋私營企業所扮演角色的重要性。[154]他進一步指出：施亞努政府對於私營部門的政策缺乏非常清楚的定義，最能夠表達這種現象的詞彙就是「容忍」。私營部門雖然沒有被真正的打壓，卻也從未被真正的鼓勵：只是被容忍而已。[155]

　　由於施亞努政府奉行「農業支持工業，工業發展農業」的原則，製造業乃以農產品／食品加工業為主，稻米、棉花、黃麻、橡膠、柚木、竹子、甘蔗、棕櫚糖、菸草與其他當地農產品都被送往國營工廠和公私合營工廠進行加工，其中又以碾米業為最重要的農產加工業，其年噸量估計每年達到30萬公噸，其中有8.5公噸是來自機械脫殼廠。食品加工業的產值占整個工業產值的比重幾乎都超過50%，若加上原物料生產工業，兩者產值約占整個工業的70%；而且，食品加工業的附加價值也高於其他產業。以1964年為例，食品加工業的附加價值為21億瑞爾，附加價值占比達到39.7%，排名第二的原物料與半加工材料業則是只有10億瑞爾，而其附加價值占比是19.7%（參考表2-6）。可以說，食品加工業不僅帶來較高的企業利潤，而且也為柬埔寨創造出眾多的就

154　Prud'Homme, *L'économie du Cambodge*, p. 90.

155　原文是 "Sans être réellement combattu, le secteur privé n'est pas non plus véritablement encouragé: il est toléré." Prud'Homme, *L'économie du Cambodge*, p. 192.

業機會。此外，柬埔寨雖然沒有大規模的製造業，仍有眾多工廠生產次級消費品來替代進口產品與建築材料，包括：成衣工廠、雪茄製造公司、金屬加工廠、鐵工廠等；其他還有一些小型工廠，像是肥皂工廠、汽水工廠、印刷工廠、製冰廠等；以及家庭經營的手工業，生產陶製品、絲棉製品、金屬鍛製品、銅製品與珠寶等。[156]

表2-6：工業部門的產值與附加價值（1962-1966）

	工業生產		食品加工業		水力與火力發電		原物料與半加工材料		機械與電子產品		紡織與皮革		其他工業生產	
	生產總值	附加價值	產值	附加價值	產值	附加價值	產值	附加價值	產值	附加價值	生產值	附加價值	產值	附加價值
年＼單位	十億瑞爾		％		％		％		％		％		％	
1962	11.24	-	56.4	-	8.1	-	17.1	-	8.8	-	1.8	-	7.8	-
1963	12.66	4.44	61.1	34.7	7.7	16.3	13.7	24.8	7.6	9.3	1.8	1.8	8.0	13.0
1964	13.40	5.31	47.3	39.7	7.7	15.5	12.2	19.7	7.4	9.2	1.6	1.0	8.8	14.9
1965	15.71	5.76	60.4	38.1	7.1	15.7	12.6	19.4	6.6	10.2	3.0	2.1	10.3	14.7
1966	15.42	5.90	56.5	35.2	7.8	16.2	14.0	19.5	7.3	10.4	3.5	3.0	10.9	15.8

資料來源：World Bank, *Report of Economic Mission to Cambodia-1969*（Volume 3），Table 8.3.

　　柬埔寨的工業部門經過十餘年的發展，產值已經從1954年的19.5億瑞爾提升至1969年的67.5億瑞爾，約成長2.46倍，占國民經濟中的比重也從11.6%提升至19.2%，製造業的雇用人數在

---

156 Choinski, *Cambodia*, p. 40.

1967年時達到33,302人，1970年時估計有1萬人在現代企業工作，有10萬人任職於手工業。[157] 由此顯示，柬埔寨的工業體系已初見雛形。不過，柬埔寨受限於國內市場的規模過小，導致無法利用進口替代工業成為經濟成長的引擎，加上柬埔寨經濟的相對自足，乃成為政府推動工業化進程時的重要限制。[158]

除了農業部門，第三級產業部門也是支撐柬埔寨經濟成長的重要支柱，特別是商業部門。這時期，商業部門的大部分企業規模是小型的，而且有數百個企業僅有個別或家庭成員的員工人數。施亞努執政時期，柬埔寨的商業產值平均約占GDP的22.6%，與農業並稱是提供大部分柬埔寨人口生計的兩大產業部門。尤其在1955年至1963年間，商業部門的平均年成長率達到7.6%，遠高於農業部門的4.6%。進一步來看，施亞努政府在統計上將商業部門分成進口貿易與國內貿易等兩個部分，國內貿易占GDP比重呈現逐年下降的趨勢，進口貿易的比重則是逐年小幅上揚；就成長率來看，國內貿易的波動較小，進口貿易則呈現大幅度的波動（參考圖2-9）。

一般來說，商業活動是衡量一個國家人民生活水平的重要指標。市場繁榮、物價穩定，國家的經濟發展水平就高，人民就能安居樂業。然而，柬埔寨的國內貿易與進口產品零售貿易幾乎都掌控在華人手中，[159] 所以，施亞努政府試圖透過合作社的發展來

157　Whitaker and others, *Area Handbook for the Khmer Republic*, p. 280.

158　Ibid., p. 295.

159　關於華人在柬埔寨商業部門的支配性，早在殖民時期以前就已經形成。法國保護時期（1863-1953），法國殖民政府將華人視為必要之惡，需仰賴他們的節約與產業來促進殖民地資本。但是，法國殖民政府為避免華人與柬埔寨王室的結盟，乃於1929年規定華人商人禁止擁有土地所有權，以及從事特定

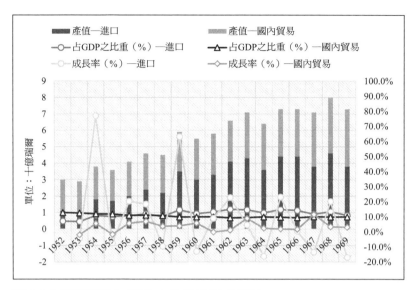

圖2-9：商業部門占GDP之比重及其成長率

資料來源：World Bank, *Report of Economic Mission to Cambodia – 1969*（Volume 3），
Table 2.1.

建立起柬埔寨人控制的國內貿易體系，大幅降低華人對行銷結構
的控制。其中，OROC設立的行銷機制就是政府管理國內貿易的
主要機構，目標包括：（1）、縮小零售與批發價格之間的價格差

職業，從而驅使城市華人流向第三級產業部門。據估計，1937年時的整個
印度支那的國內貿易有四分之三掌握在華人手裡，柬埔寨更高，或許達到
90%。Penny Edwards, "Ethnic Chinese in Cambodia," in *Ethnic Groups in
Cambodia*, ed. Researchers from Center for Advanced Study（CAS）（Phnom
Penh: Center for Advanced Studies, 2009），pp. 181-182; Michiel Verver,
"Templates of 'Chineseness' and Trajectories of Cambodian Chinese
Entrepreneurship in Phnom Penh," *Cross-Currents: East Asian History and
Culture Review*, Issue 4（2012）: 28.

距；(2)、將支配在華商手中的國內貿易的控制權、所有權與管理權轉移給柬埔寨國民；(3)、降低私營放貸者的利息。然後，達成這些目標的機制就集中在信用、消費與生產等合作社上。[160]

1963年6月，國民代表大會決議建立國家和私人合營的公司，作為管制進出口貿易的第一個步驟：由國營進出口公司（Societe nationale d'exportation et d'importation, SONEXIM）來經營進出口貿易，由國營進口分配公司（Société Nationale de Distribution de Produits Importés, SONAPRIM）通過國營商店來分配進口商品，並經營批發和零售業務。[161]該決議在11月15日獲得柬埔寨國民議會投票正式通過。翌年3月1日，SONEXIM正式成立，取代私營外貿公司，實現所有對外貿易交易的國有化，達成由國家控制外匯與限制進口數量的目的。然後，施亞努政府進一步設立SONAPRIM來負責自SONEXIM採購商品，將商品分配給批發業或將其零售。國家對於分配用以進口商品的外匯額就擁有控制權。[162]

總的來說，施亞努政府推動進、出口貿易的國有化政策，對於高度仰賴進口的商業部門與工業部門產生極大的影響，尤其損及過去掌握外匯收入的高階軍事將領、政府官員等右派集團的利

---

160 Munson, Birnberg, and others, *Area Handbook for Cambodia*, pp. 309-310.

161 SONEXIM的其他主要消費者還有為鄉村消費而進口商品的OROC，以及國營拖拉機裝配廠（Soc. Nationale de Tracteurs, SONATRAC）、國營輪胎廠（Soc. Nationale de Pneumatiques, SONAPNEU）、私營工廠、政府本身等；SONAPRIM則是作為批發公司而經營，掌握著紡織品、煉乳、建築材料等商品。World Bank, *Report of Economic Mission to Cambodia – 1969*（Volume 1），p. 81.

162 Sihanouk, *My War with the CIA*, p. 107.

益。施亞努試圖透過各種機構在許多領域厲行控制，[163] 藉由數個國營企業的運作，以及對國內私營貿易的推廣與管制，希望在國內商業中扮演起重要的角色。然而，因為國有化政策的失敗，導致1960年代末期的經濟發展再次陷入困境，保守的右派政府在採取去國有化（denationalization）政策的同時，最終決定罷黜施亞努。

第三節　擺盪在東、西陣營之間的中立政策

為了保衛自己，東南亞的大國與小國，應該施展所有的善意，藉以創造一個對所有容易造成世界衝突的公約或聯盟的消極抵抗中心。也就是說，一個大的國家集團應該奉行嚴謹的中立政策。[164]

我早已作出了選擇，我既不選擇自由世界，也不選擇共產主義，我所選擇的始終是柬埔寨。[165]

——柬埔寨國家元首　施亞努

---

[163] 施亞努政府的控制措施，包括：地方商業公司的登記與檢查、度量衡和品質之標準的頒布與實施、價格控制、倉儲作業的管制、公共市場的衛生、商標的登記、國內貿易統計的蒐集與出版，以及向省級市場利息傳達價格與供給資訊等。

[164] 原文是 "In order to safeguard themselves, the large and small nations of Southeast Asia should deploy all of their good will in order to create a center of pacific resistance to all pacts or alliances susceptible to provoking world conflicts. That is to say, a large group of nations should observe neutrality strictly." Quoted in Roger Smith, *Cambodia's Foreign Policy* (Ithaca, NY: Cornell University, 1965), p. 73.

[165] 原文是 "Je ne choisis ni le monde libre, ni le monde communiste. J'ai toujours choisi le Cambodge." Sihanouk, *Souvenirs doux et amers*, p. 232.

　　就像過去一樣，柬埔寨的繁榮仰賴著鄰國的行為，以及更
強大、更遙遠的強國的政策。唯有柬埔寨能為這些國家的利
益所服務時，才得以維持中立與和平。[166]

——美國歷史學者 錢德勒

　　施亞努執政時期最具爭議性的就是外交政策。他認為柬埔寨
強鄰環伺，尤其是歷史上的兩大侵略者：越南與泰國。施亞努指
出：柬埔寨主要的政策路線被總結在一項堅定不移的原則中，亦
即：不允許擴張主義的鄰國再占領一小塊國家領土，因為在過去
的五個世紀期間，鄰國已經將柬埔寨的領土縮小到原始的樣
貌。[167]與此同時，世界強權亦將東南亞視為冷戰對抗的戰場，柬
埔寨如果想要追求國家的獨立生存與領土完整，同時避免陷入兩
大集團在意識形態上的全球衝突，必須保持中立或不結盟，[168]讓
柬埔寨成為「亞洲的瑞士」（the Switzerland of Asia）。施亞努強
調，柬埔寨在戰略上位處南中國及泰國與越南兩大強鄰之間，除
了追求中立政策，沒有其他的選擇。

　　在日內瓦會議結束以前，儘管英、法對於東南亞及西太平洋
集體防禦的建立問題無法作出決定，但美國政府在澳、紐、泰等

166　原文是 "As in the past, however, this prosperity was dependent on the behavior
　　of Cambodia's neighbors and on the policies of larger, more distant powers.
　　Cambodia was neutral and at peace for as long as it served the interests other
　　states." Chandler, *A History of Cambodia*, p. 189.

167　Bernard K. Gordon, "Cambodia: Where Foreign Policy Counts," *Asian Survey* 5,
　　No. 9（September 1965）: 434.

168　William E. Willmott, "Cambodian Neutrality," *Current History* 52, No. 305
　　（January 1967）: 38.

國的支持下，仍宣稱不排除在沒有英國參加的情形下組織東南亞公約組織（Southeast Asia Treaty Organization, SEATO）。然而，中國總理兼外交部長周恩來堅持，柬埔寨與其他印支國家必須是獨立的、主權的、中立的，中立國家不應參與東南亞防禦協定。1954年7月21日，參與日內瓦會議的九國外長達成最後協議的當日，施亞努政府立即發表聲明：「柬埔寨政府堅決永不參與侵略政策，並永不允許柬埔寨領土被利用來為此政策服務。柬埔寨政府將不與其他國家締結任何協定，如果這項協定是包括使柬埔寨政府參加不符合聯合國憲章原則的軍事同盟的義務，或是包括當其安全不受威脅時在柬埔寨領土上為外國軍事力量建立基地的義務。柬埔寨政府決心以和平方法，並且以不危及和平、國際安全與正義的方式來解決其國際糾紛。」[169]

　　當各國簽署《日內瓦協定》以後，美國認為中南半島的危機或許結束，但共產主義在東南亞的威脅並未消失，基於地緣政治利益的考量，為「防止北越的赤化導致共產主義對整個東南亞及西南太平洋的擴張」，美國決定在菲律賓首都馬尼拉（Manila）舉行會議，討論SEATO相關事宜。1954年9月，美、英、法、澳、紐、菲、泰、巴基斯坦等八國外長在馬尼拉召開會議，討論美國所擬定的草約。根據《日內瓦協定》，禁止越、柬、寮三國參加任何西方創建（Western-originated）的防禦公約，美國為規避此項關於越、柬、寮中立化的規定，提出「南越、寮國和柬埔寨不成為條約的正式成員，但可透過個別簽署議定書（protocol）

169　〈附件四：柬埔寨王國政府聲明〉，載於《印度支那問題文件彙編》第1集，頁73。

的方式，使寮、柬、南越包括在條約的保護地區內」。[170] 9月8日，
八國外長在會議結束後簽署《馬尼拉公約》（Manila Pact）與其議
定書，[171] SEATO正式成立，總部設於泰國首都曼谷（Bangkok）。

　　簡單地說，SEATO有兩大功能：（1）、對東南亞成員提供有
限的經濟援助，以及對東南亞成員所面臨的叛亂或顛覆進行保
護；（2）、由各SEATO會員國資深官員組成軍事計畫辦公室
（Military Planning Office），在共產勢力入侵中南半島時，替
SEATO提出因應計畫。[172] 對此，施亞努曾公開地表示，「我們是中
立主義者」；「只有在共產主義者攻擊我們的時候，我們才會與他
們展開戰鬥」。[173]

　　然而，施亞努的困境不僅來自泰國、越盟等鄰國的外部敵
人，對內還要面臨來自伊沙拉運動與越盟支持的吉蔑反抗軍的威
脅，[174] 而且，關鍵是這些內部反對者的威脅深受外部敵人的指
導，導致解決一個問題恐將惡化另一個問題。面對此種困境，印
度政府所奉行的不結盟（non-alignment）哲學，為施亞努提供解

170　Norman J. Padelford, "SEATO and Peace in Southeast Asia," *Current History* 28, No. 222（February 1960）: 99.

171　《馬尼拉公約》又稱《東南亞集體防禦條約》（Southeast Asia Collective Defense Treaty）。《馬尼拉公約》及議定書之全文，參考：US Department of State, "Text of Treaty, 8 September 1954," in *AFP, Vol. 1*, 912-915; US Department of State, "Protocol to the Treaty, 8 September 1954," in *AFP, Vol. 1*, p. 916.

172　Leifer, *Cambodia*, 57-58; Leszek Buszynski, "SEATO: Why It Survived until 1977 and Why It Was Abolished," *Journal of Southeast Asian Studies* 12, No.2（September 1981）: 287.

173　Leifer, *Cambodia*, p. 71.

174　Leifer, *Cambodia*, pp. 65-70.

決問題的絕佳方式。簡言之，不結盟哲學的具體實踐是「中立」
（neutrality），那是一種「均衡」（equilibrium）的政策。

　　1955年3月，施亞努應邀到印度進行訪問。期間，印度總理
尼赫魯（Pandit Jawaharlal Nehru, 1889-1964）向他表示，世界和
平和各國友好的最可靠保證，就是遵守「承認彼此主權、獨立和
完整，互不侵犯，平等及互相尊重，互不干涉內政和不干涉其他
國家內政，以及促進和平共處的條件」等原則，亦即所謂的「和
平共處五原則」。[175]該年4月，施亞努參加在印尼萬隆（Bandung）
舉行的亞非會議（Asian-African Conference，即萬隆會議Bandung
Conference）後，在對外關係上雖採納尼赫魯的不結盟態度，但
仍希望與東、西集團的成員保持密切關係，因為他相信「任何的
結盟關係將會減少爭取自身利益的能力」。[176]

　　在1955年9月大選後的第一個重大發表中，施亞努宣布柬埔
寨的外交政策將是一個最嚴格的中立。9月13日，他在第一次國
民代表大會上發表演說時，也指出柬埔寨所奉行的中立政策是
「遵守日內瓦協議關於柬埔寨中立化條款，但是可接受與中立原
則不牴觸的援助」。12月底，施亞努又在其他演講中針對柬埔寨
中立提出解釋：

　　　　在軍事方面，中立意味著不接受任何攻擊性或防禦性的同
　　　　盟，或是任何國際防禦條約的保護，抑或外國軍隊或軍事基

---

175 〈尼赫魯總理和西哈努克親王的聯合公報（1955年3月18日）〉，載於《印度
　　支那問題文件彙編》第1集，頁372；SarDesai, *Indian Foreign Policy in
　　Cambodia, Laos, and Vietnam, 1947-1964*, p. 119.

176 Leifer, *Cambodia*, 61; Willmott, "Cambodian Neutrality," p. 38; SarDesai, *Indian
　　Foreign Policy in Cambodia, Laos, and Vietnam, 1947-1964*, p. 119.

地駐紮在柬埔寨的土地上，它不排除針對柬埔寨本身武裝所提供的沒有條件的外國援助；在政治方面，中立意味著柬埔寨已經做好準備，同尊重其主權、領土完整與和平理念的所有強權建立起友好與外交的關係，而其外交政策將是印度與緬甸那種中立政策，對於像越南及中國那種「政治分立」的國家，柬埔寨不會偏袒任何一方。[177]

1956年4月21日，第三次國民代表大會通過決議，宣布柬埔寨嚴守中立，不參加SEATO與其他任何軍事集團。[178] 1957年1月12日，第四次國民代表大會進一步通過一項《正式的和永久的中立法案》，欲將「柬埔寨是中立國」明確載入國家憲法中，而該法案進一步在9月11日獲得第三屆國民議會通過，中立原則在法律上成為柬埔寨外交政策的基石。同年11月6日，柬埔寨政府正式公布《永久中立法》（ Neutrality Law），主要內容有二：（1）、柬埔寨王國是一個中立的國家，其避免與其他國家建立任何軍事上、意識形態上的同盟（第一條）；（2）、柬埔寨不侵略任何國家，如果受到外來侵略時，將「進行武裝自衛」（self-defence by arms）、「籲請聯合國給予援助」、「籲請一個能夠擊潰侵略者的友好國家給予援助」等權利（第二條）。[179]此一中立法案日後順利

---

177 Nicholas Tarling, *Britain and Sihanouk's Cambodia* (Singapore: NUS Press, 2014), 9.

178 余春樹，《東埔寨：邁進和平發展新時代》（香港：香港城市大學出版社，2012），頁54。

179 Sihanouk, *My War with the CIA*, 89-90; Tarling, *Britain and Sihanouk's Cambodia*, 21; Nicholas Tarling, "Cambodia: Frontiers and Guarantee," in *Neutrality in Southeast Asia: Concepts and Contexts* (London and New York: Routledge,

地被納入憲法中，奠定柬埔寨往後近十年的外交走向：擺盪在東、西兩大陣營之間。

施亞努主張「積極性中立」（active neutrality）的概念，意即「在重大的國際問題上，特別是那些直接或間接會影響到生活的問題，柬埔寨不感興趣」。[180] 他所謂的中立是指：「一視同仁地對待和看待所有國家，不論其社會制度為何；對於所有的主要國家，不論它是東方國家、西方國家或者中立國家，一律同等看待。中立地位要求我們在一切國家之間保持完全的平衡，抗拒一切壓力，毫不畏縮，毫不退讓。」[181] 明顯地，施亞努的中立政策乃是「一個不安全國家的產物」。他將中立政策歸因於柬埔寨的地理位置，因為柬埔寨的主體性不為兩大強鄰所尊重。他指出柬埔寨的中立不僅基於「政治原理」，亦基於柬埔寨的地理位置及其人口與軍事的潛能。施亞努曾表示：

> 自從獲得獨立以後，我們的政策總是適合國家的需要。在我們的對外關係中，我們偏好中立，此一概念在美國經常與「中立主義」（neutralism）相混淆，雖然兩者基本上是不同的。我們的中立與瑞士及瑞典的中立相同，而不是像埃及或印尼那種中立主義者（neutralist）。……我們的中立是迫於必要性。一瞥我們在世界地圖上的位置，將顯示出我們位居西方陣營的兩個中等國家之間，同時，僅有狹長的寮國作為屏

2017), p. 122.

180　Bernard B. Fall, "Cambodia's International Position," *Current History* 40, No. 235 (March 1961): 165.

181　〈願中柬友誼之花開得更加繁盛美麗──施亞努親王的演說〉，《人民日報》，1958年8月24日，第2版。

障，免於北越和巨大中國等兩個東方集團國家的監視。我們有何選擇能夠在這些集團間維持一種平等的平衡呢？[182]

我們柬埔寨在世界地圖上只不過是微小的一點，我們的邊界沒有任何天然屏障的保護，尤其是我們被一些具有相反的和敵對的意識形態的國家所包圍。我國之所以能作為一個獨立國家而存在，恰恰要歸功於中立政策。因為中立使我們解除了那些準備抓住一切機會攻擊我們、我們政府和侵略我們的人的藉口。[183]

1960年9月29日，施亞努在第十五屆聯合國大會（General Assembly of the United Nations，以下簡稱聯大）第八七七次全體會議的講演中進一步指出：

自從1954年《日內瓦協定》簽訂以來，中立化柬埔寨與寮國的可能性反覆地被提及。然而，這種中立被有效的建立，實際上不易被承認。除了外部壓力，在柬、寮兩國內部，亦出現那些違背人民殷切期望，偏好與西方或東方結盟而戰鬥或合謀的派系，這些立場已經嚴肅地被描述成親西方（pro-western）與親共產主義（pro-communist）式的中立！柬埔寨理解並採取唯一的一種中立，所有柬埔寨人民希望強權們，不僅是言語上，而且在行動上也要斷然地承認這種中立，這是我們作為一個獨立且自由的國家而生存的唯一保證。[184]

182　Norodom Sihanouk, "Cambodia Neutral: The Dictate of Necessity," *Foreign Affairs* 36 , No. 4（July 1958）: 582-583.

183　〈願中柬友誼之花開得更加繁盛美麗〉，第2版。

184　UN, "Security Council Official Records, 15th Year: 877th Meeting, 20/21 July

因此，施亞努建議：經由美、英、法、泰、南越（Republic of Vietnam, RVN）、北越（Democratic Republic of Vietnam, DRV）、蘇聯、中國等相關各國的保證，將柬埔寨與寮國這兩個因地理位置處於兩大敵對集團之間的國家，建立為嚴格的中立區（zone of strict neutralization）；與此同時，強權們必須放棄採用一切外來的壓迫、干預或顛覆行為。[185] 然而，施亞努遊說國際會議保證柬埔寨的中立與領土完整的努力，在美國總統詹森（Lyndon B. Johnson）宣布對南越派遣大量軍事人員以後宣告失敗。

明顯地，施亞努遊走於東、西集團之間的主要目的是「試圖在民主與共產集團的鬥爭中，獲取兩面協助來鞏固國家獨立而免於泰、越的威脅」。美國駐柬大使瓊布（William Trimble）在1961年5月3日向國務院所提的報告中指出：「柬埔寨的中立誓言在主要世界陣營之間取得平衡。柬埔寨人相信，沒有這樣的均衡，中立是不可能的，這意味著必須和贏方進行調解。制訂柬埔寨政策的施亞努，已顯露出一種信念，共產主義霸權最終無可避免地會擴散到全世界，特別是中國共產黨在東南亞的『未來趨勢』（wave of the future）。不過，只要自由世界集團能成為抗衡集團，中立確實是一項可行政策。」[186] 其中，西方陣營包括美、法、日等國，均和柬埔寨保持至少貿易和文化上的關係，又以美國最為重要，柬埔寨曾被美國太平洋司令部總司令（Commander in Chief, Pacific Command, CINCPAC）稱為「東南亞的輪軸」（the

---

1960, New York," UN Document A/PV.877, 29 September 1960.

185　UN, *The Yearbook of the United Nations 1960*, Volume 14（New York: Department of Public Information, United Nations, 1961）, p. 18.

186　US Department of State, "Telegram from the Embassy in Cambodiato the Department of State," in *FRUS, 1961-1963*, Vol. 23, p. 148.

hub of the wheel in Southeast Asia）；[187]而東方陣營則包括蘇聯、中國、捷克、波蘭等國，從1956年春天開始在柬埔寨展開活動，包括：提供援助與締結貿易協定，特別以中國是最大援助項目的提供者。[188]

　　在柬、美關係方面，兩國早在1950年2月7日就已建立外交關係；[189]同年3月，美國進一步在金邊設立大使館。之後，美國考量到印支問題的解決必須仰賴安全的恢復與真正的民族主義發展，美國的援助將有助於這些目標的達成，所以決定對柬埔寨提供經濟與軍事援助。[190]6月，韓戰爆發驅使美、柬在年底簽署一份關於共同防禦的援助協定，保證美國在未來四年將提供柬埔寨至少780萬美元的經濟和軍事援助。[191]不過，在柬埔寨獨立以前，由於法國駐軍仍完全控制柬埔寨軍隊，因此，美國對柬埔寨的所有軍事援助都必須透過法國人來執行。1953年法國承認柬埔寨獨立後，美國開始考慮對柬埔寨進行直接援助的問題。[192]

---

[187] US Department of State, "Memorandum of a Conversation, Department of State, Washington, 5 August 1958," in *FRUS, 1958-1960*, Vol. 16, p. 244.

[188] US Department of State, "Memorandum from the Deputy Director of the Office of Southeast Asian Affairs（Whittington）to the Assistant Secretary of State for Far Eastern Affairs（Roberston）," in *FRUS, 1958-1960*, Vol. 16, pp. 229-230.

[189] US Department of State, "United States Recognition of Viet-Nam, Laos, and Cambodia: Statement by the Department of State, February 7, 1950," in *AFP*, Vol. 2（Department of State Publication 6446 General Foreign Policy Series 117）（Washington, D.C.: U.S. Government Printing Office, 1957）, pp. 2364-2365.

[190] US Department of State, "Extension of Military and Economic Aid: Statement by the Secretary of State, 8 May 1950," in *AFP, Vol. 2*, p. 2365.

[191] United States Opérations Mission tô Cambodia, *Le programme de l'aide économique américaine au Cambodge 1955-1959*, p. 8.

[192] 劉博，《美國對柬埔寨的政策（1955-1961）》（東北師範大學，碩士論文，

　　1954年9月的《馬尼拉公約》為美國直接援助柬埔寨奠定基礎。9月29日，美、法兩國針對直接援助印支三國一事達成共識。[193] 該年11月，美、柬亦就經濟援助問題達成協議。一個月後，美國正式在金邊成立援外事務管理署（Foreign Operation Administration, FOA），專門負責美國對柬的經濟和技術援助。美國對柬經援的目的，主要是改善柬埔寨主要產業與教育及醫療設施的發展。1955年1月1日起，美國開始對柬提供直接的財政援助。[194] 除直接經援以外，美國亦對柬展開直接的軍事援助。5月16日，柬埔寨總理連格斯（Leng Ngeth, 1900-1975）與美國駐柬埔寨大使麥克林托（Robert M. McClintock, 1909-1976）簽署一項相互防禦援助（US-Cambodian Mutual Defense Assistance Agreement, MDA Agreement）協定，由美國直接提供武器及其他設施，並派遣軍事援助顧問團（Military Assistance Advisory Group, MAAG）到柬埔寨，[195] 使其變成唯一接受MAAG的亞洲中立國家。不過，

2007），頁14。

[193] US Department of State, "Direct Aid to the Associated States: Regarding Franco-American Conversations, 29 September 1954," in *AFP*, Vol. 2, pp. 2400-2401.

[194] US Department of State, "Direct Aid to Viet-Nam, Cambodia, and Laos: Statement by the Department of State, 31 December 1954," in *AFP*, Vol. 2, p. 2403.

[195] 關於美國派遣軍事顧問團赴柬的談判過程，美國認為在美、柬簽署雙邊協議以前，法國軍事教練與技術人員應該撤出柬埔寨，但金邊當局則與法國進行秘密談判，要求留下720名軍事教練來訓練柬埔寨的軍事武裝人員。US Department of State, "Memorandum from the Deputy Assistant Secretary of Defense for International Security Affairs（Davis）to the Chairman of the Joint Chiefs of Staff（Radford），" in *FRUS, 1955-1957*, Vol. 21, *East Asian Security; Cambodia; Laos*, eds., Edward C. Keefer and David W. Mabon（Washington, D.C.: Government Printing Office, 1990), pp. 409-412.

MAAG的任務實際上僅限於供給軍事援助，以及將來訓練軍隊所需的一切服務。[196] 由於當時大部分柬埔寨軍官鮮少通曉英語，麥克林托乃提議培訓柬埔寨軍官學習英語，並由美國向柬埔寨軍隊提供75%的後勤和財政援助，從而給予美國影響柬埔寨軍隊，以及宣傳反共親美意識的機會。[197]

根據統計，1955年至1963年間，美國對柬埔寨的軍、經援助總金額高達9,400萬美元及3.09億美元，是柬埔寨最大的軍經援助來源；[198] 其中，經濟援助主要投入涉及改善初級工業與教育設施發展的長期計畫，軍事援助則用於維持柬埔寨軍隊的人數保持在三萬人的水平。[199] 儘管如此，施亞努認為，經濟援助在維持集團之間的權力平衡上扮演著重要的角色。[200] 尤其是《日內瓦協定》簽訂後的國際形勢演變對西方陣營相當不利，社會主義陣營的勢力將會在東南亞地區日益強大，柬埔寨不能加入SEATO，必須抗拒美國的壓力。雖然美國試圖利用援助來維持柬埔寨的獨立，並且避免共產主義滲透到自由越南與泰國之間的下湄公河地區，不過，施亞努早已顯露出反美國與反SEATO的傾向，隨著越南戰局的擴大，最終決定倒向共產主義陣營一方。

相較於美國對柬關係的發展，中國也準備與柬埔寨王室培養

---

196 〈美利堅合眾國和柬埔寨王國的軍事援助協定（1955年5月16日）〉，載於《印度支那問題文件彙編》，第1集，頁373-377；Fifield, *The Diplomacy of Southeast Asia: 1945-1958*, p. 388.

197 劉博，〈美國對柬埔寨的政策（1955-1961）〉，頁19。

198 Smith, *Cambodia's Foreign Policy*, pp. 122-123.

199 Smith, "Cambodia," pp. 668-669.

200 Francois Nivolon, "Cambodia-The Universal Beneficiary," *Far Eastern Economic Review*（hereafter cited as *FEER*）, 16 July 1959, p. 73.

關係。對於施亞努恐懼共產主義意識形態，中國國務院總理周恩來則提供一紙正式的書面聲明，表示中國沒有意圖介入或干預柬埔寨內部事務。[201] 在此情形下，施亞努不僅從中國取得經濟援助，甚至不顧美國的警告，決意在1956年2月14日第一次訪問北京。施亞努在中國像個好朋友般的受到歡迎，任何所到之處都有周恩來的陪伴，毛澤東更是讚揚施亞努的和平與中立政策。由於施亞努剛在1月結束馬尼拉的訪問行程，菲律賓總統麥格塞塞（Ramón del Fierro Magsaysay）力勸他加入SEATO，讓施亞努留下負面印象。[202] 相較於此，北京之行則是讓施亞努收穫甚多，因為北京政府為柬埔寨援建了三座大型工廠，包括：磅湛省（Kompong Cham）的紡織廠、岱埃（Dey Eth，金邊附近）的膠合板廠，以及川龍（Chhlong，桔井省）的造紙廠，奠定了柬埔寨真正的工業基礎。[203]

施亞努在《聯合聲明》中表示：柬、中兩國應培養穩定的直接聯繫關係，並強調經濟與文化關係的重要性。[204] 根據柬、中兩國領袖會談的精神，雙方首先在4月29日簽訂一紙價值1,400萬美元的貿易協定和支付協定，並初步商談經濟援助的問題；6月21日，施亞努進一步派遣代表與中國簽署《關於經濟援助協定》及《關於實施經濟援助協定的議定書》，柬埔寨成為中國對非社

201　John F. Copper, *China's Foreign Aid: An Instrument of Peking's Foreign Policy* （Lexington, MA: D.C. Heath, 1976）, p. 46.

202　關於施亞努訪問菲律賓的細節，參考：Sihanouk, *My War with the CIA*, pp. 75-90.

203　Sihanouk, *Souvenirs doux et amers*, pp. 231-233.

204　〈周恩來總理和諾羅敦‧西哈努克首相的聯合聲明（1956年2月18日）〉，載於《印度支那問題文件彙編》，第1集，頁379-380。

會主義國家進行無償援助的第一個國家，正式確立雙方的援助關係。據此，柬埔寨獲得來自中國約2,250萬美元的援助，[205]協助柬埔寨發展經濟建設，並派遣專家和技術人員赴柬進行技術援助。[206] 1958年，中國又為柬埔寨援建了三座工廠，包括：卓雷丁（Chakrey Ting，貢布省）的水泥廠、斯棟棉吉（Stung Meanchey，金邊附近）的玻璃器皿廠，以及馬德望的第二座紡織廠。[207]

柬埔寨在接受中國大量的軍事與經濟援助以後，終於在1958年7月19日正式承認中華人民共和國，是東南亞國家中最早承認北京政權的國家之一。同年8月，施亞努在出訪印度與緬甸之後，進一步將訪問行程延伸至中國。施亞努在北京時，曾先後與毛澤東和周恩來進行會談，並且獲得一項價值560萬美元的經濟援助，使中國對柬的援助總計達到2,800萬美元。[208]此外，中國還協助柬埔寨建立藝術學校、電台，以及勘探鐵礦煤礦等；而且，為協助柬埔寨發展工業化，中國甚至協助柬埔寨達到第一個五年

205 Copper, *China's Foreign Aid*, p. 46.

206 根據《關於實施經濟援助協定的議定書》，雙方同意互派經濟代表團，並在北京和金邊各設立由雙方代表和專家組成的混合委員會。前者負責執行的任務，包括：隨時了解中國所供應的設備、建築器材和商品的交貨情況；解決執行援助協定中發生的一切問題。後者負責的任務，包括：根據援助協定確定援助專案；隨時了解專案中所規定的各項工作的進行情況；解決執行援助協定中所發生的一切問題。中華人民共和國外交部編，《中華人民共和國條約集：第5集》（北京：法律，1958），頁111-113。

207 Sihanouk, *Souvenirs doux et amers*, pp. 233-234.

208 Copper, *China's Foreign Aid*, 46; US Department of State, "Memorandum from the Director of the Office of Southeast Asian Affairs（Kocher）to the Assistant Secretary of State for Far Eastern Affairs（Roberston）," in *FRUS, 1958-1960*, Vol. 16, p. 250.

計畫的目標。[209] 1960年，施亞努國王訪問中國。毛澤東與他晤談時曾允諾，一旦柬埔寨遭遇任何鄰國的攻擊，中國不會等閒視之。對於中國的援助與外交支持，施亞努則是以支持「一個中國」政策來作為回報。他早在1956年7月就已開始建議，主張中國應享有在聯合國的合法地位。柬、中建交的三個月後，施亞努政府正式終止與中華民國的領事關係。此後，施亞努在每年的聯大會議上，贊成以中華人民共和國來取代中華民國在聯合國席位的決議案。正如人權觀察組織的中國部主任理查森（Sophie Richardson）所言，如果沒有柬埔寨的協助，中國重新獲得聯合國席次的戰鬥可能遠超過十年的時間。[210]

　　1960年代初期以前，柬埔寨對東、西強權的雙面策略頗為順利，主要是因為兩方勢力均想拉攏柬埔寨。美國認為可以藉由經濟與軍事的援助來化解雙方在政治觀點上的差異，而且可以援助作為工具來勸說柬埔寨在外交上不要承認北京政權，並且在SEATO中扮演積極的角色，使柬埔寨成為美國反共戰略的重要一環。[211] 就像麥克林托所表示：「我的使命是把柬埔寨變成另一個美國堡壘。」[212] 即使施亞努堅持中立，甚至是與共產國家保持緊密關係，美國仍難以終止對柬的援助。一旦如此，柬埔寨就會從蘇聯

[209] Alian-Gerard Marsot, "China's Aid to Cambodia," *Pacific Affairs* 42, No. 2（Summer 1969）: 189-198；張勉勵，〈中國對柬埔寨經濟技術援助的歷史探析（1956-1970）〉，《中國浦東幹部學院學報》8，第1期（2014年1月）：108-115。

[210] Sophie Richardson, "China, Cambodia, and the Five Principles of Peaceful Coexistence,"（Ph.D. diss., University of Virginia, 2005）, p. 73.

[211] Alivin Roseman, "Thailand, Laos and Cambodia: A Decade of Aid," *Current History* 49, No. 291（November 1965）: 275.

[212] 李晨陽等編著，《柬埔寨》，頁386。

和中國得到幫助，進而將其推向共產主義的陣營。[213] 相反地，當時正值中、蘇關係交惡時期，中國在國際關係上頗為孤立，面對美國為首的西方集團大量援助柬埔寨時，中國為爭取柬埔寨的好感，乃提供大量的援助計畫。

此外，在中南半島緊張局勢尚未升高的這段期間，柬埔寨認為最大的潛在威脅仍是泰、越兩大強鄰，傳統上是「柬埔寨領土的吞食者」（avaleurs de terres khmères, eaters of Khmer soil）。[214] 施亞努曾寫道：「無論那個人稱為嘉隆帝（Gia Long，阮福映 Nguyễn Phúc Ánh）、胡志明或是吳廷琰（Ngô Đình Diệm），直至他成功地將柬埔寨殲滅以前，沒有安南人（Annamite）會和平地沉睡，安南人在此以前已先藉由奴隸制度作為侵略的第一步」；[215] 當然，「柬埔寨人不喜歡越南人有著充分的理由，長期以來，東鄰不斷地蠶食歷來屬於柬埔寨的領土，並將其占為己有，而且僅允許當地居民在歸順或逃走之間作出選擇。」[216]

由於泰國與南越均是美國在 SEATO 中的堅定盟友，柬埔寨認為「泰國與南越將會以此作為工具來達到擴張領土的目的，而且 SEATO 的成立恐會引起共產黨的不悅，一旦柬埔寨感受到共產黨的威脅時，SEATO 並無法提供實質而有效的援助方式」。[217] 相對地，泰國與南越兩國領袖對柬埔寨主張中立政策且與共產國家的

---

213 US Department of State, "Memorandum of a Conversation, Department of State, Washington, 5 August 1958," p. 246.

214 Sihanouk, *Souvenirs doux et amers*, pp. 303-307.

215 *Cambodian News*, January 1963, 4. Quoted in Leifer, *Cambodia*, p. 142.

216 Sihanouk, *Souvenirs doux et amers*, p. 344.

217 Michael Leifer, "Cambodia and Her Neighbours," *Pacific Affairs* 34, No. 4 （Spring 1966): 369.

關係日益親密，一直感到憂慮，認為柬埔寨的中立政策與他們的國家安全是相互牴觸的。泰國與南越指控柬埔寨是「共產主義者的傀儡」（stooge of the Communists）、「共產主義者的特洛伊木馬」（Communist Trojan horse）、[218]「共產主義的掩護馬」（stalking-horse）。[219]泰國外交部長科曼（Thanat Khoman, 1914-2016）在論及施亞努時曾指出：「我們的印象是柬埔寨的國家元首正在拖延時間，並已採取一系列的保險措施，所以他將是最後一個被吞噬的人。他正在親吻鱷魚，以期望他將是最後一個被吞噬的人。他自己已經表示，他最終將失去王位」；[220]南越外交部長武文茂（Vũ Văn Mẫu, 1914-1998）則認為，「施亞努倒向共產主義的政策毀滅了自己的王朝」；「我們對此不表贊同，而且國際事務中的中立政策不代表必須對共產主義開放國內門戶。」[221]在此情況下，柬埔寨與泰國及南越之間的雙邊關係持續地惡化。

這時期，柬、泰間的領土爭端除柏威夏寺（Preah Vihear temple）以外，[222]施亞努還指控泰國尋求併吞柬埔寨邊境的戈公省；另外，金邊與西貢的關係則因南越持續地在邊境從事挑釁行

218　Smith, "Cambodia," p. 664.

219　Robert G. Sutter, *The Cambodian Crisis and U.S. Policy Dilemmas*（Boulder, Co.: Westview Press, 1991）, p. 11.

220　原文為 "Our impression is that the Cambodian Head of State is playing for time and has taken a sort of insurance policy so that he will be the last to be gobbled up. He is kissing the crocodile in the hope he will be the last to be eaten up. He himself has said that his throne will be lost ultimately." K. Krishna Moorthy, "Interview（Thanat Khoman）," *FEER*, 30 May 1963, p. 459.

221　Tarling, *Britain and Sihanouk's Cambodia*, p. 19.

222　L. P. Singh, "The Thai-Cambodian Temple Dispute," *Asian Survey*,（October 1962）: 23-26.

為，像是侵占柬國東北部上丁省的部分領土，以及南越境內的吉蔑少數民族問題，導致雙方關係破裂。[223] 施亞努甚至認為美國試圖透過泰國與南越來支持山玉成、達春等境內的反政府勢力，意圖發動政變推翻他。[224] 1959年1月10日，施亞努在貢布的演講中就曾指出：鄰國（指泰國）的軍事領袖試圖阻礙吉蔑民族的進步，在「眾人所稱的巨人」（who knows what giant）的支持下，這個國家鼓勵柬埔寨境內與境外的政權反對者嘗試分化人民。[225] 三日後，他在磅湛省的演講中，直接將「達春陰謀」指稱為「曼谷陰謀」（Bangkok Plot），是一場由泰國總理沙立特（Sarit Thanarat）所發動的計畫，意圖消滅他來奪取權力，然後扶植一個親美政權，並且終結柬埔寨的中立。[226] 明顯地，施亞努對美國的意圖心存疑慮。

　　有鑑於柬埔寨與鄰國的邊境爭端日益嚴重，特別是解決寮國問題的日內瓦會議在1962年7月取得最後結果，導致巴特寮（Pathet Lao）進一步控制寮國東部與東南部的領土，而其對柬埔

223　Michael Leifer, "Cambodia: The Politics of Accommodation," *Asian Survey* 4, No. 1（January 1964）: 678.

224　在艾森豪政府簽署的《NSC5809》文件中提及，為維護柬埔寨的獨立，翻轉逐漸導向親共的中立政策，美國鼓勵柬埔寨反對與共產集團交往及擴展政治權力基礎的個人或團體；為使當地武裝勢力能夠確保內部安全，美國提供適度的軍事援助；如果柬埔寨政府停止證明抵抗共產主義顛覆，以及停止實現維持獨立的政策等意願，美國將終止經濟與軍事援助；美國支持解決柬、泰邊境問題的可能性，並促進柬、越的良好關係。US Department of State, "National Security Council Report," in *FRUS, 1958-1960*, Vol. 16, pp. 34-35.

225　US Department of State, "Telegram from the Embassy in Cambodia to the Department of State," in *FRUS, 1958-1960*, Vol. 16, p. 272.

226　Sihanouk, *My War with the CIA*, p. 107.

寨的上丁省與臘塔納基里省（Ratanakiri）的領土主張，讓巴特寮控制下的寮國成為柬埔寨的另一種威脅，一旦越南獲得統一，再加上泰國，柬埔寨將猶如一隻羔羊被三隻長牙野狼所包圍，三面受敵的危機意識乃促使施亞努開始為其領土完整與中立狀態尋求新的保證。[227] 8月14日，施亞努先是在一場講演中公開要求國際強權介入，終止曼谷與西貢兩政府所出演的「大喜劇」；20日，又在寮國獲得日內瓦會議保證中立地位的一個月後，提議舉行國際會議來保證柬埔寨的獨立、中立與領土完整。[228] 他在8月22日的一場演講中指出：

> 我們的中立不是虛假的中立，而是真正的中立（pure neutrality）。它必須被尊重。所有的國家必須宣布尊重我們的中立……他們也必須尊重我們的邊界。中立沒有形狀（form），但是領土有。如果他們尊重我們的中立，卻不尊重我們的領土，將發生戰機、戰車入侵我們領土的情況……現在，讓我們等著瞧。如果我們沒有取得自由世界的保證，確定我們將獲得尊重，那樣，我們無法保持中立。我們必須精確地採取行動，就像泰國人與越南人所指控的那樣，必須與共產黨結盟，如果不這麼做，我們就沒有安全。[229]

227　Smith, *Cambodia's Foreign Policy*, p. 189.

228　US Department of State, "Cambodian Request for Official Recognition and Guarantee of Its Neutrality and Territorial Integrity: Letter from the Chief of State of Cambodia（Prince Sihanouk）to the President of the United States（Kennedy）, 20 August 1962," in *American Foreign Policy: Current Documents, 1962*（Washington, D.C.: U.S. Government Printing Office, 1966）, pp. 1002-1003.

229　John Taylor, "Prince Sihanouk and the New Order in Southeast Asia," *ESAU* 26

　　由於美國甘迺迪政府拒絕施亞努所提「藉由國際會議來保證柬埔寨中立」的提議，他轉而尋求中國支持並獲得周恩來的正面回應。周恩來表示，中國政府完全支持施亞努的提議，但國際會議必須由美國、泰國與南越等正在威脅、削弱柬埔寨中立及領土完整的國家來出席。柬埔寨政府與人民在對抗外國侵略與保護國家獨立的政治鬥爭中，將不會感到孤單並可獲得中國人民，以及世界上所有愛好和平的國家和人民的全面支持與同情。然後，美帝國主義鼓動泰國與南越策劃對抗柬埔寨的侵略陰謀終將遭遇可恥的失敗。[230] 9月3日，獲得北京政府支持的施亞努，進一步提出將《日內瓦協定》對寮國中立化的規定（"Laos type" accord）應用到柬埔寨上的「中立提案」（Neutrality Proposal），並於10月23日獲得柬埔寨國民議會的批准。[231] 他表示，如果這些提案都遭拒絕，柬埔寨有權要求蘇聯與中國派兵至柬埔寨以維持邊境的安全。[232] 施亞努的提案雖獲得共產集團的支持，但西方強權卻不支持，僅法國有意願附和，美國方面則不拒絕也不接受施亞努的提案，僅表示會「密切注意」。[233]

　　1963年10月，柬、美關係因吉蔑伊沙拉運動抨擊中立主義，以及煽動人民起而推翻施亞努的宣傳而遭遇嚴重挫折。11月12

（1964），pp. 94-95.

230　"China Supports International Guarantee of Cambodian Neutrality," *Peking Review* 5, No. 36（7 September 1962）: 10-11.

231　US Department of State, "Memorandum from the Officer in Charge of Cambodian Affairs（Arzac）to the Director of the Office of Southeast Asian Affairs（Koren）," in *FRUS, 1961-1963*, Vol. 23, p. 212.

232　Smith, "Cambodia," pp. 665-666.

233　US Department of State, "Telegram from the Department of State to the Embassy in Cambodia," in *FRUS, 1961-1963*, Vol. 23, p. 224.

日，施亞努宣布除非吉蔑伊沙拉的廣播宣傳停歇，否則柬埔寨將放棄所有西方國家的經濟與軍事援助。數日後，柬埔寨逮捕一名嘗試入境的吉蔑伊沙拉成員，施亞努要求立即終止所有的美援，並下令將除美國大使館人員以外的所有美國人都撤離。[234] 11月17日，柬埔寨國民代表大會特別會議討論停止接受美國軍事和經濟援助並通過決議，金邊政府隨即在三天後通知美國，「出於維護最起碼的尊嚴，柬埔寨決不能繼續接受美國的一切形式的援助，哪怕是微不足道的援助。……柬埔寨政府要求停止美國在軍事、經濟、技術和文化的一切援助，並按照協議毫不遲疑地就取消現行計畫一事舉行雙邊談判。」[235] 雖然施亞努表示，終止美援是一項「極其痛苦的決定」（agonizing decisions），[236] 英國外交部東南亞局（South-East Asia Department, SEAD）局長華納（Fred Warner）的觀察卻是：「柬埔寨已遠離它所標榜的中立」；「柬埔寨當前立場的主調是反西方的，排除所有美國援助與技術專家的談判已經開始，而且那位傑出的領袖已經從僅只是古怪轉變成瘋狂。」[237]

　　進入1964年以後，一連串事件終於導致施亞努在1965年5月3日正式宣布與美國斷絕外交關係，包括：1964年1月15日，施亞努命令美國所有的經濟、軍事和文化團隊離開柬埔寨，並且召回柬埔寨駐美大使農金尼（Nong Kimny），關閉美國大使館；2

234　Ibid., p. 667.

235　〈柬埔寨王國政府為拒絕美國對柬埔寨的「援助」致美國政府的照會（摘要）（1963年11月20日）〉，載於《印度支那問題文件彙編》，第5集（北京：世界知識，1965），頁538-539。

236　例如："L'Aide Militaire US et Nous," *Neak Cheat Niyum*, No. 197（1 December 1963）. Sihanouk, *My War with the CIA*, pp. 122-132.

237　Tarling, *Britain and Sihanouk's Cambodia*, p. 113.

月5日，南越轟炸機襲擊東埔寨莫儂村（Muong），且深入東國領土兩公里，導致嚴重傷亡；8月2日，東京灣事件（Gulf of Tonkin incident）的發生，開啟越戰「美國化」（Americanization, 1965-1969）的階段，美國決定派遣大量武裝部隊正式介入越戰，而且隨著越戰的升級，美軍甚至將東埔寨的領土納入轟炸的範圍之內，[238]「東埔寨是下一個嗎？」（Is Cambodia Next？），[239]此一憂慮讓施亞努產生「美國在越南的軍事行動對東埔寨的內部和平與安全將是重大的威脅」的想法。[240]

相較於東、美關係的漸行漸遠，東埔寨與中國、北越的關係卻日益緊密。東、中兩國除了政府高層的頻繁互訪、電話熱線或公開讚揚等外交活動，雙方在1960年12月9日簽訂《友好和互不侵犯條約》（Treaty of Friendship and Mutual Nonaggression），保證尊重對方的主權、獨立和領土完整（第一條）；保證互不侵犯，不參加針對另一方的軍事同盟（第四條）。[241]當美國升高對印度支那的行動後，北京當局亦公開宣布，將完全承認與保護東埔寨的中立。此外，中國也嘗試提倡在東南亞成立一個涵蓋東埔寨

---

238 美國軍方與情報單位認為越共與北越利用東埔寨的領土作為滲透路線、庇護基地、集結待命地區等。時至1965年，美國認為越共在東的存在已經相當嚴重，決定對東埔寨領土展開行動以削弱敵人的能力。Michael Leifer, "Rebellion or Subversion in Cambodia?" *Current History* 56, No. 330（February 1969）: 92.

239 Kay Boyle and others, *Is Cambodia Next? Final Report of "Americans Want to Know"*（Washington, D.C.: Russell Press, 1967）.

240 Willmott, "Cambodian Neutrality,", p. 39.

241 〈中華人民共和國和東埔寨王國友好和互不侵犯條約〉，載於《印度支那問題文件彙編》，第3集（北京：世界知識出版社，1961），頁241-242。

的「和平區」（peace area）。[242] 柬埔寨則是在 1963 年 10 月的聯大會議上副署阿爾巴尼亞的提案，支持中華人民共和國進入聯合國。同年 11 月，柬埔寨國會通過停止接受美援的決議以後，中國駐柬大使陳叔亮隨即與施亞努在金邊會晤討論修訂援助的細節；[243] 施亞努召回駐美大使的當日，中國經濟專家團隊亦發表報告，詳細說明終止美援對柬埔寨經濟的影響，同時也針對如何將中國援助重新導向道路與其他基礎項目提出詳細建議。[244]

　　1960 年代前期，北京政府將對柬政策的主旋律聚焦在泰國與南越對柬埔寨中立的威脅。毛澤東曾告訴施亞努：「可以針對懲罰吳廷琰與其他美國在西貢的傀儡所需的任何東西來向我們提出要求，但是請和泰國人達成理解，不要向我們要求任何東西來對抗他們。」[245] 因此，當柬埔寨面臨來自南越及美國的領土轟炸行動時，中國的黨政高層無不發表聲明予以譴責，並且支持柬埔寨捍衛領土完整及主權的權利。

　　此外，中國也利用軍事援助來提升柬埔寨的自我防禦能力，尤其在施亞努中斷與越南的外交關係及拒絕美援以後，柬、中雙方的國防官員交流更加頻繁，例如：1964 年 3 月，柬埔寨副總理

242　Smith, "Cambodia," p. 670.

243　〈西哈努克親王接見陳叔亮大使〉，《人民日報》，1963 年 11 月 30 日，第 4 版。

244　Richardson, "China, Cambodia, and the Five Principles of Peaceful Coexistence," pp. 65-66.

245　原文是 "Demandez-nous tout ce que vous voudrez pour écraser Diem et les autres marionettes des Américaines à Saïgon, mais ménagez les Thailandais, ne nous demandez rien contre eux." Norodom Sihanouk, "Cambodia, China and S.E. Asia: Interview in *Le Monde* 24 June 1964," *Survival* 6, No. 5（1964）: 242.

兼國防部長龍諾將軍率領一支12名成員的代表團訪問北京。[246]同
年9月26日，施亞努前往北京參加中華人民共和國建政15週年慶
祝活動時，曾親自向周恩來證實，中國所提供的28萬武器已經足
以裝備柬埔寨的常規軍及臨時武裝，所有的美國武器已遭到替
換，柬埔寨只需要中國再提供防空與反裝甲武器。[247]期間，施亞
努與中國國家主席劉少奇發表的《聯合公報》亦指出，柬埔寨對
中國提供大量的經濟與軍事援助，特別是促進工業化的貢獻，深
表謝意。此外，雙方也譴責美國破壞1954年及1962年的《日內
瓦協議》及其對柬埔寨、寮國及北越的侵略行為；同時，中國政
府堅決支持柬埔寨政府多次提出的召開國際會議以保證其獨立、
中立和領土完整的建議。[248]施亞努在離開北京以前，甚至向劉少
奇及周恩來公開表示，中國是柬埔寨的最好朋友。他並宣稱，柬
埔寨與中國的關係是無法打破的，美國帝國主義不可能分化中國
及柬埔寨。[249]

　　1965年，由於施亞努與美國的關係持續地惡化，北京當局同
意提供柬埔寨更多的軍事補給；相對地，施亞努則是允許北越在

---

246 "Visit of Cambodian Military Delegation," *Peking Review* 7, No. 12（20 March 1964）: 4-5.

247 Odd Arne Westad, Chen Jian, Stein Tønnesson, Nguyen Vu Tungand and James G. Hershberg, *77 Conversations Between Chinese and Foreign Leaders of the Wars in Indochina, 1964-1977*（Washington, D.C.: Cold War International History Project, 1998）, p. 88, accessed 11 August 2017, https://www.wilsoncenter.org/sites/default/files/ACFB39.pdf.

248 〈中華人民共和國和柬埔寨王國聯合公報（1964年10月5日）〉，載於《印度支那問題文件彙編》，第5集，頁588-592。

249 "New Bonds of Friendship-Prince Sihanouk's Fifth China Visit-," *Peking Review* 12, No. 41（9 October 1964）: 11.

柬埔寨境內建立基地，以及借道柬埔寨來運送物資。[250] 1966年至1967年間，中國發生文化大革命連帶影響金邊親華學生發動造反運動，導致施亞努宣布解散「柬中友誼協會」（Khmer-Chinese Friendship Association）；[251] 而且，因為在赤柬武裝部隊中發現中國武器，施亞努甚至認為1967年喬森潘、胡榮與胡寧等左派份子發動的「三洛事件」是受到中國的指導，從而威脅將在9月中召回駐北京大使。即使如此，中國仍在1967年至1968年間多次承諾提供軍事援助，以及軍機、高射砲與其他軍事設備等，[252] 顯見施亞努與北京當局的關係已達到高峰。

　　除了柬、中關係，施亞努亦著手改善與北越與南越臨時革命政府的關係，希望能與他們達成邊境協議。[253] 尤其是與北越結盟的目的之一，就是要把柬共置於越南人的嚴格控制之下。1965年，柬埔寨開始與北越建立關係並簽訂貿易協定，在附約中包括：通融北越軍人進入柬度假、整補；不干涉內政；保證不支持柬共；越戰結束以後盡速撤離等。這意味著，施亞努決定讓北越和越共的軍隊以柬國東部省分作為庇護所來對抗美國。[254] 1967年，越共與北越先後在5月31日與6月8日發表聲明，表示尊重柬埔寨現有邊界及其領土完整；[255] 6月24日，柬埔寨正式與北越

250　Martin, *Cambodia*, pp. 92-93.

251　康矛召，《外交官回憶錄》（北京：中央文獻，2000），頁178。

252　Copper, *China's Foreign Aid*, p. 48.

253　Sorpong Peou, *Intervention and Change in Cambodia: Towards Democracy?* (Singapore: Institute of Southeast Asian Studies, 2000), pp. 123-124.

254　國家建設計畫委員會編，《越戰越南化問題之研究》（台北：國家建設計畫委員會，1971），頁38。

255　兩份聲明的全文，參考：Sihanouk, *Souvenirs doux et amers*, pp. 344-357.

建立外交關係。[256]至此，施亞努的外交政策已經徹底向北越傾斜。正因為施亞努在政治上和軍事上已經捲入越南人和美國人之間的戰爭，同時又開始針對城市左派、共產主義者與非共產主義者展開強勢掃蕩，導致波布領導的柬共決定發動武裝鬥爭對抗施亞努政權。不過，波布的決定隨即遭到北越的反對，並且被視為極端左翼份子（ultra-left），但是波布認為他和支持者是柬共內部唯一聰明的民族主義者。這是柬共與越南共產黨之間首次發生明顯的政治分歧。[257]

簡言之，施亞努在外交政策上的左傾，為內政帶來三項短期影響：（1）、柬埔寨印刷媒體立場向左轉向；（2）、在法國接受教育的左翼份子被選入議會，像是喬森潘、胡榮和符寧；（3）、幾乎所有的柬埔寨激進份子都能夠倖存下來，但是被貼上反柬埔寨標籤的右派反對者則不然。[258]這些影響讓施亞努面臨來自反對勢力的重大壓力，尤其是內閣的保守派勢力，特別是軍隊。此外，施亞努個人權威式及專斷式的領導，不尊重內閣閣員的意見，國有化及國營化的政策造成經濟的蕭條及衰退，工業及貿易生產額自1966年起就逐漸惡化，而且稻米及棉花在1968年又遭到旱災而減產，導致柬埔寨的經濟情勢更加嚴峻，引發社會不滿。[259]再

---

256 "Hanoi VNA International Service in English 0217 GMT 24 June 1967," in *Foreign Broadcast Information Service*（hereafter cited as *FBIS*）*, Daily Report No. 123 Asia and Pacific*, 26 June 1967, jjj9.

257 Irwin Silber, *Kampuchea: The Revolution Rescued*（Oakland, California: Line of March, 1986）, p. 28.

258 Chandler, *A History of Cambodia*, pp. 192-193.

259 Donald Kirk, "Cambodia's Economic Crisis," *Asian Survey* 11, No. 3（March 1971）: 239-245; Summers, "The Sources of Economic Grievance in Sihanouk's Cambodia," pp. 16-34.

加上，北越及越共在柬國境內的勢力持續地壯大，[260] 以及柬共正式成立柬埔寨革命軍，準備展開武裝鬥爭等壓力，乃驅使施亞努將外交路線再次轉向美國。[261] 他曾指出，只要美國願意承認柬埔寨的領土界線，他將重建一個可容納百人的大使館，而且，他本人不贊同美國完全撤出東南亞。[262]

自從美、柬斷交以後，美國一直嘗試去穩定化施亞努政府，但並未成功。時至1969年，甫就任美國總統的尼克森（Richard M. Nixon, 1913-1994），為求早日解決越戰問題，積極推動「越戰越南化」（Vietnamization）政策，希望逐步將越戰的責任交由南越負責。簡言之，「越戰越南化」的政策目標之一，就是全面摧毀越共在柬埔寨和寮國境內的庇護所和補給線，以減少北越南侵的軍事能力。所以，美軍自1969年3月就開始秘密轟炸柬埔寨東部邊境的越共庇護所。[263] 尼克森不僅拉攏中國來牽制北越，也企

260　施亞努甚至懷疑北越與越共有介入赤柬的反叛活動。他曾在一場1969年5月17日舉行的記者會中表示，越共與北越都公開宣稱尊重柬埔寨的中立、獨立與領土完整，以及承認現有的邊界，同時卻也對赤柬提供援助和訓練。"Sihanouk on Bonn Relations, Captured Viet Cong," in *FBIS, Daily Report No. 96 Asia and Pacific*, 19 May 1969, H1.

261　Bernard K. Gordon and Kathryn Young, "Cambodia: Following the Leader?" *Asian Survey* 10, No. 2（February 1970）: 169-176.

262　Kenton Clymer, *The United States and Cambodia,1870-1969: From Curiosity to Confrontation*（New York: RoutledgeCurzon, 2004）, p. 149.

263　1969年3月起，美軍開始進入柬埔寨的鸚鵡嘴（Parrot Beak），進行「菜單行動」（Operation Menu），對柬境內之北越共軍的庇護所進行秘密轟炸。其中，最嚴重的事件是發生在11月16-19日，美軍以B-52轟炸機攻擊蒙多基里省（Mondulkiri）德旦（Dak Dam）地區。William Shawcross, *Sideshow: Kissinger, Nixon and the Destruction of Cambodia*（New York: Simon and Schuster, 1979）, pp. 22-24; Ben Kiernan, "The American Bombardment of

圖與柬埔寨重新修好。為改善美、柬關係，尼克森決定採納施亞努的建議，承認且尊重柬埔寨的主權、獨立、中立和區域完整。[264] 6月11日，柬、美終於達成協議，恢復雙邊外交關係。

　　然而，就施亞努的立場來看，因為美軍在柬國境內展開大規模的轟炸行動，即使向美國示好也無法保證柬埔寨的領土和主權的不受侵犯。此外，他在1969年8月重新召開國民議會時，幾乎所有與會代表都承認SRN的經濟政策失敗，同時會中也選出右派的龍諾將軍及施里馬達（Sisowath Sirik Matak）出任正、副總理，宣告施亞努的大權旁落。所以，施亞努積極發展與中國、北越的關係。他先是同意北越和越南南方臨時革命政府在金邊設立外交使團，在9月9日親自出席胡志明的葬禮，促使北越在柬埔寨的補給線重新活絡，然後又於10月派遣龍諾前往北京參加中華人民共和國建政20週年慶祝活動，同時宣布終止國際監督委員會在柬埔寨境內的監察活動。[265]

　　美國將施亞努一連串的外交行動視為倒向中國和北越的信號。對美國來說，如果要確保美國自南越撤軍以後，南越仍可抵擋北越的入侵而免於被併吞，同時保持美國在中南半島的優勢，一個親美的柬埔寨政權將是核心關鍵，施亞努顯然不是最佳的選項。1969年12月底，柬埔寨第二十八屆國民議會否決施亞努的經

Kampuchea, 1969-1973," *Vietnam Generation* 1, No. 1（1989）: 4-41; Robert D. Schulzinger, *A Time for War: The United States and Vietnam, 1941-1975*（New York: Oxford University Press, 1997）, pp. 277-278.

264　Tad Szule, *The Illusion of Peace: Foreign Policy in the Nixon-Kissinger Years*（New York: The Viking Press, 1978）, p. 240.

265　Kenton Clymer, *The United States and Cambodia, 1969-2000: A Troubled Relationship*（London and New York: RoutledgeCurzon, 2004）, p. 20.

濟政策，公開批判施亞努的聲浪逐漸升高。與此同時，柬埔寨正由右派人士掌權，甚至密謀推翻施亞努。對此，美國抱持著默認的態度。儘管有學者認為施亞努與美國恢復外交關係以後，正對北越和越共採取強硬路線，所以美國缺乏動機推翻他。[266] 但是，無論美國政府高層是否涉入政變計畫，就像歷史學者基爾南（Ben Kiernan）所指出：顯而易見，龍諾發動政變時，至少是帶著美國一定程度支持的合理期待。[267]

　　整體來看，施亞努掌權期間的對外政策是採行兩面交往策略，主要是希望達到東、西兩陣營相互制衡的效果，並從中獲取經濟援助以發展自身的經濟建設。不過，因為美國對南越與泰國的軍事同盟關係過於親密，反而驅使他逐漸轉向中國來獲取保護，最後更因中南半島的緊張局勢升高，終於導致他徹底投向中國的懷抱。換言之，施亞努在名義上是採中立的對外政策，但自從越戰升級以後，決定提供柬埔寨領土來作為越共的庇護所，直到越南人破壞柬埔寨的領土完整，他仍相信這只是暫時的現象，終致惹禍上身，不但政權遭到美國支持的龍諾所推翻，也埋下柬埔寨走向赤化的導火線。

---

266 Clymer, *The United States and Cambodia, 1969-2000*, p. 22.

267 Ben Kiernan, "The Impact on Cambodia of the U.S. Intervention in Vietnam," in *The Vietnam War: Vietnamese and American Perspectives*, eds., Jayne S. Werner, and Luu Doan Huynh（New York: Armonk, 1993）, p. 221.

第三章

從「和平綠洲」淪為
「殺戮戰場」
（1970-1978）

　　國際體系的發展歷程，第二次世界大戰是個極重要的轉折點。它不僅將美國推上世界戰略的大舞台，也使蘇聯擺脫區域強權的角色，一躍成為全球性大國。第二次世界大戰末期，美、蘇兩大強權憑藉政治、軍事與經濟實力，在雅爾達會議中根據自身的地緣政治利益，恣意地在世界版圖上劃分各自的勢力範圍，稱之為「雅爾達體系」，[1]國際體系進入東、西兩大陣營冷戰對抗的新時期。期間，美、蘇等強權在全球各地遂行代理人鬥爭，干預各國內部事務。在地區層次，大國干預的目的不是要在各國內部建立一種損害權力平衡的結構，更讓這些競爭性的外部國家感到興趣的是，如何以當地所有其他的政治派系作為代價，根據它們的想像來創造出政權。冷戰時期，諸如美國、蘇聯、中國、越南，甚至是泰國等外部強權，無不在柬埔寨尋求自身在意識形態上及政治上的目標。在柬埔寨，每個外部強權都有個別支持的政治團體，並協助他們排除競爭對手。這類型的外部干預影響著柬埔寨政權的興衰起落；相對來說，兩極對抗的國際政治與安全結構，也制約著柬埔寨政權的外交政策制訂。[2]結果是，柬埔寨自公認的「和平綠洲」，淪為「殺戮戰場」（The Killing Fields），並且步入「黑暗的年代」。

1　根據Kimie Hara的看法，第二次世界大戰以後的國際情勢，在歐洲稱為「雅爾達體系」，此乃起因於1945年2月，美、英、蘇三國領導人簽署的協定，以建構戰後的秩序；若在亞太地區，冷戰體系通常指「舊金山體系」，此乃因1951年舊金山和平條約的簽署，決定了亞太地區戰後的政治秩序，其相關的安全協定形成亞太區域冷戰的對抗架構，故稱為「舊金山體系」。Kimie Hara, "Rethinking the 'Cold World' in the Asia-Pacific," *The Pacific Review* 12, No. 4（1999）: 513-536.

2　Peou, *Intervention and Change in Cambodia*, p. 116.

第一節　龍諾政權與施亞努流亡政府的內戰

這場戰爭有一精神基礎，源自於吳哥的輝煌榮耀。[3]

——柬埔寨共和國總統　龍諾

東埔寨人民是東埔寨的主人，我們掌握著東埔寨的命運。[4]

——東埔寨王國民族團結政府國家元首　施亞努

如果我們不進行武裝鬥爭，我們就無法保衛革命力量。[5]

——柬埔寨共產黨總書記　波布

　　施亞努執政時期雖然在外交政策上取得成功，但在國內政治上卻未見順利。由於施亞努的專制、封建與極端的個人體制，已經遭到知識份子與技術官僚的疏遠，尤其在允許社會上的特定團體壟斷政府中所有涉及財政利益的職位以後，像是關稅局、商業部等，他對於那些控制國會，而且想要奪回財政上權力利益的資產階級已經感到灰心。特別是，施亞努將東埔寨經濟帶向幾近破產的程度，迫使他在1969年8月13日成立「救國政府」（Gouvernement de Sauvetage, Government of Salvation）來整頓經濟並恢復國家的財政。結果是，施亞努勉強同意給予龍諾和施里馬達自由插手國家內政的權利。[6]「救國政府」的成立意味著權力鬥

3　原文是 "The war had 'a spiritual basis' and derives from the glories of Angkor." Shawcross, *Sideshow*, p. 170.

4　〈施亞努親王舉行記者招待會〉，《人民日報》，1973年4月14日，第1版。

5　王爰飛，《波爾布特》（北京：中國文史出版社，1997），頁52。

6　Walther Baron von Marschall, "The War in Cambodia: Its Causes and Military

爭的開始，越南因素則是成為權力鬥爭的工具，使得柬埔寨的內鬥成為「越戰的另一篇章」，或是英國記者蕭克勞斯所稱的「餘興節目」（sideshow）。[7]

　　由於北越與越共曾在1967年6月表示承認柬埔寨的現有邊界，並制訂一份莊嚴的協定，不僅尊重邊界，也尊重柬埔寨的獨立、主權與中立。[8]施亞努遂在1968年表示，柬埔寨與北越及越共正面臨「美帝國主義侵略者」這個相同的敵人。所以，他公開宣布柬埔寨當局將自願地忽略人民的商業活動來供給糧食給越共，施亞努甚至授權越共與北越武裝部隊的傷患使用柬埔寨醫院，直到他們完全恢復。[9]

　　1969年，柬埔寨的經濟正處於嚴重衰退，農業生產也出現大幅下滑的情況，包括：稻米的耕種面積從前年的232.4萬公頃縮減至194.4萬公頃，產量從325.1萬公噸銳減至250.3萬公噸；同樣地，玉米的耕種面積則是從前年的11.3萬公頃縮減至10.2萬公頃，產量從15.4萬公噸銳減至11.8萬公噸。[10]經濟情勢的惡化助長

Development and the Political History of the Khmer Republic 1970-1975," in *Royal College of Defence Studies in 1975*（New York: Royal College of Defence Studies, 1975）, p. 93.

7　Shawcross, *Sideshow*.

8　Ministry of Information, "Declaration of the Government of the Democratic Republic of Vietnam on Recognition of the Present Borders of Cambodia," in *Documents on Vietcong and North Vietnamese Aggression against Cambodia （1970）*（Phnom Penh: The Ministry of Information, 1970）, pp. 4-5.

9　Tran Dinh Tho, *The Cambodian Incursion*（Washington, D.C.: U.S. Army Center of Military History, 1979）, p. 21.

10　Food and Agriculture Organization of the United Nations（FAO）, *FAOSTAT*, accessed 19 August 2018, http://www.fao.org/faostat/en/#data/QC.

東共在鄉村地區的叛亂活動，同時，又因北越和越共的數萬駐軍導致柬共的叛亂活動變得更加嚴重和複雜。美國為驅離北越軍隊開始對柬埔寨展開轟炸行動，是否捲入越戰的不確定性快速地蔓延。柬埔寨軍隊受到共產黨起義隊伍的攻擊，越南人所管理的眾多基地區招致當地百姓的抱怨，尤其以西部的馬德望和菩薩兩省，以及南部的貢布省最為顯著。3月初，東部地區也出現同樣的問題，北越與越共的軍隊高達4萬人，執行著實際的政治控制。主要關鍵是，計算後的武裝叛亂或造反份子人數僅有數百人，實際上卻有一支數千名以上的武裝力量在柬埔寨境內，已經準備協助與支持這些小團體，最重要的國外支持來源就是河內與越共。[11]正如已故倫敦經濟學院東南亞問題專家利弗（Michael Leifer）所提問：是「叛亂」抑或「顛覆」？[12]

　　1970年1月，施亞努為進行醫療而偕同政治顧問賓努親王（Penn Nouth, 1906-1985）遠赴法國，然後計畫轉往蘇聯與中國討論軍事及經濟援助等事宜。柬埔寨的知識圈普遍認為，施亞努訪問蘇、中之行的唯一目的是，為日益猖獗的越共與柬共的叛亂活動所導致的政治困境，尋求一些解決之道。施亞努行前任命鄭興（Cheng Heng）擔任代理國家元首，柬埔寨國會乘機提案改組內閣，並且公開討論北越與越共軍隊在柬埔寨日漸猖獗的活動。2月，長期對越南共產黨心存不滿的龍諾，自巴黎返國後立即宣布所有面額500瑞爾的鈔票禁止流通，欲使越南共產黨無法從農民手中購買稻米及其他生活必需品；另外，龍諾也啟動達成增兵25%的各項計畫，甚至下令對在柬邊境地區的越共部隊進行砲

11　Gordon and Young, "Cambodia: Following the Leader?," p. 172.

12　Leifer, "Rebellion or Subversion in Cambodia?," 88-93, pp. 112-113.

擊。這些措施都是施亞努過去一再阻撓的提案。[13] 2月底，龍諾和「自由吉蔑」領袖山玉成進行聯繫，雙方就推翻施亞努一事達成共識，決定利用施亞努與越共的友好關係來作為推翻他的藉口。施亞努在其回憶錄中提到，一位名叫奧爾曼（T. D. Allman）的記者提到其消息提供者時曾說：「他（施亞努）掌權的時間太長了。我們想奪權。我們可以搞掉他的唯一辦法就是攻擊越共。」[14]因此，龍諾策劃掀起一股反對越共的浪潮。

　　1970年3月8日，柬埔寨柴楨省（Svay Rieng）與波蘿勉省（Prey Veng）的省會接連發生對抗越共的示威抗議，群眾高舉「越共滾出柬埔寨！」（Vietcong out of Cambodia!）、「施亞努下台！」（Down with Sihanouk!）等標語；[15]三日後，上萬名示威者攻擊北越及越共在金邊的大使館，抗議越共軍隊侵略柬埔寨的領土。3月12日，南越共和國副總統阮高奇（Nguyễn Cao Kỳ）秘密訪問金邊，並與龍諾結成同盟。[16]當天，柬埔寨國會和龍諾政府向北越及越共的大使館發出最後通牒，勒令越共軍隊在3月15日以前全部撤出柬埔寨。全國各地日漸激烈的反越示威活動，正好為右派政府發動政變創造出有利的環境。他們成功地鼓動柬埔寨人民對於鄰國的激烈敵意與恐懼感，指控施亞努出賣國家給越南。3月18日，在坦克和步兵包圍國會和政府大樓的情況下，國會與皇家委員會召開聯合會議，根據1947年憲法第一百二十二條的規

13　David P. Chandler, "Changing Cambodia," *Current History* 59, No. 352（December 1970）: 336.

14　原文是 "He had been in power too long. We wanted it. The only way we could get at him was by attacking the Vietcong." Sihanouk, *My War with the CIA*, p. 52.

15　Martin, *Cambodia*, p. 124.

16　Short, *Pol Pot*, pp. 195-196.

定，投票通過解除施亞努國家元首的職務；3月19日，國會宣布全國處於緊急狀態，同時選舉國會主席鄭興擔任國家元首，龍諾與施里馬達則繼續擔任正、副總理。[17] 美國政府隨即於當天（19日）承認新的龍諾政權；[18] 南越、馬來西亞與印尼也熱情地慶祝這場發生於金邊的政變，並給予承認。[19] 至此，龍諾透過「一場根據美國中央情報局的計畫所發動的親美政變」，[20] 正式取代掌握政治權力長達29年的施亞努，成為柬埔寨政府的實際領導者。

　　施亞努得知發生政變以後，並沒有如蘇聯最高蘇維埃主席團主席波德戈爾內（Nikolai Viktorovich Podgorny, 1903-1983）所希望的即刻返回金邊，而是按照原定計畫由莫斯科前往北京。北京高層對於金邊發生政變的態度是，施亞努仍然是國家元首，而且是柬埔寨唯一的國家元首。起初，施亞努不同意與桑洛沙（Saloth Sar，後改名為波布Pol Pot）成立聯合政府，[21] 他在與周恩來晤談以後，決定接受周恩來關於印支三國聯合抗美、國內組織合作，

17　Bernard K. Gordon and Kathryn Young, "The Khmer Republic: That Was the Cambodia that Was," *Asian Survey* 11, No. 1（January 1971）: 31-33; Short, *Pol Pot*, p. 197. 關於施亞努被罷黜的過程，參考：Sihanouk, *Souvenirs doux et amers*, pp. 373-380; Sihanouk, *My War with the CIA*, pp. 49-59.

18　US Department of State, "President Nixon's News Conference of March 21," *The Department of State Bulletin* 62, No. 1606（6 April 1970）: 437-438.

19　Malcolm Caldwell and Lek Tan, *Cambodia in the Southeast Asian War*（New York: Monthly Review Press, 1973）, pp. 266-267.

20　"The Cambodian Coup D'etat: A New Act of Aggression by the U.S. Imperialists," *Hoc Tap*, No. 3（March 1970）: 84-87. "Cuộc đảo chính ở Campuchia một hành động Xâm lược mọi của đế quốc Mỹ," *Hoc Tap* 3（1970）: 84-87.

21　Michael Haas, *Genocide by Proxy: Cambodian Pawn on a Super Power Chessboard*（New York: Praeger Publishers, 1991）, p. 31.

以及成立民族統一陣線和聯合政府等問題的提議。

　　施亞努指出：「我已經選擇不和美國或共產主義站在一起，……是龍諾迫使我在他們之中作出選擇。」[22]此外，他也曾在北京的記者會中公開地抱怨：「我們已經失去中立。我們現在是一個美國的殖民地，而且遭到65,000名南越軍隊和美國僱傭兵所占領。我因為被指控允許越共與越盟占領柬埔寨而在1970年3月18日遭到免職」；「越盟與越共有時來到柬埔寨，一些是因為需要，一些是戰略或戰術的必要，但這只侷限在越南人解放祖國的反美框架或戰鬥中。即使他們身處柬埔寨，目標仍是西貢。越南人所做的一切都指向西貢和南越。他們承認我們在法律上的邊界，甚至在未來取得勝利以後，也不會改變柬埔寨的邊界。」[23]

　　1970年3月23日，施亞努透過北京廣播電台發表《告柬埔寨同胞書》（communiqué to all Cambodians），內容涵蓋五點聲明（Five Point Proclamation）：（1）、柬埔寨國會解除國家元首的舉動乃是違憲行為；（2）、呼籲柬埔寨人民無須聽從龍諾政府的命令；（3）、重新在北京成立一個稱為「柬埔寨王國民族團結政府」（Gouvernement royal d'union nationale du Kampuchéa, GRUNK）的流亡政府；（4）、創立一支具備武裝的柬埔寨人民民族解放軍（Cambodian People's National Libration Armed Forces, CPNLAF）；（5）、組織柬埔寨民族統一陣線（Front uni national du Kampuchéa, FUNK），[24]來團結柬共與施亞努，也吸引大量農民加入柬共及其

22　Shawcross, *Sideshow*, p. 125.

23　Soutchay Vongsavanh, *RLG Military Operations and Activities in the Laotian Panhandle* (Washington, D.C.: U.S. Army Center of Military History, 1981), p. 16.

24　Norodom Sihanouk, *Message and Solemn Declaration of Samdech Norodom Sihanouk, Head of State of Cambodia (23 March 1970)* ([S.l.]: Royal Government

大業，同時，團結全部人民來戳破美帝國主義的所有陰謀與侵略行動，以及推翻龍諾和施里馬達為首的專制僕從，藉以建立獨立、和平、中立、民主與繁榮的柬埔寨。[25] 三日以後（26日），柬共亦發表聲明表示支持柬埔寨民族統一陣線。該聲明指出：

> 美帝國主義者及其同僚和龍諾陣營策劃一場政變，奪取國家元首施亞努的權力，破壞柬埔寨的和平、獨立與中立，並且將整個柬埔寨變成美帝國主義者的衛星。美帝國主義者為了破壞我們親愛的國家，正發動可怕的侵略，提供武器、金錢與其他工具給龍諾為首的叛國集團，使他們得以達成將柬埔寨置於新殖民體制下的計畫。龍諾集團在美帝國主義者的支持下，正以非人道的方式對我們的人民施壓，殺害他們，掠奪其財產，並將拒絕合作者予以逮捕與殺害。甚至連王位，這個柬埔寨僅存的唯一象徵也遭遇危險。
>
> 國家處在如此危急的局勢中，我們主張……如果柬埔寨人民仍堅定、團結，盡其所能的阻止美帝國主義者的陰謀，推翻其僕從，並且建立一個想要和平與中立，尊重民主、自由，希望改善人民生活水平的愛國政府，那麼，和平、獨

---

of National Union of Cambodia, 1970), pp. 4-5.

25　施亞努成立FUNK的目的，還包括：保證所有柬埔寨人民的言論、出版、集會、示威、居住、國內外旅遊等自由，除了眾所周知的叛國賊例外；保護個人、財產、福祉與通訊隱私等不可侵犯的權利；保證兩性平等；保證佛教仍將是國教，但FUNK承認並保證其他所有宗教及信仰的自由。National United Front of Kampuchea, *Political Programme of the National United Front of Kampuchea* (*NUFK*), Adopted Unanimously by the Congress Held in Peking on Sunday, 3 May 1970, pp. 7-9.

　　立、中立與柬埔寨的福祉應該予以實現。根據這樣的精神，我們同意與支持施亞努於北京所公布的宣言。[26]

　　此時，柬共已在全國農村地區建立起擁有 6 萬人口的根據地，是敵人無法進入的地區。若加上游擊基地和游擊區，柬共擁有的人口數已超過百萬。在軍隊方面，柬共的基幹部隊總數則是發展到 4,000 人，游擊隊約 5 萬人的規模。[27] 對柬共來說，加入施亞努的流亡政府，無疑是取得國際承認，以及藉由施亞努的名望來贏得柬埔寨農民支持的絕佳機會。正如施亞努後來所言：「我對他們非常有用，因為要是沒有我，他們就得不到農民的支持，而在柬埔寨，沒有農民的支持，你就不可能進行革命。」[28] 相對地，施亞努若取得柬共的支持，將有助於他重新奪取柬埔寨政權，畢竟他身處異國，難以指揮國內的軍事行動。

　　除了中國對施亞努的支持，北越亦展現出積極的態度。對河內來說，柬埔寨可作為越南作戰的基地，最理想的狀態應是由他們可接受的人選來控制金邊政府，如此可保證自己和南越及美國作戰時無後顧之憂。所以，施亞努遭到推翻，越南人將喪失進入柬埔寨東部基地的最佳途徑，更何況，美國與龍諾政府為打開越共庇護所，勢必從東部與西部來發動大規模攻勢，一旦龍諾政府

26　"Three Cambodian National Assembly Deputies Statement," *Peking Review*, 17 April 1970, pp. 21-22.

27　波爾布特，《在柬埔寨共產黨正確領導下柬埔寨革命偉大的勝利》（北京：人民出版社，1978），頁 34-36。

28　王爰飛，〈親王視察解放區與鄧小平復出〉，諾羅敦・西哈努克、伯納德・克里歇爾著，王爰飛譯，《我所交往的世界領袖》（北京：中國文史出版社，1997），頁 234。

開始全面掃蕩共產黨的行動，將導致施亞努小徑（Sihanouk Trail）的關閉，東北地區陷入龍諾政府的軍事控制，就會切斷北越利用胡志明小徑（Ho Chi Minh Trail）通往越南中部與經由寮國進入南部的補給線，嚴重衝擊北越在南越戰場的軍事行動。因此，北越與越共希望能取得龍諾繼續默許柬埔寨東部的越共庇護所。龍諾曾指示他的部隊，在雙方代表會談尚未結束以前，避免與沿邊境的越共部隊發生摩擦。不過，雙方最後的談判結果並未成功。北越與越共遂決定支持柬共發動游擊戰來對抗龍諾政府。[29] 顯然，「三一八政變」的發生，驅使越、柬兩國的共產黨形成一個倉促的同盟。[30]

　　北越總理范文同在與施亞努會面時曾表示：「越南軍隊可以在24小時之內幫助施亞努奪回權力。」施亞努則是提到：「當前我感到最急迫的，就是軍事教官，為我們訓練部隊；在人力方面，我們並不缺乏，……我們缺乏的是有作戰經驗的幹部。我們兩國地理環境基本相同，在這種土地上作戰，你們有世界上最優秀的訓練有素的幹部。」范文同隨即允諾將派遣數千名最優秀的幹部進行協助。[31] 1970年3月27日，越南勞動黨中央政治局召開會議，針對當前局勢進行討論，會後即指示南方局中央與第五軍區黨委，「加強對敵進攻，擴大越柬邊境解放區，配合柬埔寨人

29　Shawcross, *Sideshow*, pp. 124-125.

30　Thomas Engelbert and Christopher E. Goscha, *Falling Out of Touch: A Study on Vietnamese Communist Policy towards an Emerging Cambodian Communist Movement, 1930-1975*（Clayton, Victoria, Australia: Center of Southeast Asia Studies, Monash University, 1995）, p. 89.

31　王爱飛，〈親王在北京的最初日子：流亡還是戰鬥〉，《我所交往的世界領袖》，頁193-194。

民奮起反抗龍諾政權運動，一方面要援助友邦發展革命勢力，另方面要解決越方在後勤方面的困難。」[32]

　　1970年3月29日起，北越和越共開始對柬共提供他們所允諾的支持，同時沿著東部與東南部邊境展開一連串推翻龍諾政權的軍事行動。共產武裝總計在4月3日至24日之間，至少發動29次主要的軍事攻擊行動。由於龍諾部隊的設備落後，無法限制北越武裝的移動。結果是，叛軍逼近金邊僅距離12英里，同時切斷許多金邊與主要城市之間的主要道路。當時，北越軍隊已經占領柬埔寨的三個省分，而且對其他五省造成嚴重的壓力。[33]龍諾政府遂在4月17日向世界宣布北越軍隊正在入侵柬埔寨，並懇求美國與其他自由世界國家能夠提供武器，協助抵抗北越的侵略。尼克森總統隨即在4月22日的《總統裁決》（Presidential Determination）中指示，重啟1963年終止的柬埔寨軍事援助項目（Military Assistance Program for Cambodia, MAPC），將1970年財政年度各國軍事援助項目剩餘的890萬美元預算提供給柬埔寨；之後，更將1971年財政年度的MAPC預算提升至1.85億美元，並於1970年12月成立柬埔寨軍事設備運輸大隊（Military Equipment

---

32　越南國防部軍事研究院編，廖賢春等譯，《越南人民軍歷史：第二集》（南寧：廣西人民出版社，1991），頁250。

33　相關過程參考：Tho, *The Cambodian Incursion*, 30; Sak Sutsakhan, *The Khmer Republic at War and the Final Collapse*（Washington, D.C.: US Army Center of Military History, 1980), pp. 59-67；越南國防部軍事研究院編，《越南人民軍歷史》，頁250；越南國防部軍事歷史院編，劉煥璞等譯，《越南人民軍50年（1944-1994）》（北京：軍事誼文出版社，1996），頁202；亨利・基辛格（Henry Kissinger）著，慕羽譯，《基辛格越戰回憶錄》（*Ending the Vietnam War: A History of America's Involvement in and Extrication from the Vietnam War*）（海口：海南出版社，2009），頁106、117、122。

Delivery Team Cambodia, MEDTC）作為MAPC的執行單位。[34]簡單地說，美國在柬埔寨的戰略目標主要有三：（1）、透過打擊柬埔寨境內的北越武裝來援助南越的「越南化」（Vietnamization）項目；（2）、提升柬埔寨的中立；（3）、改善柬埔寨武裝部隊（*Forces Armees Nationales Khmeres*, FANK），使其達到能夠維持中立的程度。[35]這些戰略目標實際上都被涵蓋在「尼克森主義」（Nixon doctrine）的架構中。

　　共產勢力在升級軍事行動的這段期間，亦在政治方面有所動作。1970年4月24日至25日，在施亞努的提議下，印度支那人民最高級會議（Summit Conference of the Indochinese Peoples，又稱印支三國四方會議）在中國廣州舉行，由范文同、施亞努、寮國的蘇法努旺親王（Prince Souphanouvong, 1909-1995）和越南南方民族解放陣線（National Front for the Liberation of Southern Vietnam）的阮友壽（Nguyễn Hữu Thọ, 1910-1996）等人，各自率領代表團代表印支三國的人民與會。[36]本次會議之目的在於研究協調與會四方的戰略，在會後發表的《聯合宣言》（Joint Declaration of the Summit Conference of the Indo-Chinese Peoples, 25 April 1970）中

---

34 Theodore C. Mataxis, *End of Tour Report*, prepared by U.S. Military Equipment Delivery Team Cambodia, 12 February 1972, 1-2. 美國在財政年度1970-1973年間，一共對柬埔寨提供5.16億美元的軍事援助，以及2.16億美元的經濟援助。Comptroller General of the United States, *U.S. Assistance to the Khmer Republic（Cambodia）: Report to the Committee on Foreign Relations United States Senate（B 169832）*（Washington, D.C.: Comptroller General of the United States, 1973）, p. 7, accessed 7 June 2016. https://www.gao.gov/assets/210/200096.pdf.

35 John R.D. Cleland, *End of Tour Report MEDTC, 1972-1974*, 20 February 1974, p. 1.

36 關於出席印支三國四方會議的代表團成員名單，參考：Caldwell and Tan, *Cambodia in the Southeast Asian War*, pp. 363-365.

指出，與會四方保證「反對共同敵人」，亦即「美帝國主義侵略者及其僕從」，並且相互支持以求共同勝利，宣告印支三國抗美統一戰線的形成。[37]

　　1970年4月底，由於北越和越共連番的軍事行動，共產勢力已經控制四分之一的柬埔寨，再加上施亞努的政治攻勢，終於迫使尼克森總統決定全面軍事介入柬埔寨，投入3.2萬名美軍與4萬名南越軍隊，[38] 發動所謂的「柬埔寨戰役」（Cambodian Campaign），[39] 試圖清除庇護所與拆除越共總部，藉以保障美軍在南越作戰的安全，並逼迫北越進行談判。尼克森總統指出，我們有三種選擇：第一是不採取任何行動；第二是為柬埔寨本身提供龐大的軍事援助；第三是直搗問題的核心，亦即清掃庇護所。我現在宣布決定選擇第三個方案：由美國和南越聯合進攻共產黨在南越所有軍事行動的指揮總部。「這不是入侵柬埔寨」，「這個行動的目的並非要把戰爭擴大到柬埔寨，而是要使實現和平成為可能，以結束越南戰爭。」[40] 4月30日起，美國與南越部隊開始向柬埔寨的鸚鵡嘴（Parrot's Beak）與魚鉤地區（Fish Hook）發動代號為「全勝42」（Toan Thang 42）與「全勝43」（Toan Thang 43）

37　"Joint Declaration of the Summit Conference of the Indo-Chinese Peoples," *Peking Review*, 8 May 1970, pp. 3-6, 10.

38　Gordon and Young, "The Khmer Republic," p. 35.

39　關於「柬埔寨戰役」的討論，參考：Tran Dinh Tho, *The Cambodian Incursion* （Washington, D.C.: U.S. Army Center of Military History, 1979）; John M. Shaw, *The Cambodian Campaign: The 1970 Offensive and America's Vietnam War* （Lawrence: University Press of Kansas, 2005）.

40　Richard Nixon, *The Cambodia Strike: Defensive Action for Peace, A Report to the Nation 30 April 1970* （Washington, D.C.: Department of State Publication, 1970）, pp. 3-5.

的軍事行動，使印度支那變成一個單一的戰場。就像施里馬達所說的，柬埔寨「沒有選擇餘地，必須與境內的越南共產武裝進行戰鬥，越南戰爭已經被輸出到柬埔寨，使其成為鬥爭的主要戰場」。[41]

1970年5月2日，施亞努首先針對尼克森總統宣布進軍柬埔寨的決定作出回應，希望全世界所有人民與政府集中注意力，關注由美國與南越所發動的不正義侵略與占領行動，以及由美國B-52轟炸機對柬埔寨各省密集轟炸的極端犯罪行為；[42]然後又在5月5日宣布柬埔寨王國民族團結政府（GRUNK）正式成立，[43]而且隨即獲得北京當局的承認，並允諾提供無限制的貸款與武器供給。[44]關於GRUNK的政治架構，由施亞努擔任國家元首，他的政治顧問賓努親王擔任總理，柬共主要成員則是出任重要職位，包括：喬森潘出任副總理、國防部長與民族解放軍的統帥，以及符寧和胡榮分別擔任新聞宣傳部長及內政部長。[45]至此，隨著施亞努

---

41 Peter A. Poole, "Cambodia: The Cost of Survival," *Asian Survey* 12, No. 2 (February 1972): 148.

42 Norodom Sihsnouk, "Statement of Cambodian Head of State Samdech Norodom Sihsnouk-Armed Invasion of Cambodia by U.S. Severely Condemned," *Peking Review*, 8 May 1970, p. 16.

43 "Proclamation of the Royal Government of National Union under the Leadership of the National United Front of Kampuchea," *Peking Review*, 15 May 1970, p. 6.

44 "Chinese Government Formally Recognizes Royal Government of National Union of Cambodia," *Peking Review*, 15 May 1970, p. 14.

45 民族團結政府的體制相當特殊，分為國外和國內兩個部分，前者由施亞努代表，負責外交事務；後者則由赤柬代表，負責政治和軍事等事務。詳細名單，參考："Composition of Royal Government of National Union under Leadership of National United Front of Kampuchea," *Peking Review*, 15 May 1970, p. 11.

成立流亡政府，柬埔寨正式走上分裂一途，而柬共作為流亡政府對抗龍諾政權的武裝力量，則是宣告柬埔寨已經進入內戰狀態。

柬埔寨內戰初起時，由於越、柬共武裝的初步攻擊行動，導致金邊處於三面受敵的狀態，僅有沿著五號公路由馬德望通往泰國的「瓦塔納走廊」仍處於龍諾政府的控制之下，金邊甚至有陷落的可能。在美國與南越聯軍的跨境行動結合柬埔寨武裝部隊的軍事行動下，迫使北越與越共部隊撤回柬、越邊境深處，進行單位重整與增援部隊，從而得以維持一段將近兩個月的穩定時期。[46]不過，北越與柬共的聯軍仍繼續控制著湄公河流域及七號公路附近地區，而且已經占領了桔井、上丁、臘塔納基里、蒙多基里、磅湛等東北五省，使得北越、寮國、柬埔寨東北部、越南西原地區（Tây Nguyên）、南越解放區等地，整合成一廣大的戰略區域。[47]另外，北越亦協助柬共培養幹部、建設武裝力量。GRUNK成立以後，約有1,500名幹部自河內返回柬埔寨，與柬共一起工作，[48]使其規模從10個游擊隊發展到9個營、80個連共兩萬人，以及各鄉鎮的上百個游擊中隊與小隊，[49]從而大幅提升柬共的自信心。

更關鍵的是，由於美國政府進軍柬埔寨的決定，不僅遭到來自國會的反對，同時也激起美國社會興起一波新反戰遊行。儘管尼克森總統強調，在柬埔寨的軍事行動已獲得相當大的軍事成

[46] Sutsakhan, *The Khmer Republic at War and the Final Collapse*, p. 67.

[47] Ang Cheng Guan, *Ending the Vietnam War: The Vietnamese Communists' Perspective*（London: RoutledgeCurzon, 2004）, p. 52.

[48] Ben Kiernan, "Pol Pot and the Kampuchean Communist Movement," in *Peasants and Politics in Kampuchea, 1942-1981*, p. 265.

[49] 越南國防部軍事研究院編，《越南人民軍歷史》，頁251。

效，「僅在柬埔寨繳獲的敵方武器、裝備、軍火和糧食的總數，
幾乎與1969年在整個越南戰場上所繳獲的相等」，「對龍諾的壓
力減少了，他現在大概能夠生存下去了」，但尼克森總統仍不得
不宣布將於1970年6月底自柬埔寨撤軍。[50]未來，柬埔寨境內將沒
有美國地面人員，柬埔寨部隊將沒有美國顧問，美軍在柬埔寨的
軍事行動，將只有在發現保護越南境內美國軍事人員性命和安全
的必要時，擔任空中任務，以制止共軍行動和補充物資。不過，
美國仍會向柬埔寨政府提供軍事援助。[51]此外，美國支持南越軍隊
留在柬埔寨，並建議泰國派兵參戰；同時，為加強中南半島的反
共力量，亦安排龍諾政府分別與南越和泰國恢復邦交，藉以對抗
印支三國抗美統一戰線。然而，龍諾政府仍擔心南越及泰國會嘗
試兼併過去他們所主張的柬埔寨領土。[52]

　　美國撤軍以後，龍諾政府面臨嚴重的經濟困境，因為稻米及
漁獲的生產區域落入敵軍的控制，而且越共有效封鎖馬德望到金
邊的鐵路交通，導致稻米庫存不足，[53]這些區域又是可以提供安置
日漸增多的難民的地方，加上敵軍活動漸趨緩和，引發柬埔寨政
府軍隊展開攻勢對抗敵人的意圖。柬埔寨在獲得美國提供8,500

50　亨利・基辛格，《基辛格越戰回憶錄》，頁130-131；理查德・尼克松（Richard
　　Nixon）著，裘克安等譯，《尼克松回憶錄：中冊》（*The Memoirs of Richard
　　Nixon*）（北京：世界知識出版社，2000），頁561。

51　Richard Nixon, "Report on the Cambodian Operation," 30 June 1970. Online by
　　Gerhard Peters and John T. Woolley, *The American Presidency Project*, accessed
　　23 November 2016, http://www.presidency.ucsb.edu/ws/?pid=2564.

52　Shawcross, *Sideshow*, p. 175.

53　Donald Kirk, "Cambodia's Economic Crisis," *Asian Survey* 11, No. 3（March
　　1971）: 249; Poole, "Cambodia," p. 153.

萬美元的軍事援助下，[54]重組政府軍隊並組織戰鬥單位，軍隊人數從4萬名增加到15萬名，然後在1970年9月至1971年間，先後發動代號為「真臘一號」（Operation Chenla I, 1970.09-11）及「真臘二號」（Operation Chenla II, 1971.08-12）的軍事攻擊行動。[55]柬埔寨政府軍的最初戰略概念是捍衛六號公路與七號公路所構成的「龍諾陣線」（Lon Nol Line），其進一步分為三個階段：第一階段先求陣線以南的生存，第二階段再鞏固陣線以南的所有領土，第三階段重新取得陣線以北所喪失的領土；然後，隨著往後戰事的進展再修正戰略的優先順序，來因應敵人日漸提升的威脅。舉例來說，1972年底，柬埔寨政府軍在試圖保持五號公路暢通至馬德望，以及六號公路與七號公路暢通至磅湛時，應該優先著重首都南方附近的高人口密度區域，亦即圖3-1中的線段C-D-E以南的地區。[56]

　　儘管柬埔寨獲得大量的美國援助，但眾多的軍援都流向政府及軍事單位的高層手中，[57]僅有小部分實際用於軍事任務，導致龍

54　美國為解決龍諾所面臨的軍事問題，同意在財政年度1970年7月至1971年6月提供2,500萬美元的援助。1970年9月11日，國防部長萊爾德（Melvin R. Laird）要求季辛吉提供6,000萬美元的援助給柬埔寨以避免龍諾政府的崩潰，美國政府於4天後決定增加對柬援助，並在10月16日獲得批准。Melvin R. Laird, "A More Balanced Sharing of the Burdens of Security," *The Department of State Bulletin* 63, No. 1243（21 December 1970）: 754.

55　Sutsakhan, *The Khmer Republic at War and the Final Collapse*, pp. 69-79.

56　Ibid., p. 67.

57　柬埔寨政府與軍事高層的貪污方式，包括：盜取軍服、彈藥與武器零件，以及部隊的配糧和藥品來進行販售；製作假名冊，利用「幽靈士兵」（phantom soldiers）來盜領薪資等。1972年底，「幽靈士兵」問題才開始引爆。美國國務院及國防部曾針對柬埔寨武裝部隊中的「幽靈部隊」的薪資進行調查。Chandler, *A History of Cambodia*, pp. 206-207; Brinkley, *Cambodia's Curse*, p. 32.

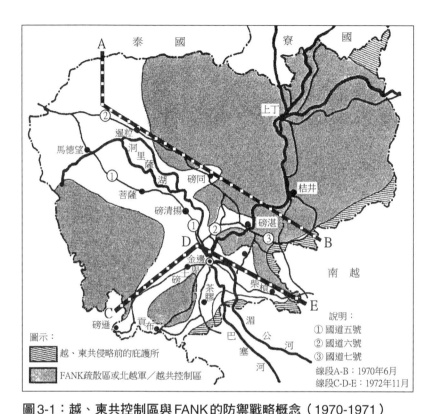

圖3-1：越、柬共控制區與FANK的防禦戰略概念（1970-1971）

資料來源：Sutsakhan, *The Khmer Republic at War and the Final Collapse*, p. 64, 68.

諾政府的部隊既缺乏訓練，裝備也落後，根本無法對抗有組織且有紀律的越、柬共聯軍。相反地，富有經驗的越柬聯軍採取化整為零的策略，使得龍諾的部隊疲於奔命，雖然在「真臘一號」行動中取得「非凡的勝利」，[58] 但是「真臘二號」行動則是因為政府

---

58 實際上，「真臘一號」行動並未取得任何明顯的戰果，但因未造成過去那般嚴重的傷亡，龍諾政府因此宣稱是一次「非凡的勝利」。王爰飛，《叢林戰火二十年》，頁221。

軍過度擴展陣線，造成精銳主力部隊的嚴重傷亡，導致柬共完全控制磅同（Kampong Thom）、巴萊（Barai），以及通往磅同省的六號公路。此後，龍諾部隊已無力再發起針對越共與柬共的軍事圍剿行動，被迫據守主要城市。反觀柬共的武裝力量和解放區卻迅速擴大。時至1971年底，柬埔寨80%的地區與70%的人口，以及金邊周圍的鄉村和高地，都已落入柬共武裝的控制。[59] 1972年1月5日，柬埔寨工人貿易聯盟（Cambodian Workers' Trade Union）主席原英（Nguon Eng）甚至呼籲金邊與其他受到政府軍控制的城鎮的工人，起而對抗龍諾和施里馬達等叛國賊，並且帶著家庭前往解放區加入對抗反帝國主義侵略與壓迫的鬥爭。[60]

從軍事觀點來看，「真臘二號」行動的失敗顯示柬埔寨的生存是有問題的；從政治觀點來看，柬埔寨的鞏固也是存疑的。可以說，「真臘二號」行動是柬埔寨戰爭的一個轉捩點，因為它不僅是龍諾政府的軍事與政治的挫敗，同時也標誌著公眾對內戰廣泛承認的開始。[61] 更重要的是，柬共藉由「真臘二號」行動的勝利，成功地帶來取代北越軍隊的契機。

---

59 Poole, "Cambodia: The Cost of Survival," p. 150；張錫鎮，《呻吟的吳哥窟：西哈努克家族》（北京：社會科學文獻出版社，1998），頁219。

60 "Khmer Rouge Trade Union Urges Urban Uprisings and Migration to Liberated Zone," 8 January 1972, Folder 02, Box 04, Douglas Pike Collection: Unit 15 – Cambodia, The Vietnam Center and Archive, Texas Tech University, accessed 24 September 2017, https://www.vietnam.ttu.edu/virtualarchive/items.php?item= 2430402039.

61 *Kampuchea Dossier* 2（Hanoi, The Socialist Republic of Vietnam: Vietnam Courier, 1978）, p. 259. Quoted in D. Ananda Naidu, "The Role of the Khmer Rouge in Cambodian Politics, 1960-1970,"（Ph.D. diss., Jawaharlal Nehru University, 1982）, p. 204.

　　1972年以前，由於波布—英薩利集團仍須仰賴北越的支持，[62] 並未公開展現反越傾向，但暗中採取各種破壞措施和行動，包括：限制屬下及群眾與北越部隊接觸，不許讓出屋舍給越方住宿，甚至搶奪越方的槍枝及彈藥，綁架越方單獨執行任務的幹部士兵等。[63] 胡榮在談到柬、越關係時就表示：「1970年至1971年，越共和北越人搶掠農村百姓的財產，剝削和掠奪柬共。在柬共弱小、缺少武器及沒有正規軍的時候，他們壓制真正的柬共幹部。」[64] 1971年7月，柬共領袖決定打破和越南共產黨間的關係，甚至宣布越南共產黨是柬埔寨革命的「主要敵人」。以至於柬共開始針對黨內的吉蔑越盟採取排斥、撤職和清除的「高棉化」（Khmerization）政策。時至1972年，柬共已在推翻龍諾政權的軍事行動上取得主導地位，成功地將這場軍事衝突的性質從「外國武裝侵略」轉型成龍諾政權與柬共之間的「內戰」；與此同時，柬共與河內的關係也開始激化。[65]

　　正當柬共與北越嫌隙漸深之際，龍諾政府內部的政治分歧也開始加劇。龍諾與施里馬達早在推翻施亞努以後，就已逐漸產生分歧。1970年10月9日，龍諾政府將國號更改為「高棉共和國」

62　包括：雙方共同對抗龍諾、南越及美國部隊；柬共幹部接受越南人訓練，甚至學習越語；而桑洛沙本身也受北越的安全保護，得以在南方局總部附近成立自己的指揮中心。Ben Kiernan, *How Pol Pot Came to Power: A History of Communism in Kampuchea, 1930-1975* (London: Verso, 1987), p. 310; David P. Chandler, *Brother Number One: A Political Biography of Pol Pot* (Boulder, Colo.: Westview Press, 1999), p. 94.

63　越南國防部軍事研究院編，《越南人民軍歷史》，頁272。

64　張錫鎮，《呻吟的吳哥窟》，頁216。

65　Kiernan, *How Pol Pot Came to Power*, pp. 328-331; Chandler, *Brother Number One*, p. 95.

（Khmer Republic），試圖建立一個新的民主的柬埔寨，免於過去的束縛，同時獨立於法國的文化支配外，將愛國主義與民主理念融合在一個「高棉式民主」（Khmer democracy）的實驗中。[66]不過，龍諾此舉並未帶來柬埔寨社會的變遷。舊封建資產階級以封建作為理由來推翻施亞努，目的不是要發動一場革命來改變社會，他們仍控制著所有權力，不允許自己的特權遭到破壞。換言之，施亞努已經離開，但施亞努主義者仍在。封建資產階級利用龍諾政府與柬共、越共發生衝突的機會而逐漸壯大，這讓相信施亞努倒下就會帶來新柬埔寨的年輕世代感到失望，從而導致人民不願再為戰爭而奉獻心力。龍諾政府將這股不滿首先導向施里馬達，由龍諾的弟弟龍農（Lon Non）策劃一場微妙的宣傳活動，向學生與知識份子暗示，宣布更名為共和國卻未能帶來新改變的主因是施里馬達的過失。[67]

之後，龍諾為實行共和政體，來和1970年3月前施亞努支配下的政治體制有所區別，國民議會曾在1971年4月授權政府組織擴大聯合委員會（*Commission Mixte Elargie*, Expanded Joint Commission）來起草一部新的共和國憲法，但是該委員會所起草的憲法條款與龍諾的構想相去甚遠，因此遭到解散，改由總理接收國民議會的立法權，並將其作為制憲議會來起草新憲法。然而，龍諾仍對制憲的方向感到不滿意。[68]簡言之，兩者主要的爭議在於立法權與行政權的權力分配，龍諾關注的是解散國會的權

---

66 Justin James Corfield, *Khmers Stand Up!: A History of the Cambodian Government 1970-1975*（Clayton, Victoria, Australia: Centre of Southeast Asian Studies, Monash University, 1994）, p. ix.

67 Marschall, "The War in Cambodia," p. 109.

68 Whitaker and others, *Area Handbook for the Khmer Republic*, pp. 154-155.

力。國家元首鄭興指出，他已無法再維持團結，為避免進一步的不和，有必要讓龍諾來擔任總統。因此，鄭興在1972年3月10日辭職，由龍諾接管其所有的權力並自任總統。在這轉變的過程中，施里馬達的職位是最讓人感興趣的地方之一。當龍諾擔任總統時，普遍認為會讓施里馬達繼續擔任總理，但包括學生團體在內的大多數柬埔寨人可能不會接受這樣的安排，施里馬達因此可能會被排除在外。龍諾在3月14日宣誓就職以後，於22日宣布任命山玉成為首席部長兼外交部長，內閣成員都是龍諾的親信及支持者，施里馬達果然被摒除於新政府之外。

實際上，龍諾擔任總統的主要動機之一，就是要結束制憲會議的任務。3月24日，總統下令成立新的委員會來衡量先前委員會與國民議會所準備的憲法草案，並在4月5日提出新的憲法草案，然後宣布在同月30日舉行公民複決來決定人民對新憲法的接受程度。從內容來看，新憲法草案與舊憲法的相異之處，首先在於權力的來源。施亞努時期的憲法規定所有的權力源自國王，新憲法的權力來源則是人民。此外，新憲法也概述總統制的政府體系，並明文規定每五年選舉一次總統與副總統，若因戰爭之故而無法舉行總統大選，則可由國會的參、眾兩院延長其委任統治一年。新憲法草案經過公民投票，結果獲得1,608,293張的贊成票，約97.5%投票選民的支持。[69]龍諾遂於5月12日正式公布實施新憲法，並根據新憲法決定在6月4日舉行總統大選。本次總統大選共有龍諾、英丹（In Tam）、高安（Keo An）等三位候選人參加，登記選民有1,840,592人，共有1,059,505人進行投票，投票結果是有效選票共1,053,230張，龍諾獲得578,560票，英丹獲得

69　Hartmann, "Cambodia," p. 68.

257,496票，高安獲得217,174票，三位候選人的得票率分別是54.9%、24.4%、20.6%，由龍諾當選高棉共和國第一任民選總統。[70]

　　龍諾為取得政權正當性，進一步在1972年9月3日舉行新憲法實施以後的首次國會大選。不過，施里馬達領導的西里共和黨（Sirik's Republican）和英丹領導的民主黨（Democratic Groups）等兩大反對黨領袖卻對於國會席次分配有所爭論，指控龍諾總統明目張膽地透過選區劃分的方式來控制選舉，保證其領導的社會共和黨（Socio-Republican Party）能在國會中保有明確的多數。英丹指出，政府的行為方式是「違憲與非民主的」；施里馬達則表示，因為選舉法，西里共和黨已經對龍諾領導的政權失去信心。[71]反對黨領袖誓言，除非修訂選舉法，否則將不參加選舉。由於兩大反對黨拒絕參選，龍諾的社會共和黨贏得國會及參議院的所有席次，並於10月成立參議院。[72]龍諾透過兩次的選舉，順利取得總統職位及統治權的正當性，身兼總理與國防部長，開始越來越威權專制。然而，龍諾利用非民主的方法，導致非共產政黨之間的對立，實際上是弱化而非強化其總統職位。儘管龍諾試圖透過內閣改組來鞏固政府人事，但由於東埔寨國內、外政治及經

---

[70]　Ibid., p. 76.

[71]　Harry O. Amos, *The First Two Years of The Khmer Republic – re: Neutrality, Growing Difficulty with the Khmer Left, The New American Presence, 1969 – The Last Days of Neutrality, and The Events of 18 March 1970*, Folder 04, Box 01, Andrew Antippas Collection, The Vietnam Center and Archive, Texas Tech University, p. 80, accessed 23 November 2016, https://www.vietnam.ttu.edu/virtualarchive/items.php?item=24280104001.

[72]　Peter A. Poole, "Cambodia: Will Vietnam Truce Halt Drift to Civil War?" *Asian Survey* 13, No. 1（January 1973）: 79-80.

濟問題日益惡化，未得到妥善解決，終於導致龍諾政權面臨極大的危機。

1972年10月起，美國國務卿季辛吉（Henry Alfred Kissinger）與北越代表黎德壽（Lê Đức Thọ, 1911-1990）的秘密談判出現重大進展。在雙方的和平談判草案中，包含著影響柬埔寨的條文：要求柬埔寨停止軍事行動，以及所有外國軍隊撤出柬埔寨。對此，龍諾政府擔憂一旦美國撤離越南，必然會影響美國對柬埔寨的支持，若然不是放棄柬埔寨，也會大幅降低支持的程度。所以，龍諾政府開始嘗試接觸北越與柬共，探詢透過談判解決戰爭的可能性，甚至尋求蘇聯協助來接觸柬共，但並未成功。於是，龍諾政府授權宋山來尋求和平解決方案。宋山被委以絕對權力得以和施亞努流亡政府在巴黎的官員進行接觸。同樣地，施亞努和赤柬也面臨相似的衝擊。他們恐懼北越與中國會進行施壓，使其接受一紙停火與談判協定。[73] 柬共曾指出，柬共會尊重越南同志對自身事務所作出的決定，但柬共絕不停火，直至取得勝利。[74] 柬共的態度乃導致越、柬兩個共產黨在柬埔寨的聯合軍事行動意外的宣告終止，並且在雙方原本就已緊張的關係下，使越南人進一步放棄與柬共領袖進行接觸。越南共產黨政治局遂指示在柬埔寨的軍事指揮官，將其武裝部隊撤離柬埔寨，除了控制戰略要道的柬

---

[73] Nuon Chea, "Statement of the Communist Party of Kampuchea to the Communist Workers' Party of Denmark, July 1978," *Journal of Communist Studies* 3, No. 1（1987）: 21-36; Clymer, *The United States and Cambodia, 1969-2000*, pp. 60-61.

[74] Ministry of Foreign Affairs of Democratic Kampuchea, *Black Paper: Facts and Evidences of the Acts of Aggression and Annexation of Vietnam against Kampuchea*（Phnom Penh: Department of Press and Information of the Ministry of Democratic Kampuchea, September 1978）, pp. 69-70.

埔寨東北地區除外。[75]

　　進入1973年，季辛吉與黎德壽就和平協定的內容達成協議，連帶影響美國對龍諾政府的態度。1月27日，美國與北越、南越、民解在巴黎簽訂《終止越南戰爭暨恢復和平協定》（Agreement on Ending the War and Restoring Peace in Vietnam），同意撤出美國及盟國的全部武裝力量和拆除在南越的軍事基地，而柬埔寨的獨立、主權、統一和領土完整，則被美、越雙方共同承認應受尊重，並且不用其領土來侵犯其他國家的主權和安全。[76]美國隨即建議龍諾政府下達和平命令，停止所有軍事進攻行動，並宣布單邊停火。[77]隨著柬埔寨境內的北越部隊開始撤退，許多親越派的幹部也一起撤出柬埔寨，給予激進勢力開始實踐計畫，以大躍進、文化大革命的精神來堅定國內政策的機會。[78]柬共作為獨立的武裝力量，不理會北越的停戰建議，決定繼續發動攻擊行動。所以，美國試圖透過中國來進行協調。

75　Shawcross, *Sideshow*, 261; David P. Chandler, *The Tragedy of Cambodian History: Politics, War, and Revolution since 1945*（New Haven: Yale University Press, 1991）, p. 226.

76　《結束越南戰爭與恢復和平協定》之內容包括〈越戰和平協定全文〉、〈越南停火及聯合軍事協定書〉、〈被俘人員交返議定書〉，以及〈國際管制監督委員會議定書〉等四個部分。其中，全文共有九章二十五條。全文參考：US Department of State, "Agreement on Ending the War and Restoring Peace in Vietnam（Paris, 27 January 1973）," *The Department of State Bulletin* 68, No. 1755（February 12, 1973）: 169-188.

77　Clymer, *The United States and Cambodia, 1969-2000*, p. 62.

78　Dmitry Mosyakov, "The Khmer Rouge and the Vietnamese Communists: A History of Their Relations as Told in the Soviet Archives," in *Genocide in Cambodia and Rwanda: New Perspectives*, ed. Susan E. Cook（New Jersey: Transaction Publishers, 2006）, p. 53.

　　1973年2月中，季辛吉訪問北京。他與周恩來會談以後，雙方得出一個最基本的共識，亦即一個在施亞努統治下的獨立的柬埔寨，遠優於北越勢力在柬埔寨無限制的擴散。[79] 然而，施亞努在3月訪問柬埔寨解放區而返回北京以後，[80] 隨即公開表示：「柬埔寨決不接受停火，決不妥協。如果美國不停止對柬埔寨的干涉，柬埔寨將繼續戰鬥下去。」他認為：「在目前情況下，停火意味著我們國家的分裂，意味著龍諾統治區的存在，這是危險的。這不僅不能解決柬埔寨問題，而只能使戰爭延長下去。」[81] 儘管如此，美國仍積極透過中國進行協調，甚至表示準備安排龍諾遠赴美國接受治療來換取停火，如果有必要也可以安排施亞努集團和龍諾集團其他人之間的談判。[82]

　　正當美國積極尋求與施亞努進行談判時，龍諾在美國的壓力下重組聯合政府。他接受新任總統特別顧問英丹的建議，與柬共進行和平談判工作，並由外長龍波瑞（Lon Boret）提出一項六點和平方案，包括雙方停火、進行談判及外國軍隊撤離柬埔寨等。但因柬共、施亞努與龍諾政府的條件不符，這項和平談判遂宣告失敗。時至1973年6月，美國總統尼克森深陷水門案（Watergate scandal）的泥淖中，最終決定接受參議院於4月11日所通過的終止所有在印度支那的軍事行動經費的修正案，[83] 以及眾議院於5月

79　亨利・基辛格，《基辛格越戰回憶錄》，頁393-401。

80　"Samdech Sihanouk's Inspection Tour of the Cambodian Liberated Zone," *Supplement to China Pictorial*, No. 6, Peking, June 1973.

81　〈施亞努親王舉行記者招待會〉，《人民日報》，1973年4月14日，第1版。

82　亨利・基辛格，《基辛格越戰回憶錄》，頁401-404；Clymer, *The United States and Cambodia, 1969-2000*, pp. 77-85.

83　法案名稱是 S.1544 – 93rd Congress（1973-1974）: A bill to prohibit the further

10日所通過法案內容規定美軍自8月15日起停止在柬埔寨的轟炸任務，並禁止美軍參與印支地區其他任何軍事行動。[84] 8月14日，美國停止轟炸柬共，正式結束國會授權在印度支那的所有直接軍事干預行動。隨著美國宣布終止所有支援柬埔寨政府軍的空中行動，並將這些責任轉交給柬埔寨空軍，許多外國與柬埔寨當地的觀察家都認為，高棉共和國政府軍與柬共之間的戰爭必然升級。果不其然，柬共在尼克森下令終止軍事行動以後，隨即在首都金邊倡導一場「人民起義」（uprising of the people），將所有通往金邊的主要公路予以切斷。[85]

　　施亞努與柬共同盟對柬埔寨領土取得足夠的控制權以後，亦開始挑戰龍諾政府在聯合國的代表權，其利用聯大召開第二十八次會議的機會，動員支持者向大會遞送一份要求在議程中增列「恢復柬埔寨王國民族團結政府在聯合國中的合法權利」的信件，引發柬埔寨在聯合國代表權的第一次爭議。他們的理由是，GRUNK已經控制柬埔寨十分之九的領土並得到柬埔寨人民的支持，而且，在人口占全國80%以上的解放區裡，GRUNK已通過自由的民主選舉，建立從村到省的各級合法政權，反觀龍諾集團僅依靠外國的干涉，控制著全國的一小塊領土，非法地占據柬埔

expenditure of funds to finance the involvement of the Armed Forces of the United States in armed hostilities in Cambodia.

84　Richard L. Madden, "Nixon Agrees to Stop Bombing by U.S. in Cambodia by Aug. 15, with New Raids up to Congress," *The New York Times*, 30 June 1973.

85　"Khmer Rouge Cut All Roads to Capital, Urge 'Uprising'," *Stars and Stripes*, 29 June 1973, Folder 04, Box 23, Douglas Pike Collection: Unit 02 – Military Operations, The Vietnam Center and Archive, Texas Tech University, accessed 24 September 2017, https://www.vietnam.ttu.edu/virtualarchive/items.php?item=2132304134.

寨在聯合國的席位。[86]聯大總務委員會（General Committee of the General Assembly）以11票同意、2票反對、10票棄權的投票結果，決定建議聯大以「恢復GRUNK為柬埔寨的聯合國代表」（Restoration of the lawful rights of the Royal Government of National Union of Cambodia in the United Nations）作為增列項目列入議程；[87]該建議也在隔日舉行的全體會議中，以68票贊成、24票反對、29票棄權的投票結果獲得通過，成為第二十八屆聯大會議的第106個議程項目（Agenda Item 106）。[88]

關於此次代表權爭議的主要關鍵是，兩個政府對於柬埔寨領土與人口的有效／實質控制問題，不過，聯大因柬埔寨內部的權力鬥爭仍未解決，無法回答有效控制的問題，遂在第2191次全體會議中以53票贊成、50票反對、21票棄權的投票結果，決定將柬埔寨代表權議題的任何決定順延到下屆大會。[89]然而，塞內加爾代表卻在全權證書委員會（Credentials Committee）中提出報告，主張龍諾政府遭到大部分柬埔寨人民及多數聯合國成員國的挑戰，要求撤銷高棉共和國的資格。[90]全權證書委員會主席將該提案

86　UN, "Request for Inclusion of an Additional Item in the Agenda of the Twenty-Eighth Session," UN Document A/9195, 11 October 1973.

87　UN, "Adoption of the Agenda of the Twenty-Eighth Regular Session and Allocation of Agenda Items: Fifth Report of the General Committee," UN Document A/9200/Add.4, 16 October 1973.

88　UN, "Agenda Item 8: Adoption of the Agenda (continued), Fifth Report of the General Committee," UN Document A/PV.2155, 17 October 1973.

89　UN, "Agenda Item 106: Restoration of the lawful rights of the Royal Government of National Union of Cambodia in the United Nations (concluded)," UN Document A/PV.2191, 5 December 1973.

90　UN, "Credentials of Representatives to the Twenty-Eighth Session of the General

交付聯大全體會議進行討論，並在第2204次全體會議中，以55票贊成、50票反對、17票棄權的投票結果，確認高棉共和國得以繼續保有聯合國代表權。[91]

　　1974年起，東共游擊隊更積極地發動新的攻勢。前半年的旱季軍事行動主要是針對金邊的西北與東北兩側，同時亦沿著巴薩河走廊及貢布市（Kampot）發動戰役。該年6月，東共召開黨中央會議，會中決議發動解放金邊和全國的大決戰，既要攻打金邊，又要切斷湄公河下游，同時還要攻擊被政府軍暫時控制的一些省會。因此，後半年的雨季軍事行動遍及整個東埔寨，少部分則針對金邊的東部與南部進行激烈戰鬥。[92] 8月8日，尼克森總統因水門案遭到國會彈劾而下台，繼任的福特（Gerald Ford, 1913-2006）總統開始對龍諾施壓，要求盡快與施亞努進行談判。但是，勝利在望的施亞努與東共並不接受。[93]

　　1970年至1974年的五年間，東共成功地控制金邊政府的全部戰略公路，亦即一號至七號國家公路；同時，也切斷其水上戰略交通線，使得金邊猶如一座孤島。[94]整個東埔寨超過90%的領土，以及550萬人口已經落入東共的控制之下。由於戰事持續擴大，導致約6萬至8萬人的喪生，再加上，龍諾政府將境內的越南裔

Assembly: Second Report of the Credentials Committee," UN Document A/9179/Add.1, 12 December 1973.

91　UN, "Agenda Item 3: Credentials of Representatives to the Twenty-Eighth Session of the General Assembly（concluded）:（b）Report of the Credentials Committee," UN Document A/PV.2204, 17 December 1973.

92　Sutsakhan, *The Khmer Republic at War and the Final Collapse*, pp. 125-148.

93　Clymer, *The United States and Cambodia, 1969-2000*, pp. 88-102.

94　波爾布特，《在東埔寨共產黨正確領導下東埔寨革命偉大的勝利》，頁40。

視為安全威脅，導致數以千計的越南裔遭到暗殺，數以萬計的越南人流向越南，或是遷居至泰國與西方國家。在柬埔寨內部，更有估計約200萬流離失所的人民散布在城市，藉以逃避戰爭和轟炸。[95]

　　在這段內戰期間，龍諾政府雖然致力推展經濟自由化過程，限制國營進出口公司（SONEXIM）壟斷出口貿易，全面動員人力與資源來發展經濟，但長年戰爭的結果，嚴重損害柬埔寨的農業生產、小型工業部門和以稻米、玉米及橡膠為主的出口貿易發展（參考表3-1），同時，也導致國民經濟陷入高度的物價上漲與通貨膨脹的困境中。儘管龍諾政府緊急實施經濟穩定化方案，包括：推動外匯與外貿體制的改革，去國有化銀行與工業來鼓勵私人外國投資，允許私人大力參與經濟等措施，仍無法改善混亂的經濟情勢。[96]因此，整個國家的經濟發展必須仰賴美援與黑市所支撐的經濟活動，導致公務員與軍方將國家機器作為尋求個人財富的工具。由於軍方的貪污腐敗，嚴重削弱政府軍隊的戰力，即使美國提供大量的軍力援護，終究無法抵抗越南軍隊與柬共游擊隊的軍事行動。

　　進入1975年，柬共進一步加強對金邊的攻勢。美國認為，既然無法讓龍諾與施亞努展開談判，只能另尋他法，亦即，讓龍諾

95　Judith Banister and Paige Johnson, "After the Nightmare: The Population of Cambodia," in *Genocide and Democracy in Cambodia: The Khmer Rouge, the United Nations, and the International Community*, ed. Ben Kiernan（New Haven, Conn.: Yale University Southeast Asia Studies, 1993）, p. 72.

96　Tuyet L. Cosslett, "The Economy," in *Cambodia: A Country Study*, ed., Russell R. Ross（Washington, D.C.: Federal Research Division, Library of Congress, 1990）, p. 150.

表3-1：龍諾時期的農業生產與對外貿易（1969-1974）

	稻米		玉米		橡膠	對外貿易	
	產量／千噸	面積／千公頃	產量／千噸	面積／千公頃	產量／千噸	出口／百萬美元	進口／百萬美元
1969	2,503	1,944	117.6	102.2	46.0	65.9	99.2
1970	3,814	2,399	137	86.2	12.8	41.2	68.6
1971	2,732	1,880	121.7	94.2	11.0	13.1	55.1
1972	1,927	1,399	79.6	56.2	15.3	6.4	65.5
1973	1,050	811	72.7	62.6	16.5	4.9	42
1974	635	555	-	-	17.8	1.2	22.8

資料來源：Food and Agriculture Organization of the United Nations（FAO），*FAOSTAT*, accessed 19 August 2018, http://www.fao.org/faostat/en/#data/QC; Economic Intelligence Unit, *Quarterly Economic Report*, Annual Supplement 1975. Quoted in Kampuchean Inquiry Commission, *Kampuchea in the Seventies: Report of a Finnish Inquiry Commission*（Helsinki, Finland: Kampuchean Inquiry Commission, 1982), p. 13.

離開柬埔寨，改由施亞努來統治柬埔寨。[97] 美國駐金邊大使迪安（John Gunther Dean）告訴龍諾：「如果柬埔寨注定要出現一個共產黨政權，那從美國的角度來看，也是從東南亞的角度來考慮，我們傾向於這個政權是個親北京的政權，而不是越南人的傀儡。」[98] 4月1日，龍諾總統在國內、外的壓力之下被迫出國，前往印尼峇里島，總統職務由參議院議長蘇金奎（Peter Khoy Saukam, 1915-

---

[97] 美國曾在1974年12月24日的一份正式文件中指出，準備接受施亞努以真正國家領袖的身分回到金邊來擔任柬埔寨的領袖。亨利・基辛格，《基辛格越戰回憶錄》，頁444-445。

[98] 王爱飛，《波爾布特》，頁96。

2008）作為「臨時」國家元首來接替。12日，代理總統蘇金奎和迪安一同撤離柬埔寨，統治權交由總理龍波瑞和部隊參謀長沙索沙康（Sutsa Khan）等七人成立的「共和國臨時最高委員會」（temporary Supreme Committee）接管，政府軍仍然繼續與柬共部隊作戰。儘管美國總統福特後來下令空投補給被圍困的金邊首府，但為時已晚，政府軍在4月17日向柬共部隊投降。柬埔寨共和國自1970年10月9日由龍諾宣布成立以後，僅維持短暫的四年六個月。

　　柬共贏得這場內戰勝利的主要原因，包括：（1）、施亞努發揮個人領袖魅力，吸引大量支持者加入民族解放軍，受柬共控制；同時，他也有助於在外交上孤立龍諾政府，讓柬共支配的民族團結政府得以在西方社會的輿論市場中取得可信性；（2）、北越軍隊在柬埔寨東部形成一個保護罩，在柬共背後發展基礎設施，協助訓練軍隊；（3）、柬埔寨共和國的政治與軍事領袖的個人貪污腐敗，削弱政治菁英的熱情；（4）、柬共及其武裝部隊具有堅定、剛毅的精神，並且訓練有素，而且，柬共對於新社會的展望，更是吸引追隨者犧牲奉獻的關鍵；（5）、中國與北越對柬共的支持延續到鬥爭結束，反觀美國則是在最後階段終止對龍諾政府的大量援助。[99]

　　整體而言，1970年代中期以前，導致柬埔寨走向內戰的主要原因無疑是外部強權的干預。尤其是華盛頓當局的涉入其中，促成一個不穩定的單極權力結構在柬埔寨的建立，使其容易受到由

99　Timothy Carney, "The Unexpected Victory," in *Cambodia, 1975-1978: Rendezvous with Death*, ed., Karl D. Jackson（Princeton, New Jersey: Princeton University Press, 1989）, pp. 13-14.

下而上與來自外部的暴力挑戰，像是中國與北越所支持的柬共。[100]
內戰期間，美國曾大力支持龍諾政府，推翻施亞努政權。美國在
柬埔寨所投擲的炸彈高達50萬噸，是第二次世界大戰美國在日本
投擲數量的將近三倍。之後，美國卻又屬意一個親北京的柬埔寨
共產政權來接替龍諾政權，然後退出中南半島，未積極援助柬埔
寨，坐視脆弱的柬埔寨政府軍逐漸被柬共部隊所吞沒，使柬埔寨
從一個「餘興節目」淪為一場「大屠殺」，造成中南半島的另一
個悲劇。換言之，假使美國沒有將柬埔寨捲入越戰，導致其經濟
與軍事陷入極度的不穩定，波布的革命也不會贏得權力。[101]若說
柬共是崛起於美國政策所創造出來的地獄，一點也不為過。[102]

第二節　波布政權恐怖統治的黑暗時代

> 我們正在建立一個沒有模型的社會主義。我們不希望複製
> 任何一個模式；我們應該利用解放鬥爭過程中所獲得的經
> 驗。在傳統概念中，沒有學校、學院或大學，雖然它們在解
> 放前的確存在，因為我們希望廢除過去所有的痕跡。沒有金
> 錢，沒有商業，由國家來照應它的所有公民。[103]
>
> 　　　　　　　　——柬埔寨共產黨中央委員會書記　波布

100　Peou, *Intervention and Change in Cambodia*, p. 127.

101　Ben Kiernan, "The Impact on Cambodia of the U.S. Intervention in Vietnam," in *The Vietnam War: Vietnamese and American Perspectives*, eds., Jayne S. Werner and Luu Doan Huynh（Armonk, NY: M.E. Sharpe, 1993）, p. 217.

102　Shawcross, *Sideshow*, p. 396.

103　原文是 "We are building socialism without a model. We do not wish to copy anyone; we shall use the experience gained in the course of the liberation struggle.

我們將會是第一個未浪費時間在過渡階段，就創造出一個全然共產主義社會的國家。[104]

——民主柬埔寨國家主席團主席 喬森潘

民主柬埔寨，赤柬政權的自稱，可被視為20世紀集權國家的最終典範。利用十足的暴力與恐怖，一小群人占據國家權力，把帶來幸福與繁榮視為自身與生俱來的救世任務，而且，會比任何的革命模式與競爭對手都要快達成。[105]

——法裔歷史學者 盧卡（Henri Locard）

回顧柬埔寨的過去歷史，在赤柬統治以前，幾乎柬埔寨土地上所發生的一切災難，都是外部勢力所強加在柬埔寨人民的身

There are no schools, faculties or universities in the traditional sense, although they did exist in our country prior to liberation, because we wish to do away with all the vestiges of the past. There is no money and no commerce, as the state takes care of provisioning all its citizens." Slavko Stanic, "Kampuchea: Socialism without a Model," *Socialist Thought and Practice* (Belgrade) 18, No. 10 (October 1978): 67.

[104] 原文是 "We will be the first nation to create a completely communist society without wasting time on intermediate steps." Sihanouk, *War and Hope*, p. 86.

[105] 原文是 "Democratic Kampuchea（DK）, as the Khmer Rouge（KR）regime called itself, can be regarded as the ultimate twentieth-century paradigm of the totalitarian state. Using sheer violence and terror, a small clique usurped state power viewing itself as endowed with the messianic mission to bring happiness and prosperity faster than any of its revolutionary model and competitors." Henri Locard, "State Violence in Democratic Kampuchea（1975-1979）and Retribution（1979-2004）," *European Review of History—Revue europe´enne d'Histoire* 12, No. 1（March 2005）: 121.

上。令人訝異的是，為柬埔寨帶來史上最大傷害的卻是柬埔寨人
自己。柬埔寨從法國殖民主義者手中獲得獨立以後，經過施亞努
統治期間的建設與發展，成為著名的「和平綠洲」（Oasis of
Peace）。然而，1969年起，柬埔寨被捲入越南戰爭。在施亞努下
台的前夕，柬埔寨的經濟已經處於困境，但是，龍諾與柬共之間
歷時五年又一個月時間的內戰，甚至導致數以萬計的柬埔寨人民
在這場戰爭中喪生。

　　連年戰爭的結果進一步將柬埔寨帶向其他的困境，包括：鄉
村地區的人口大量地往城市移動；毀壞水源控制設施、黃牛與農
田上的其他生產要素等遭到破壞，從而造成龍諾政府控制區域的
農業生產戲劇性地衰退，進而導致基本商品與出口收入的短缺。
雖然龍諾試圖透過自由化經濟的推動將國家從經濟災難中拯救出
來，像是銀行與工業的去國有化，鼓勵外國私人投資，擴大允許
私人參與經濟，這些新經濟政策明顯是要翻轉施亞努時代所採行
的國家社會主義式的經濟政策。隨著戰爭的演進，龍諾政府進一
步將主要經濟措施的目標朝向糧食供給的改善，但效果不彰。[106]

　　以受戰爭影響最劇烈的稻米和玉米的生產為例，柬埔寨的稻
米產量在1968年時有325.1萬公噸，耕作面積達到232.4萬公頃，
時至1974年時稻米產量下滑至63.5萬公噸，耕種面積僅有55.5萬
公頃，衰退程度分別達到72.7%與82.9%；[107]反觀稻米的進口量從
1972年的11.7萬公噸增加到1974年的30.2公噸。[108]同時期，玉米

[106]　Cosslett, "The Economy," pp. 149-150.

[107]　Food and Agriculture Organization of the United Nations（FAO）, *FAOSTAT*, accessed 19 August 2018, http://www.fao.org/faostat/en/#data/QC.

[108]　International Monetary Fund – Khmer Republic, "Recent Economic Developments," *Confidential Report*, 27 November 1974, Table.1 and Table 3.

的產量從15.4萬公噸下滑至7萬公噸，耕種面積亦從232.4萬公頃銳減至55.5萬公頃。[109]此外，製造業部門的生產指數也顯露出戰時經濟的破壞，若以1969年為100，往後五年（1970-1974）的生產指數分別是108、90、84、55、42，[110]大幅滑落的主因是原物料與備用零件的取得相當困難，導致產能利用率（Capacity Utilization）遠低於50%。[111]

　　事實上，北越與越共軍隊從侵略的第一天開始，就意圖破壞柬埔寨經濟的基礎設施，開始透過破壞道路、橋梁、鐵路與其他運輸工具，以及加工設備來癱瘓橡膠種植及其加工等主要產業。明顯地，柬埔寨的經濟已經瀕臨崩潰的邊緣，以及惡性通貨膨脹逐年升高的困境。無政府狀態的經濟更加劇金邊與其他城市的糧食短缺。[112]直至1975年4月17日，柬共的北區與東區的革命軍攻陷首都金邊以後，進一步標誌著柬埔寨兩千年歷史的終結，然後進入一個嶄新的階段：「紀元零年」（Year Zero）。[113]柬共承諾將會讓柬埔寨重返吳哥時期的歷史光榮，將柬埔寨恢復到一個傳統農業與無階級的社會，提升人民的生活水平。就像波布所宣稱：「4月17日標誌著百分之百完全的民族民主革命。它也標誌著百分之百完全的社會主義革命。此後，柬埔寨不再有階級剝削或私人財

109　Food and Agriculture Organization of the United Nations（FAO）, *FAOSTAT*, accessed 19 August 2018, http://www.fao.org/faostat/en/#data/QC.

110　Ibid., Table. 6.

111　*Khmer Republic*（December 1972）: 296. Quoted in Ear, *Cambodia's Economic Development in Historical Perspective*, p. 69.

112　Ibid, p. 66.

113　François Ponchaud, *Cambodia: Year Zero*, trans. Nancy Amphoux（New York: Holt, Rinehart and Winston, 1978）.

產。」[114]

一時之間，柬埔寨人民期望已久的和平似乎來臨。金邊城裡的市民們紛紛走上街頭，邊歡呼且邊揮舞著白布，歡迎這支身著黑色和綠色制服，英勇打敗龍諾政權的軍隊，內心期待艱困的戰亂生活將隨著戰爭的結束而告終結。大多數人相信他們會和平地生活在新的統治者之下，每個人將一起工作，改善這個國家。[115]然而，柬埔寨人民期待已久的新政權，帶來的不是建設，而是有史以來最大的災難。就像歷史學者錢德勒（David P. Chandler）所指明：「沒有哪一屆柬埔寨政府曾試著迅速地改變這麼多事物；也不曾有人如此殘酷地帶領國家走向未來，或者如此離譜的偏袒窮人。」[116]

柬共部隊進入金邊以後實施的第一項政策就是「撤離金邊」。在柬共的認知裡，金邊和所有柬埔寨城市的居民都是「革命的敵人」，必須將其分散到荒野中。柬共認為，「對抗帝國主義的勝利，不是關於邀請客人參加一場晚宴，不是關於書寫一種文本，不是關於繡繡花草……不是關於恐懼敵人；革命是關於憤怒地對抗一個階級，關於重擊和毀滅那個階級。」[117]為此，柬共新政權對

---

[114] Thanh Tin, "Pol Pot's Version of Peking Socialism," *Vietnam Courier*, No. 5（1979）: 28. Quoted in Silber, *Kampuchea*, p. 53.

[115] Khamboly Dy, *A History of Democratic Kampuchea（1975-1979）*（Phnom Penn: Documentation Center of Cambodia, 2007）, pp. 13-14.

[116] 原文是 "No Cambodian government had ever tried to change so many things so rapidly; none had been so relentlessly oriented toward the future or so biased in favor of the poor." Chandler, *A History of Cambodia*, p. 209.

[117] 原文是 "Revoluition's victory over imperialism is not about inviting guests to a dinner party, not about writing a text, not about embroidering flowers, … not about fearing the enemy; the revolution is about seething with anger against one

人民採取歧視政策，將其簡單地區分成三個類別的階級結構。

　　一是對抗龍諾政權期間受柬共控制的鄉村居民，稱為「舊民」（*paracheachun chas*, Old People）、「基礎人民」（Base/Local People）或「完整權利者」（Full Rights）。他們被視為國家的主人，具有完整的公民權利，是民主柬埔寨社會的奠基者，大部分是社經地位低且來自貧窮的農民階層。[118] 二是「候選民」（Candidate），他們被認為會對新政權忠誠者，可經由為革命和軍隊服務來提升取得完整公民權利的資格，大多是中、上層的農民、富農，以及少量的資產階級。三是「新民」（New People）或稱「安置民」（Depositee），意指在親美的龍諾政權控制下的城市居民，或是內戰期間從鄉村流入城市的難民，直至4月17日革命武裝占領城市以前，這些人並未參與革命，被視為叛徒、敵人及革命的「新進者」，對新政權心懷敵意，所以必須撤離城市，又稱為「四一七民」（17 April People），是三種人口分類中地位最低的階層，大部分是資產階級或外國人。[119]

---

class, about striking and destroying that class!" Henri Locard, *Pol Pot's Little Red Book: The Sayings of Angkar*（Chang Mai: Silkworm Books, 2005）, p. 156.

118　並非所有的當地人都被視為「舊民」。那些具有豪宅的富人、受過良好教育者、僧侶、舊政權的地方政府官員等，被認為是資本家，遭遇和「新民」相同的待遇。

119　Ye Vasilkov, "Kampuchea The Maoist 'Experiment' that Failed," *Far Eastern Affairs*（Moscow）3, No. 21（1979）: 44; Hoang Nguyen, "The Vietnam-Kampuchea Conflict," in *The Vietnam-Kampuchea Conflict: A Historical Record*（Hanoi: Foreign Languages Publishing House, 1979）, p. 16; Michael Vickery, *Cambodia: 1975-1982*（Boston: South End Press, 1984）, p. 81; Craig Etcheson, *After the Killing Fields: Lessons from the Cambodian Genocide*（Westport, CT.: Praeger, 2005）, pp. 92-93.

　　波布政權對「四一七民」的歧視，清楚呈現在與其相關的口號中，例如：「有四一七民的地方，就沒有發展的可能」（Where there are "17 April people," no development is possible）；「四一七民是寄生植物」（The "17 April people" are parasitic plants）；「四一七民是戰爭的潰敗者與戰犯」（The "17 April people" are the vanquished and prisoners of war）；「新民所帶來的只有裝滿排泄物的胃，以及裝滿尿液的膀胱」（The new people bring nothing but stomachs full of shit, and bladders bursting with urine）等。[120]基於安全理由，新政權下令所有金邊市民，無論年紀、性別無一例外，必須全部離開城市前往農村，從而為兩百萬的金邊市民帶來苦難。[121]這項淨空城市政策也在全國的城鎮、小市鎮同步實施（參考圖3-2）。

　　一般認為，柬共採取撤離城市政策的真正理由主要有二。首先，是糧食短缺問題。龍諾發動政變時，柬埔寨乃是世界最重要的稻米出口國家之一。然而，金邊在1974年時已經饑餓蔓延。由於美國對鄉村地區的大規模轟炸行動導致大量難民進入城市，儘管美國曾試圖利用空投食物來解決糧食問題，但仍然不足以應付此一困境。同樣地，新政權在不仰賴外援的情形下，亦難以憑藉自身能力來解決。[122]因此，將大量城市居民撤往農村共同從事農

120　Locard, *Pol Pot's Little Red Book*, pp. 183-186.

121　Peter A. Poole, "Cambodia 1975: The Grunk Regime," *Asian Survey* 16 No. 1（January 1976）: 24; Michael Vickery, *Kampuchea: Politics, Economics, and Society*（London: Frances Pinter, 1986）, p. 31.

122　Carney, "The Unexpected Victory," p. 33; Mean Sangkhim, "Democratic Kampuchea: An Update View," in *Southeast Asian Affairs 1977*, ed., Huynh Kim Kanh（Singapore: Institute of Southeast Asian Studies, 1977）, pp. 93-94.

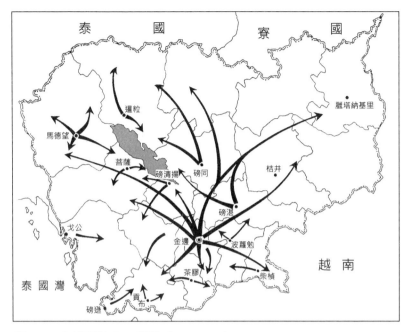

圖3-2：柬埔寨的人口轉移（1975.04）

資料來源：Kampuchean Inquiry Commission, *Kampuchea in the Seventies*, p. 16.

業生產活動，有助於提升糧食的產量。[123] 波布曾向喬森潘解釋，淨空城市是集體化政策的一部分，可以讓柬共維持對稻米供給的控制。[124]

123　柬埔寨王國民族團結政府副總理英薩利曾指出，我們估計金邊的人口有200萬，但入城以後發現實際人口有300萬。我們缺乏交通工具和設備來運輸如此大量的補給到首都，所以人們必須前往食物所在地。我們必須在餵飽人民的同時，保持自己的獨立與尊嚴，所以不能尋求任何國家的協助。Poole, "Cambodia 1975," p. 25.

124　Khieu Samphân, *Cambodia's Recent History and the Reasons behind the Decisions I Made*, trans. Reahoo Translation（Phnom Penh: Ponleu Khmer Print. & Publishing House, 2004）, p. 57.

其次，新政權對於反革命運動的威脅心懷恐懼。[125] 在內戰期間，金邊變成一個人口爆炸的城市，柬共認為這是反革命份子最理想的隱藏基地，在掃蕩敵人所有的特務組織以前，柬共的能力不足以防禦革命政權，為避免美國中央情報局（Central Intelligence Agency, CIA）組織反抗新政權的暴亂，必須徹底淨空金邊城。[126] 赤柬在1975年10月召開的黨書記會議曾總結：「人口的移轉政策是1975年4月17日以後最重要的政策。我們為了執行這項政策，肅清所有反對勢力，並且百分之百的控制國家。城市居民一旦撤退至鄉間地區，將由基本的社會階層與合作社所控制，同時，他們將全部變成農民。」[127]

事實上，柬共早在1973年就已經採取所謂的「疏散策略」。根據柬共在1973年7月7日發行的《革命旗》（*Tung Padevat*, Revolutionary Flag）雜誌指出，為求能夠繼續對抗美帝國主義的轟炸行動，柬共必須擁有強大的人民基礎，所以必須將敵人控制下的人民疏散到鄉下的解放區。[128] 此外，在1976年12月至1977年

---

[125] Sangkhim, "Democratic Kampuchea," p. 94; Nguyen, "The Vietnam-Kampuchea Conflict," p. 15.

[126] 根據柬共截獲的文件顯示，美國中央情報局與被推翻的龍諾政權曾制訂秘密的政治軍事計畫，意圖造成新政權的困擾，包括：在人民之中安插特務來製造不安、利用龍諾政府軍所隱藏的武器來攻擊新政權、透過不道德措施來腐敗新政權的軍隊等。Ponchaud, *Cambodia*, p. 35.

[127] *The Chinese Rulers' Crimes Against Kampuchea*（Phnom Penh: Ministry of Foreign Affairs, People's Republic of Kampuchea, 1984), p. 75.

[128] "Strengthening and Improving the Party's Leadership Stance and Leadership Attitude," *Revolutionary Flag*, July 1973, accessed 27 September 2016, https://www.eccc.gov.kh/sites/default/files/documents/courtdoc/00713994-00714000_E3_785_EN.TXT.pdf.

1月的《革命旗》特刊中進一步指出，控制人民與擄獲人民是重要的戰略路線。人民的戰略意義是人民站在哪一邊，那一方就能贏得勝利，因此，對保衛國家的任務來說，掌握人民是重要的。贏得勝利的戰鬥路線之一就是擄獲人民。從敵人手中帶走人民是正確的戰略路線，一旦敵人失去人民，就喪失軍隊與經濟力量。因此，柬共在解放一個地區以後，就會將人民撤離。[129]

　　申言之，淨空城市政策乃是一個經過算計的政治決策，是個廣泛議程的一部分，具有經濟與意識形態的合理性。在意識形態上，波布具有強烈的反城市意識形態，深受毛澤東「以鄉村包圍城市」思想的影響，認為農民武裝鬥爭始於鄉村，而其階級敵人則居住在城市與大城鎮。波布曾表示：「毛主席給予柬埔寨革命最珍貴的援助就是他的思想。」[130]於是，在短短一週以內，金邊和其他原在柬埔寨共和國控制下的城市的居民，就被迫遷到鄉村地區成為農業勞動者，而且，為節省汽油，然後避免依賴外國援助，這項淨空政策不允許利用機動車輛，導致數以萬計的柬埔寨人在撤離城市期間死亡。各醫院裡的病人都被淨空。數千名被遣散者，特別是年幼、年老和有病的人，死於途中。很多懷孕的婦女在缺乏藥品與醫療的情況下生產而死去。[131]

---

[129] "The Presentation of the Comrade Party Representative, on the Occasion of the 9th Anniversary of the Founding of the Brave, Strong, Skilled, and Magnificent Revolutionary Army of Kampuchea," *Revolutionary Flag*, Special Issue（December 1976-January 1977）, accessed 27 September 2016, https://www.eccc.gov.kh/sites/default/files/documents/courtdoc/2014-08-28%2013:05/E3_25_EN-2.PDF.

[130] "Secretary Pol Pot's Speech," *Peking Review*, 7 October 1977, p. 25.

[131] Dy, *A History of Democratic Kampuchea*, p. 15.

此外，柬共早在1975年2月24日至25日的中央委員會中就作出決議，要廢除龍諾政府時期的貨幣、私有財產制度與市場、將越南人遣送回國，以及處死柬埔寨共和國的高階官員與軍官。實際上，該決議的目的就是要推翻與廢除革命前的柬埔寨社會，給私有財產制度一個致命的打擊，以便於柬共的奪權。為此，柬共決定集體化柬埔寨的農業、廢除佛教，以及限制家庭關係，都是要符合此一架構。[132]原本已是百廢待舉的柬埔寨，情勢顯然更加惡化。

柬共為安定這個仍處於混亂的新政權，並且就一些重要問題進行討論，計畫在4月25日召開一次為期三天的特別國民大會（Special National Congress），由民族團結政府副總理兼國防部長喬森潘擔任主席，與會代表則涵蓋群眾組織、民族解放人民武裝力量三種部隊、僧侶、民族團結統一陣線、民族團結政府成員等團體的代表，試圖突顯這次會議的代表性。[133]

根據本次會議的《新聞公報》顯示，最重要的成果就是確認施亞努仍是柬埔寨的國家元首和柬埔寨民族統一陣線主席，而賓努親王仍是民族團結政府總理和柬埔寨民族統一陣線中央委員會主席。儘管波布與施亞努之間心存敵意，但仍尊其為國家元首的原因是，施亞努在不結盟運動中極具聲望，而且，波布也需要他在聯合國發聲扭轉赤柬在國際社會的形象。實際上，柬埔寨的政治權力仍掌握在波布控制的革命組織「安卡」（Akgkar Padevar）裡。施亞努深知情勢對自己不利，所以，決定延遲返回柬埔寨。

---

132 "Khieu Samphan Chairs NUFC Congress Session; Communique Issued," in *FBIS, Daily Report 4*, No. 40 *Asia and Pacific*, 27 February 1975, H2-H5.

133 "Pol Pot's Interview with Yugoslav Journalists," *Journal of Contemporary Asia* 8, No. 3（1978）: 415.

另外，本次會議也宣布要建立一個獨立、和平、中立、主權、領土完整和不結盟的柬埔寨，要讓人民生活在充滿真正幸福、平等、正義和民主的民族大家庭中，在那裡不再有貧富、剝削和被剝削的階級，是一個全體人生活在和諧、和平、全民族大團結中的社會，在那裡，全體居民從事勞務、致力於生產，建設和保衛祖國。[134]這一決議展現出一種濃厚的「集體主義」原則。此外，本次特別國民大會還成立憲法委員會，準備起草新憲法。[135]

　　1975年9月9日，施亞努自北京返回金邊以後，很快地召開內閣會議，但是不被允許講話。三個星期之後，他被派往聯大確定柬埔寨的席位；然後，再展開為期三個月的訪問活動。施亞努在聯大向國際社會慷慨陳辭，表示柬埔寨國家不承認柬埔寨共和國在聯合國及其所屬機構的席位，以及發言、聲明、投票和其他行動的有效性。[136]然而，柬埔寨內部政治情勢在施亞努出訪期間出現變化。首先，外交部長英薩利召回民族團結政府所有的駐外使節，參加宣傳和學習培訓，並將「柬埔寨王國民族團結政府」中的「王國」兩字予以刪除。[137]其次，憲法委員會將其制訂的憲

---

134 〈柬埔寨特別國民大會新聞公報〉，載於《柬埔寨問題資料選編，1975-1986》上，成都軍區政治部聯絡部、雲南省社科院東南亞研究所編（昆明：雲南省社科院東南亞研究所，1987），頁22-23。

135 憲法委員會的成員包括：在金邊的所有內閣成員、300名的勞工代表、500名的農民代表、300名的柬埔寨革命軍代表。"Pol Pot's Interview with Yugoslav Journalists," 415; David P. Chandler, "The Constitution of Democratic Kampuchea（Cambodia）: The Semantics of Revolutionary Change," *Pacific Affairs* 49, No. 3（Fall 1976）: 507.

136 〈施亞努親王在聯大的講話全文〉，載於《柬埔寨問題資料選編，1975-1986》上，頁35-36。

137 Jean-Marie Cambaceres 著，錢培鑫譯，《西哈努克：永不沉沒的國王》

法草案提交到12月14日所召開的第三屆國民大會中，並且獲得
批准。[138]再者，新政權與泰國於10月發展外交關係正常化，英薩
利與泰國外交部長察猜（Chatchai Chunhawan）於10月31日共同
簽訂《聯合公報》（Cambodian-Thai Joint Communiqué），宣布兩
國建立外交關係。[139]施亞努作為國家元首，對於這些重大政治發
展卻一無所悉，明顯被摒除於政治權力之外。

　　1975年12月31日，施亞努結束海外訪問行程返回金邊。
1976年1月5日，施亞努主持內閣會議，頒布新憲法。[140]根據新憲
法第一條的規定，將國名更改為「民主柬埔寨」（Democratic
Kampuchea, DK）；第十一條規定，國家的最高領導機構為國家主
席團（State Presidium），由柬埔寨人民代表大會（People's

（*Sihanouk, Le Roi Insubmersible*）（上海：上海遠東出版社，2015），頁120-
121。

[138] Laura Summers, "Defining the Revolutionary State in Cambodia," *Current
History* 71, No. 422（December 1976）: 214.

[139] 根據《東、泰聯合公報》（Cambodian-Thai Joint Communiqué），雙方表示在
現有邊界的基礎上，相互尊重獨立、主權與領土完整；不介入彼此的內政；
不侵略、平等、互利與和平共存。此外，雙方還進一步提升貿易關係。
Poole, "Cambodia 1975," p. 27.

[140] 基本上，這部新憲法的最大特色是，激進的脫離柬埔寨的過去，甚至是抨擊
過去，在正文中避免任何指涉社會主義、柬埔寨王室傳統、佛教，或是國家
元首的詞彙，而是藉由強調勞工的價值、集體化、階級起源和革命武裝的角
色，以隱晦的方式來動員人民，但對國家的干涉性權力卻無所限制或控制。
就像歷史學者錢德勒（David P. Chandler）所分析的，與其說新憲法是一部
法律文獻，實際上更像是一篇宣言，目標是瞄準已經相信它以及它正在教育
的那些人，還有柬埔寨的敵人，尤其是美國。Chandler, *The Tragedy of
Cambodian History*, p. 263; Chandler, "The Constitution of Democratic
Kampuchea," p. 514.

Representative Assembly, PRA）選舉任命的主席一人、副主席二
人共同組成，進行集體領導。[141] 第一屆國家主席團主席是由施亞
努擔任。不過，民主柬埔寨的統治者實際上仍是波布。至此，柬
埔寨王室在歷經將近兩千年的歲月，宣告終結；與此同時，柬埔
寨正式進入「人民民主」的階段。

　　根據新聞和宣傳部長符寧所宣讀的《關於實施新憲法的新聞
公報》指出，施亞努對於柬埔寨新憲法表示「由衷的滿意」、「內
容極其完善」。[142] 然而，新憲法第二十條規定，除被禁止的反動宗
教以外，每個柬埔寨公民都享有信仰和不信仰宗教的權利，[143] 但
是在內閣會議上，赤柬卻宣布佛教已被禁止。對此，施亞努雖未
當場表示異議，但認為赤柬違反柬埔寨的傳統。[144] 之後，施亞努
在進行全國性視察以後，對赤柬深感失望，決定辭去國家主席一
職。[145]

　　1976年3月11日，柬埔寨共產黨常設委員會召開會議討論施
亞努辭職一事。會中同意接受施亞努辭職，但不允許他離開柬埔
寨、公開表示意見或是會見外國使節。[146] 4月11日，柬埔寨人民

---

[141] "Constitution of Democratic Kampuchea," in *Cambodia: Year Zero*, pp. 200, 202-203.

[142] 〈民主柬埔寨政府關於施亞努親王請求退休聲明的聲明〉，載於《柬埔寨問題資料選編，1975-1986》上，頁69-70。

[143] "Constitution of Democratic Kampuchea," p. 205.

[144] Jean-Marie Cambaceres 著，《西哈努克》，頁123。

[145] 施亞努的退職宣言，參考：Norodom Sihanouk, "Declaration by Samdech Norodom Sihanouk, 2 April 1976," in *Cambodia: Year Zero*, pp. 207-209.

[146] Documentation Center of Cambodia, "Minutes of Meeting of the Standing Committee, The Front, 11 March 1976," trans., Bunsou Sour, ed., David Chandler, accessed 23 November 2016, http://www.d.dccam.org/Archives/Documents/DK_Policy/DK_Policy_Standing_Committee_Minutes.htm.

代表大會召開第一次也是唯一的一次會議。[147]會中，與會代表通過施亞努的辭職請求，並同意民主柬埔寨政府的建議，授予施亞努「偉大的愛國英雄」（One of the Supreme Patriotic Heroes）的尊稱，並修建紀念碑，向他提供每年8,000美元的退休金來保證他和家人的生計。此外，本次代表大會也決定任命喬森潘擔任國家主席，同時選舉波布擔任民主柬埔寨政府的總理，正式將波布從幕後推上政治舞台。[148]當時，波布已是柬埔寨共產黨的總書記，不過，直到1977年9月才正式公開，同時，宣稱柬埔寨共產黨是領導柬埔寨人民打敗美國帝國主義的主要貢獻者。[149]

　　在1976年1月發行的《革命旗》特刊中曾指出，1975年4月

---

[147] 本次會議是根據新憲法於1970年3月20日舉行的普選所產生的全國人民大會代表所召開。關於參加普選的候選人的資格規定，包括：至少年滿25歲，具有為民族、人民解放而參與革命鬥爭的良好紀錄，獲得選委會無異議同意者。此次普選共有550名候選人角逐250個席位：勞工代表50人、農民代表250人、柬埔寨革命軍50人。官方宣稱，本次選舉的投票率高達98%。"Democratic Cambodia: Delegates to People's Congress Elected," *Peking Review*, 2 April 1976, 21; Kenneth M. Quinn, "Cambodia 1976: Internal Consolidation and External Expansion," *Asian Survey* 17, No. 1（January 1977）: 43-54.

[148] 〈柬埔寨第一屆人民代表大會第一次全體會議新聞公報〉，載於《柬埔寨問題資料選編，1975-1986》上，頁71-77；The Government of Democratic Kampuchea, "Statement by the Government of Democratic Kampuchea: In Response to the Request for Retirement of Head of State Norodom Sihanouk," in *Cambodia: Year Zero*, pp. 211-212; Document on Conference I of Legislature I of the People's Representative Assembly of Kampuchea, 11-13 April 1976, accessed 23 November 2016, https://www.eccc.gov.kh/sites/default/files/documents/courtdoc/00184048-00184078_E3_165_EN.TXT.pdf.

[149] "The Communist Party of Kampuchea: 17 Militant Years," *Peking Review 20*, No. 41（7 October 1977）: 46; Joseph J. Zasloff and MacAlister Brown, "The Passion of Kampuchea," *Problems of Communism* 28（January/February 1979）: 34.

至1975年底，柬埔寨革命已經完成一個戰略性的階段：民族民主革命（national democratic revolution, 1960-1975），之後將推動社會主義革命（*padevat sangkum niyum*, socialist revolution），建立社會主義。[150]其中，所謂社會主義革命本質上有別於民族民主革命，前者的階級鬥爭是發生在無產階級與資產階級之間，後者則是發生在人民與帝國主義者、封建階級和反動資本主義者之間。以柬埔寨的社會來看，仍存在無產階級和各種壓迫階級之間，以及無產階級的集體財產和壓迫階級的私有財產之間的階級鬥爭，此即為社會主義革命的階級鬥爭，其涉及所有的方面，包括：世界觀、生活觀、各地區的經濟、文化、藝術、文學、情感、意識形態、思想等，必須將資產階級的世界觀予以消滅，建設無產階級的世界觀、生活觀、經濟、情感、道德等。[151]

　　故而，波布成為柬埔寨的統治者以後，一直到1978年12月被越共推翻為止，展開一連串政策，包括：土地改革、禁止彩色服飾等。波布統治的最大特徵是，致力於消除施亞努統治以來所建立的柬埔寨皇家社會的所有遺跡，因為那些是封建社會的代表。為此，他破壞大部分的公立學校與政府辦公室，消除任何與皇家有關的政府安排。實際上，波布的統治政策乃是解放區時期的延續，而構成其意識形態的要素則包括：領土擴張主義、種族及其他社會的歧視與暴力、農民的理想化論調、商業與城市的壓

---

150 *Revolutionary Flag*, December 1975-January 1976, accessed 27 September 2016, https://www.eccc.gov.kh/sites/default/files/documents/courtdoc/00089743-00089754_E3_731_EN.TXT.pdf.

151 相關討論參考："Appendix B: Sharpen the Consciousness of the Proletarian Class to Be as Keen and Strong as Possible, *Revolutionary Flag*, Special Issue（September-October 1976）: 33-97," in *Cambodia, 1975-1978*, pp. 269-291.

抑、自給自足、反家庭、鄉鎮主義等。[152]根據此一意識形態，波布在具體實踐上乃實施自力更生、無產階級專制、推行農業革命、改變社會價值，[153]嚴厲的孤立主義及共產革命，導致柬埔寨宛如「東南亞的阿爾巴尼亞」，[154]使得原本就因內戰而衰敗的柬埔寨，更陷入前所未有的困境。

概略來說，波布執政期間的對內政策可歸結成兩大方面：一是採取嚴厲的「恐怖統治」（reign of terror），對所有可能構成「敵人」者均予以迫害或殘忍殺害，亦即實施大規模剷除反對者的清洗運動；二是推動極左的社會工程，嘗試將柬埔寨帶向共產主義之路。

關於波布的清洗運動，可以分成政府、政黨及少數族群等三個部分來說明。基本上，波布推動清洗運動的首要對象乃是「過去的敵人」（enemies of the past），用馬克思—列寧主義者的術語來說，就是帝國主義者、封建主義者和資本主義階級，他們將國家置於危險中，是「國家的吸血鬼」（Feudalists and capitalists are the bloodsuckers of the nation），必須「發動暴力攻擊並且驅散他們」（Let's violently attack and scatter the accursed imperialist

---

152 Karl D. Jackson, "Cambodia 1977: Gone to Pot," *Asian Survey* 18, No. 1（January 1978）: 76; Ben Kiernan, "External and Indigenous Sources of Khmer Rouge Ideology," in *The Third Indochina War: Conflict between China, Vietnam and Cambodia, 1972-1979*, eds., Odd Arne Westad and Sophie Quinn-Judge（London and New York: Routledge, 2006）, pp. 188-192.

153 Karl D. Jackson, "The Ideology of Total Revolution," in *Cambodia, 1975-1978*, p. 39.

154 Philippe Devillers, "The New Indochina and Its Implications for the Region," in *Southeast Asian Affairs 1976*, eds., Lim Joo-Jock and S. B. D. de Silva（Singapore: Institute of Southeast Asian Studies, 1976 ）, p. 83.

enemy），因此「鼓勵革命幹部點燃怒火對抗封建主義者和資本主義者，以及那些對他們唯命是從的走狗」（Comrades, let your anger burn brightly against fedualists and capitalists, and all running dogs at their beck and call）。[155] 不過，由於柬埔寨從帝國主義者手中取得獨立已有很長一段時間，也缺乏擁有土地的封建階級，加上未有真正的工業革命，自然沒有真正的資本主義者。因此，「過去的敵人」實際上是指施亞努與龍諾等兩個舊政權的軍事與文官菁英。[156] 波布政權認為，「來自舊政權的人都是過時的；他們尋求聚集大量的財富，並且踩在別人的背上奮勇前進」（People from the old regime are antiquated; they seek to amass any amount of riches and plough on the back of others）。[157] 其中，龍諾政府的軍事將領及高級文官，特別是指龍諾、山玉成、施里馬達、鄭興、英丹、龍波瑞、費爾南德（Gen. Fernandez）等7人所構成的賣國集團（seven supertraitors）。此外，當波布打敗柬埔寨武裝部隊（FANK）以來，就展開刻薄的反施亞努活動，導致王室家族約有20名成員死於波布執政時期，至少有7名其他王室成員在吐斯廉（Tuol Sleng, S-21）集體處決中心被處死。[158] 1976年9月起，波布更在民柬政府內部展開一場大清洗運動，導致許多高階政府官員消失、被處決或遭到殺害。[159]

---

155 Locard, *Pol Pot's Little Red Book*, pp. 166-168.

156 Locard, "State Violence in Democratic Kampuchea（1975-1979）and Retribution（1979-2004），" p. 123.

157 Locard, *Pol Pot's Little Red Book*, p. 169.

158 Dy, *A History of Democratic Kampuchea*, p. 20.

159 這些高階官員包括：農業委員會主席農順（1976.11）、經濟財政部長貴通（Koy Thuon, 1977.01）、公共工程部長篤彭（Touch Phoeun, 1977.01）、商業

　　在黨內鬥爭方面，柬共在成立初期就已存在派系主義的問題，主要有三大派系，[160]而且，各有其基地與權力中心，使得各地理區的領袖在溝通與組織上均有所限制，成為柬共奪權以後立即面臨的安全問題。一是波布為首的崇尚愛國主義、極端民族主義及種族主義者，包括：波布、英薩利、宋申、喬森潘等。他們首要的關注是透過超級大躍進（*moha loot phlohmoha ochar*, super great leap forward）的手段，迅速將柬埔寨建設成一個具備強大國防力量的已開發的工業國家，嘗試創造屬於柬埔寨自己的共產主義社會，而不是照搬蘇聯、中國、越南或任何其他模式。此派系發跡於柬埔寨東北部的高山地區，1970年代初期將勢力範圍擴張到北部大區，1975年取得西南大區的控制權，最後再完整的控制整個中央政府。二是以胡寧、符榮為首的「親中派」，他們在

委員會主席 Sua Doeum（1977.02）、新聞和宣傳部長符寧（1977.4）、國家主席團第二副主席寧羅（Nhim Ros, 1978.03）、國家主席團第一副主席索平（1978.05）、橡膠種植委員會主席蓬（Phuong, 1978.06）、執掌經濟的副總理溫威（Vorn Vet, 1978.11）、交通運輸委員會主席梅布朗（Mey Prang, 1978.11）、工業委員會主席鄭安（Cheng An, 1978.11）。Kiernan, "Conflict in the Kampuchean Communist Movement," p. 7.

160 美國學者艾克森（Craig Etcheson）在分析柬共的內部鬥爭時，曾將主要行為者區分為六個：（1）、史達林主義者（the Stalinists），包括：波布、英薩利、喬森潘、宋申（Son Sen）等；（2）、國際主義者（Internationalists），包括：溫威、篤彭；（3）、伊沙拉份子（Issarrkists），具有明顯的反越和反王室傾向，包括：高莫尼（Keo Moni）、塔莫（Ta Mok）；（4）、吉蔑人民黨成員（the Pracheachonists），包括：高密（Keo Meas）、農順（Non Suon）；（5）、毛主義份子（the Maoists），包括：胡寧、符榮、普差（Phouk Chhay）；（6）、施亞努的追隨者，包括共和黨人、民主黨人，以及王室主義者。不過，艾克森也指出此種分類是鬆散的，這些行為者是重疊和交換的。Etcheson, *The Rise and Demise of Democratic Kampuchea*, pp. 164-165.

1966年至1967年間擔任柬、中友誼協會的領導者，深受中國文化大革命群眾民主意識形態的吸引，欲將此模式應用到柬埔寨的條件上。此派系的根據地在南部和西南部的大象山與豆蔻山脈一帶。三是由高莫尼、索平（So Phim）、農順（Non Suon）、周契特（Chou Chet）、賓索萬（Pen Sovan）、橫山林（Heng Samrin）等人構成的「親越派」，試圖以越南模式來建設一個社會主義的柬埔寨。此派系出身吉蔑伊沙拉運動，早年由越南共產黨所訓練，以湄公河流域和柬、越邊境人口稠密的東部省分為群聚地。161

自從柬共與越南共產黨的路線差異表面化以來，黨內那些來自河內的「河內吉蔑族」（Hanoi-Khmers）、「吉蔑越盟」（Khmer Viet-Minh），就已被要求撤回北越，其餘留下者長期不被信任。學者錢德勒曾指出：

> 波布派自從1960年代初期在柬共黨內奪取親越派的控制權後，持續地施加強調自力更生、民族主義、以貧農為首要、讚賞毛主義中國等意識形態。波布掌權期間，親越派接連在1960年代及1973年後遭到清洗，銷聲匿跡。第一次印支戰爭結束後流亡越南的近千名柬共成員，當他們在1971年至1973年間返回柬埔寨宣稱從事革命工作時，在柬共的命令下遭到殺害。162

161　Ben Kiernan, "Conflict in the Kampuchean Communist Movement," *Journal of Contemporary Asia* 10, No. 1-2（1980）: 8-23; Burchett, *The China-Cambodia-Vietnam Triangle*, pp. 66-67.

162　David P. Chandler, "Strategies for Survival in Kampuchea," *Current History*, No 82（April 1983）: 149.

1973年《巴黎停戰協定》簽訂以後，波布將越南人的行為視為「柬埔寨革命的背叛者」（betrayal of the Kampuchean revolution），[163] 認為他們將會一塊一塊地破壞與毀滅柬埔寨的領土，所以必須粉碎併吞與侵略國家和領土的那些越南侵略者。[164] 喬森潘甚至曾明確地向施亞努表示：「整個反美戰爭時期（1970-1975），柬共和柬埔寨革命武裝從未停止將北越及其部隊視為第一號敵人，美國帝國主義僅僅是柬埔寨的第二號敵人。」影響所及，「吉蔑越盟」遭疑是「既無吉蔑意，亦無吉蔑心」（neither the minds nor hearts of Khmers）、[165]「越南人的頭，柬埔寨人的身體」（Vietnames head, Cambodian body），[166] 他們已經變成越盟的間諜，必須加以消滅。許多親越派的柬共幹部因此隨同越南武裝部隊一起撤離柬埔寨。柬共在越軍主力撤走以後，有些幹部甚至公開號召「只要有可能，就秘密地消滅第七號朋友」。[167]

赤柬奪權以後，由於不是一個團結的緊密組織，無論在意識形態或軍事上都不是一個統一體，僅是一個具有共同目標的革命團體的聯盟，不可能有效地執行波布路線，像是與越南進行戰爭、實行極端社會主義等。他認為，「一個乾淨的黨意味著一個強大的黨，以及一個強大的革命運動」（A clean Party means a strong party and a strong revolutionary movement），[168]「必須毀滅看

---

163 Silber, *Kampuchea: The Revolution Rescued*, p. 37.

164 Locard, *Pol Pot's Little Red Book*, p. 176.

165 Norodom Sihanouk, *Chroniques de guerre…et d'espoir*（Paris: Hachette/Stock, 1979）, p. 56; Sihanouk, *War and Hope*, pp. 8-9.

166 Locard, *Pol Pot's Little Red Book*, p. 179.

167 張錫鎮，《呻吟的吳哥窟》，頁216-217。

168 Locard, *Pol Pot's Little Red Book*, p. 196.

得見的敵人，以及隱藏的敵人，這個敵人在思想裡」（You must destroy the visible enemy, and the hidden one, too-the enemy in the mind）。[169]所以，波布決定淨化革命敵人，對這些派系實施統一與集權控制，尤其是柬、越共關係急遽惡化，波布對於黨內這些潛在的「第五縱隊」的猜忌加深，再次展開大規模清黨行動，特別是針對鄰近越南的「東部大區」（Eastern Zone）。由於「東區」指揮官索平在推翻龍諾政權時期，採取與越南共產黨合作的政策及發展友好關係，引起波布對索平及「東區」部隊心生懷疑。波布的清洗運動導致許多資深的黨內同志，像是東北大區的書記內薩拉及主任邵朋、黨國元老高密（排行第六號，Number 6）、農順、符寧、前中央委員高莫尼、柬埔寨駐河內大使善安（Sien An）等，先後被以叛國罪而遭到逮捕。許多赤柬的軍官為躲避波布的清洗決定逃往越南，在那裡成立政黨並發表聲明揭露波布政權的軍閥獨裁制度。[170]波布透過消滅親越與親中兩派的主要領袖，終於使其權力獲得鞏固，成為黨內的最高領導者。

關於少數族群的清洗，由於波布政權強調自力更生、國家獨立，使得保護柬埔寨的種族勝過所有一切，結果就是將所有的非吉蔑族（non-Khmer nationalities），像是占族、越南人，甚至是佛教徒，排除於柬埔寨的社會之外。[171]故而，波布政權將矛頭指向

---

169 Ibid., p. 199.

170 關於波布的大清洗運動，參考：王爱飛，《波爾布特》，頁158-174；Etcheson, *After the Killing Fields*, pp. 87-106; Matthew S. Weltig, *Pol Pot's Cambodia* (Minneapolis, MN.: Twenty-First Century Books, 2009), pp. 90-98.

171 詳細討論，參考：Extraordinary Chambers in the Courts of Cambodia, Office of the Co-Investigating Judges, *Closing Order, Case No 002/19-09-2007-ECCC-OCIJ*, 15 December 2010, paras 740-841, accessed 23 November 2016, https://

少數族群，特別是境內的越裔社群（Youn），[172]因為波布一向將越南視為歷史性的敵人。[173] 1976年4月的《革命旗》雜誌在寫到驅逐越南人政策時曾指出：它涉及一種外國人的類型，對柬埔寨人民有極大危害且危險，這些人被稱為有毒的成分，自從他們到來，對我們狼吞虎嚥、鯨吞蠶食，沒收且帶走所有東西，危及我們的民族與人民，他們過去導致我們喪失眾多的領土。我們在革命成功以後，要完整的將他們驅逐出境，讓他們永遠離開我們的領土。[174] 1978年7月的《革命旗》雜誌亦以〈我們所有人的民族責任〉（The National Duties of All of Us）為題，強調越南人無論是現在和未來都是我們的民族敵人，消滅越南人是所有柬埔寨人的民族責任，如此才能保衛柬埔寨的國家、人民和種族。[175]

　　基本上，柬埔寨境內越裔社群的人口規模根本很難查明，因

---

www.eccc.gov.kh/sites/default/files/documents/courtdoc/D427Eng.pdf.

172　除了境內的越南人，波布的種族清洗政策也涵蓋華人社群。赤柬對華人同樣給予標籤化，說他們是傳統上善於做生意的民族與放貸的人，是資本家和階級敵人。不過，赤柬對某些華人較為寬容，因為需要中國的援助。即使如此，柬埔寨華人仍遭受來自赤柬的恐怖對待。時至1978年，有數千名柬埔寨華人逃往中國，數十人被送往吐斯廉監獄。

173　"Pay Attention to Sweeping Out the Concealed Enemy Boring from Within Even More Absolutely Cleanly," *Revolutionary Flag*, No. 7（July 1978), accessed 27 September 2016, https://www.eccc.gov.kh/sites/default/files/documents/courtdoc/2015-04-08%2010:18/E3_746_EN.PDF.

174　*Revolutionary Flag*, No. 4（April 1976): 5-6. Quoted in Extraordinary Chambers in the Courts of Cambodia, Office of the Co-Investigating Judges, *Closing Order, Case No 002/19-09-2007-ECCC-OCIJ*, 15 December 2010, para 796.

175　"The National Duties of All of Us," *Revolutionary Flag*, No. 7（July 1978): 1-3, accessed 27 September 2016, https://www.eccc.gov.kh/sites/default/files/documents/courtdoc/2015-04-08%2010:18/E3_746_EN.PDF.

為族群分類的標準不同的緣故。根據官方的人口普查紀錄，1962年時越裔社群有217,774人，1960年代末期時則有45萬人，占柬埔寨當時全國人口的6.2%。高棉共和國時期，由於龍諾政府以施亞努的親越政策作為宣傳攻勢的重點，從而擴及境內的越裔社群，除強制遣返越南以外，更制訂許多歧視政策，[176]甚至變成暴力的身體虐待，導致數以千計的越裔社群的喪生。1970年代中期，柬埔寨境內的越裔社群估計僅剩20萬人左右。赤柬成功奪權以後，首先展開的極端的人口遷移政策導致眾多越僑喪生，之後又嘗試建立一個純粹的吉蔑族國家，而沿用龍諾時期的驅逐與殺害的手段來對付越裔社群。光是赤柬統治的前五個月，就有高達15萬名的越裔社群被驅逐到越南，而且，大部分的人最終仍遭到殺害。1977年，赤柬以國家安全之名，推行極端的反越淨化活動，下令殺光境內所有具越裔血統的人，包括那些講越語或是有越南朋友的柬埔寨人，[177]亦即波布所稱的「懷抱越南心靈的柬埔寨人」（Cambodian bodies with Vietnamese minds），時至1978年

176　龍諾上台以後，曾制訂一部新憲法，將柬埔寨人定義為那些擁有吉蔑血統、吉蔑傳統、吉蔑文化、吉蔑語言，以及出生在柬埔寨且具有吉蔑祖先遺產的人，明顯將越裔社群給排除在柬埔寨的公民身分之外。此外，龍諾政府還下令越裔社群實施宵禁，僅允許在上午7點至11點之間移動，導致他們無法就學與出外工作；公、私營行號被禁止雇用越裔社群；政府建議不要在公共場合使用越語等。Ramses Amer, "The Ethnic Vietnamese in Cambodia: A Minority at Risk?" *Contemporary Southeast Asia* 16, No. 2（September 1994）: 217; Stefan Ehrentraut, "Perpetually Temporary: Citizenship and Ethnic Vietnamese in Cambodia," *Ethnic and Racial Studies* 34, No. 5（May 2011）: 785.

177　Elizabeth Becker, *When the War was Over: Cambodia and the Khmer Rouge Revolution*（New York: Simon & Schuster. 1986）, p. 252; Nayan Chanda, *Brother Enemy: The War After the War*（New York: Harcourt Brace Jovanovich, 1986）, p. 86.

底，柬埔寨境內的越裔社群就已經幾乎完全消失。[178]

　　波布除了對「可能的敵人」展開清洗運動，最重要的政策就是推動社會主義革命，建立社會主義的「新社會」，將柬埔寨轉型成共產主義國家，然後，可以帶領柬埔寨擺脫因地理位置而必須面臨泰、越兩大強鄰威脅的歷史循環，重返吳哥時期的歷史榮耀。為此，柬埔寨必須是一個自足（self-contained）且自力更生的自給自足（autarky）國家。由於柬埔寨是一個農業國，農業應是資本累積的主要來源。故而，波布將發展農業生產作為恢復和發展國民經濟的基礎。他將農業視為一個基本要素，並且主張將農業成果運用在建設工業上，希望盡快從落後的農業轉型成一個現代化農業的國家，同時在獨立、主權與自力更生的基本原則上，逐步發展輕、重工業，盡速將柬埔寨轉型為一個工業化國家。[179]

　　事實上，波布過去為解決嚴重缺糧問題，早在1970年代初期就已在控制的解放區成立農業合作社或鄉村公社，這不僅可以有效地解決美國轟炸行動所帶來的困境，同時亦可增加生產，確保柬共對糧食的控制，並以此作為武器，提升在與越南共產黨談判時的籌碼，迫使越南軍隊在柬埔寨境內活動時必須尊重柬埔寨的

178　Amer, "The Ethnic Vietnamese in Cambodia," pp. 210-238; Chou Meng Tarr, "The Vietnamese Minority in Cambodia," *Race and Class* 34, No. 2（1992）: 33-47.

179　Pol Pot, *Long Live the 17th Anniversary of the Communist Party of Kampuchea: Speech by Pol Pot, Secretary of the Central Committee of the Communist Party of Kampuchea, at the Meeting in Phnom Penh to Commemorate the 17th Anniversary of the Founding of the Communist Party of Kampuchea and on the Occasion of the Solemn Proclamation of the Official Existence of the Communist Party of Kampuchea, 27 September 1977*（New York: Group of Kampuchean Residents in America, 1977）, p. 65.

主權。戰爭結束以後，波布更以發展農業為優先，認為柬埔寨必須在加速農村發展方面超過越南，只有保證所有柬埔寨人民的生活條件都獲得改善，越南才會承認柬埔寨是一個國家，並願意在完全平等和不干涉內部事務的基礎上，與柬埔寨建立平等的關係。所以，波布政權仍繼續實施「集體吃、集體住」的農業合作社政策。[180]波布相信，柬埔寨在新政府的統治下，將會是一個極為和諧的無階級社會，因為導致自我意識與社會不正義的土地產權私有制已經被廢除。

此外，根據赤柬在1976年所制訂的「四年計畫」（Four-Year Plan, 1977-1980），集體化乃是民主柬埔寨僅次於國家安全的重要政策，稻米種植則是國家的第一優先。更進一步來說，稻米生產主要為兩大目的而服務：一是作為人民的糧食；二是作為出口產品來累積資本，為國防和重建事業提供資金。赤柬設定一個最小的目標，希望每年可以收成兩次，整個國家每年都可以達到單位面積6公噸（之後修正為7公噸）的稻米產量。為此，赤柬推動私有財產集體化，將沒收的財產全部用來生產稻米，試圖將柬埔寨在10年至15年內從一個低度開發的農業國家轉型成現代的農業國家。所以，赤柬一方面大辦農業的群眾運動，另一方面，為擴大水稻種植面積，更是積極修建水利建設，希望能夠達成稻米出口的目標。[181]由於指令內容繁複，波布政府甚至設計許多簡單

180　喬森潘著，陳紹光譯，《我與紅色高棉》（香港：天地圖書，2015），頁79。

181　赤柬將土地分成兩大類：一是一般土地，每公頃需生產3公噸稻米；二是品質極佳的土地，每公頃至少要生產4到7公噸的稻米。但僅有洞里薩湖盆地的周邊區域，以及馬德望和暹粒—奧多棉吉一帶，才能達到此一目標。關於「四年計畫」，參考：Party Center, "The Party's Four-Year Plan to Build Socialism in All Fields, 1977-1980," in *Pol Pot Plans the Future: Confidential*

的口號來向村莊、區、省等各級首長進行傳達，例如：「全部為農業：稻米是一切」（All for agriculture: Rice is everying）、[182]「有水可種稻，有米能開戰」（With water you can grow rice, with rice, you can make war）、「一公頃，三公噸」（One hectare, three tons）、「當水的主人、自然的主人」（Let us be master of the water, master of nature）、「不要讓自然打敗」（Let us not be defeated by nature）、「興建水壩來儲水」（Build a dam to have water）等，[183]來作為給予人民認同感的一種構成性修辭／論述（constitutive rhetoric/discourse），進而變成人民日常生活中的一部分。

根據聯合國糧食與農業組織（Food and Agriculture Organization of the United Nations, FAO）的估計，1975年至1978年間柬埔寨的稻米產量維持在100萬公噸至110萬公噸之間，耕種面積則是維持在90萬公頃至100萬公頃之間，兩者明顯不及於施亞努和龍諾等兩人統治時期（參考圖3-3）。[184]不過，波布卻在1978年3月表示：「我們已經成功地解決農業問題，特別是關於種植稻米……我們已經有足夠的稻米來養活人民自己，我們的生活條件已經改善，而且，我們仍有多餘的稻米可以出口。」他高喊：「當

Leadership Documents from Democratic Kampuchea, 1976-1977, eds., David P. Chandler, Ben Kiernan, and Chanthou Boua（New Heaven: Yale University Southeast Asia Studies, 1988）, pp. 119-176; Boraden Nhem, *The Khmer Rouge: Ideology, Militarism, and the Revolution that Consumed a Generation*（Santa Barbara, CA.: Praeger, 2013）, pp. 53-54.

182　Burchett, *The China-Cambodia-Vietnam Triangle*, p. 111.

183　波布政權關於農業生產方面的口號，參考：Locard, *Pol Pot's Little Red Book*, pp. 234-250.

184　Food and Agriculture Organization of the United Nations（FAO）, *FAOSTAT*, accessed 19 August 2018, http://www.fao.org/faostat/en/#data/QC.

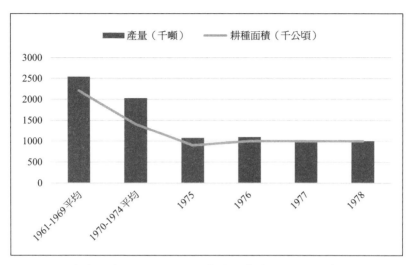

圖3-3：民主柬埔寨的稻米產量與耕種面積（1975-1978）

資料來源：根據聯合國糧食與農業組織的數據製圖。Food and Agriculture Organization of the United Nations（FAO）, *FAOSTAT*, accessed 19 August 2018, http://www.fao.org/faostat/en/#data/QC.

我們擁有稻米，我們就可以擁有一切」。因為，「當人民有足夠的稻米滿足自身所需，有稻米可以出口，那就可以進口所有需要的商品。」[185]波布在該年9月27日的18週年黨慶演講中更宣稱，當前已建造的水壩、蓄水池與灌溉渠道，可提供70萬公頃的灌溉農地使用，幾乎是1968年的十倍。[186]弔詭的是，人民卻未蒙其利，

---

[185] "Pol Pot's Interview with Yugoslav Journalists," p. 414.

[186] Pol Pot, *Let Us Continue to Firmly Hold Aloft the Banner of the Victory of the Glorious Communist Party of Kampuchea in Order to Defend Democratic Kampuchea, Carry on Socialist Revolution and Build up Socialism: Speech made by Comrade Pol pot Secretary of the Central Committee of the Communist Party of Kampuchea on the Occasion of the 18th Anniversary of the Founding of the*

先受其害，一向是東南亞穀倉的柬埔寨竟陷入極端的糧食短缺的
窘況。即使如此，赤柬仍持續出口稻米，導致原本就已貧窮的柬
埔寨人民，更是陷入極端的困境。[187] 數以萬計的人，尤其是「新
民」，死於饑饉，或者在營養失調的情況下過度工作與生病而喪
生。

在經濟政策方面，根據民主柬埔寨憲法第二條的規定，「所
有重要的一般生產工具都是國家的集體財產，其分為全民所有與
集體所有，日用品屬於私人所有。」[188] 波布政權全面實施共產主義
的理念，試圖建立一個理想的烏托邦，其具體實踐包括：取消私
有財產制度、廢除貨幣和銀行體系等。[189] 關於廢除貨幣，喬森潘
曾指出民族團結政府早在1974年就已將紙幣印刷完成。所以，他
曾向波布詢問廢除貨幣的問題。波布提出兩點解釋：首先，貨幣
很可能被美國中央情報局利用，作為潛伏國內的特務的活動費
用；其次，貨幣可能腐蝕部隊和群眾，使他們產生「個人主義」
和「小資產階級」意識。所以，波布採取沒有市場，沒有金錢的
政策。對此，喬森潘提出建議，既可使用貨幣來推動農村的商業
活動，亦可用以促進手工業和小工業的發展。但是，波布仍堅持
自己的立場，認為「政治必須領導技術」。[190]

Communist Party of Kampuchea, Phnom Penh, 27 September 1978（Phnom
Penh: Department of Press and Information, Ministry of Foreign Affairs,
Democratic Kampuchea, 1978）, p. 25.

[187] Gavan McCorrnack, "The Kampuchean Revolution, 1975-1978: The Problem of
Knowing the Truth," *Journal of Contemporary Asia* 10, No. 1-2（1980）: 95-96.

[188] "Constitution of Democratic Kampuchea," p. 200.

[189] Jackson, "Cambodia 1977," p. 84.

[190] 喬森潘著，《我與紅色高棉》，頁82。

　　明顯地，波布政府的經濟政策完全是以共黨高壓統治及強迫的方式來實施，即使是作為國家主席的喬森潘，都曾不止一次提出質疑而遭到波布本人的反駁，柬埔寨人民更是沒有任何選擇的餘地，唯有順從政府的指導與安排。舉例來說，波布政府取消原來的自由買賣經濟方式，改以配給糧食及日常的生活用品，其運用政治手段改變人民的經濟生活方式，原先的初衷是要針對柬埔寨的資本家（以華人居多數），但也對一般人民的經濟生活造成相當大的影響。喬森潘曾指出：「在沒有商品交換和貨幣流通的情況下，制訂各種產品的價格比例，真是叫我感到不知所措。但是，我還是希望有一天，能建立合作社和各種經濟單位之間的一種交換方式，並用銀行轉帳的辦法進行結算。」[191]

　　此外，伴隨廢除經濟結構而來的是吉蔑文化的極端淨化。柬共認為，柬埔寨的傳統、文化、藝術、音樂全部遭到美國帝國主義及其傀儡的破壞，為回應吉蔑文化的污染，必須建立一個新的民族文化來取代各種壓迫階級與殖民主義和帝國主義的反動文化，從而對柬埔寨人民的社會及文化生活產生重大的衝擊。申言之，波布奪權後隨即將柬埔寨打造成一個「無階級的社會」（classless society），其中「只有一種階級，那就是農民階級」（There is only one class-the peasant class）。[192] 他在嘗試公社化（communize）柬埔寨社會的同時，也試圖灌注共產主義的價值體系。所有社會制度被認為是封建或源自資產階級的，必須加以箝制。因此，波布無視柬埔寨的群眾意識或社會條件，修正或廢止傳統的信仰體系與社會制度，使得宗教、家庭生活、教育、性態度與關係、文化

191　同前註，頁90。

192　Locard, *Pol Pot's Little Red Book*, p. 273.

等各方面都受到影響。結果不只是異於尋常，最終證明原來是恐怖的。[193]其中，最嚴重的就是禁止佛教，以及實施人民公社。

佛教不僅是柬埔寨人民的傳統宗教，亦是精神信仰的核心。雖然民主柬埔寨的憲法明訂宗教自由，但是，主張無神論的波布政府卻將宗教視為「鴉片」（Religion is the opiate），[194]是剝削者的一種工具，必須把它在柬埔寨社會的核心角色予以替換。[195]東共相信，僧侶就像水蛭一樣，依靠人民的餵養，除了無形的精神導引，卻未能回報任何東西，但那些對革命社會來說並無任何價值。資訊文化部長雲雅（Yun Yat）表示：「佛教與革命並不相容，因為它是剝削的工具。佛教死了，從而為新革命文化的建立清理了地基。」[196]於是，波布政權禁止佛教繼續存在於柬埔寨，拆除佛塔、毀壞佛陀雕像，禁止佛教僧侶穿著僧袍與接受供養，甚至強迫僧侶與人民公社一起工作，將寺廟變成一個政治集會及鬥爭的場域。[197]最終造成為數不少的佛寺遭到毀壞，以及眾多的僧侶遭到殺害。

除了禁止佛教，波布推行的人民公社更是一個違反人性的政策。雖然他宣稱：「在人民公社內，柬埔寨人民可以去除一切個人的惡習及文化，使得整個社會更加穩固」，[198]但是，波布政府以

---

[193] Silber, *Kampuchea*, p. 62.

[194] Locard, *Pol Pot's Little Red Book*, p. 171.

[195] 關於波布政權對佛教的觀點，參考：Ibid., pp. 169-175; Francois Ponchaud, "Social Change in the Vortex of Revolution," in *Cambodia, 1975-1978: Rendezvous with Death*, pp. 170-177.

[196] Justus M. van der Kroef, "Political Ideology in Democratic Kampuchea," *Orbis* 22, No. 4（Winter 1979）: 1019.

[197] 參考：Michael Vickery, *Cambodia: 1975-1982*, pp. 179-180.

[198] Karl D. Jackson, "Cambodia 1977," pp. 84-85.

驅逐、死刑、工作集體化，以及改變某些風俗與婚姻制度等生活安排，透過強制的方式拆散小家庭制度，試圖弱化家庭聯繫並強化人民與革命的連結，實際上是要打破傳統的社會與社區聯繫，讓個人單獨地面對國家，為便於統治的政治目的而服務。[199]它根本地摧毀柬埔寨人民原有的經濟生活、社會方式及文化價值觀。美國學者卡尼（Timothy M. Carney）曾指出：赤柬繼續用「革命」一詞來描述自己，顯示全面勝利意味著領導地位，而不僅是打敗「龍諾集團」或「美國帝國主義」。他們更需要柬埔寨社會與人民個性的基本改變，而這必須有紀律地反覆灌輸一種在現代柬埔寨仍然感到陌生的新價值。[200]

　　整體來看，波布是個極端左派主義者（ultra-leftism），其共產主義意識形態相較於中國或俄羅斯的革命更為激進與廣泛，甚至連在俄羅斯、中國與北韓都可以發現的小型私人土地也都沒有。[201]赤柬致力將柬埔寨重返一個自給自足的農業社會，推行一系列的革命性經濟實驗，卻讓柬埔寨在短短三年內就失去能夠運

199　Kalyanee Mam, "The Endurance of the Cambodian Family under the Khmer Rouge Regime: An Oral History," in *Genocide in Cambodia and Rwanda: New Perspectives*, ed., Susan E. Cook（New Jersey: Transaction Publishers, 2006）, pp. 120-131. 關於波布政府的家庭與婚姻政策，參考：Vickery, *Cambodia: 1975-1982*, pp. 174-178; Extraordinary Chambers in the Courts of Cambodia, Office of the Co-Investigating Judges, *Closing Order, Case No 002/19-09-2007-ECCC-OCIJ*, 15 December 2010, paras 842-861.

200　Timothy M. Carney, *Communist Party Power in Kampuchea: Documents and Discussion*（Ithaca, N.Y.: Southeast Asia Program, Department of Far Eastern Studies, Cornell University, 1977）, p. 11.

201　"Western Visitor to Cambodia Finds Radical Revolution and Suffering," *International Herald Tribune*, 8 March 1976, pp. 1-2.

作的市場、正式的經濟結構，以及有形基礎設施的破壞與人力和社會資本的徹底毀滅。就像歷經赤柬恐怖統治的生存者，並在1984年曾出演電影《殺戮戰場》的吳漢潤（Haing S. Ngor）所觀察的：「赤柬要柬埔寨社會從上到下完全地轉變，讓曾經統治我們生活的全部事物都消失……不再有城市、不再有市場、商店、餐館或咖啡廳。沒有私人巴士、轎車和自行車，沒有學校、沒有書本或雜誌，沒有金錢，沒有時鐘、沒有假日、沒有宗教節慶，只有日升日落、黑夜星空、老天降雨，以及工作。一切事物都是在空曠、原始的鄉村完成的。」[202] 顯然，赤柬讓柬埔寨的經濟發展倒退將近50年。根據芬蘭駐中國大使蘇奧梅拉（Pentii Suomela）的描述，金邊曾是東南亞最美麗的城市，當他在1978年1月親自造訪金邊以後指出，許多人似乎在早上被帶入金邊城，然後在傍晚時被帶離開。當權威當局炸掉國有銀行後，只剩下石門依然存在。瑞爾這種舊式貨幣毫無價值地被丟棄在街道上。沒有公車或電報服務，只有主要街道仍然開放。同行的丹麥駐中國大使摩坦森（Kjeld Mortensen）則是這樣描述：金邊就像個「鬼城」。[203]

　　1975年至1978年間，波布政權致力重建一個強制勞動的體系，試圖讓柬埔寨重返吳哥時期的榮耀。實際上，波布推行的是一種「新型的奴隸制度」（neo-slavery），[204] 其殘酷統治的結果使

202　Haing S. Ngor, *Surviving the Killing Fields: The Cambodian Odyssey of Haing S. Ngor* (London: Pan Books, 1989), p. 199.

203　"Envoys Who Visited Cambodia Say Phnom Penh Is Like a 'Ghost City'," *The New York Times*, 23 January 1978. http://www.nytimes.com/1978/01/23/archives/envoys-who-visited-cambodia-say-phnom-penh-is-like-a-ghost-city.html

204　〈柬埔寨救國民族團結陣線宣言〉，載於《柬埔寨問題資料選編，1975-1986》上，頁127。

柬埔寨變成一個駭人聽聞的「殺戮戰場」，而非烏托邦式的共產主義社會。按照越南官方的說法，波布「建立起歷史上空前未有的種族滅絕的法西斯制度」。[205] 這「或許是自納粹時代以來所空前未有的」。[206] 期間，由於柬埔寨的經濟條件結合內部的政治陰謀策劃，遂導致將近四分之一的人口，約兩百萬人的悲慘的犧牲；[207] 此外，也引發一波新的難民潮，數以萬計的柬埔寨難民抵達泰國，或是繼續前往第三國尋求庇護。[208] 波布政權的殘酷統治並未在黨內贏得霸權，反而促成反抗運動的興起，再加上柬、越關係因邊境衝突而急遽惡化，不僅造成波布政權的倒台，同時也給予越南干涉柬埔寨內部事務的機會，最終導致「柬埔寨問題」（Kampuchean problem）的產生。

第三節　柬、越衝突與柬埔寨的分裂

關於柬埔寨的未來，我只有一個惡夢，那就是柬埔寨可能

---

205 〈越南外交部白皮書《三十年越中關係真象》（節選）〉，載於《越南問題資料選編，1975-1986》上冊，成都軍區政治部聯絡部、雲南省社科院東南亞研究所編（昆明：雲南省社會科學院東南亞研究所，1987），頁239。

206 Clymer, *The United States and Cambodia, 1969-2000*, p. 107.

207 "Up to Two Million May Have Died Under Khmer Rouge," *Straits Times*, p. 21 February 1996, p. 15. 關於赤柬統治時期的人口變遷，學者基爾南（Ben Kiernan）曾比較各方學者的估計，最後指出柬埔寨在1975年至1979年間喪生的人數約在167.1萬至187.1萬之間，約1975年人口數的21%至24%。Ben Kiernan, "The Death Tolls in Cambodia, 1975-79, and East Timor, 1975-80," *Critical Asian Studies* 35, No. 4（2003）: 586-587.

208 Jackson, "Cambodia 1977," 90; Clymer, *The United States and Cambodia, 1969-2000*, p. 106.

會被「越南化」，並且失去柬埔寨人民，然後將會變成第二
個南越。[209]

——爭取柬埔寨獨立、和平、中立和互助之民族聯合陣線主
席　施亞努

　　1975年至1978年間，波布政府在對外政策上，名義上是奉行
中立和不結盟政策，[210]實際上是採行孤立主義政策，鄙視西方國
家與蘇聯，不僅在政治上不與西方各國來往，在經濟及貿易也甚
少與西方國家打交道。除了鄰國泰國以外，[211]波布政府僅與共產
世界互相往來，與其他國家幾乎是封閉的狀態，這部分可從駐外
大使僅派遣至中國與寮國，及其空中航線僅有「柬埔寨—中

---

[209] 原文是 "I have only one nightmare about the future of Cambodia, that it could be 'Vietnamized' and lost to the Cambodians, that it could become a second South Vietnam." William Branigin, "Vietnam's Vietnam?" *The Washington Post*, 25 April 1985.

[210] "Constitution of Democratic Kampuchea," p. 205.

[211] 傳統上，柬埔寨為確保自身的生存，經常是透過西邊強鄰泰國的支持來打擊主要敵人越南。但是，波布政權並未依循傳統的外交模式，反而是採取「東抗越南，西擊泰國」的周邊政策。1977年以前，柬、泰關係尚維持平穩，波布政府還曾向泰國要求援助，泰國則在波布推翻龍諾政權的隔天即表示承認波布政權的正當性。此後，兩國關係朝向正常化發展。直至1976年以後，泰國由極右派的他寧（Thanin Kraivixien）執政，「反共」的意識形態對泰、柬關係產生負面影響。他寧政府不希望與波布政權發展和解關係，泰國軍方更傾向利用武裝干預作為藉口來對抗共產主義的赤柬政權，導致泰、柬邊境衝突變得更加暴力與頻繁。Khien Theeravit, "Thai-Kampuchean Relations: Problems and Prospects," *Asian Survey* 22, No. 6（June 1982): 568; Stephen J. Morris, *Why Vietnam Invaded Cambodia: Political Culture and the Cause of War*（Stanford, CA.: Stanford University Press, 1999）, pp. 79-83.

國」，獲得證明。這時期，波布政府所依賴的外國勢力只有中國、寮國、北韓、古巴、越南、南斯拉夫及阿爾巴尼亞等少數共產國家。至於蘇聯，因為莫斯科在柬埔寨內戰中支持北越，同時未對柬共提供豐厚的實質援助，甚至曾考慮若1972年印支和平協議順利達成，將繼續支持右傾的龍諾政府統治柬埔寨。[212] 所以，柬共軍隊在進入金邊不久以後，曾湧進蘇聯大使館，將大使館人員和西方人一起視為不受歡迎的人並加以驅逐出境。[213]

由於越戰結束以後所帶來的區域地緣政治的劇烈變化，包括：蘇聯、中國與越南三角關係的微妙互動，以及越南重啟「印支聯邦」的構想，導致柬埔寨與中國及越南的三角關係也連帶產生變化。因此，民主柬埔寨時期的對外政策主要是聯合中國對抗越南和蘇聯的結盟，導致柬、越衝突成為美國國家安全顧問布里辛斯基（Zbigniew Brzezinski）所謂的蘇、中「代理人戰爭」（proxy war），[214] 使柬埔寨淪為強權棋盤上的馬前卒。

關於柬、中關係的發展，實際上早在解放區時期就已經建立。1973年以前，中國對柬埔寨的支持，在本質上是遏制的與被動的，主要是希望藉由在印度支那維持一個中立的友好國家來遏制美國這個心懷敵意的強權。美、越簽訂《巴黎停戰協定》以後，美國勢力撤出中南半島，導致蘇聯與越南的影響力逐漸提升，加上中、越關係開始出現衝突，蘇聯與越南對中國構成一南一北的箝制態勢深深困擾著北京當局，所以中國對柬埔寨的關係

212 Eugene K. Lawson, *The Sino-Vietnamese Conflict* (New York: Praeger, 1984), p. 226.

213 Sihanouk, *War and Hope*, p. 96.

214 Robert C. Horn, "Soviet-Vietnamese Relations and the Future of Southeast Asia," *Pacific Affairs* 51, No. 4 (Winter 1978-79): 602.

就更加的主動。[215] 對中國來說，民主柬埔寨在1975年成立是降低蘇、越聯盟衝擊的機會，因為柬共對越南的敵意日漸加深，加上美國仍深陷在「印支疲勞」（Indochina fatigue）及「越南症候群」（Vietnam Syndrome）中。[216] 所以，當金邊陷落之際，北京隨即以糧食、技術援助的形式對柬共展開支援。[217] 1975年4月19日，當赤柬士兵正忙於淨空金邊時，英薩利已經抵達北京並與中國談判關於提供13,300噸武器的協議，以及不經越南陸路而是由海路從磅遜港運輸進入柬埔寨。[218] 四天後，英薩利與一批中國官員和技術專家返回金邊，攜帶一些成立新政府可用的通訊與監視基礎設施和其他重要的設備，協助提升監視能力。[219]

　　1975年5月初，波布秘密抵達北京，要求中國保障所承諾提供的經濟援助、技術協助和軍事訓練，以交換其支持中國的「三個世界理論」（Three World theory），[220] 以及支持北京對抗莫斯

[215] Chang Pao-Min, *Kampuchea between China and Vietnam*（Singapore: Singapore University Press, 1985），pp. 35-36.

[216] Chanda, *Brother Enemy*, p. 45.

[217] Quinn, "Cambodia 1976," p. 50.

[218] Short, *Pol Pot*, p. 301

[219] Ian Dunbar, "Following Peking's Revolutionary Model," *FEER*, 23 May 1975, pp. 22-23; Edith Lenart, "Indochina: Each to His Own," *FEER*, 13 June 1975, p. 25.

[220] 1946年，毛澤東和美國親共女記者 Ann Louise Strong 對話時提出「三個世界理論」。毛澤東認為美國反動派（reactionaries）意欲支配世界，但他們的企圖將被「激進的」社會主義國家和世界和平的「擁護者」給制止。美國與蘇聯之間被一個巨大的區域給分開，在歐洲、非洲與亞洲，包含許多資本主義國家、殖民與半殖民國家，在未馴服這些國家之前，是談不上攻擊蘇聯的。Herbert S. Yee, "The Three World Theory and Post-Mao China's Global Strategy," *International Affairs* 59, No. 2（Spring 1983): 240.

科。[221] 8月，民族團結政府副總理喬森潘與英薩利再度率領代表團訪問北京，雙方簽訂三項經濟援助和技術轉移協定。中國對柬埔寨提供以重建經濟所需的工程產品與商品作為援助形式的免費與無條件援助，以及深化且擴大雙邊貿易，並宣示共同反霸的決心；[222] 同時，中國也承諾供給軍事物資，供柬埔寨10億美元的無息貸款，並贈送2,000萬美元，這是中國所宣布的最大一筆單一對外援助，另外中國也派遣技術人員提供柬埔寨訓練人民、建設工廠、道路、機場、鐵路等工程項目。[223] 不久後，中國國防部派遣一專家團抵達柬埔寨，對民主柬埔寨的國防需求進行「深入的考察」（extensive survey）。[224] 10月，中國解放軍副總參謀長王尚榮訪問金邊，並公布一份軍事援助計畫草案。[225] 顯然，柬埔寨已經變成一個共產國家，並且與中國結盟。

1976年3月，中國對外貿易部長李強率領一支貿易代表團訪問柬埔寨，兩國簽訂一紙商業協定，內容亦涵蓋所有的援助細節，例如：第一條是中國將在1976年至1977年為民主柬埔寨提供協定上清單所列的原物料，前述清單不得與該協定分開；同

221 Burchett, *The China-Cambodia-Vietnam Triangle*, pp. 165-168.

222 "Deputy Prime Minister Khieu Samphan and Ieng Sary Visit China," *Peking Review*, 22 August 1975, pp. 3-4；〈（中柬）聯合公報〉，載於《柬埔寨問題資料選編，1975-1986》上，頁30-35。

223 Nayan Chanda, "Cambodia: Funds to Repair the Economy," *FEER*, 26 September 1975, pp. 47-48; Copper, *China's Foreign Aid*, 151; Chandler, *Brother Number One*, p. 111.

224 Chanda, *Brother Enemy*, p. 17.

225 Richardson, "China, Cambodia, and the Five Principles of Peaceful Coexistence", p. 131.

時，雙方也同意一筆1.4億人民幣與2,000萬美元的貸款。[226] 根據柬埔寨的難民表示，他們曾經目睹中國的援助活動包括工廠、道路與其他營建工事的建立。[227] 不久以後，中國的援助人員開始修復一條連結金邊與南部深水港的鐵路，金邊機場也恢復運作。[228] 1976年底，雙方再簽訂1977年度中國提供柬埔寨整套工廠設備及科技合作議定書；同時，中國提供柬埔寨噴射戰鬥機，並協助訓練柬埔寨的空軍人員。[229] 1977年，中國對柬的援助金額可能超過2億美元，甚至高達5億美元。[230]

在貿易與商業方面，中國自1976年初即展開與柬埔寨的雙邊援助與商業協定，從而促進雙邊貿易的擴張。[231] 該年，北京政府在香港成立一家仁豐（Ren Fung）貿易公司來負責國際貿易。[232] 根據一名曾在磅遜港工作的前柬埔寨官員的評估，柬埔寨在1975年至1976年間的進口貨物約有80%來自中國，主要的進口商品是農產品、醫藥、機械、腳踏車，以及其他輕工業產品；另一位前貿易部官員亦表示，民主柬埔寨為換取各類機器，經常向中國輸出大量的穀物、稻米製成品以及其他原料等。[233] 1977年至1978

---

[226] Andrew Mertha, *Brothers in Arms: Chinese Aid to the Khmer Rouge, 1975-1979* （Ithaca and London: Cornell University Press, 2014）, pp. 61, 122-123.

[227] John F. Copper, "China's Foreign Aid in 1976," *Current Scene* 15, No. 6-7 （June-July 1977）: 20.

[228] *FEER*, *Asia Yearbook 1977* （Hong Kong: Far Eastern Economic Review, 1977）, p. 143. Quoted in Copper, "China's Foreign Aid in 1976," p. 20.

[229] Copper, "China's Foreign Aid in 1976," p. 20.

[230] John F. Copper, "China's Foreign Aid in 1977," *Current Scene* 16, No. 8 & 9 （August-September 1978）: 24.

[231] Mertha, *Brothers in Arms*, p. 122.

[232] Karl D. Jackson, "Cambodia 1977," p. 86.

[233] John D. Ciorciari, "China and the Pol Pot Regime," *Cold War History* 14, No. 2

年，柬埔寨與中國的進、出口貿易與商業活動大幅地擴張，並於
1978年底較前一年成長了兩倍。[234]正如柬共元老高密所言：「中國
不是別人，而是柬埔寨人民最偉大的朋友，是柬埔寨與世界革命
最大且可信賴的後方依靠。」[235]

　　相對於柬、中的友好關係，柬、越關係則是日漸惡化，最終
在1977年公開地反目成仇。在推翻龍諾政府以前，波布雖然對越
南共產黨懷有敵意，但也意識到若要順利攻下金邊，必須仰賴越
南共產黨的軍事和技術奧援，所以表面上仍和越南共產黨維持著
不錯的關係。波布曾在一封寫給黎德壽的信中表示：「我打從心
底保證，在任何的情況下，無論遇到任何的困難與阻礙，我仍將
忠誠於柬埔寨和越南之間的友好關係與兄弟般的革命團結精
神。」[236]然而，柬、越兩個共產盟友之間自1974年起接連發生暴
力衝突。赤柬試圖將越共軍隊與越南居民逐出湄公河三角洲，亦
即「下吉蔑」地區（*Kampuchea Krom*，即交趾支那），這塊在歷
史上屬於柬埔寨的領土。波布無疑是一個極端的民族主義者，受
到種族主義與領土擴張主義等意識形態的影響，懷有強烈的反越
意識，對於越南人過去併吞柬埔寨人領土的歷史深感憤怒。關於
這點，可從波布政府後來出版的《黑皮書：越南侵略與兼併柬埔
寨行動的事實與證據》（*Black Paper: Facts and Evidences of the*

　　　（2014): 222; Mertha, *Brothers in Arms*, pp. 120-122.

234　Mertha, *Brothers in Arms*, pp. 128-129.

235　Stephen R. Heder, "Khmer Rouge Opposition to Pol Pot: 'Pro-Vietnamese' or
　　　'Pro-Chinese'" (presented at Australian National University, Canberra, 28 August
　　　1990), p. 12.

236　*On the History of the Vietnamese-Kampuchean Conflict* (Hanoi, 1979), p. 20.
　　　Quoted in Mosyakov, "The Khmer Rouge and the Vietnamese Communists," p. 58.

Acts of Aggression and Annexation of Vietnam against Kampuchea）
的文件內容，窺得一二。[237] 因此，波布掌權後決心收復失土，邊
境爭端導致柬、越關係相當緊張。

　　赤柬在 1975 年推翻龍諾政府的當日，隨即陳兵於柬、越邊
境，宣布重新占領「下吉篾」地區的意圖。他們認為：「曾經打
敗美國，所以沒有不可能的事。」5 月 1 日起，赤柬更利用西貢政
權陷落的機會，以武裝第 164 師入侵占領位於暹羅灣，包含富國
島（Phú Quốc, Koh Tral）、土珠島（Thổ Chu）等具有爭議的沿海
島嶼，這些島嶼是歷史上被越南人占領，但柬埔寨歷代國王都認
為是柬埔寨領土的小島；另外，也入侵河仙（Hà Tiên）到西寧
（Tây Ninh）的邊境地帶（參考圖3-4）。越南軍隊很快地擊退柬軍
並重新占領這些島嶼，但越南不願意就此發動大規模的報復，希
望繼續與金邊維持外交關係，從而為波布政權打開一扇「機會之
窗」，而能和越南重新談判邊界問題。[238] 根據越南外交部文件顯
示，波布在 6 月 2 日與越南勞動黨代表阮文靈（Nguyễn Văn Linh,
1915-1998）會晤時，表示柬埔寨軍隊的攻擊行動是因為對當地地
理的「無知」所引發的錯誤，並承認富國島和土珠島的主權屬於
越南。然而，波布的保證並未平息越南的怒火。數日後，越南海
軍攻擊並占領柬埔寨的威島（Puolo/Koh Wai）來作為報復行
動。[239] 6 月 10 日，波布、農順、英薩利率領一支柬共代表團秘密

237　Ministry of Foreign Affairs of Democratic Kampuchea, *Black Paper: Facts and Evidences of the Acts of Aggression and Annexation of Vietnam against Kampuchea* (Phnom Penh: Department of Press and Information of the Ministry of Democratic Kampuchea, September 1978).

238　Tai Sung An, "Turmoil in Indochina: The Vietnam-Cambodia Conflict," *Asian Affairs* 5, No. 4 (March-April 1978): 249-250.

239　Stephen P. Heder, "The Kampuchean-Vietnamese Conflict," in *Southeast Asian*

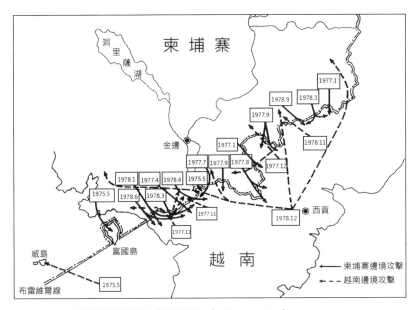

圖3-4：柬埔寨與越南的邊境衝突（1975-1978）
資料來源：Kampuchean Inquiry Commission, *Kampuchea in the Seventies*, 26.

訪問河內以進行談判。在這場黨政高層會晤後，柬、越邊境的衝突局勢才逐漸受到控制且漸趨穩定。[240]

　　1975年8月，越南第一書記黎筍（Lê Duẩn, 1907-1986）訪問金邊。黎筍此行除歸還先前占領的威島，亦提出希望在共同對抗美國帝國主義鬥爭的基礎上，與柬埔寨建立起「特殊關係」，[241] 同

Affairs 1979, ed., Leo Suryadinata（Singapore: Institute of Southeast Asian Studies, 1979）, p. 163.

240 Ramses Amer, "Border Conflicts between Cambodia and Vietnam," *IBRU Boundary and Security Bulletin* 5, No. 3（Summer 1997）: 80.

241 由於波布拒絕河內建立起「特殊關係」的提議，寮國總理凱山（Kaysone Phomvihan）在1976年初訪問河內時，在雙方發表的《聯合聲明》中，不僅

時，尋求東埔寨在外交議題上的合作，以及提議由河內提供技術
援助，雙方進行經濟合作。但是，波布政府不僅拒絕這些提案，
反而建議雙方簽訂友好與不侵略條約來處理貿易、跨境自由移動
與邊界爭議等問題。由於波布政府先前已和中國簽訂條約，所
以，拒絕河內的提案更顯意義深重，意味著波布選擇的是北京而
非河內。儘管河內對此感到惱怒，並一再指控赤柬對越進行邊境
入侵行動，[242] 但仍要求波布政府同意針對邊界問題展開談判。[243] 最
後，雙方同意在翌年6月舉行高層會議來討論未解決的問題。

　　進入1976年，赤柬中央委員會與常設委員會曾在2月、3月
及5月召開國防與安全相關會議，針對越南進行討論。關於邊境
議題，大會決議除了政治措施以外，應準備軍事措施，研究越南
的實力與弱點。一旦他們採取軍事行動，才能即刻反擊。5月，
柬、越各派代表於金邊舉行籌備會議。雙方對於陸地邊界問題，
均同意以1939年法國殖民政府所劃定的邊界，亦即所謂的「布雷
維爾線」（Brévié Line），[244] 但在領海邊界的部分，越南方面不接
受該線所劃定的海洋邊界，導致雙方的邊境會談宣告失敗。[245]

慶賀寮、越兩國的「特殊關係」，還特別強調：兩國堅決為加強兩國人民同
東埔寨人民團結而努力。弦外之音是對東共領袖施壓，希望東埔寨能效法寮
國，加入越南提議的「特殊關係」網絡中。喬森潘著，《我與紅色高棉》，
頁102-103。

[242] "Statement of the Government of the SRV on the Vietnam-Kampuchea Border Issue," *Journal of Contemporary Asia* 8, No. 2（1978）: 249.

[243] Tridib Chakraborti, "Vietnam-Kampuchea Confrontation: A Background Study," *China Report* 21, No. 2（March/April 1985）: 147-148.

[244] Gareth Porter, "The Sino-Vietnamese Conflict in South-east Asia," *Current History* 75, No. 442（December 1978）: 196.

[245] "Facts about Vietnam-Kampuchea Border Question," *Journal of Contemporary*

　　正當柬、越雙方遲遲無法順利解決邊境問題之際，波布從1976年9月起開始對黨內展開一波清洗政策，繼之又在1977年3月實施極端的反越「淨化」活動。赤柬一連串對境內越裔社群的殘酷鎮壓，驅使許多共黨幹部、軍人、一般民眾等約6萬名難民逃往越南。與此同時，柬埔寨武裝部隊亦沿著柬、越邊境對西寧、安江（An Giang）、堅江（Kiên Giang）等越南省分發動系統性的軍事行動。1977年3月中旬開始，柬埔寨武裝部隊兩度進入越南的安江與堅江兩省，甚至遠達永濟河（Vinh Te Canal），並且佈下陷阱、地雷，防止越南人跨越永濟河到西岸工作，甚至對東岸從事工作的越南公民開火，導致兩國衝突從4月起開始擴大。在此之前，赤柬的軍事倡議僅僅是談判策略的一部分，並未嘗試永久占領任何攻擊目標。[246]

　　1977年4月初，有些柬埔寨的指揮官恢復對越南領土的砲火攻擊與小規模的襲擊行動。他們認為，這些襲擊行動僅僅是回應越南長期對柬埔寨實際上（de facto）的領土侵略。然而，對越南人來說，這些襲擊行動卻是柬埔寨侵略行動新一波的擴大。所以，越南在4月6日將數千名的軍隊派往柬埔寨邊境地區以作為回應。[247] 4月30日，波布的軍隊沿著鄰近河仙與朱篤的邊境地區對越南發動襲擊。越南的守衛軍被迫撤出，而且，在激烈的砲擊以後，赤柬軍隊首次深入越南境內約十公里的地方。[248] 這場持續

　　　　Asia 8, No. 3（1978）: 404.

[246]　Heder, "The Kampuchean-Vietnamese Conflict," p. 165.

[247]　Don Oberdorfer, "Hanoi is Massing Troops at Border with Cambodia," *Washington Post*, 8 April 1978, p. 14.

[248]　"Systematic and Increasingly Serious Violations of Vietnamese Territory by the Kampuchean Armed Forces," in *Facts and Documents on Democratic*

數週的戰鬥導致柬、越雙方共有將近8,000人喪生。[249] 6月，柬、越雙方交換意見。越方提議舉行一次高層會議，[250]但柬方未給予正面回應，僅表示：柬埔寨沒有滋長任何擴張或奪取任何國家的計畫；同時，也提議雙方將軍隊各退半公里至一公里，留待一些時間讓情勢回歸正常，避免發生任何關於陸地或海上的邊境意外。[251]但是，雙方並沒有交集。

值得一提的是，當時赤柬軍隊負責桔井（Kratie）到磅湛一線邊境安全任務的是擔任東部大區赤柬獨立團的團長洪森。他接獲來自中央的命令，要其部隊做好進攻越南西寧省的準備。按照計畫，洪森的部隊原本應該在5月30日攻入西寧省，但一些營團級的軍官拒絕執行此項攻擊任務，隨後遭到逮捕並處決。洪森認為：「我不能這麼做。因此，除了與一部分人逃入叢林以外，我

Kampuchea's Serious Violations of the Sovereignty and Territorial Integrity of the Socialist Republic of Vietnam（Hanoi: Department of Press and Information, Ministry of Foreign Affairs, Socialist Republic of Viet Nam, 1978）, pp. 22-23.

[249] Karl DeRouen, Jr.and Uk Heo, eds., *Civil Wars of the World: Major Conflicts Since World War II, Volume I*（Santa Barbara, California: ABC-CLIO, 2007）, p. 225.

[250] "Letter sent by the Central Committee of the Communist Party of Viet Nam and the Government of the Socialist Republic of Viet Nam to the Central Committee of the Communist Party of Kampuchea and the Government of Democratic Kampuchea on 7 June 1977," in *Facts and Documents on Democratic Kampuchea's Serious Violations of the Sovereignty and Territorial Integrity of the Socialist Republic of Vietnam*, pp. 13-15.

[251] "The Kampuchea Side's Failure to Give a Positive Response to Vietnam's Fair and Reasonable Proposals and to Respect the Arrangements Reached between the Two Sides," in *Facts and Documents on Democratic Kampuchea's Serious Violations of the Sovereignty and Territorial Integrity of the Socialist Republic of Vietnam*, pp. 29-30.

別無選擇。」[252] 6月20日，洪森為躲避波布的清洗，逃入越南南部的同塔省（Đồng Tháp），向越南申請政治庇護。越南因懷疑洪森是波布派出的間諜，在將他拘禁三個月以後，才相信他確實是要申請政治庇護，甚至後來允許他在越、柬邊境甄補柬埔寨難民組成反抗波布的武裝部隊，並提供武器、物資、財政等方面的援助。[253]

　　柬、越在邊境地區的軍事衝突升高之際，河內對蘇聯集團國家的外交關係也相當活絡。1977年7月，越南與寮國簽訂為期25年的《越寮友好合作條約》（Treaty of Friendship and Cooperation between the Lao People's Democratic Republic and the Socialist Republic of Vietnam）和《越寮邊界條約》等一系列條約和協定，[254]以法律的形式確立雙方的「特殊關係」，意味著越南實現「印支聯邦」（Indochina Federation）的目標又向前邁進一步。然後，越南開始派駐兵力進入寮國協助鎮壓反政府勢力。再加上越、蘇關係也持續升溫中，越南黨政高層頻頻訪問蘇聯。[255]越、

252　Chanda, *Brother Enemy*, p. 197.

253　Harish C. Mehta and Julie B. Mehta, *Strongman: The Extraordinary Life of Hun Sen: From Pagoda Boy to Prime Minister of Cambodia*（Singapore: Marshall Cavendish Editions, 2013), pp. 109-110.

254　《越寮友好合作條約》提供越南軍隊進駐寮國以保護並對抗具有敵意鄰國的法律基礎；此外，也包含其他領域的合作，像是越南向寮國提供顧問、技術專家等。全文參考："Treaty of Friendship and Cooperation between the Lao People's Democratic Republic and the Socialist Republic of Vietnam," *Chinese Law and Government* 16, No. 1（1983): 8-12.

255　政治上，蘇、越在1975年10月底簽署《蘇越宣言》以後，確立兩國兩黨「全面聯繫」，以及在國際上進行「密切合作」的基本方針，使蘇、越關係進入全面發展的新階段。1977年時，雙邊的高層互訪極為頻繁，包括：越南國防部長武元甲（3月和5月）、長征（8月）、黎筍和范文同（12月）

寮與越、蘇關係的快速進展加深波布的憂慮。相反地，中國與越南則因華僑問題導致摩擦擴大，[256]遂積極對柬埔寨提供援助來支持其抗越軍事行動。[257]對中國來說，若不積極支持波布政府，其政權可能因此崩潰，越南入侵柬埔寨就會變得更為容易而更為可能，柬埔寨將會再次被孤立並陷入戰爭。[258]故而，儘管北京當局認為波布過於激進地追求自力更生，試圖縮短社會轉型進程，而未能按部就班地走向民主與社會主義革命，仍持續增加對波布政府的支持。[259]

　　1977年7月中，柬埔寨東部大區委員會作出決議，面對越南軍隊任何的新攻勢，赤柬軍隊將跨越邊境進入越南領土，以對等

等。Paul Kelemen, "Soviet Strategy in Southeast Asia: The Vietnam Factor," *Asian Survey* 24, No. 3（March 1984）: 342; Deng-ker Lee, "Soviet Foreign Policy in Southeast Asia—An Analysis of the Moscow-Hanoi Alliance," *Issues and Studies* 19, No. 7（July 1983）: 62；郭明主編，《中越關係演變四十年》（南寧：廣西人民出版社，1992），頁112。

[256] 1975年，北越解放南越以後，開始對南越進行社會主義改造，宣布推行集體化與公有化，導致華人大規模的反抗行動。1976年，越南開始實行第二個五年計畫，目的是要取消私有制度，使政府控制經濟。越南政府廢除資本主義商業，嚴重衝擊華人的生活。華人被視為是改革的主要障礙，並被冠上「反革命份子」與「危險資本主義者之成員」，導致華人紛紛逃往中國。華人問題成為影響中、越關係的關鍵要素。Steven J. Hood, *Dragons Entangled: Indochina and the China-Vietnam War*（New York: M. E. Sharpe, 1992）, pp. 141-142.

[257] 關於蘇聯與中國的角色，參考：Lowell Finley, "The Major Powers Still Play for Keeps in Indochina," *Southeast Asia Chronicle*, No. 64（September-October 1978）: 19-25.

[258] Richardson, *China, Cambodia, and the Five Principles of Peaceful Coexistence*, p. 149.

[259] Nayan Chanda, "Foreign Relations: Cambodia and China Cool," *FEER*, 30 September 1977, p. 26.

且迅速的攻擊行動來作為回應。[260] 這意味著，軍事主動權和威嚇權力不單單掌握在越南這一方，赤柬也有能力進行主動攻勢。9月，赤柬軍隊沿著一條位於西寧省的150公里陣線發動數次的襲擊行動，並且深入越南領土，導致數以千計的士兵及平民百姓的喪生與死亡，數千名百姓必須撤離邊境地區，轉往其他安全的地方。事實上，越南在面對赤柬軍隊的連番攻勢時，起初是採取最低限度的防禦策略，但赤柬持續對爭議地區進行挑釁，河內最終失去耐心，決定給金邊一個教訓；同時，也一改過去不介入洪森推翻波布政權的計畫。10月，越南開始從那些擺脫波布統治的逃亡者中甄補新統一陣線成員，包括：吉蔑越盟殘存的成員，像是賓索萬、姜西（Chan Si, 1932-1984）、謝索（Chea Soth, 1928-2012）；在柬埔寨東北地區少數民族間領導反抗運動的布通（Bou Thong）；在南越尋求庇護者。[261] 同時，越南調動第九師機械化部隊深入柬埔寨柴楨省。12月，越南軍隊再以六個師約3萬至6萬名的兵力，配合空軍和裝甲部隊，對鸚鵡嘴地區發動一次主要攻擊。由於柬埔寨軍隊設備不良，武元甲的部隊沿著一號公路深入柬埔寨65英里之處，距離首都金邊僅僅36英里，然後越南軍隊在柬埔寨境內留下部分兵力以支持外交途徑，亦即尋求雙邊談判，其餘主力則撤回越南。[262]

波布政府對此提出譴責，表示「越南軍隊發動系統性的大規模侵略與入侵，以東南亞的『大國』自居，就像希特勒1939年侵

---

[260] "Decisions Concerning the Report of the Eastern Region Conference Mid-Year 1977," p. 84. Quoted in Stephen R. Heder, "Origins of the Conflict," *Southeast Asia Chronicle*, No. 64（September-October 1978）: 18.

[261] Becker, *When the War was Over*, p. 318; Chanda, *Brother Enemy*, p. 197.

[262] An, "Turmoil in Indochina," p. 251; Mehta and Mehta, *Strongman*, p. 112.

犯捷克領土的態度一樣，蔑視國際法、世界輿論與道德」，[263]而且，「柬埔寨革命軍和柬埔寨人民曾經打敗帝國主義及其附庸，越南遠不及美帝國主義……若想步上美帝國主義的後塵，將會加速自己的滅亡。」[264]更何況，柬埔寨獲得來自中國的援助突然大幅提升。所以，波布拒絕與越南進行談判。而且，波布為回應越南此次的軍事行動，先是在1977年12月31日宣布與越南斷絕外交關係，在1978年1月東部大區的公開大會上更提出「一抵三十」（1 against 30）的口號，指示全力殲滅越南人的防禦任務。[265]於是，赤柬對東部大區的越裔社群和深受越南影響的柬埔寨人，展開大規模的整肅工作，導致超過10萬名居住在邊境地區的柬埔寨人，在越南軍隊的掩護下逃至越南。在眾多逃亡者中，東部大區資深官員橫山凱（Heng Samki），是橫山林（Heng Samrin）的大哥，意識到僅靠柬埔寨反叛軍是不可能推翻波布政權，必須藉助越南人的力量。所以，他透過越南的協助跨過邊境前往胡志明市，與其他流亡越南的前赤柬人士商議成立新政府以推翻波布政權的相關事宜。[266]

1978年2月5日，越南提出三點和平建議，包括：(1)、雙方立即停火，相互撤軍5公里，然後沿邊境成立一條十公里寬的非

---

[263] "Statement by the Government of Democratic Kampuchea for the Attention of All Friends, Near or Far, in the Five Continents and of the World Opinion," *Journal of Contemporary Asia* 8, No. 2（1978）: 255.

[264] 〈喬森潘主席在柬電台宣讀民主柬埔寨政府致柬埔寨革命軍和全國人民書〉，載於《柬埔寨問題資料選編，1975-1986》上，頁153-154。

[265] Lowell Finley, "The Propaganda War: The Bitter Exchange Reveals Little Ground for Compromise," *Southeast Asia Chronicle*, No. 64（September-October 1978）: 33.

[266] Mehta and Mehta, *Strongman*, p. 118.

軍事地帶；（2）、在河內與金邊或是沿邊境地方舉行談判會議來歸納出一紙和平條約；（3）、雙方應在國際保證與監督的適當形式下達成協議。[267]越南並將該提案的副本送往不結盟運動的領導成員，以及遞交給聯合國秘書長，要求將此提案制訂成一聯合國的官方文件，藉以顯示該和平建議獲得國際保證與監督。[268]對此，波布政府重申越南應終止敵意的前提，亦即：一是全部的越南軍隊從柬埔寨的領土上撤離，包括施亞努政權時期就已經宣稱擁有主權的爭議地區；二是所有越南顛覆赤柬的嘗試應該停止。不過，雙方的戰事仍持續，而且各自加強宣傳戰來抨擊對方。[269]

　　1978年2月中旬，越共中央政治局在胡志明市召開會議，討論建立推翻波布政權和反抗組織的問題。黎筍和黎德壽前後會見留在越南的赤柬份子，以及為躲避波布鎮壓而尋求庇護的前赤柬成員，決定組織一支反波布運動與政治領袖，包括：賓索萬及洪森等。然後，越南徵用許多秘密營區，開始對他們展開訓練。[270]2月25日，赤柬以至少3萬名的軍隊對越南西寧省發動一次殘酷的攻擊，[271]從而關閉赤柬與越南之間的談判大門，導致雙方衝突徹

267 "SRV Government Statement on Relations with Cambodia," *Journal of Contemporary Asia* 8, No. 2（1978）: 272-273.

268 Marian Kirsch Leighton, "Perspectives on the Vietnam-Cambodia Border Conflict," *Asian Survey* 18, No. 5（May 1978）: 454.

269 Huynh Kim Khanh, "Into the Third Indochina War," in *Southeast Asian Affairs 1980*, ed., Leo Suryadinata（Singapore: Institute of Southeast Asian Studies, 1980）, pp. 332-333.

270 Chanda, *Brother Enemy*, pp. 217-218.

271 "Le Cambodge aurait lance une offensive dans la province vietnamienne de Tay Ninh," *Le Monde*, 26-27 February 1978. Quoted in Nhem Boraden, *The Khmer Rouge: Ideology, Militarism, and the Revolution that Consumed a Generation*

底轉向軍事面向。該年4月，越南秘密成立第一支反波布部隊的旅級單位。[272]時至5月，越南支持的反抗運動已經在柬埔寨的桔井和磅湛成立解放區，由橫山林與謝辛（Chea Sim）領導，兩人在索平發動反對波布政權的武裝行動失敗後，逃往越南。根據越共《關於西南邊界戰爭及粉碎柬反動集團的勝利》的文件指出，越南當局及時在政治和軍事上給予他們支援。在政治方面，出動飛機在203軍區各地散發傳單，派一些民主柬埔寨的叛徒進行喊話，同時組織一些工作隊，到柬埔寨進行聯繫。在軍事方面，越南開展旱季戰役，打入敵根據地，並在兩個戰略地區站穩腳跟。同時，越南也認識到要有旗幟，要成立陣線，其構成份子包括：柬埔寨抗美時期一開始就親越南的人，以及民主柬埔寨的叛變人員等六種成分。[273]

　　1978年6月28日，越南成為經濟互助委員會（Council for Mutual Economic Assistance, CMEA）的完全會員。[274]布里茲涅夫將越南稱為「東南亞的社會主義可靠前哨」，[275]標誌著越南徹底投向蘇聯陣營。北京當局隨即在7月3日宣布停止對越南所有大約80項經濟技術援助計畫，並撤回中國專家；[276]河內則在7月27日召開的第四屆四中全會中通過《新形勢和新任務》的決議，將中

（Santa Barbara, California: Praeger, 2013）, p. 98.

272　Mosyakov, "The Khmer Rouge and the Vietnamese Communists," p. 65.

273　〈鐵證如山 豈容抵賴 被我繳獲的兩份越軍文件暴露越南當局侵柬反華真相〉，《人民日報》，1979年3月31日，第5版。

274　越南是經濟互助委員會的第三個非東歐國家的會員國，另外兩個是蒙古及古巴。

275　郭明主編，《中越關係演變四十年》，頁113。

276　Masashi Nishihara, "The Sino-Vietnamese War of 1979: Only the First Round," in *Southeast Asian Affairs 1980*, p. 68.

國和民主柬埔寨當作「直接的敵人」和「直接的作戰對象」，[277] 正
式宣告雙方關係的決裂。越南《人民報》（Nhân Dân）就指出，
赤柬已明確地和中國形成「金邊—北京」軸線，威脅著越南的安
全，必須予以消除，否則可能變成中國攻擊越南的橋頭堡。[278] 11
月3日，越南再與蘇聯簽訂一紙長達25年的《蘇越友好合作條
約》（Treaty of Friendship and Cooperation between the Socialist
Republic of Vietnam and the Union of Soviet Socialist Republics），
為兩國間所有合作的實質形式進一步奠定基礎。[279] 越南獲得蘇聯
全面援助後，越共政治局作出一決定性的決策：在蘇聯的背書
下，計畫利用軍事攻勢來推翻柬埔寨的波布政權，試圖以蘇聯橫
掃捷克般（Czechoslovakia-style）的軍事閃電行動，完成越南支
配整個印度支那的過程。[280] 河內相信，柬埔寨將是達成中南半島

---

277 同註273。

278 *Nhan Dan*, 15 July 1978. Quoted in Khanh, "Into the Third Indochina War," p. 333.

279 儘管蘇、越雙方都否認《蘇越友好合作條約》具有軍事同盟的性質，但就條
文的實質內容來看，確實具有軍事戰略的意義。舉例來說，該條約第六條就
規定：締約兩造應對所有影響雙方利益的國際問題交換意見。若締約一方遭
遇攻擊或威脅時，締約兩造為排出威脅，應立即協商並採取適當且有效的措
施來保障兩國的和平與安全。另外，在一份該條約未出版的議定書中也載
明，授予蘇聯軍事利用越南的機場與海港。Donald S. Zagoria & Sheldon W.
Simon, "Soviet Policy in Southeast Asia," in *Soviet Policy in East Asia*, ed.,
Donald S. Zagoria（New York: The Council on Foreign Relation, Inc., 1982）, p.
158; "Treaty of Friendship and Cooperation between the Socialist Republic of
Vietnam and the Union of Soviet Socialist Republics," *Chinese Law &
Government* 16 , No. 1（1983）: 13-17; Ramesh Thakur and Carlyle A. Thayer,
Soviet Relations with India and Vietnam（London: Macmillan, 1992）, p. 60.

280 蘇聯採取閃電行動入侵匈牙利與捷克時，其行動計畫包括：迅速破壞所有的
抵抗，快速地成立傀儡政權，可以在短期的世界譴責中存活下來的占領軍。

權力平衡的關鍵，若能在柬埔寨的攻勢中取得勝利，將可提升越南在整個東南亞的影響力，並且擺脫中國的制約。[281]

1978年12月2日，柬埔寨反抗組織在桔井省斯努（Snoul）的解放區召開「再聯合大會」（Reunion Congress）。越南宣布「柬埔寨救國民族團結陣線」（Kampuchean United Front for National Salvation, FUNSK）正式成立，由橫山林擔任陣線主席，謝辛擔任副主席，[282]黎德壽為越南駐FUNSK顧問團主席，並宣讀《柬埔寨救國民族團結陣線宣言》（Declaration of the National United Front for the Salvation of Kampuchea），發表內容涵蓋政治、經濟、社會、文化、外交、人民權利等領域的《十一點計畫》，為即將成立的新政權勾勒出架構。[283]然後，陣線的武裝宣傳單位隨即進入沿邊村莊為村民解釋《十一點計畫》並尋求支持。

河內認為入侵柬埔寨類似蘇聯當年的行動。Victor Funnel, "The Soviet Union and Vietnam: Bilateral Relations in a Great-Power Triangle," in *Troubled Friendships: Moscow's Third World Venture*, ed., Margot Light（London: British Academic Press, 1993）, p. 89; Al Santoli, *Endless Insurgency: Cambodia*（Washington, D.C.: Center for Strategic and International Studies, Georgetown University, 1985）, p. 63.

[281] Hood, *Dragons Entangled*, p. 50.

[282] 柬埔寨救國民族團結陣線的中央委員會構成，除了主席與副主席以外，還包括：秘書長羅莎梅（Ros Samay），以及馬利（Mat Ly）、本密（Bun Mi）、洪森、緬莎曼（Mean Saman）、密桑南（Meas Samnang）、努薩蒙（Neou Samon、隆辛（Long Sim）、韓山明（Ham Samin）、傑甘雅（Chey Kanh Nha）、姜文（Chan Ven）、Prach Sun等11名成員。"Composition of the Central Committee of the National United Front for the Salvation of Kampuchea," in *The Vietnam-Kampuchea Conflict*, pp. 39-40.

[283] "Declaration of the National United Front for the Salvation of Kampuchea," in *The Vietnam-Kampuchea Conflict*, pp. 41-53.

越南空軍則是進入柬埔寨邊境空投傳單，呼籲柬埔寨人民起而反抗波布政權。[284]

　　越南的行動不僅引起西方各國媒體的關注，[285]同時也引起中國的注意。1978年12月15日，中、美發表《聯合公報》，宣布將在1979年正式建立外交關係。中國利用中、美關係正常化來牽制蘇、越關係，以及遏制越南在東南亞擴張的意圖相當明顯。河內受此影響，認為中、美關係的正常化將會強化中國在東南亞建立霸權的企圖；而且，河內也相信，中國正準備進行攻擊越南的行動，以及加強柬埔寨境內的反越軍事力量。12月24日午夜，越南軍隊偕同橫山林的「柬埔寨國家解放民族統一陣線」部隊，對柬埔寨發動全面性的軍事行動，亦即「西南邊界反攻戰役」（Chiến dịch phản công biên giới Tây Nam）。短短兩個星期內，赤柬就喪失對金邊的控制權，隨後越軍繼續攻占磅同、暹粒、詩梳風等省分。[286]

　　期間，民主柬埔寨先是由副總理英薩利於1978年12月31日致電聯合國安全理事會（United Nations Security Council，以下簡稱安理會）主席，說明越南對其之侵略與入侵行動過程，呼籲安理會對越南侵略民主柬埔寨的行為予以譴責並要求停止，停止對

284　Margaret Slocomb, *The People's Republic of Kampuchea, 1979-1989: The Revolution after Pol Pot* (Chiang Mai: Silkworm Books, 2003), p. 46.

285　例如：《紐約時報》（*The New York Times*）就認為，越南成立FUNSK是對西部鄰國戰爭中的一個決定性步驟，此預示越南將在軍事上和政治上發動全面攻勢來推翻波布政權，並以親河內政府來加以取代，成立FUNSK只不過是為此行動披上柬埔寨的外衣。Henry Kamm, "Hanoi Reports Creation of 'Front' Seeking to Oust Cambodia Regime," *The New York Times*, 4 December 1978.

286　Slocomb, *The People's Republic of Kampuchea, 1979-1989*, p. 47.

越南的一切援助，以及支持民主柬埔寨的正義鬥爭等三項措施。[287]國家主席團主席喬森潘亦於1979年1月2日發表聲明，譴責越南推行印支聯邦計畫、蘇聯的國際擴張主義和華沙軍事同盟，並呼籲遠近朋友在各方面和以各種形式，支持民主柬埔寨的反抗行動，同時，也籲請國際社會以各種形式和方法，阻止蘇、越同盟對民主柬埔寨的侵略。[288]

　　1979年1月3日，英薩利再次致電安理會，要求召開緊急會議來譴責越南侵略柬埔寨。[289]1月5日，波布會見施亞努，要求他擔任民主柬埔寨政府的高級代表，出席安理會討論柬埔寨問題的特別會議。翌日，就在波布政府撤離金邊之際，施亞努飛往位於紐約的聯合國總部，然後在討論柬埔寨問題會議上進行發言，譴責蘇聯集團支持越南對柬埔寨的侵略行為，並指出橫山林是河內與莫斯科的傀儡，是勾結外國的叛國者；同時，他也承認波布政府對柬埔寨人權的侵犯，但外國不能因此干涉柬埔寨內政，並強行推翻波布政府。[290]施亞努的慷慨陳辭或許發揮效果，安理會在1月15日投票表決時最終通過要求所有外國軍隊撤出柬埔寨的決議，但該決議遭到五個常任理事國（Permanent Members of the

---

287 UN, "Telegram Dated 31 December 1978 from the Deputy Prime Minister in Charge of Foreign Affairs of Democratic Kampuchea Addressed to the President of the Security Council," UN Document S/13001, 3 January 1979.

288 〈柬電台廣播喬森潘宣讀柬政府二日聲明全文〉，載於《柬埔寨問題資料選編，1975-1986》上，頁257-260。

289 UN, "Telegram Dated 3 January 1979 from the Deputy Prime Minister in Charge of Foreign Affairs of Democratic Kampuchea Addressed to the President of the Security Council," UN Document S/13003, 3 January 1979.

290 〈施亞努在聯合國安理會討論柬埔寨問題時發言的全文〉，載於《柬埔寨問題資料選編，1975-1986》上，頁264-273。

United Nations Security Council，以下簡稱 Perm Five）之一的蘇聯的否決。[291]

相對地，越南與 FUNSK 為配合戰場上的軍事行動，亦在政治方面推出一系列的動作。

首先，FUNSK 的中央委員會在 1979 年 1 月 1 日公布一份《目前解放區的八項政策》，包括：徹底廢除波布—英薩利集團將人民分為三類的政策、廢除舊政權組織和秘密組織、保障人民信仰自由、建立普通小學等。[292] 這些政策明顯是針對波布政府，目的是為贏取柬埔寨的民心。其次，就在波布會見施亞努的當天，FUNSK 也在柬埔寨棉末（Memot）召開「柬埔寨人民革命黨」（The People's Revolution Party of Kampuchea, PRPK）重建大會（Congress to Re-Build the Party），由賓索萬擔任 PRPK 的總書記。FUNSK 重建 PRPK 的目的主要是為爭奪黨內最高的領導權，以及實現一個有別於波布政權之新政權的權力，所以，PRPK 否定波布領導的柬埔寨共產黨，並將本次會議視為 1960 年柬埔寨人民革命黨所召開之第二次代表大會的延續，而稱為第三次代表大會。[293]

基本上，這次會議的政治目的在於，宣示推翻波布政權而占領金邊的軍事行動並非越南人，而是由 PRPK 及其領導的武裝部隊所發動；同時，也意味著柬埔寨即將順利地從民主柬埔寨發展到下一個新階段，沒有任何過渡時期。1979 年 1 月 7 日，FUNSK

---

[291] Ramses Amer, "The United Nations' Peace Plan for Cambodia: From Confrontation to Consensus," *Interdisciplinary Peace Research* 3, No. 2 (October/November 1991): 4.

[292] 〈越南《人民報》報導東傀儡組織公布「目前解放區八項政策」〉，載於《東埔寨問題資料選編，1975-1986》上，頁 234-237。

[293] Slocomb, *The People's Republic of Kampuchea, 1979-1989*, p. 48.

在越南軍隊攻陷金邊的當日，隨即發布一份《號召書》，宣告推翻波布—英薩利集團的良機已經到來；[294] 翌日，也是重建大會的最後一天，FUNSK進一步宣布以橫山林為主席的「柬埔寨人民革命委員會」（Kampuchean People's Revolutionary Council, KPRC）正式成立。KPRC在新憲法制訂與國會大選舉行以前，將扮演臨時政府的角色，實施行政、立法的政府職能，接管柬埔寨的全部權力。[295] 該臨時政府隨即獲得蘇、越、寮等國的承認，是柬埔寨唯一的合法政府，越南並於1月10日扶植橫山林成立柬埔寨人民共和國（People's Republic of Kampuchea, PRK）。

　　1979年2月16日，越南總理范文同對金邊展開為期三天的訪問行程。期間，越、柬於18日簽署一紙長達25年的《越、柬和平友好合作條約》（Treaty of Peace, Friendship and Cooperation between the Socialist Republic of Vietnam and the People's Republic of Kampuchea）。根據條約內容，「雙方保正在各方面和以一切必要的形式全心全意地相互支持和援助」，「雙方將採取有效的措施來履行此一義務」（第二條）；「雙方將簽訂必要的協議」（第三條）等，從而為越南於柬埔寨駐軍提供了合法性的基礎。[296] 不過，波布政府隨即於翌日發表聲明，堅決反對和不承認有關柬埔

---

294 〈越南《人民報》報導《柬埔寨救國民族團結陣線中央委員會號召書》〉，頁237-239。

295 PRCK一共有8位成員，包括：主席橫山林、副主席兼國防部長賓索萬、外交部長洪森、內政部長謝辛、新聞與文化部長高占達（Keo Chenda）、教育部長姜文、衛生與社會事務部長努本（Nou Beng）、經濟和人民福利部長莫薩貢（Mok Sakun）。Slocomb, *The People's Republic of Kampuchea, 1979-1989*, p. 57.

296 "Vietnam-Kampuchea Treaty of Peace, Friendship and Cooperation," *Contemporary Southeast Asia* 1, No. 1（May 1979）: 106-108.

寨的一切條約和協議。2月23日,越南共產黨的黨報《人民報》已公開提議成立由越、柬、寮三國組成的「印支聯邦」,並且主張三國間的軍事團結與兄弟友誼,是在每一國家的革命發展中,構成一個必要的目標與法律。文章最後並指稱中國是印支三國「最惡劣的敵人」。[297]同樣地,寮國則是根據兩國《和平友好合作條約》的規定,準備以武裝軍隊支持越南對抗中國侵略者。寮國廣播電台指出,「中國侵略越南」、「中國威脅寮國」。另外,寮共中央委員Souk Vongsak甚至指控中國計畫政變來推翻寮國政府,並且在共同邊界實施武裝挑釁。外交觀察家認為,寮國是受到來自蘇、越的壓力,試圖誇大局勢來證實「中國威脅論」的構想與「中國是霸權主義國家」的形象。[298]顯然,蘇、越所建立的「反中印支陣線」(Anti-PRC Indochina Front)獲得鞏固。[299]

1979年3月19日,在寮國國家主席蘇法努旺訪問金邊時,雙方簽署為期5年的《柬、寮經濟、文化、科學與技術合作協定》(Agreement on Economic, Cultural, Scientific and Technological Cooperation between the Lao People's Democratic Republic and the People's Republic of Kampuchea),目的是要發展柬、寮雙方關係和強化軍事團結與兄弟友誼。[300]然後,寮國人民解放軍即刻被派遣到柬埔寨北部,執行協助追捕波布殘餘部隊的任務,同時,寮

[297] "Another Viet Call for Indochina Union," *Straits Times*, 24 February 1979.

[298] "Laos Vow to Fight Beside Vietnam," *Straits Times*, 18 March 1979.

[299] Sheldon W. Simon, "China, Vietnam, and ASEAN: The Politics of Polarization," *Asian Survey* 19, No. 12 (December 1979): 1178-1180.

[300] "Agreement on Economic, Cultural, Scientific and Technological Cooperation between the Lao People's Democratic Republic and the People's Republic of Kampuchea," in *Kampuchea between China and Vietnam*, pp. 199-200.

國允諾從兩國邊境省分派幹部來協助柬埔寨鄰省建立行政機構，並同意給予柬埔寨約100萬美元的商品援助。[301]至此，印支三國透過正式的協定連結起來，再次達成團結，越南明顯是印支三國對外關係的指揮者，中國則取代法國殖民主義與美國帝國主義成為「新的外國敵人」。[302]無疑地，越南已經達成建立「印支聯邦」的目標。

在越南的扶植下，PRK在1981年6月頒布新憲法以前都是由KPRC作為臨時的統治機構。這段期間最重要的工作就是新憲法的制訂。1980年1月10日，KPRC成立一個由FUNSK秘書長羅薩梅（Ros Samay）領導的制憲委員會著手起草憲法。4月11日，羅薩梅首次向KPRC發表憲法草案並且獲得接受，再交付政治局進行數次修正，最後在1981年3月10日正式向人民公布憲法草案的確定版本。[303]在制憲過程中，越南具有絕對的主導權，羅薩梅的憲法草案曾多次無法獲得越南政府的批准而必須修正。賓索萬曾指出：越南對於不同意的部分憲法條文，堅持要進行修改。[304]

1981年5月1日，PRK舉行首次國會選舉，在高達99.17%投票率下，順利產生117席的國會議員。6月24日至27日，新國會在主席謝辛的主持下召開第一次集會，會中通過新憲法，並根據新憲法第四十八條的規定選出國務委員會（Council of States）、部長委員會（Council of Ministers）等國家機關的成員，包括：作為國家元首的國務委員會主席橫山林；最高行政首長的部長委員

301　Nayan Chanda, "A Breather Between Rounds," *FEER*, 20 April 1979, pp. 18-19.

302　MacAlister Brown and Joseph J. Zasloff, "Laos 1979: Caught in Vietnam's Wake," *Asian Survey* 20, No. 2 (February 1980): 104.

303　Slocomb, *The People's Republic of Kampuchea, 1979-1989*, pp. 67-70.

304　Ibid., p. 73.

會主席（總理）賓索萬、副主席兼國防部長占西（Chan Si）等
人。[305]值得一提的是，新政府的重要部長職位多數由河內訓練的
幹部出任，像是占西、外交部長洪森、內政部長謝辛等。然而，
大部分PRK的部長都相當年輕並缺乏行政經驗，加上他們雖然是
由越南人所挑選，有些仍拒絕完全接受河內的控制，成為引起反
越意識的潛在根源，例如：賓索萬。[306]越南政府為控制新的金邊
政權，從中央到地方都派駐大量的顧問、專家和駐軍，深入柬埔
寨黨、政、軍的高層和基層部門，光是金邊的越南顧問就高達
600人。越南甚至在金邊的顧問團中秘密設立代號為「B-68」的
越共對柬工作委員會，下轄代號為「A-40」與「A-50」的兩個分
部，前者負責全柬行政和安全事務，後者則專門負責金邊的行政
事務；同時，也設立由越南內務部直接派遣的情報機構，稱為
「K-10」，專門負責監視柬埔寨各級政府官員的活動。[307]

　　此外，河內當局也對柬實行「越南化」政策，包括：派遣數
萬越南國民遷移至柬埔寨，作為「土地的新主人」（new masters
of the land）；推行民族同化政策；強制柬埔寨學校教授越南語；
送數以千計的柬埔寨青年到河內接受先進教育並且灌輸親越思

305　Ibid., pp. 83-84.

306　賓索萬抗拒越南人控制的議題，範圍從移民政策到徵稅，在政府高層之間帶
　　動一股反越意識。1981年12月2日，越南政府派軍將他逮捕，之後改由占
　　西擔任部長委員會主席一職。Evan Gottesman, *Cambodia after the Khmer
　　Rouge: Inside the Politics of Nation Building*（Chiang Mai: Silkworm Books,
　　2004）, pp. 125-126.

307　杜敦信，〈侵柬是越南拼湊「印支聯邦」的重要步驟〉，載於廣西社會科學
　　院印支研究所編，《越南地區霸權主義問題》（南寧：社會科學院印支研究
　　所，1984），頁17-20；趙和曼，〈黎筍集團在柬埔寨推行的越南化政策〉，
　　載於《越南地區霸權主義問題》，頁72-77。

想；對柬埔寨士兵、警察、官僚教授越南語及政治教育；要求國
家與政黨的幹部必須到越南接受政治教育；加強軍事統治；控制
柬埔寨經濟等等的手段，試圖將柬埔寨變成越南的殖民地。[308]宋
山曾告訴其支持者，河內正試圖消滅吉蔑認同與吉蔑靈魂。[309]

　　儘管如此，在越南政府及其顧問的協助下，PRK控制地區的
政治局勢已漸趨穩定。隨著政治體制與政府組織的建立，橫山林
政府亦著手推動農業、工業、國內外貿易、商業等各項政策，重
建赤柬統治所遺留的破敗經濟，尤其以糧食問題最為急迫。

　　波布統治期間因將大量的勞動力用在水利項目，加上許多柬
埔寨人死亡，導致超過三分之一的稻田休耕。PRK成立以後，橫
山林政府馬上面臨面臨基本的農業設備、稻米種子、牲畜、農業
技術人員與男性勞動力的短缺，[310]再加上惡化的運輸與交通基礎
設施，缺乏足夠的農業投入與生產設備來從事耕作，導致大部分
的國家稻田均處於休耕狀態。越南與蘇聯集團出於政治理由迅速
地向PRK提供糧食、藥品、日用品、生產工具、生產資料及原物
料等援助，[311]有助於橫山林政府展開國家的重建過程。除了接受

---

[308] Gottesman, *Cambodia after the Khmer Rouge*, pp. 50-51, 159-161.

[309] Ibid., p. 159.

[310] 柬埔寨當時的成年人口有超過60%是女性，而且多半是帶有子女的寡婦。
Viviane Frings, *The Failure of Agricultural Collectivzation in the People's Republic of Kampuchea*（*1979-1989*）（Clayton, Victoria: Monash University Centre of Southeast Asian Studies Working paper 80, 1993）, p. 3.

[311] 蘇聯與柬埔寨於1979年簽訂《科學與技術合作協定》以後，成為柬埔寨最大的單一援助國家。柬埔寨最重要的多邊援助則是來自經濟互助委員會（CMEA），其在1979年的援助金額是116.5百萬美元，1980年時更高達156.4百萬美元。Murray Hiebert, "Soviet Aid to Laos and Cambodia," *Indochina Issues*, No. 51（November 1984）: 5; Frings, *The Failure of Agricultural Collectivzation*

國際社會的糧食援助，橫山林政府亦採取一種較為自由與務實的政策途徑，將焦點集中於農業生產。[312] 1979年至1980年間，稻米的耕種面積從歷史性新低的77.4萬公頃提升至144萬公頃，產量亦從53.8萬公噸增加到171.7萬公噸；同樣地，玉米的耕種面積從7.5萬公頃提升至10.1萬公頃，產量亦從7萬公噸增加到10.1萬公噸。[313] 期間，由於橫山林政府不對農民徵稅，亦允許家庭將任何過剩的農業生產銷售給政府或在公開市場販售，柬埔寨人民的生活水平因此逐漸獲得改善。

　　1980年以前，越南軍隊實行有效控制的區域僅有柬埔寨的心臟地帶和幾乎所有的大、中城市，並未能完全控制柬埔寨的全部領土，從而給予反抗勢力（anti-PRK resistance forces）生存的空間。

　　在眾多的抗越勢力中，波布領導的赤柬無疑是實力最強且最有效率的一支，規模約3萬至4萬人左右。波布在流入柬、泰邊境後，以豆蔻山脈及扁擔山脈等叢林山區作為根據地，透過邊境居民來取得物資補給，採取揭露越南人民解放軍的駐軍要塞與關卡、運輸與傳播基礎設施等策略，繼續發動游擊戰對抗新政府。[314] 赤柬的主要目標是作為一支戰鬥武裝存活下來，期待國際社會解決柬埔寨衝突，然後保證他們未來在柬埔寨有一席之地，

　　　in the People's Republic of Kampuchea（*1979-1989*）, p. 70, Table 3.

312　David Bull, *The Poverty of Diplomacy: Kampuchea and the Outside World*（Oxford: Oxfarm, 1983）, p. 10.

313　Food and Agriculture Organization of the United Nations（FAO）, *FAOSTAT*, accessed 19 August 2018, http://www.fao.org/faostat/en/#data/QC.

314　Justus M. van der Kroef, "The Cambodian-Vietnamese War: Some Origins and Implications," *Asia Quarterly*, No. 2（1979）: 83-94.

或是等待反越意識有效地散播各地，導致金邊政權喪失名譽，再伺機奪回政權。[315]

　　波布一方面設立「民主柬埔寨之聲」廣播電台（the Voice of Democratic Cambodia）作為宣傳工具，播送民柬的新政策和打擊侵略者的號召，[316]另方面則將其武裝部隊重組為「民主柬埔寨民族解放軍」（National Army of Democratic Cambodia, NADK）。由於赤柬不再掌握全國政權，嚴重缺乏經濟、財政、交通運輸條件，武器和軍事物資相當短缺，所以其生存主要是依賴來自中國與泰國的援助。不過，中國也向波布施壓，要求他向施亞努道歉，希望兩人能盡棄前嫌彼此合作，但遭到施亞努的拒絕。1979年12月15日至17日，民主柬埔寨召開人民代表大會。民柬政府為促進各反抗勢力的合作，決定進行改組，由較為溫和的喬森潘擔任總理，波布則擔任民主柬埔寨國家軍隊最高委員會的主席兼總司令。另外，本次會議也決議暫停執行1976年民主柬埔寨憲法，不再進行社會主義革命和社會主義建設；同時，成立「國家團結民主和愛國陣線」（Democratic and Patriotic Front for National Unity, DPFNU），以DPFNU的政治綱領作為臨時的基本法令，由喬森潘擔任臨時主席。[317]

315　Carlyle A. Thayer, "Statement of Carlyle A. Thayer," in *Cambodia after 5 years of Vietnamese Occupation: Hearing and Markup before the Committee on Foreign Affairs and Its Subcommittee on Asian and Pacific Affairs, House of Representatives, Ninety-eighth Congress, First session on H. Con. Res. 176, September 15, October 6, and 18, 1983*（Washington: U.S. Government Printing Office, 1983）, pp. 38-39.

316　Justus M. van der Kroef, "Cambodia: From "Democratic Kampuchea" to "People's Republic","" *Asian Survey* 19, No. 8（August 1979）: 732.

317　〈民主柬埔寨政府改組〉，載於《柬埔寨問題資料選編，1975-1986》上，頁256。

　　1980年初，赤柬在泰國邊境設立新的營地來作為民主柬埔寨
政府所在地。他們試圖以此向國際社會展示他們已經有所改變。
喬森潘甚至聲稱：「我們的主要任務不是建設社會主義，而是把
越南武裝力量全部趕出柬埔寨。」[318]顯然，赤柬陣營已經意識到必
須改善過去惡名昭彰的血腥形象。時至1980年6月，赤柬在中國
透過泰國的援助下，發動一場游擊戰役，避免橫山林政府完全地
控制它的領土。然而，喬森潘僅是名義上的領袖，赤柬的軍事及
政治網絡仍處於波布—英薩利集團的穩固控制之下。[319]

　　柬埔寨境內除波布領導的赤柬軍隊以外，1979年後期還有兩
個規模較大的非共勢力（Noncommunist Resistance, NCR），包
括：施亞努與前總理宋山，即為國際媒體所稱的「第三勢力」。

　　眾所周知，施亞努在1970年被罷黜以後曾經支持柬共反抗
軍，但是當他與柬共一起達成執政的目標以後，波布就把他像櫻
桃核一樣給吐掉，猶如政治犯一樣的對待他，而其多數家族成員
也慘遭殺害。因此，當波布在1979年初遭到推翻時，施亞努很輕
易地與其分道揚鑣。施亞努在結束聯合國的行程自紐約返回北京
以後，隨即宣布與赤柬政權脫離關係。由於施亞努沒有軍隊，所
以無法藉由武裝重新掌權，但他也不願意與波布結盟。

　　1979年2月，施亞努建議召開日內瓦會議，將衝突各方聚
集在一起，但排除PRK，讓柬埔寨舉行自由選舉及保持中立
化，該提議雖獲得美國參議員甘迺迪（Edward Kennedy）的支
持，但是中國與越南均表反對，前者不願波布的侵略被公開播

318　Jean-Marie Cambaceres著，《西哈努克》，頁155。

319　Gareth Porter, "Cambodia: Sihanouk's Initiative," *Foreign Affairs* 66, No. 4
　　　（Spring 1988）: 813.

送，後者認為親河內勢力掌握金邊的新局勢是「無法改變的」
（irreversible）。[320]同年9月，施亞努在平壤組織「民族主義吉蔑聯
盟」，同時，由柬埔寨共和國時期的前總理英丹籌組一支由各個
願意效忠施亞努的反抗組織所組成的「施亞努民族部隊」（Armee
Nationale Sihanoukiste, ANS），包括：敦佳（Tuon Chay）領導的
克良孟運動（Khleang Moeung）、斯瓦伊頓（Svi Toeun）指揮的
北方小組（Sereikka Odder Teus）等，由施亞努之子拉納烈擔任指
揮官。[321]

　　此外，還有龍諾時期的軍官領導的組織亦加入施亞努陣營：
一是龍諾政府的海軍司令貢西萊（Kong Sileah）和特種部隊上校
聶少潘（Nhem Sophon）於1979年8月31日所創立的「柬埔寨民
族解放運動」（Movement for the National Liberation of Kampuchea），
又稱「莫里納卡運動」（MOULINAKA），規模約7,000人，控制
著柬、泰邊境地區大多數的難民營，貢西萊曾公開宣布效忠施亞
努，並在柬埔寨內部散發施亞努演說錄音帶以爭取人心，雖然計
畫與赤柬採取聯合軍事行動來打擊越軍，但實際上認為赤柬是
「第二號敵人」；二是英薩坎（In Sakhan）擔任主席的「吉蔑吳哥
解放運動」（Khmer-Angkor Liberation Movement），聲稱「唯一
目標就是對抗越南人」，「無論是誰，只要提供武器，就與其合
作」，並表示支持施亞努或是任何「願意正確領導國家的人」，同

320　Haas, *Genocide by Proxy*, p. 122.

321　Douglas Pike, "The Cambodian Peace Process: Summer of 1989," *Asian Survey* 29, No. 9（September 1989）: 844; Jacques Bekaert, "Kampuchea: The Year of the Nationalists?" in *Southeast Asian Affairs 1983*, ed., Pushpa Thambipillai （Aldershot, Hampshire: Gower Publishing Company Limited, 1983）, p. 171.

時也主張「必須與赤柬合作」。[322]

　　由於施亞努對於組織一支武裝軍隊的興趣缺缺，所以ANS相較於其他反抗勢力，算是規模較小的一支，無論在質或量上都比不上訓練有素的「民主柬埔寨民族解放軍」或「越南人民解放軍」，所以較難發揮高程度的專業主義與戰鬥能力。[323] 不過，施亞努無疑是抗越勢力最重要的象徵，政治價值遠超過軍事功用。正如美國國務院官員所議論的，就算施亞努缺乏軍隊、沒有國家或金錢，他仍是解決柬埔寨衝突的關鍵。所以，美國在越南進入金邊之際，就與施亞努保持聯繫，之後更將他視為取代橫山林的候選人；相對地，施亞努則是要求美國協助將其武裝部隊人數提升到1萬名，但遭到卡特政府的拒絕。[324]

　　至於宋山，是1940年代「吉蔑伊沙拉」的成員。柬埔寨獨立後，由施亞努提名擔任總理。龍諾掌權後，宋山拒絕加入其陣營，受到施亞努的號召，成立第三勢力以避免被柬共革命武裝所接收。1975年，宋山流亡巴黎，組織「海外柬埔寨人協會」（Association Generale des Khmers à l'Étranger, AGKE），以協助施亞努。他們認為當施亞努了解到赤柬的本質以後，就不會再繼續待在赤柬陣營裡。在AGKE中，包括宋山等一小團體嘗試在泰、柬邊境組織反抗武裝來對抗赤柬力量，由於缺乏領導與協調，所以力量相當薄弱。1978年底，越軍進入柬埔寨後，宋山決定再次成立第三勢力。1979年1月，宋山流亡曼谷，徵募丁代爾（Dien

322　Bekaert, "Kampuchea," pp. 171-172;〈柬埔寨國內幾個抗越組織的情況〉，載於《柬埔寨問題資料選編，1975-1986》上，頁340-344。

323　Thayer, "Statement of Carlyle A. Thayer," p. 40.

324　Jacques Bekaert, "Kampuchea's 'Loose Coalition': A Shotgun Wedding," *Indochina Issues*, No. 22（December 1982）: 2.

Del）來指揮前「吉蔑伊沙拉」的殘存成員，然後於3月5日在泰、柬邊境籌組「柬埔寨人民全國解放武裝」（Kampuchean People's National Liberation Armed Forces, KPNLAF），即後來的「柬埔寨人民全國解放軍」（Kampuchean People's National Liberation Army, KPNLA），[325] 並於10月9日正式宣布成立「柬埔寨人民全國解放陣線」（Kampuchean People's National Liberation Front, KPNLF），由宋山與姜文擔任正、副主席，丁代爾負責軍事，武裝人數約15,000人。[326] 1981年3月，施亞努成立ANS以後，KPNLF與ANS就經常被一起指稱為「非共反抗勢力」，獲得來自美國的援助，向他們輸送武器。

KPNLF獲得來自法國柬埔寨僑界的資助和泰國的暗中支援，已在柬、泰邊境建立北、中、南三個根據地，分別由殷初德（Im Chhoodeth）、丁代爾、普倫維特（Prom Vith）等三位將軍領導。KPNLF的鬥爭目標是「逐步實現解放全國並合理的重建祖國」，不過，宋山自己也表示，「不相信他能夠在戰場上和越南人真正較量」，因此解決柬埔寨問題的關鍵是在外交上施加壓力。承此，宋山主張召開國際會議，並提出政治解決的具體方案，包括：立即實施全國停火，對柬埔寨實行人道主義救濟；撤走河內軍隊，由聯合國派遣部隊進駐柬埔寨；在聯合國監督下組織普選；由聯合國，特別是大國來保證柬埔寨的中立化。[327]

---

[325] KPNLA是由Reaksa Sambok、Kok Sar、Khleang Moeung、Nenraung，以及 Baksei Chamkrong等團體所共同組成。

[326] Bekaert, "Kampuchea," pp. 166-170; Becker, *When the War was Over*, 441; Haas, *Genocide by Proxy*, p. 48.

[327] Bekaert, "Kampuchea," pp. 166-170；〈柬埔寨國內幾個抗越組織的情況〉，頁 340-344。

　　由於柬埔寨抗越勢力的生存主要是依賴外國的援助，包括：美國、泰國、新加坡等國提供軍事協助給非共勢力，中國則是提供武器給赤柬。所以，在中國與東協的壓力下，抗越勢力不得不嚴肅看待籌組聯合政府一事。不過，抗越三派勢力在1980年初仍處於互相對抗狀態，雖然後來開始協調彼此的作戰計畫，但仍認為與赤柬結盟無異是一種「政治自殺」。舉例來說，宋山在1980年12月訪問北京時，曾試圖遊說中國不要支持赤柬，以及保證柬埔寨的中立與不結盟的地位，但北京當局只允諾保證柬埔寨的中立與不結盟。顯然，正如喬森潘所言：抗越三派合作的最大阻礙，正是其他兩派對赤柬心存疑慮。[328] 直至中國、美國與東協國家分別對抗越三派勢力施加壓力，包括：中國對赤柬，印尼對施亞努，泰國與新加坡對宋山、美國對兩個非共反抗勢力等，籌組聯合政府一事才出現轉機。[329]

　　1981年1月26日，KPNLF主席宋山與民主柬埔寨總理喬森潘秘密地在曼谷會面。喬森潘提出，願意讓宋山陣營掌握重要的內閣職位，但也堅持赤柬官員保留次於內閣階層的職位。不過，宋山不僅要求總理一職與政府中的多數部長職位，更要求民主柬埔寨保證共產的高層領袖離開柬埔寨。[330] 宋山認為，赤柬的軍隊與安全人員仍由忠誠於波布的追隨者穩固地控制，所以拒絕喬森潘的提議。顯然，抗越勢力中的共產與非共兩派間存在一個基本衝突：共產一派的利益是掌握赤柬的政軍組織，而非共勢力則不

328　喬森潘著，《我與紅色高棉》，頁118-119。

329　Haas, *Genocide by Proxy*, pp. 49-50; Clymer, *The United States and Cambodia, 1969-2000*, pp. 139-140.

330　Bekaert, "Kampuchea's 'Loose Coalition'," p. 2.

允許赤柬領導的基本架構仍然完整無缺。[331]

1981年4月，關於籌組聯合政府一事，歷經九次在泰國曼谷召開的不成功會議之後，宋山被邀請到新加坡進行秘密地訪問，與新加坡總理李光耀（Lee Kuan Yew, 1923-2015）及第二副總理拉惹勒南（Sinnathamby Rajaratnam）就柬埔寨局勢進行討論。宋山表示，民主柬埔寨是共產主義者，而「吉蔑人民民族解放陣線」則是民族主義者，所以，應該與赤柬領袖保持距離。[332]該年5月，新加坡外長解釋，會談的目的不再只是籌組一支「聯合陣線」，而是一個「聯合政府」，使其更具權威性、正當性與持久性。[333]新加坡樂於透過各種可能的方式來支持非共反抗勢力，但是，這只能是在他們加入聯合政府的前提下。新加坡的發言明顯是針對宋山在談判過程中採取不妥協的態度；同樣地，泰國則是威脅要切斷對「柬埔寨人民全國解放陣線」的援助，同時，也以支持施亞努的戰後計畫為誘因來吸引他參與。[334]

對中國來說，聯合陣線是改善民主柬埔寨維持聯大席位的最佳方式；對東協來說，聯合政府可以為其供應非共勢力更多援助來提供法律基礎。這意味著，必須技術性地給予民主柬埔寨援助

---

[331] Gareth Porter, "ASEAN and Kampuchea: Shadow and Substance," *Indochina Issues*, No. 14（February 1981）: 2.

[332] Liak Teng Kiat, "ASEAN's Resolution Offers the Best Solution: Says Son Sann," *Straits Times*, 18 April 1981.

[333] Edgar Koh, "Kampuchea Coalition Well on Way: Raja," *Straits Times*, 28 May 1981.

[334] Sheldon W. Simon, "Cambodia and Regional Diplomacy," in *Southeast Asian Affairs 1982*, ed., Huynh Kim（Singapore: Institute of Southeast Asian Studies, 1982）, p. 204.

以作為柬埔寨的合法政府。[335] 時至1981年6月，赤柬已經準備讓步來尋求一個折衷方案以成立聯合政府，藉以將越南占領軍驅離柬埔寨。[336] DPFNU與民柬政府成員在6月28日至30日召開會議，會中為加強民族大團結的力量，乃提出實現柬埔寨民族聯合抗越的五點《最低政治綱領草案》。其中的第二點是「一切活動必須以民主柬埔寨為基礎，它是柬埔寨的唯一合法、正統的國家形式，也是聯合國的成員國」。[337] 此外，民主柬埔寨對於宋山先前提出赤柬高層離開柬埔寨的要求，也作出回應。英薩利表示：「這絕無可能。這些人都是愛國份子，從未同意離開柬埔寨人民與抗越鬥爭。」[338]

宋山明白自己正被外部強權慫恿而涉入一場危險的賽局中。中國、東協、美國、日本與西歐等國家，雖樂見柬埔寨抗越各派組成同一陣線，但卻未協助KPNLF建立自己的軍事武裝，對比赤柬超過3萬的游擊部隊，KPNLF的力量過於薄弱。所以，宋山堅持外部強權不僅要提供道德支持，更要實質的軍事援助。他指出：「在我走進老虎籠以前，我需要一支大棍棒。」[339] 相較於宋山，施亞努表示：「我們無法打敗越南軍隊。讓我們面對此一事實。我的子民從未容許赤柬的回歸。越南占領下的生活遠優於波

335　Bekaert, "Kampuchea's 'Loose Coalition'," p. 1.

336　"Khmer Rouge Ready to Compromise, Says Report," *Straits Times*, 1June 1981.

337　〈柬愛國、民主、民族大團結陣線和民柬政府提出聯合抗越五點最低政治綱領草案〉，載於《柬埔寨問題資料選編，1975-1986》下，成都軍區政治部聯絡部、雲南省社科院東南亞研究所編（昆明：雲南省社科院東南亞研究所，1987），頁9-10。

338　Bekaert, "Kampuchea's 'Loose Coalition'," p. 4.

339　Ibid., p. 1.

布過去的統治。支持赤柬是錯誤的，這讓民族主義陣營的任務更加地艱鉅。」然而，他也明白，只有中國願意提供軍事援助，只能和民主柬埔寨共同成立聯合陣線或聯合政府。施亞努表示已做好與赤柬成立聯合陣線的準備，並於1981年2月在北京成立一個新的政政治組織：「爭取柬埔寨獨立、和平、中立和互助之民族聯合陣線」（National United Front for an Independent, Peaceful, Neutral, and Cooperative Cambodia, FUNCINPEC，簡稱奉辛比克陣線）。不過，宋山認為，當前正處於將柬埔寨從外國占領中解放出來的鬥爭時刻，不宜創造一個或更多的陣線或其他民族主義政黨來分裂或弱化民族主義陣營。儘管宋山陣營拒絕承認施亞努的政黨，但施亞努仍多次邀請宋山進行會談。時至8月，兩個非共勢力領袖在會談以後，施亞努提議兩大民族主義運動成立一個聯盟，不過，宋山陣營中的某些懷有強烈反施亞努意識的成員，認為宋山應避免參與這樣的聯盟。[340]

　　1981年9月2日，施亞努、宋山、喬森潘等抗越三派的代表首次在新加坡舉行會談。在會後簽署的《聯合聲明》中指出：三方為持續進行各種形式的鬥爭，將柬埔寨從越南侵略者手中解放出來，願意組成一個「民主柬埔寨聯合政府」（Coalition Government of Democratic Kampuchea, CGDK）。為此，將設立一個特別委員會來研究可達成聯合政府與實現其目標的原則和形式。同時，三方完全支持關於柬埔寨問題國際會議所通過的宣言和決議，以及其他聯大所做的相關決議，也呼籲世界上所有愛好和平的國家對此完全支持。[341]翌日，柬共隨即召開全國代表大會，會中決定徹

---

[340] Ibid., pp. 2-3.

[341] "Joint Statement by His Royal Highness Samdech Norodom Sihanouk, His

底解散柬埔寨共產黨，藉以降低其他兩派對赤柬的疑慮，然後在12月6日由柬共中央委員會正式對外宣布。[342]這是國際共產主義史上首個而且是唯一一個自我終結的共產黨。[343]

期間，抗越三派透過多次在曼谷召開的特別委員會進行討論，希望逐漸勾勒出聯合政府的雛形，最終針對建立聯合政府的政治原則達成四點協議，包括：堅持真正聯合的原則，任何一方不得獨攬大權；政府的結構和組成必須由三方參加；重要問題根據協商一致的原則決定；堅持民柬國家體制的合法性。不過，宋山卻宣布他本人將不參加聯合政府。於是，新加坡作為首次抗越三派會談的東道主，第二副總理拉惹勒南遂提議成立一個「鬆散聯合政府」。[344]對此，施亞努與宋山表示原則上願意接受，但民柬一派認為此方案不僅摒棄特別委員會先前的協商成果，同時也缺乏一個各方都應遵守的共同政治綱領，導致鬆散聯合政府容易破裂。更關鍵的是，新加坡的方案實際上削弱現存抗越勢力的力量，排除民柬的外交權，所以民柬拒絕接受。由於抗越三方的協商陷入僵局，施亞努與喬森潘於1982年2月兩度在北京展開會談，雙方達成一項聯合政府《最低政治綱領》：聯合政府應該在作為聯合國正式成員國——民主柬埔寨的合法範圍內；三方保持獨立、自主、意識形態和觀點；同意特別委員會協商的三方平等

Excellency Mr. Son Sann and His Excellency Mr. Khieu Samphan," *Contemporary Southeast Asia* 3, No. 3（December 1981）: 301.

342 〈柬埔寨共產黨宣布解散〉，載於《柬埔寨問題資料選編，1975-1986》下，頁11-13。

343 Short, *Pol Pot*, p. 416.

344 "Coalition of Three Kampuchean Resistance Forces," *Contemporary Southeast Asia* 3, No. 4（March 1982）: 407.

和一致原則。[345]

　　儘管宋山對於成立聯合政府的意願不高，但隨著越南的軍事壓力與日遽增，施亞努、宋山、喬森潘等抗越三派領袖，在東協與中國的共同「撮合」下，最終在1982年6月於吉隆坡簽署《民主柬埔寨政府成立宣言》（Declaration of the Formation of the Coalition Government of Democratic Kampuchea），正式組成「民主柬埔寨聯合政府」（CGDK）。在《宣言》中，東協首先揭示兩大目標：一、動員所有力量，共同鬥爭，從越南侵略者手中解放柬埔寨，以恢復祖國為一主權與獨立的國家；二、履行柬埔寨問題國際會議的聲明和其他聯大的相關決議。新的聯合政府是由施亞努擔任主席，喬森潘為副主席並負責對外事務，以及宋山擔任總理；同時，在財政與經濟、國防、文化與教育、衛生與社會事務等領域設立協調委員會。然後，聯合政府將根據三邊主義（tripartism）、平等（equality）與不獨占優勢（non-preponderance）等三大原則來進行運作，參與的各方派系將保留各自的組織、政治獨立和行動自由。[346]

　　CGDK的成立，為血腥的赤柬提供一張體面的遮羞布，讓赤柬繼續取得國際正當性，協助他們順利地保住聯合國的代表權。[347]不過，也有學者認為，此一發展實際上無法改變柬埔寨內部的對抗局勢，也無法影響越南繼續支持橫山林的決定，以及國

---

[345] 〈當前柬埔寨抗越鬥爭形勢〉，載於《柬埔寨問題資料選編，1975-1986》下，頁52-53。

[346] "Declaration of the Formation of the Coalition Government of Democratic Kampuchea," *Contemporary Southeast Asia* 4, No. 3（December 1982): 410-412.

[347] 1982年10月25日，聯大以90票對29票的投票結果，支持施亞努領導的民主柬埔寨聯合政府為聯合國的全權代表。

際社會對柬埔寨的爭論。[348]蘇聯仍繼續提供武裝給越南和金邊政
權，中國、東協與美國持續支持他們在CGDK中的侍從者；而河
內／金邊政權與CGDK之間的軍事衝突則更加地激化。而且，保
留各派系自由行動的權利及其存在，對非共勢力來說雖然是一種
保證，但在面臨可能發生的緊張時，對聯合政府的持續反而不是
一個好的徵兆。[349]不過，就像新加坡總理李光耀所指出：

> 沒有聯合政府，東協正以柬埔寨非共武裝的代價來交換對
> 民主柬埔寨政府的支持。一旦這種局勢持續，結果必定是有
> 利於赤柬。透過聯合政府的成立，取得東協的支持，施亞努
> 與宋山的勢力可以提供柬埔寨人民相較於波布和橫山林還要
> 好的領袖人選。東協領袖已經察覺，聯合政府的直接優勢應
> 計上赤柬，讓他們取得更多的國際接受度。長期來看，民主
> 柬埔寨聯合政府卻是提升非共武裝透過政治解決而得以重返
> 金邊的機會，此一解決方案須讓越南與中國都可接受。再
> 者，聯合政府中存在強勢的柬埔寨非共武裝，會降低赤柬利
> 用武力重新奪權的機會。[350]

348　Martin Stuart-Fox, "Resolving the Kampuchean Problem: The Case for an Alternative Regional Initiative," *Contemporary Southeast Asia* 4, No. 2 (September 1982): 225.

349　Roger Kershaw, "The Coalition Government of Democratic Kampuchea: A Personal View," *Contemporary Southeast Asia* 4, No. 3 (December 1982): 406.

350　"Text of an Interview with Prime Minister Lee Kuan Yew by Mr. Derek Davies, Editor, and Mr. Susumu Awanohara, Correspondent, of *Far Eastern Economic Review* on 16 October 1981 at Istana Office Wing," National Archives of Singapore, Document Number: lky19811016, accessed 8 July 2016, http://www.nas.gov.sg/archivesonline/data/pdfdoc/lky19811016.pdf.

　　總的來說，隨著反抗「河內—金邊」軸線的三大勢力的成功
整合，柬埔寨將再度陷入「柬埔寨人對抗柬埔寨人」的內戰狀態
中。不過，這次與1970年代前期內戰狀態的最大差異在於外部勢
力的直接干預，以及國際社會和國際組織的高度關注，而其核心
驅動力仍是區域地緣政治的競逐。亦即，「柬埔寨問題」的根本
原因在於越南與中國在印度支那的利益衝突，雙方都期望印支的
權力分配能有利於自己的戰略利益，直至兩國達成協議為止，否
則這種衝突將持續下去。然後，在冷戰對峙的國際格局下，由於
蘇聯和越南之間有簽訂《蘇越友好合作條約》，中國與波布政權
則長期保持緊密的聯盟關係，導致柬、越衝突進一步升高成蘇、
中衝突；與此同時，中國與美國的關係正逐漸邁向「關係正常
化」，東協則因反共的意識形態一向是美國的勢力範圍，從而形
成「東協—中國—美國」結盟反對蘇聯支持下的越南入侵柬埔
寨，導致柬埔寨淪為強權鬥爭的競技場，是1980年代印支劇場的
核心戲碼。[351]

---

351 Paikiasothy Saravanamuttu, "The Superpowers and Southeast Asia," in
Superpower Competition and Crisis Prevention in the Third World, eds., Roy
Allison and Phil Williams（New York: Cambridge University Press, 1990）, pp.
233-235; Frederick Z. Brown, *Second Chance: The United States and Indochina
in the 1990s*（New York: Council on Foreign Relation Press, 1989）, p. 37.

第四章

柬埔寨衝突的國際化與解決歷程

(1979-1992)

　　1978年12月以來，柬埔寨衝突已經成為東南亞國際政治的焦點。進入1980年代，柬埔寨問題更涉及全球性與區域性的地緣戰略的權力政治，是蘇聯和美／中關係，以及越南和東協國家，特別是越、泰關係的核心議題。換言之，柬埔寨問題不僅僅是柬埔寨人民共和國（PRK）與民主柬埔寨聯合政府（CGDK）之間的衝突，更牽涉到兩個主要的軸心聯盟：一是「PRK─越南─印支三國─蘇聯」，以越南為此聯盟之錨（anchor）；二是「CGDK─泰國─東協─中國／美國」，以東協為聯盟中心。兩大軸心聯盟在中南半島相互對抗，並以柬埔寨作為競逐之場域，利用柬埔寨內部的勢力來達成自身的目的。[1]

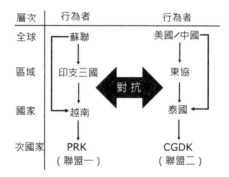

圖4-1：柬埔寨衝突的主要行為者

資料來源：作者繪製。

---

[1] William S. Turley, "Thai-Vietnamese Rivalry in the Indochina Conflict," in *East Asian Conflict Zones: Prospects for Regional Stability and Deescalation*, eds., Lawrence E. Grinter and Young Whan Kihl（New York, NY: St. Martin's Press, 1987）, pp. 150-151; Gérard Hervouet, "The Cambodian Conflict: The Difficulties of Intervention and Compromise," *International Journal* 45, No. 2（Spring, 1990）: 260-261, 264.

　　在這敵對的兩大軸心聯盟中，垂直關係是一種上下依賴的恩
庇侍從關係（patron-client relation）。位居最底端的分別是CGDK
與PRK，它們不是保護者，而是最悲情的隨從者。第二層是泰國
與越南，是所謂的「前線國家」。除柬埔寨以外，它們是最危急
的，也是最直接支持柬埔寨的國家，同時，亦享有來自上面兩層
的支持，既是保護者，也是隨從者。第三層代表區域層次，分為
東協與印支集團，是泰、越在外交上的應援團，它們與最上層的
強權進行結盟。其中，不同的行為者涉入衝突的形式與程度有所
差異，而且每個層次的行為者也各有其關注的特定議題。[2] 1980年
代前期，兩大軸心聯盟無論是水平的敵對關係或垂直的扈從關係
均頗為穩固，導致柬埔寨問題缺乏和平解決的政治環境，其中，
PRK與CGDK深信他們能夠擊敗彼此，所以對於和平解決這場衝
突顯得興趣缺缺，從而使柬埔寨問題陷入一種軍事對峙的僵局狀
態，學者埃默森（Donald K. Emmerson）將其描述為一場「穩定

---

[2] 舉例來說，CGDK與PRK關注的是正當性問題。CGDK一方主張，他們對抗
越南入侵柬埔寨及其軍隊的長期駐紮，這場戰鬥僅存在於柬埔寨與越南之
間，越南是侵略者，柬埔寨則是被侵略的一方。CGDK透過此一框架來正當
化對共產PRK的攻勢，並贏得西方集團的支持。相對地，PRK則是認為，這
場衝突是柬埔寨人民與赤柬之間的戰爭，越南陳兵於柬埔寨僅是為了將柬埔
寨人民從赤柬的屠殺中拯救出來。PRK試圖以此論調訴諸國際社會終止對赤
柬的支持，並解除國際社會對PRK的經濟制裁，以及對PRK提供支持以恢復
柬埔寨的社會經濟發展。有別於此，泰、越關注的是國家安全利益，東協與
印支集團關注的區域秩序，其中，支持CGDK的一方則是致力尋求越南軍隊
完全撤出柬埔寨。至於強權，所關注者為全球的權力平衡。在冷戰對峙的意
識形態對抗下，美國與中國要求將赤柬納入柬埔寨的和平進程之中。Turley,
"Thai-Vietnamese Rivalry in the Indochina Conflict," pp. 150-151; Sorpong Peou,
Conflict Neutralization in the Cambodia War: From Battlefield to Ballot-Box（New
York: Oxford University Press, 1997）, p. 39.

的戰爭」（stable war）。[3]

　　進入1980年代中期以後，隨著上層水平敵對關係的和緩所產生的連鎖效應，帶動垂直扈從關係的鬆動，柬埔寨問題才逐漸顯露和平解決的跡象。換言之，外部行為者開始重新審視柬埔寨衝突在國家利益中所扮演的功能，特別是，蘇聯、中國、越南、泰國等重要行為者的國家政策及其優先順序開始產生轉變，使得柬埔寨衝突作為國際強權關係中的主要議題，重要性開始遞減並走向邊際化，為和平解決柬埔寨衝突創造出有利的國際環境。[4]

　　隨著美、蘇關係與蘇、中關係的漸趨和解，越南開始感受到國際形勢轉變帶來的壓力；加上越南國內必須邁向改革開放的道路，而專注於推行經濟發展。同時期，柬埔寨人民對於超過20萬越軍長期駐紮在他們的國土上，日漸感到不滿；而且，柬埔寨面對國際長期禁運的制裁下，已成為世界上最貧窮的國家。在此新情勢下，金邊政府必須改變政策，而與抗越三派於1987年起展開一連串的非正式會談與國際會議，以尋求政治解決柬埔寨問題。在柬、越雙方都有意改變現狀的情形下，越南遂於1988年毅然宣布同意從柬埔寨撤軍5萬人，並在1990年之前完全從柬埔寨撤出軍隊。然後，柬埔寨衝突在聯合國的介入下，終於邁向和平解決的最後階段。

---

[3]　Donald K. Emmerson, "The 'Stable' War: Cambodia and the Great Powers," *Indochina Issues*, No. 62（December 1985）: 1-7.

[4]　Muthiah Alagappa, "The Cambodian Conflict: Changing Interests," *The Pacific Review* 3, No. 3（1990）: 266.

第一節　中國、東協與越南對柬埔寨問題的外交攻防

東埔寨的大悲劇是已經淪為外部國家的犧牲品，他們一點也不關心柬埔寨的人民。[5]

——法國記者　貝凱爾特（Jacques Beckaert）

沒有東協，就不會有柬埔寨議題。因為，假使我們沒有在1979年初就插手柬埔寨事務，並且堅定不移地支持它，它應該已經消失不見。[6]

——前新加坡駐聯合國大使　許通美（Tommy Koh）

　　理論上，第三世界小國間的地區性衝突，重要性經常與強權們的涉入相稱。[7]自越南入侵柬埔寨後，引起國際社會的一片撻伐之聲。河內當局自信地認為：「只要兩個星期，這世界就已忘記柬埔寨問題。」[8]然而，越南的軍事行動不僅引起中國後續發動所

5　原文是 "The great tragedy of Cambodia is to have fallen prey to external states which have no concern for the people." Beckaert, "Kampuchea," p. 180.

6　原文是 "Without ASEAN there would have been no Cambodia issue. Because if we had not taken up the cause of Cambodia in early 1979, and steadfastly championed it, it would have disappeared." "Asean's Resolve to Prevent a Fait Accompli Pays off," *Straits Times*, 22 October 1991.

7　Funnel, "The Soviet Union and Vietnam," p. 89.

8　1979年1月，聯合國安全理事會在越南入侵柬埔寨後隨即召開集會。越南駐聯合國常任代表何文樓（Hà Văn Lâu）曾在聯合國的走廊告訴新加坡代表許通美（Tommy Koh），東協國家不應該為柬埔寨議題感到擔憂。何文樓自信地表示：「兩個星期以後，這世界就已經忘記柬埔寨問題。」Kishore Mahbubani,

謂的「懲越戰爭」，再加上，中國支持赤柬，越南支持金邊，蘇聯支持越南，又因蘇聯與中國的關係惡化，導致柬埔寨問題愈趨複雜。「柬埔寨衝突」可說是一場源自蘇聯與中國敵對的冷戰對峙，外溢到東南亞的地區性衝突。1980年代前期，柬埔寨局勢呈現出一種尖銳的極化狀態，在次國家、國家、區域與全球層次上，都沒有妥協與和睦的跡象。

　　從地緣政治的角度來看，越南入侵柬埔寨的軍事行動提供蘇聯在現代歷史中首次以軍事進入東南亞的機會，不僅直接危及亞太各國與東南亞國家的安全，更讓蘇聯得以利用越南和印支國家的依賴，將其作為前進基地，把東南亞和亞太地區視為實現霸權主義和全球戰略的重要環節。蘇、越遙相呼應首先對中國形成南、北夾擊之勢，讓中國猶如芒刺在背。美國學者波特（Gareth Porter）就認為，越南入侵鄰國既是要成立其控制下的印支聯邦，也是要回應中國在其西南邊境所造成的威脅。[9]因此，正如喬森潘所言：「中國的確支持民主柬埔寨，因為它需要一個獨立的柬埔寨，以防止蘇聯對它的包圍。」[10]而且，在越南入侵柬埔寨的同時，中、越邊界的同文（Dong Van）與芒街（Mong Cai）亦發生多起的流血衝突事件，加上河內當局採取措施，廢除南越地區所有的私營企業，意圖流放、驅逐、迫害居住在越南的華人，藉以消除華人對抗社會化的鬥爭，造成數以萬計的越南華人流向中

"The Kampuchean Problem: A Southeast Asian Perception," *Foreign Affairs* 62, No. 2（Winter 1983/1984）: 409-410.

9　Gareth Porter, "Vietnamese Policy and the Indochina Crisis," in *The Third Indochina Conflict*, ed., David W.P. Elliott（Boulder, CO: Westview Press, 1981）, p. 69.

10　喬森潘著，《我與紅色高棉》，頁98。

國及泰國、馬來西亞、印尼等東南亞國家，逃離河內政府在南越地區所推動的嚴厲的經濟與社會政策，[11]最終導致北京忍無可忍，決定給越南這個區域小霸一點教訓。[12]

中國先是在1979年1月14日由外交部公開譴責越南侵入柬埔寨是「越南霸權主義」（Vietnamese regional hegemonism）的表現，是被蘇聯社會帝國主義所煽動，並再次強調波布政府是柬埔寨唯一的合法政府，柬埔寨人民共和國只是越、蘇的傀儡，是完全非法的。[13]中國因意識到越南在柬埔寨的駐軍並非短暫行動，所以對越南提出警告。[14]越南外長阮維楨（Nguyễn Duy Trinh）則表示越南已作好準備就領土／邊境問題、華人問題進行會談，但因中國堅持將柬埔寨議題列入會談議程，使得雙方會談遲遲無法開始。2月17日，在越南總理范文同訪問金邊期間，中國人民解放軍在中、越邊境發動大規模進攻，開啟「懲越戰爭」的序幕。實際上，「懲越戰爭」僅僅歷時16天，中國於3月5日即開始撤軍，至3月17日已經完全撤出越南，儘管軍事行動的時間很短，卻為

11　S.S. Bhattacharya, "Migration of Ethnic Chinese from Vietnam," *Strategic Analysis* 3, No. 5（1979）: 172.

12　在中國發動懲越戰爭以前，雙方針對越南境內的華人問題已有過數次的外交攻防，河內先在1978年5月發表官方聲明，指摘北京當局在華人間散播中、越將發生戰爭，鼓勵華人離開越南的謠言。對此，北京則反駁河內對華人難民潮的解釋，並羅列出河內的四大反中國政策，然後終止對越南的所有援助項目，並召回在越的中國技術專家與工人。Hood, *Dragons Entangled*, pp. 144-145.

13　〈中華人民共和國政府聲明〉，載於《柬埔寨問題資料選編，1975-1986》上，頁262-264。

14　〈警告越南不要把中國的話當作耳邊風〉，《人民日報》，1979年2月12日，第1版。

整個區域帶來莫大的震撼。[15]名義上，這場戰爭是中國不滿越南歧視華人而發動的；實則是暗示越南不該推翻波布政權，並藉此轉移部分越軍對赤柬的持續攻擊，壓迫越南自柬埔寨撤軍。

對中國的軍事領袖來說，「懲越戰爭」是失敗的，因為蘇聯大量的海、空軍隨即進駐越南；不過，北京當局已成功地動員區域與全球來反對越南占領柬埔寨。中國採取軍事結合外交的二元政策來對付越南。軍事方面，中國陳兵於中、越邊境，占領中、越邊境地區的越南領土，導致一連串的邊境爭端，迫使越南不得不將60%的軍力部署於北部邊境，以提防中國的「再次教訓」，同時，中國因反對越南控制柬埔寨與寮國，乃對赤柬提供財政援助、武器與後勤支援。在外交上，中國則把柬埔寨問題國際化，將越南入侵柬埔寨的行動塑造成越、蘇在區域及全球推行霸權主義的一環，順利地將美國、日本、西歐國家及東協拉攏成一個非正式的國際聯盟，採取國際上孤立越南及否定PRK正當性的策略。[16]中國國務院副總理耿飈表示：「我們要創造一種民意，讓世

---

15 關於懲越戰爭的過程，參考：Harlan W. Jencks, "China's "Punitive" War on Vietnam: A Military Assessment," *Asian Survey* 19, No. 8（August 1979）: 801-815; Dennis Duncanson, "China's Vietnam War: New and Old Strategic Imperatives," *The World Today* 35, No. 6（June 1979）: 242-249; Michael Leifer, "Post Mortem on the Third Indochina War," *The World Today* 35, No. 6（June 1979）: 250-258; Nguyen Manh Hung, "The Sino-Vietnamese Conflict: Power Play among Communist Neighbors," *Asian Survey* 19, No. 11（November, 1979）: 1037-1052; Lee Buszynski, "Vietnam Confronts China," *Asian Survey* 20, No. 8（August 1980）: 829-843; Masashi Nishihara, "The Sino-Vietnamese War of 1979: Only the First Round," in *Southeast Asian Affairs 1980*, pp. 66-77.

16 Gareth Porter, "Cambodia: Sihanouk's Initiative," *Foreign Affairs* 66, No. 4（Spring 1988）: 811; Ramses Amer, "Sino-Vietnamese Normalization in the Light of the Crisis of the Late 1970s," *Pacific Affairs* 67, No. 3（Autumn, 1994）: 377-378.

界上的所有政府清楚地看見，究竟誰是血腥衝突的創造者，究竟誰是侵略者。」[17]

　　越南面對中國的外交攻勢時，首要目標就是排除中國對印支的影響力，像是斷絕中國對印支的干涉，停止中國使用武力對付越南的威脅，尋求中國同意與印支三國簽訂不侵略協定等。此外，河內也要保證國際社會接受它對柬埔寨的支配，包括：東協、中國與美國等國際社群承認作為扈從政府的金邊政權，並允許其進入聯合國與其他國際場合，以及停止國際社會對反抗勢力的援助，尤其來自泰國與中國的援助。此一目標特別與東協相關，因為除中國之外，東協對越南侵柬的舉動亦甚感震驚。[18]

　　東協作為一個區域組織，核心目標就是促進區域的穩定與發展。在越南入侵柬埔寨以前，「東協─越南」關係仍能保持平衡的狀態：東協國家持續追求中立化的發展，越南原先認為東協組織是「美國新殖民主義的工具」，之後越南為擴展對外經濟關係，轉而對東協諸國採取「微笑政策」（policy of smiles），以「越南對區域的四點政策」（The four-point policy of the Socialist Republic of Vietnam towards the region）作為外交關係的基礎。[19]尤其是

17　Keng Piao, "Report on the Situation on the Indochinese Peninsula," *Issues and Studies* 17, No. 1（1981）: 94.

18　Larry A. Niksch, "Vietnam and ASEAN: Conflict and Negotiation over Cambodia," （paper prepared for the Conference on '*Southeast Asia: Problems and Prospects*' Sponsored by the Defense Intelligence College and the Georgetown Center for Strategic and International Studies, Washington, DC, 4-5 December 1984）, pp. 3-4.

19　1976年7月5日，越南政府副總理兼外交部長阮維楨（Nguyễn Duy Trinh）曾經宣布越南對東南亞國家的四點政策，包括：（1）、尊重彼此的獨立、主權和領土的完整，彼此不侵略、不干涉內政，平等、互利與和平共處；（2）、不允許任何國家利用本國領土作為基地，直接或間接侵略與干涉其他國家；（3）、

1977年以後，越南意識到過度依賴蘇聯而欲緩和其影響力，復因中、越在領土／邊境上的衝突日漸擴大，即便東協仍對其保持懷疑態度，越南還是積極發展與東協國家的關係。1977年至1978年間，越南外交部長阮維楨（Nguyễn Duy Trinh）、總理范文同等政府高層，先後陸續出訪東協國家，就是最佳例證。范文同甚至剛在9月與10月的東協各國訪問時，表示願意與東協國家簽訂《友好與不侵略條約》（Treaty of Friendship and Non- Aggression），保證不干涉這些國家的內部事務，尤其是不支持這些國家的共產黨叛亂運動。[20]

　　然而，越南對東埔寨的軍事行動，破壞印支的權力平衡，對東協的安全造成嚴重挑戰，這不僅是對不介入（non-interference）、不在國家關係中使用武力等東協規範的公然侵犯，也是對東協內部關係的一種考驗。所以，東協從東埔寨衝突發生起，就對河內的介入深感遺憾，並再次肯定東埔寨人民的自決權利，[21]積極扮演

在平等互利的基礎上建立友好與善鄰關係、經濟合作和文化交流，以及在平等、互相了解與尊重的精神上，經由談判方式解決區域內國家間的爭端；(4)、為建立區域的國家繁榮，為東南亞國家的獨立、和平與中立，在保持每個國家的特殊條件而發展區域間的合作，從而為世界的和平作出貢獻。"Tap Chi Cong San Article on SRV Policy Toward Southeast Asia," in *FBIS, Daily Reports No. 249 Asia and Pacific*, 27 December 1978, k5.

20 Justus M. van der Kroef, "Hanoi and ASEAN: Is Co-existence Possible?," *Contemporary Southeast Asia* 1, No. 2（September 1979）: 165-166; Carlyle A. Thayer, "ASEAN and Indochina: The Dialogue," in *ASEAN in the 1990's*, ed., Alison Broinowski（London: Macmillan, 1990）, pp. 146-147.

21 Muthiah Alagappa, "Regionalism and the Quest for Security: ASEAN and the Cambodian Conflict," *Australian Journal of International Affairs* 47, No. 2（1993）: 452.

動員世界輿論的角色來對抗越南，[22]所以越南撤軍就成為東協外交與內部活動的焦點。[23]

　　1979年1月9日，在印尼雅加達舉行的東協外長會議（ASEAN Foreign Ministers' Meeting, AMM）中，明白揭示「尋求外交團結來因應柬埔寨危機」。[24]東協外長力勸所有區域國家尊重彼此的獨立、主權、領土完整與政治體系；同時，要求各方在干涉彼此內部事務，以及在直接或間接對抗彼此的顛覆活動中予以克制，並強烈譴責越南武裝介入柬埔寨，要求外國武裝立即且完全撤出柬埔寨。[25]數日後，東協外長又在曼谷召開特別會議，討論柬埔寨問題。[26]儘管東協公開要求所有外國軍隊撤出柬埔寨，但對於中國揮

---

[22]　"Asean's Resolve to Prevent a Fait Accompli Pays off," *Straits Times*, 22 October 1991.

[23]　Shaun Narine, "ASEAN and Management of Regional Security," *Pacific Affairs* 71, No. 2（Summer 1998）: 204.

[24]　Leifer, "Post Mortem on the Third Indochina War," pp. 253-254.

[25]　ASEAN Secretariat, "Statement by the Indonesian Foreign Minister Mochtar Kusumaatmadja as Chairman of the ASEAN Standing Committee on the Escalation of the Armed Conflict between Vietnam and Kampuchea, Jakarta, 9 January 1979," in *ASEAN Document Series 1967-1988*, 3rd. ed.（Jakarta: ASEAN Secretariat, 1988）, p. 587.

[26]　東協於會後發表《聯合聲明》，共有五點重要內容，包括：（1）、重申1979年1月9日東協外長於雅加達發表關於柬、越武裝衝突擴大的聲明；（2）、對武裝干涉柬埔寨的獨立、主權與領土完整，表示極大遺憾；（3）、支持柬埔寨人民有決定自己未來的權利，並且在實行自決權利時不受外國干涉；（4）、要求外國軍隊立即全部撤離柬埔寨；（5）、要求聯合國安理會立即採取必要與適當的措施以恢復柬埔寨的和平、安全與穩定。ASEAN Secretariat, "The Special Meeting of the ASEAN Foreign Ministers on the Current Political Development in the Southeast Asia Region, Bangkok, 12 January 1979," in *ASEAN Document Series 1967-1988*, p. 156.

軍進入越南的回應卻顯得較為克制，各國外長並未召開集會而僅僅是發出聲明，要求結束所有軍事行動，所有相關外國武裝撤離。[27]明顯地，東協實際上是支持中國進軍越南的行動。若越南不考慮從柬埔寨撤軍，東協沒有興趣結束中國對越南的軍事威脅。[28]

　　不過，越南表示柬埔寨的新局勢，像是橫山林的統治，是「無可改變的」與不可談判的。所以，東協在柬埔寨問題的目標有三個方面：（1）、尋求提升泰國的安全來對抗越南的直接或間接的威脅；（2）、尋求提升強權間的利益平衡；（3）、在東協與越南關係中尋求更多的秩序。1980年起，柬埔寨議題支配著東協的政治議程，而且東協的柬埔寨策略未曾改變，主要是透過政治、外交與經濟等措施來孤立越南，同時，東協希望外國可以支持抗越勢力來對越南造成軍事壓力，如此將無須東協直接涉入而能壓迫與遏制越南。東協為維持波布的民主柬埔寨作為一支可信賴的反抗勢力，以及將其作為否認橫山林政權正當性的工具，試圖讓柬埔寨問題國際化，遂在聯合國、不結盟國家會議（Non-Aligned Conference）等國際場合不斷譴責越南侵柬的行為，與越南針對聯合國代表權問題進行交鋒，並且開始推動國際會議的召開。

　　在不結盟國家會議方面，東協在1979年9月於古巴哈瓦那（Havana）舉行的第六屆不結盟高峰會議期間，對越南展開大肆的抨擊。古巴作為本次高峰會的東道主，國務委員會主席卡斯楚（Fidel Castro）利用會議主席的權力，阻擋民主柬埔寨代表出席會議，引發新加坡第二副總理拉惹勒南的不滿，認為會議排擠侵

---

[27] Russell H. Fifield, "ASEAN: Image and Reality," *Asian Survey* 19, No. 12 (December1979): 1202.

[28] Henry Kamm, "Asians to Side with Peking against Hanoi," *New York Times*, 14 March 1979.

略戰爭的受害者——民主柬埔寨，支持侵略戰爭中的代理人——橫山林政權，是一項嚴重的危機。會中，關於柬埔寨代表權的議題引發激烈爭論。越南、蘇聯、古巴主張金邊政權應該受到不結盟運動組織的承認，並享有柬埔寨代表權；東協諸國則為鞏固民主柬埔寨的席位，與支持蘇、越的古巴針鋒相對，認為波布政權實行鎮壓政策不能作為外部強權武裝介入的合理化藉口，東協不接受、不承認橫山林政權，一旦如此就等於寬恕非法的行動，這完全違背不結盟運動的神聖原則。在雙方各自堅持下，最終決議暫時空懸柬埔寨的席位。[29] 此後，在歷屆不結盟國家會議中，越來越多的不結盟國家與東協抱持相同的立場。

　　舉例來說，在 1981 年 2 月的不結盟國家外長會議中，印度作為東道主，並未邀請民主柬埔寨或橫山林政權與會，越南則是全力阻撓此次會議討論柬埔寨議題，但遭到新加坡、馬來西亞等國家的強烈異議，認為不結盟國家必須面對柬埔寨議題，展現明確且堅定的立場，對於越南入侵柬埔寨的行為必須加以譴責，主張外國軍隊必須撤出柬埔寨，柬埔寨人民有權利自由地選擇統治他們的政權。在會議的最後宣言中，不結盟國家重申柬埔寨人民有權利決定自己的命運，免於外國的干涉、顛覆與脅迫，藉由談判政策與相互了解，促成實現此一權利的氛圍，從而展現出希望；同時，也要求東南亞地區所有國家承擔對話，邁向解決彼此之間的差異，建立長久的和平與穩定，消除外部強權介入與干預的威

---

29 Karen DeYoung, "Cambodian Issue Splits Nonaligned Talks in Havana," *Washington Post*, 2 September 1979; Tengku Ahmad Rithauddeen, "The Kampuchean Problem and Non-Aligned Movement," *Contemporary Southeast Asia* 1, No. 3（December 1979）: 206.

脅。[30] 1983年3月7日至12日，不結盟國家在印度新德里（New Delhi）舉行第七屆高峰會。[31] 與會各國領袖強烈要求修正古巴在第六屆高峰會中利用主席身分而剝奪民主柬埔寨與會權利的錯誤。在會後發表的《政治宣言》中，當論及東南亞局勢時，各國領袖對於東南亞地區的持續衝突與緊張表達強烈關注，並重申支持不介入主權國家內部事務，以及不允許對主權國家使用武力等原則。關於柬埔寨問題，各國領袖除重申1983年外長會議宣言的內容，並主張所有外國武裝撤離來達成全面性的政治解決，避免衝突局勢的擴大，然後保證完全尊重包含柬埔寨在內的所有國家的主權、獨立與領土完整。[32]

　　除了不結盟會議以外，聯合國也是東協極力運作的場域。儘管安理會曾針對越南介入柬埔寨進行考量，但受到蘇、中關係敵對的影響，蘇聯否決最後反對越南的決議。東協遂將戰場轉至聯大會場，偕同中國進行遊說，動員第三世界國家投票反對PRK的代表權，以及保留波布政權的席位，並要求所有外國軍隊撤出柬埔寨領土。東協認為PRK是武裝介入下的傀儡政權，享有聯大代

---

30 M. S. Rajan, "The Non-Aligned Movement: The New Delhi Conference and After," in *Southeast Asian Affairs 1982*, ed., Huynh Kim Khanh（Singapore: Institute of Southeast Asian Studies, 1982）, pp. 62-63; K. Subrahmanyam, "The Seventh Summit," Strategic Analysis 7, No. 1（1983）: 1-2.

31 關於不結盟國家第七屆高峰會對於柬埔寨議題的攻防，參考：S.S. Bhattacharya, "Kampuchea Issue at the Summit," *Strategic Analysis* 7, No. 1（1983）: 13-18.

32 UN, "Letter Dated 30 March 1983 from the Permanent Representative of India to the United Nations Addressed to the Secretary-General, Annex: Final Documents of the Seventh Conference of Heads of State or Government of Ron-Aligned Countries, Held at New Delhi from 7 to 12 March 1983," UN Document A/38/50 and S/15675, 8 April 1983, paras 112-113.

表權將是對國際行為之基本規範的一種損害。[33]中國指出，越南在聯大挑戰民主柬埔寨的合法代表權是一種無理行為，越南的傀儡政權已被柬埔寨人民否認。相反地，蘇聯認為人民革命委員會才是柬埔寨人民唯一的合法代表。1979年9月21日，第34屆聯大以74票反對、35票贊成、34票棄權的投票結果，否決取消民主柬埔寨席位的議案。[34]民主柬埔寨的正當化與國際社會的承認，已由東協支持的決議加以達成。

　　1979年11月12日，聯大開始討論柬埔寨局勢問題。越南率先提出議案指出，柬埔寨的局勢既不是越南撤軍問題，也非尋求政治解決的問題，而是中國偕同美國追求侵略與擴張的政策，嚴重威脅印支三國的獨立、主權與領土完整及東南亞的穩定與世界和平。所有與柬埔寨有關的解決方案，若沒有柬埔寨人民委員會的同意，都是違法與無效的。金邊政權也提出，如果有所謂的「柬埔寨問題」，就只有關於清算波布─英薩利政權與避免中國將其復辟的問題。柬埔寨人民委員會才是柬埔寨唯一合法的代表，所以聯大的辯論是無效的。相對地，東協國家則是提出另一議案，呼籲所有外國軍隊立即撤出柬埔寨，以及衝突中的各方停止敵對行動，讓柬埔寨人民在沒有外來干預、顛覆或脅迫的情況下，決定自己的前途與命運，同時也要求尊重柬埔寨的主權、領土完整與獨立，以及懇請各國對柬埔寨人民提供人道救濟。11月14日，聯大最終以91票對21票通過東協的建議案，要求所有外

---

[33]　Lee Jones, "ASEAN Intervention in Cambodia: From Cold War to Conditionality," *The Pacific Review* 20, No. 4（2007）: 526-527.

[34]　UN, *The Yearbook of the United Nations 1979*, Volume 33（New York: Department of Public Information, United Nations, 1982）, p. 291.

國軍隊撤出柬埔寨領土。[35]

　　1980年中期開始，東協的策略遭遇困難，美國、英國、澳洲等西方國家因面臨內部政治問題，無法長期支持一個曾經實施屠殺政策的被推翻政府，開始懷疑支持波布政權的正確性，希望對柬埔寨能有波布、橫山林以外的第三種勢力的選擇，[36]加上越南激烈地反對赤柬重新掌權，在東協內部產生一種氛圍：1980年可能是波布保住聯大席次的最後一年。東協為尋求保住波布的最佳方式，認為波布必須擺脫統治柬埔寨時期的血腥印象，徹底改變民主柬埔寨的外在形象，因此產生一種將反共「頭顱」移植到赤柬「身軀」的想法，希望能聚集與維持非共世界的支持。新加坡總理李光耀率先提出建議，在越南軍隊撤出柬埔寨以後，金邊應由聯合國維和部隊支持的前國家元首施亞努來領導。他也建議，中國應該同意更換波布及其同僚，改由施亞努陣營作為赤柬武裝的領導者。[37]此即東協力促抗越三派組成聯合陣線的驅動力。

　　1980年9月，聯合國召開第三十五屆大會。10月，蘇、越再次向大會提案，由橫山林政權取代波布政權在聯合國的席位，投票結果是反對74票、贊成35票、棄權32票。[38]另外，聯大也決議

35　UN, *The Yearbook of the United Nations 1979*, Volume 33, 293-295; Justus M. van der Kroef, "The Indochina Tangle: The Elements of Conflict and Compromise," *Asian Survey* 20, No. 5（May 1980）: 480.

36　Justus M. van der Kroef, "Cambodia: A 'Third Alternative'?" *Asian Affairs* 7, No. 2（November-December 1979）: 105-117; Justus M. van der Kroef, "ASEAN, Hanoi, and the Kampuchean Conflict: Between "Kuantan" and a "Third Alternative"," *Asian Survey* 21, No. 5（May 1981）: 515-535.

37　Porter, "ASEAN and Kampuchea: Shadow and Substance," p. 2.

38　UN, *The Yearbook of the United Nations 1980*, Volume 34（New York: Department of Public Information, United Nations, 1983）, pp. 330-332.

在1981年於奧地利維也納（Vienna）召開包括柬埔寨衝突所有各
方及相關國家參加的柬埔寨問題國際會議（International
Conference on Kampuchea, ICK），以尋求全面政治解決柬埔寨問
題的方法；要求柬、泰邊境的常駐觀察員推進和平區的建立，懇
求對柬埔寨人提供進一步緊急援助，並且要求為這些離散者提供
安置。[39]

　　明顯地，國際社群再次受到東協的勸說，肯認民主柬埔寨政
府的正當性。這意味著，不僅民主柬埔寨取得保留聯合國席次的
權利，同時也必須受到聯合國憲章關於主權、領土完整與不介入
內部事務和國際關係中不使用武力等原則的保障。所以，軍事強
鄰沒有驅逐民主柬埔寨，成立傀儡政權的權力。一旦軍事干涉的
原則被接受，則越南將不會有談判政治解決的動機。[40]顯然，聯合
國已經成為東協尋求政治解決柬埔寨問題的重要途徑之一。對東
協來說，所謂的政治解決就是要達成七大目標，包括：（1）、於
特定時間內，在聯合國的確認之下，越南軍隊全部撤出柬埔寨；
（2）、在撤軍期間，聯合國採取若干措施來避免柬埔寨武裝奪
權；（3）、聯合國保證對抗外部強權的介入；（4）、聯合國監督自
由選舉；（5）、簽署協定禁止外國軍隊進入柬埔寨；（6）、尊重柬
埔寨的主權、獨立與領土完整；（7）、保證柬埔寨不會成為任何
鄰國的安全威脅。[41]

　　1981年6月，第十四屆東協外長會議於馬尼拉召開。在會後
發表的《聯合公報》中，明確地就柬埔寨局勢闡明東協的三大立

---

[39]　UN, *The Yearbook of the United Nations 1980*, Volume 34, p. 320.

[40]　Lau Teik Soon, "ASEAN and the Cambodian Problem," *Asian Survey* 22, No. 6
（Jun., 1982）: 549.

[41]　Soon, "ASEAN and the Cambodian Problem," pp. 549-550.

場：（1）、越南侵柬完全違反國際法和聯合國憲章的原則；（2）、堅決支持和聲援泰國或任何其他東協國家的政府和人民維護其獨立、國家主權和領土完整；（3）、柬埔寨在1980年舉行的所謂選舉是使越南扶植的橫山林政權合法化的一次鋌而走險的嘗試。此外，東協外長為求實現柬埔寨問題的全面政治解決，要求採取三大步驟：（1）、向柬埔寨派遣聯合國維和部隊；（2）、在聯合國維和部隊的監督下一切外國武裝力量在最短的時間撤出柬埔寨；（3）、在一切外國軍隊撤出柬埔寨後，立即解除柬埔寨各派的武裝。[42] 此三大步驟進一步在7月13日至17日聯合國所召開的ICK中獲得採納，顯見東協訴求以政治解決柬埔寨問題的構想已然成形。

本次聯合國所召開的柬埔寨問題國際會議，雖然印度、寮國、蘇聯、越南和東歐國家進行抵制，仍有79個國家與會。其中，東協希望PRK與會，但美國支持的中國則希望排除金邊政府。在柬埔寨四派中，「柬埔寨人民全國解放陣線」（KPNLF）和「奉辛比克陣線」（FUNCINPEC）列為無表決權的觀察員；「柬埔寨人民革命黨」（PRPK）雖要求以無表決權資格與會，但遭到拒絕；施亞努則認為ICK是一個不義法庭（kangaroo court），是設計用來審判越南而非尋求妥協方案，因此抵制ICK；[43] 至於民主柬埔寨，儘管有些國家要求注意波布政權的暴行，但也不接受越南以此作為入侵柬埔寨的合理化藉口。會中，東協提出一項草案，

---

42 ASEAN Secretariat, "Fourteenth ASEAN Ministerial Meeting, Manila, 17-18 June 1981," in *ASEAN Document Series 1967-1988*, pp. 97-103.

43 UN, *The Yearbook of the United Nations 1981*, Volume 35（New York: Department of Public Information, United Nations, 1985）, p. 241; Chanda, *Brother Enemy*, p. 389.

內容是關於政治解決柬埔寨問題的三大步驟，但因中國強調赤柬的正當性，主張只有PRK軍隊應該被解除武裝，認為東協所提案的內容，侵犯民主柬埔寨作為柬埔寨唯一合法政府的排他性主權，中國的主張獲得美國的接受。[44]最後，東協在美國的壓力下被迫接受中國的立場，排除解除各派武裝的相關內容。

　　ICK會後通過一份《宣言》（Declaration on Cambodia），內容重申所有國家的主權、獨立、領土完整之不可侵犯的權利，並有權決定自己的命運免於外國干涉、顛覆與脅迫；同時，會議也展現對柬埔寨局勢的關注，認為政治解決對於嚴重的難民問題的長期解決是必要的。此外，會議也確認全面政治解決的四項要素，包括：（1）、在聯合國維和部隊與觀察員的監督下，衝突各方協議停火，所有外國軍隊短期內盡可能撤離；（2）、適當安排以確保抗越各派武裝無法妨礙或破壞舉行自由選舉，或是在選舉過程中恐嚇或脅迫人民，同時這些安排必須保證武裝各派尊重選舉結果；（3）、在外國軍隊撤離以後，採取適當措施以維持柬埔寨的法律與秩序及自由選舉的舉行，並根據選舉結果來成立新政府；（4）、聯合國監督下所舉行的自由選舉，允許柬埔寨人民行使自決的權利，並選舉自己想要的政府，所有的柬埔寨人民皆有權參與選舉。[45]同時，ICK也決議成立一個特別委員會來作為聯合國秘書長的顧問，並在ICK主席再次召開會議時提供建議，以有助於

44　Justus M. van der Kroef, *Dynamics of the Cambodian Conflict*（London: Institute for the Study of Conflict, 1986）, p. 6.

45　UN, *The Yearbook of the United Nations 1981*, Volume 35, 242; "U.N. Conference on Kampuchea: Final Draft Declaration," *Contemporary Southeast Asia* 3, No. 3（December 1981）: 302-304.

尋求解決之道。[46]由於此次會議的最後宣言未能就解除柬埔寨四派的武裝有所著墨，因此大幅降低對柬埔寨衝突的外交影響力。

此後，歷屆聯大就反覆重申前述政治解決的原則。自1979年起的連續八年，越南在聯大提案關於柬埔寨席位的問題均遭否決，而且，投票贊成民主柬埔寨的國家也逐年提升。其中，抗越三派在1982年6月成立民主柬埔寨聯合政府（CGDK），該年10月召開的聯大即以90票對29票的投票結果，支持施亞努領導的CGDK為柬埔寨在聯合國的全權代表。[47]聯大的發展趨勢導致越南認為聯合國無法保持中立，而遲遲不願接受在聯合國架構下解決柬埔寨問題，[48]以至於往後的十年裡，聯合國和ICK所扮演的角色實際上是次要於東協內部發展的和平進程。儘管如此，東協內部並非鐵板一塊，各成員國基於國家利益與安全考量，對於越南與中國持有相異的看法，從而對越南侵柬所造成的威脅及其在後續的回應上亦產生歧見。相較於此，越南則是從1980年1月開始透過一年兩次的印支外長會議（ Indochinese Foreign Ministers Conference, IFMC）的召開來訴求新的和平計畫。由於越南拒絕與東協外長直接面對面的舉行會議，所以當東協達成某項共識時，印支外長會議至少可以透過紙上對話來與東協進行議價。

在東協國家中，以泰國遭受的衝擊最為強烈，動作因此最為

---

[46] UN, *The Yearbook of the United Nations 1981*, Volume 35, p. 239.

[47] UN, *The Yearbook of the United Nations 1982*, Volume 36（New York: Department of Public Information, United Nations, 1986）, p. 341.

[48] Ramses Amer, Johan Saravanamuttu, and Peter Wallensteen, *The Cambodian Conflict 1979-1991: From Intervention to Resolution*（Penang: Research and Education for Peace, School of Social Sciences, Universiti Sains Malaysia; Uppsala: Department of Peace and Conflict Research, Uppsala University, 1996）, p. 17.

積極。泰國一向將越南視為國家安全的立即威脅，而柬埔寨作為泰、越間的緩衝，一個親越的金邊政權猶如河內勢力的延伸，將失去緩衝國的功用，而且赤柬與越南的衝突極有可能波及泰國邊境，引發領土糾紛與緊張，使其成為拉惹勒南所稱的「泰國前線」（Thai front line）。更重要的是，柬、越衝突所引起的難民潮，將為泰國政府帶來相當的困擾。[49]泰國外長烏巴蒂（Upadit Pachariyangkun）承認，因為和柬埔寨共享邊界，戰鬥外溢到泰國的潛在效果，實是曼谷當局最大的恐懼。因此，在「柬埔寨危機」發生伊始，泰國已對越南侵略行動的外溢效應深表關切，基於地緣戰略理由，無法容忍越南將其勢力投射至整個湄公河流域，特別是這種權力投射是由蘇聯這個外部行為者所支持的，而蘇聯本身已被視為一個潛在的威脅。[50]

　　在柬埔寨內戰初期，泰國追求三項主要目標：聯合國維和部隊監督下的越南撤軍、解散所有柬埔寨衝突各方、國際監督下的選舉。為達成這些目標，泰國在1979年至1980年代中期亦採取相應的策略，包括：直接援助抗越勢力、外交結盟、制訂單方面的解決衝突方案。1979年1月，泰國已在國境內為流亡的赤柬士兵準備好營地，給予醫療照護，並送返邊境與越南戰鬥。[51]與此同

---

[49] Justus M. van der Kroef, "Hanoi and ASEAN: Is Co-existence Possible?" *Contemporary Southeast Asia* 1, No. 2（September 1979）: 171-172; Khanh, "Into the Third Indochina War," p. 342; Amitav Acharya, *Constructing a Security Community in Southeast Asia: ASEAN and the Problem of Regional Order*（London and New York: Routledge, 2001）, p. 81.

[50] Sukhumbhand Paribatra, "Strategic Implications of the Indochina Conflict: Thai Perspectives," *Asian Affairs* 11, No. 3（Fall 1984）: 32.

[51] Jones, "ASEAN Intervention in Cambodia," p. 528.

時，泰國外長烏巴蒂也要求東協舉行會議譴責越南入侵，主張越南的行為違反國際法。然後，東協遂將此案例遞交聯合國，要求越南人民解放軍立即撤軍。曼谷當局堅持，如果沒有泰國採取浴血對抗河內的政策，就好像保證中國對東南亞的支配。[52]在越南對泰國邊境的威脅消失以前，泰國決定對赤柬直接提供軍事援助與物資，並允許他們進入泰國領土尋求庇護以躲避越南軍隊的攻擊。[53]據估計，時至1979年4月底，在泰國邊境流動的赤柬勢力及平民人數，就高達5至8萬名。[54]有鑑於柬埔寨境內的反越勢力，除實力與能力較佳的共產主義者的赤柬，尚有許多非共的武裝勢力，泰國政府遂積極鼓勵非共反越勢力與赤柬進行策略性結盟。1980年3月，新總理普瑞姆（Prem Tinsulanond）上台後，推動抗越三派聯合成單一陣線就成為泰國印支政策的目標之一。[55]

不過，泰國在面對直接的安全威脅時，也意識到僅透過國際政治來進行施壓，或依賴東協這樣缺乏軍事能力的合作性安全體制，仍不足以確保國家安全，更何況，東協成員對於安全威脅的認知仍有分歧，難以形成一支聯合武裝部隊來阻止越南的軍事行動。因此，泰國選擇向中國靠攏，採取與中國形成策略聯盟的政策。泰國允許中國透過其領土將物資運達柬國境內的赤柬根據

52　Haas, *Genocide by Proxy*, pp. 91-92.

53　Jones, "ASEAN Intervention in Cambodia," 528; Yuichi Kubota, *Armed Groups in Cambodian Civil War: Territorial Control, Rivalry, and Recruitment*（New York: Palgrave Macmillan, 2013）, p. 74.

54　Michael Vickery, "Refugee Politics: The Khmer Camp System in Thailand," in *The Cambodian Agony*, eds., David A. Ablin and Marlowe Hood（New York: M.E. Sharpe, Inc., 1990）, p. 303.

55　Larry A. Niksch, "Thailand in 1981: The Prem Government Feels the Heat," *Asian Survey* 22, No. 2（February 1982）: 197.

地，交換中國同意終止對泰國共產黨（Communist Party of Thailand, CPT）的援助，希望利用中國來協助肅清境內的泰共份子，對外則可緩和泰、越間的緊張關係；同時，泰國也和中國簽署協定，以策略支持的方式來訓練、武裝柬埔寨的抗越勢力，然後進入柬埔寨與越軍交戰，意圖削弱越南在泰、柬的勢力。[56]中國與泰國的援助讓赤柬得以重建武裝，從2,000人提升到4萬人左右。可以說，沒有泰國的援助，赤柬就無法生存，甚至成為PRK的威脅。當然，這也為泰國軍事政權帶來許多好處。[57]

實際上，泰國與中國對赤柬的援助是取得美國的公然默許。卡特總統的國家安全顧問布里辛斯基（Zbigniew Brzezinski）曾表示：「我鼓勵中國支持赤柬；我鼓勵泰國協助民主柬埔寨；問題是如何協助柬埔寨人民。波布是一個令人憎惡的人，我們從未支持他，但中國可以。」[58]顯然，在第三次印支衝突期間，東協僅在泰國的安全戰略計畫中占據次要的地位，美、中的援助才是首要的外交手段。[59]如果沒有美國的財政支持和中國的武器供應，赤柬早就銷聲匿跡。[60]

相較於泰國，新加坡作為東南亞的小國，無法容忍越南對鄰近小國採取霸權行動，關於柬埔寨政策是採取東協內的權力平衡

56　N. Ganesan, "Rethinking ASEAN as a Security Community in Southeast Asia," *Asian Affairs: An American Review* 21, No. 4（Winter 1995）: 215.

57　Jones, "ASEAN Intervention in Cambodia," pp. 529-530.

58　Becker, *When the War was Over*, p. 435.

59　Michael Leifer, *ASEAN and the Security of South-East Asia*（London: Routledge, 1989）, p. 91.

60　John Pilger, "The Long Secret Alliance: Uncle Sam and Pol Pot," *Covert Action Quarterly*, No. 62（1997）: 5-9.

策略，但因其一向堅持反共政策，所以也傾向支持曼谷的權利。[61] 在對於越南與中國的威脅認知上，新加坡因恐懼蘇聯海軍在進入越南金蘭灣後對區域造成的威脅，認為蘇、越聯盟對東南亞造成的威脅遠大於中國。李光耀曾指出：蘇聯和越南的相互勾結，是造成當前東南亞動亂局勢的根源。依此，新加坡認為，要抑制莫斯科支持的河內對印支實行控制，有必要和中國保持特殊關係。至於馬來西亞與印尼，基於區域安全利益的考量，傾向對越南採取更為友善的路線，反對國際孤立越南，並將中國視為主要威脅，對於中國發動「懲越戰爭」甚感困擾。[62] 其中，馬來西亞因為中國曾支持馬來亞共產黨（Communist Party of Malaya, CPM）而產生內部顛覆的恐懼，加上境內有大量的華人社群而對中國心存芥蒂，[63] 認為越南可作為中國與東南亞間的緩衝，但是考量到內部安全的需要，馬來西亞亟需泰國的協助以共同對抗隱藏在叢林的馬共，所以在東協內部採取溫和的觀點。[64]

儘管新、馬兩國願意接受泰國與中國結成一暫時性聯盟以對抗越南，但印尼堅持東南亞的首要安全威脅是中國。印尼學者哈迪（Hadi Soesastro）在評論印尼對中國的威脅認知時曾貼切地提到：「蘇聯的威脅主要是軍事的，然後具體可見」；相反地，中國的威脅「或多或少是個神秘現象，因其涉及一套關於意圖的信

---

61 Haas, *Genocide by Proxy*, p. 97.

62 Ralf Emmers, *Cooperative Security and the Balance of Power in ASEAN and the ARF*（London and New York: RoutledgeCurzon, 2003）, pp. 101-102.

63 Bilveer Singh, *Singapore-Indonesia Defence Cooperation: A Case Study of Defence Bilateralism within ASEAN*（Kuala Lumpur: Institute of Strategic and International Studies Malaysia, 1990）, p. 5.

64 Haas, *Genocide by Proxy*, p. 95.

念。不是具體，卻可感覺存在，既是歷史的，也是心理的，而且因其缺乏定義，中國威脅被視為更強、更緊急，也更立即的，然後，更難以處理被認知的中國威脅」。[65] 越南正是印尼對抗中國威脅的最佳緩衝，因其野心僅限於印度支那。[66] 印尼國防部官員甚至認為，越南支配印度支那對區域安全是有利的，為東協國家對抗中國壓力創造出一個緩衝區，並且作為一個有秩序的關係結構的起點。[67] 一旦外交孤立越南，意味著移除東南亞與中國間的「可靠緩衝」（credible buffer）。[68]

就像美國學者海因（Gordon R. Hein）所言，在整個區域面臨北京造成的外部威脅時，一個獨立與安全的越南對於區域安全與彈性具有正面的貢獻，此種觀點對雅加達幾乎是一個自明之理。[69] 因此，當越南人民解放軍進入柬埔寨時，印尼認為此一行動

65　Hadi Soesastro, "The US and the USSR in the Second 'Cold War' and Its Implications for Southeast Asia," *The Indonesian Quarterly* 10, No. 1（January 1982）: 57-58. 事實上，即使是抱持親中國立場的蘇卡諾總統，都未能真正的信任中國。時至 1970 年代初期，印尼大多數的外交政策菁英更是將中國視為印尼的嚴重威脅。關於印尼外交政策菁英對中國認知的研究，參考：Franklin B. Weinstein, *Indonesian Foreign Policy and the Dilemma of Dependence: From Sukarno to Soeharto*, 1st Equinox ed.（Jakarta: Equinox Pub., 2007）, pp. 88-95.

66　Andrew J. MacIntyre, "Interpreting Indonesian Foreign Policy: The Case of Kampuchea, 1979-1986," *Asian Survey* 27, No. 5（May 1987）: 516; Mun Mun Majumdar, "The Kampuchean Crisis and Indonesia," *The Indonesian Quarterly* 22, No. 2（1994）: 159.

67　Michael Leifer, *Indonesia's Foreign Policy*, Rev. ed.（London: Routledge, 2013）, p. 167.

68　K. Das, "Stepping Firmly into the Breach," *FEER*, 5 October 1979, p. 12.

69　Gordon R. Hein, *Soeharto's Foreign Policy: Second-Generation Nationalism in Indonesia*（Ann Arbor, MI: University Microfilms International, 1988）, p. 343.

當屬越南自我防衛的問題。直至越南陳軍泰國邊境時，印尼外交部長莫察（Mochtar Kusumaatmadja）才同意泰國的安全是主要的考量，而且越南對其他國家的占領嚴重違反國際法。然而，莫察也懷疑，北京真正的意圖是要弱化越南，使中國得以成為東南亞的支配強權。他一開始就認為泰國過度依賴中國，正在採取一種高風險的政策，而越南則是已經正當化其安全需要，所以，應該談判達成協議來推動和平、自由、中立區（Zone of Peace, Freedom and Neutrality, ZOPFAN）而不是製造更多的戰爭。[70]雅加達認為，若中國對越南採取過於強硬的手段，將使越南無可選擇的更依賴蘇聯，而此舉也將會導致強權介入區域事務。[71]所以，印尼主張說服越南與東協合作，強調以政治解決柬埔寨問題。[72]

1980年3月，印尼外交部向東協夥伴發出一份非正式文件，內容主張東協應與河內接觸，以期在金邊建立一個以橫山林政權為核心和包含中立份子在內的擴大聯合政府；同時，越南應從柬埔寨撤離大部分軍隊，在過渡時期則允許少部分越南人員留下以協助柬埔寨人恢復國家秩序和重建基層行政機構。該文件還建議，越南占領軍向後撤退至湄公河東岸，湄公河西岸則由國際維和部隊進駐，交換條件是東協停止對赤柬的支持。[73]此外，印、馬兩國領袖還於1980年3月底在馬來西亞關丹（Kuantan）舉行會談。會後發表《關丹宣言》（Kuantan Principle），內容要點有

[70] Haas, *Genocide by Proxy*, p. 94.

[71] David Jenkins, "Maintaining an Even Keel," *FEER*, 1 June 1979, p. 23.

[72] Majumdar, "The Kampuchean Crisis and Indonesia," p. 158.

[73] 〈東盟對柬局勢的態度〉，載於《柬埔寨問題資料選編，1975-1986》上，頁357。相同的觀點亦可見：Jusuf Wanandi, "An Indonesian View," *FEER*, 28 March 1980, pp. 15-16.

四：(1)、越南應階段性的自柬埔寨撤離軍隊；(2)、越南不應繼續留在蘇聯的勢力範圍中；(3)、越南應要求蘇聯撤出金蘭灣軍事基地；(4)、柬埔寨的中立應被恢復至早期作為越、泰間的緩衝國狀態。[74]顯然，馬、印兩國試圖藉由《關丹宣言》發聲來拯救越南免於中國的「榨乾越南血汗」（bleeding Vietnam white）策略。對此，泰國認為《關丹宣言》是對河內的妥協，所以無法接受。泰國外長西堤（Sitthii Sawetsila）表示，越南自柬埔寨撤軍是政治解決柬埔寨問題的先決條件，泰國所接受的金邊政府必須是自由與獨立，免於外國勢力影響的；[75]新加坡則將《關丹宣言》描述為一個「不好的錯誤」（bad mistake）。[76]

　　河內當局為利用柬埔寨衝突來分化泰、中關係，曾在1980年5月提議與泰國簽署不侵犯條約，宣示絕不侵犯泰國；同時，也力勸泰國與橫山林政權簽署合約，確保泰、柬邊境的和平。[77]然而，泰國偕同中國積極對抗越勢力的支持，反而成為越南採取侵略的藉口。6月，泰國宣布將遣返柬埔寨難民，此舉遭越南認為是赤柬為提升兵源的一項陰謀，企圖改變整個戰事平衡，越軍隨即於6月23日跨過柬、泰邊境進入泰國龍馬克木恩村（Non Mark Moon），引發泰國的憂慮，認為正面臨一個敵意且具侵略性的敵

74　K. Das, "The Kuantan Principle," *FEER*, 4 April 1980, p. 12.

75　Justus M. van der Kroof, "ASEAN, Hanoi, And the Kampuchean Conflict: Between "Kuantan" and a "Third Alternative"," *Asian Survey* 21, No. 5（May 1981）: 516-517.

76　Acharya, *Constructing a Security Community in Southeast Asia*, p. 85.

77　Pao-Min Chang, "Beijing Versus Hanoi: The Diplomacy over Kampuchea," *Asian Survey* 23, No. 5（May 1983）: 610-611.

人。[78]由於越南侵東既影響泰國安全，也破壞東南亞的區域安全，所以泰國在外交上積極動員東協，希望對越南採取施壓與孤立的策略。6月25日，東協在吉隆坡召開第十三屆外長會議。會中，東協各國拋開《關丹宣言》中對越南的分歧立場，堅定支持泰國，並認為越南軍隊進入泰國領土是一種不負責任且危險的侵略行動。[79]隨著《關丹宣言》的失敗，東協更加緊密地朝向國際化策略以尋求利用ICK來解決東埔寨衝突。

　　對此，越南先是透過第一次印支三國外長會議所發表的《聯合公報中》指出，印支三國準備與東南亞及其他國家簽訂雙邊互不侵犯條約，準備和本地區各國討論東南亞地區和平、獨立、自由、中立、穩定與繁榮的相關事宜。在第二次會議（1980年7月17-18日）的會後聲明，更提出一份意在緩和緊張局勢，進而使東─泰邊境成為一條和平與友好邊境的四點建議，內容包括：（1）、東、泰兩國保證維護邊境地區的和平穩定，不將邊界地區作為侵犯對方主權的跳板，在兩國邊境地區建立一個非軍事區，建立一個聯合委員會以執行保障邊境地區和平、穩定的協定，並協定國際監察方式；（2）、關於東、泰合作解決難民問題方面，提出難民營必須建立在遠離邊境的地區，以避免邊境衝突，對於在泰國庇護的屬於波布集團和其他反抗勢力的武裝東埔寨人必須解除武裝，重新集結到遠離戰鬥區域的個別營地裡，不能將其當

---

[78] Chulacheeb Chinwanno, "Rising China and Thailand's Policy of Strategic Engagement," in *The Rise of China: Responses from Southeast Asia and Japan*, ed., Jun Tsunekawa（Tokyo: The National Institute for Defense Studies Press, 2009）, p. 89.

[79] ASEAN Secretariat, "Thirteenth ASEAN Ministerial Meeting, Kuala Lumpur, 25-26 June 1980," in *ASEAN Document Series 1967-1988*, p. 91.

作難民，不能協助他們返回柬埔寨對抗柬埔寨人；（3）、柬埔寨人民革命委員會隨時準備和國際人道組織討論在柬實施救濟計畫的相關事宜，對柬埔寨人民的援助必須在柬國領土而非泰國領土上進行分配，援柬物資的運輸必須按照國際組織和柬埔寨當局所達成的協議進行；（4）、柬、泰兩國的談判可在政府間或非官方組織間直接進行，也可透過代表柬埔寨的一國和代表泰國的另一國或通過雙方商訂的某種調解方式間接進行。[80]這四點建議雖是以PRK的名義制訂，但卻清楚地表達越南的立場。

　　1980年9月25日，越南與PRK確定拒絕東協推動ICK的想法，並嘗試說服泰國接受河內與金邊的有限撤軍提議。儘管印尼與馬來西亞不完全反對越南提的部分撤軍，以及政治解決期間的各派系權力分享的核心議題，但這種立場意味著如果政治解決未能順利達成，越南軍隊將繼續成為橫山林政權的捍衛者。所以，泰國利用聯合國作為場域，尋求與東協形成一國際勢力與輿論的聯盟，對越南自柬埔寨撤軍形成一股政治壓力，[81]並確保提案舉行ICK。東協堅持，任何解決柬埔寨衝突的談判必須聚焦於越南的入侵，而且，談判最好是在國際會議的架構下舉行；同時，也拒絕河內願意實現自柬、泰邊境有限撤軍的聲明，及其所提議的曼谷與金邊政權間的會談或是東協與印支國家間討論相互安全關注的對話。[82]

　　1980年10月，聯大接受東協提案的國際會議解決柬埔寨問題以後，泰國的第一個動作是促請中國支持東協結合反共領袖與赤

[80] "Statement of the Conference of Foreign Ministers of Laos, Kampuchea, and Vietnam," *Contemporary Southeast Asia* 2, No. 3（December 1980）: 283-284.

[81] Chinwanno, "Rising China and Thailand's Policy of Strategic Engagement," p. 89.

[82] Acharya, *Constructing a Security Community in Southeast Asia*, pp. 83-84.

柬組織的計畫。10月27日，普瑞姆訪問北京。期間，北京當局表示，願意加入泰國和其他東協國家實現聯合國解決與促進東南亞和平與穩定的任務；並且重申，只有持續對柬埔寨所有愛國反抗勢力的支持，並在侵略者站穩腳步以前予以重擊，以及從國際社群對其施加壓力，才能驅使越南撤軍與達成柬埔寨問題的政治解決。只要柬埔寨各派抗越勢力能捐棄前嫌，順應人民的意願，共同尋求解決，為尋求民族團結而建立一新的陣線將不是困難之事。[83] 此外，泰國還嘗試利用泰、美之間的強烈外交聯繫來降低柬埔寨衝突所升高的安全威脅。自1950年代以來，美國就是泰國安全的最終捍衛者，為回應泰國尋求強化其武裝力量的要求，雷根政府遂提升對泰國的軍售，時至1981年已達5,000萬美元，1982年再提升到8,000萬美元。[84]

　　1981年1月27日，第三次印支外長會議在胡志明市召開。此次會議是在第三十五屆聯大通過柬埔寨問題決議後召開的，先前在聯大已重申要求越南立即自柬全部撤軍，並提出召開一次國際會議來解決柬埔寨問題，所以在本次印支外長會議結束後，特別發表一份《關於東南亞和平、穩定、友好與合作問題的聲明》，除重申第二次會議所提的四點建議外，更提出以下重點內容：（1）、印支三國隨時準備與中國簽訂和平共處條約；（2）、召開印支和東協兩集團間的區域性會議，討論雙方共同關心的問題；（3）、在兩大集團簽訂東南亞和平與穩定條約後，將召開一次廣泛的國際會議，對該條約予以承認和保證；（4）、若泰國停止讓

83　Zhou Mu, "Fruitful Exchanges between China and Thailand," *Beijing Review*, 10 November 1980, pp. 11-12.

84　Niksch, "Thailand in 1981," p. 198.

波布部隊和其他抗越勢力使用其領土作為基地，停止向其提供糧食、解除其武裝，並將其集中在遠離邊界的隔離營寨中，越南將自柬撤出部分軍隊。[85]

對於印支三國所做的新提議，中國與東協國家均表示不會接受。1981年1月底，中國國務院總理趙紫陽訪問泰國時，除重申「中國政府與人民堅定地站在泰國這一邊，並支持其對抗外國侵略的正義鬥爭」，[86]更指出越南提議召開印支和東協兩個國家集團間的區域會議，有以下三大目的：（1）、企圖使國際社會承認印支是越南的勢力範圍；（2）、企圖使東協國家給予橫山林傀儡集團事實上的承認；企圖用所謂「兩集團間的會議」來代替和對抗第三十五屆聯大決議所決定召開的國際會議；（3）、扭曲東南亞地區緊張局勢的根本原因，逃避國際輿論的譴責。[87]泰國總理普瑞姆也表示：泰國不能接受召開區域性會議的建議，因為它忽視柬埔寨問題才是真正問題的此一事實。[88]馬來西亞外交部發言人則認為，印支三國外長會議所提的四點建議，對越南武裝占領柬埔寨不發一辭，正是造成目前東南亞形勢緊張的根源，以至於拋開越南軍隊繼續占領柬埔寨的問題，而要求召開印支和東協區域會議是不現實的。[89]

---

85 〈越南、老撾、柬偽歷次外長會議簡介〉，載於杜敦信、趙和曼主編，《越南老撾柬埔寨手冊》（北京：時事出版社，1988），頁442-443。

86 "Premier Zhao Visits Burma and Thailand," *Beijing Review*, 9 February 1981, p. 5.

87 〈趙紫陽總理在曼谷記者招待會上指出越南「建議」極端虛偽別有用心〉，《人民日報》，1981年2月2日，第6版。

88 〈泰國領導人表示不能接受召開區域會議建議〉，《人民日報》，1981年2月1日，第4版。

89 〈馬來西亞外交部發言人指出「建議」避而不談越南侵柬是東南亞緊張的根源〉，《人民日報》，1981年2月1日，第4版。

　　過去，越南一再重申因為「中國威脅」的存在導致其不可能
改變對柬埔寨的政策，就像越南副外長武東江（Võ ông Giang）
曾經表明的，越南將持續駐軍以避免「中國威脅」透過柬埔寨再
次發生的任何可能性。然而，越南面對國際輿論的壓力，以及考
量東協各國的反應，終於承諾願意部分撤軍，並且在1981年6月
第四次印支外長會議中聲明，將考慮由聯合國出面召集一次國際
會議的可能性，以便對印支三國與東協之間所達成的協議予以承
認並作出保證。

　　1982年起，越南為因應東協積極推動民柬聯合政府的成立，
先後在2月及7月召開的兩次印支三國外長會議中呼籲，中國應
與印支三國簽訂雙邊或多邊的和平共處條約；另外，在兩次會議
之後所發表的《聯合公報》中也提出：重申在柬、泰邊境建立安
全地區的建議；召開東南亞問題的國際會議；越南自柬埔寨部分
撤軍，並根據柬、泰邊境的安全和穩定，以及泰國的響應程度，
考慮往後繼續從柬撤出部分越軍。[90] 8月，越南外長阮基石
（Nguyễn Cơ Thạch, 1921-1998）訪問東協國家時再次允諾，若泰
國停止援助抗越勢力，越南將進一步自柬撤軍。1983年2月，印
支三國領袖舉行高峰會議。會中發表一份《關於在柬埔寨的越南
志願軍的聲明》，表示越、柬兩國政府根據當前形勢提出四點決
定，包括：（1）、在中國與抗越勢力停止利用泰國領土威脅
PRK，特別是保證柬、泰邊境的和平後，駐柬的所有越南軍隊將
撤出柬埔寨；（2）、每年將在考慮柬埔寨安寧情況的基礎上決定
撤出一些越南軍隊；（3）、繼1982年撤出一部分越南軍隊後，
1983年將再撤出一些越南軍事單位；（4）、若有抗越勢力利用越

---

90 〈越南、老撾、柬偽歷次外長會議簡介〉，頁443-444。

南撤軍而威脅柬埔寨的和平，柬、越雙方將根據《和平、友好與合作條約》彼此交換意見。[91]

馬來西亞認為，越南當前已展現透過磋商解決柬埔寨衝突的意願，所以馬國外長加薩里（Ghazali Shafie）在參加第七屆不結盟國家高峰會後的兩天，提出所謂的「五加二方案」（Five-Plus-Two formula），主張由東協五國直接與越、寮進行會談來解決柬埔寨問題。由於東協不承認橫山林政權，所以該倡議未包含柬埔寨。儘管越南視此提議為一有意義的突破點而願意接受，新加坡與印尼也願意支持，但遭到中國、泰國及菲律賓等國的反對，表示在越南撤軍前，拒絕與河內進行談判。[92]其中，泰國主要是擔心越南會利用與東協磋商的機會擺脫孤立的地位，或是藉此擴大東協內部既存的歧見，破壞東協的團結；菲律賓則批判越南的和平試探是一種「花招」（gimmick）。[93]

東協也重申，將繼續全面支持ICK宣言的原則與內容，要求越南軍隊全部撤出柬埔寨，柬埔寨人民有權利透過聯合國監督的大選來決定自己的命運；同時，也重申柬埔寨問題政治解決的基礎是一個獨立、中立與不結盟的柬埔寨，這意味著它必須免於任何鄰國製造的威脅，而且所有外國必須保證不干預、不介入柬埔寨的內部事務。東協的立場是，支持民主柬埔寨聯合政府，拒絕給予任何有助於越南維持占領柬埔寨的援助。東協也聲明，施亞

---

91 〈越老柬偽首腦會議發表《關於在柬埔寨的越南志願軍的聲明》〉，載於《柬埔寨問題資料選編，1975-1986》下，頁121。

92 Yoneji Kuroyanagi, "The Kampuchean Conflict and ASEAN: A View from the Final Stage," *Japan Review of International Affairs* 3, No. 1,（Spring 1986）: 69.

93 S.S. Bhattacharya, "Kampuchea Issue at the Summit," *Strategic Analysis* 7, No. 1（April 1983）: 16-17.

努領導的民主柬埔寨聯合政府乃是尋求全面政治解決柬埔寨問題
的重要步驟。[94]

　　東協在第十六屆外長會議的《聯合公報》中，進一步對越南
所稱的部分撤軍表達看法，認為這應該是可靠的，是全面撤軍的
一部分。同時，東協也對泰國外長西堤所提的三項建議顯露出建
設性諮詢的希望，包括：越軍自泰、柬邊境撤退30公里，作為邁
向全面撤軍的第一步；政治解決；如果越南接受這些建議，西堤
有意訪問河內等，東協認為這為舉行國際會議以達成全面性政治
解決奠定了基礎。[95]承此，東協外長在1983年9月20日發表的《要
求柬埔寨獨立的東協呼籲》（Appeal for Kampuchean Independence）
中，提出邁向全面政治解決衝突的四大步驟，包括：（1）、越南
在領土的基礎上從泰、柬邊境地區開始撤軍；（2）、為離散的柬
埔寨平民建立安全區；（3）、由維和部隊或觀察團體監督撤軍、
停火與安全區；（4）、對安全區提供經濟援助等。[96]值得注意的
是，東協未如以往的要求越南必須從柬埔寨立即、完全的撤軍，
而是允許其階段性的撤軍。

　　儘管東協已經釋放出善意，越南仍是拒絕東協所提的建議，
反而重申柬埔寨現狀是「無可改變」的事實。先前在1983年7月

94　ASEAN Secretariat, "Joint Declaration of the Fourth ASEAN-EC Ministerial
　　Meeting, Bangkok, 25 March 1983," in *ASEAN Document Series 1967-1988*, pp.
　　446-447.

95　ASEAN Secretariat, "Joint Communique of the ASEAN Ministerial Meeting,
　　Bangkok, 24-25 June 1983," in *ASEAN Document Series 1967-1988*, p. 111.

96　ASEAN Secretariat, "An Appeal for Kampuchean Independence by the ASEAN
　　Foreign Ministers, Jakarta, 20 September 1983," in *ASEAN Document Series 1967-
　　1988*, p. 598.

舉行的第七次印支外長會議的《會議公報》中，印支國家提出由越、寮兩國代表印支與東協進行沒有先決條件的兩個集團間的對話；否認聯合國關於ICK所提出的各項決議；再次重申每年自柬撤出部分軍隊。[97] 第一點內容顯然是回應馬來西亞所提的「五加二方案」，而且，印支外長甚至在隔年1月召開的外長會議中同意中國也應該參與。[98] 東協對此作出回應，認為越南過去所提倡的區域會議與聯合國解決柬埔寨問題有所衝突，而且印支外長會議持續討論柬埔寨議題的目的是，企圖讓東協逐漸接受越南所扶植的橫山林政權是一種既成事實（fait accompli）。[99]

越南外長阮基石則是在東協提出《呼籲》的十天後表示，東協的計畫了無新意，其堅持越南撤軍卻仍對赤柬保持沉默，而且，河內反對聯合國派遣維和部隊進駐柬埔寨，因為聯合國承認的是民主柬埔寨。有鑑於施亞努大幅提升反抗勢力的聲望，而且他在CGDK中的角色削弱PRK在國際場合中所主張的正當性，同時也造成柬埔寨某些地區農民的混淆。根據《遠東經濟評論》（*Far Eastern Economic Review*）引述越南政治官員的說法：雖然邊境地區的人民痛恨赤柬，如果宣傳團體到來並宣傳施亞努正在恢復民主柬埔寨，他們將會聽從。[100] 所以，無論金邊或河內都表示，願意看到施亞努返回金邊。PRK外長洪森曾在一份聲明中表示，如果波布─英薩利集團的合作者願意誠心地拋棄赤柬，他們就能享有作為公民的權利來參與選舉。12月3日，阮基石在接受

97　〈越南、老撾、柬偽歷次外長會議簡介〉，頁444。

98　Hervouet, "The Cambodian Conflict," p. 274.

99　Justus M. van der Kroef, "Kampuchea: The Diplomatic Labyrinth," *Asian Survey* 22, No. 10（October, 1982）: 1010-1011.

100　Paul Quinn-Judge, "View from the Front," *FEER*, 9 April 1982, pp. 30-31.

訪問時甚至表示：「如果施亞努與赤柬拆夥，沒有什麼能阻止他回到柬埔寨並且參與選舉。」[101]顯然，河內—金邊陣營仍堅定地反對赤柬，並開始嘗試讓施亞努脫離CGDK。毫無疑問，柬埔寨衝突正面臨一種政治僵局的狀態。

　　越南為打破政治僵局，決定採取「和戰並用」的兩面策略。在外交方面，越南大力宣揚「中國威脅論」來離間東協與中國之間的合作關係，同時，也加強與印尼及馬來西亞之間的互動；相對地，東協內部則有印尼積極推動「雙軌外交」（dual-track diplomacy）。[102]整個1984年，越南與印尼政府高層互動相當地頻繁。[103]不過，越南支持的PRK在國際場合並未贏得任何額外的支持。在1984年10月召開的第四十屆聯大中，以110票對22票的投票結果通過支持東協提案要求所有外國武裝撤出柬埔寨；關於柬埔寨的聯合國代表權，雖然蘇聯和古巴都主張PRK是柬埔寨人民經由自由選舉而來的唯一代表，應取得聯合國代表權，但中國主張國家的正當性不應被挑戰，只因為它曾被外國入侵，最終

---

[101] Sophia Quinn-Judge, "Kampuchea in 1982: Ploughing towards Recovery," in *Southeast Asian Affairs 1983*, pp. 155-156.

[102] 所謂「雙軌外交」是指，印尼在追求與越南的雙邊溝通時，仍維持東協方案的實行。

[103] 1984年2月，印尼武裝部隊總司令穆達尼（Benny Murdani）應越南之邀，第三度訪問河內。這是越南侵柬以來，東協國家首位公開訪問越南的軍事領袖。穆達尼訪問河內之後，即表示印尼的人民與武裝軍隊不再視越南為東南亞最大的威脅。同月底，半官方性質的「越印研討會」在河內舉行。3月11日至13日，越南外長阮基石率團訪問雅加達。1985年2月，印尼外長莫察訪問河內。1985年4月19日，越南國防部長文進勇（Văn Tiến Dũng, 1917-2002）訪問雅加達，印、越雙方甚至達成軍事合作協議，引發泰國的不滿。MacIntyre, "Interpreting Indonesian Foreign Policy," pp. 522-525; Majumdar, "The Kampuchean Crisis and Indonesia," p. 159.

CGDK取得聯合國代表權一案也獲得贊同。[104]

　　在軍事方面，越南加強攻擊的力度以因應抗越勢力的整合，並試圖對泰國造成壓迫。自1982年民柬聯合政府成立以後，越南人民解放軍即偕同柬埔寨人民共和國軍隊攻入宋山陣營位於柬、泰邊境的基地，造成部分士兵與平民的傷亡。不過，由於抗越三派已成立軍事協調委員會，而能強化彼此在戰場上的合作。1983年起，游擊隊活動越來越頻繁。民柬聯合政府開始實行「三個戰場」的策略，包括：第一戰場以洞里薩湖周圍地區及金邊附近；第二戰場為柬、泰邊境地區，一旦戰事失利可迅速撤退至泰境，主要根據地是馬德望省的三洛、拜林（Pailin）、班迭棉吉省（Banteay Meanchey）的馬崍（Malai）、奧多棉吉省（Oddar Meanchey）的安隆汶（Anlong Veng）；[105]第三戰場為柬埔寨內部的湄公河以東地區，破壞越軍欲將抗越武裝力量威逼並殲滅於柬、泰邊境的戰略部署，將越軍吸引至中部地區，減輕後方的緊張局勢，有利於在後方建立鞏固根據地，主要據點在磅士卑省（Kampong Speu）的奧拉山區（Or-Ral）。[106]

　　1984年，越南與PRK開始在柬、泰邊境採取雙管齊下的策略以回應民柬聯合政府的「三個戰場」策略。其一是由越南與PRK推動代號「K-5」的軍事運動或稱國防工程，[107]亦即「竹幕計畫」

---

[104] UN, *The Yearbook of the United Nations 1984*, Volume 38（New York: Department of Public Information, United Nations, 1988）, p. 220.

[105] Boraden, *The Khmer Rouge*, p. 130.

[106] 〈一九八五年的柬埔寨戰局和越南的陰謀〉，載於《柬埔寨問題資料選編，1975-1986》下，頁238-239。

[107] 「k-5」指的是5個字首為K的柬埔寨詞彙，包括：Kaen（動員）、Komlang（武裝／力量）、Kab chhkar prey（淨林）、Kar-pear prom-daen（保護邊境）、

（bamboo curtain），內容涉及淨林、布雷、造路與建牆，目的是沿著柬、泰邊境建造一條800公里長的軍事防禦設施，避免抗越武裝的滲透與補給。[108] 其二是由越南在該年12月至1985年間發動1979年以來最大的旱季攻勢。根據越南國防部副部長黎德英（Le Duc Anh）的說法，此次行動是要透過軍事攻擊來摧毀反抗勢力，破壞其基地，並將其逐出根據地，使他們在柬埔寨領土上陷入一種「無後方作戰」的困境，阻礙抗越武裝從邊境向內陸的軍事運輸，迫使抗越武裝修正其游擊戰略，從而為金邊政府在邊境地區建立起控制區並加以鞏固，為金邊政府堅定控制內陸創造出良好的條件。[109] 從結果來看，越南與PRK的旱季攻勢與「K-5」計畫部分成功阻礙抗越武裝，而且改變從邊境對抗到滲透的衝突本質，使抗越武裝不再能夠於柬埔寨境內控制領土，僅能派遣小規模武裝隊伍深入柬埔寨領土來攻擊平民百姓與政府。更重要的是，越軍兵臨泰國門下，直接威脅其國家安全，驅使其向東協施加壓力。

　　1985年1月，第十次印支外長會議在胡志明市舉行。《會議公報》指出，印支三國願意和相關各方舉行談判，並提出《五點建議》，內容包括：（1）、越南撤軍與孤立波布陣營；（2）、尊重

Kampuchea（柬埔寨）。

[108] Margaret Slocomb, "The K5 Gamble: National Defence and Nation Building under the People's Republic of Kampuchea," *Journal of Southeast Asian Studies* 32, No. 2（June 2001）: 195-210.

[109] 〈一九八五年的柬埔寨戰局和越南的陰謀〉，頁238-239；Martin, *Cambodia*, 240; Evelyn Colbert, "Vietnam in Cambodia: Continued Stalemate?" in *Asian Issues 1985*, ed., Asia Society（Lanham, Md.: University Press of America, 1986）, pp. 20-21.

柬埔寨人民自決及免於屠殺威脅的權利；（3）、在外國觀察員的監督下舉行自由的選舉；（4）、提倡和平與穩定的概念，達成東南亞的和平共存；（5）、建立國際監督與保證以實行提案。此外，公報也宣布越南將在五至十年內撤離柬埔寨，無論談判解決是否達成。[110] 東協認為越南的立場反覆，了無新意，從而拒絕該《五點建議》。然後，東協在2月於曼谷舉行的外長特別會議中，提出一份《聯合聲明》，強烈譴責越南在泰、柬邊境持續發動的軍事攻勢，因其導致數以萬計的柬埔寨人民流離失所，同時也對泰國村民造成影響，所以，東協要求越南立即停止這種擴大緊張的非法與敵意的行動，並重申在泰國遭遇外來挑釁與實行自衛權利時，東協將與泰國緊密地團結。[111]

東協也重申，將對CGDK提供最強力的支持，同時也要求國際社會提升對柬埔寨人民的支持與援助，使其得以從外國占領的軍事與政治鬥爭中，順利將祖國解放出來。[112] 之後，東協甚至首次公開要求美國提供武器或現金之援助給民主柬埔寨聯合政府，而此一要求也獲得美國政府的回應，允諾對柬埔寨非共武裝部隊提供500萬美元現金及糧食的援助，其中，有部分的援助將經由泰國轉交。[113] 時至1985年至1986年的旱季，由於抗越勢力修正游擊策略，加上獲得美國的援助，反抗勢力已經建立起新的、小規

---

110 〈越南、老撾、柬偽歷次外長會議簡介〉，頁446。

111 ASEAN Secretariat, "ASEAN Statement on Kampuchea Issued by the ASEAN Foreign Ministers, Bangkok, 12 February 1985," in *ASEAN Document Series 1967-1988*, p. 160.

112 Ibid., p. 161.

113 David J. Scheffer, "Arming Cambodian Rebels: The Washington Debate," *Indochina Issues*, No. 58（June 1985）: 1-7.

模的基地，並訓練數以千計的游擊隊，開始發動軍事與政治鬥爭深入柬埔寨。[114]

　　印尼與馬來西亞對於1985年2月的《聯合聲明》均有所保留。馬國外長利道丁（Tengku Rithauddeen）一再表明，他已經接獲總理馬哈迪（Tun Mahathir bin Mohamad）的特別指示，確保東協應該持續對柬埔寨議題展現彈性。他認為東協扮演一個協調者的角色，在越南與CGDK之間安排會面。4月9日，在第三十屆亞非會議中，馬來西亞建議由CGDK與橫山林政權舉行「鄰近會談」（proximity talks），其與「五加二方案」的相異之處是前者接受完全由柬埔寨四方自己解決衝突。根據馬國的建議，CGDK和金邊政府在同一會場但不同房間召開會議，經由一個雙方都接受的中立媒介來參與會談。[115]

　　馬國的提議遭致各方的反對。泰國與中國憂慮馬國的建議間接開啟政治承認橫山林政府的大門，使其在柬埔寨內戰中被視為一個獨立行為者，而忽略柬埔寨境內的越軍。[116] CGDK認為，若越軍仍駐在柬埔寨，將不利於他們的談判。類似地，越南對馬國倡議的回應也是負面的，認為該計畫荒誕不實隨即表示拒絕。「鄰近會談」胎死腹中的主因是忽略越南的底線：「排除赤柬陣營是政治解決的前提」。[117] 相較於馬國，印尼外長莫達（Mochtar

---

114　Tim Huxley, "Cambodia in 1986: The PRK's Eighth Year," in *Southeast Asian Affairs 1987*, ed., M. Ayoob（Singapore: Institute of Southeast Asian Studies, 1987）, p. 170.

115　"Two Plans," *Asiaweek*（Hong Kong）, 14 June 1985, p. 29.

116　Donald E. Weatherbee, "ASEAN: Indonesia's 'Dual Track' Diplomacy," *Indochina Issues*, No. 64（February-March 1986）: 8.

117　Weatherbee, "ASEAN: Indonesia's 'Dual Track' Diplomacy," p. 8.

Kusumaatmadja）在訪問河內時，提出一項連結美越關係正常化
與解決柬埔寨問題的構想，建議越南加速解決越戰失蹤美軍
（Americans Missing in Action, MIAs）議題來吸引華盛頓，同時也
建議美國考慮與越南關係正常化，如此將有助於柬埔寨問題的解
決。針對莫達的構想，雖然中國贊成，但新加坡認為該想法不切
實際，華盛頓也顯得興趣缺缺。[118]

　　有鑑於美國與中國反對「鄰近會談」的構想，泰國在1985年
7月舉行的第十八屆東協外長會議中，修正馬來西亞的提議並經
過各種協商，提出由聯合國承認的一個CGDK成員與包含橫山林
政權在內的越南代表團進行「間接會談」（indirect talks）的建
議，[119]討論全面和永久解決柬埔寨問題的基本要素，像是外國軍
隊自柬撤軍、成立聯合國監督與監察委員會、民族和解、舉行聯
合國監督下的選舉與行使民族自決權利。[120]泰國修正提案後，
CGDK向東協表示將與越南進行談判；[121]相反地，金邊與河內公
開表示拒絕，而且更傾向支持原本的提案。越南的理由是，一旦
接受泰國的提案就等同於背叛金邊政府。[122]

---

[118] MacIntyre, "Interpreting Indonesian Foreign Policy," pp. 524-525; Ang Cheng Guan, *Singapore, ASEAN and the Cambodian Conflict 1978-1991*（Singapore: National University of Singapore Press, 2013），p. 88.

[119] 橫山林政權僅能作為越南代表團的一部分，目的是要強調「柬埔寨問題」中的外國占領的部分。Michael Eiland, "Cambodia in 1985: From Stalemate to Ambiguity," *Asian Survey* 26, No. 1（January 1986）: 123.

[120] ASEAN Secretariat, "Eighteenth ASEAN Ministerial Meeting, Kuala Lumpur, 9 July 1985," in *ASEAN Document Series 1967-1988*, pp. 127-128.

[121] 〈民東聯合政府發表聲明同意與越南舉行間接談判〉，載於《柬埔寨問題資料選編，1975-1986》下，頁223。

[122] "Still Trying," *Asiaweek*（Hong Kong），4 May 1986, pp. 22-23.

　　印尼作為東協與越南之間的官方傳話者（interlocutor），[123] 外長莫察在1985年7月26日針對柬埔寨危機提出《十二點建議》，主要的戰略架構是根據東協的概念，亦即應該將美國引進戰略平衡以限制蘇聯與中國，以及美、越關係的正常化應該取決於MIAs的解決；而戰略目標則是一個獨立、自由與不結盟的柬埔寨。另外，《十二點建議》還包括：越南撤軍的時間表、舉行CGDK與越南之間的有限會議與會談、涵蓋赤柬的民族和解、越南全部撤軍、安全區與國際武裝的建立、國際控制的委員會、國際監督下的選舉與複決、民族和解政府的成立。[124]

　　印尼的《十二點建議》獲得越南的善意回應。PRK代表在8月中舉行的第十一次印支外長會議中提出，以排除赤柬為前提，隨時準備和反抗各派或個人就實現民族和解與在越軍全部撤出後舉行普選的問題進行談判。[125] 此外，越南也提出，只要柬埔寨的自由和安全不再被破壞，河內願意在1990年完全撤軍，或者只要達成政治解決亦將盡早撤軍。這意味著，只有在越南扶植的橫山

---

[123] 1984年5月7日至8日，東協外長在雅加達舉行特別會議，該次會議最重要的發展之一，就是指派印尼作為東協與越南之間的傳話者或對話夥伴，使得東協在以解決柬埔寨爭端為目標的外交行動進入新的階段。"Speech by Mr. S. Dhanabalan, Minister for Foreign Affairs, at the 17th ASEAN Ministerial Meeting, Jakarta, 9 July 1984," *National Archives of Singapore*, accessed 15 April 2017, http://www.nas.gov.sg/archivesonline/data/pdfdoc/SD19840709.pdf; ASEAN Secretariat, "Eighteenth ASEAN Ministerial Meeting, Kuala Lumpur, 9 July 1985," p. 128.

[124] Mochtar Kusumaatmadja, "The Prospects for Peace in Southeast Asia," *Jakarta Post*, 19-20 December 1985.

[125] 〈越南、老撾、柬偽歷次外長會議簡介〉，頁446。

林政權可以自己維持權力的條件下，越南才會撤軍。[126] 8月下旬，越南外長阮基石訪問印尼時，就表示願意以《十二點建議》作為討論的基礎，並聲稱若東協能盡早與越南達成協議，則撤軍時程可提前至1987年。雖然越南提出計畫撤軍的時間表，但東協認為進展相當微小，僅僅是作為階段性撤軍提案的一種慰藉而已。[127]

　　整體來看，1980年代中期以前，東協對越南採取較為強硬的國際外交活動，否認越南入侵柬埔寨的正當性。「民主柬埔寨聯合政府」的成立，不僅使柬埔寨問題更具國際性，亦可說是東協諸國尋求制衡區域各強權（中、越）的策略。東協透過各種國際場合，成功地向越南施壓，使其逐步走向政治解決柬埔寨問題。另一方面，這場所謂的「第三次印支衝突」在1980年代中期已明顯陷入軍事僵局。中國雖然在1979年初發動「懲越戰爭」，之後又對赤柬提供軍事援助，仍無法影響河內放棄印支聯邦的意願，相對地，越南也意識到可能無法在這場戰爭中取得完全的勝利。更何況，由於PRK與CGDK間的這場涉及政治、外交、軍事的長期對抗運動，導致柬埔寨的國家職能無法正常運作，金邊政權在總理姜西病逝以後，改由具有談判意向的洪森出任PRK的總理。柬埔寨問題在歷經東協與越南多年外交對話與攻防的僵局之後，隨著全球政治變遷風潮興起，以及東南亞內部利益轉移，終於為柬埔寨問題帶來談判解決的曙光。

---

[126] Eiland, "Cambodia in 1985," 123; Peter Schier, "Kampuchea in 1985: Between Crocodiles and Tigers," in *Southeast Asian Affairs 1986*, ed., Lim Joo-Jock（Singapore: Institute of Southeast Asian Studies, 1986）, p. 158.

[127] Kuroyanagi, "The Kampuchean Conflict and ASEAN," p. 72.

第二節　從雙邊到多邊的政治談判

只有當外部強權決定不再將東埔寨衝突的持續作為自身利
益而服務時，和平協議的基礎就應運而生。[128]

——政治學者　芬德利（Trevor Findlay）

我們無法再控制。我們能得到什麼？越南人要一個解決。
中國人要一個解決。美國人要一個解決。他們都按照自己的
意願來尋求一個解決。[129]

——東埔寨國總理　洪森

　　1986年以前，無論是在談判桌上或是戰場上，東埔寨衝突均
陷入完全的僵局狀態，主要是越南與中國都對軍事解決衝突持有
高度的自信：中國仍希望驅逐金邊政權，而河內繼續堅持一個親
越的傀儡政權「無可改變」。時至1986年，無論是在東埔寨各方
之間、東南亞區域行為者之間，以及主要強權之間的互動，都產
生重要的變化，驅使東埔寨衝突的和平進程進入「雙邊對話」到
「多邊會談」的新階段。

128　原文是 "It was, however, only when outside powers decided that their own interests
　　were no longer served by a continuation of Cambodia's sputtering conflict that the
　　basis for a peace agreement emerged." Trevor Findlay, *Cambodia: The Legacy and
　　Lessons of UNTAC*（New York: Oxford University Press, 1995），p. 3.

129　原文是 "We no longer had control. What could we have gained? The Vietnamese
　　wanted a settlement. The Chinese wanted a settlement. The US wanted a
　　settlement. They all wanted a settlement on their terms." David W. Roberts,
　　Political Transition in Cambodia 1991-99: Power, Elitism and Democracy
　　（Richmond, Surrey: Curzon Press, 2001），p. 28.

　　1986年1月，第十二次印支外長會在寮國首都永珍
（Vientiane，或稱萬象）舉行。會議公報指出，柬埔寨問題的政治
解決分為國內與國際兩部分。國內部分是指柬埔寨人民在沒有外
力干涉下自行解決內部事務。PRK聲稱，已經準備好和反抗各派
的個人或團體進行會談，在排除波布集團的前提下，共同達成民
族和解，並在越南完全撤軍後舉行自由的普選。國際部分是指達
成越南撤軍之協議的同時，必須停止向波布集團與其他利用泰國
領土作為庇護的反抗勢力提供物質和軍事協助，停止外部干涉柬
埔寨內部事務，停止外國軍事敵意對抗PRK。[130]然而，印支外長
的決議遭到CGDK的拒絕。CGDK重申已準備好隨時進行談判，
無論是直接或間接的談判，但也主張印支國家沒有權利要求包含
赤柬的任何團體必須被納入或排除，赤柬是否成為政府機器的一
部分，必須由柬埔寨人民透過選舉來決定；此外，柬埔寨衝突的
解決方案必須包含以下要素：越軍全部撤出柬埔寨、成立聯合國
控制的委員會、聯合國監督下的自由選舉、民族自決的實施。[131]
　　1986年3月17日，CGDK在北京召開內閣會議，提出一份
《政治解決柬埔寨問題的建議》（Proposal for a political settlement
to the Problem of Kampuchea），或稱《八點和平計畫》（Eight-
point Peace Plan）。CGDK在歷經多年的反對以後，終於同意與越
南進行談判，討論越南撤軍的進程，而且不要求越南必須立即完
全撤軍，可以在明確規定的期限內分兩階段撤軍，其他國家可根
據其決定參加此一談判，來促進柬埔寨問題的政治解決（第一

130　〈越南、老撾、柬偽歷次外長會議簡介〉，頁446。
131　John H. Esterline, "Vietnam in 1986: An Uncertain Tiger," *Asian Survey* 27, No. 1
　　（January 1987）: 97.

點）。就撤軍進程達成協議之後，予以停火（第二點），然後由聯合國觀察團來監督撤軍與停火事宜（第三點）。越南完成第一階段撤軍以後，橫山林政府開始與CGDK進行談判，基於民族團結與民族和解的精神，組成施亞努為首、以宋山擔任總理的柬埔寨四方聯合政府，四方勢力均有權利作為柬埔寨社會中的政治力量（第四點），然後在國際監督下舉行自由選舉（第五點），重建一個自由民主、獨立、中立與不結盟的柬埔寨，而其中立必須獲得聯合國的保證（第六點），並且歡迎所有國家協助建設柬埔寨（第七點），柬埔寨也願意和越南簽訂和平和互不侵犯的條約，以期永遠和睦相處、共同生存（第八點）。[132]

明顯地，CGDK的態度已經開始鬆動，《八點和平計畫》的內容對越南展現出異常的彈性，既不要求越南完全撤軍，也同意將過去指控為「賣國賊」的橫山林納入四方聯合政府，而且也不堅持赤柬必須掌握政府高層職位。所以，《八點和平計畫》獲得東協的支持。在印尼峇里島（Bali）舉行的東協外長特別會議中，就重申柬埔寨問題必須由柬埔寨人自己來解決。印尼外長莫察表示，東協對《八點和平計畫》的公開背書有其象徵性的重要性。[133]然而，河內認為CGDK所提的《八點和平計畫》「毫無意義」，只是為掩蓋其軍事上的挫敗，因此予以拒絕。[134]越南仍堅持

132　"Sihanouk Coalition Offers Eight-point Peace Plan," *Straits Times*, 18 March 1986; UN, "Letter Dated 18 March 1986 from the Permanent Representative of Democratic Kampuchea to the United Nations Addressed to the Secretary-General," UN Document, A/41/225, 19 March 1986.

133　"ASEAN Line on Peace Plan 'a Vital Symbol," *Straits Times*, 30 April 1986.

134　Nayan Chanda, "Cambodia in 1986: Beginning to Tire," *Asian Survey* 27, No. 1, （January 1987）: 121-122.

必須排除波布集團的立場，拒絕接受納入赤柬的任何提議；同時，也重申將在1990年完成撤軍，但若被利用來反對PRK的和平與安全，越南將採取相應措施。[135]越南拒絕的理由多半是因為蘇、中關係和睦，以及美、蘇關係和美、越關係取得實質性進展，加上赤柬的軍事力量有所下降的緣故。[136]

　　1987年，柬埔寨問題開始出現轉折。首先，蘇聯重新考量對越南的經、軍援助；其次，越南與PRK自1985年起即在戰場取得豐碩成果，加上越南多年對PRK提供軍事人員訓練，使其認為PRK沒有越南協助仍可維持生存，所以決定降低對柬的軍事支出以減緩經濟負擔。在蘇聯支持下，河內與金邊開始尋求和CGDK進行談判。該年1月，越南公開表示，若抗越三派勢力願意與金邊政權建立一個四方聯合政府，河內願意和這個聯合政府談判撤軍事宜。在越南的國家安全思考中，要放棄戰略地位重要的柬埔寨實屬不易，因為將有可能帶來充滿敵意的金邊政權。[137]不過，中國堅持必須在越南撤軍後，才能開始展開會談。

　　1987年4月，PRK總理洪森主動要求與施亞努會面，但施亞努堅持越南必須先行與他會面。[138] 5月，印尼外長莫察重申邀請柬四方在沒有外人干擾的情況下談判解決衝突。然而，CGDK內

135　〈越南、老撾、柬偽歷次外長會議簡介〉，頁446。

136　C.P.F. Luhulima, "The Kampuchean Issue Revisited," *The Indonesian Quarterly* 14, No. 4（October 1986）: 594.

137　Douglas Pike, "The Cambodian Peace Process: Summer of 1989," *Asian Survey* 29, No. 9（September 1989）: 844-845.

138　Patrick Raszelenberg, Peter Schier, and Jeffry G. Wong, *The Cambodia Conflict: Search for a Settlement, 1979-1991: An Analytical Chronology*（Hamburg: Institute of Asian Affairs, 1995）, p. 118.

部的嚴重分裂與混亂，[139]以及奉辛比克派（FUNCINPEC）與赤柬間的軍事衝突，都威脅著四方討論的有效性。尤其是後者更刺激施亞努在該月7日宣布暫停CGDK主席職務一年，並將領導權交給宋山。施亞努的理由是，他已獲悉赤柬殘暴行為及其對人權侵犯所帶來的傷痛，假若赤柬不停止殘忍的行動，停職將會繼續延長。事實上，FUNCINPEC與赤柬間的衝突並非第一次發生。施亞努的停職舉動，可使其免於赤柬的否決而能自由行動，更自由地和洪森接觸。[140]此後，施亞努從政治軍事競爭的邊緣躍上舞台中央。由於施亞努停職所帶來的機會，加上金邊政權在國內尋求正當性與支持的失利，越南占領柬埔寨的政治成本升高，以及莫斯科壓迫越南盡快尋求解決等，眾多因素的連結為柬埔寨的政治僵局帶來轉變。[141]

洪森在審視PRK的政策後，將優先順序從戰場調整到談判桌上。他認為此一政策調整雖然是輕微的變動，當越軍不再駐紮柬埔寨來對抗赤柬時，卻可使會談的力量變成可能。1987年7月，洪森訪問莫斯科的途中，曾在平壤（Pyongyang）秘密地透過巴勒斯坦解放組織（Palestine Liberation Organization, PLO）代表與施亞努接洽，表示願意和他在平壤會面，但未能成功。儘管如此，在蘇聯外長謝瓦納茲（E. A. Shevardnadze）訪問河內與金

---

[139]　Porter, "Cambodia: Sihanouk's Initiative," p. 816.

[140]　Raszelenberg, Schier, and Wong, *The Cambodia Conflict*, p. 119.

[141]　Nayan Chanda, "Cambodia in 1987: Sihanouk on Center Stage," *Asian Survey* 28, No. 1（January 1988）: 111; Gareth Porter, "Toward a Kampuchean Peace Settlement: History and Dynamics of Sihanouk's Negotiations," in *Southeast Asian Affairs 1988*, eds., Mohammed Ayoob and Ng Chee Yuen（Singapore: Institute of Southeast Asian Studies, 1988）, pp. 126-127.

邊，以及印尼外長莫察訪問河內以後，會談的想法有進一步的發展。[142]該月29日，莫察與阮基石在胡志明市發表《聯合新聞稿》（Joint Press Release），亦即《胡志明市諒解》（Ho Chi Minh City Understanding），要求金邊與CGDK在平等的基礎上，沒有前提或政治立場（political label）的舉行一次兩階段的非正式會議，亦即所謂的「雞尾酒會」（Cocktail Party）。第一階段僅限於柬埔寨各派；第二階段則邀請越南等其他相關國家參與。[143]這表示，越南將與柬埔寨各派進行會談，包含過去所堅決反對的赤柬，從而給予柬埔寨各派討論各種議題、達成共識、解決問題的機會。就像蘇聯所強調，一個「民族重生的無可逆轉的進程」正在柬埔寨發生，「柬埔寨人民終於成為國家真正的主人」。[144]

　　由於莫察未能事先取得東協成員對其構想的同意，泰、新兩國領袖認為他的構想意味柬埔寨議題僅是內戰而非越南軍事占領柬埔寨，這違背東協長久以來的基本立場；同時，也認為柬埔寨會談中缺乏河內參與的時間表，稍有不慎可能會正當化PRK。[145]於是，東協外長在1987年8月16日召開的非正式會議中，試圖將

142　Chanda, "Cambodia in 1987," pp. 112-113; Justus M. Van Der Kroef, "Cambodia: The Vagaries of 'Cocktail' Diplomacy," *Contemporary Southeast Asia* 9, No. 4（March 1988）: 305.

143　M. Nagendra Prasad, "Joint Press Release on Indonesia Foreign Ministers Visit to Vietnam, Hanoi, 29 July 1987," in *Indonesia's Role in the Resolution of the Cambodian Problem*（Aldershot: Ashgate, 2001）, pp. 190-191.

144　Van Der Kroef, "Cambodia," p. 306.

145　"ASEAN to Thrash Out 'Cocktail Party' Proposal," *Straits Times*, 16 August 1987; Van Der Kroef, "Cambodia," p. 305; Porter, "Toward a Kampuchean Peace Settlement," p. 127; Paisal Sricharatchanya, "New Mix to Old Cocktail," *FEER*, 27 August 1987, pp. 8-9.

「雞尾酒會」的提議轉型成越、柬之間的對話，而且是以CGDK
先前所提的《八點和平計畫》作為討論的基礎，[146]但河內認為這
樣不符合莫察原本的構想，是東協試圖促使越南承認包含赤柬在
內的抗越聯盟。PRK隨即在8月27日發表一份「民族和解政策」
（national reconciliation policy）作為回應，主旨是與抗越各派一同
召開會議，一起化解過去、階級、意識形態、宗教信仰或族裔背
景等差異，建立一個共同的國家。[147] 10月8日，PRK再提出一份
涵蓋五點內容的《政治解決柬埔寨問題宣言》（Declaration of the
PRK on the Political Solution to the Kampuchean Problem）：（1）、
重申PRK願意與包含施亞努在內的反抗各派舉行會議並參與民族
和解進程，惟波布—英薩利除外；（2）、在越南完全撤軍時，外
國停止對反抗各派提供援助；（3）、允諾越南撤軍後，在柬埔寨
舉行外國觀察下的普選，目的是建立一個和平、獨立、民主、中
立與不結盟的柬埔寨；（4）、要求泰國與PRK直接談判以解決邊
境問題；（5）、建議由聯合國、蘇聯與中國舉行國際會議以保證
柬埔寨各派達成協議。較特別的是，該《宣言》甚至包含由施亞
努出任PRK高層領導機關的職位，但此動機被解釋為PRK希望
施亞努返回柬埔寨以分裂CGDK。[148]

---

[146] ASEAN Secretariat, "Joint Press Release, Informal Meeting of the ASEAN
Foreign Ministers, Bangkok, 16 August 1987," in *ASEAN Document Series 1967-
1988*, p. 164.

[147] UN, "Letter Dated 3 September 1987 from the Charge d'affaires a.i. of the
Permanent Mission of the Lao People's Democratic Republic to the United
Nations Addressed to the Secretary-General," UN Document, A/42/534, 3
September 1987.

[148] Murray Hiebert, "Peace or Propaganda?" *FEER*, 22 October 1987, p. 35; Chanda,
"Cambodia in 1987," p. 113; Van Der Kroef, "Cambodia," p. 301.

　　1987年11月，施亞努和洪森經過幾次秘密接觸後，無視赤柬的強烈反對，決定在12月2日至4日於巴黎北部地區舉行首次會晤。施亞努與洪森此次「迷你雞尾酒會」（mini-cocktail conference）的主題有二：關於造成柬埔寨目前局勢的原因，以及解決柬埔寨衝突的途徑。洪森表示，柬埔寨的悲劇源起於政變推翻施亞努，之後又由波布—英薩利掌權，PRK為追求柬埔寨的完全獨立，被迫選擇靠向越南以拯救波布恐怖統治下的柬埔寨人民。在雙方於11月4日所簽訂的《聯合公報》中指出：（1）、柬埔寨衝突必須透過政治方式解決；（2）、所有衝突各方必須談判來結束戰爭，並且重建一個和平、獨立、民主、主權、中立與不結盟的柬埔寨；（3）、若柬埔寨各方達成協議，應舉行國際會議來予以保證；（4）、雙方將於翌年1月及其他時間再次於法國與平壤舉行會談。[149]

　　施亞努和洪森此次會晤的意義是宣告協商進程的正式啟動，不僅建立起雙方聯繫，也開啟彼此關鍵人物的對話。施亞努的倡議之所以成功，是仰賴越南願意就柬埔寨的權利分享與施亞努達成協議，以及仰賴中國願意施壓波布同意保證不利用越南撤軍來得利；同樣地，河內當局也有誘因來與施亞努達成和解，亦即允許越南在較小的風險下進行撤軍。[150]正如洪森表示，《聯合公報》的簽訂標誌著雙方朝向和平解決柬埔寨問題邁出歷史性的一步，同時也是尋求其他派系坐上談判桌的一種呼籲。柬埔寨衝突必須由柬埔寨人自己解決，所以希望宋山與喬森潘能盡早參與會晤來

149　Chanda, "Cambodia in 1987," p. 114; Van Der Kroef, "Cambodia," p. 317; Kuroyanagi, "The Kampuchean Conflict and ASEAN," p. 75; Porter, "Toward a Kampuchean Peace Settlement," p. 127.

150　Porter, "Toward a Kampuchean Peace Settlement," p. 123.

解決柬埔寨問題。[151]然而，在一片正面評價的聲浪中，KPNLF與
赤柬等CGDK的兩大成員卻不同意參與會談。宋山對於此次兩方
會晤持批評的態度，認為柬埔寨人民應繼續奮鬥，利用越南陷入
困境的機會，迫使其參與國際談判，進而從柬埔寨完全地撤軍。
故而，在確認越南參與會談以前，宋山本人不會參與四方會談。
不過，河內堅持，會談僅適合柬埔寨各方參與。[152]

　　1988年1月20日至21日，施亞努與洪森在巴黎舉行第二次會
談。關於柬埔寨未來政權、越南撤軍時間表、赤柬是否參與政治
協定等議題，是會談的焦點。雙方的分歧主要集中在「越南撤
軍」與「聯合政府」兩個部分。[153]關於越南撤軍問題，施亞努原
先主張應立即且完全的撤軍，之後接受洪森的階段性撤軍計畫，
越南應在1989年完成撤軍，最佳狀態是金邊能提供協定達成後的
24至30個月內的撤軍時程，而非河內過去宣稱的時間表。另外，
洪森也將越南撤軍和解散赤柬軍事組織連結起來。[154]對此，施亞
努提議由四方軍事力量合組一個參謀部，統一指揮未來的軍事，
該構想立刻引起爭論，原因是KPNLF的領導階層正處於嚴重內
訌與弱化中，而且，洪森也反對將赤柬武裝併入四方聯軍內。

　　關於籌組聯合政府，施亞努主張金邊政府應該解散，並由四
方組成的聯合政府取代，如果其他兩方不願參加，他願意和洪森

151 Chanda, "Cambodia in 1987," p. 114; Jean-Marie Cambaceres 著，《西哈努克》，
　　頁171。

152 Chanda, "Cambodia in 1987," p. 115; Porter, "Toward a Kampuchean Peace
　　Settlement," p. 127.

153 Raszelenberg, Schier, and Wong, *The Cambodia Conflict*, pp. 152-191.

154 Khatharya Um, "Cambodia in 1988: The Curved Road to Settlement," *Asian
　　Survey* 29, No. 1（January 1989）: 73-74

共同組成，但必須有三項條件：（1）、越南軍隊必須分三個階段全部撤出柬埔寨；（2）、必須解散PRK；（3）、籲請國際社會派駐一支國際維和部隊（International Peace Keeping Force, IPKF），監督越南撤軍。亦即，只有在越南完成第二階段撤軍並在IPKF抵柬後才能組織臨時政府，然後，越南在國際監督下完全撤出軍隊。[155]洪森認為，普選前解散PRK「無異是自殺」，所以強調在大選舉行前不可能解散他的政府。[156] PRK要求選舉應在其管理下舉行，亦即由四方代表所組成的選舉委員會來組織選舉，然後再解散PRK；同時，在成立聯合政府以前，赤柬武裝應該解散。

綜觀施亞努與洪森的兩次會談過程，除洪森都要求施亞努重新擔任國家元首以外，雙方達成的共識還包括：以現有PRK政府作為過渡政府的基礎、解除赤柬武裝，以及越南階段撤軍。儘管施亞努知道波布將會反對前面兩點，[157]但他仍認為兩次雙邊會談已取得眾多進展。因此，施亞努提議應舉辦一場區域會議。對此，東協隨即將雞尾酒會列入計畫，而且，越南也提出善意的回應，在1988年5月宣布將於該年底撤離5萬軍隊，而且，如果中國同意停止援助赤柬軍隊，越南將於1989年底完全撤軍。[158]洪森與施亞努的雙方會談無疑為後續區域層次與國際層次的一連串非正式會談及國際會議揭開序幕。

首先登場的是「雅加達非正式會議」（Jakarta Informal Meeting, JIM）。印尼長期扮演東協與越南間的傳話者角色，多年致力提倡柬埔寨僵局的解決，終於促成兩次JIM的舉行。這是柬四方首次

---

155 〈施亞努同洪森會晤結束〉，《人民日報》，1988年1月23日，第6版。

156 Um, "Cambodia in 1988," p. 74.

157 Porter, "Toward a Kampuchean Peace Settlement," pp. 128-129.

158 Haas, *Genocide by Proxy*, p. 130.

會晤來討論衝突的解決。JIM象徵著區域強權可以在解決區域衝突的過程中扮演重要的角色，可說是東協一次成功的外交運作。在第一次「雅加達非正式會議」（JIM-1）舉行前夕，東協外長曾先就越南完全自柬撤軍、成立四方臨時政府、為實現民族和解政策而採取措施、解除柬四方的武裝、成立過渡時期的維和機制，以及國際監督下的選舉等核心議題取得共識。[159]另外，施亞努也曾釋出一項類似的計畫，內容涵蓋「停火」、「IPKF監督越南撤軍及柬四方解除武裝」、「在IPKF的監督下，柬四方武裝組成一支由施亞努擔任最高統帥的單一部隊」等三個階段。[160]

1988年7月25日至28日，JIM-1在印尼茂物（Bogor）舉行。JIM-1是新任印尼外長阿拉塔斯（Ali Alatas）根據前年7月印、越兩國外長所達成的協議架構來舉辦。會議開始前，施亞努曾向四方代表講述柬埔寨的未來局勢。他提到，PRK無法完全解散，因許多旅居海外的柬埔寨人不願來到金邊組成真正的四方聯合政府，所以民族和解政府必須從PRK開始，直至志願者抵達金邊，聯合政府才能擴大。[161]施亞努也極力主張CGDK與PRK應該合併，非相互解散。[162]

本次JIM-1的參與者包括柬四方、越、寮、東協六國等，中

---

[159] "Extracts from the Joint Communique of the Twenty-First ASEAN Ministerial Meeting Bangkok, 4-5 July 1988," *ASEAN Economic Bulletin* 5, No. 2（November 1988）: 183-189.

[160] Haas, *Genocide by Proxy*, p. 131.

[161] Chanda Nayan, "Three Men in a Boat: Sihanouk Tries to Help Communist to Save Face," *FEER*, 17 November 1988, pp. 16-17.

[162] "A Peace Proposal from Khmer Rouge," *The New York Times*, 17 August 1988. http://www.nytimes.com/1988/08/17/world/a-peace-proposal-from-khmer-rouge.html.

國與蘇聯等域外行為者並未與會，會議程序將分兩階段舉行，第一階段先由柬埔寨衝突四方參與，第二階段再加入越、寮及東協成員國。會議目標是終結柬埔寨人民的苦難，在民族自決與民族和解的基礎上，建立一個獨立、主權、和平、中立與不結盟的柬埔寨，這將在國際觀察團的有效監督下予以達成。所有與會者均同意此一目標，至於目標該如何達成則是存在廣泛的分歧。[163]

PRK總理洪森提出一項《七點和解計畫》（7-point Reconciliation Plan），內容包括：（1）、建立一個和平、獨立、民主、主權、中立和不結盟的柬埔寨；（2）、對所有反抗游擊勢力的所有外國援助必須終止，並解散其庇護所，在停止外國介入柬埔寨的同時，越南將在1989年12月以前完全撤軍；（3）、排除波布集團，反對赤柬加入民族和解委員會（National Reconciliation Council, NRC）；（4）、柬埔寨維持現狀，PRK繼續運作，直至大選產生國會，該國會將組成聯合政府並制訂新憲法；（5）、組成一個施亞努領導，由四方構成的NRC，負責籌備及監督國會大選，以及實行各方達成的所有協議；（6）、設立國際監督委員會（International Control Commission, ICC），監督所有協議的推行；（7）、召開國際會議來保證柬埔寨的獨立、主權、中立和不結盟，以及東南亞的和平與穩定。不過，《七點和解計畫》隨即遭到施亞努及赤柬的反對。[164]

---

163 Majumdar, "The Kampuchean Crisis and Indonesia," p. 166.

164 Yang Razali Kassim and Quah Choon Poh, "Khmer Rivals Talk Peace," *Straits Times*, 26 July 1988; Keith B. Richburg, "Cambodian Peace Talks Under Way; Warring Guerrilla Factions Meet with Vietnam for First Time," *The Washington Post*, 26 July 1988; "The Seven-point Plan Put Forward by Hun Sen," *Straits Times*, 28 July 1988.

　　施亞努雖未參與會談，但也提出一項《五點和平計畫》
（5-point Peace Plan），內容包括：（1）、將國名改稱「柬埔寨國」
（State of Cambodia），代表團結而非分立柬埔寨人，同時會有新
的國旗和國歌；（2）、組成一個平均分配權力的合議制政府體
系，並在外交部及國防部設置共同部長，由每方各推派一位；
（3）、將四方的部隊合編成柬埔寨國家軍隊（National Army of
Kampuchea），由四方組成的參謀總部統轄；（4）、在合議制架構
下，組成以現存橫山林政權為起點的臨時聯合政府，新臨時政府
將從一方政府逐漸轉型成四方政府，然後負責籌辦大選，制訂新
憲法；（5）、由聯合國秘書長召開國際會議，保證柬埔寨的中
立，並設置由兩個中立與不結盟國家組成的ICC，負責監督撤
軍，保證和平與大選的舉行。[165]

　　整體來看，JIM-1有兩項重要議題：在政治解決架構下的越
南撤軍，以及避免波布政權實行的屠殺政策的再現。會議中，各
方對於應該組成何種類型的國際團體來監督越南撤軍，以及IPKF
來監督選舉過程一事，並未達成協議。舉例來說，越南批判成立
IPKF的提議，認為若其未能促進和平進程，將使先前柬埔寨問題
的任何解決變成一種障礙。[166]儘管如此，施亞努與洪森同意雙方
將於1988年10月再次會面。[167]赤柬領袖喬森潘也對於金邊政府主
導聯合政府一事表達強烈反感，攻擊金邊是越南的傀儡，也指控

---

[165] Yang Razali Kassim and Quah Choon Poh, "Sihanouk Unveils 5-point Peace
Plan," *Straits Times*, 28 July 1988.

[166] 阮基石為支撐其論點，甚至以IPKF在剛果與黎巴嫩的表現為例，將其指涉
為「國際麻煩製造部隊」。Chuchat Kangwan, "JIM Tests ASEAN Unity,"
Bangkok Post, 27 July 1988.

[167] "Hun Sen, Sihanouk to Hold New Talks," *Straits Times*, 28 July 1988.

其他團體在順應河內的需求。[168]值得一提的是，越南在會場中嘗試展現和解的意圖，希望能打破國際孤立，同時，因為赤柬加入CGDK一直是東協在遊說國際支持時的一個里程碑，所以河內也試圖操作印尼與泰國之間的立場差異，強調越南撤軍將會召喚出波布重返金邊的幽靈。[169]由於東協無法針對柬埔寨衝突達成一個區域解決方案，對於聯合公報未能形成共識，最終僅以提出《主席聲明》（Statement by the Chairman of the First Jakarta Informal Meeting》和《雅加達非正式會議後續行動決議》（Decision on Follow-up Action of the Jakarta Informal Meeting）來宣告本次會議的結束。[170]

JIM-1結束以後，柬埔寨各方大致上同意遠離赤柬的必要性，因其對柬埔寨人民犯下的重罪，遠超過納粹對猶太人的作為。施亞努在北京公開表示：中國支持的赤柬游擊隊已變成柬埔寨和平的最大障礙。[171]施亞努為消除赤柬的正當性，甚至想要放棄CGDK的聯合國席位，[172]因為授予赤柬正當性與國家合法性，實是對柬埔寨人民的一種無法容忍的輕蔑，所以，他的陣營將與金邊政府武裝共同對抗赤柬，而且，此一行動已經獲得國際的支持。赤柬與中國面對施亞努的嚴厲批判，也有所回應。[173]

---

[168] Hood, *Dragons Entangled*, pp. 96-98.

[169] Guan, *Singapore, ASEAN and the Cambodian Conflict 1978-1991*, pp. 109-110.

[170] Prasad, "Statement of the Chairman of the Jakarta Informal Meeting, Jakarta, 28 July 1988," in *Indonesia's Role in the Resolution of the Cambodian Problem*, pp. 192-193.

[171] "China Blames 'Failure' on Viets," *Straits Times*, 31 July 1988.

[172] Beckaert Jacques, "Sihanouk Says He'll Meet Regan," *Bangkok Post*, 9 August 1988.

[173] Hood, *Dragons Entangled*, p. 98.

　　赤柬在1988年8月提出一項《十四點和平計畫》，內容包括：建議成立由施亞努領導的四方組成的過渡聯合政府，金邊政府在聯合政府成立後必須解散，四方政府必須在國際監督下組織國會選舉來成立新政府；在國際監督之下，柬埔寨四方的武裝部隊整合成一支國家軍隊，在四方最高指揮部下，每一派系享有相同的力量，此意味著赤柬必須將其武裝規模縮減至與其他派系相同的水準。這是赤柬首次接受限制其政治與軍事力量的構想，也是赤柬對於其他各派反對其重新掌權所達成協議的最直接回應。[174] 至於中國，先是譴責越南利用輿論來強化其占領柬埔寨十年的行為，[175] 之後又表示赤柬未來將只扮演政治參與者的角色。同年10月，由於赤柬抵制JIM工作小組會議，北京向喬森潘施壓，迫其接受IPKF是政治解決柬埔寨問題的一部分，這是赤柬先前反對的其中一點。不過，北京仍相信赤柬在解決柬埔寨衝突中扮演的軍事角色；[176] 相反地，金邊政權則認為應該極小化赤柬的政治角色，而且不應包含波布—英薩利集團。[177]

　　1988年11月7日至8日，施亞努、洪森、宋山在法國巴黎舉行會談，會中討論越南撤軍、實現柬埔寨和平的方案，以及成立臨時政府的相關事宜。施亞努對於洪森將赤柬排除在會談之外甚

---

[174] "Khmer Rouge Peace Plan Accepts Power-sharing," *Straits Times*, 17 August 1988; "A Peace Proposal from Khmer Rouge," *The New York Times*, 17 August 1988. http://www.nytimes.com/1988/08/17/world/a-peace-proposal-from-khmer-rouge.html.

[175] "China Blames 'Failure' on Viets," *Straits Times*, 31 July 1988.

[176] Hood, *Dragons Entangled*, p. 100.

[177] "Khmer Rouge Leaders Unacceptable to Hanoi," *Straits Times*, 18 November 1988.

感不滿，[178]指控洪森將越南與蘇聯的利益擺在柬埔寨人民的利害關係之前，同時也認為缺乏赤柬就無法達成任何解決方案。[179]北京當局也告知施亞努，反對在赤柬缺席的情形下達成任何協定，顯見中國並未拋棄赤柬。[180]本次會談最後雖有發表聯合公報，但由於洪森致力捍衛越南的利益，而施亞努堅持將赤柬納入未來的柬埔寨政府與軍隊中，導致和平會談陷入僵局，未能達成任何實質性的進展。[181]

　　赤柬的角色問題驅使印尼開始推進JIM-2。1988年11月中旬，印尼外長阿拉塔斯訪問河內，與越南外長阮基石及PRK總理洪森分就柬埔寨問題及JIM-2進行磋商。阿拉塔斯表示，印尼正嘗試說服赤柬參加JIM-2，對JIM-2的舉行也表示樂觀。[182]他鼓勵河內改善與北京的關係，這樣不僅能促成柬埔寨危機的早日解決，亦可緩和東南亞的緊張關係。同樣地，施亞努也嘗試展開外交攻勢。他在11月27日提出一項《五點和平方案》，內容包括：（1）、越南軍隊撤離柬埔寨的時間表；（2）、同時解散CGDK與金邊政權；（3）、在國際團體監督下舉行選舉；（4）、組成由施亞努領導的四方臨時政府，同時負責組織選舉；（5）、IPKF進駐柬埔

178 "Khmer Rouge Excluded from Talks on Cambodia," *Straits Times*, 8 November 1988; "Khmer Rouge Not Attending Talks," *Business Times*, 8 November 1988.

179 "Hun Sen the Cause of Impasse, Says Sihanouk," *Straits Times*, 21 November 1988.

180 "Hun Sen blames China for Failure of Paris Peace Talks," *Straits Times*, 10 November 1988.

181 "Cambodian Talks Reach Deadlock," *Business Times*, 24 December 1988.

182 "Alatas to Visit Hanoi for Talks with Co Thach," *Straits Times*, 16 November 1988; "Alatas Expects Headway at Next Khmer Talks," *Straits Times*, 22 November 1988.

寨以維持秩序。[183] 對此草案，赤柬最初克制評論，但中國正式要求赤柬直接參與會談過程；金邊則表示，喬森潘必須作出改變才能在談判中採取積極的行動。12月14日，喬森潘與施亞努在法國巴黎進行會面，象徵著其心意的轉變。[184] 雙方在會談過程中展現出對洪森的不滿。施亞努公開宣稱洪森是個「獨眼的叛國者」、「越南人的傀儡」（Vietnamese puppet）、「賣國賊」（Quisling）；喬森潘則說：「洪森是個謀殺者，但不是叛國者。」[185]

　　1988年底至1989年初，國際與區域等兩大層次的局勢出現重大轉變，特別是蘇、中關係準備進入正常化的最後階段，以及中、越關係和泰、越關係的逐漸朝向正面發展，為舉行JIM-2創造出極佳的外在環境。1989年2月19日至21日，JIM-2於印尼首都雅加達舉行，其主要目的是為相關各方提供非正式討論的架構，目標則是為柬埔寨危機尋求一個全面性、公正與持久的解決方案。JIM-2涵蓋六大議題：（1）、越南撤軍的時間表與本質；（2）、外國停止援助抗越三派的時機，究竟是在越南撤軍前、後或同時；（3）、監督越南撤軍與柬埔寨選舉的國際團體的組成與形式；（4）、撤軍後的柬埔寨過渡政府的形式；（5）、新柬埔寨的主權與獨立；（6）、關於波布不重新掌權的相關問題；PICC的召開時機等。[186]

　　在JIM-2召開前，因洪森表明反對施亞努的《五點和平方

---

[183] "Sihanouk Hardens Stand towards Hun Sen," *Straits Times*, 1 December 1988.

[184] "Khmer Rouge's Change of Heart," *Straits Times*, 15 December 1988.

[185] Raoul Marc Jennar, *Cambodian Chronicles, 1989-1996: Bungling a Peace Plan, 1989-1991*（Bangkok: White Lotus Press, 1998）, p. 3.

[186] "Key Issues Unresolved on Eve of Khmer Talks," *Straits Times*, 18 February 1989.

案》，特別是IPKF與ICC的構想，而且沒有任何讓步的跡象，再加上，洪森應泰國總理察猜（Chatichai Choonhavan）邀請於1989年1月展開歷史性的曼谷之行，大幅提升其國際名望，[187]曼谷當局為促進和平進程，亦呼應洪森排除赤柬的要求，從而惹惱施亞努。所以，他宣布不參加JIM-2。[188]施亞努表示，察猜的印支政策非常危險地有利於越南占領柬埔寨，同時，提供金邊政權事實上的正當性。[189]他在2月11日恢復CGDK主席職務的數日以後，CGDK三派曾聚集北京，支持以《五點和平方案》作為參與JIM-2的共同立場。[190]施亞努相信，和平計畫將是確保柬埔寨自由選舉的唯一方式。[191]

　　CGDK三派提出，應該成立聯合國監督機制來確保《五點和平方案》的應用，以及柬埔寨各派之間的武裝平衡，因此促請聯合國派遣2,000名強勢的監督部隊來確保越南自柬撤軍，並且，封鎖赤柬重新掌權，同時，也重申解散金邊政權是和平解決柬埔寨問題的一部分。[192]然而，洪森在JIM-2期間對於如何組織過渡聯合政府的問題，卻和CGDK三派僵持不下。他希望JIM-2可以先

---

[187] "Hun Sen Visit Signals Shift in Thai Policy on Cambodia," *Straits Times*, 31 January 1989.

[188] UN, "Declaration by Norodom Sihanouk," UN Document, A/44/97, 26 January 1989.

[189] "Sihanouk Raps Thai Policy on Cambodia," *Straits Times*, 13 February 1989; "Chatichai Rejects Sihanouk's Charges over Hun Sen Visit," *Straits Times*, 14 February 1989.

[190] "Khmer Groups to Meet in Beijing," *Straits Times*, 4 February 1989.

[191] "Cambodian Resistance Looks for Consensus," *Business Times*, 8 February 1989.

[192] "Cambodian Resistance Wants 2,000-strong UN Peace Force," *Straits Times*, 10 February 1989.

解決柬埔寨問題的國際部分，像是越南撤軍、外國（尤其中國與
泰國）停止援助柬三派，以及監督的形式等。洪森提議成立民間
的 ICC 來監督柬埔寨的和平解決，其中立性可由兩個不結盟國
家、兩個資本主義國家及兩個社會主義國家來共同保證；ICC 可
納入柬四方的成員，但拒絕包含任何聯合國的單位。[193]洪森的立
場獲得越南與寮國的支持。

　　由於相關各方未能達成協議，JIM-2 最後僅由會議主席阿拉
塔斯在 2 月 21 日發表《共識聲明》（Consensus Statement of the
Chairman of the Jakarta Informal Meeting），宣稱柬埔寨四派在民
族自決與民族和解的基礎上，達成建立一個獨立、主權、和平、
中立與不結盟的柬埔寨。[194]儘管印尼主導的 JIM-1 和 JIM-2，未達
成任何實質性的協議，但至少提供一個有益相關各方建設性對話
與互動的平台，藉以釐清彼此立場再逐步修正，為後續的政治對
話奠定基礎，[195]例如越南就在 4 月 5 日公開宣布，將於 1989 年 9 月
底以前無條件撤離剩餘的戰鬥部隊。[196]

　　1989 年 4 月底，施亞努在訪問曼谷時表示，和平談判的關鍵
是同時解散金邊政權與 CGDK。他也重申成立一個由柬四方組成

---

[193] "Form Civilian Group to Keep Tabs on Settlement Hun Sen," *Straits Times*, 20
February 1989.

[194] "Consensus Statement of the Chairman of the Jakarta Informal Meeting,"
Contemporary Southeast Asia 11, No. 1（June 1989）: 107-111.

[195] Thach Reng, "A Diplomatic Miracle: The Settlement of the Cambodian Conflict,"
Indochina Report, No. 29（October-December 1991）: 3.

[196] Richard Roth-Haas, "Vietnam to Withdraw from Cambodia by End of September,"
United Press International, 5 April 1989, accessed 23 November 2016, http://
www.upi.com/Archives/1989/04/05/Vietnam-to-withdraw-from-Cambodia-by-
end-of-September/9192607752000/.

的過渡民族和解政府，而其政治、經濟、社會等體制應由柬埔寨
人民透過國際監督下的普選來決定。[197]不過，就洪森過去的立場
來看，應是不容易接受。所以，施亞努調整其對於IPKF的立場
後指出，如果洪森不信任聯合國，可透過國際會議來決定IPKF
的相關細節，[198]而且，為順應洪森的要求，也不再堅持聯合國監
督越南自柬撤軍，以及解散PRK。施亞努表示，雖可接受洪森以
最高委員會來作為越南撤軍後且尚未舉行選舉時的過渡實體，但
僅限於金邊政權無法維持獨立行政時，如果洪森拒絕他對IPKF
的提議，也可以只成立ICC。明顯地，施亞努已作出明確讓步。[199]

　　1989年5月1日，金邊政權的國民議會召開特別會議，透過
修憲將國名正式更改為「柬埔寨國」（State of Cambodia, SOC），
試圖藉此改善形象。洪森表示，此舉將有助於和抗越三派達成和
解。[200]翌日，洪森與施亞努再次於雅加達進行雙方會晤。施亞努
在會中提出八項要求：（1）、越南撤軍必須有一明確的日期；
（2）、他返回金邊後，權力必須提升，[201]而且像泰王一樣扮演國家
的人道救助者的角色；（3）、廢除社會主義，承認繼承權與財產
權；（4）、國旗、國歌按其偏好修改；（5）、人權方面須承認結社
自由、移動自由、出版自由；（6）、訂佛教為國教；（7）、共產黨

197　Tan Lian Choo, "Prince Wants Phnom Penh and Coalition Govts Dismantled," *Straits Times*, 29 April 1989.

198　Tan Lian Choo, "Sihanouk Changes Stance on Peacekeeping Force," *Straits Times*, 30 April 1989.

199　"Sihanouk Softens Stand on Phnom Penh Regime," *Straits Times*, 1 May 1989.

200　"Phnom Penh Regime Changes Country's Name and Flag," *Straits Times*, 2 May 1989.

201　Keith B. Richburg, "Sihanouk Offers to Make Separate Peace with Phnom Penh," *Washington Post*, 4 May 1989.

放棄壟斷權力，迫使馬克思主義傾向的PRK領袖放棄無神論哲學與一黨統治；（8）、邀請波布以外的赤柬加入新的和解政府。基本上，SOC僅在多黨體系和邀請赤柬加入和解政府未能符合施亞努的要求，因為洪森代表的是金邊政府而非政黨，不過，洪森也善意地表示，橫山林準備辭去國家委員會元首一職，施亞努將可成為國家元首，還可領導國防委員會，擔任最高統帥。202

　　儘管施亞努與洪森都作出讓步來降低雙方立場的差異，促成四大共識的形成：（1）、同意金邊政權的新國旗與新國歌作為未來新柬埔寨的象徵；（2）、同意在越南撤離後停止接受外國的軍事援助；（3）、同意創造一個多黨體系；（4）、在越南於9月撤軍前，於雅加達或巴黎召開國際會議來決定ICC的組成。不過，洪森堅持拒絕解散金邊政權，卻成為和平會談無法達成立即性突破的主要障礙。203因此，在施亞努的要求下，決定由法國擔任東道主，在1989年7月底舉行首次的「巴黎柬埔寨問題國際會議」（Paris International Conference on Cambodia, PICC），為一個新的柬埔寨制訂出協議，促進柬埔寨問題的公平解決。施亞努表示，並非所有分裂柬四派的內部問題都能在PICC獲得解決，但它至少提供所有派系接受和解的機會，一旦巴黎會議失敗，意味著內戰將再起。204

　　在PICC舉行的前一週，施亞努與洪森先於巴黎舉行第五次

202　Michael Haas, "The Paris Conference on Cambodia, 1989," *Bulletin of Concerned Asian Scholars* 23, No. 2（1991）: 42-43.

203　Yang Razali Kassim, "Two Sides Closer Now — Hun Sen," *Straits Times*, 3 May 1989.

204　Tan Lian Choo, "Pol Pot Snubs 'Exile in China' Suggestion," *Straits Times*, 14 May 1989.

的和平會談，重點是越南結束十年的軍事占領後，權力分享的相
關問題。會談伊始，洪森的代表向媒體發表一份停火協議，主要
內容有二：一是要求終止敵意，以及禁止任何在柬埔寨境內移動
或部署軍隊；二是自停火生效起，直至選舉產生的新國會，以及
建立新國家與新軍隊以前，柬埔寨各方不允許接受外國引入的武
器、軍火、戰爭物資、軍事顧問與人員。不過，該草案的議定書
並未提及越南撤軍以後的任何政治協定。[205]

　　雙方展開正式會談後，未來的過渡政府是否納入赤柬首先成
為爭論的焦點。施亞努堅持將赤柬納入過渡政府，但洪森認為赤
柬是不可接受的夥伴，具有觸發內戰的風險，所以不能參與權力
分享。[206]施亞努表示，赤柬的確是惡魔，但我們沒有理由應該變
成越南的保護國；排除赤柬、遠離共產派系，只會擴大內戰。[207]
其次，雙方對於越南撤軍的監督也有爭議。施亞努認為有13萬越
南人隱藏在柬埔寨軍隊中，所以需要一個人數至少2,000名的國
際觀察團體，以及人數至少1萬名且聯合國支持的IPKF來監督越
南撤軍。國際監督團體與IPKF必須常駐柬埔寨至少5年，若有必
要可延長到10年，目的是控制赤柬並避免其重新掌權。但洪森認
為觀察團並無必要，也拒絕聯合國參與，[208]因為聯合國不承認金

205　"Talks Today to Discuss Seating Plan," *Straits Times*, 27 July 1989.

206　"Hanoi 'Flexible on All Issues Except Role for Khmer Rouge," *Straits Times*, 22
　　July 1989; "Sihanouk, Hun Sen Open Cambodian Talks on Sharing Power,"
　　Business Times, 25 July 1989; "Hun Sen Blamed for Failure of Talks," *Straits
　　Times*, 26 July 1989.

207　Boey Kit Yin, "Hun Sen's Arrogance Is to Blame for Talks Impasse: Singapore,"
　　Business Times, 26 July 1989.

208　在1989年7月4日的第二十二屆東協部長會議（ASEAN Minister Meeting,

邊政府，國際社會已將聯合國席次給予CGDK。[209]此外，施亞努也向洪森提議，由柬四方組成一個稱為「柬埔寨」的代表團來參加國際會議，但遭到洪森拒絕。[210]洪森則主張，金邊政權與CGDK應各為單一代表，但施亞努拒絕讓國際社會看到柬四方分立成兩個陣營，一旦無法找到解決之道，他將以觀察員的身分參加PICC，而且拒絕承認任何結果。[211]各方經過討論後終於達成一項共識：柬四方將各派代表組成單一代表團，以「柬埔寨」（Cambodge）的名義列席PICC。[212]

　　1989年7月30日，為期一個月的PICC在法國巴黎正式舉行，與會者包括：Perm Five、東協六國、兩個印支國家、柬四方、澳洲、日本、越戰期間的兩個監督委員會成員國印度與加拿

AMM）中，東協同意形成一個共同的談判立場。在《聯合公報》中，六國外長要求越南與柬埔寨四方應更為彈性，其一致支持一個「柬埔寨問題的全面政治解決」（Comprehensive Political Settlement of the Kampuchean Problem）的方案，內容就包括聯合國監督下的IPKF以協助實行自由與公平的選舉。越南與SOC均反對任何聯合國的角色，認為聯合國帶有偏見，不過，河內表示，如果聯合國停止CGDK的席位，越南願在此議題上妥協。《聯合公報》全文參考：ASEAN Secretariat, "Joint Communique of the 22nd ASEAN Ministerial Meeting Bandar Seri Begawan, 3-4 July 1989," *ASEAN Archive*, last modified 29 June 2012, accessed 6 December 2016, http://asean.org/?static_post=joint-communique-of-the-22nd-asean-ministerial-meeting-bandar-seri-begawan-3-4-july-1989.

[209] "Sihanouk, Hun Sen Open Cambodian Talks on Sharing Power,"; "Talks Today to Discuss Seating Plan."

[210] "Bad Start for the Four Cambodian Parties," *Straits Times*, 26 July 1989.

[211] "Talks Today to Discuss Seating Plan."

[212] "Compromise among Khmer Factions Seems to Be at Hand," *Straits Times*, 28 July 1989; "Khmers Agree on One Team," *Straits Times*, 29 July 1989.

大，以及不結盟運動主席辛巴威，再加上聯合國秘書長裴瑞茲
（Javier Parez de Cueller）等，共20個代表。本次會議由印尼與法
國共同擔任主席，前三天是第一階段的全體會議，之後則由各工
作委員會（Working Committee）召開集會，8月28日再召開第二
階段的全體會議。[213]

　　在第一階段的全體會議中，除柬埔寨以外，與會代表均同意
法國所提的「工作組織」（Organization of Work）文件來設立工作
委員會，並按照越南的要求，將其分成柬埔寨內部事務與國際事
務等兩個部分。阮基石表示，柬埔寨內部事務應由柬埔寨人民在
沒有外力干涉下自行解決，PICC應避免涉及任何的內部事務，否
則將使會議陷入僵局。與會代表也同意裴瑞茲的建議，派遣一支
15名成員組成的調查團到柬埔寨執行實情調查任務，蒐集資料來
為國際監督委員會的成立與監督越南撤軍進行準備。[214]此外，在
中國與越南的強烈要求下，本次會議對於非程序議題採取全體一
致的原則。

　　根據「工作組織」文件，本次會議共設立三個工作委員會與
一個特別委員會來負責專門的主題，包括：第一委員會由加拿大
與印度擔任主席，負責國際監督外國武裝之撤離，以及停火的形
式與原則；第二委員會由寮國與馬來西亞擔任主席，負責國際保
證柬埔寨的獨立、主權、領土完整與中立，以及確保所有外國干
涉之終止及外國武裝的不再重返；第三委員會由澳洲與日本擔任
主席，負責協助難民及流離失所者重返家園，以及準備柬埔寨重

213　Tan Lian Choo, "Paris Talks Shaping into Diplomatic Showdown," *Straits Times*,
　　　30 July 1989.

214　"UN Fact-finding Team Assured of Easy Access," *Straits Times*, 7 August 1989.

建的國際計畫；特別委員會則由柬四方及印尼與法國共同組成，負責民族和解的執行問題，避免屠殺政策與外國武裝之再現與恢復，成立以施亞努為領袖的四方過渡政府，在國際監督下於合理的時間內舉行選舉。此外，亦成立一個協調委員會，由PICC兩位共同主席主持，負責協調其他四個委員會的工作。[215]

然而，各國代表對於聯合國是否應扮演維和角色，[216]以及赤柬的定位，[217]並無共識。美國與亞洲非共國家要求解散親河內的金邊政權，以及讓流亡的施亞努返柬來領導政府；洪森拒絕解散金邊政府，並主張任何涵蓋赤柬的政治協議均是無效；莫斯科、河內與金邊雖認為會議目標應是尋求各項議題的全面解決，但也力促會議首先應集中在外國干涉與避免赤柬重新掌權等兩大議題。顯然，赤柬的角色已成為PICC的最大挑戰。法國為打破僵局，曾提出一個新的和平方案，內容是成立一個類似政治局的超民族委員會（supra-national council），包含柬四方的最高權力政治機構，將監督第二級的部長委員會，其中將賦予赤柬最小的代表權，並保證將其排除在政府層級外，藉此促成民族和解。[218]然而，施亞努與中國均堅持要將赤柬納入權力分享的安排中。[219]此

---

215 "Text of Agreement on Plan of Work for Conference," *Straits Times*, 2 August 1989.

216 "Consensus in the Making for UN Role," *Straits Times*, 1 August 1989.

217 參考："Co Thach Reasserts Vietnam's Rejection of Khmer Rouge Role," *Straits Times*, 1 August 1989; "Peace Is Not a Priority for the Khmer Rouge," *Straits Times*, 1 August 1989; "Viet Call to Eradicate Khmer Rouge Casts Doubts on Talks," *Business Times*, 1 August 1989; "Fighting Against Khmer Rouge 'Ending'," *Straits Times*, 4 August 1989.

218 "New Peace Formula Proposed by France," *Straits Times*, 6 August 1989.

219 Tan Lian Choo, "Have 4-party Interim Govt — Sihanouk," *Straits Times*, 7

外，與會各國對於越南撤軍後的權力分享、聯合國主持的國際監督機制（International Control Mechanism, ICM）的必要性、對於「屠殺」是否應透過國際會議來明確立場，以及柬埔寨境內的越南移民的地位等問題，亦存在立場歧異，[220]對立陣營彼此互相指責，[221]導致首次召開的PICC並無實質性的進展，未能達成任何具體協議來監督越南撤軍。[222]

　　由於PICC的失敗，加上越南於1989年9月自柬撤軍所留下的真空由CGDK武裝，尤其是赤柬所填補，柬埔寨局勢再次進入激烈戰鬥的局面。[223]金邊政府的武裝部隊在鄰近柬、泰邊境的難民營發動攻擊，試圖切斷平民支持者與反抗武裝之間的接觸與補給線；同樣地，反抗武裝游擊隊嘗試控制金邊軍隊用以貯藏與補給的區域，並滲透許多支持者移入這些區域。[224]尤其赤柬武裝與金邊政府軍為爭奪西部地區的戰略城鎮拜林（Pailin），雙方發生激烈衝突。[225]時至10月，當ANS與KPNLF兩個非共派系的武裝

August 1989; "Khmer Rouge Must Be Part of Cambodian Govt, Says China," *Straits Times*, 29 August 1989.

220　"Who Wants What," *Straits Times*, 1 September 1989.

221　"Rival Factions Blame One Another for Talks Failure," *Straits Times*, 1 September 1989; "Khmer Rouge Has Ruined Talks, Says Hun Sen," *Straits Times*, 1 September 1989.

222　"Cambodia Conference Ends with No Peace Agreement," *Business Times*, 31 August 1989.

223　"Khmer Rouge Steps Up Attacks as Viet Troops Start to Leave," *Straits Times*, 18 September 1989.

224　"Supply Lines Coming under Attack, Says Thai Military," *Straits Times*, 1 September 1989.

225　"Cambodian Fighting Heats Up," *Straits Times*, 23 September 1989.

部隊在鄰近北部邊境尋求控制而戰鬥時，赤柬部隊已經占領拜林及邊境城鎮三洛，並朝金邊持續深入。[226] 1989年底，反抗軍的攻擊行動甚至發生在距離金邊僅40公里的周圍防禦陣地。[227] 然而，非共反抗武裝在幾次錯誤的戰術決定以後，卻開始解體並且喪失根據地，導致赤柬變成唯一保有戰鬥力的常規部隊，加深非共反抗武裝及其支持國家對於赤柬回歸的恐懼，此種心態變化將有利於日後外交途徑的推展。

由於柬埔寨衝突的解決陷入外交僵局，加上柬境戰火再起，升高各國對於盡快解決柬埔寨衝突的期望。有鑑於先前相關各方所提的和平計畫均遭到敵對陣營的拒絕，為消除政治解決柬埔寨衝突的主要障礙，國際社會開始將焦點轉向聯合國，思索聯合國在柬埔寨過渡時期的政治安排中所應扮演的角色。

1989年10月，美國眾議員索拉茲（Stephen J. Solarz）與澳洲外長伊凡斯（Gareth Evans）會談時指出，赤柬參與柬埔寨新政府的最佳方式就是參考「納米比亞模式」（Namibia Formula），成立一個聯合國監督下的中立的過渡機構來取代三方或四方組成的過渡政府，亦即，在聯合國監督下的選舉進行前，由聯合國擔任過渡機構來維持柬埔寨的運作。在第四十四屆聯大所通過的第二十二號決議（A/RES/44/22）中，亦要求成立一個過渡時期的行

---

[226] "Khmer Rouge 'Capture Pailin'," *Straits Times*, 24 October 1989; "Khmer Rouge Claims Major Military Victory," *Business Times*, 24 October 1989; "Khmer Rouge Move Deeper into Cambodia, Say Thais," *Straits Times*, 25 October 1989.

[227] Frank Frost, "The Cambodia Conflict," *Parliamentary Research Service Background Paper*, Department of the of Australia, Canberra, 7 May 1991, pp. 11-12, accessed 23 November 2016, https://www.aph.gov.au/binaries/library/pubs/bp/1991/91bp08.pdf.

政機構。[228] 11月24日，伊凡斯進一步發展聯大決議中的過渡機構構想，提出新的和平計畫，內容包括：（1）、在聯合國IPKF的監督下，柬四方實施停火；（2）、解散金邊政府，並將柬埔寨置於聯合國的託管之下，在聯合國託管以前，空懸柬埔寨在聯合國的席位；（3）、國際監督下進行選舉來產生國會；（4）、國際監督外國對柬四方的庇護與軍事援助；（5）、柬埔寨復興與重建的國際計畫；（6）、允許各抵抗陣營及其平民能自由移動，返回家鄉或回到柬埔寨。[229]

伊凡斯的和平方案獲得施亞努的支持，而洪森也表示願意考慮伊凡斯的計畫。施亞努指出，和平談判陷入僵局，若無法擺脫此一惡夢，犧牲的將是柬埔寨的人民，所以，我們必須尋求新的方式，那就是聯合國託管，[230] 伊凡斯的和平計畫在全球層次上正確地表達出我的構想。[231] 此外，伊凡斯的和平方案同樣獲得國際強權與東協的贊同。

1990年1月15日至16日，Perm Five重啟談判，在巴黎召開

228　UN, "44/22. The Situation in Kampuchea," in *Resolutions and Decisions Adopted by the General Assembly during Its Forty-Fourth Session*, Volume I, *19 September-29 December 1989: General Assembly Official Records: Forty-Fourth Session, Supplement* No. 49（A/44/49）（New York: United Nation, 1990）, p. 30.

229　Gareth Evans, "Achieving Peace in Cambodia"（paper to *the Hague Centennial Peace Conference on Dispute Settlement, Humanitarian Law and Disarmament*, University of Melbourne, 20 February 1999）; Stephen J. Solarz, "Cambodia and the International Community," *Foreign Affairs* 69, No. 2（Spring 1990）: 107-108.

230　"Sihanouk Backs a U.N. Trusteeship for Cambodia," *New York Times*, 3 December 1989.

231　"Sihanouk Backs Australian's Peace Plans for Cambodia," *Straits Times*, 27 November 1989.

首次有關柬埔寨的特別會議，要求聯合國在柬埔寨的和平進程中
扮演主要角色。在談判過程中，中國堅持金邊政府應在聯合國進
駐以前完全解散，但蘇聯反對；中國認為赤柬不應被排除於過程
之外，引起美、英、法的反對，從而使Perm Five無法成功調解
柬四方的地位。Perm Five於會後達成一份涵蓋十七點內容的《解
決柬埔寨問題的工作原則》，[232]同意在柬埔寨民選政府正式運作以
前，由全國最高委員會（Supreme National Council, SNC）來代表
過渡時期柬埔寨人民的主權，並由聯合國秘書長派駐的特別代表

---

[232] 《解決柬埔寨問題的工作原則》包括：（1）、不接受武力達成的解決方案；
（2）、只能透過全面政治解決達成永久和平，包括：外國武裝撤離、停火、
停止外國軍援等事項的證實；（3）、透過自由、公平、民主的選舉來達成柬
埔寨人民自決的目標；（4）、與會各國均接受提升聯合國在解決柬埔寨問題
上的角色；（5）、亟需加快外交努力來達成柬埔寨問題的解決；（6）、外國武
裝完全撤離須經由聯合國證實；（7）、Perm Five歡迎柬四方早日進行建設性
對話，此為過渡進程所不可或缺，不應由任何一方所支配；（8）、為確保過
渡時期的柬埔寨內部安全，聯合國的有效介入是必要的；（9）、為監督過渡
時期聯合國在柬埔寨的活動，有必要派駐一名SRSG，直至民主的選舉政府
開始就任；（10）、聯合國的運作範圍應與柬埔寨問題的成功解決一致，其計
畫與執行應考量成員國沉重的財政負擔；（11）、自由與公平的選舉須由聯合
國直接辦理；（12）、選舉須在中立的政治環境中舉行，無偏向任何一方；
（13）、Perm Five允諾尊重自由公平選舉的結果；（14）、所有柬埔寨人同享
自由與權利及參與選舉過程的機會；（15）、過渡時期柬埔寨人民的主權可由
SNC來代表；（16）、任何涉及柬埔寨主權的問題應由柬埔寨各方協議來解
決；（17）、Perm Five支持所有區域各方為達成全面政治解決的努力，並與
其保持緊密聯繫，在適當時間重新召開巴黎會議。UN, "Letter Dated 16
January 1990 from the Permanent Representatives of China, France, the Union of
Soviet Socialist Republics, the United Kingdom of Great Britain and Northern
Ireland and the United States of America addressed to the Secretary-General," UN
Document S/21087, 18 January 1990.

（Special Representative of the Secretary-General, SRSG）來負責聯合國在柬埔寨的運作。不過，Perm Five的《解決柬埔寨問題的工作原則》並未獲得柬四方的背書。

正當澳洲積極尋求國際社會支持其和平方案，而Perm Five也為達成全面政治解決柬埔寨衝突而奮鬥時，其他的外交努力也持續地進行。1990年2月21日，在泰國總理察猜的安排下，施亞努與洪森在曼谷舉行第六次的雙邊會談。過程中，雙方對於過渡時期SNC的構成性質抱持不同的意見。洪森反對施亞努主張應該解散金邊政府，而且在選舉以前由東協人員取代的提議。他認為，聯合國的角色應該侷限在組織選舉，而不是管理、控制或治理柬埔寨。雙方會後發表一份聯合公報，僅達成兩項和平原則：一是聯合國參與柬埔寨的相應級別的機構是重要的，應該受到鼓勵；二是有必要建立一個最高國家機構來代表柬埔寨的國家主權和國家統一。[233]

1990年2月26日至28日，JIM-3在印尼雅加達召開。本次會議由印尼外長阿塔拉斯與法國外長杜馬（Roland Dumas）共同擔任主席。JIM-3的與會者除JIM-2成員以外，聯合國亦派代表參加，澳洲則是以「資源代表」（resource delegation）的身分出席。會中，共同主席將澳洲的和平方案發行成冊，並作為JIM-3的資源文件，即著名的《紅書》（*Red Book*）。[234]

---

[233] Tan Lian Choo, "Sihanouk and Hun Sen Agree on 2 Peace Principles," *Straits Times*, 22 February 1990；〈施亞努與洪森會談〉，《人民日報》，1990年2月22日，第6版。

[234] 該文件勾勒出各種選擇與成本，包括：聯合國過渡機構的角色、選舉過程所需的人員與成本的估計等。Australia Department of Foreign Affairs and Trade, *Cambodia: An Australian Peace Proposal: Working Papers for the Informal*

　　JIM-3的與會者均接受應提升聯合國的角色，但對於聯合國介入的程度與形式，以及對於SNC的構成與功能及其與聯合國的關係等方面，存有歧異。洪森堅持反對解散金邊政府，要求聯合國在金邊政權完整存在的基礎上，組織和監督柬埔寨大選。他認為，如果解散目前的政權將使柬埔寨陷於混亂。相對地，柬三派則對於越南聲稱自柬完全撤軍表示質疑，主張必須由聯合國對越南撤軍實行監督和查實；另外，他們也強調必須同時解散金邊政權和柬埔寨民族政府（National Government of Cambodia, NGC），[235]如此才能確保聯合國在監督和核查越南撤軍、監督停火和停止外國軍援、在柬埔寨組織自由公正大選和確保柬埔寨獨立、和平、中立地位方面發揮作用。[236]由於各方無法達成協議，特別是赤柬與金邊對於聯合國的角色各持己見，導致JIM-3仍以失敗收場。[237]

　　1990年4月7日，泰國總理察猜在日本進行訪問。日本首相海部俊樹（Toshiki Kaifu）對察猜表示，日本願意在柬埔寨和平進程中扮演更積極的角色。察猜隨即邀請日本作為東道主，舉行一場施亞努與洪森之間的非正式對話，同時，責付副總理兼國防部長昭華利（Chaovalit Yongchaiyuth）協助安排相關事宜。對

　　Meeting on Cambodia, Jakarta, 26-28 February 1990（Canberra: Department of Foreign Affairs and Trade, 1990）。

235　1990年2月3日，施亞努將CGDK流亡政府更名為柬埔寨民族政府（NGC），並將赤柬時代的國旗與國歌恢復到1970年以前。NGC政權是以法國第五共和為基礎的民主總統制，施亞努的官方頭銜為柬埔寨總統（President of Cambodia）。

236　〈柬埔寨問題雅加達會議開幕〉，《人民日報》，1990年2月28日，第4版。

237　〈柬問題非正式會議各方無法達致協議〉，《聯合早報》，1990年3月2日，第1版。

此，施亞努認為，若缺乏其他兩派參加，他與洪森的會談不會有
實質成果。兩天後，施亞努公布一項《九點和平計畫》（the Nine-
point Plan of April 1990），[238] 要求 Perm Five 派遣一支聯合部隊作為
聯合國主持下的 IPKF 到柬埔寨執行停火，並在選舉以前與選舉
期間維持柬埔寨的治安。在這份和平計畫中，施亞努作出重要的
讓步是，放棄先前主張徹底解散金邊政府的要求，改以成立一個
ICC、一個 SNC 及透過 PICC 所成立的聯合國管理機構來取代之。
其中，ICC 與 SNC 緊密合作，中立化各派武裝，並準備與監督選
舉，而且，選舉不應在停火已經執行後的二至三年以前舉行。施
亞努的《九點和平計畫》明顯已為 SNC 架構出一個基本的模式。
不過，施亞努認為，當前尚有眾多越軍與越南移民仍在柬埔寨境

---

238 《九點和平計畫》的主要內容：（1）、聯合國秘書長和 Perm Five 在與 SOC 及
　　 NGC 兩政府達成一致後宣布在柬立即停火，各方武裝原地待命；（2）、Perm
　　 Five 向柬埔寨派遣武裝分隊監督停火；（3）、PICC 在取得聯合國秘書長和柬
　　 四方同意後，建立一個 ICC，協助武裝分隊使衝突各方武裝保持中立，確保
　　 柬埔寨的和平及人民的自由，與 SNC 緊密合作，準備和監督大選；（4）、保
　　 留 SOC 及 NGC 兩個政府，在大選期間所有行政權力移交給聯合國行政機
　　 構，外交權力移交給 SNC；（5）、成立 SNC，由柬三派的六位成員和金邊政
　　 權六位成員共同組成，作為柬埔寨主權的象徵。在大選期間，它將把柬埔寨
　　 的行政權力委託給聯合國管理機構；（6）、聯合國秘書長任行政機構主席，
　　 在大選期間派一名 SRSG 在柬負責各項工作；（7）、保留金邊政權的公共事
　　 務和技術管理機構並受聯合國行政管理機構的控制；（8）、柬埔寨的大選將
　　 由 SNC 同聯合國行政機構共同組織，大選將受 ICC 的監督；（9）、SNC 應當
　　 宣布柬埔寨中立，PICC 應當承認並保證柬埔寨成為一個中立國。UN,
　　 "Letter Dated 9 April 1990 from the Chargé d'affaires a.i. of the Permanent
　　 Mission of Cambodia to the United Nations addressed to the Secretary-General,"
　　 UN Document A/45/209 and S/21240, 9 April 1990；王忠田，〈大勢所趨 舉步
　　 多艱──柬埔寨問題形勢回顧與展望〉，《國際展望》，第 24 期（1990）：3。

內，顯示河內及金邊政權在政治解決柬埔寨問題上仍缺乏誠意。
二者依然拒絕柬三方提出的建議，尤其是由聯合國派遣 ICC 和
IPKF，來監督、核查越南撤軍，以及保證柬埔寨的和平與大選的
建議。[239] 因此，柬四方的東京會談遲至 6 月 4 日才舉行。

　　由於日本外務省在會前指出，東京會議（Tokyo Conference
on Cambodia）是 NGC 和 SOC 兩個政府之間的雙邊會議，所以赤
柬代表喬森潘拒未出席。喬森潘發表聲明表示，東京會議未採取
「四方會談」的模式，赤柬拒絕與會。會後僅由施亞努與洪森簽
署一份「體面的」（face-saving）《聯合聲明》，內容大致上是以
施亞努的《九點和平計畫》為基礎，包括：停火協議、成立 SNC
和 ICC 等內容。[240] 「柬埔寨人民全國解放陣線」（KPNLAF）與赤
柬並不同意這場會談的結果。[241] 喬森潘表示：兩人簽署的《聯合

---

239 〈柬抵抗力量將繼續鬥爭直至獨立〉，《人民日報》，1990 年 4 月 26 日，第 4
　　版。

240 《聯合聲明》的內容包括：(1)、應緊急自我克制行使武力；(2)、實現實質
　　性的停戰是實現和平解決的第一步，這將通過停止敵對行為和設立全國最高
　　委員會實現之；(3)、各自管理下的部隊留停在原地；(4)、同意再次召開巴
　　黎國際會議，並在得到聯合國的適當幫助下，對外國武裝撤離、停止外國軍
　　事援助方面實施監督及採取停火措施；(5)、全國最高委員會是中立、主
　　權、象徵國家統一所不可或缺，其成員應由施亞努派和金邊政權等兩方以同
　　等人數和知名人士組成，第一任主席從委員會成員中選出；(6)、全國最高
　　委員會最慢於 1990 年 7 月底組成，其將作為停火開始後至自由選舉且產生新
　　政權的過渡時期的臨時政權的基礎。陳潔華，〈東京柬埔寨問題會談之背
　　景〉，《國際展望》，第 13 期（1990）：10。

241 針對此背景，「柬埔寨人民全國解放陣線」在磅同省發動攻擊，但遭遇失
　　敗，從此喪失戰鬥能力。1990 年 7 月底和 8 月初，「柬埔寨人民全國解放陣
　　線」主席宋山與洪森聯繫，要求撤銷東京會議的結果，並以新的巴黎會議取
　　代之。不過，在磅同取得軍事勝利的洪森斷然拒絕宋山的提議。由於「柬埔

聲明》對赤柬缺乏約束力。施亞努也承認，他與洪森共同簽署
《聯合聲明》是一種「勉強的選擇」。此外，施亞努、宋山及喬森
潘等三人均認為，柬埔寨問題的全面政治解決須包含赤柬在內的
四方共同達成協議，才能為柬埔寨帶來公正和持久的和平。[242]

　　有鑑於柬四方遲遲未能就SNC達成共識，東協國家於雅加達
舉行的第二十三屆部長會議時提出呼籲，希望柬四方能在第四十
五屆聯大開議以前，成立一個彼此都能接受的SNC。[243]對此，
NGC在1990年8月22日施亞努主持的一次會議中表示，將盡早
成立SNC，同時也支持東協與Perm Five的意見，亦即，柬埔寨
任何一方均不得通過武力奪取或保有權力，以及柬埔寨任何一方
均不得處於有利地方或被排除在外。[244] 8月28日，Perm Five就柬
埔寨問題進行第六輪磋商，經過協調各方意見與討論以後，終於
完成全面政治解決柬埔寨問題所有相關文件的制訂，亦即《柬埔

　　寨人民全國解放陣線」已不再具備足夠的軍事能力來要求任何的讓步，剩下
　　的行為者僅剩赤柬一方。Boraden Nhem, "The Cambodia Civil War and the
　　Vietnam War: A Tale of Two Revolutionary Wars" (Ph.D. diss., University of
　　Delaware, 2015), pp. 310-311.

242　Kwan Weng Kin, "Sihanouk and Hun Sen Sign Face-saving Pact on Ceasefire,"
　　Straits Times, 6 June 1990, p. 3;〈西哈諾與雲生簽署聯合公報〉,《聯合早
　　報》，1990年6月6日，第2版;〈關於柬埔寨和平的東京會議開閉幕〉,《人
　　民日報》，1990年6月7日，第4版;〈如四方不能達成一致柬不會有真正和
　　平〉,《人民日報》，1990年6月8日，第4版。

243　ASEAN Secretariat, "Joint Communiqué of the 23rd ASEAN Ministerial Meeting
　　Jakarta, 24-25 July 1990," in *ASEAN Document Series 1989-1991*, Suppl. ed.,
　　(Jakarta: ASEAN Secretariat, 1991), pp. 9-17.

244　UN, "Letter Dated 22 August 1990 from the Permanent Representative of
　　Cambodia to the United Nations addressed to the Secretary-General," UN
　　Document A/45/431 and S/21591, 22 August 1990.

寨全面政治解決架構文件》（Framework Document for a Cambodian settlement）。

《柬埔寨全面政治解決架構文件》是由五個部分構成，包括：關於柬大選前行政管理的過渡安排、過渡時期的軍事安排、在聯合國主持下舉行大選、保護人權，以及關於柬埔寨主權及領土完整的國際保證等。Perm Five在會後發表的《聯合聲明》（Statement of the Five Permanent Members of the Security Council of the United Nations on Cambodia）中，呼籲越南和柬四方接受此一架構文件作為解決柬埔寨衝突的基礎，並要求柬四方盡可能在此基礎上成立SNC。Perm Five指出，在SNC成立初期將取代柬埔寨在聯合國的與其他國際組織席位，而且，SNC作為柬埔寨過渡時期的唯一合法機構與權力來源，在簽署全面政治解決協議之際，將授予聯合國在柬埔寨過渡時期權力機構（United Nations Transitional Authority in Cambodia, UNTAC）為保證實施全面協議的一切必要的權力；同時，柬四方應當再次召開包括所有各方和聯合國秘書長參加的PICC，以通過全面政治解決方案的各項內容，並據此制訂一個詳盡的執行計畫。[245]

1990年9月，《柬埔寨全面政治解決架構文件》進一步成為安理會第六六八號決議案（Resolution 668），[246]並經由10月舉行

---

[245] UN, "Letter Dated 30 August 1990 from the Permanent Representatives of China, France, the Union of Soviet Socialist Republics, the United Kingdom of Great Britain and Northern Ireland and the United States of America to the United Nations addressed to the Secretary-General," UN Document A/45/472, 31 August 1990.

[246] UN, "Security Council Resolution 668（1990）, Endorsing the Framework for a Comprehensive Political Settlement of the Cambodia Conflict, Adopted by the

的第四十五屆聯大批准通過。[247]期間，柬四方在國際社會的壓力下，開始著手準備成立SNC。9月9日，關於柬埔寨問題的非正式會議（Informal Meeting on Cambodia, IMC）在雅加達舉行。本次會議由印尼外長阿拉塔斯與法國副外長阿維斯（Edwige Avice）共同擔任主席，與會者除柬四方以外，聯合國秘書長亦派代表出席。本次會議的核心議題是討論完成SNC的建立及其性質、組成、職能和相關問題。[248]

　　在會後發表的《聯合聲明》（Joint Statement of the Jakarta Informal Meeting on Cambodia, 10 September 1990）中，柬四方接受Perm Five完成的架構作為解決衝突的基礎，而且未來將經由PICC的過程來將此架構詳盡制訂成一個全面性政治解決；同時，柬四方也同意組成SNC來作為過渡時期柬埔寨唯一的合法機構與權威來源，體現柬埔寨的主權、獨立與團結。SNC對外代表柬埔寨，並將擁有柬埔寨在聯合國及其各機構和其他國際組織以及國際會議中的席位。SNC將在全面解決方案簽署時，授權給聯合國一切必要的權力，以確保協定的全面執行，其中包括舉行自由、公正的選舉和有關柬埔寨行政方面事項。此外，《聯合聲明》亦明確指出SNC的組成與運作準則。在成員方面，SNC將由柬埔寨

Security Council at Its 2941st Meeting, on 20 September 1990," UN Document S/RES/668, 20 September 1990.

247　UN, "General Assembly Resolution 45/3: The Situation in Cambodia," UN Document A/RES/45/3, 15 October 1990.

248　Paul Jacob, "Cambodian Factions Optimistic as Jakarta Talks Begin," *Straits Times*, 10 September 1990；〈交戰各派閉門會議開始　雲生喬森潘都認為柬和談會商達協議〉，《聯合早報》，1990年9月10日，第1版；〈柬埔寨問題非正式會議開幕〉，《人民日報》，1990年9月10日，第6版。

人民中具有權威和反映各方面意見的個人代表組成，包括：金邊
政權六名成員、NGC 中的三方各占兩個席位。柬埔寨各方還同意
接受施亞努於 9 月 8 日聲明中的建議，亦即，在 SNC 全部成員都
同意的條件下，可以選出一名主席，而該名主席必須是 SNC 的
「第十三位成員」。[249]

　　一星期以後，SNC 在曼谷召開首次會議，亦即「曼谷會談」
（Bangkok Talks），目的是要選舉 SNC 的主席以及遴選出席第四十
五屆聯大的五名柬埔寨正式代表，希望將各方帶入一種工作關係
來協助維持和平進程，加快和平解決的完成。[250] 根據 1990 年 9 月
10 日的《聯合聲明》，NGC 代表主張，施亞努應擔任 SNC 主席，
而且是 SNC 的「第十三位成員」，但遭到洪森的反對。洪森堅持
柬 SNC 主席必須來自十二名成員的立場，認為沒有必要選出第十
三名成員；換言之，施亞努僅能以 NGC 的六名代表之一與會。若
施亞努決定加入 SNC，金邊方面將同意他擔任主席，但副主席須
由洪森出任；若 NGC 堅持在現有成員以外，加上施亞努擔任主
席，金邊政權將根據對等原則，要求增加一名成員。NCG 代表堅
持反對洪森的方案，最終未能選出聯大代表及 SNC 主席。[251]

---

[249] UN, "Joint Communiqué of the Informal Meeting on Cambodia, Jakarta, 10 September 1990, Letter Dated 18 September 1990 from the Permanent Representative of Cambodia to the United Nations Addressed to the Secretary-General," UN Document A/45/519 and S/21788, 18 September 1990.

[250] UN, "Press Statement Issued by the Democratic Kampuchea Party on 19 September 1990, Letter Dated 19 September 1990 from the Permanent Representative of Cambodia to the United Nations Addressed to the Secretary-General," UN Document A/45/521 and S/21794, 19 September 1990; Findlay, *Cambodia*, p. 8.

[251] Tan Lian Choo, "Khmer Peace Talks Hit Snag," *Straits Times*, 18 September

　　1990年11月23日，Perm Five在巴黎召開PICC復會的工作會
議，與會者除Perm Five外，還有前次PICC共同主席的印尼，以
及聯合國秘書長的代表。本次會議的目的是要就全面政治解決柬
埔寨問題的最後文件進行政治協商。Perm Five在會議公報中指
出，當前必須解決的是SNC的領導問題，Perm Five歡迎施亞努
擔任主席，至於SNC的擴大和副主席人選等其他問題，應由柬埔
寨人自己透過協商，根據彈性與民族和解精神作出決定。Perm
Five呼籲，希望柬埔寨衝突各方盡最大克制，確保SNC能夠開始
正常運轉，俾使PICC得以在和平環境中復會。[252]同樣地，施亞努
與宋山也指出，國際社會致力柬埔寨問題的全面政治解決並取得
豐碩成果，但柬埔寨各方卻無法解決內部爭端，特別是洪森提出
限制聯合國在柬埔寨的權力、拒絕解散金邊現有政權機構和削減
軍隊等要求，將嚴重阻礙柬埔寨問題的早日解決。有鑑於此，施
亞努提議柬四方盡快召開一次「兄弟間的非正式會議」，以便就
SNC及其他相關問題進行磋商。[253]

　　1990年12月21日，PICC共同主席和柬三方在巴黎舉行磋商
會議，希望敦促金邊政權接受Perm Five就全面政治解決柬埔寨

　　1990；〈柬最高委員會舉行首次會議〉，《人民日報》，1990年9月18日，第
　　6版；〈最高理事會人數談不攏柬埔寨四派領袖首輪會談無結果〉，《聯合早
　　報》，1990年9月18日，第1版；〈喬森潘宋雙呼籲柬各派履行安理會文
　　件〉，《人民日報》，1990年9月20日，第6版。

[252] "Peace Plan for Khmers Finalised; Rivals Urged to Resume Paris Talks," *Straits
　　Times*, 27 November 1990；〈安理會五強與印尼對柬問題達成協議〉，《聯合
　　早報》，1990年11月27日，第2版；〈柬問題工作會議在巴黎舉行〉，《人民
　　日報》，1990年11月25日，第6版；〈柬埔寨問題工作會議結束〉，《人民日
　　報》，1990年11月27日，第6版。

[253] 〈儘快召開柬4方非正式會議〉，《人民日報》，1990年11月27日，第6版。

問題的協議。然而，洪森堅持，聯合國雖然在解決柬埔寨問題上有其必要性，但其作用有所限制，而且應符合聯合國憲章；他甚至要求對協議的某些部分進行重新談判。在會後發表的《聯合公報》中指出，SNC全體成員重申接受Perm Five達成的架構文件作為解決柬埔寨衝突的基礎，並對11月26日PICC共同主席與Perm Five起草的協議草案中大致上達成協議，尚未達成協議的部分僅有各方武裝力量的解除和裁減，以及協議中是否提及「種族滅絕」等問題。[254] 至此，Perm Five所擘劃的解決柬埔寨問題的和平架構幾近完成，唯一的障礙僅剩金邊政權所堅持的異議部分。

首先，洪森堅持反對裁減軍隊和發揮聯合國的作用，認為金邊政府的軍隊是防止赤柬重新掌權的「唯一障礙」；同時，他也提出「就地停火」的建議。但施亞努認為，喬森潘與宋山都已經提出保證，只要柬各派無例外地全部解除武裝、銷毀全部武器，只要越南軍隊、軍事人員和民兵完全撤離柬埔寨，聯合國ICC將可到所有地方核查，並銷毀其所擁有全部武器裝備；洪森所提的「就地停火」建議，僅會造成柬埔寨的分裂，其真正用意是為保住金邊政權。[255] 其次，對於和平協議中是否提及「種族滅絕」的問題，金邊政府表示不會簽署任何未包含國際審判屠殺之戰犯的協定，或是無法保證將戰犯從未來政治權力中排除的措施。[256] 再

---

254 "Cambodia Factions Taking to UN Peace Plan in Positive Way," *Straits Times*, 23 December 1990; "Partial Accord on Cambodia," *Straits Times*, 24 December 1990；〈柬四派同意和平方案多數要點〉，《聯合早報》，1990年12月24日，第2版；〈柬埔寨問題磋商會議結束〉，《人民日報》，1990年12月24日，第6版。

255 〈拒絕金邊「就地停火」建議〉，《人民日報》，1991年1月26日，第6版。

256 Murray Hiebert, "Pessimism for Peace: Despite a Lull in Fighting Hopes for Talks

者，洪森對於施亞努擔任SNC主席一事再三阻撓，導致SNC未能正常運作。

　　PICC的兩位共同主席為打破僵局，在1991年2月初訪問越南，試圖勸說河內對金邊政府施壓，使其整體接受Perm Five所制訂的和平計畫，但未能如願。同時間，泰國總理察猜與柬四方於曼谷舉行會議，針對選舉SNC主席和柬埔寨重建等問題進行討論。關於重建問題，察猜建議在和平解決方案實行前，展開重建基礎設施，組成工作小組來籌措鐵路、公路、機場、電力的重建。FUNCINPEC的代表拉納烈及金邊代表何南宏（Hor Nam Hong）均表示支持，但何南宏也認為，沒有停戰協定，國家復原根本不可能。[257] 2月起，柬埔寨境內戰火重啟未見停止，直至聯合國於5月1日要求交戰雙方自願停火，戰場才趨於平靜。[258]

　　1991年6月1日，在PICC兩位共同主席的推動下，SNC的第二次會議在雅加達舉行。會議中，洪森一再要求對安理會的文件進行具體修改，要求增加防止「種族滅絕」重返的問題，建議成立國際法庭來調查與審判赤柬過去的殘暴行為，也重申必須延長停火和討論停止武器供應等問題，但卻對Perm Five制訂的架構文件刻意避而不談。[259]阿拉塔斯指出，聯合國的和平計畫文件可作某些建設性的更動，使衝突各方和PICC的所有與會者都能接受，但金邊政權的某些建議不符合安理會的文件精神，應當拒絕

　　　Are Low," *FEER*, 30 May 1991, p. 16.

257 〈泰國總理差猜會見拉納烈〉，《人民日報》，1991年2月13日，第6版。

258 Hiebert, "Pessimism for Peace," p. 15.

259 Paul Jacob, "Hun Sen Calls for Probe into Past Atrocities in Cambodia," *Straits Times*, 2 June 1991；〈柬全國最高委員會第二次會議開幕〉，《人民日報》，1991年6月3日，第6版。

重啟爐灶，避免阻礙談判進程。[260]在SNC主席人選方面，施亞努與洪森達成協議，分別擔任正、副主席，但遭到宋山與喬森潘的拒絕。[261]隨後，施亞努與洪森雖同意停止接受外國的軍事援助，[262]但因河內和金邊政權仍拒不接受Perm Five所通過的架構文件，赤柬與KPNLF宣布自6月6日起停止執行臨時停火協議。[263]數日後，施亞努表示，將作為FUNCINPEC的普通代表參加SNC，而且不一定要擔任SNC的主席；[264]同時，他邀請各派在泰國芭達雅（Pattaya）召開SNC會議。儘管喬森潘及洪森均答應赴會，但施亞努的倡議仍未能停止這波軍事衝突。

　　1991年6月24日，柬四方於芭達雅舉行SNC首次無外部參與的會議，議程將著重討論SNC的領導問題、無限期停火的實施細節，以及如何執行Perm Five所制訂的架構文件等問題。經過三天的會談，柬四方達成四項協議，包括：(1)、同意在舉行大選前，保持NGC與SOC兩個政府，SNC為柬埔寨最高的權力機

---

260 〈法國印尼說柬和平計畫可修改〉，《聯合早報》，1991年6月1日，第33版；〈柬最高委員會會議討論聯合國文件〉，《人民日報》，1991年6月5日，第6版。

261 Paul Jacob, "Sihanouk, Hun Sen Reach Accord on Leadership of SNC," *Straits Times*, 3 June 1991; Rodney Tasker, "Prince of Wiles," *FEER*, 20 June 1991, p. 10; Zhang Zhinian, "Peace Talks on Cambodia End without Progress," *Beijing Review*, 17 June 1993, pp. 12-13.

262 Paul Jacob, "Sihanouk, Hun Sen to Stop Taking Foreign Military Aid," *Straits Times*, 6 June 1991.

263 〈紅吉蔑下令屬下游擊隊繼續戰鬥柬首次停火結束〉，《聯合早報》，1991年6月7日，第36版；〈重新開戰打擊越偽軍〉，《人民日報》，1991年6月8日，第6版。

264 Tasker, "Prince of Wiles," p. 10；〈施亞努決定參加柬全國最高委員會〉，《人民日報》，1991年6月8日，第6版。

構；（2）、宣布自6月24日起在柬全國範圍內無限期停火與切斷外國軍事支持，聯合國管制方式將由SNC今後各屆會議審查；（3）、通過SNC的會旗和會歌，各派的旗和歌仍予以保留，直至大選舉行；（4）、同意SNC中的權力分享，允許SNC作為一個超政府（super-government），並就SNC的職能與會址及成立秘書處等問題達成協議，SNC總部將設於金邊。此外，會議也通過決議，要建立工作小組研究SNC的章程、選舉法和柬埔寨新憲法的原則。[265]

1991年7月16日至17日，SNC在北京舉行工作會議。由於施亞努與洪森事先達成協議，他以變成一個中立的協調人，並放棄政黨關係，來交換洪森放棄擔任SNC副主席的要求，故而，在正式會議中，與會代表一致選舉施亞努擔任主席，然後，直到大選舉行前，施亞努就成為SOC事實上（ de facto ）的國家元首。為此，施亞努將辭去NGC元首職位，作為一個中立的元首來領導國家邁向和平。[266] 與會代表也同意施亞努為首的柬埔寨代表團出席聯合國第四十六屆大會，接受聯合國架構文件與巴黎會

---

265 UN, "Statement of the National Supreme Council of Cambodia, Letter Dated 24 June 1991 from the Chargé d'affaires a.i. of the Permanent Mission of Cambodia to the United Nations Addressed to the Secretary-General," UN Document A/46/267 and S/22733, 24 June 1990; UN, "Statement of the National Supreme Council of Cambodia, Letter Dated 25 June 1991 from the Chargé d'affaires a.i. of the Permanent Mission of Cambodia to the United Nations Addressed to the Secretary-General," UN Document A/46/269 and S/22736, 25 June 1991; Tan Lian Choo, "Hun Sen Accepts Sihanouk's Peace Plan," *Straits Times*, 24 June 1991; Rodney Tasker, "Cosy Compromise," *FEER*, 4 July 1991, p. 13.

266 "Sihanouk Elected Head of SNC, Resigns Resistance Posts," *Straits Times*, 18 July 1991.

議協議草案，並請求聯合國派遣適當數量人員到柬埔寨，監督
停火和停止接受外國軍事援助的相關事宜。另外，本次會議也任
命SNC秘書處的6名官員，並成立一個業務工作組，草擬SNC
議事規則、新憲法的宗旨，以及各項選舉法與SNC總部在金邊
設立的方式等。[267] 儘管洪森先前曾主張SNC既不是政府、不是民
政單位（civil administration），亦非分層授權單位（hierarchical
authority），但為維持金邊政權的存在，還是作出實質性的讓步。
隨後，Perm Five對架構文件進行修正，不再要求柬四方完全解除
武裝，而是各方武裝解散70%，理由是減輕SOC對赤柬重新奪權
的恐懼。[268]

　　1991年8月26日，SNC舉行為期三天的第二次芭達雅會議。
本次會議由SNC主席施亞努主持，討論如何執行Perm Five為全
面政治解決柬埔寨問題而制訂的架構文件等議題，會中達成多項
重要協議。關於各方武裝安排方面，金邊方面原先主張各派裁減
40%的軍隊，喬森潘則建議柬埔寨民族政府（NGC）和金邊各保
持6,000人的部隊，[269] 最後在各方妥協下，同意將柬四派的軍隊和
武器裝備都裁減70%，各方剩下的30%的軍隊和武器裝備將重新
集結與臨時解除武裝，由UNTAC控制。[270] 柬埔寨的員警也將由聯

267　UN, "Final Communiqué of the Informal Meeting of the Supreme National
　　Council of Cambodia（Beijing, 17 July 1991），Letter Dated 18 July 1991 from
　　the President of the Supreme National Council of Cambodia Addressed to the
　　Secretary-General," UN Document A/46/310 and S/22808, 18 July 1991.
268　"UN Eases Cambodia Peace Plan," *International Herald Tribune*, 20-21 July
　　1991.
269　劉振廷，〈芭堤雅會議蒙上陰影柬四派無法達致裁減各派軍力協議〉，《聯合
　　早報》，1991年8月27日，第2版。
270　關於SNC對於軍事安排的決定，在8月底的Perm Five、PICC共同主席與

合國臨時機構控制。關於人權問題，金邊最終不再堅持於協議草
案中加上「種族滅絕」的詞句，或提及責任問題，而是以保證過
去的政策與實踐不再重返來取代。關於SNC與UNTAC的關係問
題，亦即裁決權問題，若SNC向UNTAC提出建議並經各成員一
致同意，則UNTAC必須遵從；在任何SNC成員沒有共識的議題
上，SNC主席得以作最後的決策。另外，本次會議還就柬埔寨大
選、社會制度和政黨組織等問題達成協議，將推行自由民主及多
黨制，而且人民有集會結社和組織政黨的自由。[271] 不過，雙方在
員警組成和大選方法等方面仍存在歧見。

　　1991年9月20日，SNC成員與Perm Five在紐約召開聯席會
議。經過兩天的討論以後，柬四方同意分階段和均衡地削減至少
70%的正規部隊，並將所有的員警力量置於聯合國的監督和控制
之下，其餘30%的部隊將在大選前後解散或者編入新的全國性軍
隊。關於18個月內舉行全國大選的選舉制度問題，SNC亦協議在
柬埔寨大選中以省為選區按比例選舉各派代表。此外，關於聯合
國在柬埔寨過渡時期的作用，以及施亞努的最後裁決權等問題，
也獲得釐清。[272] 至此，嚴重影響柬埔寨和平進程的爭議都已宣告

　　SNC的聯席會議上，美國助理國務卿索羅門（Richard Solomon）曾提出在
　　大選前將保留的30%部隊逐步解散，但施亞努認為有執行上的困難，建議
　　將此問題留在大選後由新政府決定。〈安理會五國與柬全國最高委員會舉
　　行聯席會議〉，《人民日報》，1991年9月1日，第6版。

271　UN, "Final Communiqué of the Supreme National Council of Cambodia, Letter
　　Dated 23 September 1991 from the President of the Supreme National Council of
　　Cambodia Addressed to the Secretary-General," UN Document A/46/494 and
　　S/23066, 24 September 1991.

272　〈對選舉制度柬各派達成協議〉，《聯合早報》，1991年9月21日，第34版；
　　〈柬最高委員會就選舉問題達成一致〉，《人民日報》，1991年9月21日，第

解決。柬埔寨各方歷經多次政治談判並達成協議，徹底改變柬埔寨衝突的結構，為PICC的復會創造出絕佳的條件。

1991年10月21日，為期三天的第二次PICC在巴黎召開，共有19個國家、柬四方及聯合國秘書長與會。本次會議分成兩個階段，前兩日是協調委員會的工作會議，先就《柬埔寨衝突全面政治解決協定》（The Agreement on the Comprehensive Political Settlement of the Cambodian Conflict）、《關於柬埔寨主權、獨立、領土完整及其不可侵犯、中立和國家統一的協定》（The Agreement Concerning the Sovereignty, Independence, Territorial Integrity and Inviolability, Neutrality and National Unity of Cambodia）、《柬埔寨恢復與重建宣言》（Declaration on Rehabilitation and Reconstruction of Cambodia）等三個文件和五個附件進行最後的審議，並通過新起草的《巴黎會議最後文件》（The Final Act of Paris Conference on Cambodia）。然後，再於10月23日的部長級會議提交給與會各國簽署，稱為《巴黎和平協定》（The Paris Peace Accords, PPAs）。其中，SNC作為柬埔寨的唯一合法機構和權威來源，12名成員代表柬埔寨簽署這四份文件。[273]

PPAs的核心文件是《柬埔寨衝突全面政治解決協定》，內容有9章，並包含五個附件。根據規定，該協定的生效日就是過渡時期的起始日，然後須經聯合國組織並確認的自由公正選舉來選

6版；〈就政治解決柬問題達成最後協定〉，《人民日報》，1991年9月23日，第6版。

[273] UN, "Letter Dated 30 October 1991 from the Permanent Representatives of France and Indonesia to the United Nations Addressed to the Secretary-General," UN Document A/46/608 and S/23177, 30 October 1991.

出制憲會議、通過憲法，再轉為立法會議，當新政府建立後，過渡時期即宣告終了。期間，SNC將是柬埔寨的唯一合法機構和權威來源，體現柬埔寨的國家主權、獨立和統一，對外代表柬埔寨在聯合國及其專門機構，以及其他國際組織與國際會議的席位，對內將授予聯合國所有必要的權力來保證本協定的執行，因此將成立一個兼具民政與軍事職能的UNTAC，負責組織自由、公正的大選，以及柬埔寨的行政管理，同時，核查外國武裝力量、顧問、軍事人員，以及武器、彈藥和裝備的撤離與不重返。[274]值得一提的是，安理會已在1991年10月16通過第七一七號決議（Resolution 717），決定接受施亞努所提的要求，[275]由安理會成立聯合國駐柬先遣團（United Nations Advance Mission in Cambodia, UNAMIC），並即刻派往柬埔寨執行前述各項的監督任務，以及負責籌建UNTAC，屆時SNC及柬埔寨各方須與UNAMIC充分合作來進行籌備工作，以實施該協定中所規定的安排。[276]

整體來看，柬埔寨問題在1990年以後因以下兩個正式談判的軌道，一是由法國和印尼主導的PICC，二是Perm Five展開的全面性和平計畫，[277]彼此的相互配合，當PICC談判若陷入僵局，就

274　Ibid.

275　UN, "Final Communiqué of the Supreme National Council of Cambodia, Letter Dated 23 September 1991 from the President of the Supreme National Council of Cambodia Addressed to the Secretary-General," UN Document A/46/494 and S/23066, 24 September 1991.

276　UN, "Security Council Resolution 717（1991）, on Establishment of the UN Advance Mission in Cambodia, Adopted by the Security Council at Its 3014th Meeting, on 16 October 1991," UN Document S/RES/717, 16 October 1991.

277　Ronald Bruce St John, "Japan's Moment in Indochina," *Asian Survey* 35, No. 7（July 1995）: 675.

藉由Perm Five來進行調解，終於促成PPAs的順利簽署，確立聯合國主導的東埔寨國際和平架構，為SNC日後的運作提供基本的規範，使得東埔寨衝突最終邁向和平解決的最後階段。正如法國外長杜馬所稱：「惡夢已經遠離東埔寨……在印度支那持續50年的戰爭和殺戮，東埔寨長達20年的悲劇，在巴黎結束了。」[278]

第三節　邁向和平的最後階段：UNTAC的治理

> 沒有比和平更好的選項。我深刻理解東埔寨人民長期為尋求和平所做的努力，在歷經20年的戰鬥後終於獲得喘息。所以，我認為和平應該到來，儘管存在許多困難。……若非對於我們竭力取得成功具有信心，我不會在這裡。我們必須有耐心，而且必須堅持不懈。[279]
>
> ——聯合國秘書長特別代表　明石康

1991年11月14日，全國最高委員會（SNC）主席施亞努在東埔寨國（SOC）總理洪森與奉新比克（FUNCINPEC）主席拉納烈的陪同下回到東埔寨。這是施亞努在1979年1月6日離開東埔寨，歷經13年流亡北京的生活後首次重返金邊。對東埔寨人

---

[278] Jean-Marie Cambaceres著，《西哈努克》，頁179。

[279] 原文是 "I think there is no other alternative than peace. I see deep longing among Cambodian people for peace and respite from two decades of constant fighting. So I think peace ought to come despite the difficulties...... would not be here unless I were confident of the success of our endeavors. We have to be patient and have to be persistent." Caroline Gluck, "One Year After the Paris Accords: An Interview with Yasushi Akashi," *Phnom Penh Post*, 6 November 1992.

民來說，施亞努的回歸也具有將和平帶回柬埔寨的象徵意義。[280]
施亞努歸國的第二天，隨即在記者招待會上公開聲稱洪森是
他「新的兒子」，並主張FUNCINPEC將與洪森的柬埔寨人民黨
（Cambodian People's Party, CPP）展開密切合作，甚至在接下來的
選舉中可能結成同盟。11月20日，金邊政權正式宣布承認施亞努
為合法的國家元首，任期直至1993年5月舉行聯合國和平條約規
範下的自由、公平與平等的選舉，橫山林雖仍保留國務委員會主
席的職位，但已無實權。[281]

　　CPP與FUNCINPEC為有效執行政治解決的協定及建立相互
信任，甚至由拉納烈和洪森簽署一份《協議》（Accord between
the Cambodian People's Party［CPP］and the National Untied Front
for an Independent, Neutral, Peaceful and Cooperative Cambodia
［FUNCINPEC］）來確定彼此的同盟關係。[282]「柬埔寨人民全國解

280　Tan Lian Choo, "Sihanouk Returns Home to Emotional Welcome," *Straits Times*,
　　15 November 1991；〈他「帶回和平」城鄉人扶老攜幼湧向首都狂歡慶〉，
　　《聯合晚報》（新加坡），1991年11月14日，第2版。

281　1991年10月18日，SOC的執政黨柬埔寨人民革命黨在金邊召開第六次代表
　　大會。會中決定由謝辛（Chea Sim）取代橫山林出任總書記，並通過一項改
　　革方案，主要內容包括：放棄社會主義意識形態，改採自由民主的多黨制、
　　自由市場經濟制度，以及宗教自由（佛教作為國教）；奉行全國協調原則，
　　願在選後與任何不同取向的政黨合作；新黨綱主張的新政治體制包含三權分
　　立原則與不記名投票選舉國家元首及國會議員；將黨名更改為柬埔寨人民
　　黨，同時將鐵鎚、鐮刀等黨的象徵改為吳哥窟與稻穗。"Heng Samrin
　　Dumped as Party Gears up for Polls," *Straits Times*, 19 October 1991；中國國民
　　黨中央委員會大陸工作會，〈施亞努重返金邊後的高棉情勢〉，載於中國國
　　民黨中央委員會大陸工作會主編，《國際共黨》（台北：幼獅文化，1992），
　　頁371-372。

282　協議的主要內容有六條：（1）、雙方同意完全合作，為施亞努服務民族的任

放陣線」（KPNLF）領袖宋山及赤柬領袖喬森潘，雖然也在11月
先後返回金邊，但都被排除在政權之外。洪森的目的明顯是要打
破赤柬重返政權的希望。根據SOC外長何南宏的說法，此次任命
在事前並未徵詢赤柬或KPNLF的意見。[283]拉納烈亦表示CPP與
FUNCINPEC的同盟「非常友好，非常溫暖，希望能永遠持續下
去」。大部分柬埔寨人與國際社會也期待這新的同盟能確保《巴
黎和平協定》（PPAs）的運作。[284]此後，施亞努經常讚揚洪森政府
的成就，卻譴責赤柬，顯示抗越三派的同盟關係已漸趨崩解，
CPP與FUNCINPEC的同盟關係漸趨成形。

喬森潘在返回金邊時，遭到反赤柬的示威群眾攻擊而被迫前
往曼谷。宋山認為，金邊暴力事件實是執行PPAs的阻力，必須立
即設立UNTAC來保證和平協定的執行。[285]根據美國國務院的報告

務來創造有利條件，在即將到來的總統選舉中，雙方支持施亞努的候選人資
格；（2）、雙方同意從協定簽署日起與競選期間彼此克制，不相互攻擊；
（3）、雙方同意未來組成國會時進行合作，不管每個政黨在國會的席次數
量，基於民族最高利益的基礎來組成聯合政府；（4）、雙方同意合作，為實
現民族和解與社會穩定創造出堅固的基礎；（5）、本協議本著善意，代表雙
方今日與未來的合作基礎；（6）、雙方將任命代表來共同協商與解決執行協
定期間所發生的任何問題。David Ashly, "Between War and Peace: Cambodia
1991-1998," in *Safeguarding Peace: Cambodia's Constitutional Challenge*
（London: Conciliation Resource, 1998）, p. 22.

283 Tan Lian Choo, "Sihanouk Declared Head of State," *Straits Times*, 21 November
1991; Philip Shenon, "In Shift, Sihanouk Is Named Cambodian President," *New
York Times*, 21 November 1991; "Son Sann, back in Phnom Penh, Hits out at
Regime," *Straits Times*, 22 November 1991.

284 Rodney Tasker, "Cambodia: The Odd Couple," *FEER*, 28 November 1991, p. 10.

285 "Khmer Rouge Denounced by Protesting Students," *Straits Times*, 27 November
1991；〈宋雙對喬森潘遭襲擊事件表示不快 柬海外僑民發表公報譴責暴力

指出，赤柬仍是柬埔寨脆弱和平的主要威脅，已展現破壞和平進程條款的準備。[286] 1991年12月17至22日，金邊再次爆發反貪污的示威遊行，抗議政府當局在私有化過程中向外國商人出售工廠和土地並解雇工人的貪污行為。示威群眾在21日與軍警發生劇烈衝突而造成嚴重傷亡，使遊行活動演變成一場大暴動，導致金邊宛如回到無政府的狀態。[287] 原訂在21日自曼谷返回金邊參加SNC會議的赤柬領袖喬森潘因此推遲行程，SNC會議也因金邊實施宵禁而延期。喬森潘發表聲明指出，11月27日的流血事件和12月的遊行傷亡事件已嚴重妨害SNC的正常工作，UNTAC必須立即進駐柬埔寨，與SNC合作來確保PPAs的貫徹執行。[288]

實際上，聯合國落實PPAs的各項工作已經展開。不過，聯合國的和平行動除派遣軍隊與民警武裝外，還要接管國家行政、組織選舉，而且道路、橋梁、機場跑道等基礎設施因長年內戰而遭受嚴重破壞，更加重和平行動的啟動成本。據非正式估計，第一個整年的成本就高達7億至10億美元。[289] 聯合國因財政危機惡化

　　事件〉，《人民日報》，1991年11月29日，第6版。

286　"Khmer Rouge Major Threat to Peace: US Report," *Straits Times*, 27 November 1991.

287　"Violence, Death as Cambodian Army Moves in on Demonstrators," *Straits Times*, 22 December 1991; Nayan Chanda, "Violence Threatens to Plunge Cambodia back into Anarchy," *Straits Times*, 9 January 1992.

288　"Curfew in Phnom Penh after Clashes," *Straits Times*, 23 December 1991；〈柬高委會議因金邊宵禁將延期舉行　施亞努呼籲安理會協助維持治安〉，《人民日報》，1991年12月23日，第6版；〈喬森潘決定推遲返回金邊〉，《人民日報》，1991年12月24日，第6版。

289　Paul Lewis, "U.N.'s Fund Crisis Worsens as Role in Security Rises," *New York Times*, 27 January 1992.

而無法在PPAs簽署後即刻成立UNTAC，[290]只能根據安理會第七
一七號決議在11月9日派遣一支由孟加拉外交官卡里姆（Ataul
Karim）擔任首席聯絡官的聯合國駐柬先遣團（UNAMIC）到柬
埔寨。UNAMIC抵柬時僅有268名官員與軍事人員，包括：民政
與軍事的聯絡官、防雷專家、後勤與支援人員等。[291]

　　UNAMIC分為民政和軍事等兩個下屬單位，民政單位負責柬
四派之間，以及SNC與聯合國之間的聯絡工作；軍事單位由法國
洛里東（Michael Loridon）准將領導，任務是監督停火、排除地
雷，以及核查各派軍隊的人數、構成及裝備等情況，為落實PPAs
關於各派武裝在選舉前解散70%的條款作準備。1992年1月8
日，有鑑於柬埔寨境內地雷和雷區的存在嚴重危及人民的安全，
而且妨礙PPAs的順利與即時執行，安理會在第三〇二九次會議中
通過第七二八號決議（Resolution 728），決定擴大UNAMIC的任
務，除現行的防雷計畫以外，增加掃雷的訓練工作和制訂一項掃
雷計畫。[292]然而，UNAMIC許多重要單位尚未成立，並且受限於
規模僅能承擔有限的任務。赤柬又不斷違反停火協定，限制
UNAMIC的自由移動，在懷疑柬境內仍有許多越軍的情況下，赤
柬不僅要求聯合國在整個柬埔寨設立停火監督單位，允許柬四方

290　"The U.N.'s Need: Cash for Peace," *New York Times*, 31 January 1992.

291　Carlyle A. Thayer, "The United Nations Transitional Authority in Cambodia: The Restoration of Sovereignty," in *Peacekeeping and Peacemaking: Towards Effective Intervention in Post-Cold War Conflicts*, eds., Tom Woodhouse, Malcolm Dando, and Robert Bruce（Basingstoke: Macmillan, 1998）, p. 155.

292　UN, "Security Council Resolution 728（1992）, on The Situation in Cambodia: Report of the Secretary-General on Cambodia, Adopted by the Security Council at Its 3029th Meeting, on 8 January 1992," UN Document S/RES/728.

的代表與聯合國軍隊一同駐守，[293]更在菩薩、貢布等省分持續發動襲擊行動。[294] 1992年1月起，赤柬軍隊為控制金邊與東北地區間的戰略要地，與政府軍在北部的磅同省發生嚴重衝突，導致超過五十名平民的傷亡及上萬人逃難。[295]赤柬甚至提出警告，戰爭尚未結束。[296]

明顯地，UNAMIC根本無法掌控柬埔寨惡化的局勢。一位曾經參與起草和平協定的外交官表示：「整個過程存在一個錯誤，那就是UNAMIC，它是PPAs完成後才額外增加的機制，沒有人相信它必須耗費多時等待UNTAC的成立，而且，沒有人嚴肅地看待這段過渡時期。」UNTAC在最初的關鍵階段缺席，錯過柬四方達成和解的最佳時機，給予各派改變心意的機會，導致柬四方缺乏一個中立的協調者來消除彼此間無法避免的政治與軍事緊張。[297]可以說，UNTAC的延遲成立，導致柬埔寨陷入權力真空的狀態，敵對各派為控制殘破不堪的國家而重啟鬥爭，試圖填補空

---

293 "Call to Monitor Khmer Ceasefire," *Straits Times*, 3 January 1992; "Khmer Rouge Calls for More UN Truce Monitoring Offices," *Straits Times*, 3 January 1992.

294 11月，赤柬在菩薩省（Pursat）攻擊一個村莊，殘殺60人，在貢布（Kampot）展開襲擊並占領Dang Tung區；12月，赤柬攻擊貢布省的Chum Kiri區，殺害一名教師，燒毀政府大樓，而且在其他攻擊行動中燒毀村民的住屋。Angus MacSwan, "Khmer Rouge Consolidates Presence in Southeast," *The Nation*（Bangkok），15 January 1992.

295 "Peace Accord Violation Leaves 13 Dead: Khmer Rouge Forces Attack Villages," *Financial Times*, 21 January 1992; "Fighting in Cambodia Drives 10,000 from Homes," *Business Times*, 21 January 1992.

296 "Cambodia War 'not Over'," *Straits Times*, 22 January 1992; "War in Cambodia not Yet Over, Says Khmer Rouge," *Straits Times*, 22 January 1992.

297 Nate Thayer, "Unsettled Land," *FEER*, 27 February 1992, p. 23.

缺，對原本就脆弱的和平造成嚴重傷害。[298]印尼外長阿拉塔斯曾呼籲，亟需聯合國派遣主要的維和部隊到柬埔寨；[299]美國國會議員索拉茲也警告，聯合國若不盡快派遣維和部隊到柬埔寨，和平進程可能宣告失敗。[300]

直至1992年2月28日，聯合國安理會才在第七四五號決議（Resolution 745）中決定設立UNTAC，由日本資深外交官明石康（Yasushi Akashi）擔任秘書長特別代表（SRSG）一職，UNTAC為期不超過18個月，而且最遲在1993年5月以前在柬埔寨舉行選舉。[301]不過，UNTAC直到3月15日合併UNAMIC後才開始正式運作，此時距離PPAs完成簽署已長達5個月的時間。在這期間，赤柬不時攻擊聯合國人員，以及與SOC政府軍交戰。赤柬甚至在聯合國維和部隊抵達柬埔寨的前夕，發動一波廣泛的攻擊行動，導致超過10名政府軍士兵的死亡，但赤柬卻拒絕聯合國所提的停火要求。[302]直至明石康抵達金邊的前幾分鐘，赤柬部隊指揮官宋申（Son Sen）才下令磅同省的軍隊停止戰鬥。[303]正由於柬埔寨局勢的持續惡化，使得UNTAC的維和行動成為聯合國歷史上最昂貴，

---

298 Ibid., p. 22.

299 "Khmers 'Need UN Force Fast'," *Straits Times*, 18 January 1992.

300 "Solarz Says UN Action Vital for Cambodian Peace Effort," *Business Times*, 2 January 1992.

301 UN, "Security Council Resolution 745（1992）, on The Situation in Cambodia: Report of the Secretary-General on Cambodia, Adopted by the Security Council at Its 3057th Meeting, on 28 February 1992," UN Document S/RES/745.

302 "Khmer Rouge Launches Widespread Attacks," *Business Times*, 14 March 1992; "Khmer Rouge Leaders Reject UN Demand for Ceasefire," *Straits Times*, 15 March 1992.

303 "Khmer Rouge Ceases Hostilities," *Business Times*, 16 March 1992.

而且規模最大、派遣人數最多的一次任務，動員人數超過2.5萬名，耗資超過30億美元。[304]

UNTAC是一支由澳洲桑德森中將（Lieutenant-General John Sanderson）指揮的軍事部隊和一個由法國學者波塞爾（Gerard Porcell）所領導的民政工作單位所構成的組織，設立的目的是要確保《柬埔寨衝突全面政治解決協定》的執行，主要由人權、組織自由公平選舉、軍事安排、民政管理、法律與秩序的維護、柬埔寨難民與流離失所者的遣返與重新安置、過渡時期基礎設施的重建等七個部門所構成，每個部門各有適當的功能與結構，體現出UNTAC的任務。[305]

簡單地說，UNTAC有三項重要的任務。第一，在立法國會未選舉及政府未成立前，管理柬埔寨事務；為保證PPAs的確實執行，柬埔寨的行政單位與所有政策的運作，像是外交、國防、財政、公共安全、宣傳等具敏感性部門，都必須置於UNTAC的直接控制與監督之下。第二，穩定安全局勢與建立衝突各方的信心。UNTAC的軍事任務包括：監督、確認外國武裝與設備的撤離與不返回；停火與相關措施的監督，像是柬埔寨各派系武裝部隊的解散與重新集結；武器控制，包含終止外國軍援柬埔寨各派系的監督；協助掃雷，包含人員訓練與掃雷計畫的制訂。第三，選舉事務方面，UNTAC的角色是組織與指揮自由、公平的選

304　Ney Sam Ol, "The United Nations' Involvement in Cambodia, 25 Years on," *Phnom Penh Post*, 21 October 2016.

305　UNTAC的各部門職能，參考：UN, "Report of the Secretary-General on Cambodia," UN Document S/23613, 19 February 1992; UN, *The Yearbook of the United Nations 1992*, Volume 46（New York: Department of Public Information, United Nations, 1993）, p. 244.

舉，為此必須與SNC協商制訂出相關的法律架構，像是選舉法、規範選舉過程的條例，之後再開始設計政黨登記系統、教育選民、建立候選人名單等相關工作。[306]

表面上，柬埔寨問題歷經區域與國際的漫長談判過程，終於締造出和平解決的景象，UNTAC的各項工作也如火如荼地展開，但衝突各方既有的對立與矛盾並未因此被消弭。UNTAC在落實PPAs的過程中，尤其在進駐營地、解除武裝與復員等第二階段的軍事任務時，仍遭遇許多困境，其中，又以赤柬在和平過程中藉由偏激的抵制行為來實行拖延戰術的影響最大，[307]包括：破壞停火、拒絕允許聯合國武裝進入其控制區域、不願提供UNTAC關於武裝的資訊及物資來協助掃雷，以及不允許其軍隊被打散與解除武裝。[308]赤柬的目的是要促進金邊政權未來的崩潰，以及爭取時間在鄉村建立支持力量。就像波布在1988年對赤柬幹部強調的：「我們的軍隊不是要靠戰鬥來擊敗敵人，這些日子以來我們的軍隊深入內地就是要建立人民的支持。」[309]

306　UN, "Report of the Secretary-General on Cambodia," UN Document S/23613, 19 February 1992; UN, *The Yearbook of the United Nations 1992*, Volume 46（New York: Department of Public Information, United Nations, 1993）, p. 244; Ramses Amer, "The United Nations' Peacekeeping Operation in Cambodia: Overview and Assessment," *Contemporary Southeast Asia* 15, No. 2（September 1993）: 212.

307　"Funding Delays, Khmer Rouge Troubles Hindering UN Efforts," *Straits Times*, 12 March 1992; Sorpong Peou, "A Further Look at UNTAC's Performance and Dilemmas: A Review Article," *Contemporary Southeast Asia* 17, No. 2（September 1995）: 210.

308　UN, *The Yearbook of the United Nations 1992*, Volume 46, p. 251.

309　Nate Thayer, "KR Blueprint for the Future Includes Electoral Strategy," *Phnom Penh Post*, 27 August 1992.

　　根據UNTAC的第一次進度報告指出，赤柬雖已開始取消對UNTAC人員在其控制地區內自由行動的限制，但無法確定人員是否在這些地區內享有為偵察，以及鑑定重新集結和進駐營地區域所需的充分行動自由。[310] 1992年4月，明石康就曾譴責赤柬完全不合作，阻止聯合國官員進入其控制區域。[311] 5月底，當UNTAC要進行第二階段的軍事任務時，赤柬不僅禁止聯合國官員進入控制區，卻允許泰國貿易商進入，而且又拒絕解除武裝，[312]甚至提出四項先決條件，包括：（1）、UNTAC必須徹底調查越南軍隊是否完全撤離，並確認其不會重返，之後甚至延伸為所有的越南人離開柬埔寨；[313]（2）、由UNTAC完全控制金邊政府，之後延伸為完全解散金邊政府；[314]（3）、改變SNC與UNTAC的角色與權力，使SNC變成過渡時期唯一的權力來源；[315]（4）、重劃柬埔寨與越南的邊界。[316]

310　UN, "First Progress Report of the Secretary-General on the United Nations Transitional Authority in Cambodia," UN Document S/23870, 1 May 1992, p. 5.

311　Tan Lian Choo, "UN Mission Chief Warns Khmer Rouge About Access," *Straits Times*, 10 April 1992.

312　"Khmer Rouge Puts Second Stage of Peace Plan in Doubt," *Straits Times*, 29 May 1992; "Khmer Rouge Keeps out UN Officials but Lets Thai Traders in," *Business Times*, 2 June 1992.

313　Peter Eng, "KR Spells out Timeline for Disarmament," *Phnom Penh Post*, 24 July 1992; Craig Etcheson, "The 'Peace' in Cambodia," *Current History* 91, No. 569 （December 1992）: 416.

314　Amer, "The United Nations' Peacekeeping Operation in Cambodia," p. 214.

315　K. Rowley, "UN Has an Active Option Open to It in Cambodia," *Canberra Times*, 29 June 1992.

316　Asia Watch, "Cambodian: Human Rights Before and After the Elections," *Asia Watch* 5, No. 10 （May 1993）: 7, accessed 6 May 2016, https://www.hrw.org/sites/

　　值得一提的是，赤柬的領導階層對於是否在和平進程中繼續
採取合作態度曾經產生過爭議。某些赤柬領袖主張應該避免
UNTAC 進入他們的控制區，這樣他們就無須讓軍事武裝復員；
相對地，赤柬的 SNC 代表宋申則認為赤柬應該進入和平計畫的第
二階段，亦即各派武裝的復員階段。他認為，赤柬的未來仍仰賴
世界渴求和平與政治解決柬埔寨衝突，以及參加民主選舉產生的
聯合政府，若未如此將削弱赤柬在國內與國際上所奠定的信任基
礎，這是赤柬未來想要在柬埔寨事務中扮演重要角色的關鍵。[317]
不過，宋申的主張在 1992 年 5 月的赤柬領袖會議中遭到否決，他
也因為觀念錯誤而遭到再教育處分，[318]最終確立赤柬退出 UNTAC
和平計畫的路線方針。

　　UNTAC 遂請求泰國對赤柬施壓以迫其尊重 PPAs；[319]法國與
俄羅斯也力勸赤柬允許聯合國和平計畫第二階段按照程序進
行。[320]但是，赤柬並未改變意志，甚至抵制在東京召開的世界援
助會議。[321]不過，UNTAC 還是決定按照預定程序於 1992 年 6 月 13
日進入第二階段的軍事任務，部隊重新集結和進駐營地。[322]由於

---

default/files/reports/CAMBODIA935.PDF.

[317] Nate Thayer, "Shakeup in KR Hierarchy," *Phnom Penh Post*, 28 January 1994.

[318] MacAlister Brown and Joseph J. Zasloff, *Cambodia Confounds the Peacemakers, 1979-1998*（Ithaca, NY: Cornell University Press, 1998）, pp. 144-145.

[319] "UN Leaders 'Seek Thai Support to Enforce Peace Pact'," *Straits Times*, 8 June 1992.

[320] "Respect Peace Accords, Russia and France Urge Khmer Rouge," *Straits Times*, 12 June 1992.

[321] "Khmer Rouge to Boycott World Aid Meeting in Tokyo," *Straits Times*, 13 June 1992; "Cambodian Peace Efforts in Jeopardy," *Business Times*, 13 June 1992.

[322] "UN Cantonment Phase Goes Ahead Without Khmer Rouge," *Straits Times*, 14

考量到四方的軍事平衡，因此在赤柬拒絕參與的情形下，在7月11日前約20萬士兵僅有5%進駐營地，[323] 包括9,000名的金邊政府部隊，以及3,000名來自FUNCINPEC與NPNLF等兩個非共的部隊。[324] 赤柬部隊則順勢進入馬德望、暹粒等省分，填補其撤出以後所留下的空缺，設法擴大它所控制的領土。[325]

　　各方為讓赤柬回到柬埔寨的和平進程，紛紛展開行動。聯合國考慮封鎖赤柬所有的國際援助，而且警告赤柬若不合作就沒有重建援助；[326] 泰國也考慮對赤柬採取制裁；[327] 施亞努也出面勸說，[328] 中國籲請亞洲國家進行遊說之外，[329] 其資深官員更與波布舉行會談；[330] 日本資深大使則是前往曼谷與喬森潘會面；[331] UNTAC軍事副指揮官洛里東將軍甚至建議使用武力對付赤柬，他曾表示可以接受用200名士兵喪生的代價來換取終結赤柬的威脅。[332] 不

June 1992.

323　UN, "Second Special Report of the Secretary-General on the United Nations Transitional Authority in Cambodia," UN Document S/24286, 14 July 1992, p. 3.

324　Nayan Chanda, "Cambodia: UN Divisions," *FEER*, 3 July 1992, p. 8.

325　Ibid., p. 9.

326　"UN Considering Blocking All Aid to Khmer Rouge," *Straits Times*, 22 July 1992.

327　Tan Lian Choo, "Thais Will Back Sanctions Against Khmer Rouge," *Straits Times*, 17 July 1992.

328　"Sihanouk Fails to Convince Khmer Rouge," *Business Times*, 24 July 1992.

329　"China Calls on Asia to Persuade Khmer Rouge to Fall in Line," *Straits Times*, 4 August 1992.

330　"Chinese Official 'Held Talks with Pol Pot'," *Straits Times*, 6 August 1992.

331　"Japanese Envoy Visiting Bangkok Tomorrow to Meet Khieu Samphan and UN Officials," *Straits Times*, 9 August 1992.

332　Findlay, *Cambodia*, p. 38.

過，喬森潘與英薩利等赤柬領袖先後指出，自從PPAs簽署後，中國就停止對赤柬的所有援助，所以赤柬拒絕中國的施壓。這是赤柬十年來首次公開承認與中國的異議。[333]時至1992年9月10日，金邊政府及FUNCINPEC與NPNLF等兩個非共武裝進駐營地和解除武裝人數分別是42,368名、3,445名、6,479名，[334]但赤柬仍拒絕合作，意味著這些部隊仍在戰場上處於備戰狀態中。11月旱季開始，赤柬和NPNLF間的武裝衝突明顯增加，升高柬埔寨部分地區的緊張局勢。[335]

赤柬的抵制策略不僅在軍事方面，也包含抵制大選工作的進行。赤柬除拒絕聯合國官員進入其控制區登記選民、部署投票所，[336]也揚言聯合國若不回應其要求，將抵制1993年5月的選舉。[337]不過，安理會表示選舉進程將按照原訂的時間表來完成；[338]同時，也對赤柬發出最後通牒，如果赤柬在1992年11月15

---

[333] Angela Gennino and Sara Colm, "Forests Threatened by Logging Free-for-All," *Phnom Penh Post*, 24 July 1992; Nate Thayer, "Cambodia: Fighting Words," *FEER*, 20 August 1992, p. 8; Nate Thayer, "An Interview with Khmer Rouge Leader Khieu Samphan," *Phnom Penh Post*, 27 August 1992.

[334] UN, "Second Progress Report of the Secretary-General on the United Nations Transitional Authority in Cambodia," UN Document S/24578, 21 September 1992, p. 5.

[335] UN, "Third Progress Report of the Secretary-General on the United Nations Transitional Authority in Cambodia," UN Document S/25124, 25 January 1993, pp. 1-2.

[336] "Khmer Rouge Won't Be Allowed to Delay Polls, Says UN," *Straits Times*, 11 October 1992.

[337] "Khmer Rouge Threatens to Boycott Elections," *Straits Times*, 12 September 1992.

[338] UN, "Draft Resolution on Implementation of the Cambodia Peace Process," UN Document S/24652, 12 October 1992.

日前仍不遵守PPAs的內容，將採取進一步行動，例如凍結赤柬的海外資產。喬森潘在接受《金邊郵報》的訪問時指出，越南部隊仍駐在柬埔寨，這樣的情況下仍舉行選舉，會把柬埔寨拱手讓給越南人，這是海內外的柬埔寨人所不能接受的事。沒有赤柬參與的選舉明顯違反PPA的內容，赤柬對此表示反對。[339]

早在1992年9月22日，SNC其實就已下令禁止與赤柬從事木材的貿易。11月27日，明石康以保護柬埔寨天然資源為名，宣布將於12月底對赤柬採取禁止原木、礦物與寶石的出口，以及石油的禁運等非強制禁運行動，[340]特別是禁止赤柬與泰國之間的邊境貿易。[341]由於木材及寶石是赤柬賴以為生的兩大貿易項目，支撐其「解放鬥爭」運動，[342]聯合國期望藉此斷絕赤柬的經濟命脈，但這項經濟制裁的象徵意義明顯大過實質效果，因為UNTAC無法設立足夠的檢查站來完成監督禁運的任務，泰國軍方仍持續提供軍援給赤柬以交換柚木和寶石，[343]而曼谷當局雖支持聯合國安

[339]　Nate Thayer, "Khieu Samphan: Gloomy Prospects for Khmer Elections," *Phnom Penh Post*, 6 November 1992.

[340]　Nate Thayer, "UN: No on Sanctions Yes on Logging Ban," *Phnom Penh Post*, 20 November 1992; UN, "Security Council Resolution 792（1992）, on The Situation in Cambodia: Report of the Secretary-General on Cambodia, Adopted by the Security Council at Its 3143rd Meeting, on 30 November 1992," UN Document S/RES/792, 30 November 1992, p. 4.

[341]　"UN to Ban Khmer Rouge Log Exports from Next Month," *Straits Times*, 28 November 1992.

[342]　"Gems, Timber Trade Helps Liberation: Khmer Rouge," *Business Times*, 4 December 1992.

[343]　Raoul M. Jennar, "UNTAC: International Triumph in Cambodia?" *Security Dialogue* 25, No. 2（1994）: 150.

理會的決議，[344]但文人政府也無法輕易忽略沿邊的強大的國家
——商業網絡，在軍方與商業利益團體的壓力下，僅表示無法完
全切斷與赤柬的貿易，[345]所以決定繼續開放邊境，讓赤柬得以秘
密地和泰國進行貿易。[346]

　　根據估計，赤柬與泰國的貿易已為其賺取27億泰銖（約1.06
億美元）的外匯；光是1992年12月的貿易，赤柬就已賺得7億泰
銖的外匯。[347]相對地，泰國自從1989年底實施禁伐令以來，三年
內柚木的進口值就成長五倍，金融利益擴大並鞏固赤柬與泰國軍
方、生意人和政治人物的關係。正如曼谷的分析家所言，禁止柚
木出口的禁令只能改變商業的型態，無法真正改變商業本身。[348]
因此，柬埔寨衝突的政治進展雖然朝向解決的方向前進，但赤柬
與各派的戰鬥卻逐漸惡化，部分原因就是要提升領土控制與金融
收入。[349]

---

[344] UN, "Letter Dated 30 November 1992 from the Permanent Representative of Thailand to the United Nations Addressed to the President of the Security Council," UN Document S/24873, 30 November 1992.

[345] 泰國有眾多的公司在赤柬控制的區域從事採礦及寶石，尤其集中在柬埔寨西南地區的拜林，據估計，一個月可賺取高達2,000萬泰銖。此外，泰國亦有6家伐木公司在砍伐柚木，一個月的收入也達1,000萬泰銖。1992年，就有48家泰國伐木公司宣稱已經投資6億美元取得赤柬未來三至五年的伐木特許權，泰國的國家企業也和赤柬有生意往來。此即泰國無法輕易切斷與赤柬的貿易關係的理由。Rodney Tasker, "Cambodia: Fortunes at Risk," *FEER*, 12 November 1992, pp. 12-13.

[346] "Thailand to Keep Its Border with Cambodia Open," *Straits Times*, 11 November 1992; Ted Morello, "The Pol Pot Trail," *FEER*, 26 November 1992, pp. 12-13.

[347] Ken Stier, "Thailand: Log Rolling," *FEER*, 21 January 1993, p. 15.

[348] Nayan Chanda, "Cambodia: Strained Ties," *FEER*, 17 December 1992, p. 26.

[349] Philippe Le Billon, "The Political Ecology of Transition in Cambodia 1989-1999:

　　除前述柬埔寨內部困境外，UNTAC的任務也遭遇操作或技術層次上的困難，例如，選舉如何舉行、行政效率不佳、人力使用不適當、文化及語言的隔閡等等。這些技術層面的問題導致UNTAC在執行任務時，困難重重。[350]此外，聯合國人員進駐柬埔寨以來，由於紀律不良，各國軍隊素質不一（共有44個國家的軍隊），甚至調戲及侮辱柬埔寨婦女，引起施亞努的不滿，曾在1993年1月初揚言要辭去SNC的主席職務，不願再和UNTAC合作。最後在明石康、江澤明、錢其琛等人的說服下，才表示仍願繼續與聯合國合作以解決柬埔寨問題。[351]

　　雖然UNTAC未能如願對赤柬解除武裝、重新集結與復員，安理會仍接受秘書長的建議，決定自1992年10月起就開始推進選舉的工作。[352] UNTAC先前已在4月提出選舉法，而且在8月經由SNC通過後頒布，針對選民登記、投票、政黨登記等選舉相關事務訂出規範。[353]根據PPAs的規定，參加競選的候選人必須隸屬於政黨，而凡是獲得5,000名選民簽署支持的政黨，並經UNTAC

War, Peace, and Forest Exploitation," *Development and Change* 31, No. 4（September 2000): 789.

350　Peou, "A Further Look at UNTAC's Performance and Dilemmas," p. 211.

351　Nayan Chanda, "Cambodia: 'I Want to Retake Power'," *FEER*, 4 February 1993, pp. 20-22.

352　UN, "Security Council Resolution 783（1992）, on The Situation in Cambodia: Report of the Secretary-General on Cambodia, Adopted by the Security Council at Its 3124th Meeting, on 13 October 1992," UN Document S/RES/783, 13 October 1992, p. 1.

353　UN, "Second Progress Report of the Secretary-General on the United Nations Transitional Authority in Cambodia," UN Document S/24578, 21 September 1992, p. 3.

的正式登記，就能參加1993年5月的大選。[354] 時至1993年1月27日，已有20個政黨按照選舉法規定申請正式登記。[355] 其中，簽署PPAs的柬四方中的CCP、FUNCINPEC，以及NPNLF所成立的佛教自由民主黨（the Buddhist Liberal Democratic Party, BLDP）已經申請正式登記。赤柬雖控制柬埔寨20%的土地，擁有3萬的兵力，卻未向選務單位登記。雖然各方都向赤柬施壓，要求其參加選舉，但赤柬堅持越南侵略部隊仍持續占領柬埔寨，目前並不存在一個中立的政治環境，所以在投票前的最後期限仍拒絕參加選舉。[356]

---

[354] UN, "Letter Dated 30 October 1991 from the Permanent Representatives of France and Indonesia to the United Nations Addressed to the Secretary-General, UN Document A/46/608 and S/23177, 30 October 1991, Annex 3.

[355] 除了三個主要政黨以外，其餘十七個政黨包括：共和聯合黨（Republican Coalition Party, RCP）、自由發展共和黨（Free Development Republican Party, FDRP）、高棉中立黨（Khmer Neutral Party, KNP）、民族團結大會（Reassemblement pour la solidarité nationale, RSN）、柬埔寨中立民主黨（Neutral Democratic Party of Cambodia, NDPC）、民主黨（Parti démocrate, PD）、柬埔寨自由獨立民主黨（Cambodian Free Independent Democracy Party, CFID）、自由和解黨（Liberal Reconciliation Party, LRP）、柬埔寨復興黨（Cambodge-Renaissance Party, CRP）、民主和發展行動黨（Action for Democracy and Development Party, ADD）、高棉國民黨（Nationalist Khmer Party, NKP）、自由共和黨（Free Republican Party, FRP）、吉蔑農民自由民主黨（Khmer Farmer Liberal Democracy, KFLD）、莫利納卡黨（Molinaka and Naktaorsou Khmere for Freedom, MOLINAKA）、自由民主黨（Liberal Democratic Party, LDP）、共和民主高棉黨（Republic Democracy Khmer Party, REDEK）、高棉國民大會黨（Khmer National Congress Party, KNCP）。UN, Report of the Secretary-General on the Conduct and Results of the Elections in Cambodia, UN Document S/25913, 10 June 1993, p. 6.

[356] UN, "Fourth Progress Report of the Secretary-General on the United Nations

　　1992年12月至1993年3月間，政治動機的暴力事件雖已明顯減少，但非暴力的恐嚇仍然持續。[357]時至1993年3月，僅有5.5萬名部隊進入營地，大部分來自SOC，若繼續執行解除武裝與重新集結政策，將導致SOC在談判桌上處於不利的地位，SRSG遂下令中止解除武裝計畫。4月初，赤柬宣布其代表將暫時撤出金邊，同時，也決定恢復廣泛的軍事行動，在北部及西北部的主要省分，包括：暹粒、磅同、馬德望與柏威夏省，展開一系列的協同攻勢，[358]目的是要向UNTAC傳達一項訊息：赤柬不接受選舉。[359]喬森潘強調，選舉是西方強權用來毀滅柬埔寨的陰謀，從未帶來和平。[360]赤柬也表示，一旦CPP贏得選舉，人民將會責怪UNTAC竊取民眾的選票。人民希望的是FUNCINPEC贏得選舉，若選舉結果未如預期，將會引發一場大暴動。赤柬發言人蒲馬來（Phum Malai）指出，柬埔寨人民清楚地知道，CPP若贏得選戰的勝利，只會合法化越南對柬埔寨的占領與併吞。[361]對此，金邊的外交官回應，世界各地有眾多具有影響力的人，他們將聲望聚集在PPAs上，若赤柬破壞PPAs的執行，將會引起某些情緒性的報復行動。[362]

Transitional Authority in Cambodia," UN Document S/25719, 3 May 1993, pp. 3-4.

[357]　Ibid., p. 3.

[358]　Boraden, *The Khmer Rouge*, pp. 124-125.

[359]　Kevin Barrington, "KR Open Bloody Anti-Poll Campaign," *Phnom Penh Post*, 7 May 1993.

[360]　Nate Thayer, "KR Vows to Foil UNTAC Election Split Emerges in FUNCINPEC," *Phnom Penh Post*, 9 April 1993.

[361]　Nate Thayer and Rodney Tasker, "Cambodia: Vicious Circle," *FEER*, 29 April 1993, p. 11.

[362]　Nate Thayer, "Cambodia: Rumours of War," *FEER*, 22 April 1993, p. 12.

　　1993年4月7日，競選活動正式展開。一般認為，在所有參選的政黨中，CPP和FUNCINPEC是最有可能贏得選舉的兩大政黨。兩者為取得成立新政府的機會，以及在制訂新憲法時能掌握主動權，正試圖在選舉中贏得絕對多數。毫無意外，由於拉納烈與施亞努的血緣關係，FUNCINPEC的選戰主軸主要是大打「施亞努牌」，訴求「投FUNCINPEC一票，就是投施亞努一票」，強調FUNCINPEC是源於施亞努的反抗運動，將永遠追隨施亞努，藉此來提升政黨的支持度。[363] 相對地，洪森政府及其政黨CPP的選戰策略是利用FUNCINPEC的「叛將」來發動攻勢。拉納烈的弟弟夏卡朋（Norodom Chakrapong）在選戰開打前夕，脫離FUNCINPEC並加入洪森陣營，被任命為SOC的副總理。競選活動起跑以後，夏卡朋公開批判拉納烈缺乏管理才能且品行不端，指控FUNCINPEC陣營從事破壞活動、貪污、並與赤柬形成邪惡同盟。[364]

　　CPP的策略是強調自身是拯救柬埔寨脫離赤柬威脅的政黨。CPP榮譽主席橫山林曾表示：「一張選票可以決定我們所有人的命運。一張選票決定我們祖國的生與死。所以，人民投票給CPP就是投票來拯救我們的生命。這是因為CPP推翻殘酷的、屠殺的波布政權，復興我們的國家，並且避免過去統治柬埔寨超過14年的波布主義者的重返。所以，選舉CPP意味著選擇避免赤柬屠殺

363　Kate G. Frieson, "The Cambodian Elections of 1993: A Case of Power to the People?" in *The Politics of Elections in Southeast Asia*, ed., R. H. Taylor（New York: Cambridge University Press, 1996）, p. 237.

364　Harish Mehta, "Top Cambodian General Quits Funcinpec to Join Hun Sen," *Business Times*, 5 April 1993; Harish Mehta, "Defecting General Accuses Ranariddh Party of Sabotage," *Business Times*, 6 April 1993.

政權的重新回歸。」[365]同樣地，洪森也一再重申，「其他政黨正在
跟赤柬合作」，無論是FUNCINPEC或BLDP贏得選舉，都將為赤
柬在柬埔寨恢復屠殺政策打開大門。[366]他向CPP的黨員保證，如
果選舉贏得勝利，他將盡其所能來阻止赤柬再次掌權。[367]於是，
「FUNCINPEC就是波布」、「FUNCINPEC就是赤柬」、
「FUNCINPEC從上到下都受到赤柬的控制」、「投CPP一票，就
是將這一票投給從赤柬手中拯救我們的政黨」就成為CPP響亮的
選舉口號。[368]

　　面對CPP的競選攻勢，FUNCINPEC與BLDP提醒選民，他
們選擇與赤柬結盟是為對抗CPP與越南霸權主義，更何況，洪森
與謝辛原先就是赤柬的成員。FUNCINPEC進一步利用敵視越南
人（Yuon）的歷史仇恨來進行反擊，[369]藉此警告選民，SOC當前

---

[365]　"Heng Samrin Delivers New Year's Message," in *FBIS, Daily Report*, No. 70 *East Asia*, 14 April 1993, p. 46.

[366]　Michele Willsher, "Save Cambodia from a Second Genocide," *Phnom Penh Post*, 7 May 1993.

[367]　Ker Munthit, "'Our Father is His Father' Ranariddh Tours Sihanouk Territory," *Phnom Penh Post*, 21 May 1993.

[368]　Judy Ledgerwood, "Patterns of CPP Political Repression and Violence During the UNTAC Period," in *Propaganda, Politics and Violence in Cambodia: Democratic Transition Under United Nations Peace-Keeping*, eds., Stepher R. Heder and Judy Ledgerwood（Armonk, N.Y.: M.E. Sharpe, 1995）, pp. 122-123; Frieson, "The Cambodian Elections of 1993," pp. 235-236.

[369]　FUNCINPEC曾在政黨發行的青年雜誌中刊登一幅卡通，主題是關於一則19
世紀的流行傳說：「主人的茶」（Master's Tea），其內容描述越南軍隊將三
名挖掘永濟河的柬埔寨工人掩埋至頸部，以人頭作為鼎足且置一壺，然後焚
火煮水來泡茶，並勸告遭到掩埋者不要搖動茶壺以免將主人的水濺出來。
Timothy Carney, "Compromise and Confrontation: The Cambodian Future," in

正充斥越南滲透者，金邊政府將柬埔寨公民權授予越南移民，無疑是可以持續掌權的主因。FUNCINPEC的目的是要向選民強調，SOC是越南扶植的政權。[370]針對CPP與越南的關係，洪森在干丹省（Kandal）的一場競選講演中作出說明。他提醒支持者，柬埔寨從1975到1979年都是受到屠殺的波布政權的宰制，如果不尋求越南協助，就無法在1979年解放國家，若未仰賴越南解放軍，就無法存活至今日。[371]

此外，洪森與CPP也利用公權力來執行政治高壓措施，恐嚇反對黨，脅迫選民、炸毀選舉辦公室，甚至謀殺候選人與政黨官員，[372]幾乎各政黨的候選人及支持者都有遭遇攻擊與脅迫之事。[373]政治暴力攻擊事件造成BLDP有23人死亡，FUNCINPEC的死亡及受傷人數則更多。[374]競選期間，金邊政府雖有責任維持法律和秩序，卻只在眾多政治暴力事件中進行少數的逮捕行動，因此遭到明石康的指控，認為CPP利用國家資源來圖謀政黨利

Timothy Carney and Tan Lian Choo, *Whither Cambodia? Beyond the Election* (Singapore: Institute of Southeast Asian Studies, 1993), p. 6.

370 Kate G. Frieson, "The Politics of Getting the Vote in Cambodia," in *Propaganda, Politics and Violence in Cambodia: Democratic Transition Under United Nations Peace-Keeping*, eds., Stepher R. Heder and Judy Ledgerwood (Armonk, N.Y.: M.E. Sharpe, 1995), pp. 199-200.

371 "Text of Hun Sen Address in Kandal 22 Apr," in *FBIS, Daily Report*, No. 81 *East Asia*, 29 April 1993, p. 49.

372 Ledgerwood, "Patterns of CPP Political Repression and Violence," pp. 116-121.

373 根據UNTAC的人權部門的資料顯示，在3月1日至5月14日期間，金邊政府所策動的脅迫或暴力事件就有50件。Carney, "Compromise and Confrontation,", p. 5.

374 Khatharya Um, "Cambodia in 1993: Year Zero Plus One," *Asian Survey* 34, No. 1 (January 1994): 74.

益。[375] BLDP秘書長英莫立（Ieng Mouly）表示，這將是一場血腥的選舉，我方陣營中的某些人決定回歸叢林，與赤柬攜手合作進行戰鬥，因為沒有中立的政治環境，沒有公平與公正的選舉。[376]

　　不過，UNTAC對政治暴力事件的頻傳亦表現得束手無策，無法施加任何懲罰性的制裁，僅能實行幾個新的安全措施，像是禁止持有與攜帶槍枝及爆裂物、由UNTAC民警擔任保護政黨辦公室與官員等，[377] 盡量為選舉創造與維持一個公平自由的環境，並讓選舉如期進行。一方面是根據PPAs的規定，政治暴力罪犯應由締約四方的警察單位在各自控制區進行調查，另方面，UNTAC的民警單位不僅人數不足而且缺乏訓練，僅能依靠SOC當地政府提供資訊，所以UNTAC民警單位即使嘗試調查危害人權的犯罪行為，鮮少取得進展。[378] 儘管UNTAC面臨日漸升高的暴力與不穩定局勢，甚至可能在選舉後引爆內戰，但是在美國、中國及東協的支持下，選舉仍在1993年5月23日至28日如期舉行。

　　這場選舉的投票率高達89.56%，亦即有超過426萬的登記選民走進投票所，有些省分的投票率更高，像馬德望省甚至高達97%；投票結果是，洪森領導的CPP以51席，約獲得38.23%的

375　洪森在接受《金邊郵報》的訪問時，曾就此提出辯駁；同時指出，如果只針對錢這件事，FUNCINPEC從柚木出口得到更多的錢。如果將伐木所賺取的收入用來購買電視台、廣播電台甚至是飛機，這樣做才是錯誤的。這不是政黨的收入，而是國家的收入。FUNCINPEC用這筆錢買了數以千計的車輛。有些FUNCINPEC的將領作為候選人，仍然在領取薪資。這問題也不應該被忽略。"Hun Sen Predicts Landslide Victory," *Phnom Penh Post*, 7 May 1993.

376　Nate Thayer, "Bloody Agenda: Khmer Rouge Set out to Wreck Planned Election," *FEER*, 15 April 1993, p. 20.

377　Jennar, "UNTAC," p. 148.

378　Ledgerwood, "Patterns of CPP Political Repression and Violence," pp. 125-126.

選票，敗給拉納烈領導的FUNCINPEC的58席，約獲得45.47%
的選票，而宋山領導的BLDP獲得10席，約獲得3.81%的選票，
莫利納卡黨（Molinaka and Naktaorsou Khmere for Freedom,
MOLINAKA）獲得1席，約獲得1.37%的選票。[379]這不僅是柬埔
寨人民40年來首次在一個相對自由、公平與民主的環境下選擇自
己的政府，更是柬埔寨歷史上第一次多數的人口和平地拒絕政治
的現狀。

　　雖然洪森與CPP為求勝選採用各種選舉策略，但柬埔寨人民
其實只是想為和平而投票，不是為特定政黨而投票。SOC強勢攻
擊反對黨的宣傳活動，反而向選民傳遞一種訊息，亦即，沒有和
解的希望，只有永無止境的尋找更多的敵人和目標。在地方階
層，人民了解真正的政治現實，究竟是誰涉入政治暴力事件，以
至於SOC利用國家暴力對付人民的行徑最終遭到選民的拒絕。[380]
然而，金邊政府拒絕接受選舉結果，認為投票過程並不公正，例
如：柬埔寨當地徵用的選務人員不公正、投票箱內的選票數目不
符、選舉過程出現欺騙行為等，[381]嚴重影響選舉結果，要求
UNTAC中止開票和宣布結果的工作，並提議重新投票和開票，
但明石康宣布選舉是公平且公正的，[382]而且數個獨立的選舉監督

379　UN, "Report of the Secretary-General on the Conduct and Results of the Elections
　　in Cambodia," p. 3.

380　Ledgerwood, "Patterns of CPP Political Repression and Violence," p. 130.

381　UN, "Report of the Secretary-General on the Conduct and Results of the Elections
　　in Cambodia," p. 3.

382　UN, "Letter Dated 2 June 1993 from the Secretary-General Addressed to the
　　President of the Security Council," UN Document S/25879, 2 June 1993; Ker
　　Munthit, "Akashi: Election "Free and Fair", *Phnom Penh Post*, 6 June 1993.

單位也都同意，所以拒絕金邊政府的要求。[383]之後，聯合國安理
會、歐洲共同體（European Community）與東協等國際組織也陸
續表示承認選舉的公平性，並且要求柬埔寨各方與國際社會尊重
選舉結果。[384]明石康在寫給CPP總書記謝辛的信中就指出，沒有
必要進一步成立其他的機制來證明整個選舉過程的正確性。[385]

　　於是，洪森與謝辛將所有的權力轉移給施亞努並解散金邊政
府。施亞努為避免CPP內部不願交出權力者可能發動軍事政變的
威脅，隨即宣布成立一個臨時民族政府，由他完全控制主要的政
府職權，身兼國家元首、部長會議主席和武裝部隊、員警部隊及
其附屬部隊最高司令等職務，拉納烈與洪森則是擔任部長會議副
主席，聯合政府中各部同時設立兩個部長，分別來自FUNCINPEC
和CPP。施亞努的新構想雖然獲得日、法、俄等國的支持，但遭
到拉納烈、美、中、英、澳及部分UNTAC官員的反對，擔憂該
過渡政府變成永久性，而且它無法反映選舉結果。不到24小時，
施亞努就發表聲明放棄籌組臨時民族政府，主要理由就是美國的

383　"U.N. Rejects SOC Call for Poll Review," *Phnom Penh Post*, 18 June 1993.

384　UN, "Security Council Resolution 835（1993）, on the Completion of the Election
for the Constituent Assembly in Cambodia, Adopted by the Security Council at Its
3227th Meeting, on 2 June1992," UN Document S/RES/835, 2 June 1993, 1; UN,
"EU Statement on Cambodia, Letter Dated 11 June 1993 from the Permanent
Representative of Denmark to the United Nations Addressed to the Secretary-
General," UN Document, S/25940, 14 June 1993; UN, "Statement by ASEAN
Foreign Ministers on Cambodia, Letter Dated 18 June 1993 from the Chargé
d'affaires a.i. of the Permanent Mission of Singapore to the United Nations
Addressed to the Secretary-General," UN Document, S/25971, 18 June 1993.

385　"U.N. Rejects SOC Call for Poll Review," *Phnom Penh Post*, 18 June 1993.

反對。[386]但是，柬埔寨選後的政治僵局並未因此化解，聯合國在6月10日宣布官方的選舉結果時，SOC內部出現一場分離運動。

CPP中的強硬派，SOC副總理夏卡朋（Norodom Chakrapong）因不滿選舉結果，在柬、越邊境的7個省分，約占整個柬埔寨40%的領土，成立「國王父親自治區」（Samdech Euv Autonomous Zone），[387]宣布脫離金邊統治，任命自己為元首，並任命CPP常設委員會資深成員寶湯將軍（Bou Thang）與SOC國家安全部長辛松（Sin Song）為副手。之後，夏卡朋的追隨者就對UNTAC官員與FUNCINPEC的工作人員展開攻擊行動，並燒毀辦事處，導致超過千名黨員逃往金邊。[388]

夏卡朋的分離運動並未獲得洪森與越南的支持。洪森曾前往磅湛與當地官員進行磋商，成功說服磅湛退出分離運動。[389]洪森在返回金邊後公開聲稱，他不是分離運動的一部分，是夏卡朋和辛松自己發起，他們試圖強迫我辭去總理一職，這樣他們才能掌

---

[386] Tan Lian Choo and Martin Soong, "Sihanouk Takes Over as Interim Head of State," *Straits Times*, 4 June 1993, p. 1; Harish Mehta, "Sihanouk Heads New Cambodian Govt with Hun Sen as a Deputy PM," *Business Times*, 4 June 1993; Nate Thayer, "Samdech Balks at Heading Coalition," *Phnom Penh Post*, 6 June 1993.

[387] 「國王父親」指的是施亞努；7個省包括：上丁（Stung Treng）、桔井（Kratie）、臘塔納基里（Rattanakiri）、蒙多基里（Mondulkiri）、磅湛（Kompong Cham）、波蘿勉（Prey Veng）與柴楨（Svay Rieng）。

[388] Tan Lian Choo, "Hardliners to Form Autonomous Regions," *Straits Times*, 11 June 1993; "Self-governing Zones for CPP," *New Paper*, 11 June 1993; Ker Munthit, "Chakrapong-led Secession Collapses," *Phnom Penh Post*, 18 June 1993.

[389] "Kompong Cham Decides Against Seceding After Hun Sen Visits Brother," *Business Times*, 15 June 1993.

權並反對選舉結果；是我解決這些問題，並且避免戰鬥的發生。此外，洪森也乘機透過國家媒體發表演說，指控UNTAC掌握的選舉並不公正，影響數百萬的柬埔寨人民與所有參與選舉的政黨。洪森曾在2001年時批判UNTAC當時的行為就像個「武裝的搶匪」；那場選舉是「20世紀最差的選舉」。[390] 由於拉納烈對這場分離運動展現出強硬的態度，表示不準備接受柬埔寨的任何分裂，並命令軍隊作好準備，解放東部7省。[391] 於是，夏卡朋的分離運動短短數日即宣告結束，夏卡朋及其追隨者逃往越南。[392]

　　1993年6月14日，柬埔寨新成立的制憲議會首次開議，會中推舉施亞努為國家元首，並授予他完全及特別的權力。[393] 根據PPAs所規定的選舉制度，由於沒有單一政黨贏得超過組成內閣所需的66.7%的席次，亦即120席中的80席，[394] 所以，多數黨必須與至少超過一個其他政黨來進行協商與合作。由於UNTAC無法打破當前的政治僵局，施亞努以SNC主席的名義提出一個權力分享的安排，在新憲法的制訂和新政府建立以前的權力真空時期，成

390　Benny Widyono, *Dancing in Shadows: Sihanouk, the Khmer Rouge, and the United Nations in Cambodia*（Lanham: Rowman & Littlefield Publishers, 2008）, pp. 128-129.

391　Martin Soong, "Ranariddh Ready to Fight to Free Autonomous Zone," *Straits Times*, 14 June 1993; "Funcinpec Ready to Fight and Liberate Autonomous Zone," *Business Times*, 14 June 1993.

392　Tan Lian Choo, "Renegade Prince and Followers Flee to Vietnam," *Straits Times*, 16 June 1993.

393　Tan Lian Choo and Martin Soong, "Assembly Gives Sihanouk Full Powers," *Straits Times*, 15 June 1993.

394　UN, "Letter Dated 30 October 1991 from the Permanent Representatives of France and Indonesia to the United Nations addressed to the Secretary-General, UN Document A/46/608 and S/23177, 30 October 1991, Annex 5.

立一個過渡的聯合政府，由他擔任總理，拉納烈和CPP擔任副總理；[395] 其中，FUNCINPEC和CPP各享有45%的同等權力，BLDP享有10%的權力。拉納烈和宋山對此提議雖表示不滿，但受到夏卡朋分離主義運動的影響，產生一種過渡政府可以穩定局勢的想法。[396] 而且，施亞努國王以「拯救東埔寨人民的生命」為由來鼓勵拉納烈接受聯合政府，拉納烈為遵從施亞努所願，遂將聯合政府視為解決政治危機的務實措施。[397] 最終，拉納烈和宋山仍接受權力分享的安排。

6月30日，制憲會議選出BLDP的宋山擔任會議主席，CPP的謝辛與FUNCINPEC的殷傑（Ing Kieth）分別擔任第一和第二副主席。[398] 翌日，制憲會議無異議批准臨時民族政府（Provisional National Government of Cambodia, PNGC），由拉納烈與洪森分別擔任第一總理及第二總理，至於內閣的部長席次，則依得票比例由各黨人士擔任之。PNGC由27個部組成，國防部和內政部將設聯合部長，由拉納烈和洪森兼任，其餘25個部則由FUNCINPEC（10個）、CPP（11個）、BLDP（3個）、MOLINAKA（1個）共同組成。其中，財政部和外交部由FUNCINPEC成員的山蘭西（Sam Rainsy，或譯為沈良西）及西里武（Norodom Sirivudh）分

395 "Cambodia Will Have a King and 2 PMs," *Straits Times*, 16 September 1993.

396 Tan Lian Choo and Martin Soong, "Sihanouk Sets Up Interim Coalition Govt in Cambodia," *Straits Times*, 17 June 1993; "Cambodia's Two Main Parties Agree to Share Power Equally," *Business Times*, 17 June 1993; "Cambodian Leaders Agree on Power-sharing Arrangement," *Business Times*, 19 June 1993.

397 Astrid Noren-Nilsson, *Cambodia's Second Kingdom: Nation, Imagination, and Democracy* (Ithaca, New York: Southeast Asia Program, Cornell University, 2016), p. 93.

398 "Son Sann, Chea Sim Get Top Posts," *Business Times*, 1 July 1993.

別出任。[399]

　　關於新憲法的制訂，按規定須在1993年9月15日前完成制憲工作。憲法起草委員會由來自FUNCINPEC（6名）、CPP（5名）、BLDP（1名）等三大政黨的12名成員組成，於8月17日完成新憲法草案，共有兩種版本：一是FUNCINPEC所提的君主立憲版，根源是1947年的柬埔寨憲法；二是共和版，內容是國家元首與議會均須經由選舉產生。拉納烈與洪森在8月31日將這兩部憲法草案帶往平壤交給施亞努進行審閱。施亞努表示，他比較喜歡君主立憲版。[400] 9月21日，制憲會議經過5天的熱烈討論以後，以113票贊成、5票反對的壓倒性多數批准新的憲法草案。這部新憲法有14章，共139條。施亞努隨即於24日簽署並公布。在新憲法所賦予的權力下，施亞努重新登上他在1955年所放棄的王位，成為一個「統而不治」的國家元首與國家武裝的最高指揮官；同時，柬埔寨的國名更改為「柬埔寨王國」（The Kingdom of Cambodia），從此成為君主立憲國家。[401]「柬埔寨第二王國」的正式誕生。柬埔寨從1979年起的一黨領政的社會主義共和國轉型成多黨自由的民主國家。

　　1993年10月29日，柬埔寨國會投票通過政府內閣名單和施政綱領，宣告柬埔寨皇家政府（Royal Government of Cambodia, RGC）正式成立。第一屆聯合政府由拉納烈和洪森擔任第一及第

399　"Khmer Assembly Approves Coalition Govt," *Straits Times*, 2 July 1993.

400　"Sihanouk Prefers English-style Monarchy: Minister," *Straits Times*, 7 September 1993; John C. Brown and Ker Munthit, "Sihanouk Backs Royalist Charter," *Phnom Penh Post*, 10 September 1993.

401　Ker Munthit, "Constitution Ratified," *Phnom Penh Post*, 24 September 1993; "Constitution of the Kingdom of Cambodia," *Phnom Penh Post*, 8 October 1993.

二總理，內閣共由18個部組成，包括：CPP與FUNCINPEC分別
取得16個及13個部長職位，BLDP有3個，MOLINAKA有1個；
而且，每個CPP擔任的部長職位，都會由FUNCINPEC成員擔任
副部長職位，反之亦然。其中，財政部和外交部由FUNCINPEC
的山蘭西及西里武出任，國防部聯合部長是CPP的迪班（Tea
Banh）和FUNCINPEC的迪占拉（Tea Chamrath），內政部聯合部
長則由CPP的蘇慶（Sar Kheng）和FUNCINPEC的尤賀格里
（You Hockry）擔任。[402]至此，隨著選舉順利舉行，以及新合法政
府的成立，UNTAC根據PPAs執行的維和任務，大致上已經成功
地完成。明石康與桑德森將軍已於1993年9月26日先行離開金
邊，聯合國維和部隊則是根據安理會第八六〇號決議（Resolution
860），將於11月15日以前完全撤出柬埔寨。[403]

　　理論上，隨著新政府的成立，柬埔寨應該進入一個空前和平
的時期。就像拉納烈先前在制憲會議閉幕時所指出：「制憲會議
以壓倒性的票數通過新憲法的結果，建立一個新的基礎，我們柬
埔寨人將可以把柬埔寨重建得像吳哥時代一樣的繁榮。」[404]然而，
作為一個長期受到戰爭洗禮的國家，柬埔寨的政治、社會、經濟
等各方面自然存在許多障礙，不利於和平的建立與維持；再加
上，FUNCINPEC雖然是多數黨，但CPP實際上仍控制著軍隊、

---

[402] "Cambodian Parliament 'Yes' to Cabinet and Political Programme," *Straits Times*,
　　30 October 1993；〈通過內閣名單和施政綱領〉，《人民日報》，1993年10月
　　30日，第6版。

[403] UN, "Security Council resolution 860（1993）, on the Withdrawal of the UN
　　Transitional Authority in Cambodia, Adopted by the Security Council at its
　　3270th Meeting, on 27 August 1993," UN Document S/RES/860.

[404] Ker Munthit, "Constitution Ratified," *Phnom Penh Post*, 24 September 1993.

警察、國家機關，以及地方的行政機關。此外，在UNTAC撤離以前，桑德森將軍曾試圖將柬埔寨各派武裝整併成一支真正的柬埔寨國家軍隊（Royal Cambodian Armed Forces, RCAF），但未能如願。這支名義上的RCAF實際上不僅內部派系分立，而且也未能包含人數眾多的赤柬武裝部隊，構成引發一波新內戰的潛在風險，以至於無法保證柬埔寨後續的和平與穩定。

雖然聯合國秘書長蓋里（Boutros Boutros-Ghali）曾經表示：「選舉不是柬埔寨復興進程的結束，而是開始。」[405] 不過，就像UNTAC官員赫德（Steve Heder）所批判的：PPAs實際上打從一開始就沒有將柬埔寨的自由民主鞏固置於較高的優先順序，其所堅持的全都是要透過自由、公平的選舉過程，來建立一個新的政治安排，然後作為民主轉型的結果。[406] 亦即UNTAC柬埔寨官員艾偕里（David Ashley）所言：「選舉並非要引進民主，只是用來創造一個合法且外交上承認的政府而已。」[407] 此種選舉主義的外表被學者維凱瑞（Michael Vickery）稱為一場「選舉的演示」。[408] 此外，施亞努為打破政治僵局而提出所謂的權力分享公式，將成為日後洪森與CPP能持續掌握國家政治，並且逐漸邊緣化FUNCINPEC的主要因素。總的來說，柬埔寨各政黨既存的分裂主義與不信任，已為洪森與拉納烈從不穩定聯合走向對抗預留伏筆，將使後衝突時期柬埔寨的重建之路面臨巨大的挑戰。

---

[405] Nate Thayer, "Shattered Land," *FEER*, 27 May 1993, pp. 12-13.

[406] "Shaw Cross Book Highlights Post-UNTAC Blues," *Phnom Penh Post*, 24 February 1995.

[407] David Ashley, "The End Justifies the Means?" *Phnom Penh Post*, 2 June 1995.

[408] Michael Vickery, "Whither Cambodian Democracy?" *Phnom Penh Post*, 30 May 1997.

第五章

後衝突時期的政治與
經濟重建
（1993-2003）

理論上，內部衝突結束的最初階段無疑是後衝突國家最脆弱的階段，因為內戰可能隨時再起，所以成功開展復員進程對避免武裝衝突的再次發生，以及確保人身安全將具關鍵性作用。[1]然而，多數後衝突國家因面臨長年戰亂，缺乏資源和能力而無力開展解除武裝、復員及重整等工作的巨大挑戰，亟需國際社會的援助，一旦缺乏及時和有效的援助，將面臨武裝衝突及人類安全的相關威脅，像是疾病、營養不良和饑荒等，再次爆發的危機。[2]

柬埔寨自《巴黎和平協定》（PPAs）簽訂以後，正式進入後衝突時期。1991年至1993年間，柬埔寨在UNTAC的協助下，雖然成功地舉行國會選舉並組成聯合政府，重新建立一個民主規則的統治架構，卻未能有效地解除赤柬武裝且予以復員及重整。1993年可謂柬埔寨政治發展的轉捩點。柬埔寨在聯合國的監督下，進行近代首次多黨參選的選舉，選出議會代表，並負責制憲。然而，根據不尋常的權力分享協定所刻意營建的聯合政府實際運作過程也未如預期的順利，「奉辛比克黨」（FUNCINPEC）雖然贏得選舉的勝利，卻未能自「柬埔寨人民黨」（CPP）手中取得政策或行政的控制權，CPP則是強勢掌控著警察、武裝軍隊與眾多的官僚機構，使FUNCINPEC與CPP陷入嚴重的權力鬥爭中，再加上赤柬問題尚未獲得解決，導致無法有效地開展國家的重建工作。

直至1998年大選結束以後，洪森成為新聯合政府的單一總理，順利掌握並鞏固政府權力，建立穩定的政治環境，柬埔寨才

---

1 Edward J. Laurance, *Light Weapons and Intrastate Conflict: Early Warning Factors and Preventive Action* （Carnegie Corporation of New York, 1998）, p. 81.

2 Dai Ying, "A Future Arms Trade Treaty: Key Issues from a Human Security Perspective," *China ATT Update*, No. 2 （June 2012）: 2.

得以真正擺脫國際社會的孤立。洪森在國內政治上強調政治穩定
和民族主義，並在這基礎上順利開展經濟重建工作，逐漸朝向
「經濟起飛階段」，躋身為亞洲發展最快速的國家，然後躍升為亞
洲的「新經濟之虎」。柬埔寨的政治與經濟穩定發展為洪森鞏固
權力提供絕佳的環境。自1998年起，洪森領導的CPP不僅連選連
勝，而且成績越來越好，直至2013年的選舉才出現挑戰。反觀
FUNCINPEC則是面臨泡沫化的危機，最終遭到前財政部部長山
蘭西（Sam Rainsey）所創立的山蘭西黨（Sam Rainsey Party,
SRP）所取代。儘管遭遇反對黨的強勢挑戰，洪森與CPP的政權
仍屹立不搖，柬埔寨名符其實的進入一個強人政治的時代。

第一節　赤柬問題：民族和解的主要障礙

> 如果人民要去投票，我們怎能阻止他們？我們的意圖從來
> 不是終止投票。赤柬原初和唯一的目標都是外國武裝撤離，
> 並且參加聯合政府，但不是占據重要職位。我們怎麼能再掌
> 權呢？這樣就不會有民族和解。[3]
>
> ——資深赤柬官員

柬埔寨在UNTAC的協助與監督之下，在1993年5月舉行二

3　原文是 "If the people want to Vote, how can we stop them? Our intention was
　　never to stop the polls. The primary and only objective of the Khmer Rouge is the
　　withdrawal of foreign forces and to participate in a coalition, but not in important
　　positions. How can we take power again? There would be no national
　　reconciliation." Nate Thayer and Rodney Tasker, "Voice of the People," *FEER*, 3
　　June 1993, p. 11.

十多年來的首次大選，然後在 7 月成立史上第一個多黨聯合的臨時民族政府，繼之於 9 月制訂新憲法，建立君主立憲制的新政權，UNTAC 隨後於 11 月完全撤離柬埔寨。柬埔寨擺脫自從 1960 年代末期以來，經過三十多年內戰及外國侵略的破壞，終於可以展開重建之路。然而，柬埔寨的政治局勢仍然不穩定。新政府雖然成立，但是否能像拉納烈所言，「我們正進入一個新時代，一個真正自由的民主」，[4]仍有待觀察。實際上，PPAs 未能清除主要黨派間的不信任和歷史敵意，然後成功地創造出信任與善意，導致這個意識形態並不協調的聯合政府，在歷經短暫的蜜月期後，政治上立即面臨赤柬問題、政黨間的權力傾軋，以及各政黨內部派系利益衝突等難題，嚴重阻礙政治秩序的重建，不利於經濟的持續發展與最終的繁榮。

　　一般來說，赤柬過去主要訴求反越的意識形態，使其得以成為一個凝聚力強的組織。但是，越南軍隊已經在 1989 年撤出柬埔寨，儘管赤柬宣稱仍有許多越南部隊仍留在柬埔寨境內，但並無具體證據。在此狀況下，對赤柬最佳的選擇應是利用現存的軍事實力在新政府取得一些權力，不過，由於波布不願與其他各派合作，而重要行為者也拒絕波布參與和平進程，再加上中國與泰國等主要贊助者不再提供援助，抵制 1993 年 5 月的選舉實際上是錯估形勢，[5]因為選舉結果證實，柬埔寨人民不再希望赤柬參與其內，[6]此一傾向將赤柬帶向一個更為嚴重的困境。施亞努甚至將 5

4　Ker Munthit, "Will There Be a Role for the KR?," *Phnom Penh Post*, 16 July 1993.

5　Boraden, *The Khmer Rouge*, p. 126.

6　Anonymous, "Cambodian Courage: Vote Was a Referendum against the Khmer Rouge," *FEER*, 10 June 1993, p. 5.

月選舉稱作赤柬的「一場歷史性失敗」（an historic defeat）。[7]

　　赤柬因缺乏人民的支持，又失去前盟友，遭到孤立已是無可避免的現實，將使其失去在新政府中分享席位與權力的資格。所以，赤柬必須採取軍事策略輔以有限的政治策略的戰術來求取生存，即所謂的「和戰並用」策略（talk-and-fight strategy）。其中，軍事策略就是維持與鞏固對自治領域的控制。赤柬當時控制著20%的鄉村地區，約5%的人口，其控制區大部分鄰近泰國，富含寶石、柚木與稻米，並且容易進入泰國當地軍人所控制的商業地區，而其主要根據地包括：磅士卑省的奧拉山、馬德望省的三洛、拜林、班迭棉吉省的馬崍、奧多棉吉省的安隆汶。[8]有限的政治策略則是利用對話與談判以謀求在新政府中擔任顧問一職，以及在新的國家軍隊占有一席之地。[9]換言之，赤柬選後的策略就是藉由保持武裝的完整，鼓勵鄉村地區的去穩定化，在FUNCINPEC的幹部之間製造不滿，並且尋求參與政府的機會。[10]

　　早在1993年選舉結果揭曉時，施亞努就已抱持允許赤柬加入過渡政府的想法，而赤柬也表示其武裝願意加入新政府的國家軍隊。[11]此外，明石康亦將赤柬視為柬埔寨政治生活的一部分，印尼

7　Craig Etcheson, "Pol Pot and the Art of War," *Phnom Penh Post*, 13 August 1993.

8　Boraden, *The Khmer Rouge*, p. 130.

9　Martin Soong, "Khmer Rouge 'Will Still Use Diplomatic Efforts, Violence to Pressure for Role'," *Straits Times*, 13 July 1993; "Khmer Rouge Using 'Talk-and-fight' Strategy to Harass Phnom Penh Govt," *Straits Times*, 1 September 1993.

10　Nate Thayer, "Survival Tactics: Khmer Rouge Plans Its Post-Poll Strategy," *FEER*, 10 June 1993, pp. 20-22.

11　"Khmer Rouge Ready to Be Part of Cambodian Army," *Straits Times*, 14 July 1993; "Khmer Rouge Says It's Willing to Join National Army," *Business Times*, 14 July 1993.

總統蘇哈托（Haji Mohamed Suharto）更公開要求將赤柬納入新的聯合政府中。[12]顯然，新政府與赤柬都未放棄和解的念頭。於是，赤柬在撤離金邊的三個月以後，決定重返駐金邊辦事處，喬森潘並向施亞努提出兩點建議：一是由四方軍隊組成一支國家軍隊，以免在軍事上發生衝突與對立；二是赤柬不要求部長職位，但可派代表在新政府中擔任諮議的角色以利溝通，並就國家重大問題進行協商。[13]

拉納烈歡迎赤柬在新政府中扮演諮議角色，前提是赤柬必須無條件遵守PPAs，參加柬埔寨統一武裝部隊；同樣地，制憲會議主席宋山也表示同意，因為任何一方的不合作或被排除在外都將阻礙民族和解的實現。然而，美、英、澳、法等西方強國卻強烈反對，美國甚至以斷絕一切援助來作為要脅。[14]對此，即使是赤柬過去最大的敵人洪森，也反對國際社會以援助作為手段來阻礙赤柬加入民族和解進程。洪森表示，政府準備冒著失去大量外援的風險，考慮接受赤柬的提議，將它納入全國體制，以謀求民族和解，前提是赤柬必須停止一切敵對的軍事行動。但迫於美、法的壓力，最後仍將赤柬排除在聯合政府之外。[15]

不過，新政府在與赤柬進行討價還價之餘，仍心存疑慮。因

12　"Include Khmer Rouge in New Govt, Suharto Urges," *Straits Times*, 7 July 1993.

13　Ker Munthit, "KR Seek Position," *Phnom Penh Post*, 16 July 1993；〈喬森潘拜會施亞努〉，《人民日報》，1993年7月14日，第6版。

14　"Hard for US' to Back Govt That Includes Khmer Rouge," *Straits Times*, 5 July 1993.

15　"No Early Ministerial Role for Khmer Rouge in New Govt," *Business Times*, 16 July 1993；〈韓森：柬埔寨寧失去外援也要將赤棉納入體制〉，《中國時報》，1993年7月15日，第10版。

為根據美國學者艾克森（Craig Etcheson）的評估，赤柬當時的軍事實力可能比1979年後的任何時候都強大。他認為赤柬仍保有一個權能的行政與軍事組織，有足夠的人力能在一個涵蓋全國五分之二的自治區中支撐自身；而且，波布仍擁有自己的軍隊，仍在泰國與中國擁有身居高位的朋友，[16]而其例證就是赤柬剛在1993年7月7日以軍事行動占領位於柬、泰邊境的柏威夏寺。[17]此外，赤柬一面指控臨時民族政府（Provisional National Government of Cambodia, PNGC）是一個「空殼」，[18]又主張PNGC在制訂國家政策時不應排除赤柬。[19]拉納烈就表示，赤柬並非心悅誠服參加和平進程，同時也主張赤柬有義務將武裝部隊及其控制區交給新政府，停止對政府軍的軍事行動，關於這點沒有任何談判的餘地。[20]金邊政府認為，赤柬在難以加入新政府的情形下，或許會重拾過去的暴力方式。[21]聯合國資深軍事官員甚至懷疑，赤柬為增加政治談判的籌碼，可能準備占領吳哥窟。[22]

　　因此，新政府遂於1993年8月中旬開始對赤柬展開軍事掃蕩

---

[16] Craig Etcheson, "Pol Pot and the Art of War," *Phnom Penh Post*, 13 August 1993.

[17] "Khmer Rouge Captures Temple Near Thailand," *Straits Times*, 8 July 1993.

[18] Frank Frost, "Cambodia: From UNTAC to Royal Government," in *Southeast Asian Affairs 1994*, ed. Daljit Singh（Singapore: Institute of Southeast Asian Studies, 1994）, p. 90.

[19] 〈攻下柏威夏廟後紅吉蔑表示制定國策不能沒有它〉，《聯合早報》，1993年7月9日，第31版。

[20] "Give Up Territory and Stop Attacks, Khmer Rouge Told Ranariddh Sets Terms for Reconciliation," *Straits Times*, 16 July 1993.

[21] "Khmer Rouge May Return to Violence, Warns Phnom Penh," *Business Times*, 22 July 1993.

[22] "Khmer Rouge Said to Be Preparing to Seize Angkor," *Business Times*, 23 July 1993.

行動。國家軍隊與赤柬武裝在柬埔寨中部、北部和西北部先後發生多次大規模的軍事衝突，並占領赤柬多處戰略要地。[23]洪森表示：「赤柬必須將軍隊及其控制區移交給政府。這是定論，沒有談判的必要。」[24]之後，赤柬的立場開始軟化，同意讓步來交換會談。[25]喬森潘呼籲各派領袖召開緊急圓桌會議，透過協商解決衝突來實現民族和解；同時，也呼籲施亞努扮演協調者的角色，促成圓桌會議的舉行。赤柬表示，無意爭奪權力，也不想爭取總理、政府首長、甚至副首長的職位。但是，金邊政府回應，在新憲法完成制訂以前，拒絕和赤柬舉行會談。[26]

　　1993年9月24日，施亞努簽署並公布新憲法以後，正式成為柬埔寨的國王。他在國王登基儀式結束以後表示，柬四方圓桌會議將如期於10月舉行，赤柬的問題將在圓桌會議上解決。第一總理拉納烈力勸赤柬向新國王投降，以放棄資源豐富的拜林控制區作為民族和解的第一步；[27]第二總理洪森則認為，隨著君主立憲制度的確立及新政府的成立，赤柬已經喪失所有的政治正當性。

---

[23] "Cambodian Government Forces Strike Back at Khmer Rouge," *Straits Times*, 14 August 1993; "Govt Troops Mount Major Attack on Khmer Rouge," *Straits Times*, 19 August 1993; "2 Khmer Rouge Base Areas May Have Been Seized," *Straits Times*, 20 August 1993; "Cambodian Govt Forces Capture 3 Strategic Khmer Rouge Posts," *Straits Times*, 21 August 1993; Michael Hayes, "New Unifies Govt Army Assaults KR," *Phnom Penh Post*, 27 August 1993.

[24] 〈柬軍對赤棉發動大規模攻擊〉，《中國時報》，1993年8月19日，第10版。

[25] "Khmer Rouge Softens Stand, Seeks Urgent Talks," *Straits Times*, 18 August 1993.

[26] "Khmer Rouge Seeks Talks, Claims No Designs on Power," *Straits Times*, 2 September 1993；〈赤棉盼舉行圓桌會議態度明顯軟化〉，《中國時報》，1993年9月2日，第10版。

[27] "Ranariddh Urges Khmer Rouge to Give Up Zone," *Straits Times*, 26 September 1993.

政府展開的任何掃蕩行動都是合法的權利。[28]

　　1993年10月初，喬森潘發表聲明表示，赤柬支持柬埔寨皇室與新憲法。但他並未提到「承認」字眼，也未觸及控制區的問題。[29]施亞努遂提出，如果赤柬願意放棄控制區，並將其武裝併入國家軍隊，他可以在新政府中給予赤柬一個諮議的角色。[30]拉納烈與洪森則是提出舉行圓桌會議的三項條件：（1）、宣布承認新的王國憲法；（2）、宣布承認新成立的皇家政府；（3）、承認該圓桌會議僅是合法的皇家政府與赤柬之間的討論，而非派系之間的談判。至於圓桌會議能否順利舉行將取決於赤柬的回應態度。[31]施亞努對於兩位總理所提的先決條件表示贊同。此外，他也指出：在舉行圓桌會議以前，赤柬必須終止對抗新政府的宣傳攻勢，亦即指稱新政府是「越南人的傀儡」、「越南的殖民地」等宣傳。赤柬必須將所有官員與士兵併入國家軍隊，並放棄作為赤柬。然後，赤柬為變成一個合法的政黨，必須放棄武裝與自治區。[32] 10月20日，喬森潘在寫給拉納烈的信件中作出回應。他表示，赤柬絕對尊重憲法中關於柬埔寨王國是不可分裂的國家的條款。至於赤柬

28　"Phnom Penh to Treat Khmer Rouge as Outlaws," *Straits Times*, 29 September 1993.

29　〈赤棉領袖喬森潘發表聲明　支持柬埔寨皇室及新憲法〉，《中國時報》，1993年10月2日，第10版。

30　"Sihanouk Sees Advisory Role for Khmer Rouge," *Straits Times*, 5 October 1993；〈赤棉游擊隊將加入柬埔寨新政府〉，《中國時報》，1993年10月5日，第16版。

31　"Terms for Khmer Rouge Talks," *Straits Times*, 3 October 1993; "Khmer Leaders Set Terms for Talks with Khmer Rouge," *Straits Times*, 3 October 1993.

32　Ker Munthit and Karen Emmons, "No Progress on Talks with KR," *Phnom Penh Post*, 8 October 1993.

控制的解放區，原本就屬於柬埔寨王國的，解放區將隨著國家的
統一而消失。翌日，喬森潘進一步就赤柬控制區、赤柬武裝、停
火等問題發表聲明，表示赤柬早已提出將其武裝納入國家軍隊的
建議，也多次建議成立一個有四方軍隊代表參加的委員會來共同
監督和核查停火。[33] 由此顯見，新政府與赤柬之間完全沒有交集。

　　施亞努為打破僵局，在1993年11月21日提出三點建議，包
括：（1）、國王可以任命一名赤柬人士作為他的顧問；（2）、赤柬
人士可以到王國政府中擔任聯合部長、聯合副部長等職位；
（3）、赤柬必須停火，交出柏威夏、拜林及其他控制區和軍隊。[34]
然而，赤柬曾經抵制5月大選，根據現行憲法未經選舉無法在內
閣中擔任職務，拉納烈認為給予赤柬擔任部長職位將違反憲
法。[35] 他雖然對施亞努的和平倡議抱持著懷疑的態度，但願意追隨
父親的領導。拉納烈表示：「他們偏好戰爭，但是所有人民要的
是和解，而我是被選舉來和平解決赤柬問題的，所以我將嘗試看
看。」[36] 他在與喬森潘進行秘密會晤以後指出，如果赤柬願意接受
停火、解散軍隊、交出控制區等三點建議，則應修改憲法讓赤柬
能在政府中擔任職務，當然，這必須由政府與國會來做決定。[37]

---

[33] 〈喬森潘建議協商解決柬問題〉，《人民日報》，1993年10月23日，第6版。

[34] "Posts for Khmer Rouge If It Gives Up Guerilla War," *Straits Times*, 23 October
1993; Norodom Sihanouk, "Forging Cambodian Nationhood," *FEER*, 13 January
1994, p. 26; Nate Thayer, "King Offers KR Role in Govt," *Phnom Penh Post*, 3
December 1993.

[35] "Sihanouk's Offer to Khmer Rouge Unconstitutional, Says Ranariddh," *Straits
Times*, 23 October 1993.

[36] Nate Thayer, "Defector's Dilemma: Broken Problems Hold It back Khmer Rouge
Surrenders," *FEER*, 30 December 1993-6 January 1994, p. 16.

[37] "Ranariddh: Govt May Allow Khmer Rouge into Cabinet," *Straits Times*, 27

　　赤柬的發言人主張他們正準備加入國家軍隊，並且希望參與民族政府。一位赤柬的資深幹部向記者表示：每個人都要和平，我們要和平，但是怎能盲目地前進？在進入老虎籠之前，我們必須握著一根棍子。我們必須討論該如何統一軍隊，讓我們覺得安全，他們也覺得安全。我們要柬埔寨達到一個武力的平衡，如此每個人就可以安全地參與國家政治生活。[38]不過，根據軍事分析家的估計，赤柬仍可以組織約1萬名的戰士，[39]控制著約20%的領土，[40]他們藉由將寶石和柚木販售給泰國軍方或商人，進而取得足夠的武器以維持軍事實力，對新政府造成龐大的軍事壓力。[41]

　　在和平談判期間，國家軍隊與赤柬武裝仍陸續在暹粒、磅同、馬德望等西部與北部的省分爆發大規模的軍事衝突。[42]赤柬幹部表示：「沒有談判成功地在談判桌上實現，我們所能仰賴的只有戰鬥。當然我們要的是極大化，但這將有賴於我們是否能捍衛自己。」[43]時至1994年2月5日，國家軍隊在歷經三個月的多方攻擊以後，已經占領赤柬的主要基地安隆汶，[44]之後又成功奪取柬、

December 1993; Ker Munthit, "PM Proposes Charter Change," *Phnom Penh Post*, 31 December 1993；〈柬埔寨修憲 俾將赤棉納入政府〉，《中國時報》，1993年12月27日，第10版。

[38] Nate Thayer, "Peace Pipe: Cambodian Government Reaches Out to Old Foes," *FEER*, 16 December 1993, p. 18.

[39] Thayer, "Defector's Dilemma," p. 16.

[40] Sihanouk, "Forging Cambodian Nationhood," p. 26

[41] Rodney Tasker, "Trading Charges: Phnom Penh Accuses Thais of Aiding Khmer Rouge," *FEER*, 28 April 1994, p. 20.

[42] Nate Thayer, "Govt, KR Jockey for Political Power," *Phnom Penh Post*, 14 January 1994.

[43] Nate Thayer, "Test of Strength," *FEER*, 27 January 1994, p. 19.

[44] Nate Thayer, "Control of Key Town Disputed," *Phnom Penh Post*, 11 February 1994.

泰邊境的戰略要地Arn Sess；[45] 3月，國家軍隊開始向赤柬主要的
政治與經濟中心拜林展開大規模的攻擊行動，迫使赤柬武裝撤
離，重挫赤柬的士氣。[46]不過，赤柬在4月下旬展開對抗攻勢，並
於該月19日重新占領拜林，[47]而且，陸續奪回失去的控制區，並
準備將目標瞄準馬德望。[48]由於國家軍隊與赤柬之間的武裝衝突，
導致超過2萬的難民流入泰國以尋求庇護。[49]

　　1994年4月底，施亞努曾拋出橄欖枝，倡議召開關於柬埔寨
和平與民族和解的圓桌會議，並獲得柬埔寨各方的同意。[50]不過，
柬埔寨和平與民族和解圓桌會議卻因為各方對於會議的召開地點
有所分歧而延期舉行。赤柬考量安全因素而反對在金邊舉行，但
拉納烈與洪森堅持必須在柬埔寨境內舉行，所謂的安全因素僅是
逃避會談的一種辯解。[51]5月17日，施亞努為打破政府和赤柬在和
平談判上的僵局，再次提出將在該月27日於平壤舉行一場不包括

45　Mark Dodd, "RCAF in New Victory," *Phnom Penh Post*, 25 February 1994.

46　"Beefed Up Cambodian Army at Pailin," *Business Times*, 14 March 1994; "Phnom Penh Forces Capture Khmer Rouge HO," *Straits Times*, 20 March 1994; Nate Thayer and Ker Munthit, "Govt Soldiers Take Shaky Hold on Pailin," *Phnom Penh Post*, 25 March 1994; Ker Munthit, "Pailin under New Management," *Phnom Penh Post*, 8 April 1994.

47　John C Brown and Ker Munthit, "KR Close to Recapturing Pailin," *Phnom Penh Post*, 22 April 1994.

48　"Battambang under Threat by KR Push," *Phnom Penh Post*, 6 May 1994；〈柬埔寨第二大城 爆發激戰赤棉向馬德望發動突襲〉，《中國時報》，1994年5月3日，第10版。

49　"Cambodians in Search of a Haven," *Business Times*, 22 March 1994.

50　"Cambodian Parties Agree to Peace Talks," *Straits Times*, 24 April 1994.

51　Anugraha Palan, "Anguished King in New Plea for Talks," *Phnom Penh Post*, 6 May 1994.

立即停火內容的新圓桌會議的建議，獲得拉納烈與洪森的贊同，
赤柬領袖喬森潘也表示將率領代表團出席會議。原先強烈反對與
赤柬妥協的洪森表示，和談將根據施亞努的五點和平方案，給予
「可被接受的」赤柬成員高階的內閣職位，以換取赤柬放棄控制
區、停止所有游擊活動，並將游擊隊員併入國家軍隊。[52]

　　在為期兩天的平壤會談中，各方代表同意成立一個部長級的
常設委員會（round-table commission），以處理造成柬埔寨內戰雙
方分裂的所有問題，負責各方面的調停工作，該委員會將於6月
15日開始運作。不過，雙方關於停火的部分則存有歧見。金邊政
府代表接受施亞努的停火計畫，但喬森潘堅持應設置國際觀察員
以確保雙方停戰，並列舉10個中立國家，[53]提議由其中5個國家組
成的觀察員來監督停火。由於雙方各持己見，最終導致本次圓桌
會議僅確定一致支持停火，但未確定停火日期，也未能提出具體
的和平計畫。[54]

　　1994年6月15日，金邊政府與赤柬在歷經一個月的流血衝突
以後，在金邊召開柬埔寨圓桌會議常設委員會的首次會議。本次
會議原本預定討論施亞努提出的停火問題和赤柬所提的最低限度
的政治綱領等兩個議題，但雙方僅就停火問題進行討論。金邊政
府代表建議以6月30日作為停火的起始日期，但赤柬拒絕設定停

52　"Co-premiers to Hold Peace Talks with Khmer Rouge," *Straits Times*, 19 May 1994；
　　〈赤棉同意與柬政府舉行和談〉，《中國時報》，1994年5月3日，第10版。

53　這十個國家是奧地利、汶萊、斐濟、斯里蘭卡、埃及、芬蘭、尼泊爾、巴布
　　亞紐幾內亞、瑞士和菲律賓。

54　"Khmer Peace Talks End without Any Breakthrough Sign," *Straits Times*, 29 May
　　1994; "Khmer Rouge Rejects Ceasefire Proposal," *Straits Times*, 30 May 1994; Bill
　　Harris, "Gloomy PM Warns of More Fighting," *Phnom Penh Post*, 3 June 1994.

火日期，並要求就建立停火監督委員會的細節進行討論。赤柬表示，金邊政府未回應他們所提的要求，亦即以最低限度的政治綱領作為組成新政府的基礎，以及將赤柬武裝納入國家軍隊；相反地，金邊政府則要求在協商分享權力以前，先達成停火協議。因此，雙方的談判宣告破裂。施亞努曾表示，假若這次和談失敗，他將不會再支持任何和談，而金邊政府也排除再開和談的可能性。[55]由於金邊政府與赤柬的和談「未獲致肯定的成果」，因此決定下令關閉赤柬駐金邊辦公室，並要求所有赤柬代表及人員盡速於6月19日以前離開金邊，以保障其安全。6月20日，赤柬駐金邊辦公室的所有人員全部撤離，並經由曼谷返回安隆汶和拜林等控制區。[56]

　　金邊政府與赤柬間的和平會談遲遲無法得出結論，洪森決定不再與赤柬進行持續性的對話，將強化對付赤柬的軍事行動，並準備將赤柬宣布為非法組織。拉納烈也表示，將採取軍經圍堵策略，亦即，繼續將赤柬逼離戰略據點，中止他們的經濟活動；透過發展國家經濟以打擊赤柬。為此，在關閉赤柬位於金邊的辦事處以後，第二步驟是必須宣布赤柬為非法組織。[57]然而，不僅泰國

---

[55] "Khmer Rouge Rejects Call to Set Ceasefire Date," *Straits Times*, 16 June 1994；〈柬代表抵金邊參加圓桌會議〉，《人民日報》，1994年6月14日，第6版；〈柬圓桌會議無結果〉，《人民日報》，1994年6月14日，第6版；〈停火日期談不攏　柬和談失敗〉，《中國時報》，1994年6月17日，第10版。

[56] "Close Your Office and Get Out, Khmer Rouge Told," *Straits Times*, 19 June 1994; "Last of Khmer Rouge Officials Leave Phnom Penh," *Straits Times*, 21 June 1994；〈柬埔寨當局　驅逐赤棉成員〉，《中國時報》，1994年6月19日，第10版。

[57] "Phnom Penh Acts to Outlaw Khmer Rouge," *Straits Times*, 22 June 1994；〈柬欲宣布赤棉為非法組織〉，《中國時報》，1994年6月23日，第10版。

表示反對，認為還有重新獲得和平與穩定的機會，[58]施亞努也指控金邊政府未能適當地運作國家，他將拒絕簽署「赤柬為非法組織」的法案。[59]

1994年7月4日，柬埔寨國會針對CPP所提的「赤柬為非法組織」法案進行辯論。過程中，山蘭西及西里武等FUNCINPEC成員公開表示反對，認為該法案不僅不利於民族和解，而且可能淪為打擊政治對手的政治工具。山蘭西強調該法案的人權意涵，認為通過該法案可能使柬埔寨成為一個「警察國家」；[60]而其他持反對立場的國會議員則是認為該項立法違反憲法。[61]山蘭西進一步提出涵蓋四點內容的修正案，其呼籲政府「尊重人權及法律原則」，並同意「經由身心脅迫所取得的自白書不得作為罪證」。此外，一旦赤柬同意停火，應中止該法令。不過，拉納烈認為應該對赤柬採取強硬的態度，並重申在這項爭議性草案中加入人權條款的承諾。[62]該法案的原先草案用字較為強烈，但洪森為求法案盡快通過，在國會辯論過程中作出讓步，同意改用溫和的詞彙，並增加保護性條文以防止執法機關濫用此項法令，同時，也將特赦期限由兩個月延長至六個月，然後國王根據憲法的權力可以行使減刑和免刑的豁免權。[63]

58　"Thais Oppose Ban on Khmer Rouge," *Straits Times*, 23 June 1994.

59　"Sihanouk 'No' to Anti-Khmer Rouge Law," *Straits Times*, 3 July 1994.

60　John C Brown, "Intense NA Debate Ends in Compromise," *Phnom Penh Post*,15 July 1994.

61　"Debate Hots up over Khmer Rouge," *Straits Times*, 6 July 1994.

62　〈柬國會辯論激烈〉，《中國時報》，1994年7月6日，第17版。

63　John C Brown, "Implications of Ban Not Yet Apparent," *Phnom Penh Post*, 15 July 1994.

　　柬埔寨國會經過三天的激烈辯論，於1994年7月6日以103票一致同意的壓倒性結果通過「赤柬為非法組織」的提案。該法案共有八條，重要內容包括：赤柬組織及其武裝部隊被宣布為非法，其政治機構和軍事力量將被視為違反王國憲法和法律的組織，犯有刑事罪的組織成員，將受到現行法律的審判；從事分裂國家、破壞政府、破壞公眾權力機關，唆使公民武力反對公眾機關的成員，構成危害國家安全罪，判處二十至三十年徒刑，或者無期徒刑；法令生效的六個月內，允許赤柬成員投誠，在王國政府的管理下生活，不追究其罪行，但赤柬領袖例外；將沒收赤柬在國內、外的財產；在六個月寬限期以後，國王有權對赤柬人員進行減刑和特赦；對濫用此法令的人處以兩年到五年的徒刑。[64]

　　一旦「赤柬為非法組織」的法案經由國王簽署生效，赤柬將從一個慣稱為「民柬」（Party of Democratic Kampuchea, PDK）的合法政治派系變成一個非法武裝組織，成員則從國家公民變成國家背叛者，隨時會面臨被逮捕和判刑的危險，由於得不到社會的承認，無法離開自己的控制區。這有助於金邊政府較輕易取得友邦國家提供的軍事援助與訓練，同時，切斷赤柬與國際社會，特別是與泰國的合法聯繫，讓一向被赤柬當作「安全天堂」（safe haven）的泰國，迫於國際壓力而無法再保護赤柬，以及再與赤柬進行生意往來，達到在外交上與軍事上孤立赤柬的目的。拉納烈表示，政府將要求過去允許赤柬進出其國境的所有國家中止這

---

[64] "Cambodia Outlaws Khmer Rouge Rebels," *Straits Times*, 7 July 1994；〈柬國會：紅吉蔑為非法組織〉，《聯合早報》，1994年7月7日，第1版；〈查禁赤棉 柬國會正式立法〉，《中國時報》，1994年7月8日，第10版；〈紅色高棉系列之一：紅色高棉是怎樣被宣布非法的？〉，2011年2月27日。http://www.7jpz.com/thread-2705-1-4.html（2017年7月3日）。

種作法；同時也要求各國政府只承認由現任政府所發的護照，並逮捕其境內的赤柬成員。假使泰國繼續允許赤柬成員出入其國境，將招致支持赤柬的罪名。[65]該法案對即將和赤柬進行大交易的外國投資者具有遏制效果，但不影響軍隊、地方領袖與赤柬之間現存的協定。柬埔寨人權組織就表示，該法案雖然有助於改善國家安全，但也降低民族和解的機會。[66]所以，堅持民族和解的施亞努，拒絕簽署實施令。於是，國會透過修憲程序賦予代理國家元首簽署國會通過文件的權力。最後，由代理國家元首的國會議長謝辛在宣布赤柬非法的法令上簽字。

　　1994年7月10日，赤柬鑑於情勢惡化、內戰不斷，在柏威夏省宣布成立由喬森潘擔任總理的「柬埔寨民族團結救國臨時政府」（Provisional Government of National Union and National Salvation of Cambodia, PGNUNSC）。[67] PGNUNSC有兩大主要政策：一是主張民族和解與國家統一，歡迎所有支持與同意實現民族和解、和平，以及強調反越意識等政治目標的愛國志士加入，

---

65 〈柬埔寨查禁赤棉　美國支持〉，《中國時報》，1994年7月9日，第10版。

66 John C Brown, "Implications of Ban Not Yet Apparent," *Phnom Penh Post*, 15 July 1994.

67 PGNUNSC的內閣成員包括：由前赤柬駐中國大使章裕朗（Chan Youran）出任副總理、外長兼文化部長；喬森潘與姜華（Pich Chheang）擔任正、副國防部長；前赤柬在金邊發言人馬賓（Mak Ben）擔任農業暨水管理部長；尹索希普（In Sopheap）擔任移民部長，處理越南移民事宜；Kor Bun Heng擔任金邊與城市局勢與勞動部長；Chouen Choeun擔任總理關於人民健康與公共衛生特別顧問。Harish Mehta, "Khmer Rouge Forms Rival Cambodian Government," *Business Times*, 12 July 1994; "Khmer Rouge Forms Rival Govt with Khieu Samphan as PM," *Straits Times*, 12 July 1994; Nate Thayer, "Split Formalized as KR Declare 'Govt'," *Phnom Penh Post*, 15 July 1994.

共同解決嚴重的國家和社會問題；二是結束越南侵略戰爭，處理400萬越南移民問題。一般認為，赤柬的舉動被認為是針對東埔寨國會通過「赤柬為非法組織」立法的直接回應，藉以展現與金邊政府全面對抗的決心。就像新聞部長英莫利（Ieng Mouly）所言，赤柬自行成立臨時政府是想藉此獲得合法性的「非常手段」。拉納烈也表示，這等於是赤柬自己關上和平進程的大門。雖然泰國官員提出警告，赤柬的決定有升高與金邊政府衝突的風險，但實際上的影響力相當有限。[68]

「赤柬為非法組織」法案實施以後所產生的心理壓力遠大於軍事行動的衝擊。尤其是，PGNUNSC所要反抗者已經不是外國扶植的政權，而是一個經由東埔寨人民透過自由、公平選舉出來，而且經過國際社會承認的合法政府，嚴重削弱赤柬軍事行動的正當性，將使赤柬成員產生「為何而戰」的信任危機，瓦解赤柬的組織凝聚力。再加上，金邊政府實施所謂的「雙贏政策」（Win-Win policy），強調離開波布陣營加入國家軍隊的赤柬武裝部隊不是叛逃、不是投降，而是被「整合」（Integrate）到政府裡，所以他們不會遭到歧視或污衊。然後，前赤柬武裝成員的生計將保證獲得改善，此即所謂的「發展」（Develop）階段。[69]根據

---

[68] "Khmer Rouge 'Has Locked Door on Peace Process'," *Straits Times*, 13 July 1994；〈赤棉成立臨時政府 與金邊對上了〉，《中國時報》，1994年7月12日，第10版。

[69] 「雙贏政策」的基本公式是DIFID：分裂（Divide）、孤立（Isolate）、完結（Finish）、整合（Integrate）、發展（Develop）。除了「整合」和「發展」等兩個步驟以外，前三個步驟包括：第一步驟是「分裂」赤柬各個派系；第二步驟是切斷赤柬各小單位之間的聯繫，以便於「孤立」個別單位的對話；一旦組織變得夠衰弱，赤柬的政治軍事組織將被「完結」，而此將意味著一個國家、兩個行政體系的結束。Boraden, *The Khmer Rouge*, pp. 132-133. 關於洪

洪森的主張，金邊政府在整合的過程中，將為脫離者提供三項基本的保證：(1)、保證其生命與安全，亦即不會遭到任意的逮捕；(2)、允許他們維持工作與職位，但必須更換制服與接受統一的領導；(3)、將承認其私人財產的所有權。[70]於是，1994年至1995年間，包括暹粒、奧多棉吉、磅同及班達棉吉等許多地區的武裝部隊陸續出現叛逃與投降的行為，[71]人數分別是1994年的7,000人與1995年1月的2,500人。[72]洪森在3月的一場記者會中表示，赤柬的戰士已經從8,000人下降至2,000人，控制區的面積也縮小到3%至5%的領土。[73]明顯地，戰士的背叛已嚴重削弱赤柬的實力。

　　時至1996年，金邊政府發動「摧毀赤柬」戰役（crush the Khmer Rouge），[74]赤柬武裝與國家軍隊雖然處在交鋒狀態，但許

森的「雙贏政策」，參考：Nem Sowath, *Civil War Termination and the Source of Total Peace in Cambodia: Win-win Policy of Samdech Techo HUN SEN in International Context*（Phnom Penh: Reahoo, 2012）。

70　Boraden, *The Khmer Rouge*, p. 133.

71　"Ranariddh Visits Khmer Rouge Defectors," *Straits Times*, 30 December 1994; "85 More Khmer Rouge Guerillas Give Up," *Straits Times*, 3 January 1995; "Defections," *Straits Times*, 14 January 1995; "Key Khmer Rouge Official Defects to Government Side," *Straits Times*, 12 February 1995; "Senior Khmer Rouge Officers Ready to Defect to Govt: Ranariddh," *Straits Times*, 30 July 1995.

72　Michael Hayes, "Trading Places: Khmer Rouge Weakened by Defections," *FEER*, 19 January 1995, p. 21.

73　Associated Press, "Khmer Rouge Near Gone," 16 March 1995. Quoted in Brown and Zasloff, *Cambodia Confounds the Peacemakers, 1979-1998*, p. 257.

74　"Government Forces Put Khmer Rouge on Defensive," *Straits Times*, 28 January 1996; "Khmer Rouge Move," *Straits Times*, 2 March 1996; "Cambodia Set to Take Over Border Post," *Straits Times*, 26 March 1996; "Raid on Temple," *Straits Times*, 31 March 1996.

多官兵已開始集體叛逃，[75] 有些向效忠於CPP的武裝力量投誠，有些則向效忠於FUNCINPEC的武裝力量投誠。其中，尤以駐奧拉山的赤柬指揮官蓋朋（Keo Pung）決定加入國家軍隊的事件，更是「雙贏政策」的里程碑。然而，就像波布所指控，有些地區的武裝指揮官沉迷於邊境貿易，忘記鬥爭任務。為此，波布下令將赤柬成員的私有財產充公，讓赤柬控制區的局勢彷彿回到1975年民主柬埔寨統治時期。[76] 波布雖然試圖再次以黨內清洗運動來強化控制與遏制組織內部急遽升高的投降主義傾向，但已是欲振乏力。波布推行強制財產集體化政策的結果就是造成赤柬內部的分裂。[77]

　　1996年6月底，駐於馬崍的450師指揮官索皮（Sok Pheap）與駐於拜林的415師指揮官伊慶（Y Chhean）開始與金邊政府展開秘密接觸；同時，也向赤柬的「第二號人物」（Brother No.2）英薩利聯繫。當時，英薩利已經和金邊政府就停火及部隊投誠後的諸多問題展開談判，試圖尋求一個全面性的解決。索皮指出，投誠團體在談判過程中也提出組織政黨的權利，而該政黨將由英薩利領導。[78] 雙方經過兩個月的談判，伊慶與索皮在得到英薩利的許可下，於8月8日當天率領約3,000名的赤柬游擊隊員向金邊政

75　"Khmer Rouge Commander, 357 Guerillas Cross Over to Govt Forces," *Straits Times*, 5 March 1996; "Expect Defections," *Straits Times*, 13 March 1996; "Ranariddh Welcomes Ex-Khmer Rouge Chief," *Straits Times*, 26 March 1996; Ker Munthit, "KR Dying Says Senior Defector," *Phnom Penh Post*, 5 April 1996.

76　Boraden, *The Khmer Rouge*, p. 139.

77　Jason Barber, "KR Succumbs to Hidden Rivalries," *Phnom Penh Post*, 23 August 1996.

78　"Ieng Sary to Lead New Party?," *Business Times*, 12 August 1996; "Khmer Rouge Gambit: Peace or Peril?," *Phnom Penh Post*, 23 August 1996.

府投降。[79] 8月10日，英薩利正式宣布脫離赤柬。之後，馬崍與拜林地區的赤柬武裝部隊宣布加入英薩利領導的軍隊；8月28日，英薩利宣布成立「民主民族聯合運動」（Democratic National Union Movement, DNUM），主張在君主政體的架構下運作來提倡民主與和平。[80] 9月初，英薩利與金邊政府達成停火協議，並宣布承認柬埔寨王國憲法和王國政府，表示願意交出控制區和軍隊，不實行自治。金邊政府表示，英薩利的部隊納入國家軍隊後可駐防原地，並允諾爭取施亞努的特赦。[81] 9月14日，施亞努國王應第二總理洪森的要求，對英薩利頒布特赦令。[82]

英薩利陣營的投誠雖是金邊政府的一次重要勝利，但距離徹底擊垮赤柬仍言之過早。由波布、喬森潘、農謝、宋申和塔莫（Ta Mok）等人構成的政治領導體系與軍事指揮結構仍完整無缺，赤柬內部仍有數以千計的中堅部隊和指揮官仍忠誠於波布。[83] 國家軍隊在1996年10月對殘存的赤柬基地展開掃蕩，導致5名強硬派資深領袖逃亡至泰國。[84] 由於金邊政府宣布，只要赤柬投降就給予赦免，吸引超過2,000名赤柬武裝游擊隊員，以及將近4,000個家庭約18,500名成員向金邊政府投降。[85] 11月3日，金邊

---

[79] "3,000 Khmer Rouge Guerillas Defect to Govt: Hun Sen," *Straits Times*, 9 August 1996.

[80] "Ieng Sary Sets Up Political Movement," *Straits Times*, 29 August 1996.

[81] "Peace Settlement Reached with Khmer Rouge Faction," *Straits Times*, 8 September 1996; "Ieng Sary in Ceasefire Deal with Cambodian Officials," *Straits Times*, 11 September 1996.

[82] "Amnesty for Ieng Sary," *Straits Times*, 15 September 1996.

[83] "KR Hardliners – Down but not Out," *Phnom Penh Post*, 4 October 1996.

[84] "Senior Khmer Rouge Men Flee to Thailand," *Straits Times*, 4 October 1996.

[85] "More Defect," *Straits Times*, 27 October 1996.

政府與英薩利正式簽署和平協定，英薩利統轄的近4,000名游擊
隊員正式被整編到國家軍隊中。[86]隨著英薩利、伊慶與索皮的投
誠，赤柬政經重鎮的拜林與馬崍將被置於金邊政府的管理之下。[87]

　　由於多數投誠的赤柬游擊隊員都是向與CPP，特別是與洪森
關係密切的武裝力量投誠，尤其是後來的英薩利也倒向CPP和洪
森，使得洪森在與拉納烈的軍事鬥爭上占得上風。所以，拉納烈
為平衡與洪森的實力差距，力勸安隆汶的赤柬游擊隊員向其投
誠，並由副總參謀長涅本才將軍（Nhek Bun Chhay）率領談判小
組前往安隆汶進行談判。事實上，安隆汶加上柏威夏省北部地區
的赤柬游擊隊人數估計不到2,500人，雖有助於提升FUNCINPEC
的軍事實力，卻難以在與CPP的軍事平衡上發揮關鍵作用。不
過，就像CPP官員所說的，心理感知與衝擊遠勝過數千人的實際
力量。[88]

　　1997年初，赤柬強硬派內部產生嚴重的分裂。喬森潘一派主
張，為謀求赤柬的生存，應與拉納烈展開接觸，談判雙方合併的
問題，藉以保存赤柬的實力；相反地，波布一派則認為，一旦與
金邊政府展開接觸，就等於合理化英薩利的背叛行為，自然不為
波布所接受。儘管如此，喬森潘仍然與拉納烈展開談判，[89]而宋申

---

[86] "4,000 Khmer Rouge Fighters to Merge with Cambodian Army," *Straits Times*, 4 November 1996.

[87] "Phnom Penh Ready to Create New Province Round Pailin," *Straits Times*, 20 September 1996; "Ranariddh: Govt Ready to Create Province for Rebels," *Business Times*, 20 September 1996.

[88] "After Pol Pot: The Politics of Survival," *Phnom Penh Post*, 27 June 1997.

[89] "Yes, We Held Talks with Govt, Say Khmer Rouge Hardliners," *Straits Times*, 18 March 1997; "Rebels Want to Talk Peace with Phnom Penh," *Straits Times*, 13 June 1997.

則和洪森接觸。根據金邊政府的資料顯示，政府與赤柬在1997年2月一系列尋求政治解決的秘密談判，多數都是由塔莫與涅本才將軍在波布背後所進行的。5月，赤柬領袖與拉納烈部隊之間，達成旨在聯合的交易，就包含政治領袖喬森潘，以及忠誠於塔莫的部隊。於是，波布變得益形孤立，為阻礙赤柬與拉納烈的和平談判，他著手展開整肅異己。波布嘗試消滅內部對手以破壞他們和金邊政府所達成的和平交易。[90] 6月9日深夜，波布指控宋申勾結洪森，下令殺害宋申及其夫人雲雅（Yuri Yat）與10名家族成員。[91]據信，暗殺宋申只是波布針對眾多資深官員的開始，陸續還有塔莫等長期控制赤柬武裝的當權軍事指揮官。不過，波布遭到宋申部下的攻擊，倉皇撤離安隆汶，並在6月18日向塔莫投降。[92]至此，波布的領導核心完全瓦解，而喬森潘又沒控制武裝部隊，塔莫遂成為赤柬新的「第一號兄弟」（Brother No. 1）。[93]

波布被捕以後，成為各方勢力進行權力鬥爭的重要工具。對FUNCINPEC來說尤其重要。波布不為公眾所接受的形象既是FUNCINPEC處理赤柬強硬派時的一大障礙，波布的惡名昭彰卻又是一個潛在的政治金礦。若能使柬埔寨擺脫波布，無論他是死亡、流亡或面臨審判，都能提升拉納烈應對洪森政治陰謀的能力；若能藉由處理安隆汶殘存的赤柬勢力來結束柬埔寨多年的戰

90　Nate Thayer, "Brother Enemy No. 1," *Phnom Penh Post*, 15 August 1997.

91　"Khmer Cadres," *Straits Times*, 12 June 1997; "Pol Pot Flees After Killing Aide, 11 Others," *Straits Times*, 14 June 1997.

92　"Pol Pot Surrendered to Ex-comrades: Radio," *Straits Times*, 19 June 1997；〈殺戮戰場　劊子手　波帕向赤棉對手投降〉，《中國時報》，1997年6月19日，第10版。

93　"Ta Mok – the New Brother No. 1," *Phnom Penh Post*, 2 January 1998.

爭，將使拉納烈獲得更多的政治利益。在FUNCINPEC與CPP的
鬥爭中，赤柬就是一個「帶槍的政治盟友」。所以，拉納烈計畫
將赤柬納入他所領導的「民族聯合陣線」（National United Front,
NUF）中。[94] 然而，由於塔莫躲過刺殺行動，導致安隆汶的赤柬的
回歸政府計畫宣告失敗。因為，就像DUNM秘書長隆納林（Long
Narin）所言，塔莫既不會向金邊政府投誠，也不會向洪森投
誠。[95] 塔莫曾表示：「有很多背叛者，這是正常的，但他們最後全
都會喪命」;[96]「是的，我們正準備談判，正在談判的過程中。但
我不會像英薩利一樣，成為一隻越南的走狗。簡言之，我們要解
散洪森政府，然後建立一個涵蓋所有民族武裝的民族政府。」[97]

　　美國國務卿歐布萊特（Madeleine Albright）曾要求加拿大協
助向柬埔寨引渡波布，以便以種族滅絕罪名讓他接受國際法庭審
判，並獲得加拿大的同意。她認為，波布是一名戰犯，必須讓他
面臨審判。[98] 但是，塔莫表示不會將波布交給國際法庭審判。1997
年7月25日，塔莫在安隆汶召開所謂的「人民法庭」（People's
Tribunal）。除了波布以外，受審的還包括另外3名效忠波布的高
級軍事指揮官，罪名除了涉嫌謀殺宋申，拘留塔莫、農謝等人以
外，還有破壞民族和解的政策，亦即試圖阻礙赤柬與FUNCINPEC

94　"After Pol Pot: The Politics of Survival," *Phnom Penh Post*, 27 June 1997.

95　Tricia Fitzgerald, "DNUM: All Eyes on Anlong Veng Chaos," *Phnom Penh Post*, 27 June 1997.

96　Nate Thayer, "Dying Breath," *FEER*, 30 April 1998, p. 21.

97　Thayer, "Dying Breath," p. 20.

98　Nick Lenaghan, "Moves to Get Pol Pot in the Dock," *Phnom Penh Post*, 27 June 1997; Felix Soh Py, "Pol Pot a War Criminal and Must Be Tried: US," *Straits Times*, 31 July 1997.

的交易。這些都是反對人民、武裝部隊與幹部的犯罪行為，所以，波布遭判處終身監禁。赤柬選在此時機公審波布有其弦外之音，主要是與聯合政府的崩潰、拉納烈被罷黜有關。表面上，洪森以拉納烈勾結赤柬、企圖讓屠殺政權重新掌權為由發動血腥政變，實則擔心赤柬與拉納烈軍力合併對他造成威脅。[99]

　　由於安隆汶的新一代赤柬領袖，像是新崛起的總參謀長肯農（Khem Nuon），高喊擁抱反越南人的極端民族主義，下定決心要推翻洪森與越南侵略者，認為這些人仍占領著國家。他們要聯合FUNCINPEC的武裝，並且與其他政黨合作來共同對抗洪森。為此，赤柬必須贏得國際社會的支持與協助，但國際社會將赤柬等同屠殺，這對赤柬追求新運動是一個困境。實際上，波布的「民柬」（Party of Democratic Kampuchea, PDK）已不復存在，現在的赤柬是喬森潘成立的高棉民族團結黨（the Khmer National Solidarity Party）。新的赤柬運動是由一個九名成員組成的常設委員會所領導，其中僅有擔任委員會主席的喬森潘是老幹部。[100] 所以，赤柬新領袖試圖透過拋棄惡名昭彰的波布，藉以擺脫殘暴不仁的形象。正如曾為波布控制下的民政官員塔努（Ta Neou）所宣稱：「我們今日的終極目標是國際社會應該理解，我們不再是赤柬，不再是波布主義者！」此外，赤柬新領袖不再受共產主義意識形態所驅動，現在擁抱的是「自由民主」。在公審波布的過

99　Nate Thayer, "Brother Number Zero," *FEER*, 7 August 1997, pp. 14-18; Nate Thayer, "Brother Enemy No. 1," *Phnom Penh Post*, 15 August 1997；〈叢林公審　赤棉意在言外〉，《中國時報》，1997年7月30日，第10版。

100　"Appeal by New Khmer Rouge Chief," *Business Times*, 1 August 1997; Nate Thayer, "Next generation: Khmer Rouge Put on a New Face," *FEER*, 7 August 1997, p. 21.

程中，參與群眾不時疾呼「民主運動的崛起，萬歲！」即是例
證。顯然，波布被赤柬視為推行新路線的最大障礙。[101]

　　1997年7月，由於金邊發生所謂的「七月事件」，亦即洪森
以武力推翻拉納烈的流血政變，導致FUNCINPEC控制的軍隊撤
退到柬、泰邊境。赤柬名義領袖喬森潘表示，他支持拉納烈擔任
第一總理，並且，協助他對抗強人洪森的統治。[102]赤柬總參謀長
肯農也說，一旦洪森被推翻，高棉民族團結黨將樂於參與民主選
舉。[103]於是，赤柬游擊隊與拉納烈部隊進行策略性結盟共同對抗
效忠於洪森的國家軍隊。[104]洪森將其稱為「赤柬的拉納烈化」
（Ranariddhization of the Khmer Rouge）。[105]

　　進入1998年以後，尤其是4月，隨著拉納烈與洪森達成停火
協議，金邊政府開始對赤柬發動清剿行動，加上倒戈的赤柬派系
發動攻勢，陸續有赤柬游擊隊員向金邊政府投誠。[106] 4月15日，
前赤柬最高領袖波布因心臟病而過世，[107]加速赤柬的瓦解。[108]在柬
埔寨國家軍隊的支援下，數千名赤柬游擊隊員發動兵變，迫使塔

---

[101] Thayer, "Brother Number Zero," pp. 14-18; Thayer, "Brother Enemy No. 1."

[102] "Khmer Rouge Throws Its Weight Behind Ousted Ranariddh," *Straits Times*, 1 August 1997.

[103] Thayer, "Next Generation," p. 21.

[104] "Khmer Rouge 'Helping Royalists to Defend Village'," *Straits Times*, 13 August 1997; Christine Chaumeau and Tricia Fitzgerald, "F'pec Turns to KR as O'Smach Fight Rages on," *Phnom Penh Post*, 29 August 1997.

[105] "Battling on, with the KR," *Phnom Penh Post*, 21 November 1997.

[106] "Khmer Rouge Rebels Defect," *Straits Times*, 26 March 1998; "217 Khmer Rebels Defect," *Straits Times*, 8 April 1998; "200 Rebels," *Straits Times*, 12 April 1998.

[107] Edward Tang, "Pol Pot Dies of Heart Attack," *Straits Times*, 17 April 1998.

[108] "More Rebels Will Defect," *Straits Times*, 19 April 1998.

莫率領殘餘部隊與25,000名平民進入泰國四色菊府（Sisaket）的
會善蘭（Huay Samran）紮營避難。[109]時至6月5日，赤柬最後一
個主要根據地安隆汶落入金邊政府的控制中，4,000名赤柬游擊隊
員向政府宣示效忠，被正式編入國家軍隊。[110] 6月11日，赤柬又
有五位重要領袖向金邊政府投誠，[111]標誌著金邊政府對塔莫支持
者所實施的策反行動的奏效。[112]

　　1998年12月4日，肯農率領八位赤柬軍事指揮官在柬、泰邊
境的柏威夏寺與金邊政府代表進行談判，然後宣布向柬埔寨當局
投降。肯農表示，他們已經切斷和塔莫、喬森潘、農謝等三人的
關係，今後將回歸社會，遵循憲法和政府政策，並編入國家軍
隊。這支殘餘勢力人數約2萬名，包含5,000名的戰鬥人員與
15,000萬名的平民。隨著赤柬最後一支戰鬥游擊隊的投降，赤柬
與金邊政府長達20年的戰鬥宣告終結。[113]在聖誕節當日，喬森潘
與農謝也與金邊政府達成投誠協議，表示願意像個「普通百姓」
（normal citizens）一樣過生活。[114]至此，幾乎所有赤柬武裝力量都

109　"Rebel Chief Ta Mok on the Run Khmer Rouge," *Straits Times*, 4 May 1998; Christine Chaumeau and Jason Barber, "A Smile from a Murderer; Safe Haven from the Thais," *Phnom Penh Post*, 8 May 1998.

110　"Last Khmer Rouge Base in Govt Hands," *Straits Times*, 6 June 1998.

111　這五名赤柬成員是Chan Youran、Mak Ben、Thiounn Thioeunn、In Sopheap 與Kor Bun Heng。

112　"5 Leaders Quit Khmer Rouge," *Straits Times*, 14 June 1998; Bou Saroeun and Peter Sainsbury, "Defection of KR Politicos Isolates Mok," *Phnom Penh Post*, 19 June 1998.

113　"End of the Road for the Khmer Rouge," *Straits Times*, 8 December 1998; Bou Saroeun and Peter Sainsbury, "The KR Ends Its 47-year War," *Phnom Penh Post*, 11 December 1998.

114　"2 Khmer Rouge Leaders Surrender," *Straits Times*, 27 December 1998.

已向金邊政府投降，赤柬領袖僅剩下塔莫仍藏匿在柬、泰邊境一帶，直至1999年3月6日才在安隆汶附近被捕，並於當日押解至金邊，標誌著赤柬運動就此告終。[115]柬埔寨終於迎來30多年來的首次和平。

第二節　拉納烈與洪森的政治鬥爭

> 國際社群付出大量的金錢協助他們重建國家，但是他們卻展開另一場遊戲。他們全都嘗試重新洗牌，並且登上高位，消滅其他擋路的人。[116]

——美國駐柬埔寨大使　昆恩（Ken Quinn）

　　1993年的聯合政府乃是根據平等的權力分享原則所建立，此種為求權力平衡而刻意設計的政權體制，實際運作不如預期中順利。拉納烈所率領的奉辛比克黨（FUNCINPEC）雖贏得1993年選舉的勝利，但卻無法反映在實際的權力分配上；另一方面，統治柬埔寨長達14年的橫山林及洪森政府，由獨攬大權變為第二總理，不僅洪森本人無法忍受，柬埔寨人民黨（CPP）的官員也無法適應。故而，新成立的聯合政府不僅無法促進民族和解，反而帶來加深各種勢力對立的反效果，像是CPP與FUNCINPEC之間的政黨惡鬥，以及各個政黨內部的權力傾軋。

---

[115] "Khmer Rouge Chief Arrested," *Straits Times*, 7 March 1999.

[116] 原文是 "The international community paid a ton of money to help them restore their country, but then they put in place another game. All of them were trying to reshuffle the deck and climb back on top, push the others out of the way." Brinkley, *Cambodia's Curse*, p. 132.

在CPP方面，主要的政治嫌隙發生在謝辛與洪森之間。過去，謝辛曾是國際媒體所稱的柬埔寨強人，其領導的派系曾經相當的強大。許多柬埔寨官員與各國駐金邊的外交官曾以「柬埔寨真正的權力中心」來描述謝辛。套用一位外交官的說法，「他是政權的不露臉強人」（He is the faceless strongman of the regime）。[117]《洛杉磯時報》（Los Angeles Times）甚至以「柬埔寨謙遜的平民英雄」（Cambodia's Humble Populist Hero）來稱呼他。[118] 1993年9月，金邊政府結構進行調整，許多政府職位被取消，謝辛一派因此遭到邊緣化。另外，在共同總理的制度下，謝辛向洪森舉薦其盟友：內政部長的蘇慶，應該擔任國家的副總理。謝辛的提議雖獲得洪森的同意，但也對洪森造成第一個挑戰。當時，《柬埔寨日報》曾提出警告，CPP內部的溫和派與強硬派可能發生內部權力鬥爭。[119]謝辛對洪森造成的第二個挑戰是發生在1994年7月。該月2日深夜，CPP內部的強硬派夏卡朋與辛松，因不滿洪森處理赤柬問題與拉納烈的政策，[120]策動一場流血政變試圖推翻聯合政府。[121]

夏卡朋與辛松曾在1993年6月因策動東部七省的分離運動而

117　Kevin Ponniah and Vong Sokheng, "The Slow Demise of Hun Sen's Greatest CPP Rival," *Phnom Penh Post*, 14 November 2014.

118　Charles P. Wallace, "Profile: A Humble Populist Hero Emerges in Cambodia: Chea Sim, the Communist Party's No. 2 Official, Is Gaining Wide Popularity for His Honesty and Spare Lifestyle," *Los Angeles Times*, 18 September 1990.

119　Roberts, *Political Transition in Cambodia 1991-99*, pp. 151-152.

120　關於夏卡朋對於赤柬問題的看法，參考：Nate Thayer, "Chakrapong Resurfaces, Tells Govt to Go," *Phnom Penh Post*, 20 May 1994.

121　"Sihanouk's Son Held in Foiled Coup Bid," *Straits Times*, 4 July 1994；〈柬埔寨爆發流產政變〉，《中國時報》，1994年7月4日，第1版。

流亡越南。兩人返回柬埔寨以後，對於是否將其排除於國會之外，在CPP與FUNCINPEC之間引起嚴重爭論。FUNCINPEC強烈反對讓兩人重新加入國會，因為根據UNTAC制訂的選舉法規定，國會議員必須經由選舉產生，兩人先前已經辭去議員職位，所以無法重新進入國會；相反地，CPP則是採取支持的立場，主張UNTAC所制訂的選舉法是基於制憲需要，憲法完成制訂且生效表示該選舉法已經失效。[122]雙方對此議題的爭論歷經國會的兩次會議都未能順利解決，預定在7月4日至6日舉行的第四次會議亦將該議題排入議程。

然而，辛松卻在1993年7月2日深夜率領來自波蘿勉省的300名武裝部隊渡過湄公河並朝金邊前進，然後在距離金邊25公里的Dei Eth遭到國家軍隊的攔截，政變部隊在沒有抵抗的情況下被允許返回營地。翌日，聯合政府宣布，夏卡朋與辛松領導武裝團體，嘗試製造混亂，破壞政府與國會等國家組織，逮捕政府高階官員與參謀總長，是政變的背後領導者。洪森並下令將其逮捕且軟禁於家中。在施亞努的要求下，洪森同意讓夏卡朋於當日前往馬來西亞的吉隆坡。[123]隨後，金邊陸續發生多起逮捕事件，包括內政部國務秘書辛森（Sin Sen）、8位高階軍官及9名泰國人等，總計此次未竟政變被逮捕人數超過百人。最後，夏卡朋、辛松和辛森遭軍事法庭判決每人20年監禁，8位高階軍官則被判15年，

122　Ker Munthit, "House Adjourned over Chakrapong," *Phnom Penh Post*, 8 April 1994; Anugraha Palan, "House is Stalled as Chakrapong Row Rumbles on," *Phnom Penh Post*, 6 May 1994.

123　"Sihanouk's Son Leaves Cambodia After Failed Coup," *Business Times*, 4 July 1994.

至於9名泰國人則因施亞努要求赦免而被遣送回國。[124]

　　關於政變的真正原因，眾說紛紜。內政部聯合部長蘇慶指出，辛松自陳發動政變的理由是，因為他無法接受施亞努基於民族團結而建議將赤柬帶回政府中。不過，蘇慶也表示，根據所攔截的電話對談及其他人的陳述，夏卡朋涉入此次政變，而其目標是為了國王權力。就像洪森所言，發動政變者是為成立新政府並任命新的國家元首來取代施亞努。[125]然而，另一位內政部長尤賀格里（You Hockry）卻說：我們沒有證據指控他（夏卡朋），這也是我們讓他離開的原因。[126]夏卡朋也宣稱自己的無辜，「我聽到謠言說我計畫發動一場政變，我是無辜的，我手中沒有掌握任何資源。」[127]他表示，政變部隊與國家軍隊之間的實力是300比1萬，辛松與自己都具有豐富的軍事經歷與叢林戰役的經驗，專業上不可能以少敵多，這在叢林的游擊戰中或許可行，但在城市裡根本行不通。此外，夏卡朋也指出，關於辛松的自白僅僅是政府的說詞，並無證據顯示是真的出自於辛松本人。[128]

　　從陰謀論的角度來看，洪森近年在CPP內部面臨嚴重的挑戰，以洪森與謝辛為首的兩大陣營早已存在嫌隙，與本次政變牽連的所有官員都是和謝辛及蘇慶所領導的派系具有緊密關係。故

124　Heng Sok Chheng, "Sin Sen: 'The Fall Guy'," *Phnom Penh Post*, 4 November 1994；〈柬陸續逮捕官員　二次政變疑雲〉，《中國時報》，1994年7月7日，第10版。

125　"Coup Plotters Aimed to Dethrone Sihanouk," *Straits Times*, 8 July 1994; "Coup Leaders Planned to Replace Sihanouk: Hun Sen," *Business Times*, 8 July 1994.

126　Nate Thayer, "'Coup' Plot Thickens," *Phnom Penh Post*, 15 July 1994.

127　"I'm No Ring Leader," *The New Paper*, 13 July 1994.

128　Ho Kay Tat, "Chakrapong Denies Taking Part in Coup Bid," *Business Times*, 7 July 1994; "Prince Pleads His Innocence," *Phnom Penh Post*, 15 July 1994.

而，這場政變被認為是CPP內部的權力鬥爭，目的是要謀求CPP
內部的權力平衡。儘管蘇慶否認涉入政變，但關於他涉入政變的
懷疑一直持續，最終迫使高層領袖出面宣示團結。同時，政府也
發布一項禁令，禁止媒體與政府官員談論與出版和政變有關的進
一步逮捕行動，因為散播謠言將導致領袖之間的對立。[129]不過，
這場政變也透露出洪森尚未完全控制安全機關，尤其是警察力
量。[130]

　　事實上，除了CPP內部發生權力鬥爭，FUNCINPEC與
BLDP也不例外。FUNCINPEC擔任財經部長的山蘭西，在1994
年10月20日的內閣改組中遭到國會的罷免，改由CPP的吉春
（Keat Chhon）取而代之，[131]引發副總理兼外交部長西里武的反
彈，威脅將辭去外交部長一職以展現和政治盟友山蘭西之間的團
結情誼。[132]10月23日，西里武譴責政府製造戰端、悖離民主、打
破施亞努的政策，因此正式辭職。[133]FUNCINPEC提名教育部長

---

[129] "Cambodian Govt Closes Paper and Orders Silence on Coup Probe," *Straits Times*, 9 July 1994; "Cambodia Jails Editor, Warns Press Against Sowing Panic," *Straits Times*, 10 July 1994.

[130] Benny Widyono, *Dancing in Shadows: Sihanouk, the Khmer Rouge, and the United Nations in Cambodia*（Lanham: Rowman & Littlefield Publishers, 2008）, pp. 173-174.

[131] Harish Mehta, "Cambodian Finance Minister Rainsy Ousted," *Business Times*, 21 October 1994; "Three Khmer Ministers Voted Out," *Straits Times*, 21 October 1994.

[132] Harish Mehta, "Cambodia's Foreign Minister Threatens to Quit," *Business Times*, 24 October 1994; "Sirivudh to Quit over Sacking of Political Ally," *Straits Times*, 24 October 1994.

[133] 關於西武里辭職的理由，參考：Harish Mehta, "The King Is Being Ignored," *Business Times*, 26 October 1994; Nate Thayer, "Sirivudh Quits, Hits Out at

黃發（Ung Huot）擔任外交部長，教育部長則由杜洛（Tol Lah）擔任。[134]

基本上，山蘭西就任財經部長以來，即採取強硬作風，致力於經濟改革的推行，試圖徹底根除大量的官員腐敗、預算集權化與違反收入徵收體系等弊端。儘管山蘭西的經改政策獲得施亞努及部分民眾的支持，但也引發權勢官員起而捍衛商業利益的一場風暴。其中，又以稅制的改革引起最大的反彈。山蘭西試圖藉由新稅制的實施來擴大國家的稅基，提升國家稅收。[135]山蘭西對於國家的經濟與財政結構所推行的革命性改革，不僅是CPP的內閣成員，甚至是FUNCINPEC的官員都不支持，[136]特別在軍事預算方面，當時柬埔寨的軍事預算占全部國家預算的50%，山蘭西認為沒有必要將大量預算投注在軍事方面。[137]這和拉納烈的意見相左。在制訂「赤柬為非法組織」法案的過程中，山蘭西與拉納烈的矛盾逐漸公開化。

Govt," *Phnom Penh Post*, 4 November 1994.

134 Harish Mehta, "Funcinpec Stalwart to Replace Prince as Foreign Minister," *Business Times*, 26 October 1994; "The Cabinet Changes in Full," *Phnom Penh Post*, 4 November 1994.

135 "Rainsy Announces New Taxes," *Phnom Penh Post*, 25 March 1994; "Tax Proposals Need a Re-think," *Phnom Penh Post*, 22 April 1994. 山蘭西被撤換以後，聯合政府就耗資1,600萬美元，從波蘭與捷克分別購入50輛及40輛坦克車，以作為對抗赤柬旱季攻勢的準備。Ros Sokhet, "Army Gets 90 Tanks and Extra $16m," *Phnom Penh Post*, 2 December 1994.

136 Ker Munthit, "King Sends Rainsy Message of Support," *Phnom Penh Post*, 28 January 1994; Nate Thayer, "Aid Meet Gives Embattled Rainsy Stay of Execution," *Phnom Penh Post*, 25 February 1994.

137 "Military Spending Takes Up Half of Cambodia's Budget," *Straits Times*, 23 November 1994.

　　山蘭西遭到撤換的導火線是柬埔寨首富許銳騰（Theng Bunma）的新市場計畫。華裔富商許銳騰的泰文隆集團（Thai Boon Roong Group）是柬埔寨最大的納稅公司。該公司準備在金邊奧林匹克市場旁邊興建新市場，為此向柬埔寨中央銀行申請融資，但因央行不應該對私人投資企業融資，遭到副行長索姆拉（Tioulong Saumura）的反對。於是，許銳騰大量進口免稅物料，然後再予以賣出，而無須為此計畫投入任何額外的現金。許銳騰為建成新市場計畫，將上百個小型攤販驅離，並將未來15年的營業權大量高價賣出。可以說，許銳騰的新市場計畫是當代柬埔寨第一個主要的土地掠奪案例，遭到山蘭西的嚴厲挑戰。山蘭西表示，拉納烈明知道許銳騰的新市場計畫是站不住腳的，卻沒作出任何反抗的決定，反而指控我阻礙發展。[138]拉納烈曾指出，他對於經濟發展的踱步已經失去耐性，政府需要團結與凝聚力來實現其職能。[139]

　　事實上，許銳騰不僅是國會主席謝辛的特別顧問，而且是兩位總理主要的贊助者，他曾在1993年8月贊助拉納烈1,800萬美元購買國王200型飛機（Kingair-200），以及贈送洪森一輛賓士豪華轎車作為公務車使用。許銳騰甚至協助承包1994年國家預算中的數百萬元無息貸款，實際資助對抗赤柬的旱季攻勢。就像柬埔寨資深官員所說的，「在柬埔寨，許銳騰可以說是呼風喚雨」，「每個人都知道，許銳騰可以做到他想做的事。」[140]因此，山蘭西

138　Sam Rainsy, *We Didn't Start the Fire: My Struggle for Democracy in Cambodia* (Chiang Mai: Silkworm Books, 2013), pp. 82-83.

139　"A Prince in a Great Hurry," *Business Times*, 14 October 1994.

140　Nate Thayer, "Medellin on the Mekong," *FEER*, 23 November 1995, p. 24; Nate Thayer, "Sugar Daddy," *FEER*, 23 November 1995, p. 27.

反對許銳騰的計畫，等於觸動敏感的政商關係。

　　根據媒體報導，山蘭西被撤換的理由是因為他秘密與赤柬代表會面，從而被指控為叛國者。[141] 然而，問題的真正核心是，拉納烈作為FUNCINPEC的領袖，其在權力分享與發展方向上，挑戰CPP的能力已經遭到質疑。此時，山蘭西因打擊貪腐、注重平民的利益而成為柬埔寨人民最受歡迎的部長，這種英雄式的領袖氣質對拉納烈無疑是一種壓力。再加上，山蘭西對於拉納烈在政策上的缺乏方向及其與CPP的妥協，均坦言不諱，此種對能力的質疑，削弱拉納烈的真正地位。[142] 故而，內閣進行改組時，在拉納烈的同意下，山蘭西最終遭到撤換，從而導致FUNCINPEC的內部對立更加惡化。

　　1995年6月22日，山蘭西指控政府貪污，並威脅要成立一個「反對聯盟」（opposition alliance），正式被剝奪國會議員身分。儘管施亞努反對解除山蘭西的職務與國會議員身分，希望他能留在政府；山蘭西也指控官員利用偽造文件來驅逐他，要求重新檢視撤職過程，仍然無法挽回。[143] 這驅使山蘭西決定脫離FUNCINPEC，並成立高棉民族黨（*Cheat Khmer*, Khmer Nation Party, KNP）。[144]

141　"Exit Linked to Treason," *New Paper*, 22 October 1994.

142　Roberts, *Political Transition in Cambodia 1991-99*, pp. 155-156.

143　"Cambodian Parliament Expels Ex-Minister Over Threat," *Straits Times*, 21 June 1995; "Sacked Khmer Minister Promises a Fight," *Straits Times*, 22 June 1995; "Ex-Khmer Minister's Expulsion It's Formal," *Straits Times*, 23 June 1995; "Sihanouk Opposes Minister's Dismissal from Post and Party," *Straits Times*, 25 June 1995; Jason Barber, "Orchestrated End for Sam Rainsy, MP," *Phnom Penh Post*, 30 June 1995.

144　高棉民族黨的目標是團結柬埔寨內、外所有社會團體與階層中的柬埔寨人，聚集所有憎惡前次選舉違反承諾，以及反對各種形勢的絕對主義、泯滅人受此影響，央行副行長索姆拉亦因政治理由遭到撤職，[145]之後也加入高棉民族黨。

在山蘭西成立KNP以前，聯合政府就曾試圖以法律理由來封鎖他，並以各種模糊的威脅來對付他；[146]山蘭西宣布成立KNP以後，拉納烈隨即於翌日表示KNP不合法律規定，是非法政黨，聯合政府更下令禁止KNP成立黨支部，明示其無法在柬埔寨王國的任何地方成立辦公室，而且準備關閉KNP的總部；[147]同時，也脅迫人民，尤其是那些想要加入KNP的鄉村地區人民。[148]拉納烈曾指出，他沒有選擇的餘地，僅能和洪森結成一個危險的同盟。

1995年11月18日，柬埔寨政府以坦克車及超過百名全副武裝的士兵封鎖第二副總理同時也是FUNCINPEC總書記西里武位於金邊的官邸，其被控企圖殺害第二總理洪森的罪刑而遭到逮捕與軟禁。兩天後，柬埔寨國會就西里武事件召開會議，會中以105票一致同意決定免除西里武的議員豁免權，並控告西里武密謀殺害洪森。[149]在施亞努、拉納烈與洪森談判以後，同意讓西里

性、貪污腐敗的愛國力量。高棉民族黨將根除所有共產主義痕跡，特別是利用權力、武力或金錢來破壞法律，以及對好人、窮人、弱勢採取不正義的行為。Ker Munthit and Jason Barber, "Rainsy's Khmer Nation Set for First High-level Defection," *Phnom Penh Post*, 20 October 1995.

145 Nate Thayer, "National Bank Governor for the Chop," *Phnom Penh Post*, 16 June 1995.

146 "Determinated to Launch Party," *Business Times*, 9 November 1995; "Former Minister Rainsy Defies Ban to Launch Cambodia's Latest Party," *Straits Times*, 10 November 1995.

147 "Close Order," *Straits Times*, 2 December 1995; "Party Barred," *Straits Times*, 11 December 1995.

148 "Party Woes," *Straits Times*, 19 November 1995.

149 "Cambodian Prince Under House Arrest," *Straits Times*, 19 November 1995;

武流亡法國，保證西里武今後不再參加政治活動，特別是不參加柬埔寨著名的反對派領袖山蘭西的政治活動。不過，西里武仍以陰謀暗殺總理、非法藏械等罪刑被法院判處10年監禁。[150]

　　表面上，整個事件的起因是西里武曾公開表示要暗殺洪森，實際上卻涉及拉納烈對西里武先前支持山蘭西的不滿，而洪森僅是順水推舟藉此打擊CPP的最大敵人FUNCINPEC。拉納烈曾表示，解除西里武的議員豁免權是為求團結；同時，他也贊成洪森下令拘留西里武並將其軟禁在住宅的決定，如此可避免政府內部的衝突和流血。[151]然而，實情是因為西里武在FUNCINPEC內部的聲望遠高於拉納烈，不利於即將到來的黨主席選舉，拉納烈擔心無法續任黨主席而急於排擠西里武。此時，CPP提出西里武問題，拉納烈認為這是排除異己的絕佳時機。故而，FUNCINPEC與CPP的國會議員在表決剝奪西里武的議員豁免權時，才得以一致通過。[152]山蘭西及西里武的事件不僅證實FUNCINPEC內部存在異議，從而提供洪森策動分裂的機會；同時，也顯示洪森的權力

"Cambodian Parliament to Decide on Guilt of Prince in Murder Plot," *Straits Times*, 20 November 1995; "Sihanouk's Half-brother Charged with Plotting to Kill Hun Sen," *Straits Times*, 22 November 1995; Ker Munthit, "PM Confirms Dubious Death Plan," *Phnom Penh Post*, 17 November 1995.

150 "Hun Sen Agrees to King's Request to Exile Prince," *Straits Times*, 13 December 1995; "Prince Sirivudh Agrees to Go into Exile," *Straits Times*, 18 December 1995; "Prince Sirivudh Agrees to Go into Exile Rather Than Face Trial," *Business Times*, 18 December 1995；〈柬埔寨親王流亡法國〉，《中國時報》，1995年12月22日，第10版。

151 Ker Munthit, "Ranariddh Defends His Actions," *Phnom Penh Post*, 1 December 1995.

152 仲力，〈西里武為什麼要強行回國〉，《聯合早報》，1997年4月18日，第26版。

控制已經穩固，甚至可以不理會施亞努的意見。[153]

正當FUNCINPEC與CPP陷入政治鬥爭之際，柬埔寨第三大黨BLDP亦面臨分裂的困境。黨主席宋山為爭奪黨的控制權，已經與副主席英莫利（Ieng Mouly）展開對抗。1995年5月13日，宋山召開執行委員會，投票通過英莫利驅逐黨外。英莫利隨即在5月18日要求理事會的14名成員召開會議，討論宋山陣營所帶來的內部紛擾，會中決定宋山過去、現在與未來的所有決議應予以無視。但是，宋山之子宋蘇北（Son Soubert）仍在22日正式對外宣布驅逐英莫利的決議。5月28日，理事會召開另一次會議，出席會議的16名成員無異議表示，驅逐英莫利的決議是違法的。顯然，除非召開黨代表大會讓所有成員可以針對此議題進行辯論，否則爭端不可能解決。[154] 7月10日，英莫利召開黨代表大會，300名黨員投票撤除宋山的黨主席職務；同時，會中也推舉英莫利為新任黨主席。[155]宋山隨即於7月12日寫信給國會主席謝辛，表示英莫利先前已經被逐出黨外，其所召開的黨代表大會是違法的。翌日，英莫利則是寫信給國會副主席羅森卿（Loy Sim Chheang），要求宋山與5位支持他的國會議員不得使用BLDP的圖章與標示。這次爭端的結果是宋山同意辭去黨主席職位，並接受榮譽黨主席一職。[156]不過，BLDP的內部紛爭並未因此平息，後續又發生部分黨員脫黨加入CPP的情況，使原本實力就不強的

[153] "Prince's Arrest Shows Hun Sen in Firm Control," *Straits Times*, 21 November 1995.

[154] Sou Sophonnara, "BLDP One, and BLDP Two," *Phnom Penh Post*, 2 June 1995.

[155] "Son Sann Voted Out as Party President," *Straits Times*, 11 July 1995；〈宋山失去柬佛教解放民主黨主席職〉，《聯合早報》，1995年7月11日，第30版。

[156] Anugraha Palan, "Son Sann Faction Gets Mouly Marching Orders," *Phnom Penh Post*, 28 July 1995.

BLDP更加衰弱。

　　進入1996年以後，FUNCINPEC和CPP的關係開始出現裂痕，拉納烈與洪森的緊張關係開始表面化。該年1月，FUNCINPEC的主要領袖在施亞努市召開一次重要會議。會中作出兩項重要決定：首先，由於FUNCINPEC與CPP的軍事實力相差懸殊，所以要實現在軍事力量上和CPP的平衡；其次，如果CPP拒絕分享縣、鄉級的國家基層政權，FUNCINPEC將與CPP在政治上攤牌。[157]拉納烈在3月21日召開的全國代表大會連任黨主席以後，就公開抱怨「聯合政府只是口號，只是個空瓶子」；FUNCINPEC缺乏權力，應該尋求與CPP相同數量的首長或副首長。CPP與FUNCINPEC過去曾經簽署協議，某個區如果由CPP出任首長，則第一副首長必須由FUNCINPEC擔任，反之亦然。雙方進一步在1996年2月簽署其他協定，允許FUNCINPEC可以整合1,648人至省級、市級、區級的首長職位，關於每個區的副首長人數及人選仍在爭議中。CPP回應，提供FUNCINPEC在每個區指派一名首長或副首長的權利，由於每個區都設有一名首長與二至三名副首長，這意味著將允許CPP可持續填滿其他職位。[158]因此，拉納烈表示，CPP如果不與其均分縣級行政權力，將退出聯合政府並解散國會，提前舉行大選。[159]

---

[157] 仲力，〈《洪森成為柬埔寨唯一總理紀實》之七月流血事件〉，2011年1月25日。http://blog.sina.com.cn/s/blog_5a0347c50100o465.html（2017年5月3日）。

[158] "How the Power Share Deal Failed," *Phnom Penh Post*, 5 April 1996; Jason Barber and Ker Munthit, "CPP Draws Line in the Sand," *Phnom Penh Post*, 5 April 1996.

[159] 仲力，〈西里武為什麼要強行回國〉，《聯合早報》，1997年4月18日，第26版。

然而，洪森拒絕任何關於權力分享的談判的可能性，甚至警告拉納烈停止談論關於權力分享的計畫，否則他將完全地丟棄它。對於拉納烈威脅將退出聯合政府，洪森表示，如果拉納烈退出政府，許多FUNCINPEC的部長與國會議員將靠向CPP，他已經準備好一份新聯合政府的部長名單。[160]「假若他們真的想離開，我樂於邀請他們這麼做。如果他們想留下就留下，想離開就離開。如果選擇留下，我們將再次一起工作。」[161]拉納烈的威脅果真引起FUNCINPEC黨內有些部長「拜訪」洪森以尋求保住部長職位。洪森的強勢回應迫使施亞努在法國發出正式聲明，表示皇室家族沒有要對抗洪森與CPP，而且，拉納烈與FUNCINPEC沒有要撤出政府與國會。[162]

此後，儘管FUNCINPEC與CPP公開宣稱，聯合政府將持續至1998年的大選，但是兩黨通過各自掌握的報紙、電台、電視台等宣傳系統公開表現出兩黨之間的不信任，相互指責對方在合作領導國家的過程中不忠誠。洪森警告說：「不要測試他的耐性，停止批判他的政黨，如果不停止攻擊，將導致最壞的結果發生。」[163]洪森甚至公開表示：「如果拉納烈不高興，你可以像你所承諾的那樣離開；如果你不離開，你就真的是一條狗。」[164]洪森的

---

[160] "Funcinpec Loyalties Put to the Test," *Phnom Penh Post*, 2 May 1997.

[161] *Summary of World Broadcasts*（SWB）FE/2603, 4 May 1996, B/2. Quoted in Roberts, *Political Transition in Cambodia 1991-99*, p. 139.

[162] "Sihanouk Denies Family Is Opposed to Hun Sen," *Straits Times*, 29 April 1996; "King Defuses Tension Among Factions," *Phnom Penh Post*, 3 May 1996.

[163] "Hud Sen Warns Royalists to Stop Criticising His Party," *Straits Times*, 4 August 1996.

[164] Jason Barber, "Hun Sen Takes Hard Line at Party Summit," *Phnom Penh Post*, 26 July 1996.

發言被認為是對盟友的「實質性宣戰」，[165]顯露出運作三年的聯合政府正處於搖搖欲墜的邊緣。[166]

　　拉納烈為擴大權力基礎，積極地爭取赤柬的異議份子的結盟，尤其是英薩利陣營。然而，正當FUNCINPEC宣稱已經完成對英薩利投誠的秘密談判工作，英薩利卻選擇倒向洪森與CPP。拉納烈遂將目標轉向駐在安隆汶的喬森潘、塔莫等人，希望藉由勸說他們投誠來創造一支結盟勢力，在政治上、軍事上來挑戰CPP，實現FUNCINPEC與CPP之間的力量平衡。對此，洪森表態說：「任何協助赤柬或是將赤柬帶回金邊的人，就是違反法律。」[167]顯然，赤柬投誠議題加深兩位總理的裂痕。[168] 1996年11月19日，洪森的妹夫高沙穆（Kov Samuth）在金邊市中心遭到殺害。[169]該事件使FUNCINPEC與CPP之間的政治和軍事對峙局面進一步升溫，雙方在同年11月與翌年2月於馬德望省發生激烈的武裝衝突。

　　1997年1月底，拉納烈表示，柬埔寨需要一個乾淨的政治，為強化FUNCINPEC與政府內部的聯合夥伴關係，計畫在各政黨之間建立一個共同的政治綱領，他將與反對陣營共組新的聯盟。[170] 2月27日，FUNCINPEC倡議的「民族聯合陣線」（National

165　Matthew Lee, "Fighting Words," *FEER*, 15 August 1996, p. 16.

166　"Cambodia's Fragile Coalition on the Verge of a Breakdown," *Straits Times*, 3 May 1996.

167　Roberts, *Political Transition in Cambodia 1991-99*, p. 142.

168　"Defectors Issue Widens Rift between Khmer Premiers," *Straits Times*, 19 August 1996.

169　"Hun Sen's Kin Killed," *Straits Times*, 20 November 1996.

170　"Ranariddh's Planned Alliance May Strain Coalition Ties Further," *Straits Times*, 27 January 1997; "Princely Preoccupations," *Business Times*, 22 February 1997.

United Front, NUF）正式宣布成立，目的是要共同競逐即將到來的地方選舉與國會議員選舉，以及實現民主改革。[171] NUF的成員除FUNCINPEC以外，還有山蘭西的高棉民族黨（KNP）、BLDP中的宋山派，以及高棉中立黨（Khmer Neutral Party）。[172] 此外，拉納烈也公開提議將英薩利所領導的DNUM納入NUF中。同樣地，CPP也有其盟友，像是Molinaka、自由民主黨（Liberal Democratic Party, LDP）等。兩大勢力的成形將導致聯合政府陷入癱瘓。就像CPP官員所言，在政府的政策上，不會再有任何的全面性協定，而且，治理的形式將變得越來越朝向兩個平行政府的方向發展，未來僅能就個案逐一的透過交易方式來尋求解決。[173]

值得一提的是，拉納烈的作法引起黨內資深議員的不滿，起而挑戰拉納烈的領導地位，給予洪森策動分裂的機會。國務部長兼國會議員翁潘（Ung Phan）、暹粒省長登柴（Toan Chhay）、班達棉吉省長董凱（Doung Khem）等人宣布組成一個反FUNCINPEC集團。翁潘質疑拉納烈領導政黨與政府的能力，指控他一連串的

---

[171] NUF是為解決國家所面臨的重要問題，共有十四條政治綱領，包括：(1)、捍衛民族、宗教與王室；(2)、舉行自由與公平的選舉；(3)、在下次選舉中支持單一總理的構想；(4)、強化立法體系與中立的政府；(5)、捍衛人權與打擊獨裁；(6)、改善國際合作，但捍衛國家主權與領土完整；(7)、解決移民問題；(8)、提倡人民的生活水平；(9)、發展人力資源；(10)、消除貪污；(11)、打擊毒品；(12)、解決喪失的公共財產；(13)、捍衛高棉文化；(14)、保護環境。Ker Munthit, "Smiles All Round as One-time Foes Join Hands in NUF," *Phnom Penh Post*, 7 March 1997; Sorpong Peou, "Cambodia in 1997: Back to Square One?" *Asian Survey* 38, No. 1（January 1998）: 70.

[172] "All Together Now Cambodian Royalists Launch United Front," *Straits Times*, 28 February 1997.

[173] "Rival Political Blocs Attract Rush of Parties," *Phnom Penh Post*, 21 February 1997.

錯誤將國家帶向大災難。翁潘表示，他不打算離開FUNCINPEC，只是要尋求一個要為適任的領袖，並尋求強化與CPP的聯合同盟關係。登柴的意圖則是想要成立一個新政黨。拉納烈決定將背叛FUNCINPEC的5名國會員逐出黨外。洪森表示，將會保護翁潘的職位；同時警告不能剝奪政府官員表達支持或反對政黨或是政治人物的權利。[174]

　　拉納烈指控洪森藉由支持這次黨內的反對行動來製造政治緊張，去穩定化FUNCINPEC，試圖策劃一場真正的政變。[175] 1997年6月1日，FUNCINPEC的造反派甚至召開黨代表大會，投票罷免拉納烈的黨主席職務，並選舉登柴為新任黨主席，董凱與翁潘為副主席。[176]此次黨代表大會是在親CPP軍警的保護下召開，而且從參與黨員身分到投票過程均疑點重重。[177]拉納烈隨即表示，將以武力來解決正在發生的政治危機。[178] FUNCINPEC歷經翁潘與登柴的背叛事件以後，拋棄拉納烈而轉向洪森的背叛者越來越多，使其喪失國會中的多數黨地位。就像施亞努所稱，拉納烈領導的FUNCINPEC正在死亡中。黨的分裂是FUNCINPEC與拉納

---

174 "Funcinpec Renegade Backed by Hun Sen," *Phnom Penh Post*, 18 April 1997; "Funcinpec Loyalties Put to the Test," *Phnom Penh Post*, 2 May 1997.

175 "Ranariddh Accuses Hun Sen of Plotting His Ouster," *Straits Times*, 19 April 1997; "Ranariddh Blasts Hun Sen for Trying to Stage 'Real Coup'," *Straits Times*, 22 April 1997.

176 "Dissidents Vote to Expel Ranariddh as Party Leader," *Business Times*, 2 June 1997.

177 Christine Chaumeau, "Hands up for Toan Chay," *Phnom Penh Post*, 13 June 1997.

178 "Ranariddh Threatens to Use Force to End Political Crisis," *Business Times*, 4 June 1997.

烈結束的開始。[179]

　　在政治上漸漸居於劣勢的FUNCINPEC，不得不加快與赤柬的政治結盟，以借助這股力量作為和洪森討價還價的籌碼。1997年6月1日，拉納烈派遣代表涅本才將軍與喬森潘展開第三次談判，就各項協議達成最後的審核，內容包括：讓波布、塔莫、宋申前往國外尋求庇護；喬森潘將作為赤柬的最高領袖與政府方面進行各種聯繫，金邊政府將准允他合法參加政治生活，組成或參加政治組織；所有赤柬人員的過去行為不再予以追究；所有赤柬人員必須向政府投降，投降者可以在甄別後加入政府軍，也可以就此脫離軍隊，解甲歸田。拉納烈指出，一旦條件談妥，喬森潘將能組織合法政黨，並且加盟NUF，在下屆大選共同對抗洪森領導的CPP。[180]

　　1997年6月7日，洪森指責拉納烈與赤柬進行談判，企圖使赤柬的強硬派獲得新生；同時，也反對喬森潘重返政壇。[181]儘管喬森潘否認與拉納烈達成加入柬埔寨政府的協議，[182]但洪森仍派人與宋申聯繫，導致波布於6月10日下令殺害宋申一家。三日後，拉納烈的代表涅本才將軍與喬森潘恢復談判。6月27日，拉納烈表示喬森潘將在柏威夏寺舉行記者會，說明他的高棉民族團

179　"King 'Concerned'," *Phnom Penh Post*, 2 May 1997.

180　"Pol Pot and 2 Others Granted Asylum in Another Country," *Straits Times*, 6 June 1997；〈金邊國防部官員柬同紅吉蔑談判安排波博流亡問題〉，《聯合早報》，1997年6月7日，第63版；〈赤棉內鬥波帕處決宋申全家　逃離大本營〉，《中國時報》，1997年6月14日，第10版；王爰飛，《波爾布特》，頁406。

181　〈洪森拉納利與紅吉蔑談判企圖使強硬派獲新生〉，《聯合早報》，1997年6月8日，第43版。

182　"No Deal," *Straits Times*, 8 June 1997.

結黨，準備宣布加入拉納烈的NUF。[183]拉納烈與喬森潘的合作卻引起洪森的強烈反應，認為FUNCINPEC與赤柬正部署政治與軍事力量來作為一個反對集團以對抗CPP。早在喬森潘於5月成立高棉民族團結黨，並表明支持NUF時，洪森就表示：「我們必須避免屠殺政權透過政治手段重新回歸……經由一個政治同盟……這將使國家陷入危險。」[184] 7月1日，洪森再次提出警告，他的政治對手若被發現非法將軍隊帶入金邊來強化自己的力量，他將使用武力來對抗他們。[185]翌日，拉納烈與洪森雙方的武裝部隊在距離金邊30公里的布雷達丹（Preak Kadam）爆發衝突。[186] 7月3日，拉納烈的代表涅本才將軍與喬森潘達成最後協議，將於6日舉行合併儀式。不過，拉納烈因預期金邊緊張局勢可能惡化，決定在4日前往法國。[187]

　　原先，拉納烈與喬森潘要簽署一份聯合宣言，內容是NUF主席拉納烈與高棉民族團結黨主席喬森潘根據《十四條政治綱領》所共同決定，主要包括三個部分：第一，雙方在民族和解的氣氛中討論柬埔寨的局勢，同時，同意NUF的《十四條政治綱領》。第二，高棉民族團結黨宣布，波布的政權與統治已經完全結束；承認並強烈捍衛柬埔寨王國憲法；支持施亞努國王，因其是國家

183 "Khieu Samphan Plans Meeting with the Press at Border Temple," *Straits Times*, 28 June 1997.

184 Claudi Arizzi, "Ranariddh Says Samphan Welcome," *Phnom Penh Post*, 30 May 1997.

185 "Hun Sen Warns Rival Against Beefing Up Troop Strength," *Straits Times*, 1 July 1997.

186 "PM vs PM II in Cambodia," *The New Paper*, 3 July 1997.

187 "Cambodian PM Leaves for France as Tension Escalates," *Straits Times*, 5 July 1997.

的象徵，民族團結的紐帶，為終止戰爭以實現民族和解與和平。
第三，拉納烈與喬森潘決定在NUF中攜手合作。[188] 然而，就在涅
本才將軍與喬森潘簽署協議的前一天，洪森在柬埔寨首富許銳騰
的金錢援助下，[189] 卻以拉納烈非法進口武器、與赤柬進行談判、
準備發動內戰為由，下令效忠CPP的武裝部隊解除拉納烈部隊的
武裝，引爆一場嚴重的流血衝突，造成數百名FUNCINPEC黨員
和軍人的傷亡，甚至傳言涅本才將軍已遭俘虜或殺害。[190]

　　經過兩天的激戰，[191] 洪森的部隊已經完全控制金邊。他迅速
地宣布，已經有效地推翻拉納烈。[192] 人在法國的拉納烈發表聲
明，譴責洪森發動「政變」。洪森則是回應：「這不是政變，只是
執行法律的行動」；[193]「不是奪權、不是CPP與FUNCINPEC之間
或洪森與拉納烈之間的衝突，也不是革命。」[194] 洪森反問：「國家

---

[188] Nate Thayer, "Secret Talks Lead to Final Purge," *Phnom Penh Post*, 15 August 1997.

[189] 許銳騰提供100萬美元給洪森，協助他控制局勢；同時，也提供FUNCINPEC 的登柴、董凱、翁潘每人5萬美元以支持洪森的政變。Nate Thayer, "Tycoon Says He Financed Hun Sen Coup; \$1 Million Underwrote Cambodian Takeover," *Washington Post*, 24 July 1997.

[190] Jason Barber and Claudi Arizzi, "Funcinpec Military Chiefs Hunted Down," *Phnom Penh Post*, 12 July 1997.

[191] 7月5日和6日的金邊局勢，參考：Christine Chaumeau, "Two Days That Shook the Capital," *Phnom Penh Post*, 12 July 1997.

[192] "Phnom Penh under Curfew as Cambodian Troops Engage in Battle," *Straits Times*, 6 July 1997; "Hun Sen Claims Overthrow of Ranariddh," *Business Times*, 7 July 1997; Edward Tang, "Hun Sen Takes Firm Control of Phnom Penh," *Straits Times*, 8 July 1997.

[193] "No Coup Move to Enforce Law," *Straits Times*, 9 July 1997.

[194] "Interview Granted by Samdech Hun Sen, Second Prime Minister, to James G.

的憲法並未更動、施亞努國王及王位安在、國會和政府依然如常運作，這樣的情況能稱為政變嗎？」[195]

然而，就像美國眾議院亞太小組主席畢瑞達（Doug Bereuter）所言，柬埔寨長達4年的民主實驗正陷入絕境，暴君（指洪森）已經透過武裝力量、威嚇、恐怖行動與及時處決來奪取權力。[196]從那時開始，許多擁有雙重國籍的柬埔寨領袖，特別是NUF的國會議員，以及大部分非政府組織的負責人，紛紛撤離柬埔寨；[197]拉納烈與其他流亡的政治領袖組成柬埔寨民主聯盟（Union of Cambodian Democrats, UCD），包括：FUNCINPEC、KNP、BLDP的宋山派與高棉中立黨；效忠拉納烈的武裝部隊則是與赤柬游擊隊攜手合作，準備在西北部沿著柬、泰邊境與洪森的軍隊進行戰鬥，洪森遂派遣眾多的臨時軍隊前往西北地區，阻止拉納烈的武裝部隊與赤柬游擊隊的連結，切斷赤柬的後勤補給來源。[198]

1997年的「七月流血事件」引起國際社會高度關注，擔憂柬埔寨再一次陷入內戰。除了中國以「不干涉它國內政」為由，接

Zumwalt, a Marine Veteran of the Gulf and Vietnam Wars and Frequent Contributor to *The Washington Times* on 10 August 1997" (Washington, D.C.: Royal Embassy of Cambodia, 1977). Quoted in Abdulgaffar Peang-Meth, "Understanding Cambodia's Political Developments," *Contemporary Southeast Asia* 19, No. 3 (December 1997): 304, Note 1.

[195] 〈韓森首度召開內閣會議要求柬陣選新領袖〉，《中國時報》，1997年7月11日，第10版。

[196] Brinkley, *Cambodia's Curse*, pp. 130-131.

[197] "Supporters of Ranariddh, Foreigners Flee," *Straits Times*, 11 July 1997.

[198] "Bid to Stop Ranariddh's Forces from Joining up with Khmer Rouge," *Straits Times*, 10 July 1997.

受此次政變的事實，並在數週後批准對東埔寨的援助計畫以外，
西方國家紛紛提出譴責，更中斷對東埔寨的援助。首先，美國譴
責洪森製造暴力，[199] 並在短暫遲疑後，決定聯合日本及德國等部
分歐洲國家，暫停對金邊政府的一切援助。[200] 之後，儘管人道援
助已經恢復，但發展援助仍有待東埔寨政治局勢的改善，以及政
治進程的自由化與民主化。澳洲認為洪森的軍事接管行動是「革
命」，雖不排除承認洪森新政府的可能性，但會嚴密監督東埔寨
局勢的發展。[201] 澳洲決定保留3,200萬美元的民間援助計畫，但中
止每年150萬美元的軍事援助。[202] IMF與世銀等國際金融組織考
量金邊政府無法實現結構改革，決定中止對東埔寨的金融援助方
案。[203]

　　其次，東協則是承認不干預東國重建工作助長局勢的惡化，
導致民族和解的最後崩解。東協決定「建設性干預」東國事務，
公開地提倡外交調停。[204] 馬來西亞總理馬哈迪指出，共同總理制
是1993年聯合國監督下選舉的結果，如果要推翻這個制度，應該
重新辦理全國選舉，再確立新政治制度。[205] 東協要求東埔寨對戰
雙方立即停火，兩位總理和平解決差異；同時，強烈呼籲洪森停

199　"US Condemns Hun Sen for Cambodian Violence," *Straits Times*, 10 July 1997.

200　Lee Slew Hua, "US Cuts off Aid to Cambodia," *Straits Times*, 12 July 1997.

201　"Australia Won't Rule out Recognising New Hun Sen Govt," *Straits Times*, 9 July 1997.

202　Khatharya Um, "One Step Forward, Two Steps back: Cambodia and the Elusive Quest for Peace," in *Southeast Asian Affairs 1998*, eds., John Funston and Derek da Cunha（Singapore: Institute of Southeast Asian Studies, 1998）, p. 75.

203　"IMF/Bank Suspend Programs," *Phnom Penh Post*, 26 September 1997.

204　"Cambodia: Time for Constructive Intervention," *Business Times*, 9 July 1997.

205　〈東協不干預內政原則的修正〉，《中國時報》，1997年7月26日，第10版。

止對拉納烈陣營施加的政治暴力，恢復聯合政府型態，但不必然
要讓拉納烈回任第一總理，恪守PPA與憲法，保留立憲君主及國
會，並保證大選如期在1998年舉行。[206]東協除無限期推遲柬埔寨
加入東協的計畫，[207]由印尼、泰國、菲律賓等三國外長構成的
「三駕馬車」（troika）扮演調停的角色，多次斡旋試圖和平解決
政治危機。

　　再者，聯合國安理會也就柬埔寨局勢進行討論，要求各方立
即停止戰鬥。[208]聯合國秘書長安南（Kofi Annan）力勸兩位總理經
由談判來尋求衝突的解決之道。安南的人權特別代表（SGSR）
哈馬伯格（Thomas Hammerberg）強烈譴責洪森發動「暴力政
變」，以武力推翻拉納烈；同時，認為洪森此舉破壞憲法與1993
年聯合國支持的選舉，損害柬埔寨人民以民主途徑選擇政府的權
利。所以，他要求金邊當局允許拉納烈在完全尊重其個人安全的
情況下予以復職。[209]在美國的遊說下，聯大的全權證書委員會
（Credentials Committee）甚至決定懸空柬埔寨在第五十二屆會議
的席位。[210]

　　洪森雖然抨擊美國暫停援助的決定，[211]也警告東協不要介入

206　"Asean Urges Immediate Ceasefire in Cambodia," *Business Times*, 9 July 1997；
　　〈調解柬國衝突東協開條件〉，《中國時報》，1997年7月25日，第10版。

207　"Asean Entry May Be Delayed," *Business Times*, 10 July 1997.

208　UN, Statement by the President of the Security Council, UN Document S/
　　PRST/1997/37, 11 July 1997.

209　Nick Lenaaghan, "Asean Says 'No'- Foreign Aid Put on Ice," *Phnom Penh Post*,
　　12 July 1997.

210　UN, Credentials of Representatives to the Fifty-Second Session of the General
　　Assembly, UN Document A/52/719, 11 December 1997.

211　"Hun Sen Government Slams US Decision to Suspend Aid for 30 Days," *Business*

他國事務，否則將撤回加入東協的申請書，[212]但為化解國際社會的疑慮，他並沒有取消共同總理制度，而是同意由FUNCINPEC所推舉的外交部長黃發取代拉納烈擔任第一總理；[213]同時，也聲稱柬埔寨需要自由與公平的選舉，並保證大選將如期舉行。拉納烈雖然否定黃發作為第一總理的合法性，但情勢已經大致上底定。此後，施亞努與東協諸國均致力於調停洪森與拉納烈之間的衝突，美國與中國也力促洪森接受東協的調停，[214]均遭到洪森強硬的拒絕。1997年7月19日，東協的「三駕馬車」首次與洪森在金邊舉行會談，但成果有限。[215]洪森反而呼籲國際社會承認罷黜拉納烈的合法性，[216]希望東協恪守中立的角色，並表示東協在柬埔寨危機中能扮演的唯一角色就是避免外國干預。[217]儘管美國與日本也要求拉納烈返回柬埔寨與洪森進行會談。雙方的軍事衝突仍未見停火之勢。

　　1997年8月6日，柬埔寨國會以98票對1票的結果同意撤銷拉納烈的議員豁免權，使他必須面臨法律程序的審判；同時，也以86票對4票的結果同意由黃發擔任第一總理。[218]此後，國際社

Times, 12 July 1997.

[212] "Don't Interfere, or We Will Stay out of Asean," *Straits Times*, 12 July 1997; "Cambodia May Drop Asean Membership Bid," *Straits Times*, 15 July 1997.

[213] "First PM-designate Ung Huot Gets Thumbs Up," *Business Times*, 17 July 1997.

[214] "Asean Poised to Help Restore Peace in Cambodia," *Straits Times*, 15 July 1997.

[215] "Hun Sen Spurns Asean Offer to Help End Crisis," *Straits Times*, 20 July 1997.

[216] "Hun Sen Makes Emotional Plea for World Recognition," *Straits Times*, 24 July 1997.

[217] "Hun Sen to Asean: Keep out Foreign Interference Four Options for Grouping," *Straits Times*, 26 July 1997.

[218] "MPs Vote Ung Huot in as First Premier," *Business Times*, 7 August 1997.

會對於洪森政變的譴責聲浪變得越來越微弱。舉例來說，美國在
柬埔寨國會投票通過黃發的任命案之後，隨即抨擊選舉過程是
「非民主的」，[219]但兩天以後，卻表示選舉過程雖然是非民主的，
為與柬埔寨政府做生意，仍必須與黃發見面。[220]中國與柬埔寨則
簽署一筆280萬美元的援助，標誌著兩國關係的進一步強化；[221]
同樣地，日本也以官方發展援助（Official Development Assistance,
ODA）的形式來恢復對柬埔寨的官方援助。這意味著東京當局對
現行金邊政府實質上的承認。[222] 8月24日，洪森領導的政府軍攻
占領拉納烈武裝部隊最後一個根據地奧斯馬奇（O'Smach），迫
使其撤退到柬、泰邊境的叢林中，宣告洪森已經控制全國的局
勢。[223]

　　由於東協堅持，拉納烈必須參與大選，洪森也清楚知道拉納
烈缺席的選舉結果，將無法獲得國際社會的承認，所以，他呼籲
滯留在國外的UCD國會議員返國參政，並表示將會保證他們的自
由與安全；同時表明不歡迎拉納烈返國。洪森認為拉納烈的問題
是法律問題而非政治問題，拉納烈必須終止武裝反抗，為其罪刑
接受審判，才能返國參加大選。一旦法庭判處拉納烈有罪，施亞
努可以透過特赦免除其刑。[224]然而，拉納烈認為，作為第一總理
和國家軍隊的聯合總司令，有權力進口武器並與赤柬進行談判，

219　"Election of Ung Huot 'Undemocratic'," *Straits Times*, 8 August 1997.

220　"US Unhappy but Will Still Deal With Ung Huot," *Straits Times*, 9 August 1997.

221　"China Signs $2.8 M Aid Deal," *Straits Times*, 9 August 1997.

222　"Japan Resumes Official Aid," *Straits Times*, 8 August 1997.

223　"Ranariddh's Troops Flee Last Stronghold Troops," *Straits Times*, 25 August 1997.

224　〈韓森歡迎柬國流亡議員返國〉，《中國時報》，1997年8月5日，第10版。

因此拒絕接受法庭審判。但是，他可以放棄恢復第一總理的職位
來換取洪森放棄對他的指控及法庭對他的審判，允許他回國參加
大選。雙方各持己見，陷入政治僵局。直至1997年11月，UCD
議員開始陸續返回金邊，目的是要爭取拉納烈及所有流亡國外的
政治領袖能夠安全返柬，重建政黨並準備參加計畫於明年舉行的
大選；同時，也要求擴大聯合國在柬埔寨的作用，以保證柬明年
大選能夠如期自由、民主、公正地舉行。其中，山蘭西是第一個
返回金邊的反對派領袖，FUNCINPEC、BLDP與KNP的領袖與
支持者則是在1998年的1月與2月陸續返國。

　　1998年2月15日，日本政府提出解決政治僵局的「東京倡
議」（Tokyo Initiative），包括四點方案：（1）、所有各派拋棄與赤
柬的任何合作，尤其是PPA條文特別禁止參與柬埔寨政治生活的
赤柬成員；（2）、柬埔寨皇家武裝部隊（RCAF）與效忠拉納烈武
裝部隊應實施立即停火，前提是尊重領土完整，以及前RCAF應
在保證原本地位與安全的情況下，被重新納入RCAF；（3）、柬埔
寨司法當局應該盡快完成拉納烈的審判，然後在其家族或其他政
黨請願的基礎上，由國王立即給予赦免；（4）、柬埔寨政府保證
拉納烈在柬的安全，只要他遵守柬埔寨法律，不應限制拉納烈參
加大選。該方案目的是要為拉納烈與其他返國的政治人物排除任
何障礙，使其得以參加選舉。由於東協、美國與澳洲都支持日本
所提的和平方案，[225]並表示支持有拉納烈參加的柬埔寨大選。[226]洪

225　"West, Asean Back Japan's Cambodia Proposal," *Business Times*, 16 February
　　1998.

226　Luz Baguioro, "Asean to Insist on Ranariddh's Participation in Polls," *Straits
　　Times*, 15 February 1998; Luz Baguioro, "Asean and Allies Will Back Cambodian
　　Polls Only If Ranariddh Is in," *Straits Times*, 16 February 1998.

森在各方的壓力下，最後也在2月17日決定接受日本的四點方案。[227] 2月21日，拉納烈已經準備下令宣布片面停火。[228] 一星期以後，拉納烈與洪森先後下令其武裝立即停火，[229] 兩個交戰派系歷時數個月的軍事衝突正式宣告結束。

1998年3月4日，柬埔寨軍事法庭宣布對拉納烈的第一次判決，以非法進口武器罪判處5年的監禁。拉納烈對此結果不感意外，因為他認為軍事法庭為洪森所控制，所以他不可能被判無罪。[230] 3月18日，軍事法庭宣布第二次判決，結果是以製造國家不安全狀態和勾結赤柬、企圖推翻聯合政府的罪名判處30年監禁，兩罪並罰共被判處有期徒刑35年，以及5,000萬美元的損害賠償。[231] 根據1997年通過的政黨法（the Law on Political Parties, LPP）第一章第六條的規定，禁止政治組織成立自治區與維持任何形式的武裝部隊以免破壞國家團結與主權；另外，根據國會議員選舉法（the Law on the Election of Members of the National Assembly, LEMNA）第四章第三十三條的規定，柬埔寨公民須在選舉前於本國居住一年方能參加公職選舉，以及第三十四條規定，任何受到法庭判決有罪而入獄的個人與尚未恢復名譽者，剝

227 "Japanese Proposal Clears Way for Ranariddh's Return," *Straits Times*, 18 February 1998.

228 "Cambodia's Prince Ranariddh Said to Offer Cease-fire," *BBC News*, 21 February 1998; "Ranariddh Ready to Call Ceasefire," *Straits Times*, 22 February 1998.

229 "Cambodian Factions Call for Truce Under New Peace Plan," *Straits Times*, 28 February 1998.

230 "Ranariddh Given Five-year Sentence," *Straits Times*, 5 March 1998.

231 "Court Demands US$50m Damages from Ranariddh," *Business Times*, 19 March 1998；〈以企圖勾結紅高棉發動政變罪名柬軍事庭判拉納利坐牢30年〉，《聯合早報》，1998年3月19日，第2版。

奪參加公職的權利。[232] 拉納烈被判有罪，必須獲得國王特赦後才能參加大選。因此，施亞努何時赦免拉納烈就成為國內、外關注的焦點。

施亞努認為，特赦對已經提出的柬埔寨和平計畫沒有助益，甚至會產生破壞效果，所以決定不要特赦拉納烈。[233] 不過，在第二次判刑確定的三天後，洪森為了不阻礙拉納烈重返政壇，同時也謀求日本提議的和平方案能夠成功，遂向施亞努提出改變拒絕特赦決定的要求。[234] 1998年3月22日，施亞努根據柬埔寨王國憲法及洪森的建議，完全赦免軍事法庭於3月4日和18日對拉納烈判處的所有罪行。特赦令自簽字之日起生效。如此一來，拉納烈就被允許參加即將到來的選舉。[235] 3月30日，雖然金邊市中心先

---

232 1997年選舉法對於公民的定義較UNTAC制訂之選舉法的規定來得嚴格，目的明顯是要限制為數眾多越南裔居民的投票權。該法不僅規定選民必須出生在柬埔寨，其父母必須是出生於柬埔寨而且是合法的居民；此外，該法也修正UNTAC選舉所允許的海外投票，規定海外柬埔寨人無法參與投票。前者有利於FUNCINPEC與山蘭西黨（Sam Rainsy Party, SRP），因其利用反越意識形態作為平台，將越南裔泛稱為親CPP的支持者；後者則偏好CPP，因其認為多數的海外柬埔寨人都是CPP的反對者。Jeffrey Gallup, "Cambodia's Electoral System: A Window of Opportunity for Reform," in *Electoral Politics in Southeast and East Asia*, eds., Aurel Croissant, Gabi Bruns, and Marei John（Singapore: Friedrich-Ebert-Stiftung, 2002）, pp. 35-36. 1997年選舉法全文，參考：Kingdom of Cambodia, "Cambodia: Law of 1997 on the Election of the Members of the National Assembly, 26 December 1997," accessed 23 November 2016, http://www.refworld.org/docid/3ae6b5448.html.

233 "Pardon Won't Help Son, Says Sihanouk," *Straits Times*, 20 March 1998.

234 "Hun Sen Asks Sihanouk to Pardon Ranariddh for Sake of Peace," *Straits Times*, 22 March 1998.

235 "Son, I Pardon You: Sihanouk," *Straits Times*, 23 March 1998；〈西哈諾赦免拉納利〉，《聯合早報》，1998年3月23日，第23版。

前曾上演一場千人示威抗議的戲碼，[236]拉納烈仍在歷經9個月的海外流亡以後，順利返回柬埔寨，進行短暫的停留。他承諾將與政府當局合作，重建FUNCINPEC來參加大選，也願意和洪森舉行會面以討論柬埔寨面臨的問題。[237]簡單地說，拉納烈的返國標誌著國際行為者與柬國內部行為者之間就指導選舉組織之原則與章程的激烈談判過程的結束，其結果就是讓洪森得以按照其意志來設計選舉進程，使其無法威脅到他對柬埔寨政治的影響力；同時，也宣告選舉進程的真正開始。[238]

　　1998年4月初，柬埔寨內政部正式批准將於7月26日舉行新的大選。這是自1991年PPA簽訂以後的第二次選舉，也是近30年來首次在沒有外國介入下由柬埔寨自己籌辦的選舉，對某些人來講，象徵著柬埔寨政治的一個新的開端，意義非凡。就像1993年大選一樣，柬埔寨人民與國際社會指望選舉來解決內部衝突，並且經由投票箱來正當化國家的領導者。不過，相較於1993年，由於UNTAC僅留下少數的選舉基礎設備，而且，國際社會的涉入將明顯減少，增加了順利舉行選舉的困難度。洪森政府是否有意願、有能力舉行一場公平且自由的選舉，亦有待觀察。

　　1998年4月17日，拉納烈發表聲明，表示願意交出效忠他的武裝部隊及其控制區。涅本才將軍表示，拉納烈不再是皇家軍隊的最高指揮官，該聲明的目的是要為拉納烈參加7月大選排除障

236　"Prince's Return Opposed," *Straits Times*, 29 March 1998.

237　"Prince to Work with Hun Sen," *Straits Times*, 31 March 1998.

238　Pierre P. Lizée, "Testing the Limits of Change: Cambodia's Politics After the July Elections," in *Southeast Asian Affairs 1999*, eds., John Funston and Daljit Singh （Singapore: Institute of Southeast Asian Studies, 1999）, p. 80.

礙。[239] 5月4日，拉納烈趕在選舉登記截止日以前自泰國返回金邊，並計畫長期定居，以協助FUNCINPEC因應7月的大選。[240] 翌日，洪森透過電話與拉納烈進行十個月以來的首次交談，共商讓7月大選順利舉行的折衷辦法。先前由於FUNCINPEC等反對陣營的國會議員採取抵制行動，導致國會無法順利審議選舉法修正案。拉納烈與洪森完成電話交談以後，反對陣營取消抵制行動，促使國會順利運作，針對選民登記期限延後、任命憲法委員會成員、更改計票場所等議題進行討論。其中，關於計票場所，反對派認為現行有關個別投票所計票的選舉法規，讓各政黨得以確認他們落敗的特定地區，將造成選民可能受恫嚇或操控的不當影響，而主張改採地方行政區或省區層級計票方式。對此，洪森表示反對，但同意將原先在個別投票所計票變更成以鄉鎮為計票單位。[241]

根據柬埔寨全國選舉委員會（National Election Committee, NEC）的公報指出，全國共有超過539萬的選民進行登記，超過合格選民總數的98%；共有42個政黨向內政部登記，NEC核准39個政黨參加7月的全國大選，數量幾乎是1993年選舉的兩倍，其中包括：CPP、FUNCINPEC、由高棉民族黨更名的山蘭西黨（Sam Rainsy Party, SRP）等三個主要政黨，以及從FUNCINPEC分裂出來的，以黃發為主席的人民主義黨（*Reastr Niyum*, Populist Party）和以羅森卿為主席的新社會黨（*Sangkum Thmei*, New

---

239 "Ranariddh Not Forces Chief," *Straits Times*, 1 May 1998.

240 "Ranariddh Returns to Prepare for July Polls," *Business Times*, 5 May 1998.

241 "Ranariddh and Hun Sen Break Ice," *Straits Times*, 6 May 1998；〈電話一線牽 韓、雷商大選〉，《中國時報》，1998年5月6日，第10版。

Society Party），BLDP及由其分裂出來的宋山黨（Son Sann Party, SSP）等小黨，超過7,000名的候選人將在全國23個選區爭奪國會中的122個議席。[242] 此外，由於國際社會普遍希望柬埔寨舉行一場自由、公正和可信賴的選舉，為此提供大量的支持和援助，預計耗資2,600萬餘美元，主要由歐盟、日本、美國等國承擔。[243] 屆時，將有來自歐盟、東協、中國、日本等國的470名國際觀察員前來觀察柬埔寨大選。[244]

　　基本上，自「七月流血事件」以後，CPP在反對陣營的缺席下，進一步鞏固對軍隊、安全武裝、政府機構與傳播媒體的控制。反對陣營的國會議員與政治領袖因流亡在外，不僅無法參與選舉法規的制訂，連負責選舉事務的NEC、解決選舉爭議的憲法委員會（Constitutional Council, CC）等成員的任命，也都由CPP主導完成。因此，7月大選可說是在CPP所設計與支配的架構中舉行。除CPP以外，其餘政黨必須面對許多不利的條件，例如：從國外返國的政黨領袖根本沒有足夠的時間重建其黨員網絡；競選活動期間，各種傳播媒體偏好CPP，反對陣營缺少公平進入電視、廣播的機會；FUNCINPEC與SRP兩大主要政黨的幹部及其支持者，在鄉村地區遭遇槍殺、暗殺等政治暴力的威脅等。[245]

242　Hartmann, "Cambodia," p. 70.

243　"European Union Funds Democratic Elections in Cambodia," 16 January 1998, accessed 23 April 2017, http://europa.eu/rapid/press-release_IP-98-43_en.htm; Matthew Grainger, "US Set to Give $7m for Election," *Phnom Penh Post*, 10 April 1998.

244　"Poll Monitors Due in Cambodia Soon," *Straits Times*, 17 July 1998.

245　National Democratic Institute and International Republican Institute, "Statement by the Pre-Election Assessment Mission," 14 July 1998, accessed 23 April 2017, https://www.ndi.org/sites/default/files/1054_kh_preelect98_5.pdf; Human Rights

　　就選舉策略來看，FUNCINPEC採取類似1993年大選時的選戰主軸，主要針對越南及越南移民問題進行抨擊。FUNCINPEC在公開聲明中，強調它是如何被洪森排除於權力之外，作為一個權力鬥爭的犧牲者，FUNCINPEC亟需東埔寨人民的支持，才能在權力中重新取得正當地位。FUNCINPEC的選舉政見刻意突顯其王室傳統，並展現捍衛民族獨立、主權與領土完整的渴望。[246] FUNCINPEC宣稱，CPP已經讓眾多的非法越裔移民登記為合格選民，以利於選舉舞弊；同時，也指出邊境的越南村民以越界侵占農地，蠶食東埔寨領土。拉納烈在眾多演講活動中，反覆地鼓吹反越意識，而且一再重申，如果FUNCINPEC贏得7月大選，將遣返非法的越裔移民，並重新審議東、越兩國在1980年代初期簽署的各項條約。整個競選活動期間，在東埔寨各地的競選集會中，反越南人標語及關於越南入侵的警告往往能激起東埔寨群眾的高昂情緒。東埔寨全境視越南裔居民為仇敵的傳統敵意揚到沸點。明顯地，FUNCINPEC煽動選民的反越意識被認為是針對CPP副主席洪森而來。[247]

　　相對地，SRP的競選主軸則是訴求它是捍衛東埔寨民主的最後一道防線，並參照其所提出社會正義方案，像是保護窮人與弱者之所需，以及在政府及其不同機構中提倡「中立」的標準等。

Watch Asia, "Cambodia: Fair Elections Not Possible," *Human Rights Watch Report* 10, No. 4（June 1998），accessed 23 April 2017, https://www.hrw.org/legacy/reports/reports98/cambodia/; International Crisis Group, "Cambodia's Elections Turn Sour," *Cambodia Report*, No. 3（10 September 1998），accessed 23 April 2017, https://d2071andvip0wj.cloudfront.net/cambodia-s-elections-turn-sour.pdf.

246　Lizée, "Testing the Limits of Change," p. 83.

247　〈在野陣營煽風　仇越情緒發酵〉，《中國時報》，1998年7月23日，第13版。

SRP試圖將自身定義為柬埔寨政治的局外人，藉此取得正當性。[248]
SRP的訴求顯然也是針對洪森與CPP，因其在整個選舉過程，牢牢地控制著選舉機器，此種控制廣泛地延伸到各級行政機關、司法機關、媒體等，儼然違背行政中立的原則。

　　雖然選前各種脅迫、暴力的問題持續發生，選舉仍在1998年7月26日順利舉行。[249]根據NEC的統計結果顯示，本次大選有超過505萬的登記選民進行投票，投票率高達93.7%，在全國23個選區共開出490萬張有效票。其中，CPP獲得203萬票，得票率為41.4%，在馬德望、暹粒等18個選區獲勝；FUNCINPEC獲得155萬票，得票率為31.7%，在金邊、磅湛等4個選區領先；SRP獲得將近70萬票，得票率為14.3%，僅在拜林獲勝。得票結果換算成席次分配，分別是CPP的64席，FUNCINPEC的43席，SRP的15席，其餘參選的36個政黨未獲得任何議席。[250]儘管CPP已躍升多數黨，但沒有任何政黨達到憲法規定的三分之二多數席次，亦即82個議席以上的組閣門檻，必須與其他政黨組成聯合政府。

　　儘管外國政治領袖亟欲勸說拉納烈與山蘭西結為同盟，但遭到雙方的拒絕。FUNCINPEC與SRP表示無法接受選舉結果，決定採取一系列對NEC與憲法委員會的抗議行動，證明選舉結果無效。由於分配國會議席的比例代表制計算公式草案已在投票前進行小幅的修正，在任何選區拿下最多議席的政黨將因此受惠。[251]

248　Lizée, "Testing the Limits of Change," p. 83.

249　"Orderly End to Polls," *Straits Times*, 27 July 1998.

250　Hartmann, "Cambodia," pp. 70-75.

251　各種計算公式導致席次分配結果的差異，參考：Peter Schier, "How the Seat Allocation Formulas Make All the Difference," *Phnom Penh Post*, 21 August 1998; Evelyn Balais-Serrano, ed., *Cambodia: Struggling for Justice and Peace: Report*

一般認為，新計算公式的採用是因為CPP主導了NEC與憲法委員會。若根據NEC原先的計算公式，CPP的獲議席將減至59席，FUNCINPEC將獲得44席，SRP的席次則將增至18席，高棉民主黨（*Kanakpak Pracheathippatei Khmer*, Cambodian Democratic Party, CDP）將獲得1席。計算公式的變動導致CPP能多分配到6席。[252]可是，NEC卻未將此重要的程序變遷通知各個政黨，也未公諸於世。故而，FUNCINPEC與SRP均發表聲明表示，NEC所提的新計算公式是非法且不能接受的，同時也要求NEC按照原先的計算公式分配議席，否則將拒絕參加新的國會。對此，NEC回應，新的席位計算公式已在5月底知會各政黨並取得同意，是符合選舉法，並無任何偏向性，拒絕反對陣營所提的變更席次計算公式，但同意針對部分選區進行重新計票。[253]

此外，雖然像國際聯合觀察團（Joint International Observor Group, JIOG）等監督團體宣稱7月大選是公平與自由的，反映柬埔寨人民的意志，[254]帶領美國選舉觀察團的前國會議員索拉茲（Stephen J. Solarz）甚至將這場選舉稱為潛在的「湄公河上的奇

---

of Missions on the 1998 Cambodian Election（Bangkok: Asian Network for Free Elections, Asian Forum for Human Rights and Development, 1999), pp. 42-46.

252 Balais-Serrano, ed., *Cambodia: Struggling for Justice and Peace*, p. 43.

253 "Cambodian Parties Pin Hopes on Recount," *Business Times*, 5 August 1998; "Cambodia Polls: Recount Call Rejected," *Straits Times*, 8 August 1998; Chris Fontaine, "Preliminary Results in, But Questions Remain," *Phnom Penh Post*, 7 August 1998；〈柬埔寨國會大選部分選區將重新計票〉，《中國時報》，1998年8月4日，第13版。

254 Edward Tang, "Polls Free and Fair, Says Monitoring Body," *Straits Times*, 29 July 1998; Matthew Grainger, "Critics Say JIOG Statement Jumps the Gun," *Phnom Penh Post*, 31 July 1998.

蹟」（miracle on the Mekong），[255] 但是，美國的國際共和研究所
（International Republican Institute, IRI）和國際事務全國民主研究
所（National Democratic Institute for International Affairs, NDI）則
持不同的立場。[256] 反對陣營也表示曾在投票期間多次發現廣泛的
違規舞弊事件，因此提出抗議與申訴。[257] 拉納烈說，除非重新計
票的結果完整出爐，以及CPP的選舉舞弊情事遭到調查，否則他
將不會接受選舉結果。[258]

　　由於NEC拒絕調查反對陣營所申訴的超過850件選舉舞弊與
違法情事，反對陣營改採「人民權力運動」的方式，號召數千名
支持者在國會大廈前舉行為期7天的靜坐示威抗議，要求洪森下
台，以及調查7月26日國會選舉舞弊情事。[259] 一星期以後，反對
陣營不顧政府禁令，繼續號召超過15,000名群眾走上街頭，聚集
在民主廣場（Democracy Square），成為歷來最大規模的示威活
動。拉納烈與山蘭西提出結束示威遊行的兩大條件，包括：修改

255　Ellen Bork, "'Miracle on the Mekong' or Orchestrated Outcome?," *Washington Post*, 5 August 1998.

256　International Republican Institute, *Kingdom of Cambodia Parliamentary Election, 26 July 1998: Observation Report*, February 1999, accessed 23 April 2017, http:// www.iri.org/sites/default/files/Cambodia's%201998%20Parliamentary%20 Elections.pdf; National Democratic Institute, "The Cambodian Election Process: The National Democratic Institute's Second Post-Election Statement," 22 August 1998, accessed 23 April 2017, https://www.ndi.org/sites/default/files/1052_kh_ postelect_5.pdf

257　"Opposition Parties Lodge Complaints," *Straits Times*, 14 August 1998.

258　"Ranariddh Rejects Results," *Straits Times*, 7 August 1998.

259　Robert Birsel, "Thousands Defy Ban and Join Cambodia Poll Protest," *Reuters*, 23 August 1998; "Election Protest in Phnom Penh," *Straits Times*, 24 August 1998.

分配席次所使用的公式，以確保洪森不會取得他目前所聲稱的國會多數地位；計算所有未使用的選票，以確定這些選票不會被用於作票，同時，針對反對陣營指定的選區進行重新計票，以及在若干地區舉行重新投票。[260]金邊政府宣布示威活動是非法的，同時也發表聲明，堅決拒絕反對陣營提出的成立臨時政府和重新舉行大選的要求。

　　1998年8月31日，憲法委員會作出不予受理反對陣營申訴的最後裁決，NEC並於9月1日公布選舉的正式結果。9月7日，洪森官邸遭到手榴彈的攻擊，導致洪森決定下令逮捕山蘭西，並以武力鎮壓抗議群眾，民主廣場隨即遭到淨空，導致示威群眾與警方之間的暴力對抗。之後，拉納烈釋出善意，表示願意撤銷重新計票與重新投票等兩項可能引發憲政危機的關鍵要求，但未能獲得洪森的善意回應。柬埔寨警方於9月10日上午仍向示威群眾開槍。此外，洪森甚至發動CPP的支持者進行反示威活動，與反對陣營的支持者展開暴力對抗，金邊街頭的緊張局勢一觸即發。[261]施亞努為化解政治僵局，曾於9月5日與來自三大政黨及NEC和憲法委員會的代表，在暹粒舉行會議，商討解決政治危機的途徑，但未能取得任何具體進展。9月中，拉納烈和山蘭西先後會

260　"Phnom Penh Rally Against Poll Results," *Straits Times*, 31 August 1998；〈反韓森金邊示威　逾萬人上街〉，《中國時報》，1998年8月31日，第13版。

261　"Democracy Square Flattened, but Protests Live on," *Phnom Penh Post*, 12 September 1998; "Rival Groups Clash Again in Phnom Penh," *Straits Times*, 13 September 1998; Bou Saroeun and James Eckardt, "CPP Demos: The Empire Strikes Back," *Phnom Penh Post*, 18 September 1998；〈不顧禁令反韓森陣營誓言擴大示威〉，《中國時報》，1998年9月10日，第13版；〈韓森發動群眾反示威　奏效〉，《中國時報》，1998年9月14日，第14版。

見施亞努以後，均表示願意出席施亞努在暹粒所召開的三大政黨
高峰會議和新國會首次會議。[262] 9月22日，在施亞努國王的主持
下，謝辛、洪森、拉納烈和山蘭西等三大政黨領袖在暹粒舉行會
議。與會者僅就新國會的部分達成四點共識，[263] 關於新政府的部
分則是立場分歧。洪森就表示，CPP和SRP的政治主張相差太
遠，無法共同組成聯合政府。[264]

　　施亞努的調停雖然讓新國會如期於1998年9月24日開議，避
免憲政危機的發生，但三大政黨歷經三次政黨高峰會議的討論，
在許多重大問題上的分歧仍未解決，國會議長人選未定，新政府
遲遲無法產生。在此情形下，洪森在10月22日慶祝PPA簽署七
週年的演講中指出，他將放棄與反對陣營的合作，由現任政府繼
續執政，直到新政府成立；同時，也宣布採取一系列措施來解決
因政治危機引發的嚴重經濟和社會問題，包括：加強社會治安；
各級政府機構繼續全力履行自己的職責；加強反腐敗、反毒品走
私和打擊綁架等犯罪行為的力度；加強森林保護，嚴禁亂砍亂

262　"All-party Talks in Cambodia," *Straits Times*, 18 September 1998; "King Sets Date for Cambodian Rivals' Talks," *Business Times*, 18 September 1998.

263　四點共識，包括：新當選的國會議員將在國王的主持下於9月24日在暹粒召開第二屆國會首次會議，並在吳哥古跡前宣誓就職；新國會於24日舉行首次會議後將繼續工作，以選舉產生國會主席、副主席和各專門委員會成員；本次高峰會議以後，國會可以在法律規定的範圍內繼續完成尚未完成的工作；在新國會投入運作的同時，各政黨代表將討論組成新政府事宜，若新政府無法獲得國會三分之二支持票的批准，目前政府將繼續執政直至新政府成立。〈柬三黨峰會取得積極成果〉，《人民日報》，1998年9月23日，第6版。

264　"No Govt But Khmer Assembly to Meet," *Straits Times*, 23 September 1998；〈權力分配可以討論 首相人選不容談判〉，《人民日報》，1998年9月24日，第6版。

伐；進一步鼓勵投資，嚴格稅收；認真執行國家財政預算；改革司法體制。[265]

1998年11月12日，在施亞努、援助國家和國際社會的積極斡旋下，柬埔寨長達三個月的政治僵局出現轉機。在施亞努的見證下，洪森與拉納烈經過兩天的討論，終於達成協議。雙方一致同意組成聯合政府，由洪森出任新政府的唯一總理，兩黨各自推出一名副總理；洪森同意拉納烈擔任國會議長，兩名副議長則由CPP官員擔任。雙方還同意修改憲法，成立參議院，負責國會和政府之間的協調工作，由謝辛擔任參議院議長，兩名副議長由FUNCINPEC官員擔任。第一屆參議院議員全部由國王任命。國會中的9個專門委員會主席由CPP與FUNCINPEC各擔任4個，另一個則由SRP出任。會議也決定新國會將於11月25日召開會議。屆時，CPP與FUNCINPEC將組成一個聯合委員會，負責起草政府施政綱領、兩黨合作意向書和準備修憲工作。[266]

1998年11月23日，洪森與拉納烈簽訂新政府施政綱領和兩黨合作意向書等文件。[267]兩天後，新國會召開會議，會中選舉拉納烈為國會議長，CPP榮譽主席橫山林和現任司法部長姜思農

---

[265] "Hun Sen Gives Up on Summit with Rivals," *Straits Times*, 23 October 1998；〈柬國強人韓森 稱將單獨執政〉，《中國時報》，1998年10月23日，第13版；〈洪森決定採取七項措施解決國內問題〉，《人民日報》，1998年10月23日，第6版。

[266] "Ranariddh Meets Hun Sen for Talks," *Straits Times*, 13 November 1998; "Hun Sen and Ranariddh Agree to Coalition Govt," *Straits Times*, 14 November 1998；〈柬兩黨會議取得突破〉，《人民日報》，1998年11月14日，第3版。

[267] "Cambodia Unveils Coalition Deal," *Straits Times*, 24 November 1998；〈柬新政府將于本月底成立〉，《人民日報》，1998年11月24日，第6版。

（Nguon Nhel）分別當選第一和第二副議長。[268]施亞努隨即於翌日發布諭令，正式任命洪森為新總理，負責籌組內閣。[269]按照兩黨合作意向書的規定，新內閣將根據權力分享原則來進行政府職位的分配。在新內閣25個部長中，CPP占15個，幾乎涵蓋所有重要的經濟部門，像是財政部、商務部、產業部、農業部、建設與計畫部等，FUNCINPEC則負責與社會議題相關的司法部、新聞部、都市發展部、教育部、衛生部、文化部等14個部，至於國防部與內政部將由兩黨共同擔任部長。對此，《金邊郵報》曾形容：「負責槍桿的部長由兩黨共享，處理金錢的部長由CPP管理與監督，FUNCINPEC的部長就負責處理社會議題。」[270] 11月30日，洪森在國會發表新政府的施政綱領，主要聚焦在希望獲得國際承認，以及致力於吸引外國商業與投資。翌日，柬埔寨國會隨後以99票對13票的壓倒性多數通過新的聯合政府。[271]山蘭西領導的SRP因被排除於新內閣之外，就成為柬埔寨最大的反對黨，扮演監督新聯合政府的角色。至此，柬埔寨新的政治結構開始運作。

　　至於CPP與FUNCINPEC所協議要成立的參議院，則是要到1999年3月4日國會通過憲法修正案以後，才具備法源基礎。儘

---

268 "Prince Elected Speaker of New Khmer Assembly," *The Straits Time*, 26 November 1998; Michael Hayes, "Another Chapter Opens as Hun Sen Gives Prince Ranariddh the Deal," *Phnom Penh Post*, 27 November 1998；〈拉納烈選柬國國會議長〉，《中國時報》，1998年11月26日，第14版。

269 "Sihanouk Formally Names Hun Sen PM," *Business Times*, 27 November 1998.

270 Michael Hayes, "Another Chapter Opens as Hun Sen Gives Prince Ranariddh the Deal," *Phnom Penh Post*, 27 November 1998; "Hun Sen Gives New Cabinet Its Tasks," *Phnom Penh Post*, 11 December 1998.

271 "Hun Sen's Coalition Govt Voted in," *Straits Times*, 1 December 1998.

管SRP反對成立參議院，認為這只會浪費金錢，僅為個人利益服務，而且會導致立法權力的混亂；[272]比起作為打破僵局的一種方式，柬埔寨實際上沒有成立參議院的必要或憲政邏輯。柬埔寨人民譏稱，那只不過是為更多的政治人物提供刑事豁免權而已。[273]SRP將在國會杯葛憲法修正案。不過，SRP的國會議員僅有15席，難以在CPP與FUNCINPEC的合作下發揮影響力。國會最後以106票對5票通過憲法修正案。[274]在參議院的61個席位中，CPP占31席、FUNCINPEC占21席、SRP占7席，其餘兩席則由施亞努國王任命。[275] 3月13日，施亞努任命CPP主席謝辛為參議院議長，第一和第二副議長則由FUNCINPEC的莫尼拉親王（Prince Sisowath Chivan Monirak）和涅本才將軍分別出任。較特別的是，參議院議長的主要職務之一就是在必要時刻代理國家元首的職務。[276]參議院這個新機構的成立，意味著主要的政治行為者都可以在政府中取得顯著的職位。第一屆參議院在3月25日舉行首次會議，[277]標誌著柬埔寨的民主政治體制已趨於完善。

---

[272] Beth Moorthy and Samreth Sopha, "Prince Eager to Push for Senate Creation," *Phnom Penh Post*, 19 February 1999.

[273] John Marston, "Camboya," *Asia Pacífico*, No. 7（2000）: 140, accessed 21 March 2016, http://ceaa.colmex.mx/profesores/paginamarston/imagenespaginamarston/ap00.htm; John Marston, "Cambodia 1999," *Asia Pacífico*, No. 7, accessed 21 March 2016, http://ceaa.colmex.mx/profesores/paginamarston/imagenespaginamarston/ap00.htm.

[274] Samreth Sopha, "Senate go-ahead," *Phnom Penh Post*, 5 March 1999.

[275] 成員的完整名單，參考：Samreth Sopha, "Senators List Final," *Phnom Penh Post*, 19 March 1999.

[276] "Sihanouk Appoints Senate Leaders," *Straits Times*, 14 March 1999.

[277] 〈柬首屆參議院成立〉，《聯合早報》，1999年3月26日，第30版。

隨著柬埔寨新聯合政府的成立，聯大第五十三屆會議在1998年12月7日正式恢復懸空長達15個月的柬埔寨席位。[278] 東協也在12月16日於越南河內召開的第六屆高峰會發表的《河內宣言》（Ha Noi Declaration of 1998）中，決定接納柬埔寨為第十個成員國，[279] 並在柬埔寨於1999年3月成立具有制衡作用的參議院以後，於4月30日舉行歷史性的特別入會儀式，發表《入會宣言》（Declaration on the Admission of the Kingdom of Cambodia into the Association of Southeast Asian Nations），[280] 標誌柬埔寨正式重返東南亞區域，將有助於柬埔寨在長期紛擾後鞏固和平與穩定，以及重建其在區域與國際社會的地位。[281]

整體來看，1999年後的柬埔寨局勢無疑是內戰後最接近和平的一次。不僅第二屆聯合政府廣泛地獲得國際社會承認，內部政治環境無任何意識形態的對立，各交戰派系間沒有為爭奪權力再發動武裝衝突，而且，隨著波布的過世、喬森潘與農謝的投誠及塔莫的被捕，被視為國家安全的赤柬問題幾乎完全解決。就像柬

278　UN, "Credentials of Representatives to the 53rd Session of the General Assembly: Special Report of the Credentials Committee," UN Document A/53/726, 4 December 1998; UN, "General Assembly Official Records, 53rd Session: 80th Plenary Meeting, 7 December 1998, New York," UN Document A/53/PV.80.

279　ASEAN Secretariat, "Ha Noi Declaration of 1998, 16 December 1998," *ASEAN Archive*, last modified 19 June 2012, accessed 6 December 2016, http://asean. org/?static_post=ha-noi-declaration-of-1998-16-december-1998

280　ASEAN Secretariat, "Declaration on the Admission of the Kingdom of Cambodia into the Association of Southeast Asian Nations," *ARC – ASEAN Secretariat Resource Centre*, accessed 6 December 2016, http://arc-agreement.asean.org/file/doc/2014/02/declaration-on-the-admission-of-the-kingdom-of-cambodia-into-asean.pdf.

281　"Cambodia Marks Symbolic Return to Region," *Straits Times*, 30 April 1999.

埔寨社會事務、勞動、職業培訓與青年改造部（Ministry of Social Affairs, Labor, Vocational Training）國務秘書布拉江塔（Prak Chantha）所指出：「1999年是過去十年來首次沒有所謂旱季攻勢的一年。……這是走向嶄新與美好未來而充滿希望的一年。柬埔寨人不再鬥爭柬埔寨人，我們的國家正處於和平。」[282] 這些發展不僅成為洪森與CPP鞏固政治權力的有利條件，同時也為柬埔寨後續的重建工作提供穩定的政治基礎。

第三節 從計畫經濟到市場經濟：經濟秩序的恢復與重建

　　柬埔寨的經濟也很特別。在世界上有哪一個國家在經過革命以後，是從一片空地上開始建設的？……但是柬埔寨的一個特點是我們沒有能夠繼承到任何東西。在波布倒台之後，他們沒有給我們留下任何東西。……一切從零開始。我們繼承的只有困難，沒有別的東西。[283]

　　　　　　　　　　　　——柬埔寨皇家政府現任總理　洪森

　　制憲會議以壓倒性的票數通過新憲法的結果，建立一個新的基礎，我們柬埔寨人將可以把柬埔寨重建得像吳哥時代一

---

[282] Prak Chantha, "Front Lines," *Cambodia News Digest*, 11 April 1999. http://camnet.com.kh/ngoforum/WokingGrouplssues/Informationoncambodia/Digest/35-11April99.htm Quoted in Irene Langran, "Cambodia in 1999: Year of Hope," *Asian Survey* 40, No. 1（January-February 2000）: 25.

[283] 洪森（Hun Sen）著，邢和平譯，《柬埔寨十年：柬埔寨人民重建家園的艱辛紀錄》（桃園：順德文化，2001），頁258-259。

樣的繁榮。[284]

　　——東埔寨皇家政府前第一總理　拉納烈

　　皇家政府的優先目標是達成一個公平、正義與和平的社
會，並且，透過經濟成長率的增速來提升所有東埔寨人的生
活水平。簡言之，政府正致力於達到具有平等與社會正義的
永續成長。[285]

　　——東埔寨皇家政府　東埔寨復原與發展國家計畫

　　1970年代末期，赤柬與越南之間的軍事衝突促使東埔寨的經
濟發展更形惡化，例如：全國的牲畜減少超過一半，農作物收
成、基礎設施與工廠均遭到毀壞，華人控制下的貿易亦因其撤離
而面臨災難。1979年初，PRK成立以後，立即面臨龍諾及波布等
兩個時期所遺留下的經濟困境，特別是饑荒。所以，蘇聯與越南
對PRK援助中最重要的部分就是糧食援助。

　　東埔寨的人口主要是農民，國民經濟依賴農業。稻米、橡
膠、柚木、漁業及其他農業產品是主要的出口產品，支撐整個國
家經濟的發展。據估計，東埔寨超過80%的勞動力投入農業部

284　原文是 "The result lays a new foundation that we Khmers will be able to
　　reconstruct a Cambodia as prosperous as in the Angkor era." Ker Munthit,
　　"Constitution Ratified," *Phnom Penh Post*, 24 September 1993.

285　原文是 "The overriding objective of the Royal Government is to achieve a fair,
　　just and peaceful society and, through accelerating the rate of economic growth,
　　to raise the living standards of all Cambodians. In short, the Government is
　　striving to achieve sustainable growth with equity and social justice." Royal
　　Government of Cambodia, *The National Programme to Rehabilitate and Develop
　　Cambodia*（Phnom Penh: Royal Government of Cambodia, 1994）, p. 2.

門，工業部門僅是相當小的規模。可以說，柬埔寨國民經濟復原的根本在於農業部門，恢復農業生產遂成為新政權最為急迫的工作，但這不是一件容易的工作。因此，金邊政府首先確定農業生產政策，解決生產資料和土地問題，提供農民生產工具和資料，在村與區（*khum*, commune）的管理下，建立由10到15個家庭組成的生產互助組（*krom samaki*, production solidarity group or cooperatives）來作為提升糧食生產的主要策略。根據柬埔寨官方的解釋，成立生產互助組有其客觀環境：

> 主要是大多數的家庭經歷嚴厲的困境，他們缺乏勞動力，沒有黃牛與水牛，缺乏農業設備，沒有稻米種子，並且許多家庭沒有住所。如果讓全部這些家庭個別地生產，沒有相互合作，很清楚地，許多家庭無法生產，他們可能會死於饑餓、疾病或是貧窮與悲慘地活著。這也是人民為何此時比任何時刻都更要展現緊密團結、一起工作，在生產上彼此互助，在生計上相互協助的原因，這是我們人民極佳的傳統。286

　　金邊政府將生產互助組視為農業政策在鄉村地區的重要手段，不僅要組織人民以提升生產，也要灌輸他們，並且動員他們來為政黨的政治目標和對抗敵人而服務。生產互助組的生產組織有利於政治控制與軍事徵兵，因為人民若要獲得收成的份額就必須待在他們的地方；同時，也有助於政府收集稻米以供餵養幹部

---

286 "Krom samakki bongko bongkaeun phol（The Production Solidarity Groups），" in *Bomphloeu Meakea Padevatt*（*Illuminating the Revolutionary Path*）, No. 2（1980）: 18-19. Quoted in Frings, *The Failure of Agricultural Collectivzation in the People's Republic of Kampuchea*（*1979-1989*）, p. 4.

和軍隊。[287] 柬埔寨人民革命黨（PRPK）總書記橫山林在1980年5
月的一場農業會議中表示，每個互助組的成員將得到至少一公頃
的土地來耕種，加上一小塊不超過四分之一公頃的土地來種植蔬
菜或放養牲畜。當時，組織農民人口到生產互助組被視為一種因
應資源與資本緊迫需要的實際的生存手段。[288]

　　PRPK在1980年7月舉行的一場計畫會議中，進一步決議國
家應該從農民手中購買農產品，並且以自由市場價格將製成品賣
給農民。[289] 金邊政府認為，透過集體化體系來允許國家公平分配
資源，能讓人民重回田地工作，可以恢復並提升稻米、橡膠等糧
食與經濟作物的產量與種植面積，有助於解決國家的糧食危機與
拯救國家經濟。澳洲學者Viviane Frings指出，在PRK成立的第一
年，生產互助組的確成功地將人民留在鄉村地區，並協助他們重
新展開正常生活與農業生產。[290] 時至1981年初，鄉村的互助組占
鄉村人口的比例已高達97%。[291] PRK雖仍無法輸出稻米，但已開
始出口棉花、橡膠、柚木等經濟作物的初級農產品。[292]

　　1981年5月，PRPK在第四次黨代表大會中進一步確認國家
經濟體系涵蓋國營經濟、集體經濟與家庭經濟等三種成分，而且

287　Ibid., pp. 5-6.

288　Chanthou Boua, "Observations of the Heng Samrin Government 1980-1982," in
　　Revolution and Its Aftermath in Kampuchea, pp. 259-271.

289　Cosslett, "The Economy," p. 156.

290　Frings, *The Failure of Agricultural Collectivzation in the People's Republic of
　　Kampuchea（1979-1989）*, p. 69.

291　Ben Kiernan, "Kampuchea 1979-81: National Rehabilitation in the Eye of an
　　International Storm," in *Southeast Asian Affairs 1982*, ed., Huynh Kim
　　（Singapore: Institute of Southeast Asian Studies, 1982）, pp. 176-177.

292　Quinn-Judge, "Kampuchea in 1982," pp. 158-159.

每種成分都各有其重要的角色。其中，國營企業涵蓋所有的工業、金融業與運輸業與官方對外貿易，以及某些大規模農業，特別是經濟作物；同時，也在稻米與其他必需品的分配上維持主要的角色。相對地，家庭經濟指的是小規模的農業、零售業、個體工匠、手工業，以及眾多實際上的商品進口貿易，算是一種私營經濟。至於集體經濟是一種半國營、半私營的經濟型態，包含部分的農業，以及兩種高階類型的互助組與城市企業，像是大型餐飲業等。[293]

集體經濟是三種經濟成分中最大的部分，在農業復原與發展中扮演重要的角色。生產互助組不僅侷限於農民群體，也涵蓋所有類型的生產部門，像是漁業、林業與手工業等；[294]同時，這些互助組也承擔著購買與販售的工作。金邊政府實施生產互助組的目的是試圖再集體化經濟，象徵著政治、行政與經濟集體化的一種有限形式。相較於民主柬埔寨時期，PRK時期所實施的集體化政策較為務實與寬鬆，但也反映出PRPK的社會主義意識形態傾向。對PRPK來說，生產互助組不僅是意識形態的，也是行政控制的，其目標不只是要組織人民來增加生產，同時也是要灌輸人民來為政府的政治目的而服務及打擊敵人，是金邊政府在鄉村層級重要的施政手段。[295]

---

[293] Vickery, *Kampuchea: Politics, Economics, and Society*, pp. 128-129; Michael Vickery, "Notes on the Political Economy of the People's Republic of Kampuchea," *Journal of Contemporary Asia* 20, No. 4（1990）: 442.

[294] Eva Mysliwiec, *Punishing the Poor: The International Isolation of Kampuchea*（Oxford, UK: Oxfam, 1988）, p. 28.

[295] Viviane Frings, "Cambodia after Decollectivization（1989-1992）," *Journal of Contemporary Asia* 24, No. 1（1994）: 49.

根據集體化的運作層級與土地利用模式，農業生產互助組可分為三種組織型態。類型一稱為Krom ti moi，是一種按勞分配式的互助組，從耕作、耙地、插秧、養護到收成都是由同一個社群所完成，自然產品與金錢所得則根據工作點數制度（即工作能力）來進行分配，牲畜仍是家庭的財產，可說是一種完全集體化的類型。類型二稱為krom ti pi，一種家庭互助形式的互助組，插秧、耙地、耕作等重要工作由單一社群的集體單位來完成。土地是根據家庭規模於流程開始時分配給個別家庭。一旦完成插秧，每個家庭開始為自己應得的部分來負責，其中也不排除互助或交換，特別是人力或畜力，是一種將土地與設備分開的半集體化（half-collective）與半私有（half-private）的互助組類型。類型三稱為krom ti bey，是一種類似傳統家戶農地的互助組，土地在季節開始時進行分配，並且家庭開墾時再一次分配，該類型的互助組可說是真正的私有農田，被分類為家庭經濟。[296]

儘管PRK不承認私有土地所有權，但農業部門的社會化幾乎無法展開。互助組體系雖被許多人視為邁向社會主義集體化農業的中介步驟，不過，在耕作與收成時期，它是建立在互助的傳統體系之上，恢復傳統柬埔寨人的土地體系，農民雖無法「擁有」

---

[296] Grunewald Francois, "The Rebirth of Agricultural Peasants in Cambodia," *Cultural Survival Quarterly* 14, No. 3（September 1990）: 74-76; Judy L. Legerwood, "Rural Development in Cambodia: The View from the Village," in *Cambodia and the International Community: The Quest for Peace, Development, and Democracy*, eds., Frederick Z. Brown and David G. Timberman（Singapore: Institute of Southeast Asian Studies, 1998）, pp. 129-130; Gottesman, *Cambodia after the Khmer Rouge*, p. 272; World Bank, *Cambodia – Agenda for Rehabilitation and Reconstruction*（Washington, D.C.: World Bank, 1992）, p. 17.

（own），但卻可藉由耕種來「持有」（possess）小塊土地。政府根據土地的可利用性與質量進行分配，按照每個家庭一至二公頃的標準將土地分發給互助組。[297] 換言之，PRK所實行的集體化程度相當的低，在互助組制度下，雖然土地是共同財產，但生產工具與役用動物被承認為私有財產，認真工作者將享有大比例的收成。類型二的互助組顯然是大部分的共同類型。1980年代初期，該類型約占50%，時至1987年則躍升到67%。

　　1983年至1984年間，金邊政府雖試圖將類型一的互助組重新作為主要的農耕體系，但類型一的互助組仍然逐漸減少，1989年時已經完全消失。官方文件自1984年起就鮮少提及互助組，尤其是根據類型一的互助組所制訂的農業完全集體化計畫，反而將注意力轉移到類型二的互助組，並且承認其重要性。按照洪森的觀察，類型一的互助組阻礙生產的發展，影響農民生產積極性，也妨礙農民生產的自主權。[298] 他認為，政府必須在生產上採取適合當地生產資料和生產工具水平的方式，亦即實行提供幫助形式的類型二的互助組。此一形式可以發揮農民對土地、生產和產品分配的自主精神，防止農民貧困化，甚至淪為無地的絕境。[299] 1984年，金邊政府針對稻米導入雙重價格體系，農民必須將部分農產品以低於市場的價格賣給國家，這是類似一種間接課稅的方式。

　　1980年代中期，金邊政府因為缺乏行政能力，而且受到東歐與越南等社會主義國家發生變遷的影響，無法順利實行經濟的集體化。PRK的黨政高層在1985年10月召開的第五次黨代表大會

297　Mysliwiec, *Punishing the Poor*, p. 28.

298　洪森著，《柬埔寨十年》，頁146。

299　同前註，頁149-150。

中，正式承認經濟集體化的失敗。按照橫山林的觀點，生產互助組體系的核心問題是缺乏管理。澳洲學者弗林斯（Viviane Frings）曾列舉七點原因，包括：經濟因素，像是分配體系內部缺乏誘因等；缺乏稱職的幹部來管理互助組，導致管理問題惡化；缺乏信任互助組制度的幹部來執行它；政府缺乏努力，其目標是增加生產而非發展社會主義的生產形式；這領域鮮少受到越南人的影響；缺乏強制力，農民如果不集體工作，也不會受到懲罰，政府毫無對策來加以避免；不願集體工作的人民缺乏合作意願。[300]明顯地，有一半以上的因素都是涉及政府缺乏使互助組成功運作的決心與作為。[301]

洪森在1988年12月30日的部長會議中指出，柬埔寨人民現在想要其他政權來取代橫山林政權，土地改革將允許他們擁有一個能夠取得土地所有權的制度；同樣地，金邊市民也想要一個新政權，如此，他們才可以擁有房舍作為自己的財產。這是因為在橫山林政權的統治下，他們沒有土地與屋舍的所有權。目前為止，土地尚未被集體化，大部分土地是私有財產；同時，仍有許多人民沒有農地與稻田。故而，政府應該整理這種情況。[302]

1989年2月，金邊政府推行土地授予農民計畫（land to the tiller program），廢除互助組體系中的低階合作社；同時，政府也承認私人財產權，包括有限的土地所有權與房地產所有權，以及繼承的權利。金邊政府希望透過改變農民使用土地的政策，將土地分配給農民，並制訂法令，用土地稅代替愛國捐（patriotic

[300] Frings, *The Failure of Agricultural Collectivization in the People's Republic of Kampuchea, 1979-1989*, pp. 51-65.

[301] Slocomb, *The People's Republic of Kampuchea, 1979-1989*, p. 221.

[302] Gottesman, *Cambodia after the Khmer Rouge*, p. 275.

contribution），讓農民放心投入農業生產，願意在開墾新耕地上投入勞力和資金，然後，政府再向農民出售生產工具與必要的生產資源，並且保障價格與農產品的實質價值相一致，藉以保護農民的利益。[303] 這讓類型三的互助組的比重，從1980年代中期的10%上升到1989年的89%。

　　綜觀來看，1989年柬埔寨農業部門的主要改革措施可歸結為三大方面：（1）、改變土地所有權政策與生產結構的農田等級；（2）、標價、稅制與行銷政策的改良；（3）、降低國家在生產活動中的角色，減少補貼，以及國營企業的私有化。首先，在改變土地所有權方面，政府透過修正憲法允許人民的土地與動產的私人所有權。該年11月，政府進一步成立新的土地改革與產權局（Department of Land Reform and Titles），並將其置於農業部的管轄之下，為省級總督發布土地產權，以及地方當局發布土地使用權與特許權時，予以提供支持。其次，在標價、稅制與行銷方面，政府推動價格自由化；廢除農產品進口稅，鼓勵私人進口；降低且最終廢除愛國捐；廢除商品移動的主要限制與各省間現行的貿易稅；實質上廢除互助組體系，使農民可以自由販賣產品；減少官方採購糧食商品，最終廢除政府以低於市場價格來採購稻米的情況；對外貿易行銷的自由化，其中，有些經濟作物的出口仍須政府准許。[304]

　　金邊政府透過相關的農業政策改革，希望提高農民投入生產的誘因。不過，就像弗林斯所指出的，PRK過去十年所提倡的集體化政策，理論上成功地在鄉村地區維持著秩序，限制著弊病的

303　洪森著，《柬埔寨十年》，頁222-223。
304　World Bank, *Cambodia – Agenda for Rehabilitation and Reconstruction*, pp. 16-19.

發生，但是，當這理論框架在1989年被廢除以後，不平等就變得更為嚴重，弊病愈加頻繁。[305] 更何況，關於土地分配多年前就已經存在，1989年的憲法改革僅是將當前現有的情況予以合法化，而且，憲法中涉及土地所有權規定的第十四條並未加以修訂，[306] 所以，農民從憲法修正條文中實際上僅能取得某些耕種土地的使用收益權，所有的土地理論上仍屬於國家的財產。[307]

　　關於經濟體制方面，PRK採取中央計畫經濟體制與單一銀行（monobank）體系。建國之初，由於赤柬過去已經廢止各種形式的貨幣，所以國家沒有金錢或市場，而且僅有少數工廠在運作。黃金遂成為商品交換的中介，充當貨幣的重要職能。這意味著，用黃金可以換到生產工具和原料用以生產商品。黃金在進口商品，保障市場供應，發展生產和促進商品交換等諸多方面均扮演重要的角色。[308] 剛成立的金邊政府因無法提供人民所需的基本商品，對於市場及邊境貿易採取自由放任（laissez faire）的態度，特別是對泰國的邊境貿易。柬埔寨人民自泰國購入商品，帶回馬德望、金邊及其他城鎮等市場進行販售。因為所有必需商品的不足，在市場及商品製造與進口繁盛起來以前，邊境貿易變得相當

---

[305] Frings, *The Failure of Agricultural Collectivization in the People's Republic of Kampuchea, 1979-1989*, p. 69.

[306] SOC憲法第十四條規定，國家的財產涵蓋土地、森林、柚木、海洋、河川、湖泊、自然資源、經濟和文化設施、國防基地，以及其他國家建物。"Constitution, 5 May 1989," *Annual Review of Population Law* 16, No. 2（1989）: 254.

[307] Frings, *The Failure of Agricultural Collectivization in the People's Republic of Kampuchea, 1979-1989*, p. 41.

[308] 洪森著，《柬埔寨十年》，頁136。

有利潤。[309]金邊政府為促進全國性的經濟交易，先是在1979年11月恢復銀行體系，翌年3月再重新發行貨幣，希望透過新貨幣的重新引入來鼓勵私營企業，並且擴張農業生產。之後，除了黃金和柬、泰邊境仍在使用的貨幣以外，新貨幣迅速地取代其他形式的貨幣。同時，政府也對糧食、食品等一些重要商品進行定價，國家商業部門開始運作，控制商業運行，保持私人貿易和市場運作正常，大幅提升新貨幣的地位，最終逐步取代黃金在國內貿易中的中介地位。[310]

　　1981年，國營經濟、集體經濟與家庭經濟等三種類型的經濟成分在憲法第十二條中獲得明確的承認；同時憲法也載明國民經濟由國家來領導（第十一條），人民有義務根據國家政策將家庭農產品與手工藝品賣給政府（第十九條），銷售與課稅則由政府所制訂的法律來規範（第二十條）。[311]金邊政府試圖建立一種帶有物質生產目標與行政控制的中央計畫體系，同時也決定生產商品主要的價格與報酬。[312]然而，金邊政府在捍衛社會主義意識形態霸權的同時，發現要求自由市場價格的呼聲日益升高，也意識到缺乏小規模資產階級的協助，根本無法恢復經濟。政府既缺乏資本，也無法取得大規模信貸，這些卻是發展輕工業所亟需的，所以政府決定以自由市場來供給消費者的需求，適當地加速經濟的

309　Vickery, *Kampuchea: Politics, Economics, and Society*, pp. 129-130; Mysliwiec, *Punishing the Poor*, p. 34.

310　洪森著，《柬埔寨十年》，頁137。

311　Vickery, *Kampuchea: Politics, Economics, and Society*, pp. 92-93.

312　Ronald Bruce St John, *Revolution, Reform and Regionalism in Southeast Asia: Cambodia, Laos and Vietnam*（London and New York: Routledge, 2006）, pp. 61-62.

復原。[313]金邊政府自1979年起就非官方地允許國家幹部及其家庭透過私營商業活動來添補薪資。不過，隨著私營經濟的興起，國家薪資卻停滯不起，遠遠落後於市場價格，驅使政府對於私營經濟的態度從容忍轉而實質鼓勵。[314]

1979年至1984年間，儘管橫山林政府致力發展農業、小規模輕工業等，試圖恢復經濟，但由於柬埔寨歷經內戰、美國轟炸，以及後續與抗越勢力之間的軍事衝突，導致大量基礎設施的毀壞，發展國民經濟所需之物資與合格人員的嚴重短缺，加上PRK採取共產主義式的計畫經濟體系，缺乏全面性的發展策略來解決各種問題，造成國民經濟發展停滯。[315]此外，金邊與河內結盟的代價就是國際社會的經濟、貿易、外交孤立，以至於PRK經濟實際上是依賴蘇聯集團的援助、信貸與發行鈔票來予以維持。[316]洪森掌權以後，面臨國際社會的經濟制裁尚未解除，以及蘇、越減少經濟援助的窘境，為解除內部經濟困境，試圖以自由市場經濟來取代國有經濟。

1984年7月，PRPK召開全國性幹部會議，會中通過決議承認私營經濟的地位，然後在翌年10月召開的第五次黨代表大會

313　Slocomb, *The People's Republic of Kampuchea, 1979-1989*, pp. 121-122.

314　Gottesman, *Cambodia after the Khmer Rouge*, p. 281.

315　PRK所面臨的經濟困境，參考：Andrea Panaritis, "Cambodia: The Rough Road to Recovery," *Indochina Issues*, No. 56（April 1985）: 1-7; Murray Hiebert, "Cambodia: Guerrilla Attacks Curb Development," *Indochina Issues*, No. 69（September 1986）: 1-6; Huxley, "Cambodia in 1986," pp. 163-167.

316　蘇聯對柬援助主要關注醫療體系與教育，最高峰是1981年的9,500萬美元。1983年時，蘇聯的援助是6,300萬美元，其中包括：13萬噸的石油產品、300部牽引機、600部的汽車與卡車，以及其他商品。關於蘇聯的援助，參考：Hiebert, "Soviet Aid to Laos and Cambodia," p. 5.

中，不僅決定從1986年開始實行第一個社會經濟復興與發展五年計畫（the first five-year program of socio-economic restoration and development, 1986-1990），將焦點集中在糧食供給、橡膠、柚木與漁業產品，同時也決定放寬經濟政策，將私營經濟正式的法制化，強調私營經濟對於柬埔寨向社會主義過渡時的必要性，啟動市場導向的自由化進程。橫山林在政治報告中指出：「有數種經濟成分同時在運作，這是一種客觀的歷史現實⋯⋯國營經濟與集體經濟是國民經濟的主要成分。為正確地利用既存的潛能與生產力，減輕國營經濟的缺陷，我們提倡涵蓋四種經濟成分的經濟發展：國營經濟、集體經濟、家庭經濟與私營經濟。」[317]

　　1986年起，金邊政府受到蘇聯與越南分別推行「重建」（perestroika）與「革新」（doi moi）等政策的影響，展開多項經濟政策改革，試圖從計畫經濟轉向自由市場經濟。該年2月1日，部長會議主席洪森將關於修正憲法第十二條的法案送交國會，並解釋該法案的目的是為利用現有的生產潛力與能力，來完成並提升當前仍衰弱的國家經濟基礎，部長會議遂要求國會將經濟成分定義成國營經濟、集體經濟、家庭經濟與私營經濟等四種經濟成分。2月7日，PRK第一屆國會第十次會議正式將私營經濟載入憲法予以合法化。此後，個體可以雇用勞工，在小規模製造業中投入資金。私營經濟成為PRK唯一可持續發展的部門，國家可以直接從中取得利益。1986年初，政府啟動稅制，開始徵收年度牌照費、使用費與租金，以及從私營商業實質上增加稅收。[318] 1987年，金邊政府廢除國家壟斷對外貿易，允許私營部門

317　Slocomb, *The People's Republic of Kampuchea, 1979-1989*, p. 208.

318　Hiebert, "Cambodia: Guerrilla Attacks Curb Development," p. 5.

開始出口商品。該年9月，部長委員會進一步提出一項在幹部、幕僚與工人之間推動並提升家庭經濟的決定。[319]時至1988年，私營貿易已占全國貿易總額的75％。同時期，PRK受到泰國政府實施「變戰場為市場」的印支政策影響，與泰國和越南等鄰國的邊境貿易也開始蓬勃發展。

　　1988年春季，洪森向中央政治局提議一系列經濟自由化措施的經改方案，強化私營部門的角色，其中包括一項投注私人資本到國營企業的建議，但是未能完全獲政黨領袖的贊同。洪森警告：「如果我們要等到第六次黨代表大會再求改變，局勢將變得更糟，我們將面臨越來越多的問題。所以，我們應該掌握機會，針對任何可以改革的部門，逐漸地進行改革。」[320]他也告知部長委員會：「我仍然記得，中央政治局已經指出國家控制海外商業，此時此地，我們應該利用私營部門，但這在憲法中難以載明。」[321]於是，PRPK在中央委員會於8月所召開的一次會議中，首次決定柬埔寨人民應該被允許實行私營企業，以及從事與國家合資的企業。金邊政權的目標是要建立一種涵蓋國營經濟、集體經濟、家庭經濟、私營經濟與公私合資等五種經濟成分的「混合經濟」（mixed economy）。[322]9月，洪森在部長會議中提問：「我們應該跟隨資本主義或是社會主義呢？」同時，他也要求部長會議對過去的經濟政策重新評估。洪森指出：「我們正利用資本家的投資

319　Gottesman, *Cambodia after the Khmer Rouge*, p. 281.

320　Ibid., p. 279.

321　Ibid., p. 284.

322　Friedemann Bartu, "Kampuchea: The Search for a Political Solution Gathers Momentum," in *Southeast Asian Affairs 1989*, ed., Ng Chee Yuen（Singapore: Institute of Southeast Asian Studies, 1989), p. 181.

來發展國家，提升人民的生活水平，但卻剝奪這項武器的正當性。」[323]

　　整體來看，PRK在1989年以前表面上雖然實施社會主義的計畫經濟，但實質上卻是由市場需求決定生產活動，市場決定商品價格。不過，就像洪森所解釋的：「過去十年的東埔寨，金邊政權創造出兩種市場與三種價格，它們是國家市場與自由市場，以及供應制價格、商業保護價格與自由市場價格，從而為市場管理帶來嚴峻的困難。」[324]因此，洪森希望藉由一連串的經改措施來達成「一個市場，一種價格」（one market, one price）的目標。另一方面，金邊政府也意識到，東埔寨人民將不會再容忍由失敗的馬克斯—列寧主義者來進行統治，為能在越南於9月完全撤軍之前來動員人民的支持，也為因應蘇聯中斷援助，以及聯合國推動東埔寨交戰各方的和平會談進程，乃宣布放棄社會主義議程與意識形態，著手進行廣泛的經濟自由化措施來為政治策略服務。

　　概略來說，金邊政府經濟改革的重點措施包括：（1）、恢復私人所有權，包括財產繼承權與私有土地；（2）、私營企業的合法化，並允許私營企業投入對外貿易，走向貿易自由化的第一步；（3）、國營企業與其他國家資產的私有化，許多國營企業將設備、物資租給私人經營或徹底售出；（4）、減少國家對價格、進口與商品流動的控制，創造一個統一的市場決定的價格結構，確保宏觀經濟穩定，以及降低通貨膨脹；（5）、鼓勵本國與外國的私人投資，特別是東埔寨的亞洲鄰國等。[325]金邊政府希望藉此

323　Gottesman, *Cambodia after the Khmer Rouge*, pp. 278-279.

324　洪森著，《東埔寨十年》，頁141。

325　World Bank, *Cambodia – Agenda for Rehabilitation and Reconstruction*, p. 16; Caroline Hughes, *The Political Economy of Cambodia's Transition, 1991-2001*

達到促進經濟成長、提高生產力與創造工作機會的目的，逐步將柬埔寨經濟整合至區域經濟，甚至是整合至全球經濟網絡中。

1989年4月30日，PRK第一屆國會特別會議通過數個憲法修正條文，除在第一條將國名從「柬埔寨人民共和國」更改為「柬埔寨國」（State of Cambodia, SOC）以外，亦透過憲法修訂將國家導向一種兼有計畫與市場的「混合」經濟，允許私人擁有土地，並開始實施國營企業私有化，正式將私有財產與自由市場導向經濟予以法制化。簡單地說，1989年與1981年兩部憲法的差異包括：國民經濟的成分從過去的「三種」修訂為「五種」（第十二條）；關於土地的權利，在過去的「使用權與繼承權」上新增「擁有權」（第十五條）；重新導入「沒收」的概念，規定「絕對禁強行沒收公民的財產」（第十八條），而且在該條文的附條中規定「嚴禁侵犯人民的私有財產，若按法律規定因公共利益而必須如此，財產主人有權要求給予適當補償」；對外貿易從過去的「由國家實行壟斷」修訂為「由國家實行管理和組織」（第十九條），目的是要方便政府對外貿的管理。[326]

不過，許多重要的經濟領域仍然缺乏法律規範或者規定未臻詳盡，像是公司、契約、破產、抵押貸款、保險、勞動力、會計、採礦等，金邊政府也嘗試為市場導向的私營部門制訂出法律基礎。[327] 1989年7月20日，SOC國會在第一屆第十七次會議中通

　　（London and New York: RoutledgeCurzon, 2003）, p. 32.

326　"Constitution, 5 May 1989," 254-255；甄中興譯，〈韓桑林政權憲法〉，《東南亞研究》，第2期（1990），頁93。

327　除了《外國在柬埔寨投資法》，金邊政府於1989年通過的法律還包括：《進出口關稅法》（Decree-law on the import and export duties）、《金融組織監督法》（Decree-Law on the supervision of financial institutions）、《外匯、貴金屬

過一部《外國在東埔寨投資法》（Foreign Investment Decree-Law of 1989）。金邊政府希望推動全方位開放的政策，為外國投資者提供寬鬆且有利的投資環境。根據《外國在東埔寨投資法》第四條的規定，在東投資者可透過合資、獨資、契約式合作經營等三種方式來進行投資，而且，政府將對其提供多項的保障措施和權利，包括：在東投資時，政府不會以行政手段來徵用、沒收或國有化其所有資本和財產（第二十四條）；在東投資者有權將獲取的利潤、企業為經營的開銷而借用的國外貸款與利息、回收的投資資本，以及所有合法擁有的其他資產，轉移到國外（第二十五條）；在外商投資企業中工作的外籍人員，可將其稅後的個人所得匯往國外，免交轉移稅（第二十六條）。[328]

　　儘管東埔寨的內戰尚未結束，金邊政府控制下的90%領土至少相對安全，外國投資者因此在東埔寨看到真正的機會。一家澳洲電信公司的代表股思重（Stig Engstorm）曾驚訝於東埔寨的變遷步調。他曾指出，金邊在1988年僅有80名外國人，1990年已經上升到500名。[329]金邊政府為資本化金邊日漸增加的外國商人，甚至開放飯店業，批准外國公司興建飯店。[330]隨著外國投資者的進駐金邊，為首都帶來一波微型的經濟繁榮。就像澳洲學者泰爾

　　與寶石管理法》（Decree-law on the management of foreign exchange, precious metals and stones）、《東埔寨中央銀行組織與運作條例》（Sub-decree on the organization and functioning of the National Bank of Cambodia）、《商業銀行監督條例》（Sub-decree implementing the supervision of commercial banks）等。

328　全文參見：李琰文譯，〈外國在東埔寨投資法〉，《東南亞研究》，第3期（1990）：108-111。

329　Mehta and Mehta, *Strongman*, p. 201.

330　Ibid., p. 192.

（Carlyle Thayer）所描述的：1989年經濟改革引發的立即影響就是「經濟活動的戲劇性增加」。[331]

　　1989年底，金邊政府為國營企業實施新的財政自主的新體系。在這新體下之下，國營企業的運作不會受到國家的干預，同時享有財政的自足。這意味著，國營企業不會再收到來自政府的補貼，像是來自國家預算的投資基金等，政府希望國營企業能用自己的基金或向銀行貸款來進行投資；相對地，國營企業可以獲得所有的稅後淨利，同時僅需向政府支付一半的分期攤還之借款。[332]翌年，金邊政府進一步啟動稅法改革，同時，也重建中央銀行大樓，並且在同年底成立新的合資銀行——柬埔寨商業銀行（Cambodia Commercial Bank, CCB），並允許它們支付正實質利率，希望藉此調動更多的存款，吸引更多的外來投資。[333]一位柬埔寨商業銀行管理主任就曾表示：「每家銀行認為柬埔寨是個新的金錢市場；它們全都看見巨大的商業潛力。」[334]銀行作為資本主義的象徵之一，柬埔寨從單一銀行體系轉向兩級銀行體系（two-tier banking system），顯示它已經靠向資本主義。

　　1991年10月底，柬埔寨交戰四方簽訂《巴黎和平協定》（PPA），不僅為柬埔寨提供一個重新獲得主權的機會，《柬埔寨

331　Carlyle A. Thayer, "The Soviet Union and Indochina," Paper Presented to IV World Congress for Soviet and East European Studies, Harrogate, 21-26 July 1990. Quoted in Hughes, *The Political Economy of Cambodia's Transition, 1991-2001*, p. 32.

332　World Bank, *Cambodia – Agenda for Rehabilitation and Reconstruction*, p. 20.

333　Ibid., p. 34.

334　Ben Davies, "Foreign Banks Begin to Flood Phnom Penh," *The Phnom Penh Post*, 15 January 1993.

恢復與重建宣言》（Declaration on Rehabilitation and Reconstruction of Cambodia），更為柬埔寨的復原與重建提供一個新的架構。該宣言載明，柬埔寨在恢復階段應特別重視糧食保障、醫療衛生、住房、培訓、教育、交通運輸網，以及修復現有的基本基礎設施和公共設施等問題；重建階段則應提倡柬埔寨的企業精神，利用私營部門來促進自我維持的經濟成長，同時，還將受益於區域各方的努力，讓金邊政府得以向各國政府、國際與區域金融組織、聯合國與非政府組織（Nongovernmental Organizations, NGOs）等，尋求財政和技術援助，進而復原與重建破碎的經濟與社會。[335]

　　《柬埔寨恢復與重建宣言》明顯指陳，柬埔寨應該發展市場經濟，其間接地想要將柬埔寨整合至全球經濟中。為此，在1992年6月於日本東京舉行的首屆柬埔寨復原與重建部長會議（Ministerial Conference on Rehabilitation and Reconstruction of Cambodia, MCRRC，又稱東京會議 Tokyo Conference）中，各方除承諾提供總共8.8億美元的援助，[336]同時也正式成立柬埔寨重建國際委員會（International Committee on the Reconstruction of Cambodia, ICORC）來作為諮詢機構，希望柬埔寨在國際援助下能順利地復原，準備向市場經濟與持續的經濟成長過渡。這不僅讓柬埔寨的經濟發展高度的仰賴外部援助，同時，也讓柬埔寨的貨幣體系變

---

335 Letter dated 91/10/30 from the Permanent Representatives of France and Indonesia to the United Nations addressed to the Secretary-General, UN Document A/46/608 and S/23177, 30 October 1991, pp. 56-57.

336 這項援助將以援助方案，以及包含資本商品與技術專家等形式來實施。David E. Sanger, "880 Million Pledged to Cambodia But Khmer Rouge Pose a Threat," *New York Times*, 23 June 1992; Chris Burslem, "Donors Set to Meet Over Release of Aid," *Phnom Penh Post*,16 July 1993.

成深受美元的影響。

　　1993年，柬埔寨順利地舉行歷史性的選舉，成立新的聯合政府，並將國名變更為「柬埔寨王國」。在該年9月所頒布的新憲法中，金邊政府放棄已經實施將近20年的計畫經濟體制，正式將「實行市場經濟體制」載入憲法條文中，同時，也確立新的「國家—市場」關係，不再像過去由國家來領導國民經濟，而是規定市場經濟體制的建立和實施，以及金融、貨幣制度等，均應載入法律（第五十六條）。此外，該部憲法最大的轉變就是關於財產權／所有權的規定，不再像1981與1989年的憲法那樣，將其與經濟政策結合，而是單獨載於公民權利與義務的章節中（第三章）。[337]

　　舉例來說，第三十六條規定，柬埔寨公民無論性別，均享有根據自身能力和社會需要來選擇職業的權利、同工同酬的權利，以及享有法律規定的社會保障和福利；第四十四條規定，任何個人或團體，都享有財產權，只有取得柬埔寨國籍的法人和自然人，才能享有土地所有權，而且私人所有權應受法律保護，一旦公共事業需要徵用公民的財產時，應依照法律事先向被徵用者提供公平與公正的補償；第六十條規定，公民有權利自由地販售其產品，禁止國家強制私人販售產品給國家，也禁止國家強行徵用私人產品或財產，即使短期徵用也不允許，法律允許的特殊情況則不在此限。[338]

　　在「柬埔寨自助」（*Le Cambodge s'aide lui-même*, Cambodia Will Help Itself）的口號下，金邊政府著手為經濟復原與發展制訂

337　"Constitution of the Kingdom of Cambodia," *Phnom Penh Post*, 8 October 1993.
338　Ibid.

一系列國家計畫，希望將柬埔寨經濟整合至區域與世界經濟之中。[339]當時，柬埔寨正面臨赤柬問題與聯合政府的內部衝突，嚴重影響外來投資與旅遊業的發展，以至於金邊政府先前雖已在經改取得部分進展，但仍然在尋求穩定、投資與復原上面臨眾多挑戰。IMF主席康德緒（Michel Camdessus）曾強調，「只要政治穩定無法完全重建，經濟將面臨嚴重障礙。」[340]

1993年12月28日，柬埔寨國會全體一致通過關於財政體系與財政法的《財政法與預算體系第一號法令》（No.1 NS 93 of December 28, 1993 on the Finance Laws and Budget System），允許中央政府對國家的混亂與碎裂化的經濟結構取得控制，修正省級享有半自主性的情況。新法律為柬埔寨的財政結構導入一個架構，有助於柬埔寨從災難性的政策中重新崛起，擺脫世界最貧窮國家之一的窘境。所以，此一具有開創性的新財政法規贏得國際經濟規劃者的高度讚賞，表示其為健全的經濟政策奠定良好的基礎，將鼓舞投資者與國際贊助者，有利於金邊政府尋求重建援助。就像財政與經濟部長山蘭西所表示：「新法律是一場寧靜革命，將為柬埔寨帶來現代性並遠離黑暗時代。」[341]

1994年2月，金邊政府制訂《柬埔寨復原與發展國家計畫》（The National Programme to Rehabilitate and Develop Cambodia, NPRD），並在該年3月的第二屆ICORC中獲得廣泛地認可。宣傳部長英莫利（Ieng Mouly）認為，該文件清楚地指出金邊政府的

339　Ronald Bruce St John, "The Political Economy of the Royal Government of Cambodia," *Contemporary Southeast Asia* 17, No. 3（December 1995）: 266.

340　Frost, "Cambodia," p. 94.

341　Nate Thayer, "Budget Law Passed Unanimously," *Phnom Penh Post*, 31 December 1993.

政治意志與優先重點。[342] 此外，在ICORC召開以前，金邊政府也已著手制訂《柬埔寨復原與發展國家計畫之執行》（Implementing the National Programme to Rehabilitate and Develop Cambodia, INPRD），不過，直至1995年2月才得以完成，並且在該年3月的ICORC發表。NPRD與INPRD顯然是後UNTAC時期的柬埔寨重建階段最重要的兩份政策文件。它們逐步地將柬埔寨向國際貿易與私人外國投資進行開放，打開柬埔寨經濟重新整合到區域與世界經濟的進程。對此，金邊政府在1994年12月首次申請加入有「經濟聯合國」之稱的世界貿易組織（World Trade Organization, WTO），欲將WTO作為柬埔寨整合到全球經濟，以及從國際貿易中極大化利益的途徑。

簡單地說，NPRD的目的是要協助柬埔寨達到完全成熟的市場經濟，促進社會正義與公平、民族和解與永續的經濟成長，內容涵蓋兩項原則與六項行動目標。兩項原則分別是政府必須扮演發展的「策略者」與「管理者」的角色，以及政府作為私營部門的「夥伴」而非「競爭者」。基於前述兩項原則，NPRD進一步勾勒出圍繞在法律、教育、醫療、經濟穩定、鄉村發展、自然資源的永續利用等六大領域的行動目標。[343] 首先，政府要藉由釐清管理者的角色與責任，建立有效且公平的法律組織來改革國家的行政體系與司法制度，將柬埔寨建立為一個崇尚法治的「法律之國」（State of Law），藉以適應向市場經濟的過渡。其次，政府透

342　"Detailed Document Is a Big Hit," *Phnom Penh Post*, 25 March 1994.

343　Masatoshi Teramoto, "Development Plans of Cambodia," in Japan International Cooperation Agency, *Country Study for Japan's Official Development Assistance to the Kingdom of Cambodia: From Reconstruction to Sustainable Development* (Tokyo: Japan International Cooperation Agency, 2002), p. 101.

過長期經濟管理的政策與進程，希望達到提升經濟穩定化與成長的目的，同時也透過商業及投資法規的制訂來尋求結構調整與部門改革，進而促進外人投資與培養私營企業精神。第三，改善教育與醫療保健以建立人力資源，改善人民的生活水平。第四，恢復與發展基礎設施和公共設備，為永續發展提供直接的支持。第五，將柬埔寨經濟緊密地整合至區域與世界經濟中。第六，以鄉村發展為優先順序，用永續發展的方式來管理環境與自然資源。[344]

從NPRD的六項執行領域來看，明顯都是後冷戰新世界秩序（New World Order）的現代化模式的主題。這意味著，聯合政府的兩位政治領袖已經將新世界秩序的意識形態作為國家意識形態的主要信條。[345]正如山蘭西所言：「我們沿著從中央計畫經濟往完全市場經濟的道路向前邁進，這是無法改變（irreversible）也不能取消的（irrevocable）」；[346]其中，「區分市場經濟而非叢林經濟的箇中差異在於法治，亦即法律架構的存在。」[347]世銀發言人馬達沃（Callisto Madavo）也認為，金邊政府必須為投資創造一個適合的法律體系。他表示：「從現在開始，私營部門必須在復原與發展過程中扮演主要的角色。對私營部門活動的主要限制乃是商業活動處於法律環境的赤字狀態，所以必須完善法律來界定財產

344　"Growth Blueprint Maps Out Future," *Phnom Penh Post*, 25 March 1994; St John, "The Political Economy of the Royal Government of Cambodia," pp. 266-267; Teramoto, "Development Plans of Cambodia," pp. 101-102.

345　Ayres, *Anatomy of a Crisis*, pp. 164-165.

346　"Growth Blueprint Maps Out Future," *Phnom Penh Post*, 25 March 1994.

347　Kathleen Hayes, "Rainsy Appeals for Foreign Investment," *Phnom Penh Post*, 30 July 1993.

權，管理契約的執行，以及保證有效的競爭。」[348]

　　戰後的歷史顯示，沒有一個貧窮的國家能夠單憑援助就能邁向國家發展的起飛階段，外國直接投資（Foreign Direct Investment, FDI）已經變成所有低度發展國家（Least Developed Countries, LDCs）的不可或缺的要素，而且外資的持續挹注已經變成任何政府追求政績的測量器。柬埔寨在邁向完全市場經濟的過程中，吸引外國投資顯然是金邊政府的當務之急。工業部長索蒂拉（Pou Sothirak）曾表示：「對於經濟的即刻復原來說，我認為只有私營部門，這包括國內與國外的投者，才能協助一個像柬埔寨這樣貧窮的國家邁向發展的起飛階段」；「假若柬埔寨可以邁向自由市場體系，如果我們可以提供一項良好的投資法，外國投資者將會把柬埔寨列為優先於越南的第一站。因為我們位於中介位置，所以可以出口到越南，而且，我們沒有繁瑣的官僚處理程序。」[349]金邊政府為展現吸引外商投資的最大誠意，消滅過去集權化經濟的殘餘部分，決定制訂一部新的《柬埔寨王國投資法》（Law on the Investment of the Kingdom of Cambodia），並於1994年8月4日獲得第一屆國會特別會議的通過且即日生效實施。[350]

　　新通過的《投資法》除鼓勵外商投資九項特定發展產業（第十二條），[351]同時也提供賦稅減免優惠（第十三條），包括：外商

348　"Pledges Focus on Long-term Recovery Plan," *Phnom Penh Post*, 25 March 1994.

349　Chris Burslem, "Market to Shape New Industrial Base," *Phnom Penh Post*, 13 August 1993.

350　關於柬埔寨國會對於投資法條文的爭辯，參考：John C Brown, "Investment Law Sails Through NA," *Phnom Penh Post*, 12 August 1994.

351　九項特定發展產業包括：先鋒產業或高科技產業、可創造就業機會的產業、出口導向產業、旅遊產業、農用工業產品的生產及加工產業、基礎設施建設

享有9%的公司營業稅的稅率；分配投資盈利，無論轉移國外或在柬埔寨國內分配，均不徵稅；外商免稅優惠期限最長可達八年；外商進口建築材料、生產資料、各種物資、半成品、原物料及所需零配件，屬符合特定投資項目者，[352]完全免徵關稅及其他稅務（第十四條）。由於柬埔寨採取菲律賓、馬來西亞等國推廣外來投資模式，為促進投資進程，新《投資法》也要求設立一個柬埔寨發展理事會（Council for the Development of Cambodia, CDC）來作為審議投資案之單一窗口服務組織（sole and one-stop service organisation），負責重建、發展和投資活動審議與決策等任務（第三條）。CDC下設柬埔寨復原和發展局（Cambodian Rehabilitation and Development Board, CRDB）與柬埔寨投資局（Cambodian Investment Board, CIB）等兩個運作機構來協助工作（第四條）。[353]

根據CDC的數據顯示，由於1993年成功的大選，再加上新《投資法》的實施，外國投資者無不對柬埔寨的前景抱持著樂觀的態度。在新《投資法》通過的短短十天內，來自新加坡、台灣、馬來西亞的企業家已提交總值4,000萬美元的十項投資計畫；[354]時至1995年1月就有超過6.25億美元的外來投資，而且17家馬來西

及能源生產、鄉村發展產業、環境保護產業、在依法建立的特別開發區（Special Promotion Zones）進行的投資。

352 特定投資項目包括：總產量至少80%的產品作為出口的投資項目；在柬埔寨發展理事會公布優先發展的特別開發區內投資的產業；旅遊產業；勞動密集型產業、加工工業及農用工業；基礎設施建設及能源生產的產業。

353 "The New Investment Law," *Phnom Penh Post*, 12 August 1994.

354 Jon Ogden, "CDC Set to Launch Advert Blitz to Lure Investors," *Phnom Penh Post*, 7 October 1994.

亞公司提案且經批准的投資計畫就值15.8億美元；[355]另外，光是1995年的前五個月就有超過30個且價值3.7億美元的投資計畫已獲核准。就像政治學者柯提斯（Grant Curtis）所總結的，「柬埔寨正為商業而開放」。[356]然後，受益於外國企業在柬埔寨的經濟活動，外國投資者將創造許多立即所需的工作機會、開發技術、金融與行銷技巧，技術轉移，更重要的是建立人力資本，這些將為柬埔寨後續的經濟成長與社會發展的恢復奠定基礎。

　　1995年3月，金邊政府發表INPRD。從內容來看，INPRD進一步改進NPRD所提的目標，提供更多的細節或部門的優先順序，確立三項發展政策的支柱：持續的經濟成長、人力資源的永續發展、自然資源的永續管理與利用；而其主要目標是良善治理、鄉村發展、減少貧窮、經濟調整、私營部門發展、人力資源發展、將裁減軍人重新融入社會、醫療保健、教育、基礎設施建立，以及重新整合到國際經濟。[357]實際上，INPRD可說是金邊政府用以準備下一個五年計畫的初期報告。就像美國助理國務卿洛德（Winston Lord）向國會所報告的：「柬埔寨興起中的民主持續展現令人驚喜的續航力，皇家政府已經開始建立符合國家當前所需的政治與經濟的制度，並且積極地發展經濟與基礎設施。比起過去十年，這個國家現今對外面世界更加地開放。」[358]

355　Michael Hayes, "The Malaysian Business Connection," *Phnom Penh Post*, 27 January 1995; Grant Curtis, *Cambodia Reborn? The Transition to Democracy and Development*（Washington, D.C.: Brookings Institution, 1998）, p. 105.

356　Grant Curtis, *Beyond Transition: Cambodia in the Post-UNTAC Period*（Phnom Penh: United Nations Research Institute for Social Development, 1996）, p. 29.

357　Teramoto, "Development Plans of Cambodia," p. 101.

358　US Department of State, "Testimony by Winston Lord Assistant Secretary of State

　　1996年4月，金邊政府進一步批准兩份文件：一是以NPRD
為基礎制訂的第一個社會經濟發展計畫（the first Socioeconomic
Development Plan, SEDP 1996-2000），是金邊政府為促進宏觀經
濟成長、社會發展、降低與最終消滅貧窮而制訂的首個五年國家
發展計畫；[359] 二是三年期（1996-1998）的公共投資計畫（Public
Investment Program, PIP），它在每個部門中確定個別方案的優先
順序，是為不同經濟部門的資源分配所制訂的投資管理工具，[360]
國內、外的援助資源因此能順利導向優先發展領域，達到SEDP
設定的目標，同時，PIP也是金邊政府用來從外部發展夥伴
（External Development Partners, EDPs）動員資源的手段。[361]

　　此外，金邊政府為能順利加入東協組織，亦決定重新檢視與
重新調整制度結構、法律，以及關於貿易與關稅等部門的運作程
序，加速組織化制度結構與法律改革的步伐，同時也著手進行自
由化關稅與其他改革。不過，柬埔寨的經濟有一半是仰賴外援，
在其他50%的收入中，關稅的收入又占70%，顯示關稅收入長期
在柬埔寨的經濟收入扮演重要角色。所以，財政部決定採取緩慢

for East Asian and Pacific Affairs before the House Subcommittee on Asia and the
Pacific, 21 September 1995." http://dosfan.lib.uic.edu/ERC/bureaus/eap/
950921LordCambodia.html

[359]　Ian Livingstone, "Development Planning in a Re-emergent Cambodia: The First
Socioeconomic Development Plan, 1996-2000," *Journal of the Asia Pacific
Economy* 3, No. 2（1998）: 207-222.

[360]　Sorpong Peou, "Cambodia," in *Good Intentions: Pledges of Aid for Postconflict
Recovery*, eds., Shepard Forman and Stewart Patrick（Boulder: Lynne Rienner,
2000）, p. 85.

[361]　IMF, *Cambodia: Poverty Reduction Strategy Paper*（Washington, D.C.: International
Monetary Fund, 2006）, p. 1.

的途徑來自由化與鄰國的關稅，以作為加入東協及東協自由貿易區（ASEAN Free Trade Area, AFTA）的準備工作。對柬埔寨來說，加入東協可以成為東南亞區域的一部分，擁有正面的形象，這將有助於提升貿易發展，吸引外國投資，為柬埔寨創造更多的工作機會，同時也可提升旅遊業。[362]

整體來看，柬埔寨自1993年成立聯合政府以來，國內政治局勢雖未能完全穩定，但在國際社會的強力支持下，恢復全面性的經濟改革，加上各項國家發展計畫的實施，柬埔寨的經濟體制已逐漸完善，特別是多項重要的經濟法規均已完成立法工作且頒布實施，[363]將成恢復與重建經濟秩序的基礎。儘管如此，柬埔寨的政治局勢仍尚未完全穩定，包括：赤柬問題、洪森與拉納烈兩位總理之間的權力鬥爭等，直至1998年底才達到完全的和平與某些形式的民族和解，政治上也已成功啟動多黨選舉，這些都讓柬埔寨獲得更多的自尊與信心。於是，在國際援助社群的鼓勵，第二屆聯合政府開始將注意力轉向各部門的改革議程，像是經濟改革、軍隊縮編、行政改革、司法改革、治理改革與社會改革等。此後，金邊政府更專注聚焦在宏觀經濟的管理，以及經濟與結構的調整上，使得全面性與相互協調的經濟計畫才得以獲得實現。

---

[362] "Step by Step toward AFTA and ASEAN," *Phnom Penh Post*, 30 May 1997.

[363] 例如：1994年的《柬埔寨王國投資法》；1995年的《商會法》（Law on the Chambers of Commerce）、《公營企業私有化條例》（Sub Decree on Procedure For Privatization of Public Enterprise）、《商業法規及公司登記法》（Law Bearing Upon Commercial Regulations and Commercial Register）；1997年的《外匯法》（Law on Foreign Exchanges）、《柬埔寨王國勞動法》（Labour law）、《柬埔寨王國稅收法》（Law on Taxation）、《柬埔寨王國投資法實施細則》（Sub-Decree No. 88 ANK-BK on the implementation of the Law on Investment of the Kingdom of Cambodia）等。

　　第二屆聯合政府伊始，總理洪森就宣布該屆政府是「經濟政府」，首要任務有三：一是恢復國家的和平與穩定，為國家與人民維護安全；二是將東埔寨整合至區域，並且致力與國際社會的關係正常化；三是透過實施廣泛性的改革計畫來提倡經濟與社會發展。此即所謂的「三角戰略」（Triangular Strategy）。[364]

　　基本上，「三角戰略」中的前兩個部分在2000年以前均已取得相當大的進展。在國家和平方面，赤柬作為東埔寨的國家安全與穩定的主要威脅已經徹底解決，而兩位總理權力鬥爭所引發的政治動盪也在參議院成立後趨於平靜。在整合至國際社會方面，東埔寨先是在1998年12月重新取得聯合國的席次，然後在1999年4月底正式成為東協的第十個成員國；另外，也在同年6月22日向WTO秘書處提交其外貿體制備忘錄（Memorandum on Foreign Trade Regime），並於2001年5月實際展開入會談判，和歐洲聯盟及美國等重要貿易夥伴舉行首次會談。2003年9月，WTO在墨西哥坎昆（Cancun）舉行第五屆部長會議中，順利通過東埔寨的入會案。2004年10月13日，東埔寨正式成為WTO成員，是世界上第一個成為這個「經濟聯合國」的低度發展國家。[365]東埔寨順利加入WTO宣告其完成重返主要區域與國際組織的最後一個步驟，這將有助於管理國際經濟關係。

　　至於「三角戰略」中的第三個部分，雖然金邊政府透過宏觀

364　Ministry of Planning, *The Second Five Year Socioeconomic Development Plan*（*2001-2005*）*: National Economic Growth and Poverty Reduction Strategy*（Phnom Penh, 29 July 2002）, pp. iii-iv.

365　東埔寨加入WTO過程與時程，參考：Sok Siphana, *Lessons from Cambodia's Entry into the World Trade Organization*（Tokyo: Asian Development Bank Institute, 2005）.

經濟改革措施的推動，已在經濟成長獲致顯著的成果，但在社會發展方面仍有許多的不足之處。因此，在「三角戰略」的脈絡下，計畫部在2000年著手制訂第二個社會經濟發展計畫（Second Socio-economic Development Plan 2001-2005, SEDP-II）。然而，在2000年5月舉行的ICORC諮商小組（Consultative Group, CG）非正式會議中，主要捐贈國與援助機構首次宣布，要將《消除貧窮策略白皮書》（Poverty Reduction Strategy Paper, PRSP）導入柬埔寨。根據世銀與IMF的政策，受援國家必須制訂一份《臨時消除貧窮策略白皮書》（Interim Poverty Reduction Strategy Paper, I-PRSP），並且在接受新的貸款以前，取得這兩個機構的許可。換言之，PRSP成為各國接受IMF與世銀提供低利貸款的先決條件。所以，柬埔寨決定由經濟與財政部統籌，著手制訂I-PRSP草案。

　　柬埔寨的I-PRSP草案歷經七次的修正以後，終於取得世銀與IMF的認可，並於2000年10月27日獲得柬埔寨部長會議的批准，[366]成為柬埔寨的國家消除貧窮策略（National Poverty Reduction Strategy, NPRS）的基礎。[367] 2001年3月，金邊政府亦完成SEDP-II的制訂，並於該年12月獲得部長會議批准，然後在2002年6月獲得國會的正式通過。至於，NPRS則是多方參與協商下的產物，在歷經五次工作小組會議的討論以後，[368]才在2002

366　全文參考：The Royal Government of Cambodia, *Interim Poverty Reduction Strategy Paper*（Phnom Penh, October 2000）. https://www.imf.org/external/NP/prsp/2000/khm/01/102000.pdf.

367　Teramoto, "Development Plans of Cambodia," pp. 104-105.

368　Lon Nara, "Big Changes Needed to Beat Poverty," *Phnom Penh Post*, 7 June 2002; Robert Carmichael, "The PRSP: Ready or Not, an End to Poverty?," *Phnom Penh Post*, 27 September 2002; Russell Peterson, "Poverty Reduction," *Phnom*

年11月完成最終方案。[369]由於SEDP II與NPRS的相互關係一直未能獲得釐清，計畫部官員Kim Saysamalen表示，政府將SEDP-II視為消除貧窮的全面性發展計畫，PRSP則是一個專門處理未來兩年的具體策略。資深部長索安（Sok An）也指出：「這是兩個不同的計畫，它們不會相互牴觸，應該不會造成混淆。」[370]

在廣泛的治理改革與消除貧窮策略的脈絡下，SEDP-II與NPRS聚焦在三個國家發展目標，包括：永續且廣泛的經濟成長、社會與文化發展、自然資源的永續利用與宣揚環境管理。[371]金邊政府認為，政府的治理能力衰弱將影響私營部門的發展，升高外國投資者的政治與經濟風險，阻礙投資的形成，從而限制窮人的所得與工作機會，導致窮人在人身安全、非官方稅金的支付與公共資源分配中，處於不利的地位。因此，改善治理環境——「善治」（good governance）乃是達成發展目標的首要關鍵，這必需透過治理行動計畫（Governance Action Plan, GAP）的有效執行來予以達成。[372]

Penh Post, 11 October 2002; Caroline Green, "PRSP Consultation: Round Two Shows Gaps," *Phnom Penh Post*, 22 November 2002.

[369] 全文參考：The Royal Government of Cambodia, *National Poverty Reduction Strategy 2003-2005*（Phnom Penh, 20 December 2002）. http://www.imf.org/external/NP/prsp/2002/khm/01/122002.pdf.

[370] Charlotte McDonald-Gibson, "Poverty Plans Still Cause Concern," *Phnom Penh Post*, 20 December 2002.

[371] Ministry of Planning, *The Second Five Year Socioeconomic Development Plan（2001-2005）*, p. 27.

[372] 所謂的治理行動計畫，涵蓋五個相互交錯的領域，包括：司法與法律改革、公共財政、文官體制改革、反貪污、性別平等，以及自然資源的管理與武裝力量的復員等兩個特殊議題。Susan Postlewaite, "IMF Man Maps Out Strategy for Cambodia," *Phnom Penh Post*, 29 September 2000.

　　換言之，良善的治理環境，有利於經濟成長，經濟的高度成長會進一步提升人民所得，有效縮短貧窮線與窮人家戶平均支出之間的落差，進而減少貧窮的發生。索安就表示，打擊貧窮是政府的最優先的任務，是確保發展的最佳方式。他說：「降低貧窮只能仰賴經濟成長的果實廣泛地分享給人民，如此窮人才能獲得好處。」[373] 不過，金邊政府也承認，經濟成長對於不同的窮人群體也會產生不同的影響，對於特定窮人群體仍必須實施特殊的計畫。[374] 一份聯合國發展計畫（UN Development Program, UNDP）的研究報告就指出，如果柬埔寨是為了消除貧窮，就必須更關注「需求方」的宏觀經濟政策，像是政府資助的鄉村基礎設施方案，因為過去的大部分經濟成長都集中在城市地區，所以，政府應該採取廣泛的途徑來考量經濟發展。[375]

　　此外，金邊政府在制訂出具體的經濟與社會發展計畫後，亦根據實際需要來制訂和修改相關法律。1999年起，金邊政府和立法機構陸續對《投資法》、《稅收法》、《勞動法》、《土地法》等法律法規進行修改、補充。舉例來說，在外國投資方面，金邊政府先是在1999年5月11日頒布《組建柬埔寨發展理事會之職責與運作細則補充細則》，然後又於該年6月11日及2001年12月26日兩度對《柬埔寨王國投資法實施細則》進行修改，頒布《柬埔寨王國投資法實施細則補充細則》與《柬埔寨王國投資法實施細則

373　Charlotte McDonald-Gibson, "Poverty Plans Still Cause Concern," *Phnom Penh Post*, 20 December 2002.

374　Ministry of Planning, *The Second Five Year Socioeconomic Development Plan（2001-2005）*, p. 27.

375　Bill Bainbridge, "Poverty 'Needs Government Cash'," *Phnom Penh Post*, 28 March 2003.

補充細則之補充》。2003年3月24日及4月24日又陸續頒布《柬埔寨王國投資法修正法》與《稅收法修正法》等。[376] 這些法律及法令對投資獎勵的內容、投資的申請程序、鼓勵的對象、土地租賃等部分均作出更新與修正，對外國投資者更為有利。明顯地，金邊政府經過多年的努力，已經在投資方面建立起全面性的法律制度體系，為外國投資者提供相當多的優惠政策與保護措施，大幅提升柬埔寨吸引外國投資的競爭力。

1993年起的十年間，儘管金邊政府高喊「柬埔寨自助」的口號，希望透過一系列的國家發展計畫的制訂來恢復與重建經濟。由於柬埔寨面臨嚴重的貿易赤字，就國際收支來看，除了出口以外，必須仰賴FDI、外國援助及國際贈與及貸款。為此，金邊政府在1994年制訂並實施新的《投資法》，以優惠條件大力吸引外資投入，亟欲利用外資參與國家經濟的重建。當時，大部分柬埔寨人仍沒有信心來指導與管理重建過程，以至於柬埔寨的經濟發展相較於泰、越兩大鄰國，實際上更高度依賴外部的經濟援助。柬埔寨作為一個高度依賴外援的經濟體（aid-dependent economy），具體展現在外援占政府總支出、總收入的高比重上；同時，也可從它的外援增加與GDP的擴張具有強烈正相關而得到證明。[377]

---

[376] 其餘與經濟相關之法律還包括：2001年8月30日頒布《土地管理法》（Law on Land Management）；2002年2月7日頒布《商標法》（Law on Trademark）；2003年1月21日，柬埔寨國會為因應加入WTO的需要，通過《著作權及相關權利法》（Law on Copyrights and Related Rights）等。CDC, *Cambodia Investment Guidebook 2013*（Phnom Penh: CDC and JICA, 2013）, Appendix I.

[377] Nhean Tola與Chea Sophak曾對柬埔寨的外援與GDP之間的關係進行量化研究，並提出三項結論：一是外援投入經濟的有形基礎設施與人力資源發展將提升投資、就業機會與經濟生產力；二是投入社會部門的外援將有助於消除貧窮，並且提升家戶的消費或為GDP增加額外儲蓄；三是投入治理與行政

　　柬埔寨在發生1997年「七月流血事件」以前，經濟發展有將近一半是仰賴外國援助，其餘是依靠中央政府的總收入。在國家的整體收入中，關稅收入所占的比重又超過40%（參考表5-1）。「七月流血事件」以後，不僅該月的關稅收入大幅減少，國際社會亦開始中斷對柬埔寨的經濟援助。儘管柬埔寨的政治局勢在該年8月就已逐漸恢復穩定，但一些國家和國際組織並未恢復援

表5-1：柬埔寨中央政府的收入結構（1996-2003）

	總收入	稅金收入				非稅金收入		資本收入	
		金額	比重	關稅	占總收入比重	金額	比重	金額	比重
1996	749.1	534.3	71.3	331.2	44.21	175.5	23.4	39.2	5.2
1997	881	597.4	67.8	327.6	37.19	271.3	30.8	12.3	1.4
1998	942.7	679.4	72.1	361.1	38.3	230.1	24.4	33.2	3.5
1999	1,316.3	947.7	72.0	397.1	30.17	354.8	27.0	13.7	1.0
2000	1,408.5	1,026.0	72.8	366.1	25.99	353.3	25.1	29.3	2.1
2001	1,529.4	1,096.4	71.7	344.8	22.54	423.9	27.7	9.1	0.6
2002	1,743.9	1,227.1	70.4	310.4	17.8	500.5	28.7	16.3	0.9
2003	1,764.6	1,220.1	69.1	374.9	21.25	513.1	29.1	31.4	1.8
2004	2,126.7	1,577.5	74.2	491.3	23.1	529.8	24.9	19.5	0.9

說明：金額的單位為十億瑞爾；比重的單位為%。

資料來源：National Institute of Statistics, Ministry of Planning, *Cambodia Statistical Yearbook 2005.*

　　的外援將有助於建立治理有方的社會與國家，這對GDP的所有要素是有利的。Nhean Tola and Chea Sophak, "A Framework for Understanding Roles of Official Development Assistance in Development – General Review and Experiences of Cambodia," *Commentaries*, Issues 24（19 October 2016）: 1-5.

助，對柬埔寨的經濟成長造成嚴重衝擊。直至1999年初，各國才重新恢復對柬埔寨的援助。時至2001年，柬埔寨中央政府預算有高達58%來自外國援助。如果將外部援助與FDI視為柬埔寨經濟重建、發展與成長的兩大驅動力，一點也不為過。

　　關於柬埔寨的外部援助可從援助的參與機構、援助的類型、外援的部門分配等三個方面來加以分析。

　　首先，就援助的參與機構來看，主要可分為雙邊援助（Bilateral Aid）、多邊援助（Multilateral Aid）與非政府組織等三種。在雙邊援助部分，1992-2004年間柬埔寨的前三大援助國為日本、美國、法國，援助金額分別占柬埔寨外援總數（57.42億美元）的21.28%、6.92%、6.76%。多邊援助部分，包括：歐盟／歐洲委員會（EU/EC）、聯合國的相關機構、世銀、亞銀、IMF等。1992-2004年間，多邊組織對柬埔寨的援助金額約占柬埔寨總外援金額的40.67%，其中，聯合國相關機構和歐洲委員會對柬埔寨的援助援助總額分別是5.1億及3.9億美元，主要是以無償贈與為主；相對地，亞銀、世銀與IMF等三個國際金融組織的援助總額分別是5.2億、4.3億、1.6億美元，主要負責提供優惠貸款（Concenssional Loan），亞銀是該類型援助最大的貢獻者，其重要性在2000年以後更加顯著。至於非政府組織的援助則是涵蓋柬埔寨國內與外國的NGO。1992-2004年間，非政府組織對柬埔寨提供的援助金額約4.8億美元，占外援總額的8.36%（參考表5-2）。

　　其次，就外援類型來看，柬埔寨的外援主要有獨立的技術合作（Free-Standing Technical Co-operation, FTC）、[378]投資相關的技

---

[378]　所謂獨立的技術合作（FTC），是旨在技術與管理的技巧或技術的轉移，希望在沒有任何特別投資方案執行的參照下，達到提升一般的國家能力；相對

表5-2：柬埔寨的主要外援捐贈機構（1992-2004）

捐贈單位		1992	1993	1994	1995	1996	1997	1998	1999	2000	2001	2002	2003	2004	合計	比重
聯合國	交付計畫總值								90.15	86.55	90.79	81.81	88.31	73.79	511.39	8.91
	已支付自有資金	13.28	30.98	26.15	30.97	50.32	42.70	49.52	45.28	49.43	44.92	42.22	44.21	36.29	506.27	8.82
多邊組織	世界銀行	0.00	0.07	40.01	29.60	40.40	28.12	29.31	26.72	32.70	43.08	47.25	63.66	49.46	430.36	7.49
	國際貨幣基金會	0.00	8.80	21.24	42.29	0.40	0.00	0.00	11.50	11.48	22.96	23.50	12.27	2.36	156.79	2.73
	亞洲開發銀行	0.00	12.30	12.39	37.86	49.24	18.39	36.49	26.87	51.13	48.69	78.47	73.28	76.66	521.76	9.09
	歐洲委員會	32.12	19.07	9.16	28.89	57.62	36.79	49.29	28.28	27.95	22.68	25.83	32.72	15.02	385.41	6.71
	小計	45.39	71.21	108.95	169.61	197.98	126.00	164.61	138.65	172.69	273.10	299.08	314.45	253.59	2335.30	40.67
雙邊	日本	66.90	102.03	95.61	112.40	111.00	59.84	71.37	88.00	106.02	100.02	105.60	101.16	101.76	1221.71	21.28
	美國	35.55	33.81	31.70	45.15	28.76	30.51	30.36	23.00	17.61	23.85	22.09	34.27	40.61	397.27	6.92
	法國	5.80	32.26	35.81	62.24	42.89	26.49	23.22	18.59	27.80	36.05	28.35	25.92	23.04	388.44	6.76
	澳洲	10.51	15.92	13.79	27.51	20.17	27.30	18.21	18.39	29.42	19.87	17.80	22.69	24.28	265.84	4.63
	瑞典	13.37	14.99	10.10	25.31	16.08	17.41	13.50	10.83	14.12	13.11	13.57	12.39	22.02	196.81	3.43
	德國	2.64	2.48	3.35	13.90	9.61	10.08	9.84	12.32	12.23	10.02	17.23	17.60	14.10	135.38	2.36
	英國	7.03	5.08	7.10	10.70	4.13	2.25	9.87	9.42	13.00	8.71	11.64	15.37	17.02	121.31	2.11
	中國	0.91	0.87	7.09	3.13	10.85	9.50	14.35	2.99	2.61	16.33	5.72	5.57	32.47	112.39	1.96
	其他	61.02	37.93	26.60	22.28	40.82	23.93	21.87	22.53	19.47	18.01	43.15	28.71	111.26	413.97	7.21
	小計	203.72	245.36	231.14	322.62	284.31	207.31	212.57	206.06	242.28	245.97	265.15	263.67	322.97	3253.12	56.65
非政府組織		1.07	5.32	17.95	21.10	35.80	49.88	56.10	55.00	51.85	43.56	45.57	47.24	49.45	479.88	8.36
合計		250.18	321.89	358.05	513.32	518.08	383.19	433.28	399.71	466.81	471.84	530.92	539.51	555.39	5742.18	100

說明：金額的單位為百萬美元；比重的單位為％。

資料來源：The Cambodian Rehabilitation and Development Board（CRDB）of the Council for the Development of Cambodia（CDC）, *Development Cooperation Report 2004 and 2005*（Phnom Penh, June 2006）, Annexe III.（hereafter cited as CRDB and CDC）。

術合作（Investment-related Technical Co-operation, ITC）、投資項目援助／資本援助（Investment Project Assistance, IPA/Capital Assistance）、預算援助或國際收支平衡（Balance of Payments, BOP）的支持、食物援助、緊急救濟援助等類型，主要是以FTC

地，與投資相關的技術合作（IRTC）則是為執行特別投資方案之所需而提供的技術服務。此兩者為技術合作的基本類型。IMF, *External Debt Statistics: Guide for Compilers and Users*（Washington, D.C.: International Monetary Fund, 2003）, 268.

與IPA兩大類型為主，兩者在1992-2004年間的金額分別是21.79億美元和19.88億美元，約占援助總額57.42億美元的45%與41%。由於專業技術能力的缺乏一直是東埔寨經濟重建階段的主要限制，所以國際援助社群提供大量的FTC來作為發展合作的一部分，試圖透過技術援助來協助東埔寨的能力建立（capacity building）。另一方面，金邊政府致力吸引外資，在1994年實施新《投資法》以後，IPA開始出現顯著的成長。值得一提的是，食物援助與緊急救濟援助曾在1992年時高達1.68億美元，之後則逐年降低，時至2004年時僅有2,000萬美元（參考圖5-1）。

最後，就外援的部門分配來看，東埔寨在1992-2004年間的外援流入，主要集中投注在鄉村發展、行政發展、運輸、人道援助與救濟、經濟管理、教育與人力發展、醫療、農林漁業、社會發展等部門，合計約占外援總數的90%。其中，人道援助與救濟

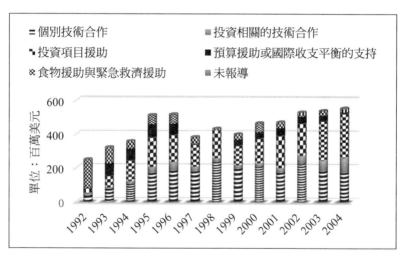

圖5-1：東埔寨的外援類型（1992-2004）

資料來源：*Development Cooperation Report 2004 and 2005*, Annexe IV.

在1992年時高達1.4億美元，占該年度外援的56.4%，時至2004
年時以下降到1,800萬美元，僅占該年度外援總數的3.32%。另
外，在1993-1998年間，由於金邊政府著重政治與經濟體制的建
立，同時，也因為國家百廢待興，基礎設施殘破不堪，特別是
鐵、公路等運輸網絡，所以，將大部分的外援投入行政發展、經
濟管理及運輸等部門。1990年代中期以後，隨著SEDP、SEDP II
的實施，社會發展成為金邊政府關注的優先領域，所以開始將更
多的外援投注在醫療與社會發展部門（參考圖5-2）。

　　除外部援助，外國資本的大量流入也是推動柬埔寨經濟發展
的另一推進器，不僅帶來資本，更帶來技術轉移、管理知識，以
及進入新市場的機會。柬埔寨在1980年代末期朝向市場經濟過
渡，成功地吸引FDI的開始流入。1989年，柬埔寨國會批准一部

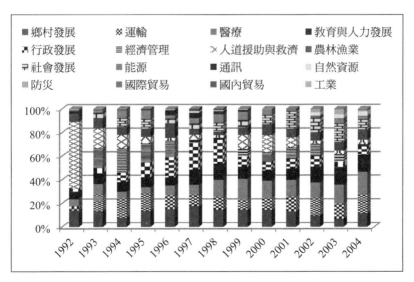

圖5-2：柬埔寨外援的部門分布（1992-2004）

資料來源：*Development Cooperation Report 2004 and 2005*, Annexe V.

《外國投資法》，之後部長委員會又提出相關的解釋與實施細則，讓東埔寨在1991-1993年間吸引到總值12億美元共638個項目的FDI。[379]第一屆聯合政府成立以後，致力吸引國、內外的投資，並於1994年制訂與實施新《投資法》，並成立東埔寨發展委員會（CDC）及東埔寨投資局（CIB）來作為監視與促進所有投資活動的單一服務窗口，為私人投資提供良好的法律與制度環境，進而帶動FDI的挹注。

關於東埔寨的外國投資，可從投資金額、投資來源及部門分布等三方面來分析。根據CDC的官方數據，東埔寨核准的FDI金額從1994年的2.82億美元增加到1995年的19.1億美元，成長將近六倍，主因是來自馬來西亞的一項高達13億美元的大型投資項目（Investment Project），該項投資項目是馬來西亞金界控股有限公司（NagaWorld）經營的阿里斯頓（Ariston Sdn Bhd）公司計畫開發施亞努港、機場與電力發電廠，並以此取得東埔寨賭場事業的獨家經營權。[380] 1995-1996年間，東埔寨的外國投資達到高峰。

---

[379]　Chap Sotharith, *Foreign Direct Investment and Technology Transfer in Cambodia*, Unpublished Ph.D. Thesis, School of Economics and Political Science, Faculty of Economics and Business, University of Sydney, 2005. Quoted in Ludo Cuyvers, Reth Soeng, Joseph Plasmans and Daniel Van Den Bulcke, "Determinants of Foreign Direct Investment in Cambodia," *Journal of Asian Economics* 22, No. 3（June 2011）: 223.

[380]　當時，阿里斯頓公司獲得東埔寨第一總理拉納烈的強烈支持，所以，拉納烈政府計畫通過賭場控制法（Casino Control Law），然而，第二總理洪森領導的人民黨（CPP）已經控制幾個既有賭場，所以，反對該法律的通過。不過，洪森在1996年保證將會履行合約中的各協議。由此顯示，外國投資者當時仍必須面臨東埔寨內部政治鬥爭的風險。Matthew Grainger, "Malaysians Snare Naga Casino Deal," *Phnom Penh Post*, 16 December 1994; Michael Hayes, "The Malaysian Business Connection," *Phnom Penh Post*, 27 January 1995;

當時，柬埔寨因其低薪資率而較其他發展中國家享有優勢，不僅成衣出口享有各種免稅優惠，公司在柬埔寨登記以後的六個月亦享有原物料進口免稅的優惠。之後，雖然工人要求較高的薪資與更有利的工作條件，這些因素對投資者造成考驗，導致流入柬埔寨的FDI從1999年開始出現明顯衰退，降至2億美元以下的1.96億美元，時至2003年更是達到最低的6,582萬美元（參考圖5-3）。如果分成1994-1998及1999-2003兩個時間區段來看，柬埔寨的FDI衰退75%。

　　2003年，金邊政府為提倡投資，頒布《柬埔寨王國投資法修正法》，亦即頒布新版的《投資法》，不僅大幅擴大適用範圍，將原先適用於國內外投資者修訂為適用於通過審查的投資專案，在土地所有權方面亦將外國人對土地的租賃權從原先的70年延長到99年。另外，在投資獎勵方面，新版《投資法》將公司營利所得稅從原先的9%的優惠提升到20%；在投資程序方面，則是大幅簡化投資申請程序，將審查期從原先的45天縮短至28天。[381] 此外，金邊商會（Phnom Penh Chamber of Commerce）也出版《投資指南》（*Investment Guidebook*）來提供各種投資訊息。正如金邊商會副主席索科納（Som Sokna）所強調：柬埔寨位居區域的

Tricia Fitzgerald, "Ariston: 'We Can No Longer Be Polite'," *Phnom Penh Post*, 31 May 1996; Imran Vittachi, "Ariston Balks on \$2m Payment till Law Passed," *Phnom Penh Post*, 22 March 1996.

381 新、舊《投資法》的差異，參考："The New Investment Law," *Phnom Penh Post*, 12 August 1994; "Law on Investment（5 August 1994）and Law on the Amendment to the Law on Investment _030324," *Council for the Development of Cambodia, CIB & CSEZB*, 17 September 2011, accessed 15 August 2017, http://www.cambodiainvestment.gov.kh/law-on-investment-august-05-1994-and-law-on-the-amendment-to-the-law-on-investment_030324.html.

中心，仍享有許多競爭優勢。[382]

　　總的來看，CDC在1994-2003年間核准的投資金額累計達到67.5億美元，其中FDI的金額是48.2億美元，來自超過26個國家的957個投資項目，約占核准投資總額的70%，顯示外資在東埔寨的社會經濟發展中占有非常重要的地位。必須注意的是，東埔寨的官方FDI就像許多發展中國家一樣，尤其是低度發展國家（LDCs），核准金額與實際到位的投資金額經常存有很大的落差，此種現象在1994-1998年間尤其明顯（參考圖5-3）。

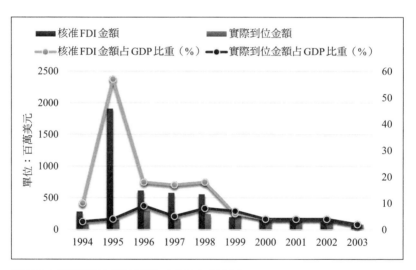

圖5-3：東埔寨的FDI統計（1994-2003）

說明：核准金額數據來自CDC；實際到位金額數據為東埔寨中央銀行的估計值。

資料來源：Koji Nakamura, "Foreign Direct Investment," in IMF, *Cambodia: Selected Issues*, IMF Country Report No. 04/331（October 2004）, p. 66, Table 1.

---

[382] Kay Kimsong, "New Guide to Encourage Investment," *The Cambodia Daily*, 8 October 2002.

　　就外國投資來源而言，柬埔寨的FDI主要是以發展中國家為主
要來源，尤其是東協國家和其他亞洲國家。東協國家因地理鄰近
性與文化相似性，東協內FDI（intra-ASEAN FDI）相當盛行，東協
資本占柬埔寨整體FDI的比重已經將近一半。其中，馬來西亞是柬
埔寨最大的FDI供應國，其投資總額為19.4億美元，占柬國FDI總
額的40%以上，主要集中在1994-1998年間，占馬來西亞投資柬埔
寨金額的96%。此外，柬埔寨的重要投資國還包括：台灣、美國、
中國、歐盟、韓國、新加坡、香港、泰國、法國等（參考表5-3）。

表5-3：柬埔寨FDI的來源（1994-2003）

單位：百萬美元；%	核准投資總額	FDI金額	馬來西亞	台灣	美國	中國	韓國	新加坡	香港	泰國	法國	英國
1994-1998	5,391	4,115	1,867	367	398	214	201	246	200	157	192	72
1999-2003	1,359	706	73	139	38	136	102	14	43	69	12	23
合計	6,750	4,821	1,940	506	436	350	303	260	243	226	204	95
成長率	-74.8	-82.8	-96.1	-62.1	-90.5	-36.4	-49.3	-94.3	-78.5	-56.1	-93.8	-68.1
占FDI比重	-	100	40.2	10.5	9.0	7.3	6.3	5.4	5.0	4.7	4.2	2.0

資料來源：IMF, "Cambodia: Statistical Appendix," *IMF Staff Country Report*, No. 00/134（October 2000), p. 29, Table 26; IMF, "Cambodia: Statistical Appendix," *IMF Country Report*, No. 04/330（October 2004), p. 29, Table 25.

　　就FDI的經濟部門分布來看，柬埔寨經濟的FDI部門分配在
1994-2003年間呈現出相當不平衡的型態（參考圖5-4），主要是
因為某些產業特別具有競爭優勢。雖然金邊政府鼓勵FDI投入農
業部門與農產加工業，不過農業部門的FDI僅占整體的9.8%左

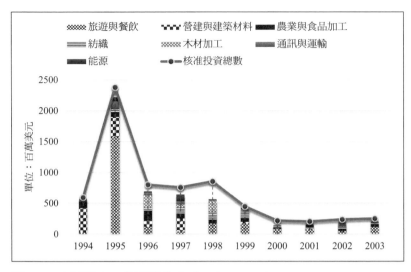

圖5-4：柬埔寨FDI的產業分布（1994-2003）

資料來源：IMF, "Cambodia: Statistical Appendix," *IMF Staff Country Report*, No. 00/134, p. 28, Table 25; IMF, "Cambodia: Statistical Appendix," *IMF Country Report*, No. 04/330, p. 28, Table 24.

右，投資主因是世界對橡膠、木薯、柚木、稻米等農產加工品的需求所致；相對地，FDI集中在工業與服務業等兩大部門，其中又以旅遊與餐飲、營建業、紡織成衣業、木材加工、運輸與通訊、能源為重點投資產業，合計投資金額占FDI總值的85.8%。

柬埔寨在1993年成立新聯合政府以後，隨即大力推行經濟私有化與貿易自由政策，同時，也對國家的財政、貨幣與預算採取控制，並努力爭取國際社群的援助，國際社會解除自1979年對柬所實施的經濟禁令，促使外資與外援的流入。柬埔寨歷經十餘年的國民經濟恢復和重建工作，已取得亮眼的成績，例如：人均國內生產總值（GDP per capita）從1993年的253美元上升到2003年的361美元，成長將近143%；通貨膨脹率維持在平均5%的安全

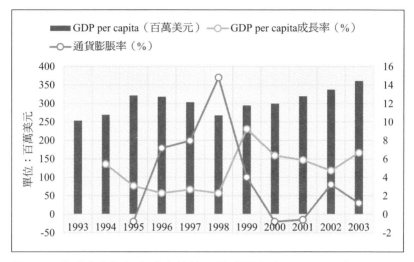

圖5-5：柬埔寨人均國內成產總值及其成長率（1993-2003）

資料來源：World Bank, *World Development Indicators.* http://data.worldbank.org/data-catalog/world-development-indicators.

邊際以下（參考圖5-5）。此外，柬埔寨的經濟自由度是亞洲最開放的經濟體之一，經濟自由度指數（Index of Economic Freedom）從1997年的3.55分（世界排名第106名）上升至2003年的2.50分，在170個國家和地區的排名中，與日本同樣排在第35位，遠優於泰、越等兩大鄰國的第40名（2.55分）和第135名（3.70分），在亞太地區僅次於香港、新加坡、紐西蘭、澳洲、台灣。其中，柬埔寨在政府財政負擔、政府干預、貨幣政策、貿易、銀行與金融等指標均取得不錯的分數。[383]

383　Gerald P. O'Driscoll, Jr., Edwin J. Feulner, and Mary Anastasia O'Grady, *2003 Index of Economic Freedom*（Washington, D.C.: The Heritage Foundation and Dow Jones & Company, Inc., 2003）, p. 11.

　　從經濟成長率來看，東埔寨經濟在1993-2003年間享有年平均7.6%的快速成長。在新政府成立的第二年經濟發展表現得相當強勢，成長率高達9.1%，雖然在1997-1998年間先後遭遇政治鬥爭、亞洲金融危機的衝擊，經濟成長率依然維持在5%以上。隨著1998年11月第二屆聯合政府的順利成立，1999年成為東埔寨自1970年以來第一個全年和平的一年，使得經濟發展又開始重新恢復高成長的11.9%。2000年，東埔寨受到七十年來最大洪災的衝擊，以及區域金融危機的持續影響，導致實質GDP成長率稍有下降，但相比1997年與1998年的成長率仍高出許多。1999-2003年間，金邊政府致力推動「三角戰略」，強化宏觀經濟管理，聚焦財政改革，為邁向改革與持續發展之路創造出良好的環境，即使洪災與旱災等天然災害反覆地發生，但是年度平均實質GDP成長率仍高達8.78%，超過政府所設定的6%至7%的目標。就GDP的數值來看，東埔寨在1993年時僅為25億美元，2003年已經達到46.58億美元，成長超過1.8倍（參考表5-4）。

表5-4：東埔寨的經濟成長表現（1993-2003）

十億美元；%	1993	1994	1995	1996	1997	1998	1999	2000	2001	2002	2003	2004
GDP	2.53	2.79	3.44	3.51	3.44	3.12	3.52	3.65	3.98	4.28	4.66	5.34
成長率	-	9.1	6.4	5.4	5.6	5.0	11.9	8.8	8.0	6.7	8.5	10.3

資料來源：Ministry of Economy and Finance, Cambodia.

　　就GDP的產業結構來看（參考圖5-6），農業部門占GDP的比重雖然從1993年的46.5%下降至2003年的31.2%，不過，農業仍持續支配著鄉村地區的經濟活動；而且，是東埔寨主要的勞力雇用部門，平均約占整體雇用人數的75%（參考圖5-7）。這意味

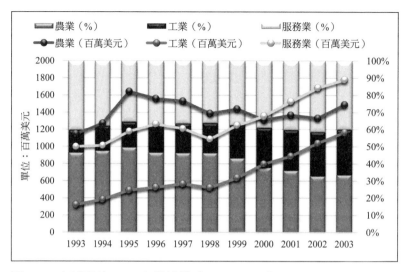

圖5-6：柬埔寨的GDP產業結構（1994-2004）

資料來源：World Bank, World Development Indicators.

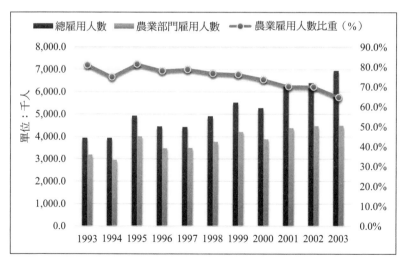

圖5-7：柬埔寨農業部門雇用人數（1993-2003）

資料來源：National Institute of Statistics, Ministry of Planning, *Cambodia Statistical Yearbook 2005.*

著大部分人口的所得來源是取自農業部門。其中，主要以穀物生產為農業部門成長的主要決定要素，特別是稻米的生產。由於稻米生產深受天氣的影響，所以，在社會經濟發展計畫中，金邊政府優先投入灌溉設施和抽水站的投資，希望確保水源供給無虞。2001年3月，金邊政府進一步制定《2001-2005年第二個農業發展五年計畫》，希望能達到擴大水稻種植面積、提高稻米產量的目標。儘管發展農業是金邊政府消除貧窮策略的核心，但農業部門的成長速度仍遠遠慢於工業部門與服務業部門。由於兩大部門集中在金邊與其他城市中心，從而導致國家重建階段的高度經濟成長未能相應地消除鄉村人口的貧窮。

相對地，工業部門一直都是柬埔寨經濟成長的主要引擎，其占GDP的比重呈現出緩慢增加的趨勢，從1993年的13%上升到2003年的27.2%。工業部門的成長主要是受益於金邊政府採取開放、重商與其他自由化政策。其中，製造業和營建業是工業部門的兩大子部門（sub-sector），兩者合計占工業部門生產總值的95%以上，不過，前者呈現逐年上升的趨勢，後者則是逐年下降（參考圖5-8）。製造業的雇用人數平均占工業部門的77%，1993年時僅9萬人，2003年已經增加到63萬人，營建業則是從1993年的2.1萬人增加到2003年的14.8萬人，兩者均成長6倍以上（參考圖5-9）。

在柬埔寨的製造業中，尤其以紡織、成衣與製鞋（Textile, Apparel & Footwear）這個產業群組為主要核心（參考圖5-10）。1994年，來自香港、馬來西亞、新加坡及台灣的投資促成柬埔寨第一波成衣工廠的興起。美國在1996年和1997年分別授予柬埔寨最惠國待遇（Most Favoured Nation, MFN）與普遍化優惠關稅制度（Generalized System of Preference, GSP）以後，吸引FDI大

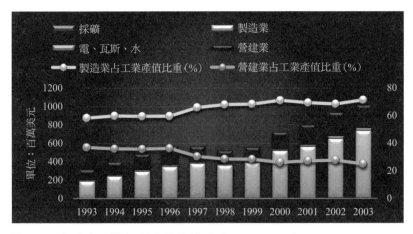

圖5-8：柬埔寨工業部門產值的構成（1993-2003）

資料來源：Cambodia Development Resource Institute, *Cambodia's Annual Economic Review*, Issue 4（December 2004）, p. 68, Table 3.

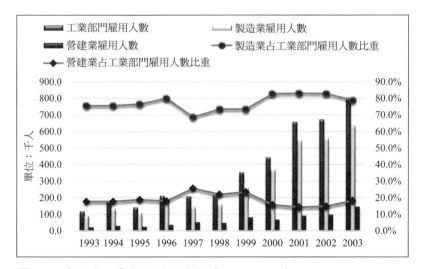

圖5-9：柬埔寨工業部門雇用人數（1993-2003）

資料來源：National Institute of Statistics, Ministry of Planning, *Cambodia Statistical Yearbook 2005*.

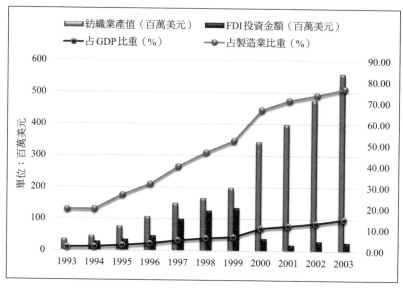

圖5-10：柬埔寨紡織業產值及其占GDP與製造業的比重（1993-2003）
資料來源：同圖5-8。

量流入紡織與成衣業，帶動成衣業的快速發展，時至1998年6月在柬埔寨登記的成衣紡織廠已經達到149家。1994-1998年間，紡織、成衣與製鞋的年度平均成長率達到58.5%。1998年起，金邊政府與美國針對成衣出口配額展開談判。1999年，柬埔寨進一步與美國與歐洲共同體簽訂為期三年的《紡織品協定》（US-Cambodia Textile Agreement, UCTA），及《紡織品貿易協定》（EC-Cambodia Trade in Textile Agreement），而且美國又在2001年12月31日通過決議，將UCTA延長至2004年12月31日，[384]使得

---

[384] Office of the United States Trade Representative, "U.S.-Cambodian Textile Agreement Links Increasing Trade with Improving Workers' Rights," 7 January 2002, accessed 23 November 2016, https://ustr.gov/archive/Document_Library/

美國與歐盟成為柬埔寨成衣製品的主要出口市場，兩大市場占柬埔寨成衣出口值的90%以上（參考表5-5）；而且，成衣製品已經取代木材、橡膠而為柬埔寨的主要出口商品，占總出口的比重超過80%。[385] 2000年起，柬埔寨的成衣產業即穩定地貢獻10%以上的GDP產值，2003年的產值更是占GDP的15%（參考圖5-10），而且該年度的成衣出口值占總出口的比重甚至高達80%。

表5-5：柬埔寨紡織工業的成長（1995-2003）

	出口量（千打）	出口值（百萬美元）	占總出口比（％）	美國市場（％）	歐洲市場（％）	職工人數（千人）	工廠數
1995	854	27	3.3	-	-	18	20
1996	1,076	80	12.1	-	-	24	24
1997	9,306	227	28.9	47.18	-	82	67
1998	12,206	359	51.7	19.6	-	79	129
1999	15,516	661	66.2	87.73	-	96	152
2000	22,419	985	77	74.22	23.71	161	190
2001	29,390	1,156	81.4	69.95	26.89	187	185
2002	33,903	1,338	81.3	69.58	26.28	208	187
2003	38,857	1,607	83.8	67.54	25.47	234	197

資料來源：Omar Bargawi, *Cambodia's Garment Industry–Origins and Future Prospects*（London: Overseas Development Institute, ESAU Working Paper 13, October 2005), p. 9; CDRI, *Cambodia Development Review*, Vol. 9, No. 3（July-September 2005）: 17, Table 1 and Table 3.

Press_Releases/2002/January/US-Cambodian_Textile_Agreement_Links_Increasing_Trade_with_Improving_Workers'_Rights.html.

[385] 1995年，柬埔寨的前三大出口商品分別是工業用原木（占33.77%）、厚度超過6公釐，經縱鋸或縱削之針葉樹類木材（占20.09%）、天然橡膠（占13.81%），三者合計占總出口值的67.7%。

　　由於國內、外投資者受到東埔寨宏觀經濟穩定與1994年《投資法》所建立的友善投資環境所吸引，儘管東埔寨的基礎設施與人力資本發展均處於不利的條件下，仍有大量外資投入成衣業。1995-2003年間，核准投資成衣業的FDI占總數將近三分之一；1994-2002年間，東埔寨發展委員會核准的成衣業投資項目亦超過200項。東埔寨境內的將近200家成衣工廠，超過90%是外商獨資企業，[386]而雇用的職工人數已經從1995年的不到2萬人增加到23萬人（參考表5-5）。因此，成衣產業可以說是東埔寨的出口成長與正式就業的主要來源；同時，也是將東埔寨整合至世界經濟的推進器。美國駐東埔寨大使穆索梅利（Joseph Mussomeli）曾指出：東埔寨的經濟有三隻腿：成衣業、旅遊業和農業。Levis牛仔褲（Levis Strauss）或蓋普（Gap）只要一時心血來潮，就能毀滅這個國家。[387]

　　關於東埔寨的服務業部門，對GDP的貢獻穩定地維持40%左右，而且除貿易占整體服務業部門的比重呈現較為明顯的波動以外，其他子部門所占的比重沒有太大變化。不過，就實際產值來看，貿易部門的規模幾乎沒有成長；相反地，飯店與餐飲、公共行政及運輸與通訊等三個子部門則是有較明顯的擴張。在東埔寨的服務業部門中，旅遊業是重要的構成產業，不僅為其GDP帶來

---

386 USAID（US Agency for International Development）, "Measuring Competitiveness and Labor Productivity in Cambodia's Garment Industry," report prepared by Natha Associates, Inc, 2005; T. Yamagata, "The Garment Industry in Cambodia: Its Role in Poverty Reduction through Export-oriented Development," *IDE Discussion Paper*, No. 62（2006）, accessed 3 May 2017, http://hdl.handle.net/2344/131.

387 Brinkley, *Cambodia's Curse*, p. 198.

實質的助益，也對經濟成長帶來額外的正面影響，例如：創造工作機會，產生所得、訓練勞動力、吸引外資、改善人民生活條件等。

　　眾所周知，柬埔寨是個具備豐富天然資源與文化多樣性的國家，素有「奇蹟王國」（the kingdom of wonder）之稱，這是發展旅遊業絕佳的先天條件。然而，1970年代和1980年代的屠殺政策、內戰重創柬埔寨旅遊業的所有相關體系。直至1990年代初期，柬埔寨恢復和平與穩定，向世界重新開放邊界，才又為其旅遊業創造出良好的環境。1992年，吳哥時代所遺留的文化遺產，特別是吳哥窟，被聯合國教育、科學暨文化組織（United Nations Educational, Scientific and Cultural Organization, UNESCO）列入「世界遺產名錄」（World Heritage List）中，更是柬埔寨吸引觀光客的重要誘因。

　　1993年新政府成立後，積極推動觀光政策，吸引大量FDI投入旅遊業，投資金額在1995年高達15.7億美元，促成旅遊產業的迅速擴張。[388] 1993-1996年間，到訪柬埔寨的國際旅客人數年平均成長率達到30%。不過，1997年的政治動盪減緩國際旅客前進柬埔寨，導致該年旅客人數衰退16%，而且FDI的金額也降至4,200萬美元；同年底，金邊政府重新推動「開放天空政策」（open skies policy），允許國際航班飛行到暹粒，藉此吸引計畫前往其他亞洲國家的旅客，這也是柬、泰聯合發展旅遊業的政策之一：「兩個王國，一個目的地」（Two Kingdoms, One Destination）。[389]

---

[388]　CDRI, *Pro-Poor Tourism in the Greater Mekong Subregion*（Phnom Penh, Development Analysis Network, 2007）, p. 31.

[389]　Sok Hach, Chea Huot and Sik Boreak, *Cambodia's Annual Economic Review – 2001*（Phnom Penh: Cambodia Development Resource Institute, August 2001）, p. 69.

此外，柬埔寨也與越南合作發展旅遊業。兩國繼1995年9月9日簽訂《旅遊合作協定》後，又於1998年12月13日簽訂《1999-2000年旅遊合作議定書》。之後，金邊政府又為柬埔寨人出國提供落地簽證、免簽證等措施，重新促成旅遊業的快速成長，FDI的投資金額也升高至1998年的1.67億美元及1999年的1.72億美元，占服務業整體投資額的70%以上（參考圖5-11）。

顯然，柬埔寨的政治領袖已經意識到旅遊業在其政策中的意義，其有助於柬埔寨實現聯合國千禧年發展目標（The Millennium Development Goals, MDG）與國家發展計畫的目標。就像學者所強調：國際旅遊業對柬埔寨有種自然的魅力，無論是為國家發展、尋求額外的收入來源，以及旅遊產業尋求新的機會與目的

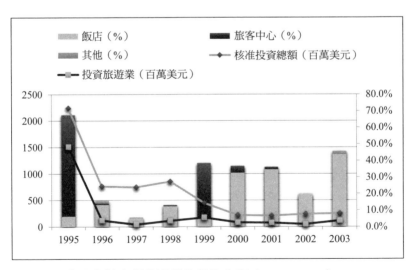

圖5-11：柬埔寨核准對旅遊業的投資金額（1995-2003）

資料來源：IMF, "Cambodia: Statistical Appendix," *IMF Country Report No. 00/134*, 27, Table 24; IMF, "Cambodia: Statistical Appendix," *IMF Country Report No. 04/330*, 28, Table 24.

地。[390]因此，金邊政府積極發展基礎設施，像是道路、橋梁、機場、河港與海港等運輸網絡，以及電力與飲用水的供應；另外，也將投資集中在發展旅遊業所需的軟硬體設施，像是旅客中心、飯店等，希望能建立起吸引外國旅客的旅遊體系，延長國際旅客停留的時間。[391] 1993-2003年間，柬埔寨的國際觀光客人數已累積超過420萬，而其平均年成長率達到21%，一共為柬埔寨創造19.35億美元的國際旅遊收入。隨著旅遊業的擴張，也帶動飯店與旅館等觀光基礎建設，以及旅行社與導遊人數的成長。在大量的投資金額挹注下，柬埔寨在1993年僅有125家飯店，時至2003年已增加到292間飯店，而且也有549間旅館及485家旅行社；飯店與餐飲業的雇用人數從1993年6,000人上升到2003年的3.78萬人，成長超過5倍（參考表5-6）。明顯地，旅遊業變成僅次於成衣業而支撐柬埔寨經濟成長的第二大支柱。

　　總的來看，柬埔寨在1993-2003年間因受益於紡織品出口、旅遊業、營建業及農業的持續擴張，驅動經濟快速成長，進而提升人民的生活水平。經濟成長向來是消除貧窮策略欲取得成功的基礎。過去，在赤柬統治結束時，全國人民都處於貧窮線以下。金邊政府在1990年代初期開始推動經濟自由化政策以後，歷經十年的經濟恢復與重建，已稍微改善人民的貧窮狀態，這部分可以

390　C. Michael Hall and Greg Ringer, "Tourism in Cambodia, Laos and Myanmar: From Terrorism to Tourism?" in *Tourism in South and Southeast Asia: Issues and Cases*, eds., C. Michael Hall and Greg Ringer（London and New York: Routledge, 2000）, p. 179.

391　Chantha Hor and Nalitra Thaiprasert, "Analysis of International Tourism Demand for Cambodia," in *Econometrics of Risk*, eds., Van-Nam Huynh and others（Cham, Switzerland: Springer International Publishing, 2015）, p. 416.

表5-6：柬埔寨旅遊業的相關統計（1993-2003）

	旅遊業			飯店		旅館		旅行社			飯店與餐飲	
	旅客數（千人）	成長率（%）	旅遊收入（百萬美元）	（間）	成長率（%）	（間）	成長率（%）	（間）	成長率（%）	導遊	雇用人數（千人）	成長率（%）
1993	118.183	-	-	125	-	-	-	-	-	-	6.152	-
1994	176.617	49.4	-	134	7.20	-	-	-	-	-	7.88	28.1
1995	219.680	24.4	100	136	1.49	-	-	-	-	-	11.223	42.4
1996	260.489	18.6	118	201	47.79	-	-	116	-	-	6.975	-37.9
1997	218.843	-16	103	179	-10.95	60	-	115	-0.86	-	5.789	-17.0
1998	286.524	30.9	166	216	20.67	147	145	137	19.13	369	15.281	164.0
1999	367.743	28.3	190	221	2.31	186	26.53	160	16.79	-	27.54	80.2
2000	466.365	26.8	228	240	8.6	292	56.99	204	27.5	-	18.794	-31.8
2001	604.919	29.7	304	247	2.92	370	26.71	236	15.69	727	10.412	-44.6
2002	786.524	30	379	267	8.1	509	37.57	259	9.75	-	32.446	211.6
2003	701.014	-10.9	347	292	9.36	549	7.86	270	4.25	-	37.709	16.2

資料來源：整理自 Statistics & Tourism Information Department, Ministry of Tourism, Kingdom of Cambodia, *Tourism Statistics Annual Report.* 各期；CDRI, *Annual Development Review.* 各期。

從貧窮率（Poverty Incidence）與貧窮缺口（Poverty Gap）等指標來加以觀察。柬埔寨的貧窮率在1993年是39%，鄉村地區更高居43.12%，2004年時已經下降到27.97%。這表示，將近90%生活在貧窮線（poverty line）以下的人口集中在鄉村地區，金邊僅有11.4%的人口生活在全國貧窮線以下，2004年時更是下降到4.6%，換言之，金邊的貧窮人口僅占全國貧窮人口的2.3%。同樣地，柬埔寨的貧窮缺口亦從1993年的9.21%降至2004年的6.66%。[392]明顯地，金邊政府推動的消除貧窮策略已有些許成效。

---

[392] Nicholas Prescott and Menno Pradhan, *A Poverty Profile of Cambodia* （Washington, D.C.: World Bank, 1997）, p. 23, Table 8; Ministry of Planning, *A*

世銀柬國經理Nisha Agrawal就強調，這些數據顯示柬埔寨的經濟成長已經轉化到消除貧窮與改善人民福祉上。[393]值得注意的是，柬埔寨的貧窮指標明顯呈現出城鄉不均衡的趨勢，亦即，城市地區的貧窮人口逐年下降，但鄉村地區的貧窮人口卻不減反增；同時，富人與窮人之間所得落差也逐漸擴大。基本上，造成這種現象的主因是，推動柬埔寨經濟成長的主要產業大多是位居金邊與其他城市地區，導致鄉村人口無法享受高度經濟成長所帶來的效益，這將是金邊政府未來制訂消除貧窮政策時首要解決的問題。

Poverty Profile of Cambodia, 2004（Phnom Penh: Ministry of Planning, 2006），p. 48, Table 10.2; ADB, *Country Strategy and Program Update 2004-2006: Cambodia*（Mandaluyong City, Philippines: Asian Development Bank, 2003），p. 11, Table A1.3.

[393] Vong Sokheng and Ayelish McGarvey, "Growth Rate Down; Chins Up," *Phnom Penh Post*, 4 November 2005.

第六章

強人政治的時代
（2004-2018）

第一節　洪森的政治權力壟斷與鞏固

> 我想明確地指出：沒有人可以擊敗洪森。只有洪森能夠打敗洪森。[1]
>
> 不要指控我熱愛權力，那是人民賦予給我的。[2]
>
> ——柬埔寨王國政府總理　洪森

> 洪森的領導十足是個人秀，而且，幾乎所有事情都由他一人決定。他對柬埔寨的統治就像是由其親信所管理的眾多封地的集合。[3]
>
> ——亞洲人權委員會資深研究員　劉蒙海（Lao Mong Hay）

　　一般來說，民主憲政的穩定運作需要一些基本條件，例如：專業化的文官、獨立的司法、中立的情治單位與軍隊。民主體制的落地生根，需要合宜的文化與社會土壤，需要代表不同群體的

1　原文是 "I wish to state it very clearly this way: No one can defeat Hun Sen. Only Hun Sen alone can defeat Hun Sen." "Hun Sen Eyes Extension of Long-running Rule in Cambodia with Opposition Divided," *The International Herald Tribune*, 1 June 2008.

2　原文是 "Don't accuse me of loving power – the people gave it to me." Michael Coren, "Free and Fair Say Some; Others Denounce a Parody," *Phnom Penh Post*, 1 August 2003.

3　原文是 "Hun Sen's leadership is very much a one-man show, and he decides on almost everything; His administration is like a cluster of fiefdoms' run by his cronies." Chun Han Wong, "In Cambodia, a King by Another Name," *The Wall Street Journal*, 31 January 2013, accessed 23 November 2016, http://www.iri.org/resource/wall-street-journal-cites-iri-cambodia-poll.

菁英共同維護，也需要友善的國際秩序，為民主提供寬鬆的成長環境。但這些條件並非俯拾即是。在新興民主國家，大多數政治菁英並沒有將民主憲政內化為自己的核心信仰。民主成為少數壟斷政治的家族或獨裁者披上「合法」外衣的工具，選舉則被視為另外一套爭奪與分配資源的遊戲規則。[4]對他們來說，取得政權就是為分贓職位、酬庸親信與攫取資源，然後再回過頭來鞏固自己的政權，建立起所謂的「強人政治」。

正如Dan Slater所認為，洪森相當地渴望權力（power-hungry），當他已經重新取得過去的結構優勢，能夠沒有阻礙的利用黨國一體（party-state）的權力，他會非常享受制度的能力，為自身的政治利益而破壞民主程序。[5]所以，洪森與CPP在歷經1993年大選的挫敗以後，仍嘗試連結政黨與國家的權力來求取選舉利益。他們重整行政結構與文官體系，包括：教師、士兵與警察來為CPP工作，若有拒絕者就會被警告喪失工作。[6]然而，由於國際社會的堅持，洪森被迫在1998年選舉中允許有限制的競爭標準，導致他與CPP未能完全支配柬埔寨的政治權力。直至2003年的國會大選，才標誌著洪森與CPP的政治霸權的決定性轉變。

早在2003年國會大選舉行以前，CPP已經取得2002年地方選舉的勝利，亦即所謂的鄉／分區理事會選舉（Commune Council Election，以下簡稱「鄉選」）。根據柬埔寨的行政區劃，

4　朱雲漢，〈為何新興民主如此脆弱〉，《天下雜誌》，第542期（2014年3月15日）：26。

5　Dan Slater, "The Architecture of Authoritarianism: Southeast Asia and the Regeneration of Democratization Theory," *Taiwan Journal of Democracy* 2, No. 2（December 2006): 19.

6　Frieson, "The Cambodian Elections of 1993," p. 234.

分為「省」（*khet*, province）—「縣」（*srok*, district）—「鄉／分
區」（*khum/sangkat*, commune）—「村」（*phum*, village）等四
級。鄉／分區屬於第三級，直接對村級行政負責，所以「鄉選」
一般被認為是柬埔寨民主鞏固的基石，其最後的結果將是柬埔寨
地方政府的本質與形式的徹底重建。[7]

　　柬埔寨的地方政治一向是由CPP所控制，因其不願承擔喪失
地方首長任命權的風險，一直反對FUNCINPEC提議的地方選
舉。直至2001年初期，柬埔寨國民議會才通過《鄉／分區行政管
理法》（Law on the Administration and Management of Commune,
LAMC）與《鄉／分區理事會選舉法》（Law on the Election of
Commune Councils, LECC），為政府體系的分權化提供法源基礎。
根據兩項法律的規定，柬埔寨的1,621個鄉／分區都可經由選舉程
序民主地產生鄉／分區理事會，每個鄉／分區理事會每5年透過
「政黨名單比例代表制」（Party-list proportional representation），[8]根
據人口與地理的差異，可選舉出5到11位鄉／分區理事。[9]

7　David Ayres, "Decentralisation Reforms and the Status of Existing Local
　　Development Structures: A Discussion Paper," Phnom Penh, December 2001.
　　Quoted in Margaret Slocomb, "Commune Elections in Cambodia: 1981 Foundations
　　and 2002 Reformulations," *Modern Asian Studies* 38, No. 2（2004）: 447.

8　根據《鄉／分區理事會選舉法》第22條的規定：鄉／分區理事會選舉在比例
　　代表制下舉行。鄉／分區理事會成員應由政黨提議候選名單中選出。申言之，
　　在鄉／分區理事會選舉中，選民主要是選政黨而不是選候選人。關於《鄉／
　　分區理事會選舉法》的全文，參考："Law on the Election of Commune/Sangkat
　　Council," accessed 23 November 2016, https://data.opendevelopmentmekong.net/
　　dataset/3429af12-7074-4e3e-a52e-fc03517ec9f6/resource/37d012e7-109f-44ec-
　　b681-e0a4125d9fa0/download/5b6c5aec-96ee-4bb2-8c84-c09a34726738.pdf.

9　2001年《鄉／分區行政管理法》的全文參考：Tariq H. Niazi, *Deconcentration
　　and Decentralization Reforms in Cambodia: Recommendations for an Institutional*

2002年2月3日，第一屆「鄉選」正式舉行，這是柬埔寨人民首次可以民主地選擇自己的地方代表。本次選舉有5,190,307名的合格選民進行登記，包含CPP、FUNCINPEC、SRP等三大政黨在內的7個政黨，共推派超過3萬名候選人競逐11,261個鄉／分區理事席次。投票結果是總投票率為86.25%，CPP的得票率是61.16%，共贏得7,703個席次（約68.4%），包括1,598席（約98.58%）的鄉／分區長（*Mekhum*/*Chav-Sangkat*, Commune Chief）；FUNCINPEC的得票率是21.92%，共贏得2,211個席次（約19.63%），包括10席（約0.62%）的鄉／分區長；SRP的得票率是16.72%，共贏得1,346個席次（約11.95%），包括13席（約0.8%）的鄉／分區長；其餘小黨僅有高棉發展黨（Khmer Development Party, KDP）在貢布省（Kampot）贏得1席鄉／分區理事。[10]

由於柬埔寨的各級選舉中，只有「鄉選」和國會選舉是由選民直選，因此「鄉選」一向被視為選民意向的直接體現。CPP在

Framework（Mandaluyong City, Philippines: Asian Development Bank, 2011），Appendix 2.

10 關於2002年「鄉選」的過程與結果，參考：Human Rights Watch, "Cambodia's Commune Council Elections: Human Watch Press Backgrounder," 18 January 2002, accessed 9 June 2017, https://www.hrw.org/legacy/backgrounder/asia/cambodia_elections.pdf; The Committee for Free and Fair Elections In Cambodia（COMFREL）, *Report on the Commune Council Elections*（*3 February 2002*）（Phnom Penh, COMFREL, 2002）; National Democratic Institute, *The 2002 Cambodian Commune Council Elections*（Washington, D.C.: National Democratic Institute for International Affairs, 2002）; "Cambodia Commune Council Elections 3 February 2002," European Union Election Observation Mission, Final Report, accessed 23 November 2016, https://eeas.europa.eu/sites/eeas/files/cambodia_2002.pdf.

這次「鄉選」的得票率比1998年的國會大選增加20%，而且，掌控近99%的鄉／分區長職位，成為控制中央到地方各級權力的第一大黨，為2003年的國會大選帶來樂觀的前景。反觀選舉失利的FUNCINPEC，不僅得票率下滑8%，鄉／分區長的席次也少於SRP，之後又在2002年6月發生夏卡朋親王和Hang Dara分別脫離FUNCINPEC另組夏卡朋高棉精神黨（Chakrapong Khmer Spirit Party）及Hang Dara民主運動黨（Hang Dara Cholana Pracheathipatei, Hang Dara Democratic Movement Party）的分裂事件，[11]導致政治地位逐漸邊際化，甚至遭到SRP取代。SRP則是利用這次選舉將政黨成員帶進鄉村地區，甚至加入基層政權，成為鞏固政黨勢力的根據地。

　　2003年是柬埔寨的大選年。在選民登記開始（1月17日）的兩個星期後，首都金邊發生一起縱火焚燒泰國駐柬大使館的「反泰暴動」（anti-Thai riots），為洪森與CPP後續的競選策略提供有利的環境。學者帕維（Pavin Chachavalpongpun）就指出，柬埔寨的選舉經常圍繞著與泰國之間的衝突，其被用以支持或削弱特定政治派系的目的。[12]「反泰暴動」的起因是源自一則新聞報導。柬

11　夏卡朋親王指出，FUNCINPEC因無法與其皇家衛隊維持一個政治平衡，無法處理貪污腐敗、邊境爭端、國家法律的適當實施及貧窮等議題。所以，他決定與山蘭西黨及其他民主黨合作。同樣地，Hang Dara對官僚及FUNCINPEC和CPP來往時採取偏袒態度感到不滿，他認為FUNCINPEC在1993年和1998年兩次選舉所作的承諾已經消失不見，FUNCINPEC無法解決人民生活條件不佳的困境，也無法處理安全、非法移民、貪污腐敗及王室地位遭受損害等問題，而這些都將被他納為政綱的基礎。Vong Sokheng, "Party 'Ccould Split Royalists'," *Phnom Penh Post*, 25 May 2002; Vong Sokheng, "PM Warns over Royalists' Woes," *Phnom Penh Post*, 7 June 2002.

12　Pavin Chachavalpongpun, *Reinventing Thailand: Thaksin and His Foreign Policy*

埔寨一家名為《吳哥之光》（*Rasmei Angkor*）的地方報紙，在1月18日的頭版刊登一篇關於泰國電視明星孔迎（Suvanant Kongying）的電視訪問，指出她在過程中曾提到：「我討厭柬埔寨人，因為柬埔寨人偷走我的吳哥窟。如果我再次轉世，我寧願成為一隻狗，也不願當一位柬埔寨人。」不久以後，洪森表示這位女星「甚至不值吳哥窟草地上的一片葉子」，儼然賦予這則新聞報導的正當性，升高柬埔寨社會的民族主義情緒。[13] 反泰意識高漲成為CPP選舉動員的絕佳利器。CPP釋出山蘭西領導示威遊行的照片，試圖讓他充當代罪羔羊。

反觀FUNCINPEC與SRP，則是以反越意識來動員選民，強調越南移民對柬埔寨人的主權造成嚴重威脅，並且將反越等同於反CPP。在兩黨的競選講演中，提到關於越南人（yuon）的威脅時，也經常提到越南人入侵邊境等類似主題。在競選期間的最後一週，拉納烈還將拜票之旅移往磅湛省，承諾將建立軍隊來保護脆弱的邊境，並要求人民起而拒絕CPP。[14] FUNCINPEC與SRP的種族主義與貶抑論調總能引起人民的關注，導致越南裔選民在選舉及最後的投票過程中遭到暴力攻擊。[15]

（Singapore: Institute of Southeast Asian Studies, 2010）, p. 175.

13　John Aglionby, "Thais Cut Links with Cambodia after Riots," *The Guardian*, p. 31 January 2003. https://www.theguardian.com/world/2003/jan/31/cambodia; Richard C. Paddock, "Rumor of Thai Actress' Words Salted a Wound," *Los Angeles Times*, 3 February 2003. http://articles.latimes.com/2003/feb/03/world/fg-cambo3.

14　Tin Maung Maung Than, "Cambodia: Strongman, Terrible Man, Invisible Man, and Politics of Power Sharing," in *Southeast Asian Affairs 2004*, eds., Daljit Singh and Chin Kin Wah（Singapore: Institute of Southeast Asian Studies, 2004）, p. 74.

15　Michael Coren and Chea Chou, "Vietnamese Lose Vote as Race Card Played," *Phnom Penh Post*, 1 August 2003.

　　三大政黨除大打「種族牌」（race card）來爭取選民的支持以外，FUNCINPEC的策略是要鬆動鄉村選民對CPP的支持，SRP則以新選民和城市人口作為訴求對象，一再向支持者重申終結腐敗貪污與提升公務員薪資的決心。據估計，2003年選舉將有200萬首次登記的選民。這些年輕選民受過良好教育，識字率較高，不易被金錢所買票，較勇於批判現任政府，不輕易受當局所威脅，此種選民結構提供SRP很大的動員空間，將其視為城市地區的標的選民，一旦成功動員將左右選舉結果。SRP也意識到自身的弱點，所以嘗試在鄉村地區建立起網絡。[16]不過，FUNCINPEC與SRP除共同對抗CPP，彼此間也是競爭關係。雙方在選前均發生跳槽到對守陣營的背叛事件，反讓CPP取得漁翁之利。洪森與CPP採取鞏固鄉村選民的策略，堅持農民的土地所有權，不徵收土地稅，洪森甚至親自拜訪農民來提升投票率；[17]而且，黨工還在全國分送現金與禮物，目的是要收買選民的忠誠，確保贏得選戰的勝利。在金邊市區，洪森與CPP積極向城市選民訴求是「洪森從赤柬手中將柬埔寨拯救出來」（Hun Sen saved Cambodia from the Khmer Rouge），同樣的海報幾乎要貼滿整個金邊市的城牆。[18]

　　第三屆國會選舉在2003年7月27日舉行。本次大選的合格選民有6,749,876人，登記選民為6,341,834人（約占93.95%），共有23個政黨推出候選人來競逐123個國會席次。選舉結果是，選民的

---

[16] Hideyuki Andō, *Cambodia General Election 2003: Report of International Observation Missions, 15th May-31st July 2003* （Bangkok: Asian Network for Free Elections and Asian Forum for Human Rights and Development, 2003）, p. 19.

[17] Than, "Cambodia," pp. 74-75.

[18] Joel Brinkley, "Cambodia's Curse," *Foreign Affairs* 88, No. 2 （March/April 2009）: 111-123.

投票率高達81.5%，CPP的得票率為47.35%，共贏得73席（約占59.35%），在全國24個選區中，只有在磅湛、干丹與金邊等選區的席次未能過半，尤其是金邊只獲得12席中的4席；FUNCINPEC的得票率為20.75%，共贏得26席（約占21.14%）；SRP的得票率為21.87%，共贏得24席（約占19.51%），雖然比山蘭西先前預估的42席還少18席，但他對選舉結果表示滿意；其餘小黨則未能獲得任何席次。[19]

　　相較於1998年選舉結果，CPP本次的得票數增加41.65萬票，席次也從64席增加到73席，只有在貢布與波蘿勉的席次各短少1席，其餘各省的席次均是增加；FUNCINPEC的得票數減少48.2萬票，下降超過10%，席次也從1993年的58席降至本次的26席，短短十年間已減少50%以上的席次，而且在取得席次的15個省分中，有12個省分呈現席次減少的情況；[20] SRP的得票數增加43.1萬票，在磅湛、干丹、金邊和波蘿勉的席次呈現正成長。值得一提的是，SRP在金邊的得票率為47.22%，較之CPP的32.58%高出14.6%，席次也比CPP的4席多出2席，顯示SRP針

19　關於2003年選舉過程與結果，參考：Hideyuki Andō, *Cambodia General Election 2003: Report of International Observation Missions, 15th May-31st July 2003*, pp. 104-107；Michael Coren, "Free and Fair Say Some; Others Denounce a Parody," *Phnom Penh Post*, 1 August 2003; Robert B. Albritton, "Cambodia in 2003: On the Road to Democratic Consolidation," *Asian Survey* 44, No. 1（2003）: 103-105; Than, "Cambodia," pp. 75-79; John Marston, "Cambodia in 2003: New Kinds of Turbulence," *Asia Pacifico 2004*, pp. 20-43, accessed 21 March 2016, http://ceaa.colmex.mx/profesores/paginamarston/imagenespaginamarston/Ap04.htm.

20　Patrick Falby, "Funcinpec Continues Its Downhill Run," *Phnom Penh Post*, 1 August 2003; Bill Bainbridge and Vong Sokheng, "Ranariddh May Lose His NA Post," *Phnom Penh Post*, 1 August 2003.

對城市選民與新選民的選戰策略奏效。此外，SRP的席次雖然比FUNCINPEC少2席，但在11個選區的得票率高於FUNCINPEC，SRP取代FUNCINPEC的趨勢益加明顯。[21] 有別於洪森宣稱選舉是公平、公正，SRP與FUNCINPEC認為選舉過程充滿舞弊、買票、暴力、謀殺，雙方也指控選舉結果不公平與不合法，誓言要重新計票，並且在某些選區進行重選。山蘭西甚至批評選委會（NEC）從一開始的選民登記到最後選舉結果的發布都像是CPP的工具。[22]

　　本次選舉沒有單一政黨達到憲法規定組成政府的三分之二多數門檻，成立聯合政府勢在必行。洪森的目標很明確，就是由CPP與另一個政黨組成聯合政府，而且最好是FUNCINPEC。然而，SRP與FUNCINPEC都質疑選舉結果，表示洪森若繼續擔任總理，將拒絕加入聯合政府。兩者進一步在8月4日組成「民主聯盟」（Alliance of Democrats, AD），提出組成聯合政府的五項條件。[23] 兩黨表示，一旦新政府無法在法律規定的60天內如期成立，他們將成立過渡政府。CPP主席謝辛提出警告，任何嘗試推翻選舉結果都是違憲、違反民主、違反人民意志，CPP絕對支持

21　Charlotte McDonald-Gibson, "Rising Star SRP Cries Foul – a Little Less Loudly," *Phnom Penh Post*, 1 August 2003; Evan Weinberger and Chea Chou, "To SRP the Towns, to CPP the Country," *Phnom Penh Post*, 15 August 2003.

22　Charlotte McDonald-Gibson, "Limited Applause for 'Paper Tiger' NEC," *Phnom Penh Post*, 1 August 2003.

23　五項條件包括：（1）、政府成立一個不屬於任何黨派的新NEC，由施亞努國王指定正副主席；（2）、在全國每個村莊成立三黨參與的村委會來取代CPP所指定的村長；（3）、國會制訂新的選舉法，使選舉更為自由且公平；（4）、三大政黨同意進行司法改革來消除政府對司法體系的控制；（5）、國會通過反貪污法，組成獨立的反貪污委員會。Brinkley, *Cambodia's Curse*, pp. 179-180.

且捍衛選舉結果。[24]洪森也表示，即使兩黨都不同意參與組建新政府，現任政府仍可繼續履行職責，直至新政府成立。洪森拒絕與「民主聯盟」進行談判，並警告，一旦政黨抵制第一次國會會議，將喪失國會議員資格，即使兩黨不參加國會會議，國王也應按照憲法規定主持國會開幕式。[25]

施亞努國王提議由CPP、SRP與FUNCINPEC組成三方聯合政府，並且授權參議院主席謝辛主持新國會的首次會議，然後他在2003年10月4日於王宮親自主持新國會議員的就職典禮，SRP和FUNCINPEC的議員全數到場，標誌著新國會的正式成立。然而，三黨對於權力分享並未達成協議。山蘭西表示，SRP與FUNCINPEC將繼續對CPP施壓以實現支持者的要求：改革選舉法，實行權力分享協定，採用一個制衡（checks and balances）的體系。他提議由拉納烈擔任國會議長，由CPP和SRP各派出一名代表擔任副議長職位。CPP則表明，執政黨願意和SRP及FUNCINPEC討論權力分享協議，也已準備好要進行談判，但「民主聯盟」的真正要求是要洪森辭去總理職位，這是不可行的方式。[26] 10月18日，施亞努國王公開提出一個由洪森擔任新政府總理的方案，[27]洪森卻表示政治僵局只會在一個政黨決定參與CPP

24 Vong Sokheng and Bill Bainbridge, "Coalition 'Close' Claims Kanharith," *Phnom Penh Post*, 15 August 2003.

25 Vong Sokheng, "Lonely CPP Ready for Assembly," *Phnom Penh Post*, 24 September 2003.

26 Vong Sokheng, "Hints of Deal on 3-way Government," *Phnom Penh Post*, 10 October 2003.

27 該方案求CPP將重要職位分給SRP及FUNCINPEC，包括：國會與參議會的議長由拉納烈和謝辛擔任，山蘭西擔任國會副議長或新政府的副總理；低階政府職位則由三個黨彼此分配。

所籌組的聯合政府時才會結束，對現任政府來說並沒有最後期限，直至2008年大選以前僵局仍有可能繼續。[28]

2003年11月5日，施亞努國王邀請三黨領袖針對成立新政府進行會談。三黨領袖最後同意成立一個由洪森擔任總理的三方聯合政府，並簽署會談紀要，內容指出洪森與拉納烈保留先前在政府中的職位，但FUNCINPEC接受洪森擔任總理這點尚未被同意，國會副議長一職將由SRP成員擔任。[29]然而，CPP的消息來源卻指出，山蘭西正藉由要求被提名為經濟與財政部長，試圖在新政府中謀取更大的權力。在隔日的記者會中，「民主聯盟」證實接受洪森作為CPP的總理候選人，但也表示洪森的任命案仍須經由國會投票並獲得三分之二多數的同意。SRP既未接受洪森出任總理，也拒絕在政治體系改革獲得保證以前接受任何政府職位。[30]這意味著，先前會談達成的協議已經破局。因為CPP與「民主聯盟」的立場頗為堅定，歷經數次的談判會議都無法得出最後結果，[31]導致政治危機延續到2003年底。施亞努國王在12月14日

28　Vong Sokheng, "Hopes Dim for Any Resolution to Political Stalemate," *Phnom Penh Post*, 24 October 2003.

29　"Communiqué de Norodom Sihanouk, Roi du Cambodge," Phnom Penh, le 5 Novembre 2003.

30　根據SRP秘書處所發出的澄清聲明指出，洪森曾在會談中建議新政府60%的職位分配給CPP，其餘40%則由SRP和FUNCINPEC共享；同時，洪森也提議由拉納烈擔任國會議長，山蘭西作為未來四位副總理的人選，但拉納烈與山蘭西都拒絕討論洪森的提議，只願意討論與政府原則相關的議題。此外，只要政府改革尚未達成，「民主聯盟」將不會討論新政府的職位分配。Vong Sokheng, "King reigns, Hun Sen Boss, Rainsy in," *Phnom Penh Post*, 7 November 2003.

31　Vong Sokheng, "Stalemate Continues: Focus on Ranariddh Lawsuit," *Phnom Penh Post*, 21 November 2003.

於個人網站上指出，如果政治僵局持續，他將提案舉行公民複決。[32]洪森甚至在國營電視上揚言，假若SRP及FUNCINPEC繼續反對他擔任總理，他將中斷所有的政黨會談。[33]

洪森認為，三方聯合政府將在政府與中選會的解散部分導致憲政歧異，所以，他公開宣布希望組成兩黨政府，而另一政黨屬意FUNCINPEC。洪森表示，如果FUNCINPEC希望加入三方政府，將只能分享20%的權力，屆時會有一半的官員和三分之二的資深黨員失去工作，導致競逐2008年大選的能力的大幅滑落；相反地，如果FUNCINPEC加入兩黨的聯合政府，根據60%與40%的權力分享的公式，它將在政府中維持現有的比例，另外，也將被授予185席分區理事會副理事長的職位，以及較多的副省長職位，這些將成為運作下次大選的力量。[34]

然而，由於SRP的態度堅決，洪森開始對「民主聯盟」展開分化策略。CPP積極與FUNCINPEC展開談判，並聚焦在閣員職位的數量與政策議題上。2004年3月15日，拉納烈在事先未與山蘭西協商的情況下，單獨會見洪森並與其達成協議。CPP願意將40%國家權力分配給FUNCINPEC，在「兩個半聯盟」（two and a

---

32　Vong Sokheng, "Fifth Political Meeting Fails to End Stalemate," *Phnom Penh Post*, 19 December 2003.

33　Vong Sokheng, "PM Threatens to Break off All Talks," *Phnom Penh Post*, 2 January 2004.

34　"Selected Comments during the Visit to the Construction Site of the Kompong Raing Bridge in the District of Dambe in between Kompong Cham Province and Kratie Province," *Cambodia News Vision*, 25 February 2004, accessed 3 July 2016. http://cnv.org.kh/selected-comments-during-the-visit-to-the-construction-site-of-the-kompong-raing-bridge-in-the-district-of-dambe-in-between-kompong-cham-province-and-kratie-province/.

half coalition）的基礎上成立新政府，亦即，山蘭西黨可經由FUNCINPEC的邀請而加入新政府，如此將可填補CPP堅持兩黨聯盟與「民主聯盟」要求三黨聯盟之間的鴻溝。CPP雖然認為三黨聯盟難以運作，但仍透過FUNCINPEC的後門給予SRP取得參與聯盟的機會。此外，CPP也願意在「民主聯盟」所關注的邊界問題、移民、貪污等議題上作出讓步，同意成立單獨的移民部（Ministry of Immigration），以及由各政黨代表及王室組成的邊界議題國家委員會（National Council on Border Issues）。[35]

　　儘管CPP與FUNCINPEC的關係曾因其要求50%政府任命的高階職位而短暫地陷入緊張，[36]雙方仍然在2004年6月26日簽訂最後的協議。[37]兩黨主導的國會與參議院為能順利組成新政府，在7月12日以舉手表決的方式，通過一項規定新國會和政府的憲法補充條款，兩黨隨即在隔天正式宣布成立新政府。至此，柬埔寨長達11個月的政治僵局終於宣告結束。兩天後，柬埔寨國會經由包裹表決（package vote）的方式，[38]順利通過洪森擔任新政府總

[35] Tom Fawthrop and Vong Sokheng, "Coalition Deal Close to Completion," *Phnom Penh Post*, 26 March 2004.

[36] Vong Sokheng, "Ranariddh Sees Increasing Tension," *Phnom Penh Post*, 7 May 2004; Vong Sokheng and Richard Wood, "Funcinpec Wants Half State Posts," *Phnom Penh Post*, 18 June 2004.

[37] 雙方達成協議的關鍵在於，彼此同意增加150%政治任命的內閣成員數目，亦即內閣職位將分成207個，CPP與FUNCINPEC各占136及71個。此外，新政府將有5位副總理、10位資深部長，每位部長將有5位國務秘書和5位國務次長（Undersecretaries of State）。Vong Sokheng and Richard Wood, "Jumbo Cabinet Ends Stalemate," *Phnom Penh Post*, 2 July 2004.

[38] Yun Samean and Luke Reynolds, "New Assembly Paves Way for Package Vote," *The Cambodian Daily*, 9 July 2004.

理、拉納烈擔任國會議長的任命案。無疑地，洪森在這場三方的權力鬥爭中贏得最後的勝利，實現從中央到地方的權力壟斷，反觀FUNCINPEC在與CPP的合作過程中逐步走上「自我毀滅」（Self-destruction）之路，至於SRP不僅結束與FUNCINPEC的合作，甚至淪為洪森與CPP展開政治鬥爭的下一個目標。[39] 新聯合政府成立以後，山蘭西隨即發出聲明表示，那是在違反憲法的前提下成立，缺乏正當性，無法代表柬埔寨人民。SRP宣布抵制第一次國會會議。SRP的國會議員也要求國際社會不要承認違法組成的新政府。不過，由於CPP與FUNCINPEC共有96名國會議員出席會議，已超過法定人數，SRP的抵制行動實際上效用不大，[40] 反而成為洪森對SRP展開政治鬥爭的絕佳理由。

　　2004年7月18日，洪森指控SRP試圖集結一支類似高棉自由鬥士（Cambodian Freedom Fighters, CFF）的叛亂武裝，意圖透過武力推翻新政府。他聲稱：SRP的第十四號委員會（Committee No 14）是用以建立叛亂武裝；同時，也宣布叛亂團體已經徵募240人，名單中包含至少41名SRP的黨員，SRP議員若不在8月2日以前投降或認罪，將沒收其24席議員資格。SRP隨即否認洪森的指控，並說明以謝占尼（Cheam Channy）為主席的第十四號委員會僅是為監督國防部而成立的例行性影子部會（shadow ministry）。SRP發言人Ung Bun-Ang表示，SRP沒有涉入任何那樣的行動，洪森的指控無疑是在脅迫反對黨成員。施亞努國王也

39　Steve Heder, "Hun Sen's Consolidation: Death or Beginning of Reform?" in *Southeast Asian Affairs 2005*, eds., Chin Kin Wah and Daljit Singh（Singapore: Institute of Southeast Asian Studies, 2005）, pp. 121-122.

40　Cheang Sokha and Luke Hunt, "Sam Rainsy Boycott – from Thailand," *Phnom Penh Post*, 16 July 2004.

力勸洪森：小團體已經沒有能力與資源來徵募武裝力量，請洪森
原諒被指控的反對黨人員。[41] 8月12日，CPP與FUNCINPEC的國
會議員經由投票達成協議，將SRP議員排除於九個國會委員會之
外。山蘭西指出，阻礙反對黨加入國會委員會的正當權利，將成
為東埔寨民主的一個嚴重挫敗，並且對於打擊貪腐、推行善治與
降低貧窮的進展上是一個不良的徵兆；同時，藉由限制反對黨的
角色與責任來進行壓抑，也只會強化執政黨的軟弱治理。[42]

山蘭西為挽回政治上的頹勢，指控拉納烈從洪森手裡收取
3,000萬美金以換取答應成立聯合政府，另一位SRP議員謝布
（Chea Poch）則是聲稱拉納烈收受賄賂，導致兩人被以毀謗罪遭
到控訴；而第十四號委員會主席謝占尼則是被控成立軍事團體。
根據1993年憲法的規定，國會議員享有應職權所需而表達意見的
豁免權，惟該權力可經由國會三分之二多數通過予以撤銷。因
此，一般法庭與軍事法庭若要逮捕SRP這三名議員，必須先經由
國會多數通過撤銷其豁免權。[43] 2005年2月3日，在一場國會的閉
門會議中，有三分之二多數通過撤銷SRP三名議員的豁免權。當
天，山蘭西與謝布隨即逃亡海外，謝占尼則是在傍晚離開SRP總

---

41 Saing Soenthrith and Yun Samean, "Hun Sen Says Opposition Plans Revolt," *The Cambodian Daily*, 19 July 2014; Vong Sokheng and Luke Hunt, "Military Claims 41 SRP Defectors," *Phnom Penh Post*, 30 July 2004; Luke Hunt, "King Fears Democracy in Peril," *Phnom Penh Post*, 30 July 2004; Yun Samean and Porter Barron, "Opposition Member Accused of Arms Gathering," *The Cambodian Daily*, 4 August 2004.

42 Vong Sokheng, "SRP out in Parliamentary Cold," *Phnom Penh Post*, 13 August 2004.

43 Liam Cochrane, Sam Rith and Vong Sokheng, "Rainsy Summoned by Court," *Phnom Penh Post*, 5 November 2004.

部時遭到逮捕。雖然美國、歐盟及眾多人權團體都對此表示反對，要求釋放反對黨議員，2004年10月退位的前國王施亞努更公開批評國會的投票缺乏透明性，但是都遭到CPP及FUNCINPEC的反對。[44]

SRP僅能積極尋求國際社會的支持，強調國會與參議院若缺乏反對黨的聲音，國際贊助社群應該考慮民主在柬埔寨的角色。流亡法國的山蘭西也寫信給國會議長拉納烈，要求舉行會議來解決豁免權的問題，同時也表示將取消SRP對國會的抵制。[45]但是，CPP及FUNCINPEC反而提出軍事法庭組織草案，將軍事法的管轄權力擴及違反人民安全的各種案例，引起人權團體與反對黨成員關注權力濫用的問題。[46]2005年9月起，山蘭西與洪森之間的司法攻防戰激烈化。山蘭西向柬埔寨的法庭控告洪森是1997年3月30日國會大廈門前爆炸案的背後計畫者，但最高法院並未就此案進行深入調查。[47]因此，山蘭西與當時的三位被害者分別在美國與法國的法庭控訴該案。[48]顯然，山蘭西在司法攻防戰中落居下風。

2005年12月22日，在山蘭西本人缺席的情況下，金邊市法庭判決誹謗罪成立，山蘭西必須入獄18個月，並罰款14,000美元。他對此判決結果未感到驚訝。山蘭西表示，柬埔寨變得越來

44　Vong Sokheng and Liam Cochrane, "Immunity Gone, Rainsy Flees Country," *Phnom Penh Post*, 11 February 2005.

45　Vong Sokheng, "No resolution in Sight for Ousted Opposition PMs," *Phnom Penh Post*, 3 June 2005.

46　Mark Usbernsen and Vong Sokheng, "Draft Law Proposes to Expand Use of Military Court," *Phnom Penh Post*, 26 August 2005.

47　Vong Sokheng and Liam Cochrane, "Court Considers PM's Complicity in '97 Attack'," *Phnom Penh Post*, 9 September 2005.

48　Steve Hirsch, "Hun Sen Sued in US Court," *Phnom Penh Post*, 23 September 2005.

越像一個法西斯國家。這起案件清楚表明法庭被執政黨用以作為政治工具來壓制反對黨。洪森與CPP將山蘭西視為主要挑戰者，這起案件不是司法議題而是政治議題。[49] 在2005年底至2006年初，又有9名反政府的非政府機構、社會團體和媒體負責人相繼被以誹謗罪名遭到司法起訴和拘留。許多人權團體表示，《毀謗法》是一個惡法，經常被用來壓制批判，嚴厲限制人民的表達自由，必須加以改革。[50] 不過，山蘭西最終還是透過許多外交官的斡旋，向洪森表達妥協的立場，撤回對洪森的指控。這使得洪森與山蘭西的關係似乎有所改善。2006年2月5日，洪森在接受山蘭西的書面道歉以後，建議新任國王西哈莫尼（Norodom Sihamoni）赦免山蘭西的刑期與罰款。[51] 2月10日，山蘭西結束政治流亡並返回金邊。

山蘭西返國後不久，開始調整政治策略，表示要成為一個建設性的反對黨。他樂觀地表示，SRP目前的地位不只要取代FUNCINPEC成為第二大政黨，政治目標是要成為第一大政黨，時至2008年大選，將會只剩CPP與SRP兩個主要政黨在競爭。[52] 山蘭西與洪森會面以後，決定提出修憲案，將任命總理與組成政府所需的三分之二多數同意，修正為超過二分之一多數（50-Plus-One）同意即可。山蘭西的目的是要降低組成政府的門檻，藉以

---

[49] Vong Sokheng and Charles McDermid, "Rainsy Thunders against 'Fascist' State," *Phnom Penh Post*, 30 December 2005.

[50] "Clamor for Reform of Defamation Law," *Phnom Penh Post*, 27 January 2006.

[51] Vong Sokheng, "Rainsy to Return, Pledges SRP Overhaul," *Phnom Penh Post*, 10 February 2006.

[52] Charles McDermid, "Brave New Political World Unfolds," *Phnom Penh Post*, 24 February 2006.

避免在2008年大選後重演1998年和2003年的政治僵局。不過，某些SRP和FUNCINPEC的成員則將修憲案視為是山蘭西對洪森權力的一種屈服。2006年3月2日，柬埔寨國會針對修憲進行投票並且通過。[53]

　　對洪森與CPP來說，降低組成政府的門檻相當有利，一方面是洪森對於FUNCINPEC官員的行為與能力變得越來越沮喪，另方面，因為CPP的73席已經超過半數，取得國會所有提案的主導權，洪森已經不需要拉納烈的支持。沒有FUNCINPEC這個麻煩的夥伴對於統治有其好處。相反地，修憲案則是進一步威脅著拉納烈在黨內與結盟關係中早已衰弱的地位。FUNCINPEC的國會席次從未超過二分之一，過去都是與CPP組成聯合政府，修憲案通過意味著FUNCINPEC將喪失進入政府的機會。因此，拉納烈在3月3日憤怒地辭去國會議長職位，以表示對投票結果的不滿。洪森乘機提名第一副主席橫山林作為拉納烈的接任者，並將來自CPP的第二副主席阮涅（Nguon Nhal）擢升為第一副主席，僅將第二副主席一職留給FUNCINPEC；同時，也將擔任共同國防部長的西里武親王（Norodom Sirivudh）與共同內政部長的涅本才（Nhek Bun Chhay）予以解職，改迪班與蘇慶分別獨立控制國防部及內政部。[54]這意味著。自1993年以來以政黨配額制度作

53　Yun Samean and Samantha Melamed, "CPP, Rainsy Want Electoral Rule Change," *The Cambodian Daily*, 14 Febuary 2006; Yun Samean, "'50-Plus-One' Amendment Is Approved," *The Cambodian Daily*, 3 March 2006; Yun Samean and Whitney Kvsanger, "Assembly Expands Use of '50-Plus-One' Formula," *The Cambodian Daily*, 16 March 2006.

54　Vong Sokheng and Charles McDermid, "Troubled Funcinpec on the Ropes," *Phnom Penh Post*, 24 March 2006; Yun Samean, "Prince Sirivudh Is Removed as

為部長任命的權力分享公式已經宣告終結。

隨著FUNCINPEC的勢力遭到削弱，也引發內部的分裂危機。2006年6月，拉納烈的支持者指控涅本才試圖推翻拉納烈，並且與CPP過於親近。涅本才則回應，批判他的人正計畫成立個別政黨。同年10月18日，FUNCINPEC舉行特別黨代表大會，投票解除拉納烈的黨主席職位，並由柬埔寨駐德國大使喬布斯拉密（Keo Puth Reasmey）取代。新任命的第二副主席西里拉親王（Prince Sisowath Sirirath）表示，拉納烈遭解職的理由是因為長年旅居國外，又無法與CPP發展令人滿意的合作關係，所以無法履行作為黨主席的責任。不過，拉納烈的公共事務顧問歐索吉（Ok Socheat）則表示，涅本才發動一場對付黨主席的政變，他是個背叛者，將會在2007年4月預定舉行的「鄉選」中讓FUNCINPEC垮台。之後，拉納烈與支持者另組拉納烈黨（Norodom Ranariddh Party, NRP）。至此，FUNCINPEC正式宣告分裂。[55]

由於FUNCINPEC分裂而導致實力大幅弱化，NRP主席拉納烈又因被控重婚罪而流亡海外，影響其政黨的發展，尤其是FUNCINPEC秘書長涅本才在2007年3月控告前主席拉納烈非法出售總部土地，金邊市法院選在「鄉選」競選活動開跑前的3月

Deputy PM," *The Cambodian Daily*, 22 March 2006; Oskar Weggel, "Cambodia in 2006: Self-Promotion and Self-Deception," *Asian Survey* 47, No. 1（January/ February 2007）: 142; Milton Osborne, "Cambodia: The Endgame of Politics?" in *Southeast Asian Affairs 2006*, eds., Daljit Singh and Lorraine Carlos Salazar（Singapore: Institute of Southeast Asian Studies, 2006）, pp. 119-120.

55 Vong Sokheng, "Funcinpec Dismisses Ranariddh," *Phnom Penh Post*, 20 October 2006; "Cambodian Royalist Party Throws out Absentee Leader," *Taipei Times*, 19 October 2006, p. 4

13日進行審理，導致拉納烈缺席競選活動，嚴重衝擊NRP的選情。[56]無疑地，洪森與CPP已經完全掌握柬埔寨的政治權力，這具體展現在2007年「鄉選」與2008年國會大選的結果上。

首先，就2007年「鄉選」的結果來看，儘管整體投票率只有65.4%，遠低於2002年的87.5%，但CPP的得票數增加44萬票，得票率大幅上升16.5%，雖然在1,621個選區僅贏得1,591席，略少於2002年的1,598席，但總席次從7,703席增加到7,993席。相較於此，SRP主打新議題來回應年輕選民所需的選戰策略發揮作用，2007年的得票率達到25.19%，較2002年的16.72%增加8.47%，總席次2,660席也較2002年的1,346席增加1,314席。反觀2002年的第二大黨FUNCINPEC，得票率卻從21.9%下滑至2007年的5.36%，席次也從2,211席下滑至2007年的274席，而且，鄉／分區長的席次僅剩2席，顯見其泡沫化的程度。新成立的NRP，則因拉納烈長年流亡海外，未能取得任何的鄉／分區長席次，總席次也只有425席。[57]

其次，就2008年的國會選舉來看，這是2006年修憲後的首次國會選舉。柬埔寨的政治版圖在歷經2006年的重新洗牌以後，

56　Vong Sokheng, "Lawsuit Threatens Ranariddh's Election Campaign," *Phnom Penh Post*, 9 March 2007.

57　United Nations Development Programme, *Report on the 2007 Commune Council Elections in Cambodia*（Phnom Penh: United Nations Development Programme, 2007）, pp. 34-35; The Committee for Free and Fair elections in Cambodia（COMFREL）, *Final Assessment and Report on 2007 Commune Council Elections*（Phnom Penh: COMFREL, 2007）, pp. 74-85; The Committee for Free and Fair Elections in Cambodia（COMFREL）, *Final Assessment and Report on 2012 Commune Council Elections*（*3 June 2012*）（Phnom Penh: COMFREL, 2012）, pp. 76-89.

CPP一黨獨大的趨勢益加明顯。特別在2007年2月初，CPP的黨員人數已經超過500萬人，占全國總人口的三分之一。反觀FUNCINPEC與NRP之間的相互司法攻勢卻未曾停歇。針對FUNCINPEC控告拉納烈非法出售總部土地一案，金邊市法院最後判決結果是背信罪（breach of trust）成立，拉納烈被處以18個月監禁的刑期，且須賠償15萬美元的罰金，導致他喪失參加2008年大選的資格。[58]雖然NRP向高等法院提出上訴，但仍無法改變判決結果，只能再向最高法院進行上訴，同時持續尋求西哈莫尼國王特赦的機會。

　　拉納烈為求能在2008年大選打敗CPP，乃向SRP以及新成立的人權黨（Human Rights Party, HRP）提出成立民主—皇室政黨（democracy-royalty party）的構想，主張唯有形成統一的民主陣線，反對黨才能夠生存，但是遭到山蘭西與金速卡（Kem Sokha）兩位黨主席的拒絕。山蘭西表示：「我們不需要一個同盟，或融入其他政黨，因為回顧過往的經驗，這是沒有用的。我們需要的是與不同政黨在草根層次上的真正結盟。」[59]山蘭西雖然對於2008年大選深具信心，卻面臨眾多資深黨員脫黨轉而加入CPP與NRP等其他政黨的困境，僅2008年2月至5月期間就至少有6位代表與眾多高階官員背叛。[60]不僅如此，柬埔寨與泰國在大選前夕所發生的柏威夏寺主權爭端，更成為左右選舉結果的關鍵因素。[61]就像

58　"Prince Ranariddh Asks for Royal Pardon," *Phnom Penh Post*, 4 May 2007.

59　Vong Sokheng, "Rainsy Says No Thanks to Merging His Party," *Phnom Penh Post*, 30 November 2007.

60　"Defections Rattle Opposition Parties," *Phnom Penh Post*, 21 March 2008.

61　相關討論，參考：蕭文軒、顧長永，〈泰、柬柏威夏寺爭端之探析：領土國族主義的政治〉，《問題與研究》54，第4期（2015年12月）：31-77；P. Michael

柬埔寨人權運動家賈拉布呂（Kek Galabru）所言：每個人現在都支持政府，因為這是一個國家議題；更多的人決定將選票投給洪森，授予他更多的權力來處理柏威夏寺問題。[62]

　　2008年7月27日是柬埔寨第四屆國會大選的投票日。本次選舉的登記選民超過812萬人，獲得NEC批准參選的政黨有11個，共推出2,478位候選人競逐123個席位。儘管投票率只有75.08%，是1993年以來歷次國會選舉最低的，但投票人數較2003年大選多出80萬人。選舉結果僅有5個政黨獲得席次，包括：CPP的得票率是58.11%，共贏得90席（占73.17%），較前一屆增加17席，得票數也比上屆多出100萬餘票，幾乎所有選區的票數都是正成長，只有暹粒選區的得票數是負成長；SRP的得票率是21.91%，共贏得26席（占21.14%），雖鞏固第一大反對黨的地位，但得票數僅較上屆多出18.6萬票，而且金邊選區不但得票數較上屆少4.42萬票，席次也只贏得5席，不及CPP的7席；本次選舉的第三大黨是HPR，首次參與國會選舉就贏得3席；至於FUNCINPEC與NRP等兩個保皇黨的得票率相近，分別是5.05%和5.62%，各贏得2席，兩者合計贏得的選票比起分裂以前已經喪失一大半，但更令人震驚的是，兩者在金邊均一席未得，甚至在號稱保皇黨大票倉的磅湛省，也只贏得18席中的一席，正式宣告保皇黨的式微。[63]

Rattanasengchanh, "The Role of Preah Vihear in Hun Sen's Nationalism Politics, 2008-2013," *Journal of Current Southeast Asian Affairs* 36, No. 3（2017）: 63-89.

[62] Ker Munthit, "Cambodia's Longtime Prime Minister Expected to Coast to Election Victory," *Jakarta Post*（Indonesia）, 28 July 2008.

[63] The Committee for Free and Fair elections in Cambodia（COMFREL）, *Final Assessment and Report on 2008 National Assembly Elections*（Phnom Penh:

　　雖然SRP、HRP、FUNCINPEC與NPR等四個主要反對黨都認為CPP「操縱」選舉，整個過程充滿大量且系統性的舞弊，而訴諸憲法法庭與國際社會，[64]卻沒有任何國際或國內選舉監督團體公開表示2008年選舉是不公平與不自由，反而認為這次選舉過程運作得比前三屆還要好。就像歐盟選舉觀察團所評論：2008年選舉雖未達到民主選舉的國際標準，不過，選舉是公平的。[65]就選舉結果來看，CPP的席次已超過憲法所規定的組閣標準，未來將有足夠的權力制訂與修正法律，並運用國會豁免權而免於各種批判，反觀FUNCINPEC、SRP及HRP選後仍持續籠罩在脫黨風暴中。FUNCINPEC光是2008年就有20位高階官員脫黨加入CPP，尤其是柯沙爾（Serey Kosal）將軍、前駐日大使波索提拉（Pou Sothirak）及前部長孫占托（Sun Chanthol）先後於2008年12月和2009年初的投敵，更具指標性意義；[66]同樣地，HRP的7名高階官員以在CPP陣營中較能妥善服務人民為由轉而投效CPP，[67]SRP則是在截至2009年11月已有超過百名成員，甚至包括21名黨主席

COMFREL, 2008）, pp. 96-98.

64　Yun Samean, "Four Parties Reject Results of 'Rigged' Election," *The Cambodian Daily*, 29 July 2008; Heng Reaksmey, "Four Main Parties Reject 'Sham' Election," *VOA Khmer*, 28 July 2008.

65　Guy Delauney, "EU Criticises Cambodia Election," *BBC News*, 29 July 2008; Andrew Nette, "Cambodia: Polls Were Fair – EU Observers," *IPS Correspondents*, 29 July 2008.

66　Vong Sokheng, "Funcinpec Stalwart Throws in the Towel and Defects to Ruling Party," *Phnom Penh Post*, 10 December 2008; Vong Sokheng, "Funcinpec Defections Continue Unabated, As Six More Jump Ship," *Phnom Penh Post*, 2 February 2009.

67　Meas Sokchea, "Fresh Defections Hit HRP in Run-up to May Council Elections," *Phnom Penh Post*, 19 February 2009.

山蘭西的個人保鏢，已經脫黨加入CPP。[68]

　　此外，洪森也透過法律手段來與反對黨進行鬥爭，達到繼續壟斷柬埔寨的政治領域的目的。2009年起，SRP先後有多位國會議員被撤銷國會豁免權，包括黨主席山蘭西、副秘書長莫淑華（Mu Sochua）。[69]山蘭西被撤銷國會豁免權的主因是，選委會對山蘭西在2008年競選期間侮辱CPP資深黨員一案進行開罰，判處山蘭西必須繳交2,400美元罰款，但山蘭西在2009年2月表示拒絕支付，洪森要求國會剝奪山蘭西的豁免權，直至山蘭西在3月繳交罰款後才恢復豁免權。[70]同年11月，他又因10月25日拔除柬、越邊境界碑事件，再度遭到國會撤銷豁免權，同時，遭柴楨省（Svay Rieng）法院起訴其損壞公物罪，山蘭西選擇自行流亡歐洲，然後，於2010年1月遭判處兩年有期徒刑及罰款800萬瑞爾。[71]山蘭西不服判決，表示拔除柬、越邊境界碑是要保護柬埔寨領土不

[68] Meas Sokchea and Sebastian Strangio, "SRP Members Defected, Says Ruling Party," *Phnom Penh Post*, 30 November 2009.

[69] Meas Sokchea and Sebastian Strangio, "Assembly Strips Sam Rainsy of Parliamentary Immunity," *Phnom Penh Post*, 17 November 2009.

[70] Meas Sokchea," Hun Sen Threatens to Lift Sam Rainsy's Immunity," *Phnom Penh Post*, 25 February 2009; Meas Sokchea, "Sam Rainsy Lodges Complaint Contesting Election Body Fine," *Phnom Penh Post*, 26 February 2009; Meas Sokchea, "Sam Rainsy Seeks Restoration of Immunity After Paying Fine," *Phnom Penh Post*, 2 March 2009; Vong Sokheng, "Comfrel Criticises CPP over Rainsy," *Phnom Penh Post*, 19 March 2009.

[71] Meas Sokchea, "Sam Rainsy Uproots VN Border Markers," *Phnom Penh Post*, 27 October 2009; Meas Sokchea and Sebastian Strangio, "Assembly Strips Sam Rainsy of Parliamentary Immunity," *Phnom Penh Post*, 17 November 2009; Meas Sokchea and Sebastian Strangio, "Rainsy Sentenced to Two Years' Jail," *Phnom Penh Post*, 27 January 2010.

受越南蠶食。所以，柬政府在向金邊市法庭提起訴訟，指控山蘭西涉嫌偽造柬、越邊界公共文件罪（falsifying public documents）和傳播不實新聞罪（disinformation）。同年9月22日，金邊市法庭判處山蘭西10年有期徒刑，並且須繳交500萬瑞爾的罰金與6,000萬瑞爾的賠償金。[72]山蘭西因此無緣參與2013年的國會選舉。

莫淑華與洪森發生官司糾紛的起因則是，洪森在2009年4月4日巡視貢布時發表演說，內容提到「來自貢布的一位反對黨女強人國會議員，是一個『熟練的麻煩製造者』（skilled troublemaker），她在群眾簇擁時掉了裙子上的一顆鈕釦」。洪森的言論被認為指涉貢布出身的唯一女性國會議員莫淑華，在當地村民與政府之間的土地糾紛中，採取支持村民的立場；同時，也被解釋成是因為莫淑華在2008年選舉時，曾指出CPP以競選目的而利用國軍車輛，當她試圖拍攝該部車輛的照片時，遭到軍方將領扯掉上衣的鈕釦而露出內衣。雙方一狀告上法庭，莫淑華控訴洪森毀謗，要求象徵性的500瑞爾以賠償名譽損失，洪森則指控莫淑華毀謗他輕蔑柬埔寨婦女，並要求1,600萬瑞爾的名譽賠償。結果是，金邊法庭決定不受理莫淑華控告洪森一案。然後，莫淑華遭到剝奪國會豁免權以配合司法調查，並在8月4日遭判處有罪，必須支付850萬瑞爾的罰金，以及賠償洪森800萬瑞爾的名譽損失。莫淑華拒絕賠償並提起上訴，但最終遭到駁回。[73]

72　Meas Sokchea and James O'Toole, "Sam Rainsy Gets 10 Years," *Phnom Penh Post*, 23 September 2010.

73　Meas Sokchea, "SRP Asks Hun Sen to Clarify Remarks," *Phnom Penh Post*, 7 April 2009; Meas Sokchea, "SRP Lawmaker to Sue Hun Sen," *Phnom Penh Post*, 24 April 2009; Meas Sokchea and Sebastian Strangio, "Lawmaker Could Lose Immunity," *Phnom Penh Post*, 27 April 2009; Meas Sokchea, "Mu Sochua's

　　儘管FUNCINPEC與NRP及SRP與HRP等反對黨在輸掉2008年大選以後均曾倡議結盟，後者更在2009年1月簽訂協議，試圖以民主革新運動（Democratic Movement for Change, DMC）之名來對抗執政黨，希望能在接下來的選舉中贏得勝利。[74] 不過，反對黨在過去幾次結盟的歷史經驗都是以失敗告終，顯示反對勢力欲結盟成單一的民主政黨來達成制衡CPP的目的存在著困難度。[75] 2009年5月17日舉行的首屆省市和縣區級地方政權理事會（district, provincial and municipal councils）選舉，[76] 以及2012年1月

Lawsuit Rejected," *Phnom Penh Post*, 11 June 2009; Meas Sokchea, "Assembly to Rule on MP's Legal Shield," *Phnom Penh Post*, 15 June 2009; Meas Sokchea and Sebastian Strangio, "Sochua Guilty of Defamation," *Phnom Penh Post*, 5 August 2009; Meas Sokchea, "Sochua Refuses to Pay PM, Fine," *Phnom Penh Post*, 4 September 2009; Meas Sokchea and Sebastian Strangio, "Court Upholds Mu Sochua Conviction," *Phnom Penh Post*, 29 October 2009; "Defamation: Mu Sochua to Appeal to Highest Court," *Phnom Penh Post*, 30 October 2009.

[74] Neth Pheaktra and Brett Worthington, "Funcinpec, NRP Plan Merger Ahead of May's Local Elections," *Phnom Penh Post*, 16 January 2009; Vong Sokheng, "Opposition Parties Sign pact to Align Under One Name," *Phnom Penh Post*, 16 January 2009.

[75] Sebastian Strangio and Vong Sokheng, "History an Obstacle to SRP, HRP Merger," *Phnom Penh Post*, 15 July 2009.

[76] 柬埔寨的省市和縣區級地方政權理事會是由鄉／分區理事進行投票的間接選舉。根據選委會的資料，在第一屆的選舉中，CPP共贏得11,307張選票中的8,545張（75.6%），分別贏得302席的省市級理事和2,249席的縣區級地方政權理事，SRP贏得2,317張（20.5%），分別贏得61席的省市級理事和518席的縣區級地方政權理事。至於NRP與FUNCINPEC同盟，共贏得467張選票，FUNCINPEC與NPR分別贏得6席與5席的省市級理事，及55席與39席的縣區級地方政權理事。"CPP Win 75pc of Council Vote: NEC," *Phnom Penh Post*, 19 May 2009; Meas Sokchea, "NEC confirms CPP Council Landslide," *Phnom Penh Post*, 29 May 2009.

29日的參議院選舉、[77] 6月3日的第三屆「鄉選」，最後結果都是由CPP贏得選舉勝利。

關於第三屆「鄉選」的情況，選區從過去的1,621個增加到1,633個，預計選出11,459位理事。最後的投票結果是：登記選民共有9,203,493人，有5,993,992位選民投出有效票，總投票率為65.13%。CPP的得票率是60.57%，較2008年國會選舉的得票數增加138,708票，共贏得8,292席（72.36%），不僅贏得1,592席（97.5%）的鄉／分區理事長，而且有223個選區（13.66%）是囊括所有理事與理事長的席位；SRP的得票率是20.42%，贏得2,155席（18.8%），包括22席（1.35%）的鄉／分區理事長；其餘政黨，像是HRP贏得800席理事席位，包含18個鄉／分區理事長席位，是唯二得票數呈現正成長的政黨之一，FUNCINPEC贏得151席理事席位，含一席鄉／分區理事長席位，其餘小黨則未能取得任何席次的鄉／分區理事長席位。[78]

整體來看，2009年省市和縣區級地方政權理事會選舉和第三屆「鄉選」的結果除展現CPP在鄉村地區絕對的政治實力，也顯示洪森對反對黨所採取的分化策略奏效。正如洪森所言：「當我要反對同盟分裂，他們將被裂解」；「我從不害怕這些結盟」，所以，「不要說反對黨結盟將會造成CPP的陷落」。[79]無疑地，洪森

---

[77] 2012年1月29日舉行的參議院選舉，結果由CPP贏得8,880張選票（78.01%），贏得總席次57席中的46席而獲得勝利，SRP則是贏得2,503張選票（21.99%），僅贏得11席。Inter-Parliamentary Union, "Cambodia Senate." http://archive.ipu.org/parline/reports/2365_E.htm.

[78] The Committee for Free and Fair Elections In Cambodia（COMFREL）, *Final Assessment and Report on 2012 Commune Council Elections*, pp. 76-81.

[79] 原文是 "When I want（the alliance）to separate, they will be separated; I am never

與CPP這個前共產政黨經過30年的鬥爭，無論是形式上或實質上，都已大膽地恢復舊有的霸權秩序，名正言順掌控柬埔寨這個國家。相較於施亞努國王自詡是闍耶跋摩二世（Jayavarman II）的直系後裔，洪森在2007年由西哈莫尼國王授予「尊貴的總理兼最高軍隊指揮官」（Samdech Akka Moha Sena Pedei Techo, Lord Prime Minister and Supreme Military Commander）的榮銜以後，曾宣稱自己是一個半皇室或優於皇室的身分，將自己描述成比柬埔寨過去歷任國王都還要政治精明，憑藉自己所發明的軍事教義與創造的經濟奇蹟，主張自己擁有絕對正確的軍事與經濟智慧。洪森藉由持續地使用「尊貴的總理兼最高軍隊指揮官」這個完整的皇家頭銜來展示權力，試圖將自己政治再造成神君，勝過施亞努國王與西哈莫尼國王。[80]

　　換言之，洪森已經建構出一個難以置信的混合政權，蘊含部分共產主義、部分裙帶資本主義、部分新封建家戶長主義（neofeudal paternalism），以及部分神權君王主義（divine-right monarchism）的一種政治怪獸。CPP就像其他冷戰以來其他共產主義的掌權者，將黨國合成一體，透過一個由上到下控制體系來監督官僚、司法、安全武裝與傳統媒體的運作。[81]柬埔寨人權中心

---

scared of these mergers; Do not say that an alliance will cause the CPP to fall." Cheang Sokha, "Hun Sen Predicts Hasty Demise of New Opposition Alliance," *Phnom Penh Post*, 22 January 2009.

[80] Steve Heder, "Cambodia: Capitalist Transformation by Neither Liberal Democracy nor Dictatorship," in Southeast Asian Affairs *2012*, ed., Daljit Singh（Singapore: Institute of Southeast Asian Studies, 2012）, p. 104.

[81] Stéphanie Giry, "Autopsy of a Cambodian Election: How Hun Sen Rules?" *Foreign Affairs* 94, No. 5（Sep/Oct 2015）: 147.

主席烏威拉（Ou Virak）坦言：柬埔寨實際上已是個單一政黨統治的國家，表面上有眾多政黨，但自1997年政變以來，很多時候是一黨制國家。[82] 柬裔學者索龐波（Sorpong Peou）也認為：柬埔寨的多黨體系更像一個霸權政黨體系。[83] 亦即政治學者所稱的「混合式政權」（hybrid regime）。

　　理論上，「混合式政權」是一種兼含民主要素和不自由要素的威權政權形式，既有民主政體的基本要素——「選舉」，但卻是由一個相對制度化的執政黨濫用國家資源和國家機器來壟斷政治領域，利用強制能力（coercive capacity）、扈從政治（patronage politics）、媒體控制與其他手段，否認合法的反對黨任何競逐政治權力的實際機會，藉此正當化與極大化執政黨或統治者個人的政治控制。[84] 換言之，選舉在「混合式政權」中經常成為統治者嘗試獲取國內、外的政治正當性的手段，而且，選舉有助於現任者凝聚現存的扈從網絡，並掌握權力。此外，選舉也提供一種管理菁英關係的機會，讓獨裁者本身或威權政體作為整體可以獲得強化。明顯地，選舉所扮演的角色不僅僅是被用來選擇政治代表且

---

[82] Sebastian Strangio, "Kingdom at Crossroads as CPP Extends Control over Government," *Phnom Penh Post*, 11 December 2008.

[83] Sorpong Peou, "Cambodia: A Hegemonic Party System in the Making," in *Political Parties, Party Systems and Democratisation in East Asia*, eds., Liang Fook Lye and Wilhelm Hofmeister（Singapore: World Scientific, 2011）, p. 88; Sorpong Peou, "Party and Party System Institutionalization in Cambodia," in *Party System Institutionalization in Asia: Democracies, Autocracies, and the Shadows of the Past*, eds., Allen Hicken and Erik Martinez Kuhonta（Cambridge: Cambridge University Press, 2014）, pp. 212-235.

[84] Larry Jay Diamond, "Thinking about Hybrid Regimes," *Journal of Democracy* 13, No. 2（April 2002）: 25.

賦權的一種方法，且可以被用來達成一系列威權主義的目的。[85]

　　柬埔寨雖然多次定期舉行看似自由與公平的選舉，卻也讓CPP持續支配選舉領域。政黨與國家的緊密連結為CPP提供一個強制機制，可以收編與強制選民，避免他們與反對黨聯繫在一起，同時，也可限制鄉村地區的反對黨行動者。隨著政治正當性反覆地透過選舉的民主程序而日益提升，[86]洪森與CPP再利用對國家機器的支配來耕耘扈從政治，並將其改造以適合民主論調。扈從政治不僅將洪森與CPP同選民連結起來，也將其和政府官員及商業財閥連結在一起，共同編織成一個孕育貪污與生成法律規範的網絡。這些連結進而為洪森與CPP提供權力與支持度，以利於選舉領域的操縱。[87]索龐波指出，「七月政變」以後，政治穩定大幅提升，雖然舉行過三次國會選舉，但民主似乎已經讓步給獨裁政治（autocratic politics）。[88]政治學者摩根貝沙（Lee Morgenbesser）甚至將此視為柬埔寨民主化失敗的主要原因。[89]

　　摩根貝沙認為，競爭性選舉對CPP宰制柬埔寨政治權力是不

[85] Lee Morgenbesser, "Elections in Hybrid Regimes: Conceptual Stretching Revived," *Political Studies* 62, No. 1（2014）: 28-31.

[86] Caroline Hughes, "Reconstructing Legitimate Political Authority through Elections?" in *Beyond Democracy in Cambodia: Political Reconstruction in a Post-Conflict Society*, eds., Joakim Öjendal and Mona Lilja（Copenhagen: NIAS Press, 2009）, pp. 31-69.

[87] Kheang Un, "Patronage Politics and Hybrid Democracy: Political Change in Cambodia, 1993-2003," *Asian Perspective* 29, No. 2（2005）: 228.

[88] Sorpong Peou, "Toward Democratic Consolidation in Cambodia? Problems and Prospects," in *Political Change, Democratic Transitions and Security in Southeast Asia*, ed., Mely Caballero-Anthony（London and New York: Routledge, 2010）, p. 80.

[89] Lee Morgenbesser, "The Failure of Democratisation by Elections in Cambodia," *Contemporary Politics* 23, No. 2（2017）: 135-155.

可或缺的，洪森的個人主義（personalism）特質也是當前政權的
最大特徵。換言之，柬埔寨與其說是個單一政黨統治的政黨型政
體（party-based regime），更像是一個政黨與個人主義並存的政體
（party-personalist regime）。[90]新加坡前總理李光耀曾私下表示：
「柬埔寨尚未從過去困難的歷史中復原，政治體系太過個人化的
集中於總理洪森。」[91]布林克里（Joel Brinkley）也指出，洪森動用
許多力量與策略來掌握權力，其中兩項是裙帶關係（nepotism）
與聯姻政策（intermarriage）。[92]關於洪森的權力集中化及其家族網
絡可簡單地以圖6-1和圖6-2所示。

　　洪森長期扮演黨、政、軍高階職位守門員的角色，任命忠誠
者擔任政府部會的高階職位，例如：由索安（Sok An）負責作為
中央政府主要國家機制的部長委員會（Council of Ministers）；任
命吉春擔任掌管國家預算的經濟與財政部；由資深部長占蒲拉西
（Cham Prasidh）擔任商務部長，而其家屬也任職該部的高階職
位，商務部因此被稱為「占蒲拉西的家族之部」（ministry of
Cham Prasidh's family），是內閣中最具利益的部會，提供洪森足
夠的財政支持。[93]經濟與財政部、商務部，加上內政部，洪森已經
控制了聚集與分配國家恩惠最重要的三個政府部門。另外，洪森

90　Lee Morgenbesser, "Misclassification on the Mekong: The Origins of Hun Sen's
　　Personalist Dictatorship," *Democratization*,（2017）: 1-12, accessed 11 June 2017,
　　http://dx.doi.org/10.1080/13510347.2017.1289178.

91　Douglas Gillison, "Lee Kuan Yew Critical of Hun Sen in '07," *The Cambodian
　　Daily*, 16 December 2010.

92　Brinkley, *Cambodia's Curse*, pp. 147-148.

93　Peou, "Cambodia: A Hegemonic Party System in the Making," p. 96; Morgenbesser,
　　"Misclassification on the Mekong," pp. 6-7.

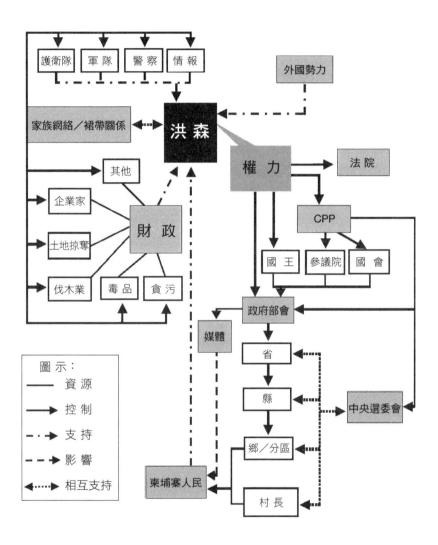

圖6-1：洪森的權力網絡

資料來源：https://sokheounpang.files.wordpress.com/2007/10/how-hun-sen-centalizes-power.jpg.

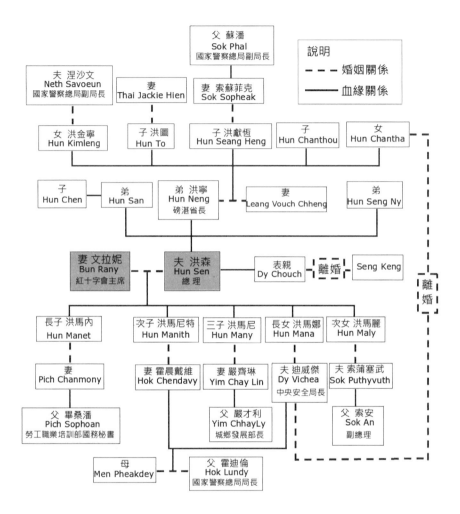

圖6-2：洪森的家族網絡及裙帶關係

資料來源：Global Witness, *Hostile Takeover: The Corporate Empire of Cambodia's Ruling Family*（Washington, D.C.: Global Witness, July 2016）, pp. 16-17.

也透過選舉收編反對黨候選人來加入執政黨，允諾將提供大量的金錢與貴重財物，並且將授予政府各部門的職位。例如，洪森在贏得2008年大選以後，表示將在國會的每個特別委員會中，保留兩個職位給「態度良好」的反對黨成員。[94]洪森鞏固權力的另一種方式是任命親屬擔任高階職位，[95]然後再藉由政治聯姻來強化裙帶關係。[96]根據血緣與婚姻關係所構成的家族網絡，就成為支撐「洪森王朝」（the Hun Sen Dynasty）的權力基礎。

此外，正如人權觀察（Human Rights Watch）亞洲主任亞當斯（Brad Adams）所言：「每個獨裁者背後都有一群冷酷無情的幕僚。這麼多年以來，洪森已經在安全部隊中安插籠絡一群核心將領，甘願無情、殘暴地執行他的一切命令。」[97]實際上，洪森在1997年發動政變以前，就已經控制國家警察單位及其他準軍事團體，[98]但是皇家武裝部隊（Royal Cambodian Armed Forces, RCAF）

---

[94] Cheang Sokha and Vong Sokheng, "Hun Sen Offers NA Posts to 'Nicer' Opposition," *Phnom Penh Post*, 13 March 2009.

[95] 例如，洪森在擔任總理以後，隨即任命弟弟洪寧（Hun Neng）擔任磅湛省長，以及CPP中央執行委員會的成員。Morgenbesser, "Misclassification on the Mekong," p. 7.

[96] Bertil Lintner, "One Big Happy Family in Cambodia," *Asia Times*, 20 March 2007. http://www.atimes.com/atimes/Southeast_Asia/IC20Ae03.html.

[97] "Cambodia: Hun Sen's Abusive Generals 'Dirty Dozen' Central to Undermining Rights and July Elections," *Human Rights Watch*, 28 June 2018. https://www.hrw.org/news/2018/06/28/cambodia-hun-sens-abusive-generals.

[98] 除正規的皇家武裝部隊以外，主要的干涉單位（intervention units）包括：總理護衛隊（Prime Minister's Bodyguard Unit, PMBU）、911傘兵團（911 Parachute Regiment）、金邊警備旅（the 70 Brigade）、憲兵（the Gendarmarie）等，這些特殊單位構成總理的禁衛軍（Praetorian Guard），直接效忠於洪森。"Thai Coup Sends Few Ripples to Cambodia," *Phnom Penh Post*, 21 September 2006.

尚未完全宣示效忠於他，尤其是國防部長迪班（Tea Banh）與RCAF總司令蓋金延（Ke Kim Yan）等，並不支持洪森發動政變行動。因此，蓋金延不僅遭到邊緣化，缺乏實權，而且洪森還多次威脅要將其解職。[99]

2008年11月9日，效忠洪森的國家警察總局長霍倫迪喪生於一起直升機事故，洪森雖任命國家警察總局副局長涅沙文接任總局長，但已動搖洪森在政治體系中的權力基礎，驅使他轉而奪取作為另一權力基礎的RCAF的控制權。2009年1月，洪森先是新任命7名忠誠於他的副總司令，[100]然後又以軍事改革為名，拔除效忠黨主席謝辛（Chea Sim）的蓋金延，任命對他忠誠的波爾沙倫（Pol Saroeun）擔任RCAF總司令，藉此鞏固洪森對於RCAF高層的控制；[101]同時，也因為蓋金延在CPP擔任中央委員會的高階職位，從而可削弱謝辛在黨中的勢力。洪森曾公開宣稱：「我是唯一可以指揮所有類型的武裝部隊的人，如果我真的死亡，你們必須整理行裝並且快跑……因為沒有人可以控制武裝部隊。」[102]顯示

---

[99] Peou, "Cambodia: A Hegemonic Party System in the Making," pp. 96-97; Morgenbesser, "Misclassification on the Mekong," pp. 7-10.

[100] 7名新任副總司令包括：謝達拉（Chea Dara）、Mol Roeup、密索皮（Meas Sophea）、興文賢（Hing Bun Heang）、官金（Kun Kim）、Ung Samkhan、沙索卡（Sao Sokha）。

[101] Cheang Sokha and Vong Sokheng, "Hun Sen Argues Ke Kim Yan Removal Was Part of RCAF Reform," *Phnom Penh Post*, 9 February 2009; Thet Sambath, "Govt to Investigate Leak of Meeting Details on Ke Kim Yan's Sacking," *Phnom Penh Post*, 16 February 2009; Sebastian Strangio and Thet Sambath, "Party Factionalism Looms Behind Ke Kim Yan Sacking: Observers," *Phnom Penh Post*, 19 February 2009.

[102] 原文是 "I'm the only person who can order all the types of armed forces, and if I really die, you must pack your bags and run away … because no one can control

出洪森對安全武裝部隊的控制力。人權觀察就認為，安全部隊將領乃是洪森鞏固一黨專政獨裁體制的基石。[103]

　　整體來看，以洪森為中心的裙帶關係與家族關係所編織而成的網絡，滲入法律理性規範的國家制度，形成一種非正式運作的恩庇扈從（patronage-client）和正式制度的理性官僚體系所共生的「新宗族主義」（neopatrimonialism）。[104]這是一種個人化權力及制度化個人權力的過程，而其結果就是形成一種由指令與遵從、派系主義與小集團、階層與職位作為特徵的政治體制，使得政治領袖的權力來源從未是民意合法性。此種關係模式不僅表現在政治上，在經濟上也呈現出一種尋租（rent-seeking）行為的特徵。亦

---

the armed forces." Vong Sokheng, "Hun Sen Vows to Live Past 93," *Phnom Penh Post*, 11 June 2014.

103　在人權組織於2018年發表的一份報告中，甚至明確指出12名軍憲警官員在柬埔寨的威權政治體制所扮演的關鍵性角色。這12名安全武裝將領，包括：柬埔寨皇家武裝部隊總司令波爾沙倫（Pol Saroeun）；柬埔寨皇家武裝部隊副總司令兼三軍總參謀長貢金（Kun Kim）；柬埔寨皇家武裝部隊副總司令兼皇家憲兵司令紹速卡（Sao Sokha）；柬埔寨國家警察總監涅沙文（Neth Savoeun）；陸軍副總司令兼第四軍區司令謝梅（Chea Man）；陸軍副總司令兼第五軍區司令文興（Bun Seng）；陸軍副總司令兼第二軍區司令春索萬塔（Choeun Sovantha）；皇家武裝部隊副總參謀長兼傘兵特種部隊911旅旅長查費克迪（Chap Pheakdey）；全國憲兵副總司令兼金邊憲兵司令賴瑞安（Rat Sreang）；國家警察副總監兼移民署署長索發（Sok Phal）；國家警察副總監兼緝毒署秘書長莫基托（Mok Chito）；國家警察副總監兼金邊市警察局長秋昂索萬（Chuon Sovan）。詳細內容，參考：Human Rights Watch, *Cambodia's Dirty Dozen: A Long History of Rights Abuses by Hun Sen's Generals*（New York: Human Rights Watch, 2018）.

104　Kimchoeun Pak et al., *Accountability and Neo-Patrimonialism in Cambodia: A Critical Literature Review*（Phnom Penh: Cambodia Development Resource Institute, 2007），pp. 43-47.

即政治上的恩庇扈從關係進一步延伸到私部門，使得洪森家族得以完全宰制柬埔寨的公、私部門。[105]其中，「勳爵」（*oknha*）制度就是最佳的例證。

所謂「勳爵」制度，主要是對國家發展計畫提供10萬美元以上財政貢獻的商業菁英授予「勳爵」頭銜，是洪森與拉納烈在1994年4月所創立的官方頭銜。雖然頭銜是由國王正式授予，但受勳者主要是由CPP領袖，特別是總理洪森來認定。根據托米克親王（Sisowath Thomico）表示，施亞努國王親自決定的受勳者僅有三至四名。[106]故而，「授勳政治」被視為商業菁英與CPP領袖之間互惠關係的展現，是一種「菁英協定」（elite pact）。[107]進一步來說，就是CPP利用國家將土地讓渡權、各種產業執照與契約

---

[105] Global Witness, *Cambodia's Family Trees: Illegal Logging and the Stripping of Public Assets by Cambodia's Elite*（Washington, D.C.: Global Witness, June 2007）; Global Witness, *How Cambodia's Elite Has Captured the Country's Extractive Industries*（Washington, D.C.: Global Witness, February 2009）; Global Witness, *Hostile Takeover: The Corporate Empire of Cambodia's Ruling Family*（Washington, D.C.: Global Witness, July 2016）.

[106] 「勳爵」分為Lork Oknha（意指最富有）、Neak Oknha、Oknha 三個等級。據估計，獲得授勳的商業人士數量在2004年時有20位，2008年時增加到200位，2014年時超過700位，時至2017年已超過1,000位。2017年3月20日，柬埔寨政府通過一項新法律，將自1994年4月所實施的「勳爵」制度基準，從至少10萬美元提升到至少50萬美元。Sek Odom and Simon Henderson, "As Oknha Ranks Grow, Honorific Loses Meaning," *The Cambodian Daily*, 21 June 2014; Cheang Sokha, "Cost of Gaining 'Oknha' Title Soars," *Khmer Times*, 3 April 2017.

[107] Michiel Verver and Heidi Dahles, "The Institutionalisation of Oknha: Cambodian Entrepreneurship at the Interface of Business and Politics," *Journal of Contemporary Asia* 45, No. 1（2015）: 48-70.

授予個人，以換取他們對政黨的財政援助。《金邊郵報》前記者史坦吉歐（Sebastian Strangio）乃將洪森與商業菁英的互利關係稱為「洪森經濟學」（Hunsenomics）。[108]

東埔寨最著名的受勳者，包括：東埔寨總商會（Cambodia Chamber of Commerce）主席陳豐明（Kith Meng）、東埔寨稻米出口商協會（Cambodian Rice Exports Association）主席林文興（Lim Bunheng）、商業大亨黎永發（Ly Yong Phat）、農產大亨蒙雷特西（Mong Reththy）、徐氏太平洋集團（KT Pacific Group）主席徐光秀（Sy Kong Triv）、加華集團總裁方僑生（Pung Kheav Se）等。這些受勳者不僅對CPP提供金錢支持，像是徐光秀被認為是CPP的重要金主之一，而蒙雷特西則有「洪森的錢袋子」（Hun Sen's money man）稱號，有些受勳者甚至成為洪森的私人顧問或私人助理。[109]此外，洪森也將那些私人關係良好的企業大亨選為參議員，像是黎永發、蒙雷特西、徐光秀、方僑生、劉明勤（Lao Meng Khin）等人，成功地將反對黨的參議員席次從第一屆的28席降低至第二屆12席及第三屆的11席。可以說，洪森透過「勳爵」制度，輕易地在企業與產業菁英之間建立起一個私人的金融網絡。

除了針對商業菁英，洪森也將恩庇扈從關係的運作對象瞄準大多數的鄉村人口。簡單地說，就是一種大眾施恩的策略，亦即「給予人民想要的」（*choun tam samnaumpo*, granted according to

---

108　Sebastian Strangio, *Hun Sen's Cambodia*（New Haven and London: Yale University Press, 2014）, pp. 131-151.

109　"Cambodia's Top Ten Tycoons," *WikiLeaks*, 9 August 2007, accessed 23 November 2016, https://wikileaks.org/plusd/cables/07PHNOMPENH1034_a.html.

your request）「送禮」（gift-giving）方式。[110]此種方式乃源自1980
年代「柬埔寨人民革命黨」（PRPK）幹部所採取的一種「向下扎
根」（*choh moulothan*, going down to the base）策略。當時，PRPK
訓練一批新的政黨幹部，將親社會主義、反赤柬等宣傳帶到草根
階層，協助將鄉鎮（commune）轉變成國家行政控制的有效工具
之一。不過，自從PRPK放棄馬克思—列寧主義的意識形態而轉
向自由放任的市場經濟以後，除非提供地方所需的服務，否則
難吸引省、縣（district）等地方菁英的忠誠。[111] PRPK時期雖未舉
行選舉，洪森仍利用扈從規則為自己創造出一個擴張且異質的，
由部長、政府機構與省級和地方行政所構成的網絡。[112]

　　之後，隨著多黨民主制度的實施，「向下扎根」的概念轉變
成黨職人員對鄉村人口進行資源分配，以獲取更多的地方控制。
黨職人員組成的工作小組（Party Working Grouping, PWG）更在
1998年後成為執行任務的主要行動者，負責由上而下動員資源在
其指派的省、縣、鄉鎮等層級推動鄉村發展。[113]雖然他們在全國

---

[110]　David Craig and Pak Kimchoeun, "Party Financing of Local Investment Projects: Elite and Mass Patronage," in *Cambodia's Economic Transformation*, eds., Caroline Hughes and Kheang Un（Copenhagen: NIAS, 2011）, pp. 219-220; Caroline Hughes, "Understanding the Elections in Cambodia 2013," *AGLOS: Journal of Area-Based Global Studies*（2015）: 10; Astrid Noren-Nilsson, "Cambodia at a Crossroads: The Narratives of Cambodia National Rescue Party Supporters after the 2013 Elections," *Internationales Asienforum* 46, No. 3-4（2015）: 270-273.

[111]　Michael Vickery, "The Cambodian People's Party: Where Has It Come From, Where Is It Going?" in *Southeast Asian Affairs 1994*, p. 115.

[112]　Gottesman, p. 211.

[113]　在這種由上而下的結構中，高階中央政府官員，像是總理、副總理或部會首長，負責省級的PWG，中央政府或省級政府的低階官員，像是國務秘書（secretary of state）或處長（director general），負責縣級的PWG，省級或縣

各地提供鄉村基礎設施，但資金來源並非來自中央政府預算，而是從自有網絡所聚集的資源來為各自的區域提供各項發展方案，例如：道路、學校、醫院等基礎設施的投資等。[114]由於CPP透過歷次鄉選的勝利，對鄉鎮層級已達到幾近壟斷的行政控制，使其得以擴大潛在的從屬圈。選舉期間，CPP透過「勛爵」制度與「向下扎根」策略的結合，將國家恩惠分配到國家的每吋土地上，藉此提升地方層級對黨國的支持度，確保選票來自省、縣與鄉鎮，有助CPP贏得選舉勝利，可說是洪森與CPP得以持續掌權的關鍵要素。[115]

事實上，山蘭西早就一再地批判洪森政權的本質。他曾用三個K為首的語詞來指控洪森政權控制人民的模式，亦即：*khlach*、*Khlean* 與 *Khlov*，其意分別是恐懼（fear）、饑餓（hunger）與無知（ignorance）。[116]他將此稱為「3K政治」。其中，所謂恐懼是指洪森政府利用恐嚇、威脅與拘禁來散布恐懼，使其成為政治支配的武器；饑餓意指CPP偏好透過提供捐贈而非提供

　　級官員負責鄉鎮層級的PWG，鄉鎮級官員負責村級的PWG。Kimchoeun Pak, "A Dominant Party in a Weak State: How the Ruling Party in Cambodia Has Managed to Stay Dominant"（Ph.D. diss., The Australian National University, 2011）, pp. 108-121. Quoted in Noren-Nilsson, *Cambodia's Second Kingdom*, pp. 122-123, Note 26.

114　Noren-Nilsson, *Cambodia's Second Kingdom*, p. 122.

115　Lee Morgenbesser, *Behind the Facade: Elections under Authoritarianism in Southeast Asia*（Albany: State University of New York Press, 2016）, pp. 47-83.

116　Sam Rainsy and Radio Tylecote, "'Be vigilant' on Human Rights, Warns Cambodian Opposition Leader Special Report: Rado Tylecote Talks with Cambodia's Opposition Leader Sam Rainsy in Phnom Penh," 24 April 2006, accessed 20 August 2018, http://www.conservativehumanrights.com/media/articles/samrainsy.html.

工作來與人民維持一種「臣屬的連結」（link of subjection）；無知則是指CPP對於教育投資的不足，導致鄉村人口持續處於高度失學的狀態，並且缺乏社會與政治意識及批判思想。[117]山蘭西認為，「3K政治」會去穩定化民主政治，使人民無法民主地展現出意志和真正的利益。他也曾批判，洪森政府所標榜的發展政策是不正義，而且對民族生存是一種威脅，其將土地授予人民時，經常伴隨著經濟特許協議，無異是一種土地掠奪；相反地，真正的發展應該是要保護人民的財產、廢除土地讓渡，並且將土地財產權授予每個公民。[118]對於山蘭西的指控，洪森認為他們總是在野，才會提出如此不相關的批判。[119]

　　過去十年，隨著柬埔寨的經濟快速發展，並且順利地整合至全球與區域的經濟體制中，改善經濟條件也成為洪森與CPP鞏固政治權力時的基礎，因其可藉由開拓國家的經濟機會為由，限縮公民與政治自由的空間，不過，因為柬埔寨高度仰賴西方國家的經援，必須維持西方國家所要求之善治與民主的基本水準，導致洪森的獨裁傾向遭到抑制。然而，中國崛起以後，每年數十億元的資金以國家主導投資的形式流入柬埔寨，使得洪森政府可以順利推動各項經濟發展計畫。「經濟績效」為洪森的持續統治提升了正當性；另一方面，中國也成為洪森在抵抗西方國家要求深化

[117] Sam Rainsy, *Des Racines dans la Pierre: Mon combat pour la renaissance du Cambodge*（Paris: Calmann-Lévy, 2008）, pp. 228-229. Quoted in Noren-Nilsson, *Cambodia's Second Kingdom*, p. 143.

[118] Noren-Nilsson, *Cambodia's Second Kingdom*, p. 143.

[119] Hun Sen, "Selected Comments at the Graduation Ceremony at the University of Asia-Europe," *Cambodia New Vision*, 12 November 2007, accessed 21 September 2018, http://cnv.org.kh/selected-comments-at-the-graduation-ceremony-at-the-university-of-asia-europe/.

民主時的擋箭牌。[120]洪森與中國漸趨緊密的扈從關係准許他樂於展現真正的政治意向。[121]政治學者姜溫（Kheang Un）就認為，柬埔寨正逐步朝「發展型威權主義」（developmental authoritarianism）的方向發展。[122]

　　儘管柬埔寨已在2009年完成《反貪污法》（Anti-Corruption Law）的立法工作，並於2010年3月11日通過，而且在同年10月成立「反貪局」（Anti-Corruption Unit, ACU），仍無法對建立於權錢利益輸送關係上的扈從網絡發揮實質性的遏制作用，甚至成為洪森用以剷除黨內的競爭對手的工具，其中最有名的是「反貪局」在2011年底指控參議院議長謝辛的多位顧問，包括：Pheng Kunthea Borey、喬博拉（Khieu Bora）、曾戈紹（Chan Kosal）與Ponlork Ho等人，因牟取數百萬元的工程回扣而遭到逮捕。[123]一般認為，洪森的目的是要削弱保守派的黨主席謝辛及副總理兼內政部長蘇慶的勢力，因其長久被視為洪森在CPP內部的潛在挑戰者。[124]

---

[120]　Kheang Un, "China's Foreign Investment and Assistance: Implications for Cambodia's Development and Democratization," *Peace and Conflict Studies* 16, No. 2（2009）: 65-81.

[121]　"Hun Sen's Cambodia Slides into Despotism," *Financial Times*, 7 September 2017.

[122]　Kheang Un, "Cambodia in 2002: Towards Developmental Authoritarianism?" in *Southeast Asian Affairs 2013*, ed., Daljit Singh（Singapore: Institute of Southeast Asian Studies, 2013）, p. 84.

[123]　Buth Reaksmey Kongkea, "Trial Set for Chea Sim Advisers," *Phnom Penh Post*, 16 December 2011; Buth Reaksmey Kongkea, "Ex-Chea Sim Circle Deny Fraud," *Phnom Penh Post*, 21 December 2011; Buth Reaksmey Kongkea and Chhay Channyda, "Chea Sim Advisers Sentenced," *Phnom Penh Post*, 28 December 2011.

[124]　Heder, "Cambodia," p. 104.

　　整體而言，就像反貪府組織「全球見證」（Global Witness）發表的《惡意接管：東埔寨統治家族的商業帝國》（*Hostile Takeover: The Corporate Empire of Cambodia's Ruling Family*）報告指出，洪森家族牢牢掌控東埔寨的經濟，控制著政治、軍隊、警察、媒體、慈善等領域的關鍵職位，一個龐大的秘密交易、貪腐和任人唯親的關係網絡無疑是洪森政治生涯能夠長壽的關鍵因素。[125]可以說，洪森已經達到現代東埔寨任何領袖都無法超越的權力層次，成為一個徹底的個人主義獨裁者。即使如此，洪森仍必須透過選舉來賦予政權的正當性，而其貪污腐敗將變成反對黨挑戰其統治地位時的選戰議題之一。2013年的選舉結果就是最佳的例證。

第二節　反對黨的逆襲：洪森的選舉失利與回應

> 我不只要削弱反對黨，我正在消滅他們……如果任何反對勢力強大到足以嘗試發動一場示威遊行，我將打擊所有的傢伙，並且將他們全部關到牢籠裡。[126]
>
> ——東埔寨總理　洪森

　　進入21世紀的第一個十年，東埔寨的政治局勢已經進入洪森

---

[125] Global Witness, *Hostile Takeover: The Corporate Empire of Cambodia's Ruling Family*（Washington, D.C.: Global Witness, July 2016）.

[126] 原文是 "I not only weaken the opposition, I'm going to make them dead ... and if anyone is strong enough to try to hold a demonstration, I will beat all those dogs and put them in a cage." Brad Adams, "10,000 Days of Hun Sen," *The New York Times*, 31 May 2012. http://www.nytimes.com/2012/06/01/opinion/10000-days-of-hun-sen.html.

領導的強人政治時代。反對黨在歷經2012年參議院選舉的挫敗，乃致力於團結成為單一政黨，希望藉此強化挑戰洪森與CPP的力道。其中，FUNCINPEC與NRP兩個皇室政黨（royalist party）先前已在2010年談定要進行合併，[127]但雙方因領導人問題特別是NPR的黨主席拉納里德成為合併的最大障礙。[128]之後，在洪森的牽線下，雙方於2012年5月再度簽署協定計畫於該月24日合併，[129]又因拉納里德與涅本才兩位黨主席間的問題而生變。[130]直至拉納里德於8月宣布退出政治，NRP更名為國家黨（the Nationalist Party, NP），兩個皇室政黨才重新整合成稱為FUNCINPEC的單一政黨。[131]

同樣地，SRP先前曾多次對於HRP積極尋求政黨合併存在疑慮，山蘭西認為HRP主席金速卡對於合併精神缺乏誠意與尊

[127] Tep Nimol, "Royalist Parties to Merge This Month: Official," *Phnom Penh Post*, 6 April 2010; Meas Sokchea, "Royalists to Unite for Congress," *Phnom Penh Post*, 7 November 2010.

[128] Meas Sokchea, "Funcinpec Still Opposed to Royalist Merger," *Phnom Penh Post*, 2 January 2011; Meas Sokchea, "Prince Vows to Target Rival Royalists," *Phnom Penh Post*, 31 January 2011.

[129] Vong Sokheng and Bridget Di Certo, "Funcinpec, NRP Set to Merge," *Phnom Penh Post*, 25 May 2012.

[130] Meas Sokchea, "Royalist Merger Shaken Again," *Phnom Penh Post*, 19 June 2012; Meas Sokchea, "No Fun in Funcinpec Merger," *Phnom Penh Post*, 20 June 2012; Meas Sokchea, "Prince Taken to Task Over Failed Merger," *Phnom Penh Post*, 27 June 2012; Meas Sokchea, "Royalist Parties to Merge Regardless of Prince," *Phnom Penh Post*, 24 August 2012.

[131] Vong Sokheng, "Royalist Party Out, Nationalist Party In," *Phnom Penh Post*, 14 August 2012; Vong Sokheng, "Cambodia's Royalist Parties Set to Merge," *Phnom Penh Post*, 24 August 2012.

重，[132] 甚至指控HRP試圖「裂解」SRP並且騙走黨員。他曾在給支持者的公開信中指出：HRP正使用CPP過去所採取的詭計，削弱SRP並誘使黨員叛變。[133] 然而，兩黨歷經第三屆「鄉選」的挫敗後，為雙方合併提供絕佳的機會。2012年6月與7月，HRP與SRP兩黨的資深官員與黨主席先後在菲律賓首都馬尼拉舉行會面，討論關於合併的細節，並於7月19日宣布兩黨將合併成「柬埔寨民族拯救民主運動」（the Cambodia Democratic Movement of National Rescue, CDMNR），作為過渡機構並建立工作小組來處理合併事宜，著手制訂一個聯合性的全國政見與共同的政黨政策，雙方再合併成柬埔寨救國黨（Cambodia National Rescue Party, CNRP），由山蘭西與金速卡分別擔任正、副主席。[134] CNRP在8月20日正式向內政部登記，同月底正式獲得內政部的批准。[135] 儘管山蘭西有案在身而遭到NEC撤銷總理候選人資格，經向憲法委員會提出上訴，最終仍維持NEC撤銷資格的決定，屆時只能改由金速卡代為參加2013年競選。[136] 不過，隨著反對黨的成功整合，

---

[132] Meas Sokchea, "HRP 'Insincere': Sam Rainsy," *Phnom Penh Post*, 22 April 2011.

[133] Meas Sokchea, "Rainsy Accuses HRP of Trying to 'Break' SRP," *Phnom Penh Post*, 20 April 2011.

[134] Vong Sokheng and Stuart White, "Opposition Party Eyes Merger Meet in Manila," *Phnom Penh Post*, 7 June 2012; Vong Sokheng and Bridget Di Certo, "Parties to Form Cambodia Democratic Movement of National Rescue," *Phnom Penh Post*, 17 July 2012; Samean Yun and Rachel Vandenbrink, "Opposition Head Expects End to Exile," *Radio Free Asia*, 8 August 2012. http://www.rfa.org/english/news/cambodia/rainsy-08082012172632.html

[135] Meas Sokchea, "Registration of Opposition Party Merger Still Pending," *Phnom Penh Post*, 21 August 2012; Meas Sokchea and Rosa Ellen, "Conviction a Threat to CNRP," *Phnom Penh Post*, 4 September 2012.

[136] May Titthara, "Rainsy's Removal from Rolls Right Move: NEC," *Phnom Penh*

其對參選前景仍滿懷信心。故而，2013年的國會大選預期將會呈現出CPP與CNRP兩強對抗的局面。

CPP先前在備戰2012年「鄉選」時，曾制訂一份《2012年至2017年鄉、分區發展計畫》，列出十八大優先工作，作為宣傳方針的主要內容。[137]在贏得「鄉選」勝利以後，CPP決定逐步實現黨內領導年輕化與知識化的政策，[138]因其意識到經濟在歷經十年的高度發展以後，不僅經濟結構發生變遷，社會結構也連帶產生變化，各項人力發展指標，像是教育程度、所得收入、貧窮率，[139]以及各種生活條件都有顯著改善，尤其是教育程度。根據柬埔寨教育青年運動部（Ministry of Education, Youth and Sport, MOEYS）的統計，2013年的小學淨入學率已經達到97%，15歲至24歲年輕人的識字率達到91.5%，[140]顯示年輕世代較上一代受過更好的教

Post, 7 November 2012; Kim Yuthana, "Rainsy Election Ban Upheld," *Phnom Penh Post*, 20 November 2012.

[137] 十八大優先工作，包括：（1）保護治安和公共秩序，加強執法；（2）發展農業；（3）水資源使用和管理；（4）發展手工業；（5）土地和建設發展；（6）公共運輸與郵政；（7）旅遊業發展；（8）農村發展；（9）商貿發展；（10）金融、銀行和貸款；（11）環境保護；（12）教育；（13）衛生；（14）文化和宗教；（15）就業和技能培訓；（16）社會福利和退伍軍人；（17）保護婦女和兒童；（18）青年和體育。〈列18大優先工作・人民黨備戰鄉選〉，《柬埔寨星洲日報》，2012年5月17日，http://www.camsinchew.com/node/26444?tid=5。

[138] Chhay Channyda, "Scant Jobs in Politics for Youths," *Phnom Penh Post*, 13 August 2012.

[139] 根據亞銀的資料顯示，柬埔寨的貧窮率已從2007年的47.8%急遽下降至2012年的18.9%。ADB, *Cambodia: Country Poverty Analysis 2014*（Mandaluyong City, Philippines: Asian Development Bank, 2014）, p. 4.

[140] Ministry of Education, Youth and Sport, *The Education Strategic Plan 2014-2018*（Phnom Penh: Ministry of Education, Youth and Sport, March 2014）, p. 2.

育。於是，CPP為確實執行年輕化政策，計畫讓30%的現任國會議員退休，並改由年輕候選人取代，其中也包含洪森的三子洪馬尼（Hun Many）與女婿迪威傑（Dy Vichea），以及其他高階政府官員的公子。[141] 然而，CPP公布的候選人名單實際上更強化其裙帶關係的印象，而其必然牽涉到親信主義（favouritism）、世襲（hereditary）、貪污等負面觀感。這些反而變成反對黨在競選期間進行批判的重點。

此外，自從洪森贏得2008年選舉以後，其威權統治已經達到頂點，其中最為人所詬病的暴政就是土地掠奪。洪森政府因鼓勵開礦和種植橡膠，在短短兩年間（2010-2011）所出讓的特許土地激增六倍，來自柬埔寨、越南、中國等國的企業被獲准使用這些被出讓的土地來從事採礦、種植橡膠等經濟活動，其中，每家公司最多可獲得一萬公頃特許地，租期最長可達99年。[142] 一般認為，CPP的政策是對中國與越南大企業的妥協，因為這些中資與越資大企業主大多是該黨政治菁英的密友。[143] 於是，政府與國內外資本合作隨意販賣土地與森林來賺取利益，導致許多居民被迫

141　例如：內政部長蘇慶之子蘇速卡（Sar Sokha）、副總理索安之子索速崗（Sok Sokan）、參議院主席賽春（Say Chhum）之子賽索奧（Say Sam Al）、最高法院院長狄蒙蒂（Dith Munty）之子迪緹那（Dith Tina）等官二代。Meas Sokchea and Abby Seiff, "Two of PM's Sons Eye Political Office," *Phnom Penh Post*, 20 February 2013; Meas Sokchea, "It's Going to Be a Family Affair at the Upcoming Election," *Phnom Penh Post*, 21 February 2013; Meas Sokchea, "Sons of the Party Anointed," *Phnom Penh Post*, 6 May 2013.

142　藍科銘，〈柬埔寨土地問題複雜，投資宜小心〉，《經貿透視網》，2012年12月3日，http://www.trademag.org.tw/News.asp?id=599174。

143　陳佩修，〈柬埔寨2013年全國大選後的政局走向及其外部效應〉，《戰略安全研析》，第102期（2013年10月）：24。

喪失土地並離開家鄉。據估計，政府以經濟土地讓渡，以及大量
保育林地被重新分類並轉為農產品加工業所用等方式，將土地轉
移到大企業的手中，總面積就超過250萬公頃。[144]

東埔寨是一個農業國家，土地是農民的主要收入來源。土地
掠奪必然嚴重威脅農民的生計。因此，許多被迫遷移的居民與公
民團體發動抗議活動後遭到逮捕與拘留。土地掠奪引發的衝突與
暴力層出不窮，成為東埔寨社會的寫照。儘管新聞媒體未報導這
些事件，但已透過社交網絡快速散播，導致土地掠奪成為重要的
政治議題，迫使洪森政府必須加速推動國有土地所有權計畫
（national land-titling scheme）。2012年9月21日，洪森專程赴桔
井省向當地近600戶家庭頒發土地證，被視為是要彌補該省受土
地糾紛影響的居民；10月10日，洪森更在公開場合重申，為加強
現有經濟特許地的管理，從現在起直至他退休，將不再批准新的
經濟特許地。[145]洪森的目的就是要降低因土地讓渡所引發的社會
不滿進一步發酵，避免影響CPP來年的選情。

2013年大選期間，CPP的競選策略主要是提倡國家要走「穩
定的道路」以圖維持現狀，大力宣傳執政成就，包括：國家與地
方層次的持續經濟成長、享有教育與專業機會的中產階級興起、
CPP是從赤東手中拯救國家的解放者等；同時，也利用興建基礎
設施、學校、鄉村道路、灌溉系統及宗教建築等地區發展計畫的
推動來實現政策買票的目的。[146]這些政績明顯是「送禮」文化的

---

144 Cheang Sokha and Abby Seiff, "King Praises PM, Govt on Handling of Forests," *Phnom Penh Post*, 10 July 2013.

145 藍科銘，〈東埔寨土地問題複雜，投資宜小心〉。

146 詳細內容參考CPP的十一點政策。Vannarith Chheang, "CPP: 11 Points Policy," 17 May 2013, accessed 23 November 2016, https://vannarithchheang.

具體實踐。洪森曾在公開講演時尋求柬埔寨人民的支持：「現在是我依靠你們的時候。沒有什麼困難，只要投下選票。如果你們熱愛洪森，如果你們憐惜洪森，如果你們滿意洪森，如果你們相信洪森，請把票投給CPP。」[147]

　　除了打政績牌，洪森與CPP也試圖在選民心中灌輸恐懼與不安全的心理與情緒的氛圍。洪森在選前數月就頻繁地公然威脅，如果CNRP贏得選舉勝利，將要撤銷或中斷CPP的資助，以及各項基礎設施發展計畫的贊助，像是學校、橋梁、灌溉系統、佛塔等。另外，洪森也透過支配的媒體警告選民，假若CNRP掌權，將會起訴現任政府中涉及赤柬時代殺戮的官員。這樣一來，「歷史將會重演……一旦山蘭西贏得選舉勝利，一場內戰將會發生，因為沒有人願意讓其他人輕易地逮捕他們。」[148]「戰爭威脅論」顯然是CPP競選政見的核心主題之一。[149] 2013年6月，柬埔寨國會通過一項將否認赤柬1970年代暴行的言行視為非法的《赤柬罪刑否認法》（Law on Refusing to Recognise Crimes Committed During

com/2013/05/17/cpp-11-points-policy/.

147　原文是 "Now it is my turn to depend on you. There is nothing difficult. Just tick [the ballot] if you love Hun Sen, if you pity Hun Sen, if you are satisfied with Hun Sen, if you believe in Hun Sen. Please vote for the CPP." Joe Freeman and Meas Sokchea, "Troubling Data in Voter Rolls: Report," *Phnom Penh Post*, 22 March 2013.

148　原文是 "History will be repeating...... an internal war will definitely happen if [Rainsy] wins the election, because no one will let the other arrest them easily." Shane Worrell and Vong Sokheng, "No Volunteers, No Problem: CNRP," *Phnom Penh Post*, 22 April 2013.

149　Colin Meyn, "Will Hun Sen's Threat of War Translate into Votes?" *The Cambodian Daily*, 26 June 2013.

Democratic Kampuchea），明訂任何拒絕承認、否認、反對或淡化赤柬暴行的個人，將處以六個月至兩年徒刑及最多200萬瑞爾的罰款。[150] CNRP與利益團體對此展開批判，認為將損害人民的言論自由。[151] 無疑地，「赤柬」再次成為CPP運用過去歷史在選舉政治中喚起民族主義的印記。[152]

同樣地，CNRP則是延續過去SRP所採用的「反越意識」及「越南人」（*Yuon*）的政治語言，將洪森標籤化為「親越」或「越南傀儡」，持續地將當代柬越邊界議題和柬越歷史關係與洪森和CPP作出連結，尤其在鄰近越南邊境的東部各省。舉例來說，山蘭西在選前的拜票之旅一再高呼：「所有的愛國志士，這是最後的機會，如果我們不拯救我們的國家，再等四或五年就太晚，柬埔寨將充滿越南人，我們將變成越南的奴隸。」「如果我們不小心，柬埔寨將變成另一個越南，柬埔寨將變成『下吉蔑』（Kampuchea Krom），我們將成為越南控制下的一個省分。」[153] 對此，洪森指控

---

[150] Abby Seiff, "KR Crimes Denial Law Set to Pass," *Phnom Penh Post*, 5 June 2013; Meas Sokchea, "Without Debate, Assembly Passes Heavily Criticised Denial Law," *Phnom Penh Post*, 7 June 2013.

[151] Meas Sokchea, "Rights Groups Say Denial Law a Threat to Freedom," *Phnom Penh Post*, 10 June 2013.

[152] Christian Oesterheld, "Social Division and Historical Tropes in Electoral Politics: The Case of Cambodia's National Elections 2013"（paper presented at *the International Conference on Counstructing Southeast Asia*（*COCONSEAS*）, Universitas Gadjah Mada, Yogyakarta, 23-24 October 2013）.

[153] 原文是 "If we are not careful, Cambodia will become a Vietnam, Cambodia will become Kampuchea Krom, we will be a province under control of Vietnam." 及 "All compatriots – this is the last opportunity, if we don't rescue our nation, four or five years more is too late, Cambodia will be full of Vietnamese, we will become slaves of Vietnam." Cheang Sokha, "Return Sparks CNRP, *Phnom Penh*

CNRP的「反越」民族主義論調意圖掀起一場「寧靜戰爭」，造成社會失控以利於國會選舉。[154]

近年來，柬埔寨面臨長期性的結構問題，包括：所得差距擴大、社會不正義、免責文化、廣泛的裙帶關係與貪污、猖獗的土地掠奪與森林砍伐等。再加上，其他正在發生的社會經濟議題，例如：工廠工人和公務員的低薪資、較高的通貨膨脹率、農產品價格波動、越南移民持續流入等。這些議題已經動搖洪森與CPP的正當性，並且鬆動其過去所掌握的人民支持度。[155]因此，CNRP批判洪森與CPP的獨裁及貪污腐敗等金錢政治，競選主軸主打「改變」的口號，試圖發起一場「追求改變的群眾運動」（mass movement for change）。[156]對比CPP的選舉活動參與者是因為收到金錢才參加集會，CNRP高喊「我的汽油，我的機車，我的金錢，我的道德，拯救我的國家。改變！改變！改變！」[157]這口號清楚地呈現出CNRP的支持者如何騎著自己的機車且帶著汽油來

Post, 22 July 2013; May Titthara, "At Border, Rainsy Plays Old Tune," *Phnom Penh Post*, 26 July 2013.

154 Cheang Sokha and Kevin Ponniah, "PM Claims Opposition Wants War," *Phnom Penh Post*, 11 June 2013.

155 Vannarith Chheang, "The 5th Cambodia Elections: A Turning Point for the Democratic Process," *Kyoto Review of Southeast Asia*, November 2013, accessed 23 February 2017, http://kyotoreview.org/uncategorized/the-5th-cambodia-elections-a-turning-point-forthe-democratic-process/.

156 Shane Worrell and Cheang Sokha, "Policy Lost on Some Campaigners," *Phnom Penh Post*, 12 July 2013.

157 原文是"My gasoline, my motorbike, my money, my morale, save my nation. Change! Change! Change!" Astrid Noren-Nilsson, "Good Gifts, Bad Gifts, and Rights: Cambodian Popular Perceptions and the 2013 Elections," *Pacific Affairs* 89, No. 4（December 2016）: 801.

參加競選活動。另外，相較於CPP的「送禮」論述，CNRP則訴求反金錢政治的「公民權利」論述，主張政治參與是一種權利（setthi），[158]公民應基於政治良心來參與活動，而非提供政治忠誠來換取金錢與物質。[159] CNRP將這次的競選策略集中在日常生活議題，提供選民一系列具體的新政策倡議。[160] 正如CNRP資深議員松蔡（Son Chhay）所表示，本黨關注社會議題意味著，從過去只作為一個反對黨，正在轉型成一個可以勝任政府的實際選擇。[161]

　　根據柬埔寨自由公正選舉委員會（Committee for Free and Fair Elections in Cambodia, COMFREL）的報告指出，2013年大選前的政治環境較之過去選舉並無太多變化，CPP仍控制媒體、起訴反對黨領袖，弱化反對黨。國會常設委員會以SRP和HRP及FUNCINPEC與NRP合併為由，剝奪SRP、HRP與NRP共27位國會議員的資格。[162] 整個選前階段，CPP與CNRP之間的政治緊張持

158　Noren-Nilsson, "Cambodia at a Crossroads," pp. 273-275.

159　Noren-Nilsson, "Good Gifts, Bad Gifts, and Rights," pp. 801-802.

160　CNRP的競選改變，包括：（1）、65歲及以上的老人每月可獲取4萬瑞爾（10元美金）的補助；（2）、工人每月最低薪資應為60萬瑞爾（150元美金）；（3）、公務員每月最低薪資應為100萬瑞爾（250元美金）；（4）、農民應被保證能取得每公斤至少1,000瑞爾的稻米價格；（5）、窮人應獲得免費的醫療照護；（6）、年輕人應獲得平等的教育機會與合適的職業；（7）、石油、肥料、電力等價格及貸款利息應予以降低；（8）、村長的薪資應為200萬瑞爾（500元美金）。David Boyle, "Shift in CNRP's Political Strategy to Win Elections," *Phnom Penh Post*, 4 December 2012; Vannarith Chheang, "CNRP: 8 Points Policy," 17 May 2013, accessed 23 November 2016, https://vannarithchheang.com/2013/05/17/cnrp-8-points-policy/.

161　Shane Worrell and Cheang Sokha, "Policy Lost on Some Campaigners," *Phnom Penh Post*, 12 July 2013.

162　Shane Worrell and Vong Sokheng, "Assembly Now Invalid: Opposition," *Phnom*

續升高。由於CPP在2008年國會選舉與2012年「鄉選」獲得大勝，一般預料將順利贏得2013年選舉，EU等國際組織甚至不派遣選舉觀察團赴東，理由是不願意為預料中的結論充當橡皮圖章。然而，西哈莫尼國王於7月12日宣布特赦山蘭西，使其在流亡海外4年後得以重返金邊。[163]山蘭西雖因「太晚回國而錯過登記時間」，確定無法以候選人的身分參與選舉和投票，但是，當他步出金邊機場以後，向數千名支持者高喊「我回來拯救國家」（I have come home to rescue the country）、「我們要改變！」（We want change!），而且，休息不到24小時，隨即展開15省的拜票之旅。山蘭西的回歸確實振奮CNRP及其支持者的士氣。[164]

　　2013年國會選舉在7月28日舉行。選前有9,675,453位選民完成登記，占柬埔寨總人口的66.93%。本次選舉有8個政黨推舉1,895名候選人競逐123個國會席次，有6,735,244名登記選民投出有效票，投票率為69.61%。投票結果出爐，僅有CPP與CNRP兩個政黨取得席次，分別是68席和55席。從得票率來看，CPP在全國24個選區中，有14個的得票率超過50%，其中包含因人口少而僅有1席的9個選區，[165]這9席向來是CPP的基本席次。根據

Penh Post, 7 June 2013.

[163] David Boyle and Cheang Sokha, "Opposition Leader Sam Rainsy Pardoned," *Phnom Penh Post*, 12 July 2013; "Cambodian Opposition Leader Pardoned at Request of PM," *The Guardian*, 12 July 2013. https://www.theguardian.com/world/2013/jul/12/cambodian-opposition-leader-sam-rainsy-pardoned.

[164] Cheang Sokha, "Return Sparks CNRP, *Phnom Penh Post*, 22 July 2013; "Supporters Mob Cambodia's Opposition Leader Sam Rainsy on Return from Exile, *The Guardian*, 19 July 2013. https://www.theguardian.com/world/2013/jul/19/cambodia-opposition-leader-rainsy-return-exile.

[165] 九個僅有一席的小省市，包括：戈公（Koh Kong）、蒙多基里（Mondulkiri）、

柬埔寨的貧窮地圖來看，這些大多屬於貧窮率較高的省分。相反地，CPP在貧窮率較低的選區，尤其是金邊、干丹、磅湛、波蘿勉等合計52席的前四大選區，僅僅贏得23席，而且得票率僅有38.77%、39.85%、41.99%、43.69%，席次比也都低於50%，分別只有41.67%（5席）、44.44%（5席）、45.45%（8席）、45.45%（5席）。[166]

反觀CNRP的得票數為2,946,176張，得票率是44.46%，全國共取得44.72%席次。CNRP在席次大約1席的15個選區中，僅在班迭棉吉、馬德望、桔井、菩薩、暹粒、柴楨等6省分的席次落後給CPP，在前四大選區都是領先CPP，共贏得29席。從得票率來看，CNRP在金邊、干丹、磅湛、波蘿勉、磅士卑等五個選區超過CPP，前三個選區的得票率甚至超過50%。[167]因柬埔寨國會選舉按照「最高平均公式」（highest average formulae），來決定各政黨所贏得議席數目，而非簡單的以得票率來平均分配席次，被認有利於執政的CPP，不利於反對黨。不過，反對黨成功合併後，本次選舉也得利於這種席次分配公式。[168]

整體來看，CPP雖然贏得這場選舉的勝利，但得票數卻較2008年國會大選減少25.64萬票，總席次也少22席，僅比過半的

柏威夏（Preah Vihear）、臘塔納基里（Ratanakiri）、施努亞市（Sihanoukville）、上丁（Stung Treng）、白馬（Kep）、拜林（Pailin）、奧多棉吉（Oddar Meanchey）。

166　The Committee for Free and Fair elections in Cambodia（COMFREL）, *Final Assessment and Report on the 2013 National Assembly Elections*（Phnom Penh: COMFREL, December 2013）, pp. 114-116.

167　Ibid.

168　Aurel Croissant, *Electoral Politics in Cambodia: Historical Trajectories and Current Challenges*（Singapore: ISEAS-Yusof Ishak Institute, 2016）, p. 21.

62席多出6席，而且，在全國24個選區中有13個表現不如上一屆，磅湛省甚至減少3席，少2席的省／市多達7個，[169] 2013年選舉結果僅能說是「慘勝」。無疑地，反對黨主打土地問題、發展對環境的破壞、執政黨的貪污等熱門議題的選戰策略，以及高喊「反越意識」的選舉語言，已經發揮效用。此外，年輕選民積極參與投票也是左右選舉結果的重要因素。[170] 根據COMFREL的報告指出，年輕選票超過總票數的一半以上，且有37萬年輕人變成正式選民。[171] 年輕世代出生於《巴黎和平協定》簽署後，未曾經歷赤柬統治的戰亂時期，對於洪森與CPP主打拯救國家於赤柬屠殺政權的歷史，缺乏深刻的記憶與印象，洪森的「戰爭威脅論」／「內戰說」無法說服年輕選民將票投給CPP。雖然CPP壟斷媒體，試圖阻礙反對黨的資訊傳達，但受益於資訊通訊技術（ICT）發達，年輕世代仍透過網路，尤其是臉書（facebook）等社群媒體來分享與選舉有關的資訊，像是土地掠奪、成衣工人的示威遊行、執政黨的貪污腐敗、剝削天然資源等。[172] 更何況，CPP的候選人名單大多是已經在政府官僚任職多年，無法帶給年輕選民

---

169 包括：磅士卑、貢布、干丹、金邊、波蘿勉、柴楨、茶膠。

170 Duncan McCargo, "Cambodia in 2013:（No）Country for Old Men?" *Asian Survey* 54, No. 1（January/February 2014）: 71-77; Giry, "Autopsy of a Cambodian Election," pp. 141-159; Netra Eng and Caroline Hughes, "Coming of Age in Peace, Prosperity, and Connectivity: Cambodia's Youth Electorate and Its Impact on the Ruling Party's Political Strategies," *Critical Asian Studies* 49, No. 3（2017）: 401-404.

171 The Committee for Free and Fair elections in Cambodia（COMFREL）, *Final Assessment and Report on the 2013 National Assembly Elections*, p. 94.

172 Eng and Hughes, "Coming of Age in Peace, Prosperity, and Connectivity," pp. 401-404.

「改變」的期待感。在洪森的權力壟斷下，年輕世代長期被拒於政治權力的大門外，無法參與中央與地方的政策決策過程，明顯的例證就是整個國會或參議院甚至沒有任何一位30歲以下的年輕議員。[173]

　　另一方面，儘管柬埔寨的經濟高度成長帶來許多經濟機會，但年輕世代仍被排除在經濟機會的大門之外。鄉村地區的貧窮率仍居高不下，迫使年輕人被迫遷移至城市地區，尤其是首都金邊，以尋找就業機會，[174]導致柬埔寨的城市化程度遠高於整個東南亞，[175]從而造就一批政治學者邁卡戈（Duncan McCargo）所稱的「城市化鄉民」（urbanized villagers）。[176]根據他的觀察，有許多湧入金邊從事服務業與製造業的勞動移工，在2013年選舉時返鄉投票支持反對黨CNRP，同時也勸說親友投票反對執政黨。然而，兩大政黨當時都仍抱持陳舊的觀點，僅將其視為城市選民或鄉村選民，未能意識到選民的本質已經發生變化。這些「城市化鄉民」在進入金邊謀生以後，獲取更多城市世界的知識，也體認到身處的結構邊際化，因此容易被使用同種語言、關懷其所需的政治人物給動員。[177]因為如此，邁卡戈才以「世代交替」為2013

173　Ibid., pp. 400-401.

174　CDRI, *Youth Migration and Urbanisation in Cambodia*, Paper commissioned by United Nations Population Fund（UNFPA）Cambodia, CDRI Working Paper 36, November 2007.

175　Ministry of Planning, *Migration in Cambodia in Cambodia: Report of the Cambodian Rural Urban Migration Project*（*CRUMP*）（Phnom Penh: Ministry of Planning, August 2012）, pp. 8-9.

176　Duncan McCargo, "Thailand's Urbanized Villagers and Political Polarization," *Critical Asian Studies* 49, No. 3（2017）: 365-378.

177　Ibid., pp. 367-368.

年的柬埔寨作出註解。[178]

　　選舉結束以後，CNRP自行計算的選舉結果顯示是贏得70席，與NEC公布的結果不同。CNRP發表聲明表示，由於出現許多「嚴重的選舉舞弊行為」（serious election irregularities），像是用來識別已投票的墨水容易抹除、個別人士被取消選民登記、有來自越南的幽靈選民等。透明國際（Transparency International）也指出，在60%的投票所，具身分證的公民無法在選舉名冊上找到自己的名字。因此，CNRP拒絕接受2013年大選的結果。山蘭西甚至公開宣稱，至少130萬公民未被登記為選民，導致CNRP損失20萬張選票。這些舞弊必須交由獨立的公正機構重新調查。[179] CPP與CNRP協商以後，同意由兩黨聯合調查選舉舞弊。然而，憲法委員會在重新開箱調查以後，表示是工作人員「不小心的失誤，不影響選舉結果」，拒絕CNRP所提於暹粒省16個投票所進行重新投票的要求，[180] 堅定CNRP在9月14日展開一場為期3天的大規模和平示威遊行的決定。[181]

178　McCargo, "Cambodia in 2013," p. 71.

179　Kate Hodal, "Cambodia Opposition Party Makes Big Gains in Election," *The Guardian*, 29 July 2013. https://www.theguardian.com/world/2013/jul/29/cambodia-national-rescue-opposition-party-election.

180　Meas Sokchea, "NEC Ends Investigation," *Phnom Penh Post*, 19 August 2013; Stuart White and Meas Sokchea, CPP, CNRP Back at Table," *Phnom Penh Post*, 21 August 2013; Meas Sokchea, "Poll Workers to Be 'Lightly' Punished," *Phnom Penh Post*, 2 September 2013; Kevin Ponniah and Meas Sokchea, "Final Preparations for Rally," *Phnom Penh Post*, 6 September 2013.

181　Cheang Sokha, Shane Worrell and May Titthara, "'Mass Demonstration' a Restrained Affair," *Phnom Penh Post*, 7 September 2013; Meas Sokchea and Abby Seiff, "More Protests Promised," *Phnom Penh Post*, 9 September 2013.

2013年9月中旬，CPP與CNRP兩黨領袖在王宮舉行首次會談，但洪森只關注國會的權力分享問題，拒絕反對黨要求的「獨立調查」，CNRP決定抵制新國會在9月23日的首次會議。[182]之後，雖然CPP同意在某些選舉改革上作出微小讓步，CNRP仍決定將示威遊行擴大到全國各地。山蘭西宣稱：我們堅持調查，只要沒有適當的調查，將不會展開會談，這將取決於CPP的態度；[183]金速卡也表示：只要我們的要求沒有達成，我們將不會停止抗議。[184] 12月15日起，CNRP更是在全國各地展開「天天示威」運動（strategy of nonstop demonstrations），要求「重新舉行大選」、「洪森下台」（Hun Sen, step down）。[185]在整個抗爭過程中，年輕世代甚至比政黨領袖更為激進。這場宛如「柬埔寨之春」（Cambodian spring）所引發的政治僵局一直持續到2014年7月才出現轉機。

　　2014年7月22日，CPP與CNRP兩黨高層在參議院大廈舉行「最後會談」，並釋出一份聲明，內容包括：（1）、同意選委會的改革，其由9位成員組成，將由國會經多數決來任命成員，4名來

[182] Cheang Sokha, Vong Sokheng and Abby Seiff, "Baby Steps at Palace Meeting," *Phnom Penh Post*, 14 September 2013; Abby Seiff, "CPP, CNRP Leadership to Face off," *Phnom Penh Post*, 16 September 2013; Vong Sokheng and Abby Seiff, "Accord but No Resolution," *Phnom Penh Post*, 17 September 2013.

[183] Meas Sokchea and Daniel Pye, "CNRP Readies for Demos," *Phnom Penh Post*, 18 November 2013.

[184] Meas Sokchea and Daniel Pye, "CNRP's Sunday 'Tsunami'," *Phnom Penh Post*, 22 December 2013.

[185] Kevin Ponniah, "Gambit by CNRP an 'All-in' Move, *Phnom Penh Post*, 16 December 2013; Meas Sokchea and Daniel Pye, "Opposition Faithful March on," *Phnom Penh Post*, 17 December 2013.

自CPP，4名來自CNRP，另一名由兩黨協議來決定；（2）、關於
國會領袖人選，國會主席與第二副主席均來自CPP，第一副主席
來自CNRP；（3）、兩黨同意成立調查委員會及反貪污部門；
（4）、釋放被捕的國會議員。[186] 8月5日，CNRP的國會議員向國王
西哈莫尼宣誓就職，宣告長達10個月的政治抵制正式結束，[187]柬
埔寨政治發展進入一個洪森所謂的「對話文化」（culture of
dialogue）階段。[188]然而，CPP與CNRP兩黨和解的蜜月期實際上
僅僅維持15個月。

　　2015年以前，洪森雖然壟斷政治權力，卻也延續1993年所樹
立的高階政治階層的權力分享協定，主要是因為洪森在CPP內部
仍面臨以謝辛為首的敵對派系，例如：內政部長蘇慶、參議院主
席賽沖（Say Chhum）等。雖然謝辛作為CPP主席，角色變得越
來越象徵性，仍是洪森唯一的敵對勢力。2015年6月8日，謝辛
因病逝世，洪森立即接收黨主席的職位，導致謝辛派系跟著式
微。由於CPP內部已經沒有任何勢力能夠限制、制衡洪森的權
力，再加上洪森在政府中擔任總理的職位，洪森首次取得政黨和
政府的個人控制權，宣告柬埔寨的政治劇目走向由洪森主演的獨
腳戲。[189]此後，洪森無須再恪守先前的權力分享協定，其統治開

186　"Political Deadlock Broken," *Phnom Penh Post*, 22 July 2014.

187　Meas Sokchea and Kevin Ponniah, "Opposition Take Oaths Before King," *Phnom Penh Post*, 6 August 2014.

188　Vong Sokheng, "This Is My House: PM," *Phnom Penh Post*, 5 December 2014.

189　Sebastian Strangio, "Cambodian Politics a One-man Show after Death of Ruling-party Veteran," *Nikkei Asian Review*, 25 June 2015, accessed 24 October 2018, https://asia.nikkei.com/Politics/Cambodian-politics-a-one-man-show-after-death-of-ruling-party-veteran.

始步入真正的個人獨裁。[190]

　　2015年10月初，CNRP參議員洪素華（Hong Sok Hour）在臉書張貼遭竄改的《1979年柬越邊境條約》（1979 Cambodia-Vietnam border treaty），主旨是將第四條內容「柬越兩國尊重邊界，並和平解決爭端」改成國家元首橫山林同意取消國家邊界，被認為意圖煽動嚴重動亂，威脅社會安全、穩定與公共秩序，遭到逮捕且由金邊市法庭羈押候審。[191] CNRP的支持者利用洪森出訪法國巴黎時在當地發動示威抗議；執政黨的支持者則是在金邊向金速卡發動示威抗議，導致兩名CNRP議員受傷。山蘭西指控洪森使用「法西斯主義手段」並對兩位反對黨議員實施殘酷攻擊，[192]導致金速卡在10月30日遭國會投票撤銷第一副主席的職位。[193]儘管山蘭西之後曾向洪森致歉，但洪森仍決定對山蘭西展開攻擊。11月13日，金邊市法院以7年前的毀謗案對山蘭西發出逮捕令，迫使他再次流亡海外。[194]

190　相關討論，參考：Jonathan Sutton, "Hun Sen's Consolidation of Personal Rule and the Closure of Political Space in Cambodia," *Contemporary Southeast Asia* 40, No. 2（August 2018）: 173-195.

191　Buth Reaksmey Kongkea, "Facebook Trial Begins," *Phnom Penh Post*, 3 October 2015; Meas Sokchea, "Sok Hour Trial Paused Again," *Phnom Penh Post*, 8 October 2015.

192　Meas Sokchea, "Rainsy Could Face Arrest: PM," *Phnom Penh Post*, 27 October 2015; Charles Parkinson, "Rainsy Blasts 'Reprisal' Attacks on CNRP," *Phnom Penh Post*, 27 October 2015.

193　Chhay Channyda and Shaun Turton, "CPP Ousts Sokha from Assembly Post," *Phnom Penh Post*, 31 October 2015.

194　Phak Seangly and Shaun Turton, "Arrest Warrant Issued for Rainsy," *Phnom Penh Post*, 13 November 2015; Phak Seangly and Shaun Turton, "Sam Rainsy Faces Arrest Warrant," *Phnom Penh Post*, 14 November 2015.

　　洪森對山蘭西與CNRP的法律攻勢並未因此停歇，議員翁宋安（Um Sam An）於2016年4月被控以偽造文件和煽動罪名被捕，[195]並於10月遭金邊市法庭判處兩年半的徒刑；[196]副主席金速卡在同年5月因性醜聞疑雲屢遭傳喚，但因拒絕出庭說明（Refusal to Appear），遭判處5個月的監禁，禁止離開柬埔寨，[197]之後隱蔽在CNRP總部長達半年，時至12月初才因國王特赦而重返國會，並接替山蘭西在國會的職務；[198]參議員洪素華於11月被判犯有詐騙罪及煽惑罪，遭處以7年徒刑；[199]12月5日，鄉／分區理事長Seang Chet被控賄賂金速卡的夫人而遭金邊市法院判處5年徒刑。[200]除政治人物以外，亦有維權人士因和平地開展工作而遭到威脅和拘捕。在恐嚇、威脅及嚴密的監視下，數名維權人士

---

[195]　Mech Dara, "CNRP Lawmaker Um Sam An 'Charged with Incitement'," *Phnom Penh Post*, 11 April 2016.

[196]　Niem Chheng, "Sam An Sentenced to Jail," *Phnom Penh Post*, 11 October 2016.

[197]　Lay Samean and Ananth Baliga, "Kem Sokha, Two Fellow CNRP Lawmakers Reject Summons," *Phnom Penh Post*, 5 May 2016; Meas Sokchea and Mech Dara, "MPs Refuse to Attend Court for 'Prostitution' Summons, *Phnom Penh Post*, 17 May 2016; Meas Sokchea, "Lawyers Say Sokha Not Attending Court Today," *Phnom Penh Post*, 26 May 2016; Mech Dara and Shaun Turton, "Sokha Charged with 'Red-handed' Crime as CNRP Threatens Protests," *Phnom Penh Post*, 27 May 2016; Meas Sokchea and Erin Handley, "Kem Sokha Forbidden from Leaving Country," *Phnom Penh Post*, 15 July 2016.

[198]　Mech Dara, "Breaking: Royal Pardon for Kem Sokha," *Phnom Penh Post*, 2 December 2016; Mech Dara, Meas Sokchea and Lay Samean, "New National Assembly Role for Sokha," *Phnom Penh Post*, 6 December 2016.

[199]　Niem Chheng and Shaun Turton, "Senator Sok Hour Given Seven Years for Forgery and Incitement," *Phnom Penh Post*, 8 November 2016.

[200]　Niem Chheng, "Breaking: Five Years for Chief Tied to Sokha Case," *Phnom Penh Post*, 5 December 2016.

因為擔心自身安全，被迫離開柬埔寨。[201] 無疑地，洪森採取一連串法律行動的主要目的是，要讓人民感覺到恐懼。

2017年1月31日，洪森在國會特別全體會議上，指控山蘭西誹謗罪，要求賠償100萬美元的精神損失費，並申請法院凍結山蘭西在國內的所有財產進行拍賣，包括救國黨總部。[202]洪森同時建議修訂《政黨法》（Law on Political Parties），新增內容包括：禁止任何犯罪的個人擔任政黨正副主席，若政黨正副主席犯下嚴重罪刑，有關政黨必須解散；所有政黨候選人在提名競選前，必須取得司法部「無犯罪紀錄」證明等。[203]山蘭西為避免CNRP遭到波及，在2月11日宣布辭去黨主席職務，[204]之後改由金速卡擔任代理黨主席。不過，《政黨法》修正案仍於2月20日在CNRP抵制投票的情形下快速地經由國會表決通過。山蘭西將此視為柬埔寨自1991年《巴黎和平協定》簽訂以來最黑暗的一天。[205]

---

201 Amnesty International, *Amnesty International Report 2016/17: The State of the World's Human Rights*（London: Amnesty International, 2017）, pp. 104-106; Amnesty International, *Courts of Injustice: Suppressing Activism Through the Criminal Justice System in Cambodia*（London: Amnesty International, 2017）.

202 Meas Sokchea and Shaun Turton, "Hun Sen Demands $1M in Sam Rainsy Defamation Suit as CNRP Stripped of Status," *Phnom Penh Post*, 1 February 2017.

203 Mech Dara and Meas Sokchea, "PM Hun Sen Tells Ministers to Ignore CNRP Requests to Appear at Assembly, *Phnom Penh Post*, 2 February 2017; Lay Samean and Ananth Baliga, Hun Sen Mulls Rules to Dissolve Parties for Individual's Wrongdoing," *Phnom Penh Post*, 3 February 2017; Meas Sokchea and Shaun Turton, "Party over for Opposition? Cambodia Watchers Wonder If CPP Really Will Dissolve CNRP, *Phnom Penh Post*, 10 February 2017.

204 Shaun Turton, "Sam Rainsy Resigns from CNRP", *Phnom Penh Post*, 11 February 2017.

205 Meas Sokchea and Erin Handley, "CNRP to Boycott Party Law Vote," *Phnom*

儘管CNRP面臨洪森發動的連串司法攻勢，對於即將在2017年6月4日舉行的第四屆「鄉選」仍滿懷信心。新任副主席莫淑華就認為，CNRP在本屆鄉選將和2013年大選一樣，可以攻陷CPP在鄉村地區的傳統據點。[206] 相反地，洪森除重提「戰爭威脅論」，強調CPP一旦失去政權，國家將瀕臨戰爭，[207] 甚至一反常態地現身拉票，這是過去近20年未曾發生過的事，顯見本屆「鄉選」的重要性和緊繃程度。[208]

本屆「鄉選」的登記選民共有7,865,033人，有12個政黨推出94,595名候選人，在全國1,646個選區競爭11,572席的鄉／分區理事。投票結果是，投票率高達89.9%，是柬埔寨歷屆選舉最高的一次。根據選委會在6月25日公布的正式結果，在1,646席的鄉／分區理事長席次中，除高棉國家團結黨（Khmer National United Party, KNUP）在班迭棉吉省獲得1席，其餘均由CPP和CNRP獲得。CPP的得票數是354萬票，得票率是50.76%，共贏得1,156席（70.23%）的鄉／分區理事長席次與6,503席（56.2%）鄉／分區理事；相較於2012年「鄉選」，得票數約少9.1萬票，鄉／分區理事長席次少436席，鄉／分區理事少1,789席。反觀CNRP的得票數是306萬票，得票率是43.83%，共贏得489席

Penh Post, 20 February 2017; Meas Sokchea and Erin Handley, "CPP Amends Party Law, Opening Door to Dissolving Opposition," *Phnom Penh Post*, 21 February 2017.

206　Ananth Baliga and Mech Dara, "Cambodia's Commune Elections: A Political Tipping Point," *Phnom Penh Post*, 19 May 2017.

207　Meas Sokchea, "NEC Warns Against Use of War Rhetoric," *Phnom Penh Post*, 12 May 2017.

208　Shaun Turton and Niem Chheng, "Thousands Join PM for CPP's Final Campaign Push," *Phnom Penh Post*, 2 June 2017.

（29.7%）的鄉／分區理事長席次與5,007席（43.27%）鄉／分區理事。[209]

　　本屆「鄉選」可說是2018年大選的測量器，雖然CPP贏得選舉的勝利，但從整體的得票率來看，CNRP的總得票率僅落後CPP不到7%，打破CPP自1980年代以來即壟斷鄉村地區的局面，兩黨在地方政治的實力趨近平等，這對CPP來說實是一大警訊。特別是，CNRP在國會選舉的重要選區都有不錯的表現，包括：最大選區的磅湛、第二大選區的金邊，以及磅同（Kampong Thom）、暹粒、波蘿勉、干丹、馬德望等，7個選區合計取得368席，占CNRP總席次的75.3%，而且前4個選區的席次比均高於50%，尤其在磅湛的109席中贏得74席，席次比高達67.9%。這7個選區的國會席次共計72席，占全國123席的58.5%。如果2018年國會選舉的投票情形未發生明顯變化，CNRP有機會贏得首次的國會選舉勝利。這也是洪森在選後持續對CNRP展開司法攻勢的主要理由。

　　2017年6月28日，洪森要求國會議員展開《政黨法》第二輪的修訂，[210]國會於7月10日在CNRP抵制下迅速通過這項爭議性的《政黨法》修正案，新增內容包括：禁止使用聲音、影像、書面文件或犯罪活動來求取政黨利益，禁止與罪犯同謀假政黨利益之

209　Ananth Baliga and Touch Sokha, "NEC Releases Final Count for Commune Elections," *Phnom Penh Post*, 26 June 2017; Ben Sokhean, "NEC Releases Official June 4 Election Results," *The Cambodian Daily*, 26 June 2017. https://www.cambodiadaily.com/news/nec-releases-official-june-4-election-results-131758/.

210　Ben Sokhean and Ben Paviour, "More Law Changes Underway to Sideline Rainsy," *The Cambodian Daily*, 29 June 2017. https://www.cambodiadaily.com/topstory/law-changes-underway-sideline-rainsy-131914/.

名來進行活動；新法也妨礙政黨支持或組織任何計畫或與任何個人共謀來從事違反國家利益的任何行動，違反法律的任何政黨將被禁止從事政治活動5年，而且不准參加競選或甚至解散。顯然，修正案的目的是要扼殺山蘭西的政治生涯，禁止他重返政壇，以及禁止CNRP幾乎無所不在的競選材料與標誌，所以被山蘭西本人戲稱為「反山蘭西法」（Anti-Sam Rainsy Law）。[211] 7月29日，參議院主席賽沖簽署這項爭議性的《政黨法》修正案，且於簽署後立即生效。影響所及，2012年解散的兩個政黨，SRP更名為燭光黨（Candlelight Party），HRP則繼續作為政黨組織而存在。[212]

　　此外，洪森政府還將目標瞄準獨立媒體和非政府組織，包括：8月22日，下令《柬埔寨日報》限期繳清25,756,015,695瑞爾（約630萬美元）的稅單，否則將勒令停刊。[213]背後的理由應是，《柬埔寨日報》在過去的發行歲月中，一向是扮演勇於批判政府施政的獨立媒體角色，其遭勒令停刊將意味著柬埔寨出版自由的終結。除了查禁《柬埔寨日報》以外，洪森政府更在8月23日根據《非政府組織法》與《稅務法》，要求國家民主研究所（National Democratic Institute, NDI）停止活動，所有外國員工在一星期內

211　Meas Sokchea and Erin Handley, "Breaking: Assembly Passes Party Law Changes Targeting Rainsy," *Phnom Penh Post*, 10 July 2017.

212　Ben Sokhean, "King's CPP Stand-In Enacts Party Law Changes," *The Cambodian Daily*, 31 July 2017. https://www.cambodiadaily.com/news/kings-cpp-stand-in-enacts-party-law-changes-133040/.

213　Ben Paviour, "Tax Head Threatens Daily with September 4 Closure," *The Cambodia Daily*, 21 August 2017. https://www.cambodiadaily.com/editors-choice/tax-head-threatens-daily-with-september-4-closure-133851/.

全部撤離柬埔寨；[214]同日遭勒令撤離金邊的還有美國之音（Voice of America, VOA）和自由亞洲電台（Radio Free Asia, RFA）。[215]整整一星期，洪森政府至少關閉了19座廣播電台。[216]正如《柬埔寨日報》在被停刊前的最終頭版標題所言，洪森已經「淪為徹底的獨裁統治者」（Descent Into Outright Dictatorship），[217]這也是《柬埔寨日報》為柬埔寨正面臨的問題所提出最後的警告：柬埔寨正進入一個「鎮壓的新時代」（New Era of Repression）。[218]顯然，執政黨選擇在2018年7月大選來臨前，毫無顧忌地展現出箝制言論自由的意圖。[219]

214　Ben Sokhean and George Wright, "NDI Banned, Foreign Staff Face Forcible Expulsion," *The Cambodia Daily*, 24 August 2017. https://www.cambodiadaily. com/news/ndi-banned-foreign-staff-face-forcible-expulsion-2-133964/.

215　Leng Len and Ben Paviour, "RFA, VOA Broadcasts Booted Out of Cambodia's Provinces," *The Cambodia Daily*, 29 August 2017. https://www.cambodiadaily. com/news/rfa-voa-broadcasts-booted-out-of-cambodias-provinces-134110/.

216　Leng Len and Ben Paviour, "Anger Mounts as Radio Purge Knocks 19 Stations Off-Air," *The Cambodia Daily*, 28 August 2017. https://www.cambodiadaily.com/ news/anger-mounts-as-radio-purge-knocks-19-stations-off-air-134077/.

217　"Cambodia Daily Shuts with 'Dictatorship' Parting Shot at Prime Minister Hun Sen," *The Guardian*, 4 September 2017. https://www.theguardian.com/ world/2017/sep/04/cambodia-daily-shuts-with-dictatorship-parting-shot-at-prime-minister-hun-sen.

218　Ben Paviour, "Observers Warn of New Era of Repression in Cambodia," *The Cambodia Daily*, 24 August 2017. https://www.cambodiadaily.com/editors-choice/observers-warn-of-new-era-of-repression-in-cambodia-133957/.

219　Association of Southeast Asian National Parliamentarians for Human Rights （APHR）, "ASEAN Parliamentarians Alarmed by Cambodia Crackdown," 3 August 2017. https://aseanmp.org/2017/08/31/asean-parliamentarians-alarmed-by-cambodia-crackdown/.

9月3日，洪森政府指控金速卡與美國勾結，煽動「顏色革命」（color revolution），意圖推翻政府，遭以叛國和間諜罪起訴，將面臨15年至30年的有期徒刑，引發寒蟬效應，包括指控洪森是「城市恐怖主義者」（urban terrorist）的新任副主席莫淑華及多位黨籍議員和資深幹部均選擇流亡海外。[220] 10月6日，內政部向最高法院提起訴訟，要求判處CNRP解散，理由是意圖勾結外國勢力，透過「顏色革命」推翻政府。[221] 之後，CPP議員又提出針對被解散政黨議席的重新分配方式的選舉法修正案，並在10月16日及20日經國會與參議院表決通過。[222] 該選舉法修正案實際上涉及四個部分，包括：《國會選舉法》、《參議院選舉法》、《首都、省、市、縣、區理事會選舉法》和《鄉分區理事會選舉法》。這意味著，只要CNRP遭到解散，其國會議席、鄉／分區

---

[220] "Developing: CNRP Leader Kem Sokha Arrested for 'Treason'," *Phnom Penh Post*, 3 September 2017; Nicola Smith and Louise Burke, "Cambodia Accused of 'Killing off Democracy' after Opposition Party Dissolved by Supreme Court," *The Telegraph*, 16 November 2017. http://www.telegraph.co.uk/news/2017/11/16/cambodian-opposition-party-dissolved-supreme-court-hun-sen-clears/.

[221] Mech Dara and Erin Handley, "Breaking: Interior Ministry Files Complaint to Dissolve CNRP," *Phnom Penh Post*, 6 October 2017; Mech Dara and Ananth Baliga, "Government ups Plot Accusations with New Video Linking CNRP and US Groups to 'Colour Revolutions'," *Phnom Penh Post*, 25 October 2017.

[222] Niem Chheng, Ananth Baliga and Erin Handley, "CPP Rewrites Rules Again, with Amendments Planned to Political Laws to Redistribute CNRP Seats," *Phnom Penh Post*, 11 October 2017; Mech Dara and Andrew Nachemson, "Breaking: National Assembly Passes Election Law Amendments to Allow CNRP Seat Distribution," *Phnom Penh Post*, 16 October 2017;〈選舉法修正案‧獲參議院通過〉,《柬埔寨星洲日報》，2017年10月21日。http://www.camsinchew.com/node/53643?tid=5.

理事議席將由其他參選的政黨來重新分配，除執政黨、自願不接受席位的政黨、非法政黨等例外。[223] 11月16日，最高法院針對CNRP解散案進行宣判，結果是CNRP必須解散，而且包含山蘭西與金速卡在內的118名主要官員於5年內禁止從政。[224]

　　根據新修正的《選舉法》規定，NEC需在7日內將CNRP的55席國會議員重新分配給5個政黨，包括：FUNCINPEC獲得41席，民主聯盟黨（League for Democracy Party, LDP）獲得6席，高棉消除貧窮黨（Khmer Anti-Poverty Party, KAPP）獲得5席，柬埔寨國籍黨（Cambodian Nationality Party, CNP）獲得2席，高棉發展經濟黨（Khmer Economic Development Party, KEDP）獲得1席。但因LDP和KAPP拒絕接受，有11席理論上應重新分配給其他3個政黨，但這次先涵蓋CPP的名單中，其席次因此增加到79席。這份新國會成員名單已交由選委會批准通過。[225] 由於FUNCINPEC一向與CPP保持緊密的合作關係，這將使洪森的權力更加地穩固。

　　洪森解散CNRP以後，柬埔寨已經進入一個事實上（*de facto*）的一黨制國家。不過，洪森仍未停止對CNRP的打壓。洪森動用警察、行政結構與司法體系來逼迫反對黨成員背棄CNRP並轉而效忠CPP。[226] 他在下令解散CNRP之後，著手建立雙贏紀念碑

---

223 〈人民黨議員修選舉法〉，《柬埔寨星洲日報》，2017年10月17日。http://www.camsinchew.com/node/53576?tid=3.

224 Ben Sokhean, Mech Dara and Anath Baliga, "'Death of Democracy': CNRP Dissolved by Supreme Court Ruling," *Phnom Penh Post*, 17 November 2017.

225 Niem Chheng and Ananth Baliga, "List of New National Assembly Members Approved," *Phnom Penh Post*, 24 November 2017.

226 Niem Chheng, Ben Sokhean and Ananth Baliga, "Hun Sen Offers Ultimatum for

（Win-Win Monument），原意是要慶祝終結長達數十年內戰的雙贏政策。但是，根據國防部長迪班的說法，雙贏紀念碑也將紀念洪森推動的鼓勵反對黨成員叛變的新政策。換言之，洪森試圖將解散CNRP的決策比擬成1990年代用來對付赤柬的雙贏政策。[227]此外，洪森更下令要動員所有資源來「折斷CNRP在地方層級的支柱」（Break the legs of the CNRP at the local level），例如：妖魔化CNRP的地方網絡、公開差辱CNRP的地方官員等。洪森的目的是要破壞CNRP的組織結構，確保CNRP無法重建其地方網絡，以及CNRP成員無法相互支持。[228] 2018年1月12日，流亡法國的山蘭西在臉書宣布發起柬埔寨救國運動（Cambodia National Rescue Movement, CNRM），目的是要終止柬埔寨的獨裁制度。CNRM試圖確保所有柬埔寨民主人士的團結，訴求透過自由、公平與包容性的選舉來保護柬埔寨人民的意志，達成目標後將自行解散，所有來自CNRP的領袖與運動人士將回歸原本的政黨。山蘭西認為，CNRM可以呼籲人民組織和平的抗議行動，號召工人繼續進行鬥爭，懇求武裝部隊與人民站在同一陣線。[229]

CNRP Officials: Defect or Risk a Five-year Ban," *Phnom Penh Post*, 6 November 2017.

[227] Mech Dara and Andrew Nachemson, "Hun Sen's 'Win' Set in Stone: Minister Floats Plan to Immortalise Post-dissolution Defections," *Phnom Penh Post*, 30 November 2017.

[228] Sun Narin and Julia Wallace, "The Reluctant Defectors of Cambodia," *VOA Cambodia*, 16 December 2017, accessed 27 October 2018, https://www.voanews.com/a/reluctant-defectors-cambodia/4167141.html.

[229] "Cambodia National Rescue Movement," *Cambodia National Rescue Movement – CNRM*, 12 January 2018, accessed 15 January 2018, https://www.facebook.com/permalink.php?story_fbid=158043861494609&id=158011304831198.

　　就在洪森解散CNRP以後，立刻引起美國、歐盟、澳洲和加拿大等西方國家的強烈譴責，更表示要對柬埔寨實施制裁措施，像是美國、瑞典等已決定暫停對柬援助。其中，瑞典過去5年為柬埔寨提供大約一億美元的援助，是歐盟國家中第三大的援柬國家，僅次於法國和德國。更何況，歐盟和美國是柬埔寨的兩大出口市場，柬埔寨若要繼續維持高度的經濟成長，必須謹慎處理與歐盟和美國的關係。這也是山蘭西發起CNRM的另一目的，希望透過外交遊說活動，促使各國對洪森政府施壓。然而，正如澳洲學者泰爾所言，由於川普已經被證實對於提倡人權和民主進程沒有抱持太多的興趣，柬埔寨正在脫離困境。[230]最終，歐盟和美國未能對柬埔寨採取進一步的經濟制裁措施，所以無法對洪森政府造成劇烈衝擊。同樣作為民主國家的日本，也是柬埔寨重要的贊助國，對於柬埔寨反對黨人士遭到逮捕、流亡、禁止參與政治，甚至最後遭到解散等違反民主原則與人權的行為卻顯得相對地沉默。[231]

　　除了眾多的西方國家之外，日本因為對柬埔寨具有政治、經濟與社會的影響力，乃成為CNRP致力去合法化7月大選時所要爭取的首要目標。日本當地的CNRM（Cambodia National Rescue

---

230　Lindsay Murdoch, "Cambodia's Hun Sen Crosses Red Line on Road to 'Outright Dictatorship'," *The Sydney Morning Herald*, 9 September 2017, accessed 18 October 2018, https://www.smh.com.au/world/cambodias-hun-sen-crosses-red-line-on-road-to-outright-dictatorship-20170907-gycjho.html.

231　Andrew Nachemson, "Japan Plays China's Game in Cambodia. Hun Sen Wins," *South China Morning Post*, 9 June 2018, accessed 20 October 2018, https://www.scmp.com/week-asia/geopolitics/article/2149397/japan-plays-chinas-game-cambodia-hun-sen-wins.

Movement in Japan, CNRMJP）曾於2018年5月寫給日本外相河野太郎（Taro Kono）的公開信中，要求日本撤銷對柬埔寨的贊助，請求日本在動亂時刻作為一支「正直的支柱」（pillar of integrity），並且協助強化柬埔寨的民主之路；[232] 此外，CNRMJP更在東京街頭發動抗議活動，訴求「日本應該扮演柬埔寨的民主模範角色」、「日本不應該讓洪森搭便車」。[233] CNRP副主席莫淑華也再次對日本政府喊話，希望日本站在民主這一邊，不要將柬埔寨遺失給中國。[234]

　　不過，當歐盟和美國已經暫停對選舉提供財政支持，日本政府反而對柬埔寨選舉及其他目的提供了總值8億日圓的選舉設備，包括：一萬個日製票匭與其他必要設備等，以及四名選舉改革專家的技術協力支援。[235] 2018年4月，日柬雙方更簽訂一紙關於經濟和電力傳輸計畫，總值超過9,000萬美元的贈與和貸款協定，包括：460萬美元的贈與和8,600萬美元的貸款。[236] 日本為填補歐美國家撤出並維持自身的影響力，以及出於牽制中國在東南

232　Cambodia National Rescue Movement in Japan, "Petition," 10 May 2018, accessed 22 October 2018, https://y-fujita.com/wp-content/uploads/2018/05/817de900f8d2274e4a96e7687d543764-1.pdf.

233　Tatsuya Sato, "Cambodians Protest Japan's Aid for Hun Sen's 'Unfair' Election," *The Asahi Shimbun*, 18 June 2018, accessed 20 October 2018, http://www.asahi.com/ajw/articles/AJ201806180044.html.

234　Andrew Nachemson, "Japan Plays China's Game in Cambodia. Hun Sen Wins."

235　Mech Dara and Andrew Nachemson, "Japan Pledges $7.5 Million for Cambodian Elections Despite Legitimacy Concerns," *Phnom Penh Post*, 21 February 2018.

236　"Japan, Cambodia Sign $90 Million Aid Agreement," *Reuters*, 8 April 2018, accessed 20 October 2018, https://www.reuters.com/article/us-cambodia-japan/japan-cambodia-sign-90-million-aid-agreement-idUSKBN1HF062.

亞影響力的地緣戰略動機，決定與洪森政府維持良好的關係。一旦日本撤銷對柬埔寨的支持，不僅會損及過去耕耘長達數十年的日、柬關係，而且，等於允許中國進一步擴張影響力。泰爾就指出：如果日本現在撤出，柬埔寨將變得更加依賴中國，從而徹底結束這個國家任何走向民主的可能性。作為支持柬埔寨大選的最後一個民主國家，日本可能認為它有義務來維持柬埔寨與自由世界的聯繫。[237]

有別於歐美國家所持的批判立場，中國和俄羅斯則表示支持金邊政府的政策，尤其是來自中國的支持，更給予洪森莫大的信心。中國對柬埔寨而言，曾是洪森口中的「萬惡根源」（the root of everything that was evil），[238]但在洪森發動1997年政變而取得政權以後，北京政府第一個跳出來承認洪森的新政權，已使雙方關係產生實質變化。自從CNRP取得2013年選舉勝利，並且發動示威抗議而不承認選舉結果以後，CPP與中國的關係進一步得到強化。北京當局告訴洪森，選舉是內部事務，他們要的是柬埔寨的穩定發展。隨著柬、中關係的日益緊密，洪森明確地對西方國家表示：「我不再需要你們的錢。」[239] 2017年底，在歐美撤銷對來年7月選舉的支援以後，北京政府迅速地允諾將提供電腦、票匭、投票站等高達30種不同類型選舉設備，都是對於選舉相當重要的

237　Andrew Nachemson, "Japan Plays China's Game in Cambodia. Hun Sen Wins."

238　Bertil Lintner, "The Day of Reckoning in Cambodia?" *Asia Pacific Media Services Limited*, March 2009, accessed 23 April 2016, http://www.asiapacificms.com/articles/cambodia_day_of_reckoning/.

239　Philip Heijmans, "Hun Sen—and China—Win Cambodia Elections," *Newsweek*, 29 July 2018, accessed 20 October 2018, https://www.newsweek.com/china-wins-cambodia-elections-1047309.

設備；同時也將盡力協助柬埔寨國家選委會來管理選舉，以維持良好的選舉過程、計票準確性、透明性與問責性。[240] 2018年1月10日，中國國務院總理李克強應洪森的邀請，正式訪問柬埔寨，雙方並於11日舉行雙邊會談，然後簽署高達19項的援助與投資協定。在會後發表的《聯合公報》中，宣示雙方將以建交60週年為契機，攜手打造中柬具有戰略意義的命運共同體。[241]

　　對中國來說，柬埔寨是一個相當重要的「戰略性國家」（strategic state）。北京政府記取馬來西亞2018年5月大選變天的教訓，[242]對於柬埔寨即將到來的選舉絲毫不敢輕忽，必須確保洪森贏得選舉勝利。競選活動（7月7-27日）正式起跑以後，中國刻意在月中宣布已經對柬埔寨提供2.59億美元的優惠貸款興建金邊的環狀道路，[243]目的顯然是要拉抬CPP的選情。正如貝德（Julia

---

240　"China Pledges Support for Cambodia Election After EU, U.S. Withdraw," *Reuters*, 28 December 2017, accessed 20 October 2018, https://ca.reuters.com/article/topNews/idCAKBN1EM0JQ-OCATP.

241　中華人民共和國外交部，〈中華人民共和國政府和柬埔寨王國政府聯合公報（全文）〉，2018年1月11日。http://www.fmprc.gov.cn/web/ziliao_674904/1179_674909/t1525092.shtml（2018年1月20日）

242　馬來西亞新任首相馬哈迪上任以後，下令中止總值達220億美元中國資助的東海岸鐵路連結計畫（East Coast Rail Link, ECRL）與沙巴省（Sabah）的天然氣管路計畫，並且對於中國的某些投資提出高度的批判，認為是前首相納吉與中國所進行的不公平的基礎設施交易。馬哈迪警告，這是一種新的殖民主義。他中止這些計畫的用意，主要是要降低中國在馬來西亞的影響力。Stefania Palma, "Malaysia Suspends \$22bn China-backed Projects," *Financial Times*, 5 July 2018, accessed 20 October 2018, https://www.ft.com/content/409942a4-7f80-11e8-bc55-50daf11b720d.

243　Ven Rathavong, "Funding for Ring Road 3 Inked," *Khmer Times*, 20 July 2018, accessed 20 October 2018, https://www.khmertimeskh.com/50514227/funding-for-ring-road-3-inked/.

Bader）的研究指出，中國在面對柬埔寨的政治局勢變遷時，選擇支持洪森及其獲勝聯盟（winning coalition），從中換取柬埔寨的順從並與中國的利益緊密結合：[244]利用柬埔寨作為基地來達成它在東南亞的戰略目標；相對來說，洪森也因為獲得北京政府的財政支持，能夠承受來自西方國家要求民主與人權而威脅進行制裁或撤銷援助和投資的壓力。人權觀察（Human Rights Watch）亞洲副主任羅伯森（Phil Robertson）就認為，洪森無疑是最大的贏家，其利用中國和日本的對抗，從兩邊獲得最大利益。[245]換個角度來看，就像冷戰時代柬埔寨先後淪為美蘇對抗及蘇中分裂的代理人戰爭的場域，現在又成為一場新代理人戰爭的場所，差別在於地緣政治對抗戲碼的主角從美蘇、蘇中換成中國陣營與美國領導的自由世界。

　　隨著CNRP的被迫解散，柬埔寨已失去可以在2018年大選中挑戰CPP的反對黨。誠如羅伯森所言，最高法院判處解散CNRP實是洪森後門計畫的高潮，目的是要確保2018年大選勝利。[246]亞洲主任亞當斯也表示：洪森剷除主要反對黨及其成員的行動，是赤裸裸地掠奪政權，將數百萬柬埔寨人民在先前選舉投下的選票作廢，這將導致2018年大選失去實質意義；柬埔寨的民主已經死

244　Julia Bader, "The Political Economy of External Exploitation. A Comparative Investigation of China's Foreign Relations," *Democratization* 22, No. 1（2015）: 1-21.

245　Andrew Nachemson, "Japan Plays China's Game in Cambodia. Hun Sen Wins."

246　Oliver Holmes, "'Death of democracy' in Cambodia as Court Dissolves Opposition," *The Guardian*, 16 November 2017. https://www.theguardian.com/world/2017/nov/16/death-of-democracy-cambodia-court-dissolves-opposition-hun-sen.

亡，只要洪森繼續擔任首相，就難以恢復。[247] 毫無意外，7月大選
的實際結果正如各界所預料，由洪森與CPP獲得最後的勝利。

根據國家選委會公布的正式結果，本屆選舉共有20個政黨參
加，登記選民人數有8,380,217人，較2013年選舉時少了1,295,236
人，共有4,126名候選人競逐125個國會席位。在金邊當局宣稱將
拒絕投票者視為判國賊的威脅下，投票人數為6,956,900人，投票
率高達83.02%，[248] 其中，有效選票共有6,362,241張。最後的投票
結果是由CPP贏得4,889,113張選票，得票率為76.85%，囊括全
部的125個議席，較2013年選舉的68席大幅增加57席。其餘3個
主要競爭政黨的得票結果分別是，FUNCINPEC贏得374,510票
（5.89%），民主聯盟黨（League for Democracy Party, LDP）獲得
309,364票（4.86%），高棉意志黨（Khmer Will Party, KWP）獲得
212,869票（3.35%）。[249] 洪森表示，這份選舉結果清楚地展現出柬
埔寨人民對CPP合法領導的忠誠，也顯示人民決定選擇和平、發
展，以及強化國家民主的決心。[250] 實際上，這卻宣告柬埔寨國會

---

[247] Human Rights Watch, "Cambodia: Democracy Faces Death," 15 November 2017, accessed 4 December 2017, https://www.hrw.org/news/2017/11/15/cambodia-democracy-faces-death.

[248] National Election Committee, "ការបោះឆ្នោតផលល្បការនថៃន្ទនអុនកុបោះឆ្នោតជ្របើសតាំងគំណាងរាស្ត្រ នីតិកាលទី៦ ថ្ងៃអាទិត្យ ទី២៩ ខែកក្កដា ឆ្នាំ២០១៨," 17 August 2018, accessed 20 October 2018, https://www.necelect.org.kh/khmer/content/3522.

[249] National Election Committee, "ការបោះឆ្នោតផលល្បការនតែរបោះឆ្នោតរាស្ត្ររបើសតាំងគំណាងរាស្ត្រ នីតិកាលទី៦(សំឡេងឆ្នោតរាស្ត្ររូបរបស់គណបក្សនីម្មយ្យ សន្លឹកឆ្នោតហានការ និងសន្លឹកឆ្នោតមិនហានការ)," 15 August 2018, accessed 20 October 2018, https://www.necelect.org.kh/khmer/content/3520.

[250] Taing Vida, "Historic Victory for the Ruling CPP," *Khmer Times*, 16 August 2018,

中的多黨民主制度已不復存在，首次成為單一政黨的國會，同時，已經執政長達33年的洪森，將再次取得5年的任期。

顯然，CNRP在2013年國會選舉及2017年「鄉選」的絕佳表現，並未像政治學者克洛桑（Aurel Croissant）所宣稱的，柬埔寨已經從CPP一黨獨大的霸權政黨體系穩定化成一個CPP與CNRP所主導的不對稱兩黨體系（asymmetric two-party-system）。[251] 隨著施亞努國王與謝辛的先後辭世，以及CNRP的解散，洪森已經成為柬埔寨碩果僅存的權力中心。由於CNRP廣受柬埔寨人民的支持，洪森必須杜絕其再起的機會，驅使洪森更加的獨裁專制。為此，他甚至像中國的毛澤東及北韓的金氏家族一樣，開始建立個人崇拜，透過重新書寫歷史，將自己塑造成從赤柬手中拯救柬埔寨民族最重要的人。[252] 尤其在CPP贏得2018年選舉以後，更有利於洪森為其兒子們日後的掌權進行鋪路。舉例來說，洪森以「政府的必要」（the necessity of the government）為由，將長子洪馬內拔擢為軍方的第二把交椅：柬埔寨王家軍副總司令兼陸軍司令；[253] 同時，亦將三子洪馬尼任命為第七委員會的主席，掌管教育、青年、運動、儀式、宗教事務、文化與觀光業等領域。[254] 洪

---

accessed 20 October 2018, https://www.khmertimeskh.com/50523126/historic-victory-for-the-ruling-cpp/.

251　Croissant, *Electoral Politics in Cambodia*, p. 22.

252　PRESS OCM, "KHMER – ដំណ ើរណពាះណារវ់រកការសណ្គ្រះជាតិ (Marching Towards National Salvation)," YouTube Video, 3 January 2018, accessed 25 October 2018, https://www.youtube.com/watch?v=2yfBz5qoc7w.

253　Khouth Sophak Chakrya, "Hun Manet Promoted after Royal Decree," *Phnom Penh Post*, 7 September 2018.

254　Ben Sokhean, "PM Vows to Keep Pledges as CNRP Slams 'Fake' Assembly," *Phnom Penh Post*, 7 September 2018.

森毫不避諱地表示，如果自己的長子洪馬內有能力獲得人民的投票支持當選總理，屆時洪馬內將擔任總理。[255]

總的來說，正是因為洪森已經牢牢控制政黨、政府、國會、軍隊與警察、司法體系，以及被譏稱為「國家選舉舞弊者」（National Election Cheating）的中央選委會（NEC），再加上盤根錯節的裙帶關係，反對勢力根本難以挑戰以洪森為中心的獨裁體制。更何況，最具有挑戰洪森政權實力的CNRP已經遭到解散，黨主席山蘭西亦流亡海外，導致柬埔寨國內已無實質上的反對黨。弔詭的是，在洪森長期的個人獨裁統治下，柬埔寨的政治發展實際上卻是相對地穩定，這也為洪森積極推動市場化政策，試圖大舉利用外資來發展經濟，創造出極佳的政治環境，從而帶動柬埔寨進入一段經濟起飛的時期，從而成為亞洲開發銀行所稱的亞洲「經濟新虎」。[256]

第三節　經濟起飛：亞洲「經濟新虎」的誕生

> 我要像其他的東南亞強人一樣來建設我們的經濟。[257]
>
> ——柬埔寨王國政府總理　洪森

---

[255] 〈洪森：我兒子若有能力當總理，那就當吧！〉，《柬華日報》，2018年10月24日。

[256] ADB, "Here Comes Cambodia: Asia's New Tiger Economy," 10 May 2016, accessed 24 September 2017, https://www.adb.org/news/features/here-comes-cambodia-asia-s-new-tiger-economy.

[257] 原文是 "I want to build our economy like other Southeast Asian strongmen did." Harish C. Mehta and Julie B. Mehta, *Hun Sen: Strongman of Cambodia*（Singapore: Graham Brash, 1999）, p. 268.

以前人們經常認為這裡是一個充滿戰爭與不穩定的地方，但如今我們是全球經濟體系的一部分，而且，世界各地的人潮正湧入這裡。[258]

——柬埔寨皇家集團總裁　陳豐明（Kith Meng）

　　柬埔寨歷經10年的經濟恢復與重建，在國際社會的援助與FDI的挹注下，透過國家發展計畫的實施，已徹底擺脫過去內戰所造成的殘破不堪，成為與觀光客的旅遊目的地，而成衣業也維持將近10年的快速成長。經濟快速成長雖改善柬國人民的生活條件，仍有許多人民處於貧窮的狀態中，和緬甸、寮國一樣，仍是東南亞地區最貧窮的國家。因此，金邊政府必須繼續實施各項改革的舉措，實現促進經濟成長和減少貧困，以及保持可持續發展，透過政府的有效管理與行政保證，確保實現經濟成長，達到解決勞動力就業，保障平等與社會公正的目的。2003年大選以後，國內陷入政治僵局，導致新政府延遲將近一年才組成，名義上雖然還是由人民黨（CPP）和奉辛比克黨（FUNCINPEC）共同組成聯合政府，但洪森和CPP實際上已經掌握政治權力，有助於實現經濟建設藍圖。

　　2004年7月，洪森在第三屆國會的首次內閣會議中提出以「善治」（good governance）為核心的《四角戰略》（*Rectangular Strategy, RS*）來作為施政綱領，用以應對國家經濟與社會問題的創新解決途徑，希望能實現柬埔寨人民減少貧困、發展、進步、

258　原文是 "Before, people used to think of this as a place of war and instability. But now we are part of the global economy, and everyone is coming." Ron Gluckman, "Bringing Commerce to Cambodia," *Forbes Asia*, 2 November 2008, p. 30.

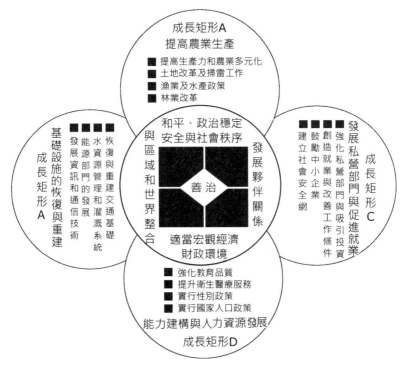

成長矩形A
提高農業生產

■ 提高生產力和農業多元化
■ 土地改革及掃雷工作
■ 漁業及水產政策
■ 林業改革

和平、政治穩定
安全與社會秩序

與區域和世界整合

發展夥伴關係

善治

適當宏觀經濟財政環境

基礎設施的恢復與重建

成長矩形A

■ 恢復與重建交通基礎
■ 水資源管理和灌溉系統
■ 能源部門的發展
■ 發展資訊和通信技術

發展私營部門與促進就業

成長矩形C

■ 強化私營部門與改善工作條件
■ 創造就業與吸引投資
■ 鼓勵中小企業
■ 建立社會安全網

強化教育品質
提升衛生醫療服務
實行性別政策
實行國家人口政策

■ 強化教育品質
■ 提升衛生醫療服務
■ 實行性別政策
■ 實行國家人口政策

能力建構與人力資源發展

成長矩形D

圖6-3：洪森政府的四角戰略

資料來源：Royal Government of Cambodia, *The National Strategic Development Plan, 2006-2010*, Approved by the Council of Minister meeting on 27 January 2006, iv.

繁榮、和睦與幸福的目標（參考圖6-3）。[259]長遠來看，《四角戰略》實是柬埔寨未來15年國家發展的藍圖，與其說它是一部「戰略」，將它稱為「柬埔寨的願景」更為恰當；同樣地，「國家發展

---

[259] Hun Sen, *The Rectangular Strategy for Growth, Employment, Equity and Efficiency in Cambodia*（Phnom Penh, July 2004）. http://www.cdc-crdb.gov.kh/cdc/documents/RGC_Rectangular_Strategy_2004.pdf.

戰略計畫」（National Strategic Development Plan, NSDP）在國家
的經濟發展中扮演著重要角色，不僅引導國家經濟步入正常發展
軌道，而且可推動經濟進一步發展。截至2017年，洪森政府已經
推行三個階段的《四角戰略》，並以此為基礎來制訂「國家發展
戰略計畫」，包括：《四角戰略》第一階段與「國家發展戰略計畫
2006-2010」（NSDP 2006-2010）、《四角戰略》第二階段
（Rectangular Strategy-Phase II）與「國家發展戰略計畫更新版」
（NSDP Update 2009-2013）、《四角戰略》第三階段（Rectangular
Strategy-Phase III）與「國家發展戰略計畫2014-2018」（NSDP
2014-2018）。

　　簡單地說，《四角戰略》是一個以「善治」為核心的相互銜
接與相互協調的統一體。政府為達成「善治」的目標，必須有效
執行涵蓋四大改革的政府行動計畫（Governance Action Plan），
包括：一是打擊貪污（anti-corruption），政府將盡速通過反貪污
法（Anti-corruption Law），並成立獨立機構來打擊貪污；二是法
律與司法改革（legal and judicial reform），政府將提升司法體系
的獨立性和中立性，同時嚴加保護和尊重最高法院（Supreme
Council of the Magistracy）的獨立性；三是公共行政改革（public
administration reform），像是地方分權（decentralization）和去集
權化（deconcentration），透過精簡組織、簡化流程，建立單一窗
口的市民服務來改善透明性與減少貪污；四是軍隊改革（reform
of the armed forces），尤其是落實裁軍計畫，政府將持續實現《國
防白皮書》所確定的政策與方案。[260]

260　Hun Sen, *The Rectangular Strategy for Growth, Employment, Equity and
　　Efficiency in Cambodia*, pp. 6-9.

　　金邊政府認為必須創造出涵蓋四種要素的外在環境才能有效實施《四角戰略》，包括：（1）、維護和平與政治安定，以及安全的社會秩序，這是強化宏觀經濟穩定、永續發展與消除貧窮最重要的條件；（2）、發展與私部門、援助社群、公民社會的夥伴關係，其中尤以私營部門是成長的引擎，相關政府機構必須給予有效的支持和協助；（3）、有利的宏觀經濟和財政環境，政府為此必須保持穩定的經濟成長率與匯率，有效降低通貨膨脹率，提升國際儲備，保持謹慎的貨幣政策，維持預算紀律，以及強化國內銀行體系，加強銀行的監督與監控，鼓勵人民以儲蓄來進行私人投資，從而提升經濟成長；（4）、將柬埔寨整合至區域與世界，為此將繼續實行「東協整合倡議」（Initiative for ASEAN Integration, IAI），以及積極參與次區域經濟合作，[261]而且為極大化國際整合效益，必須強化合作的組織能力，與鄰國共同執行合作戰略，像是「四個國家，一個經濟體」（Four Countries-One Economy）、「經濟成長三角」、「跨境經濟加工區」等。[262]最後，政府將在四個領域促成經濟成長，亦即四個戰略「成長四角」（growth rectangles），像是提高農業生產力、基礎設施的恢復與重建、發展私人經濟和促進就業、能力建構與發展人力資源。每一個戰略「成長四角」都包含四項優先任務，如圖6-3所示。

　　2006年1月，柬埔寨部長委員會批准根據《四角戰略》所制訂的「國家發展戰略計畫2006-2010」（NSDP 2006-2010），主要

---

[261]　例如：大湄公河流域計畫（Greater Mekong Sub-region Program, GMS）、三角發展區（the Development Triangle Zones）、經濟合作戰略（Economic Cooperation Strategy）等。

[262]　Hun Sen, *The Rectangular Strategy for Growth, Employment, Equity and Efficiency in Cambodia*, pp. 9-13.

目標是消除貧窮及提升國家經濟成長率，希望在2010年時經濟成長率能達到6.0%，人均GDP達到224.3萬瑞爾，通貨膨脹率從2005年的6.2%降至3%，貧窮率降至25%。[263] 2008年7月大選以後，新政府宣布《四角戰略》第二階段（Rectangular Strategy-Phase II）來作為社會經濟政策議程與政治綱領，其維持先前的結構，並修正第一階段《四角戰略》實施過程中所遭遇的問題，藉由政府各個部會與組織的合作網絡，以及與各利益相關者的協商，希望達到更貼近社會以及各利益相關者的實際需求的目標而制訂。在內容上，大致上仍以第一階段《四角戰略》為基本藍圖，然後針對先前階段所遭遇的各種挑戰精確調整優先政策。[264]

由於國際社會在2007-2008年間遭逢嚴重的金融危機與經濟蕭條，導致對柬埔寨出口的需求大幅減緩，升高宏觀經濟與財政風險，洪森政府為因應外部不可預期的新挑戰，決定制訂「國家發展戰略計畫更新版」（NSDP Update 2009-2013）；然後，為落實《四角戰略》中的消除貧窮的目標和規定，各相關部門緊密配合展開具體的工作，希望能在2013年時經濟成長率達到7.2%、人均GDP達到964美元的目標。[265]

有鑑於前兩個階段的《四角戰略》均著重在道路、水、電力

---

[263] Royal Government of Cambodia, *The National Strategic Development Plan, 2006-2010*, Approved by the Council of Minister meeting on 27 January 2006, p. 39.

[264] Hun Sen, *"Rectangular Strategy" for Growth, Employment, Equity and Efficiency Phase II*, First Cabinet Meeting of the Fourth Legislature of the National Assembly at the Office of the Council of Ministers, Phnom Penh, 26 September 2008, accessed 20 April 2017, http://pressocm.gov.kh/en/archives/1224.

[265] Royal Government of Cambodia, *National Strategic Development Plan update 2009-2013*, Phnom Penh, 14 November 2008.

與人民等四個優先領域，而賦予投資的優先性。2013年第五屆政
府成立後，意識到知識經濟（knowledge economy）與資訊技術的
重要性，認為柬埔寨必須創造高度技術的知識經濟。[266]因此，政
府在提升基礎設施投資的同時，將更聚焦人力資源發展，希望柬
埔寨能在2030年成為中高所得國家，2050年時晉升為高所得國
家。[267]為此，洪森政府還制訂《柬埔寨願景2030》（Cambodia
Vision 2030）與工業發展政策（Industrial Development Policy,
IDP），同時輔以《四角戰略》第三階段（Rectangular Strategy-
Phase III）來作為支持該願景的有效政策工具，而其首要戰略目
標就是確保年平均經濟成長率達到7%。[268]然後，洪森政府再制訂
「國家發展戰略計畫2014-2018」（NSDP 2014-2018）來作為達成
《四角戰略》第三階段目標的具體方案。

　　此外，洪森政府為尋找下一個經濟成長的推進器，在2015年
8月進一步提出旨在促進投資與擴大製造業基礎的《2015-2025年
國家工業發展政策》（IDP 2015-2025），以作為《柬埔寨願景
2030》和《四角戰略》第三階段的構成部分。洪森表示，過去經
濟成長的主要推進器，像是稻米、成衣業與旅遊業等部門已發揮
成長的最高潛力，我們必須多元化當今的經濟活動，將其擴大到

266　Phak Seangly, "'Developed' by 2050: PM," *Phnom Penh Post*, 7 June 2013.

267　世界銀行將人均國民所得毛額（gross national income per capita）少於1,025
　　美元的國家分類為低所得國家，1,026-4,035美元者為中低所得國家，4,036-
　　12,475美元者為中高所得國家。

268　Royal Government of Cambodia, "*Rectangular Strategy*" *for Growth,
　　Employment, Equity and Efficiency Phase III of the Royal Government of
　　Cambodia of the Fifth Legislature of the National Assembly*, Phnom Penh,
　　September 2013.

其他領域，尋找新的經濟成長引擎。[269]換言之，柬埔寨若要持續令人印象深的成長軌跡，必須多元化經濟，改善基礎設施，降低從事經濟活動的障礙。顯然，IDP 2015-2025實帶有推動新成長戰略以因應國內經濟結構轉型，以及區域與全球經濟結構變遷的意涵，將工業作為啟動國家主要經濟組織的結構改革與治理改革的焦點，提高長期的經濟生產力，藉以避免柬埔寨掉入「中等收入陷阱」（middle income trap）的用意。申言之，IDP 2015-2025的目標是在加速工業轉型，從「勞力密集型」（labor-intensive）產業轉向「技能導向」（skill-driven）產業，並致力邁向「技術導向」（technology-driven）與知識性（knowledge-based）的現代工業。[270]

洪森指出，經濟先進國家的農業占經濟成長的比重較低，工業與服務業相對較高。柬埔寨目前的工業較之於農業的比重仍低，所以，必須嘗試提升工業發展。[271]承此，IDP 2015-2025的戰略路徑是提倡製造業與農產品加工業的發展，並整合至區域與全球的生產鍊中；藉由發展工業園區增加群聚效應、經濟鍊和競爭力；發展經濟走廊，簡化經濟特區（Special Economic Zones, SEZs）的運作程序，發展新的工業園區與產業聚落。然後，優先發展高附加值、創新型和具競爭力的新興工業和製造業；發展涵

---

[269] Sor Chandara and Ananth Baliga, "Gov't Eyes Industrial Expansion," *Phnom Penh Post*, 27 August 2015.

[270] Royal Government of Cambodia, *Cambodia Industrial Development Policy 2015-2025: "Market Orientation and Enabling Environment for Industrial Development"*, Approved by Council of Ministers at Its Plenary Meeting on 6 March 2015, p. i.

[271] Chan Muyhong and Hor Kimsay, "Gov't Launches Industrial Policy," *Phnom Penh Post*, 6 March 2015.

蓋所有部門的中小型企業；提升農業生產以供出口和國內市場所需；為農業、旅遊業、成衣業提供各種後勤產業，使其成為全球生產價值鍊中的一環；支持區域生產鍊，以及對未來產業有益的戰略性後勤產業。[272]

洪森政府為實現IDP 2015-2025願景與目標，提出多項振興工業的措施來作為此政策架構的四大支柱，包括：（1）、動員與吸引外來投資和國內私人投資並聚焦於大型產業，擴大市場與加強技術轉移；（2）、發展與動員中小型企業，並將其連結到跨國企業，擴大與加強製造業的基礎，保證技術轉移與產業的連結；（3）、完善監控環境以強化國家競爭力；（4）、協調各項後勤政策，像是人力資源發展、技術訓練，以及資訊與通信技術、電力的供給、乾淨水源的供應等基礎設施的發展。然後，希望柬埔寨能在2025年時達到三項具體目標：（1）、將工業占GDP的比重提升至30%，其中，成衣業占GDP比重提升至20%；（2）、促進產品多元化發展，擴大產品出口，將非紡織品出口占總出口的比重提升到15%，農產品出口占總出口的比重達到12%；（3）、實現80%的小型企業和95%的中型企業登記的目標，同時促進實現50%的小型企業和70%的中型企業有妥善帳目（proper accounts）和財務報表（balance sheets）。[273]

洪森政府因屬行三階段的《四角戰略》，使得經濟建設成為最顯著的成績。世銀國家代表理事阿格渥（Nisha Agrawal）曾經這樣描述柬埔寨的經濟成長：柬埔寨似乎走在「快車道上」（on

---

272　Royal Government of Cambodia, *Cambodia Industrial Development Policy 2015-2025*, p. iii.

273　Ibid, p. ii.

the fast-track），「在這個國家，賺錢正是時候，現在你可以把柬埔寨這個字和繁榮劃上等號。」[274] 2015年，柬埔寨的人均國民所得毛額（GNI per capita）從2004年的400美元成長到1,070美元，世銀特別在2016年7月修訂排序，將柬埔寨從「低所得」（low-income）國家提升至「低—中所得」（lower-middle income）國家。這意味著，柬埔寨這個東南亞國家已經完全克服惡毒的內戰，[275] 轉型成一個高度開放的經濟體。

　　從經濟成長率來看，2005年是柬埔寨經濟表現最亮眼的一年，取得雙位數的經濟成長率，達到13.3%，之後受到世界金融危機的影響，雖一路下滑至2009年的0.1%，但2010年又大幅上升到6%，而且，2011-2016年的連續6年間，每年的經濟成長率都保持在7%以上（參考圖6-4），過去15年的年平均經濟成長率甚至達到7.7%，是世界上少見的經濟表現。柬埔寨因此被公認為全世界八個「奧林匹亞經濟成長模式」（Olympian Growth）之一；[276] 亞銀更將其稱為「亞洲的新經濟之虎」（Asia's New Tiger Economy）。[277] 根據柬埔寨經濟與財政部的估計，2017年的經濟成

274　原文是：“Money is being made in this country – you can now use the word Cambodia and prosperity in the same breath.” Amy Kazmin, “Stability Boosts Cambodia's Outlook,” *The Finance Times*, 22 March 2007.

275　Sodeth Ly, “Cambodia Is Now a Lower-Middle Income Economy: What Does This Mean?,” *The World Bank Group*, 8 November 2016, accessed 24 September 2017, http://blogs.worldbank.org/eastasiapacific/cambodia-is-now-a-lower-middle-income-economy-what-does-this-mean.

276　World Bank, “Cambodia Economic Update, October 2014,” accessed 24 September 2017, http://www.worldbank.org/en/country/cambodia/publication/cambodia-economic-update-october-2014.

277　ADB, “Here Comes Cambodia: Asia's New Tiger Economy.”

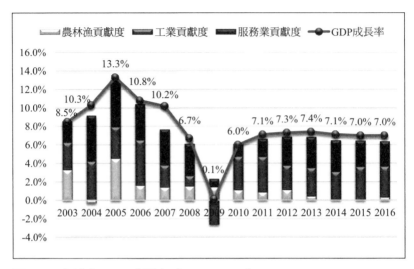

圖6-4：柬埔寨GDP成長率（2003-2016）

資料來源：National Institute of Statistics, Ministry of Planning, Government of Cambodia.

長率仍將維持在7.0%左右，[278] 人均國民所得毛額將成長到1,434美元，國家經濟仍繼續保持強勁增長。

　　柬埔寨的高度經濟成長主要是受益於工業部門與服務業部門的成長，農業部門僅有在2005年對GDP成長率有顯著貢獻，該年的貢獻度達到4.22%，高於工業的3.42%。從產業結構來看，若按2000年固定價格計算（at constant 2000 prices），農業部門的產值年年增長，從2003年的5,238.2（單位：十億瑞爾）擴張到

278　"វិស ហិនជ.ស.ស និងការចុល រម្ច ចុង៉ រុល់ សា ន៑៉ មរសញ យ នម៉ យ្យ ៗ"
　　http://www.mef.gov.kh/documents/mustsee/Cambodia_Growth_Snapshot_2017_
　　VNC.pdf.

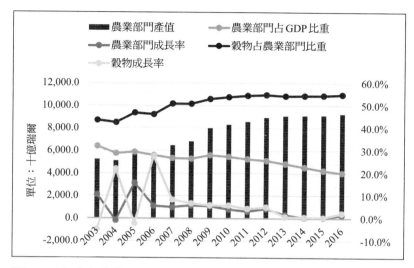

圖6-5：柬埔寨農業部門的產業結構（2003-2016）

資料來源：National Institute of Statistics, Ministry of Planning, Government of Cambodia.

2016年的9,250.5（十億瑞爾），尤其在2005年的成長率高達15.7%，其產值增加主要是因為種植面積擴大、漁業復甦而帶動產量增加所致。然而，農業部門占GDP的比重卻從2003年的32%一路降至2016年的20.1%，而且，農業部門的成長率從2008年開始一路下滑至2015年的0.2%，幾乎停止成長，2016年雖然開始回升，但僅有1.4%（參考圖6-5）。

　　在農業部門的子部門中，穀物生產占農業部門GDP產出的比重平均超過50%，而且呈現逐年升高的趨勢顯示穀物生產扮演農業部門成長的決定性要素。因此，當穀物生產的成長率在2009年以後開始大幅下滑，甚至在2013-2015年間均低於1%時，同期的農業部門也幾乎沒有成長（參考圖6-5），主要原因都是氣候變遷

（乾旱與洪水）對農田的損害所導致；而且，氣候變遷似乎已經使乾旱越來越常發生。[279]由於灌溉系統落後，雨季幾乎主導著柬埔寨農業的發展，尤其是稻米的種植面積跟產量。[280]副商業部長潘索拉（Sorasak Pan）曾這樣指出柬埔寨農業的慘狀：我們每年只有一次的稻米收成，越南有三次，泰國有兩次，而且，我們缺乏灌溉系統，所以僅能在雨季時收成一次。[281]

農業部門作為《四角戰略》的重要構成部分，發展灌溉尤其是當務之急。因此，洪森特別提出「灌溉政府」（The Government of Irrigation）的指令，強調「有效的水源控制可以實質地降低生產風險，促使柬埔寨農民投資更多在優良的種子、機器、肥料與管理技術上」。[282]洪森政府為解決灌溉問題，極力爭取外援投入農業用水與灌溉。2004-2016年間，投入該項目的外援金額為6.51億美元，約占農業部門的外援總額（30.7億美元）的21.2%。[283]

279　根據柬埔寨國家救災委員會的研究報告指出，柬埔寨是世界上最易受氣候變化影響國家之一，幾乎柬國的全部地區都被列入東南亞應對氣候變化最脆弱的地區。從國家整體來看，東南亞地區比柬埔寨更易受氣候變化影響的僅有菲律賓。〈氣候變化‧自然災害逐年增多〉，《柬埔寨星洲日報》，2017年2月17日，http://www.camsinchew.com/node/49904?tid=5。

280　Brendan Brady, "Climate Change Threatens Food Security, Warns UNDP," *Phnom Penh Post*, 12 June 2008; Ros Bansok, Nang Phirun and Chhim Chhun, *Agricultural Development and Climate Change: The Case of Cambodia*（Phnom Penh: CDRI, December 2011）.

281　Brinkley, *Cambodia's Curse*, p. 203.

282　Allister Hayman, "Can Agriculture Bridge the Gap between Rural and Urban Cambodia?" *Phnom Penh Post*, 15 June 2007.

283　就整個農業部門的援助來看，前五大來源是亞銀、中國、日本、聯合國相關機構及澳洲，援助金額分別是6.86億美元、6.11億美元、3.08億美元、2.93億美元及2.63億美元。資料來源：CRCB and CDC, *Cambodia ODA Database*.

此外，金邊政府為因應穀物產量下滑的情形，在2010年8月宣布實施「促進稻穀生產和稻米出口政策」（Policy Paper on the Promotion of Paddy Production and Rice Export），試圖增加稻米生產量，鼓勵設置碾米廠，希望能在2015年達到稻米出口100萬噸的目標，將柬埔寨轉型成稻米—「白金」（White Gold）的主要出口國家；[284]之後，農林漁業部（Ministry of Agriculture, Forestry and Fisheries, MAFF）又於2015年著手制訂《農業部門戰略發展計畫2014-2018》（Agricultural Sector Strategic Development Plan ［ASDP］2014-2018）來作為促進農業部門發展的中、長期的執行方向與行動，以期能達到提升農業生產力的目標。[285]

就稻米的生產情形來看，僅有在2004年和2014-2015年間呈現出負成長（參考表6-1），都是受到乾旱的影響；相反地，柬埔寨於2011年8月遭遇嚴重的洪水襲擊，[286]導致該年的稻米生產雖較前一年增加，但成長率僅有2.1%，遠不及2010年的10.8%與2012年的9.6%。柬埔寨農業發展與研究中心主任Yang Saing Koma就表示：「氣候是柬埔寨農業部門的決定性要素，發展柬埔寨農業的最佳路徑就是透過良好的水管理」；「國家應該聚焦在水管理上，以讓旱季的收成發揮完全的潛力」。[287]另外，隨著農業機

http://odacambodia.com/OwnReport/make_own_report.asp?title=Query.

284 Royal Government of Cambodia, *Policy Paper on the Promotion of Paddy Production and Rice Export*（Phnom Penh, July 2010）.

285 Ministry of Agriculture, *Forestry and Fisheries, Agricultural Sector Strategic Development Plan 2014-2018*（Phnom Penh, 2015）.

286 Daniel Sherrell, "Climate Change Considered as Flooding Hits Cambodia," *Phnom Penh Post*, 15 August 2011.

287 Rann Reuy, "Cambodian Rice Output Grows in 2011 Despite Floods," *Phnom Penh Post*, 26 December 2011.

械化持續發展，2012年全國稻穀種植面積不到300萬公頃，而在2016年已經超過了309萬公頃。若以單位面積產量來看，2004年底東埔寨部分地區遭受嚴重旱災，全國耕地面積水稻減產，單位產量僅有1.98噸，不及於2003年的2.1噸，不過從2005年起就呈現較為穩定的上升趨勢，時至2015年的單位面積產量已經提升至3.08噸，顯示農業生產力有所提升（參考表6-1）。

　　至於稻米出口，東埔寨在2009年的出口量僅有1.26萬噸，在作物增產和糧食倉儲能力提高的情形下，時至2015年已經達到53.84萬噸。之後，由於缺乏資金和加工效率不足，導致2016年的稻米出口量只有54.21萬噸。2017年稻米出口量雖增加到63.57萬噸，成長率高達到17.3%，但仍未達到先前設定的100萬噸的目標（參考表6-1）。農業部次長Hean Vanhann指出，政府在過去六年已推出增加稻米生產、改善稻米收割能力、增加碾米能力、促進行銷與出口等四大策略，但未能善加整合，稻米出口成長減緩正宣告先前的努力已經失敗。因此，未來必須有一套新策略來確保所有生產線的順利運作，才能維持稻米產業的成長。[288]洪森表示，為發掘農業領域的出口潛能，增加農產品出口，政府鼓勵設立農基工業（agro-based industry）經濟特區，農業部應鼓勵企業投資和設立經濟特區，專門加工和出口農產品；同時，對該領域繼續招商引資，改善農產品加工能力，積極推行農業技術轉型工作，提升農業在區域的競爭力，實現於2025年農產品占總出口12%的目標。[289]

288　Cheng Sokhorng, "A Challenging Year for Rice Exports," *Phnom Penh Post*, 6 January 2017.

289　〈加強招商引資，發掘農業出口潛能〉，《東埔寨星洲日報》，2017年4月11日，http://www.camsinchew.com/node/50718?tid=5。

表6-1：柬埔寨稻米的產量與出口（2003-2017）

	種植面積（萬公頃）	單位產量（噸／公頃）	稻穀產量（萬噸）	稻穀產量成長率（%）	稻米出口（萬噸）
2004	210.9	1.98	417.0	-13.0	-
2005	241.5	2.48	598.6	30.3	-
2006	251.6	2.49	626.4	4.4	-
2007	256.6	2.62	672.7	6.9	-
2008	261.3	2.75	717.6	6.3	-
2009	265.0	2.77	734.9	2.4	1.26
2010	279.0	2.95	824.0	10.8	10.53
2011	321.9	2.61	841.7	2.1	20.19
2012	299.0	3.11	931.0	9.6	20.27
2013	305.2	3.16	939.0	0.9	37.99
2014	302.0	3.09	932.4	-0.7	38.71
2015	299.6	3.08	922.7	-1.1	53.84
2016	-	-	982	6.4	54.21
2017	-	-	1,027	4.6	63.57

資料來源：〈柬稻穀產量突破千萬噸大關〉，《柬華日報》，2018年1月4日；Ministry of Agriculture, Forestry and Fisheries（MAFF），http://www.maff.gov.kh/; Cambodia Rice Federation, http://www.crf.org.kh/.

　　根據農林漁業部的最新統計，柬埔寨農業勞動力的比例已從2004年的60.3%，下降至2016年的40%，主因是受到政府推動經濟多元化發展的影響。[290]值得一提的是，柬埔寨從2013年開始就獲得聯合國糧農組織的認證，成為提前3年完成減少超過50%饑

---

[290] Sok Chan, "Report Says Farming Workforce Halved," *Khmer Times*, 15 June 2017.

餓人口的國家，成功將人民饑餓率從1990-1992年的32.1%減少到2010-2012年的16.8%，2014-2016年再下降到14.2%。[291] 柬埔寨提前完成消除貧窮的目標，主要是因為洪森政府採取多項積極的農業政策，像是支持有針對性的投資、積極改革農業體系，努力促進國內糧食生產。[292] 未來，農業仍將是鄉村貧窮人口的重要收入來源。柬埔寨經濟研究院（Economic Institute of CAmbodia, EIC）、世銀等機構提出的研究報告都顯示，農業對消除貧窮的重要性，提倡農業並促進轉型實是柬埔寨消除貧窮的最佳方式。尤其是稻米作為消除貧窮的一種策略性商品，維持其適當與穩定的供給，不僅有利於整體經濟成長，亦可有效降低貧窮。[293]

相較於農業部門，作為國民經濟骨幹的工業部門，產值從2004年的4,006.9（十億瑞爾）擴張到2016年的15,241.6（十億瑞爾）（按當2000年固定價格計算），而且，占GDP的比重從25.5%上升至33.1%。柬埔寨的工業部門一直維持高度的成長率，2004-2016年間的年平均成長率達到10.1%，僅在2009年因受國際金融危機衝擊而呈現較大的負成長，達到-9.5%。不過，柬埔寨的工業基礎仍極為薄弱，以製造業為主要產業，產值占工業部門的比重約在70%上下。在製造業中，尤以成衣與製鞋業是

---

[291]　Food and Agriculture Organization of the United Nations, *Regional Overview of Food Insecurity Asia and the Pacific 2015*（Bangkok, 2015）, p. 13, Table 1.

[292]　〈柬爭取2025年實現「零饑餓」目標 全國饑餓人口已降至32%〉，《高棉日報》，2015年5月18日。

[293]　Sam Rith, "Greatest Potential Seen in Agricultural Industry," *Phnom Penh Post*, 24 February 2006; Brendan Brady, "Don't Neglect Farming, Warns WBank," *Phnom Penh Post*, 8 February 2008; Paavo Eliste and Sergiy Zorya, *Cambodian Agriculture in Transition: Opportunities and Risks*（Washington, D.C.: World Bank Group, 2015）.

支柱產業，幾乎支配著製造業，甚至整個工業部門的發展，三者成長率的變化軌跡幾乎重疊就是最佳例證（參考圖6-6）。

　　成衣與製鞋業無疑是柬埔寨整合至世界經濟的主要推進器，是外匯收入的最大來源，占總出口的比重一直居高不下，平均超過85%以上。柬埔寨加入WTO以後，在《紡織品與成衣協議》（Agreement on Textiles and Clothing, ATC）的規範下，消除過去的出口配額限制，加上柬埔寨成衣業具有對外國資本的開放與低薪資等相對優勢，乃給予成衣與製鞋業絕佳的發展機會。不過，WTO為柬埔寨提供進入廣大市場的機會，卻也必須面臨來自印度、中國、孟加拉及越南的競爭，但因歐盟與美國分別在2005-2007年與2006-2008年對中國的成衣實施「防衛性配額」及配額管制，從而為已無配額限制的柬埔寨成衣業提供較大競爭力，其

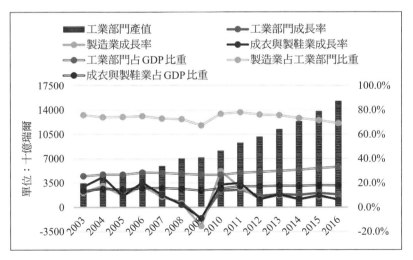

圖6-6：柬埔寨製造業及成衣與製鞋業的成長率（2003-2016）

資料來源：National Institute of Statistics, Ministry of Planning, Government of Cambodia.

出口值在2001年突破10億美元大關以後，逐年成長到2007-2008年的第一個小高峰，出口值來到29.4億美元和29.9億美元（參考圖6-7）。

　　然而，東埔寨的成衣產業過於集中美國單一市場的缺陷，在2008-2009年全球金融海嘯爆發時顯露無遺。2009年，東埔寨的

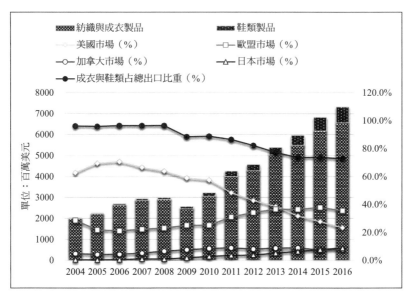

圖6-7：東埔寨成衣與製鞋業的出口統計（2000-2016）

資料來源：Ministry of Commerce, General Department of Domestic Trade, Department of Planning Statistics and Trade Information; Ministry of Economy and Finance, *Cambodia Macroeconomic Monitor Mid: Year Assessment 2016*（Phnom Penh, August 2016）, pp. 26-27, Table A5 and Table A6; International Labour Organization, *Cambodia Garment and Footwear Sector Bulletin*, Issue 6（May 2017）: 10, Annex Table 1; CDRI, *Cambodia Development Review*, Volume 14, Issue 3（July-September 2010）: 19, Table 4; CDRI, *Cambodia Development Review*, Volume 19, Issue 2（June 2015）: 15, Table 4; CDRI, *Cambodia Development Review*, Volume 20, Issue 1（March 2016）: 23, Table 4.

成衣與鞋類出口值僅有25.7億美元，較2008年衰退14.1%。洪森
政府為提振成衣產業的經營和降低生產成本，推出一系列的減稅
和簡便進出口申請手續等措施。柬埔寨的成衣與鞋類出口值遂從
2010年的32.2億美元，大幅度成長至2016年的73.2億美元，約占
該年商品出口總值的72.7%。其中以成衣製品是主要的出口商
品，出口值從2004年的19.8億美元成長到2016年的65.6億美
元。相反地，鞋類製品的出口值一直都很少，2004年僅有4,385
萬美元，直到2009年才突破1億美元，並且在2010年大幅增加到
1.73億美元，成長高達56.9%。近年來，製鞋業變成柬埔寨成長
最快速的產業之一，鞋類出口值從2011年的2.65億美元大幅提升
到2016年的7.6億美元，占該年成衣與鞋類出口值的10.4%。[294]

　　由於柬埔寨的鞋類、紡織與成衣至今仍排除在美國普遍化優
惠制度（GSP）之外，出口至美國時採用的「最惠國待遇」（Most-
Favored Nation Treatment, MFN），必須支付35%的關稅，故而，
柬埔寨製衣商會（Garment Manufacturers Association of Cambodia,
GMAC）為提升柬埔寨製鞋業在美國的競爭力，利用美國將於
2017年底審視GSP的機會，於10月向美國政府提交正式申請，
請求將GSP擴大到包括鞋類產品。[295]反觀歐盟早就修定新的GSP
原產地規定，使柬埔寨的成衣製品更容易進入歐盟，使其在2014

---

294 International Labour Organization, "What Explains Strong Export and Weak
　　 Employment Figures in the Cambodian Garment Sector?" *Cambodia Garment
　　 and Footwear Sector Bulletin*, Issue 6（May 2017）: 10-11, Annex Table 1,
　　 accessed 3 July 2017, http://www.ilo.org/wcmsp5/groups/public/---asia/---ro-
　　 bangkok/documents/publication/wcms_555290.pdf.

295 Hor Kimsay and Kali Kotoski, "GMAC Makes Run at Duty-free Access for
　　 Footwear in the US," *Phnom Penh Post*, 18 October 2017.

年首度超越美國成為柬埔寨的第一大成衣出口市場，約占柬埔寨成衣與鞋類出口總額的48.7%。近年來，柬埔寨致力於出口商品及市場多元化的策略，影響成衣製品出口市場的結構，像是美國市場的比重下降至32.95%，並在2016年萎縮至25%，歐盟市場也下降到40%，其他市場則上升到34.8%，包括：加拿大市場的比重從2010年的0.5%上升到2015年的7.5%，然後在2016年略升到8%；同樣地，日本市場的比重也從2010年的2.7%上升到2015年的7.7%，然後在2016年達到9%（參考圖6-7）。

正如最高經濟委員會資深顧問Mey Kalyan所言：成衣產業仍是柬埔寨的主要產業，但是它正從低附加價值出口轉型到高附加價值出口，同時，柬埔寨正在尋求美國與歐盟以外的市場，不再只依賴單一市場。[296] 過去，柬埔寨政府因缺乏資本而提供眾多誘因來吸引外國投資，導致成衣產業幾乎由外國母公司所掌握，[297] 隨著工資上揚的趨勢日益明顯，高漲的勞動成本與薪資壓力，恐影響外資未來繼續挹注的意願。[298] 柬埔寨的成衣產業也面臨來自

---

[296] Cheng Sokhorng, "International Trade Swells to $22B," *Phnom Penh Post*, 21 March 2017.

[297] Garment Manufacturers Association of Cambodia（GMAC）, *Annual Bulletin 2010*, p. 10, accessed 27 March 2017, https://www.gmac-cambodia.org/bulletin_pdf/1505179680.pdf.

[298] 關於柬埔寨勞工薪資升高是否會降低成衣產業的競爭力與外資的投資意願正處於爭辯中，近年柬埔寨勞工為爭取制訂或調整最低工資（minimum wage），經常上街請願呼籲。目前，柬埔寨勞工的最低薪資僅適用於成衣與製鞋產業，已經由2007年的50美元，調整至128美元、140美元，再於2016年調升至153美元。2017年，柬埔寨政府著手制訂《最低薪資法》，並於該年10月敲定2018年成衣和製鞋廠工人的最低工資將提升到170美元，政府並承諾將提供醫療、交通和住房補貼。Soth Koemsoeun and Martin de Bourmont, "Minimum Wage Talks to Begin in July," *Phnom Penh Post*, 20 June

國外的挑戰，包括：具有低勞動力成本的孟加拉、緬甸，以及鄰國越南。未來若要保持成衣產業的持續擴張，必須透過提高生產力來對抗日漸升高的勞動成本，[299] 將成衣產業轉型成資本密集型產業，讓成衣製品走向高附加價值的產品，這樣才能維持中、長期的競爭力。[300] 為此，金邊政府及成衣與製鞋業等相關單位目前正積極制訂「2018至2026年成衣業發展戰略」，希望能達到在2025年將生產效率提升至少50%的目標。[301]

除成衣與製鞋業，營建業則是工業部門另一項帶動柬埔寨經濟成長與就業機會的產業活動。[302] 基本上，營建業通常在經濟成長中扮演獨特的角色，就像是經濟環境的測量計，表現既受普遍經濟狀態的影響，也影響著經濟環境，最明顯的例子就是1997-1998年間柬埔寨先後遭遇內部政治動盪與亞洲金融危機的衝擊，許多投資者採取觀望態度導致投資營建業的金額銳減，1999年才得以恢復。2003年起，柬埔寨的營建業和房地產部門已開始繁榮。在全球金融海嘯發生以前，柬埔寨的營建業因為政治安定而

2017；〈衣鞋廠工人明年最低工資170美元加薪幅度11%〉，《柬埔寨星洲日報》，2017年10月6日。

[299] 根據世界銀行的研究報告指出，儘管成衣與製鞋業仍是成長的主要引擎，但在2007-2014年間的年度平均生產力的增長卻僅有0.16%，遠遠落後於房地產與農業部門的2.7%及1.8%。World Bank, *Cambodia Economic Update: Staying Competitive Through Improving Productivity* (Washington, D.C.: World Bank Group, 2017), p. 20.

[300] Ibid., p. 14.

[301] May Kunmakara, "Garments Strategy in Pipeline," *Khmer Times*, 1 August 2017. http://www.khmertimeskh.com/5075974/garments-strategy-pipeline/.

[302] "Demand for Quality Rises as Construction Sector Grows," *Phnom Penh Post*, 2 October 2015, http://www.phnompenhpost.com/post-plus/demand-quality-rises-construction-sector-grows.

在2005-2006歷經一波高峰期，平均年成長率達到21.1%（參考圖6-8）。不過，由於柬埔寨的建築項目大部分都是由外國所投資，因此2008-2009年面臨全球金融海嘯的衝擊時，許多外國投資者因恐懼而紛紛撤離投資項目，導致營建業的成長率在2010年衰退至-25.5%，投資金額從2008年的31.9億美元大幅滑落至2010年的8.4億美元（參考表6-2）。

柬埔寨的營建業在2011年擺脫金融海嘯衝擊而開始復甦，2014年和2016年的成長率甚至高達21%以上，對該年GDP成長率的貢獻度為1.22%和1.57%，超越成衣與製鞋業的1.17%和1.12%（參考圖6-8）。特別的是，營建業的建案數雖然從2009年的2,230項一路下降到2013年最低點的1,641項，但總體營建面積和投入金額卻不減反增，顯示大型、豪華、高端等類型建案的數量大幅增加。2016年，金邊政府核准建築項目的總值高達85.3億美元，已經超過2015年的兩倍，而營建面積也達到1,462萬平方公尺（參考表6-2）。2017年上半年，金邊政府共批准1,523個建築投資項目，總投資額近50億美元，比2016年同期增長27.44%，而前五大投資國分別是中國、韓國、日本、新加坡和泰國。其中，中國在柬投資121個專案，投資額20億美元；韓國投資48個項目，投資額16.37億美元；日本投資37個項目，投資額2.45億美元；新加坡投資9個項目，投資額1.49億美元；泰國投資25個項目，投資額1.46億美元。[303] 城市規劃和建設土地管理部（Ministry of Land Management, Urban Planning, and Construction, MLMUPC）的發言人Seng Lot認為，大量資金流入營建業與房地產是因為投

---

303 〈中國仍居柬埔寨建築業投資龍頭地位〉，《高棉日報》，2017年8月17日，http://cn.thekhmerdaily.com/article/19122。

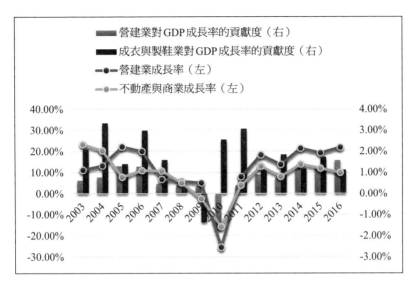

圖6-8：營建業的成長率及其對GDP成長率的貢獻度（2004-2015）

資料來源：National Institute of Statistics, Ministry of Planning, Government of Cambodia.

表6-2：營建項目的成本與數量（2005-2017）

	2005	2006	2007	2008	2009	2010	2011	2012	2013	2014	2015	2016	2017c
項目數	2,995	2,583	1,942	2,156	2,230	2,149	2,129	1,694	1,641	1,960	2,305	2,636	1,020
總面積[a]	4.12	6.24	10.70	6.61	3.29	6.61	3.29	5.26	6.53	6.46	7.69	14.62	5.60
投資金額[b]	857	1,192	3,212	3,192	1,989	840	1,734	2,109	2,773	2,507	3,338	8,534	4,020

a：百萬平方公尺；b：百萬美元；c：1-4月。

資料來源：Cambodia Constructors Association, http://www.cca.org.kh/; "Cambodia Attracts 1,020 Construction Projects in First 4 Months," *AKP Phnom Penh*, 24 May 2017, http://www.akp.gov.kh/?p=102966.

資者對於東埔寨經濟與政治穩定的信念。[304]

　　由於東埔寨正歷經快速發展的時期，亟需鋼與鐵來供應道路、橋梁或住宅的建造，從而帶動一波水泥、鋼材等基本建築材料和營建設備等進口數量的增長，[305] 其中，營建材料主要進口自越南、泰國等鄰國與中國。東埔寨對於水泥的需求高達每年800萬噸，但現存的三座水泥廠僅能供給一半的需求量，所以平均每月進口水泥高達750萬美元，相等於一年9,000萬美元。目前，金邊政府已核准由東埔寨本地和香港企業合資，總額高達2.3億美元的馬德望海螺水泥廠（Battambang Conch Cement Company）投資案，待完工投入生產以後，將具備每日生產0.5萬噸水泥的能力，不僅能有效降低本國對進口水泥的依賴，同時亦可出口至越南、寮國與泰國。[306]

　　值得一提的是，東埔寨的營建業自2011年起的成長軌跡幾乎和服務業部門中的不動產與商業相同，顯示兩者具非常緊密的關連性。近年來，隨著營建業與房地產的蓬勃發展，洪森政府也著手制訂規範建築和房地產業，加強對建築活動的監督管理的兩項法律草案，亦即《建築法草案》和《國土規劃和建設法草案》。未來，這兩項法律一旦正式生效以後，將進一步吸引更多的外資

304　Siv Meng, "Construction Remains Strong Growth Driver for Cambodia," *Phnom Penh Post*, 1 June 2017.

305　World Bank, *Cambodia Economic Update: Cambodia Climbing up the Manufacturing Value Chains – October 2017*（Washington, D.C.: World Bank Group, 2017）, p. 14.

306　Cheng Sokhorng, "New Cement Factory Sets Itself Apart from the Rest," *Phnom Penh Post*, 17 June 2016; Cheng Sokhorng, "New Cement Plants to Max out Production Capacity," *Phnom Penh Post*, 13 September 2017.

公司到柬埔寨投資開發建築和房地產。[307]儘管如此，對一般由成衣產業、旅遊業與農業部門所驅動的GDP產業結構來說，營建業確實不是一個永續性的選項，因為伴隨營建業快速發展而來的將是泡沫化的風險，尤其是柬埔寨的營建業發展大多是由外資所推動。正如湄公策略夥伴（Mekong Strategic Partners, MSP）投資公司的經理人Stephen Higgins所解釋的，營建業不應該像現在成長得那樣快速，製造業與服務業才是柬埔寨繼續成長的關鍵。[308]

　　服務業部門是支撐柬埔寨經濟成長的另一大支柱。服務業的產值雖然從2004年的6,258.8（十億瑞爾）擴張到2016年的18,181.6（十億瑞爾）（按2000年固定價格計算），但其占GDP的比重變化不大，約維持在39%上下；同樣地，服務業的成長率除在2008-2012年間受到全球爆發金融危機的影響而呈現明顯波動外，長期來看頗為平穩，2004-2016年間的平均年成長率為8.1%。相較於工業部門呈現出過於集中在製造業與營建業兩個子部門的情況，服務業部門的發展則是較為平均與分散。就各個產業占GDP的比重及其對GDP成長率的貢獻度來看，以貿易、不動產與商業、運輸與通訊、飯店與餐飲為四大重點產業（參考圖6-9）。其中，不動產與商業受到2008年全球金融危機的衝擊較為深刻，成長率在2009年和2010年呈現負成長的-2.5%與-15.8%，主要受到同時期的營建業呈現成長率下滑的連帶影響，營建業在

---

307 〈柬埔寨建築業與地產業快速發展，政府年內將完成建築法草案與國土規劃和建設法草案〉，《東華日報》，2016年8月30日，http://www.jianhuadaily.com/index.php?option=com_k2&view=item&id=23268%3A2016-08-30-11-25-46&Itemid=593。

308 Kali Kotoski, "Construction: The Most Dynamic Engine of Growth," *Phnom Penh Post*, 8 October 2015.

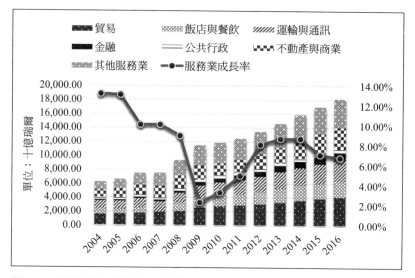

圖6-9：服務業部門的產業結構（2004-2016）

資料來源：National Institute of Statistics, Ministry of Planning, Government of Cambodia.

2010年的成長率甚至達到-25.5%。之後，不動產與商業又隨即復甦，2012年至2016年間的成長率分別達到12.9%、8%、13.8%、11.9%及9.9%（參考圖6-8）。

　　在服務業部門中，飯店與餐飲產業和旅遊產業具有緊密的連結關係。洪森政府將旅遊業視為「綠金」（Green Gold），是綠色經濟的重要構成要素。旅遊業經過1993-2003年間的穩定發展，東埔寨已是個高「旅客—人口」率（tourists-to-population）的國家。2012年10月，洪森政府為永續發展旅遊業，並將其視為建立社會經濟的重要優先部門，著手制訂《旅遊業發展戰略計畫2012-2020年》（Tourism Development Strategic Plan 2012-2020），並制訂出短期（2012-2014）與中長期（2015-2020）的優先執行項目。[309]此外，洪森政府為更好地開發旅遊市場，自2013年起就由旅遊部（Ministry of Tourism）陸續制訂五年期的《柬埔寨旅遊行銷戰略》（Cambodia Tourism Marketing Strategy 2015-2020），以及《2016-2020年吸引中國遊客戰略》與《中國準備》（China Ready for Cambodia Tourism）白皮書，成立「中國準備中心」（China Ready Center, CRC），希望透過完善旅遊市場各項設施和宣傳作用，吸引中國遊客等國際遊客到柬埔寨旅遊，預計在2020年達成吸引750萬人次國際旅客，200萬人次中國旅客的戰略目標。[310]

　　根據柬埔寨官方統計資料，外國旅客人數在2004年首度突破100萬人次，較2003年的70萬人次增加47%；2012年更已超過350萬人次，達到358萬人次，時至2016年已經成長到501萬人次，是2004年的4.7倍（參考表6-3）。就國別來看，1994年至2003年的10年間，柬埔寨的前五大旅客來源國分別是日本、美國、台灣、法國、中國。韓國在2003年躍升為第三大來源國以後，隨即在2004年取代日本成為柬埔寨的第一大來源國；越南則是在2008年躍升為第三大來源國，隨即於2009年取代韓國成為第一大來源國；中國在2010年首次超過美國和日本，成為柬埔寨第三大旅客來源國，然後在2013年超越韓國，成為第二大來源國。此後，越南和中國的排名穩定地分居在前兩位。值得一提的是，寮國的排名在2012年躍升到第四名以後，進一步在2014年取代韓國成為第三大來源國；泰國的排名則在2016年超越寮國和韓國，成為第三大來源國（參考圖6-10）。

309　Royal Government of Cambodia, *Tourism Development Strategic Plan 2012-2020*, Adopted in the Plenary Meeting of the Office of the Council Minister, Held 20 July 2012.

310　Sor Chandara, "Tourism Plan Looks to China," *Phnom Penh Post*, 27 January 2016.

表6-3：旅遊業相關之統計（2003-2016）

	2003	2004	2005	2006	2007	2008	2009
旅客人數（百萬人次）	0.7	1.06	1.42	1.7	2.02	2.13	2.16
成長率（%）	-10.9	50.5	34.7	19.6	18.5	5.5	1.7
旅遊收入（百萬美元）	347	578	832	1,049	1,400	1,595	1,561
占GDP比重（%）	7.4	10.8	13.2	14.4	16.2	15.4	15
收入成長率（%）	-	66.6	43.9	26.1	33.5	13.9	-2.1
	2010	2011	2012	2013	2014	2015	2016
旅客人數（百萬人次）	2.51	2.88	3.58	4.21	4.5	4.78	5.01
成長率（%）	16	14.9	24.4	17.5	7	6.1	5
旅遊收入（百萬美元）	1,786	1,912	2,210	2,547	2,736	3,012	3,212
占GDP比重（%）	15.9	14.9	15.7	16.5	16.3	16.7	16.2
收入成長率（%）	14.4	7.1	15.6	15.3	7.4	10.1	6.6

資料來源：Ministry of Tourism, Statistics and Tourism Information Department, *Tourism Statistics Report, Year 2016*（Phnom Penh, 2016）.

　　2017年前半年，約有266.3萬人次外國遊客赴柬觀光，同比增長12.8%。中國遊客是排名第一的國家，人數將近53萬人次，占總外國旅客人數的26.63%。隨著柬埔寨與中國關係的強化，以及柬政府推展針對性旅遊策略的帶動下，中國將可繼續保持第一來源國地位。[311] 儘管2017年赴柬旅遊的觀光客人數保持成長趨勢，但受到下半年柬國政治局勢緊張的影響，已經開始出現外國遊客退團和取消行程的現象，特別是來自日本、美國和歐盟等國家的旅行團，而鄰國也利用柬國政治事件向遊客進行負面宣傳，

---

[311] 〈上半年266萬人次外國人到柬旅遊 84萬人次國民海外游〉，《高棉日報》，2017年8月5日，http://cn.thekhmerdaily.com/article/19077。

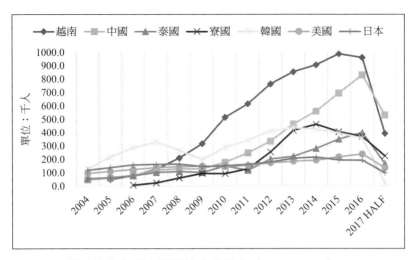

圖6-10：外國旅客主要來源國的人數變化（2004-2017）

資料來源：整理自Statistics and Tourism Information Department, Ministry of Tourism, *Tourism Statistics Annual Report*. 各期。http://www.tourismcambodia.org/mot/index.php?view=statistic_report。

削弱外國遊客來柬旅遊的信心。[312]政治局勢的穩定對發展觀光業的重要性，顯見一斑。

　　日益增多的外國旅客為柬埔寨帶來可觀的旅遊外匯收入，其淨收入在2006年首次突破10億美元，約占該年GDP的14%；2015年的旅遊收入突破30億美元，並於2016年達32億美元，約占該年GDP的16%。換言之，每位外國旅客至少為柬埔寨帶來641美元的旅遊外匯收入（參考表6-3）。[313]按照世界觀光旅遊委員

---

312 〈政治緊張局勢，開始衝擊旅遊業〉，《柬埔寨星洲日報》，2017年11月30日，http://www.camsinchew.com/node/54226?tid=5。

313 Statistics and Tourism Information Department, Ministry of Tourism, *Tourism Statistics Annual Report 2016*（Phnom Penh, 2016）.

會（World Travel and Tourism Council, WTTC）的研究，旅遊業不僅對GDP有直接貢獻，更帶來顯著的間接貢獻與誘發貢獻（induced impacts）。以過去四年的數據來看，柬埔寨的旅遊業對GDP的直接貢獻與綜合貢獻占GDP的比重，世界排名均遠優於亞太國家／東協國家及世界的平均值，顯示旅遊業對於柬埔寨GDP的重要性。更重要的是，旅遊業為柬埔寨創造出眾多的就業機會。以2016年為例，旅遊業創造出98.8萬個直接就業機會，共225.2萬個相關就業機會，亦即該年有將近26%的就業機會都是由旅遊業所創造（參考表6-4）。2017年預計可吸引540萬名國外觀光客，而至2020年更可達700萬人，將為國家創造50億美元的收入及100萬個直接的工作機會。[314]

表6-4：旅遊業對GDP的貢獻（2013-2016）

年＼單位	對GDP的貢獻				就業機會的創造			
	直接貢獻		綜合貢獻		直接就業機會		綜合就業機會	
	十億美元	% of GDP	十億美元	% of GDP	千個	比重	千個	比重
2013	1.6	10.4	3.6	23.5	735.1	8.9	1690	20.5
2014	2.3	13.5	5.1	29.9	985.4	11.7	2,221.5	26.4
2015	2.4	13.5	5.4	29.9	1,034.7	12.1	2,303.7	26.9
2016	2.4	12.2	5.5	28.3	988.2	11.4	2,252.3	25.9

資料來源：整理自World Travel & Tourism Council（WTTC）, *Travel & Tourism Economic Impact: Cambodia.* 各期，https://www.wttc.org/。

---

314 So Sophavy, "Cambodia Earns US$3,400 Million from Tourism in 2016," *AKP*, 28 February 2017, http://www.akp.gov.kh/?p=97385.

近年來，柬埔寨的國內收入雖然呈現逐年增長的趨勢，但占GDP的比重卻不到20%。反觀對外貿易與資本流動占GDP的比重越來越高，顯示柬埔寨是一個高度開放的經濟體。由於金邊政府對於貿易與資本流動限制較少，所以柬埔寨的經濟起飛除仰賴國內四大產業的發展，對外貿易、外來投資和外國援助（ODA）亦是重要的推動力。其中，外資金額已在2006年超越ODA，不過，相較於外資、出口貿易與旅遊業容易受到金融危機的衝擊，ODA反而顯得較為穩定，成為穩固宏觀經濟的重要因素。[315]

在對外貿易方面，柬埔寨自從順利成為東協與WTO成員國以後，除成為東協自由貿易區（AFTA）的成員，也透過東協進一步與其他經濟體簽訂自由貿易協定（Free Trade Agreements, FTAs），從而促成對外貿易的成長。特別是，像柬埔寨這樣高度依賴出口的經濟體，FTA將是經濟持續發展最主要之推動力。目前，柬埔寨正藉由東協與歐盟等經濟體進行FTA談判，東協發起的區域全面經濟夥伴關係協定（Regional Comprehensive Economic Partnership, RCEP）也在談判中，這些FTA一旦簽署並生效，將有助柬埔寨分散出口市場。長期來看，柬埔寨的對外貿易幾乎都是正成長，但卻也經常處於貿易逆差的狀態，僅有在2004-2006年及2009-2011年是呈現貿易順差的情況，而且，貿易赤字曾在2014年達到最高的28.56億美元（參考圖6-11）。

整體來看，柬埔寨的對外貿易總額在2004年僅48.56億美元，在2010年首度突破100億美元的大關後，2016年已增加到224.4億美元，短短六年間成長113.6%。這也展現在對外貿易依

315　Hal Hill and Jayant Menon, "Cambodia: Rapid Growth in an Open, Post-conflict Economy," *The World Economy* 37, No. 2（December 2014）: 1654.

存度呈現逐年上升的趨勢上，從1993年的29.8%持續增加，並於2003年首次突破100%，2012年達到最高的136.7%，然後逐年下降至2016年的113.1%，反映出金邊政府積極拓展貿易的結果。不過，柬埔寨在產業結構的制約下，進口依存度長期高於出口依存度。2012年的進口依存度甚至高達80.9%，出口依存度僅有55.8%，2014年的進口依存度（70.76%）更是高於出口依存度（40.8%）約30%（參考圖6-11）。

對許多發展中國家來說，出口貿易是促進經濟發展的驅動力，尤其是對於正處於轉型經濟中，而且面臨快速的區域與全球經濟整合的柬埔寨，更是如此。柬埔寨近年積極推動「2015-2025

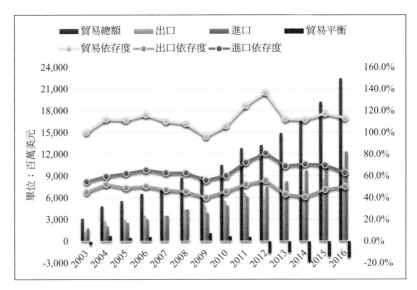

圖6-11：柬埔寨的對外貿易變化（2001-2016）

說明：進出口貿易依存度根據世界銀行資料庫數據計算。

資料來源：整理自 Ministry of Commerce, http://www.moc.gov.kh/en-us/Trade-Info/Trade-Statistics; Data from database: World Development Indicators, Last Updated: 11/21/2017.

工業發展政策」，帶動出口貿易在2016年突破100億美元大關，較2015年的85億美元成長17.9%。隨著出口貿易的快速成長，將可逐漸縮小貿易逆差。然而，柬埔寨高度仰賴成衣製品與旅遊業服務的出口來賺取外匯已是不爭的事實。自1990年代以來，柬埔寨的出口商品太過單一集中在成衣製品，迫使金邊政府積極推動多元化策略。2004年至2016年間，成衣製品出口值占總出口值的比例維持在72%上下，其他像是電子設備及零件、運輸設備、橡膠及其製品、水泥等各類產品的出口值所占的比重則是呈現增長的趨勢，顯示商品多元化策略已初見成效（參考圖6-12）。

此外，由於WTO力促歐美等已開發國家，向柬埔寨這樣的

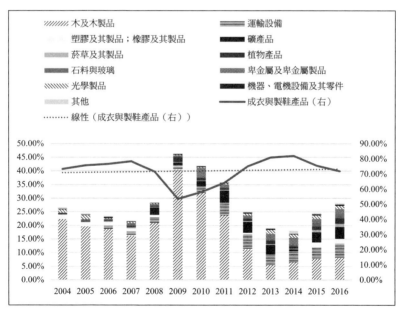

圖6-12：出口貿易的商品結構變化（2004-2016）

資料來源：作者根據ITC Trade Map 的數據製圖。ITC Trade Map, http://www.trademap.org/Index.aspx.

低度開發國家提供單向的免關稅、免配額（duty-free, quota-free）優惠，來幫助這些國家吸引外資、增加就業機會和帶動商品出口，例如：歐盟在《武器除外》政策下，允許柬埔寨99%商品免稅出口，其他還有加拿大是98.6%，日本是97.9%，中國是97%，美國對柬的商品免稅優惠範圍雖不及前述各國，但也有82.6%，致使柬埔寨的出口貿易面臨過度依賴特定市場的困境。其中，美國與歐盟兩大市場就占其總出口的六成，主要出口商品是成衣與鞋類製品，不過，美國市場呈現逐年衰退的趨勢，而歐盟則是逐年成長，並且在2012年取代美國成為柬埔寨的最大出口市場。香港在2012年以前是柬埔寨的第三大出口市場，甚至在2004年和2005年是第二大出口市場，但其所占比例從2004年的22%逐年下降至2012年的8.59%，此後急遽下降到2.5%。相較於此，中國和日本所占的份額則是從2010年開始逐年成長，該年的出口值僅有6,490萬美元和8,950萬美元。2016年，中國和日本兩大出口市場的比重已經達到6.1%和8.2%，出口值分別為6.1億美元和8.3億美元，較2015年成長50%與45%（參考圖6-13及表6-5）。

　　近年來，柬埔寨也積極拓展對鄰國的貿易。其中，柬埔寨與泰國曾因邊境的柏威夏寺主權爭議而發生衝突，甚至在2008年、2009年、2011年發生多次流血軍事衝突，導致雙方貿易關係並不緊密。在2010年以前，柬埔寨對泰國歷年的出口值甚至都不超過2,500萬美元。過去兩年，柬埔寨對泰國的出口值達到3.5億美元和4.2億美元，占柬埔寨總出口貿易的4.1%和4.2%，2016年的成長率為21.3%（參考圖6-13及表6-5）。由此顯見，金邊政府推動的市場分散策略已經發揮作用。

　　就柬埔寨的進口貿易來看，2004年的進口總值僅有20.6億美元，2015年首度突破100億美元，達到106.7億美元，2016年更

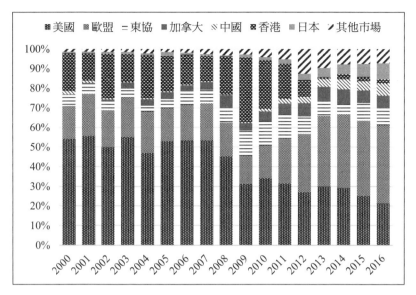

圖6-13：主要出口市場的結構變化（2000-2016）

資料來源：整理自 Ministry of Commerce, http://www.moc.gov.kh/en-us/Trade-Info/ Trade-Statistics.

表6-5：主要出口市場的金額統計（2010-2016）

	總出口	日本	加拿大	中國	泰國	美國	歐盟
2010	5,583.6	89.5	274.1	64.9	149.9	1,903.4	931.5
2011	6,695.3	153.2	382.1	154.4	190.2	2,104.4	1,518.8
2012	5,796.3	184.2	394.7	178.0	96.4	1,554.9	1,734.9
2013	6,665.9	314.1	459.5	266.7	221.2	2,005.1	2,389.1
2014	6,846.0	344.9	509.0	356.6	50.0	2,000.2	2,568.1
2015	8,542.4	571.6	551.0	405.5	346.2	2,136.6	3,289.0
2016	10,073.1	827.2	654.8	609.5	419.9	2,147.0	4,012.9

說明：單位為百萬美元。

資料來源：同圖 6-13。

達到123.7億美元。主要進口產品包括四大類：紡織品及紡織製品；機器及機械用具；車輛、航空器、船舶及有關運輸設備；礦產品。其中，紡織品及紡織製品大多是紡織類半成品，占總進口的比重呈現顯著下降的趨勢，從2004年的46.7%（9.63億美元）降至2015年的26.7%（2.84億美元），以針織品或鉤針織品（HS碼60）為第一大進口產品；機器設備與運輸設備則是供應製造業所需，特別是以鐵路及電車道車輛以外之車輛及其零件與附件（HS碼87）為第二大進口產品；礦產品中的礦物燃料、礦油及其蒸餾產品（含瀝青物質）、石灰與水泥則是因應快速發展的營建業所需。後三者占總進口的比重較為穩定（參考圖6-14）。

　　柬埔寨的主要進口來源國，包括：中國、泰國、越南、台灣、香港、新加坡、韓國等。在2007年以前，香港曾經是柬埔寨最大的進口來源，但進口依賴度從2004年的19.9%逐年下降至

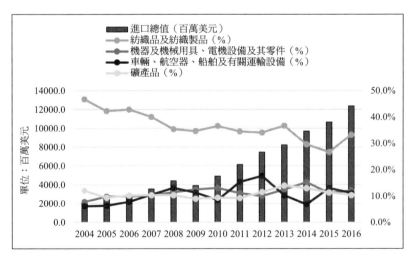

圖6-14：柬埔寨主要進口產品的結構變化（2004-2016）
資料來源：同圖6-12。

2016年的4.2%。中國則是在2008年起取代香港成為第一大進口來源國，而且，其進口值從2004年的3.4億美元（約占16.5%）逐年增長至2016年的45.5億美元，約占該年總進口值的36.8%。此外，柬埔寨的另外三個進口來源國則是泰國、越南與台灣。其中，對台灣的進口依賴度從2004年的11.76%，下滑至2016年的5.67%，該年的進口值為7億美元。相較於台灣，泰、越兩國所占的比重則是穩定的保持在11%至16%及8%至13%之間。2016年時，柬埔寨自泰、越兩國的進口金額分別是19億美元和14億美元，約占總進口值的15.4%和11.5%，較前一年成長約22.3%和52.8%（參考圖6-15）。

在核准投資方面，根據柬埔寨發展委員會（CDC）的數據顯示，2004-2017年間共核准超過600億美元的投資，以2008年的108.9億美元最多，較2007年的26.6億美元成長310%；第二高則

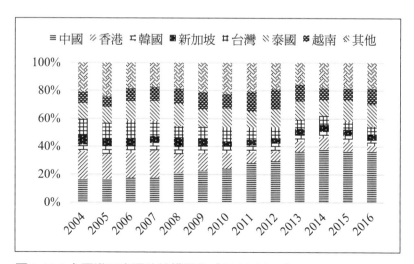

圖6-15：主要進口來源的結構變化（2004-2016）

資料來源：同圖6-13。

是落在2011年的70.1億美元，較2010年的26.9億美元成長160.6%。2016年，東埔寨共核准171個投資項目，金額是36.1億美元，較2015年減少10億美元，萎縮22.3%；2017年的核准投資金額提升到52億美元，較前一年成長44%。儘管東埔寨積極展現作為具備投資潛力的目的地，作為「中國加一」（China plus one）或「越南加一」（Vietnam plus one）而吸引國際社會的注意力，但是，在CDC所核准的投資項目中，本國資本就高達282.7億美

表6-6：東埔寨核准投資金額（2004-2017）

	2004	2005	2006	2007	2008	2009	2010	2011
核准投資	231	1,050	4,440	2,656	10,889	5,859	2,691	7,012
本國資本	76	37	2,081	1,323	3,932	3,753	391	1,930
外國資本	155	1,013	2,359	1,333	6,957	2,106	2,301	5,082
FDI流量	131	381	483	868	846	929	1,343	1,374
	2012	2013	2014	2015	2016	2017	2004-17	比重
核准投資	2,966	4,962	3,933	4,644	3,610	5,200	60,141	100
本國資本	1,248	3,315	2,517	3,217	995	3,124	28,268	47
外國資本	1,718	1,647	1,416	1,427	2,615	2,076	31,873	53
FDI流量	1,835	1,872	1,720	1,701	1,916	-	-	-

說明：投資金額的單位為百萬美元。

資料來源：CDC, *Cambodia Investment Guidebook*（Phnom Penh: CDC and JICA, 2012）, II-4; CDC, *Cambodia Investment Guidebook 2013*（Phnom Penh: CDC and JICA, 2013）, II-4; CDC, "Investment Trend," accessed 3 July 2017, http://www.cambodiainvestment.gov.kh/investment-enviroment/investment-trend.html;〈CDC揭曉東10大外來投資國　中國蟬聯榜首〉,《東華日報》, 2018年1月18日; UNCTAD, "Foreign direct investment: Inward and outward flows and stock, annual, 1970-2016," *UNCTADstat*, accessed July 3 2017, http://unctadstat.unctad.org/wds/TableViewer/tableView.aspx?ReportId=96740.

元，約占47%，外國資本則占53%，總計318.7億美元，尤其是在2013-2015年間及2017年，受到柬國政治局勢的影響，投資結構出現明顯變化，本國資本高於外資，反映出外國企業對柬投資信心不足。必須注意的是，柬埔寨所核准的外國投資金額，經常與實際到位金額存在巨大落差（參考表6-6）。

　　一般來說，柬埔寨核准的投資項目主要集中在旅遊業、工業和基礎設施，尤其對旅遊業的投資遠高於其他的產業，光是2008年核准的投資額就高達87.8億美元。不過，在2009年及2013年至2015年間，外國企業對旅遊業的投資額呈現明顯的衰退，主要是受到柬、泰邊境軍事衝突和柬國政治局勢不穩定的影響，預期對旅遊業會產生嚴重衝擊所致。同樣地，工業部門也是支撐柬埔寨經濟的主要支柱之一，核准投資金額在2011年和2014年都超過28億美元（參考圖6-16）。其中又以製造業中的能源產業和成衣業為該部門主要的投資對象。理論上，品質良好的基礎設施對於經濟成長與國家競爭力也是至關重要，因為每增加1%的基礎設施能夠直接地提升0.8%的GDP成長。[316]尤其是柬埔寨近年急遽加速的工業化與城市化，對於新建與改善既有的基礎設施及相關服務的需求大幅增加，但是柬埔寨的基礎設施覆蓋率遠遠不及鄰國，對經濟成長與新部門的發展產生負面影響。[317]故而，後勤基

316　Cambodia Development Resource Institute, "Getting Things Moving-Regional and National Infrastructure and Logistics for Connectivity, Growth and Development," *Cambodia Outlook Brief*, 2016, accessed 24 September 2017, https://cdri.org.kh/wp-content/uploads/ob16e.pdf.

317　ADB, *Assessment of Public-Private Partnerships in Cambodia: Constraints and Opportunities*（Mandaluyong City, Philippines: Asian Development Bank, 2012）, p. viii.

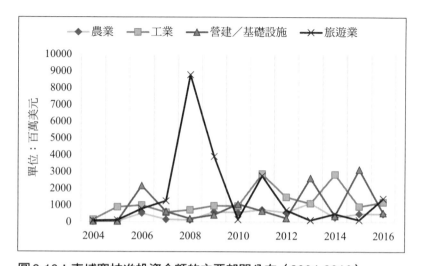

圖6-16：柬埔寨核准投資金額的主要部門分布（2004-2016）

資料來源：CDC, *Cambodia Investment Guidebook*, II-5; CDC, *Cambodia Investment Guidebook 2013*, II-4; CDC, "Investment Trend."

礎設施也是投資的重點領域，投資金額以2006年、2013年和2015年的21.6億美元、26.1億美元和31.3億美元最多（參考圖6-16）。此與近年金邊政府優先發展工業部門，積極發展有形的基礎設施，希望將柬埔寨的製造業與區域市場進行連結，以及營建業和房地產的蓬勃發展，均有密切關係。

過去十年，流入柬埔寨的外國資本，大部分仍是以亞洲國家為主，約占外資總額的80%以上，像是東亞的中國、日本、韓國、台灣，以及馬來西亞、新加坡、泰國、越南等東協鄰國，非亞洲國家則以英國和美國為主（參考圖6-17）。以2017年為例，柬埔寨的固定資產投資額達到52億美元，較2016年的36億美元增加44%，前十大投資國分別是中國（14.31億美元）、新加坡（2.52億美元）、韓國（1.49億美元）、香港（0.85億美元）、越南

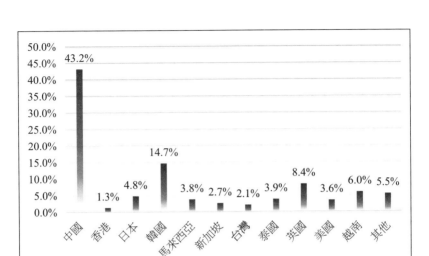

圖6-17：柬埔寨外資的主要來源（2004-2016）

資料來源：作者根據柬埔寨發展委員會的數據計算，數據來源同圖6-16。

（0.51億美元）、英國（0.48億美元）、台灣（0.23億美元）、泰國（0.15億美元）、馬來西亞（0.13億美元）和印度（0.045億美元）。[318]

中國自2003年起就是柬埔寨的最大的外資來源國。1994-2005年間，中國對柬累計投資額約8.64億美元，僅2006年就達到7.17億美元，2008年的投資額更高達43.71億美元，占柬埔寨該年外資總額的62.8%。[319]截至2017年10月，中國累計對柬埔寨協議投資125.7億美元，占柬埔寨外資總額的36.4%。2009年8月，中國與東協簽訂涵蓋27項條款的《東協—中國投資協定》（ASEAN-China Investment Agreement），希望藉由雙方相互給予

---

318 〈CDC揭曉柬10大外來投資國　中國蟬聯榜首〉，《東華日報》，2018年1月18日，http://jianhuadaily.com/20180118/8403。

319 CDC, *Cambodia Investment Guidebook 2013*, Table II-2-1.

投資者國民待遇、最惠國待遇與投資公平公正待遇，提高投資相
關法律法規的透明度，來為雙方投資者創造一個自由、便利、透
明與公平的投資環境，並為雙方投資者提供充分的法律保護，進
一步促進雙方投資便利與逐步自由化。同年10月，中國國務院總
理溫家寶進一步在博鰲亞洲論壇（Boao Forum for Asia, BFA）宣
布，中國決定設立一個以東協十國的基礎設施、能源和自然資源
行業為主要投資目標，而且總規模達到100億美元的「中國—東
協投資合作基金」（ASEAN-China Cooperation Fund, CAF）。2010
年6月，柬埔寨國會批准《東協—中國投資協定》。對此，經濟財
政部國務秘書Kong Vibol向國會表示，中國是柬埔寨的最大投資
者，其投資為柬埔寨創造眾多的工作機會，有助於消除貧窮。[320]
2011年，柬埔寨核准164個投資項目，總值70.1億美元的投資，
中國的投資金額就達到11.93億美元，約占外資的23.5%。過去5
年間，中國對柬投資金額累計約43億美元，約占柬埔寨核准外資
金額88.23億美元的48.7%，光是2016年的投資額就高達10.8億
美元，約占柬國整體投資的29.9%，甚至超過柬埔寨本國資本。[321]

　　普遍來看，中國對柬埔寨的投資呈現出一種特徵：國營企業
依賴中國政府的支持而投資水力發電等大型投資項目，例如：基
里隆1號水電站項目（Kirirom I, 2002）、甘在水電站項目
（Kamchay, 2011）、斯登沃代水電站項目（Stung Atai, 2012）、基
里隆3號水電站項目（Kirirom III, 2013）、額勒賽河下游水電站項
目（Russey Chrum Krom, 2014）、達岱水電站項目（Stung Tatai,

320　Nguon Sovan and Catherine James, "Chinese FDI Hit \$8bn in June," *Phnom Penh Post*, 2 July 2010.

321　CDC, "Investment Trend."

2015）等，這六個水力發電站項目都是中國企業以 BOT 方式投資建設，總投資 18.21 億美元。[322] 根據柬埔寨工業能源礦產部（Ministry of Mines and Energy Cambodia）秘書長童林（Tun Lean）表示，柬埔寨的水電項目並不是外國公司願意建就可以來建。水電項目的批准須經科學、嚴格、透明的審核程序，包括預可行性研究、可行性研究、多相關方共同參與的研討會等，從勘探到開工往往需要近 10 年的時間。[323] 然後，中國國有銀行向柬埔寨提供援助，這些資金被用來支付中國公司對這些專案的組織、管理和建設，柬埔寨政府則保障這些公司幾十年不會受到金融損失。[324] 柬埔寨 CDC 秘書長索真達索披（Sok Chenda Sophea）指出，柬埔寨過去 20 年的經濟成長，就是因為來自中國大量的 FDI 投入大型基礎設施與能源項目。[325]

　　相反地，中國私營企業則是透過產業界的集體行動而非政府的支持，投資在相對較小規模的成衣產業。中國對柬埔寨成衣產業公司的補貼雖不能保證長期的利潤，但已經為它們在海外建立企業提供優勢。[326] 根據柬埔寨製衣商會（GMAC）資料顯示，柬

---

[322] 中華人民共和國駐柬埔寨王國大使館經濟商務參贊處，〈柬埔寨電力現狀和發展趨勢〉，2012 年 11 月 15 日，http://cb.mofcom.gov.cn/article/zwrenkou/201211/20121108436231.shtml（2017 年 10 月 8 日）。

[323] 賈麗，〈為什麼柬埔寨把水電項目都交給了中國公司〉，《WTO 經濟導刊》，2015 年第 11 期（總第 146 期），頁 38。

[324] Daniel O'Neill, "Playing Risk-Chinese Foreign Direct Investment in Cambodia," *Contemporary Southeast Asia* 36, No. 2（August 2014）: 185-191.

[325] Hor Kimsay, "CDC Official Thanks China for Investment," *Phnom Penh Post*, 15 September 2017.

[326] Daniel O'Neill, "Playing Risk-Chinese Foreign Direct Investment in Cambodia," pp. 191-195.

埔寨成衣工廠的擁有者一向是以台灣最多，2008年時有86間，約占總數的25%，中國投資的企業則是從2008年的65間（約占18%），增加至2012年的101家，約占總數的22.5%，超越台灣的93間。[327]根據2017年CDC發表的《2017年柬埔寨投資報告》指出，中國對柬投資產業主要分布在農業、礦業、紡織業、金融業、服務業、通訊業、房地產等領域，其中最大投資領域就是紡織業，2016年的投資額高達1.62億美元。[328]

在外國援助部分，柬埔寨在2004年至2016年間累計接受的官方發展援助（ODA）高達139.6億美元，投注在社會、經濟、基礎設施、服務業與跨部門等四大領域。由於《四角戰略》將道路、水、電力等部門視為優先領域，基於經濟高度發展的需求，投入基礎設施領域的ODA呈現出快速增長的趨勢。日本國際協力機構（Japan International Cooperation Agency, JICP）在柬代表Yuichi Sugano就指出，柬埔寨每年7%的經濟成長率乃是東協成長最快速的國家，如果要繼續保持成長速度，就必須加強進行基礎建設。[329]

一般來說，基礎設施領域涵蓋運輸、能源與電力、用水與衛生、資訊與通信技術等四個子部門，運輸是ODA投入最多金額的子部門，在2004-2016年間累計投入26.7億美元，約占整體ODA的19.1%（參考圖6-18）。由於柬埔寨的公共設施建設所需資金已遠遠超過亞銀與其他國際金融機構的贊助，所以建設道路

327　CDC, *Cambodia Investment Guidebook 2013*, VII-6.

328　〈中國對柬投資逾百億美元居外資榜首〉，《高棉日報》，2017年1月24日，http://cn.thekhmerdaily.com/article/18227。

329　Matthieu de Gaudemar, "Quality Infrastructure Needed to Support Economic Growth," *Phnom Penh Post*, 11 May 2017.

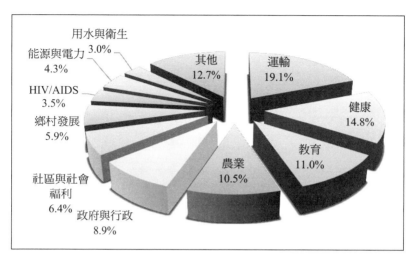

圖6-18：ODA的部門分布（2004-2016）

資料來源：Royal Government of Cambodia, *Development Cooperation and Partnerships Report*, prepared by CRDB and CDC, May 2016, p. 37, Annex Six; "The Cambodia ODA Database," *CDC*, accessed 4 April 2017. http://odacambodia.com/OwnReport/make_own_report.asp?title=Query.

與橋梁所需的資金，共計有70%是由中國所資助，金額約達20億美元，估計境內約有2,000公里長的道路，以及7座主要橋梁工程是由中國承建，其餘則由韓國與越南等其他國家所贊助。[330] 近年來，柬埔寨致力為經濟發展尋求良好的基礎，特別是要解決供電不足的問題，所以，投入能源與電力部門的金額逐漸升高，在第三屆政府期間金額僅有8,777萬美元，但隨著工業發展政策的推動，此部門的ODA金額在第四屆和第五屆政府期間分別達到2.5

330　Sek Odom and Janelle Retka, "China Funded 70 Percent of Cambodian Roads, Bridges: Minister," *The Cambodian Daily*, 21 July 2017.

億美元和2.7億美元。[331]

　　洪森政府為達成消除貧窮的目標，亦將大量的ODA投入社會領域，2017年更公布「2016-2025年柬埔寨國家社會保護政策架構」（National Social Protection Policy Framework 2016-2025），宣示推動社會保護制度改革的決心。社會領域包含健康與醫療照護、教育、愛滋病防制等三個子部門，2004-2016年間的ODA達到40.8億美元，約占ODA總數的29.2%；其中，人力資源發展是《四角戰略》的重點之一，所以投入教育部門的ODA金額達到15.3億美元，約占11%。ODA優先投入的部門還包括：經濟領域的農業部門，金額為14.6億美元，約占10.5%；以及服務業領域的政府與行政部門，ODA金額是12.5億美元，約占總額的8.9%（參考圖6-18）。較特別的是，各國從2009年開始援助柬埔寨處理氣候變遷的相關問題，儘管ODA金額相對較少，但對於經常發生洪水與乾旱的柬埔寨，仍相當重要。

　　2004年至2015年間，柬埔寨累計共接受129.3億美元的ODA，主要來源包括以下四種管道。一是多邊組織，累計金額為30.7億美元，約占總額的23.8%，金額最多的是亞銀的12.6億美元，是柬埔寨最大的多邊發展夥伴。2016年，亞銀核准2.08億美元的援助，包括：1.96億美元的貸款、1,118萬美元的技術援助及150萬美元的無償贈與。[332]亞銀駐東新任代表Samiuela Tukuafu就

331　Royal Government of Cambodia, *Development Cooperation and Partnerships Report*, Prepared by CRDB and CDC, May 2016, p. 37; "The Cambodia ODA Database," *CDC*, accessed 4 April 2017, http://odacambodia.com/OwnReport/make_own_report.asp?title=Query.

332　ADB, *Asian Development Bank and Cambodia: Fact Sheet*, April 2017, accessed 24 September 2017, https://www.adb.org/sites/default/files/publication/27757/cam-2016.pdf.

表示，亞銀將從2017年起開始加大對柬埔寨的援助，以幫助政府提高生產力、發展農業供應鍊、加快與區域互聯互通，繼續提高基礎教育水準、職業與技術培訓，加大對支撐國家經濟發展的支出，以繼續改善公共服務。[333] 二是由歐洲國家組成的歐盟（EU），累計金額為20.7億美元，約占總額的16%，主要以法國跟德國占多數。三是雙邊援助，累計金額是60.8億美元，約占總額的47%，以中國、日本、美國及澳洲為主要捐贈國，其累計金額分別是25.1億美元、15億美元、8.1億美元及5.8億美元，合計占外援總額的41.8%。四是非政府組織（NGO），其累計援助金額為17億美元，約占13.2%（參考表6-7）。

表6-7：柬埔寨外援的構成（2004-2015）

	2004	2005	2006	2007	2008	2009	2010	2011	2012	2013	2014	2015	合計
多邊組織	164.8	187.5	251.2	197.1	299.2	299.7	270.9	324.1	226.8	311.6	290.0	249.0	3,071.9
亞銀	76.7	89.4	67.5	69.4	145.7	89.4	75.4	126.9	82.0	171.4	129.8	133.0	1,256.6
歐盟	107.1	130.6	156.1	153.2	191.0	200.7	192.7	236.1	187.9	148.3	211.0	156.3	2,071.0
雙邊援助	234.1	247.2	255.7	349.4	377.6	391.3	477.2	661.8	872.3	793.1	711.8	710.2	6,081.7
中國	32.5	46.6	53.2	92.4	95.4	114.7	154.1	332.0	460.7	436.6	343.0	348.8	2,510.0
日本	101.8	111.7	103.7	117.2	126.4	134.0	140.0	114.4	172.3	130.8	111.4	135.0	1,498.7
美國	40.6	43.3	51.0	58.1	55.7	56.9	63.3	64.4	85.0	93.5	90.9	105.1	807.8
澳洲	24.3	16.8	22.5	29.6	49.1	47.8	63.4	78.2	79.5	59.3	66.2	45.1	581.8
NGO	49.4	44.7	50.2	77.7	110.8	108.5	165.0	200.7	212.3	225.9	231.3	227.5	1,704.0
總計	555.4	610.0	713.2	777.5	978.5	1,000.2	1,105.8	1,422.6	1,499.2	1,478.9	1,444.1	1,343.0	12,928.4

說明：單位為百萬美元。

資料來源：Royal Government of Cambodia, *Development Cooperation and Partnerships Report*, p. 36, Annex Five.

---

333 〈亞行將加大對柬援助力度〉，《高棉日報》，2017年9月26日，http://cn.thekhmerdaily.com/article/19372。

目前，中國是柬埔寨最大的援助國。根據中國在2014年所公布的第二部《中國對外援助》白皮書指出，中國對外援助的資金包含無償援助、無息貸款和優惠貸款等三種方式；援助方式則包括：成套項目、一般物資、技術合作、人力資源開發合作、援外醫療隊、緊急人道主義援助、援外志願者和債務減免等八種方式。其中，成套專案建設和物資援助是主要的援助方式，技術合作和人力資源開發合作呈現顯著的增長。[334]

自從柬埔寨在2003年順利舉行大選以後，中國對其援助金額隨即出現大幅度的成長，從2003年的557萬美元躍升到2004年3,250萬美元，成長率高達483.5%。此後，中國對柬埔寨援助就擴張得相當快速。2006年，柬埔寨與中國建立《全面合作夥伴關係》（Comprehensive Partnership of Cooperation）。2009年，中國對柬援助金額首度突破1億美元，達到1.15億美元。2010年，柬、中將兩國關係升級為《全面合作戰略夥伴關係》（Comprehensive Strategic Partnership of Cooperation），中國對柬的援助金額上升到1.5億美元，並且正式取代日本成為最大的援助國。2012年，中國的援助達到4.6億美元的歷史新高，約占該年柬埔寨外援總額的30.7%。之後，中國對柬的援助金額雖有下降，但仍保持柬埔寨的第一大外援國的地位（參考表6-7）。

2013年，中國國家主席習近平在出訪中亞和東南亞期間，提出「一帶一路」（Belt and Road）／「新絲路」（New Silk Road）的戰略構想。柬埔寨位於中南半島的中心點，自然是中國的重要

334　中華人民共和國國務院新聞辦公室，〈中國的對外援助（2014）〉，2014年7月，http://www.gov.cn/zhengce/2014-07/10/content_2715467.htm（2017年10月8日）。

合作夥伴。同樣地，柬埔寨為響應「一帶一路」建設，亦制訂多項發展戰略和計畫，包括：人力資源培訓計畫，尤其是提高運輸領域方面的人力資源、技術人員的能力；基礎設施管理計畫，涵蓋國內外港口、水路、陸路、鐵路等領域，旨在服務於農業、旅遊業和服務業，促進柬埔寨和區域各國的基礎設施互聯互通。此外，柬埔寨也致力於將邊境地區發展成為和平地區，加強與鄰國和區域各國的貿易往來。[335] 2015年，中國啟動「一帶一路」的實質建設。洪森表示，中國提倡的「一帶一路」和「21世紀海上絲綢之路」等建設，是相當適合柬埔寨基礎設施建設的政策。

　　長期以來，中國通過無償援助和優惠貸款的形式，在基礎設施、能源、水利、衛生、消除貧窮、技術合作和人力資源開發等方面已為柬埔寨提供大量援助。根據CDC的資料顯示，中國至今對柬提供的援助項目高達70項，已完成的有38項，正在進行中的有21項，另外還有11項是正在準備中的項目。[336] 以2013年至2015年為例，中國對柬埔寨的援助主要是透過貸款的形式，涵蓋教育、農業、能源與電力、運輸、用水與衛生、社區與社會福利等六大部門，尤其集中在運輸及農業等兩大部門（參考表6-8）。2017年5月17日，洪森在北京會見中國國家主席習近平時，中方宣布將向柬埔寨提供16.5億元人民幣（約合2.39億美元）的無償援助。洪森表示，在中國提供的無償援助中，12億元人民幣（約合1.74億美元）將用於支持柬埔寨建設學校、建設農村交通基礎

---

335 〈柬中專家談「一帶一路」〉，《柬埔寨星洲日報》，2017年6月23日，http://www.camsinchew.com/node/51797?tid=7。

336 詳細的援助項目，參考："The Cambodia ODA Database," *CDC*, accessed 4 April 2017, http://odacambodia.com/OwnReport/make_own_report.asp?title=Query.

表6-8：中國對柬援助的部門分布（2013-2015）

		教育	農業	能源與電力	運輸	用水與衛生	社區與社會福利	合計
2013	贈與	-	**0.4**	-		-	-	0.4
	貸款	-	**106.8**	36.1	**262.2**	10.7	20.3	436.2
	小計	-	**106.8**	36.1	**262.2**	10.7	20.3	436.6
2014	贈與	-	**-**	-	**-**	-	-	-
	貸款	-	**101.6**	33.2	**177.2**	10.7	20.3	343.0
	小計	-	**101.6**	33.2	**177.2**	10.7	20.3	343.0
2015	贈與	4.5	**-**	-	**-**	-	-	4.5
	貸款	-	**87.5**	45.1	**173.8**	10.5	27.5	344.4
	小計	4.5	**87.5**	45.1	**173.8**	10.5	27.5	348.8

說明：單位為百萬美元。

資料來源：Royal Government of Cambodia, *Development Cooperation and Partnerships Report*, pp. 34-35.

設施、開鑿水井。[337]

　　相較於中國，日本在2010年以前一直是柬埔寨最大的援助國。2009年起，日本與湄公河流域五國每年定期舉行領袖高峰會議（Mekong-Japan Summit Meeting）及部長會議，並在2010年的第二屆峰會上確立每三年為一周期的援助模式。根據日本外務省的資料顯示，它在2004-2015年間對柬提供總額高達14.8億美元的ODA，主要是透過無償援助和技術援助的方式，金額分別是7.54億美元和5.29億美元，約占對柬ODA總額的51%和35.7%，貸款

---

[337] 〈中國對柬無償援助，今年約2.39億美元〉，《柬埔寨星洲日報》，2017年5月19日，http://www.camsinchew.com/node/51237?tid=5。

援助的金額僅有 1.97 億美元，占總額的 13.3%。日本對柬 ODA 在 2012 年達到頂峰，金額為 1.8 億美元，之後受到經濟因素影響而逐年降低援助金額，但都維持在 1 億美元以上（參考表 6-9）。2017 年 8 月，洪森在訪問日本的前夕曾表示，1992 年至 2016 年日本的資金援助約達 35 億美元，占外國援助總額的 15%，日本對柬埔寨維持 7% 以上的經濟增速，以及成功大幅削減貧困人口功不可沒，未來在實現於 2030 年躋身中等偏上收入國家的目標時，仍需日本繼續施以援手，尤其是在建設高品質基礎設施、培養人才和旅遊領域發展等方面，希望能得到日本提供的支持。[338]

表 6-9：日本對柬埔寨的 ODA（2004-2015）

百萬美元	2004	2005	2006	2007	2008	2009	2010	2011	2012	2013	2014	2015	合計
總額	86.4	100.6	106.3	113.6	114.8	127.5	147.5	134.2	**182.4**	141.5	124.3	101.8	1,480.7
優惠貸款	7.4	4.1	9.5	11.4	4.8	19.9	13.5	18.6	**43.4**	21	20.5	23.1	197.1
無償援助	38.3	53.1	56.9	62.4	70.2	59.4	80.8	62.1	**83.1**	74.3	63.7	50.1	754.4
技術援助	40.8	43.5	39.8	39.8	39.7	48.1	53.1	53.5	**56**	46.2	40.1	28.5	529.2

資料來源：整理自 Ministry of Foreign Afairs of Japan, *Japan's ODA White Paper*. 各年度白皮書。

　　整體來看，日本對柬的 ODA 主要是基礎建設的援助，尤其是興建道路和橋梁。以日本在 2013-2015 年間對柬埔寨提供的 ODA 部門分布來看，前五大部門依序為運輸、用水與衛生、教育、健康、能源與電力。其中，運輸部門的金額達到 1.19 億美

---

338 〈洪森滿懷希望出訪日本　期待日方繼續提供援助〉，《華商日報》，2017 年 8 月 6 日。

元，約占總額的31.8%，排名第二的用水與衛生部門金額僅有
4,509萬美元，約占總額的12%，較運輸部門少7,477萬美元。此
外，日本除援助柬埔寨改善與提供經濟基礎設施，也已經提供多
項的社會發展項目，像是興建學校與醫院等，同時，也允諾提供
人力資源發展的援助（參考圖6-19）。2017年3月，日本政府允
諾對柬埔寨提供超過1.4億美元的無償援助與優惠貸款來執行基
礎設施、健康醫療、防洪等三個領域，其中的4,200萬的無償援
助是用在三個不同的項目，包括：金邊的洪水防治與引流、改善
馬德望省級轉診醫院、磅同省的水供給系統擴大項目；9,800萬美
元的優惠貸款是用來改善國道五號，目的是要發展連結曼谷、金
邊、胡志明市的貿易路線。[339]同年8月，日本首相安倍晉三
（Shinzo Abe）在洪森訪問東京以前，再次確認提供2.44億美元的
無償經濟援助，其中的3,500萬美元是用於《金邊市防洪改善計
畫第四階段專案》，2.09億美元的優惠貸款是用於《施亞努港新
貨櫃停泊港口開發專案》（Sihanoukville Port New Container
Terminal Development Project）。[340]

　　日本的ODA進一步帶動企業進入柬埔寨進行投資，特別是
成衣廠和電子。近年來，日本加大對柬埔寨投資力度。人工成本

---

[339] Hang Sokunthea, "Japan Provides Loans, Grants for Infrastructure," *The Cambodian Daily*, 30 March 2017.

[340] "Signing of Japanese ODA Loan Agreement with Cambodia: Expanding Sihanoukville Port to Contribute to Improvements to the Logistics Environment of Cambodia," *Japan International Cooperation Agency*, 8 August 2017, accessed 24 September 2017, https://www.jica.go.jp/english/news/press/2017/170808_01.html; Jonathan Greig, "Japanese to Provide Flood Aid During PM Visit," *The Cambodian Daily*, 3 August 2017.

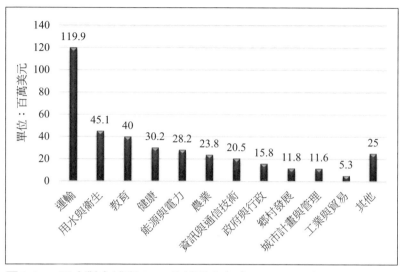

圖6-19：日本對柬埔寨ODA的部門分布（2013-2015）

資料來源：同表6-9。

低廉、基礎設施建設開始興起的柬埔寨，正快速成為日本企業海外投資的新熱點。可以說，日本的FDI緊隨貸款和贈與而投入基礎設施，像是道路、橋梁，為後勤供給鍊鋪平道路，進一步加強柬埔寨與國際市場的連接。[341] 2016年，柬埔寨CDC核准投資總額為3億6,009萬美元，其中，日本的投資金額就超過8,200萬美元，是日本歷年對柬埔寨投資金額最高的一年。[342] 根據CDC的報告指出，截至2017年5月，日本投資商在柬埔寨投資的大型項目共有125個，總投資額達15億美元，熱點投資領域主要集中在經

---

[341] Cheng Sokhorng, "Japanese FDI Flows in Roads, Bridges It Built," *Phnom Penh Post*, 19 December 2016.

[342] CDC, "Investment Trend."

濟特區方面，共有82個項目，經濟特區已累計吸引日本投資3.88
億美元，占投資總額的25%。目前，日本企業已在柬埔寨投資設
立電子和電器裝配業、汽車零件和交通工具組裝等，這對柬埔寨
推動工業發展政策大有助益。[343]

　　除中國與日本以外，美國是柬埔寨的第三大外援國，援助形
式是無償援助，2004-2015年間的援助金額共8億美元，援助項目
主要涉及健康、農業、民主與治理、掃雷和環境等領域。以
2013-2015年為例，健康部門的金額達到6,687萬美元，約占總額
的23.1%，政府與行政則以5,171萬美元居次，約占總額的
17.9%，排名第三的是環境與保育，金額是3,718萬美元，約占總
額的12.8%（參考圖6-20）。長期來看，美國對柬埔寨的援助金額
呈現逐年上升的趨勢，從2004年的4,000萬成長到2015年的1億
美元（參考表6-7）。然而，川普政府上台以後，奉行「美國第
一」（America first）的政策，計畫大幅度削減對發展中國家的援
助。根據國務院向國會提交的預算說明書（Congressional Budget
Justification, CBJ），2018年美國的援柬預算，由2017年的7,831
萬美元縮減至2,149萬美元，減少約73%。其中，發展援助
（Development Assistance）和經濟支持基金（Economic Support
Fund）完全被取消，國際開發署（USAID）和國務院提供的全球
衛生項目（Global Health Programs）雖獲得保留，但兩者金額合
計僅有1,885萬美元，較2017年預算的3,362萬美元減少43%。[344]

---

343 〈截至今年5月，日本總投資額15億美元〉，《柬埔寨星洲日報》，2017年6
　　月29日，http://www.camsinchew.com/node/51894?tid=5。

344 US Department of State, *FY 2017 Congressional Budget Justification – Foreign
　　Assistance Summary Tables*, accessed 3 July 2017, https://www.state.gov/documents/
　　organization/252735.pdf; US Department of State, *FY 2018 Congressional Budget*

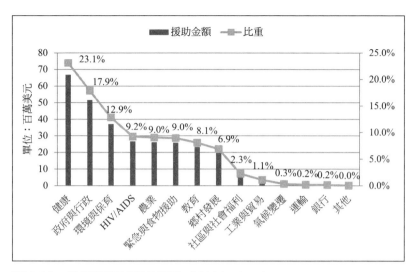

圖6-20：美國對柬埔寨的援助（2013-2015）

資料來源：同表6-7。

　　儘管如此，洪森自信地表示，就算美國減少對柬的全部援助，柬埔寨也沒問題。[345]相反地，學者們警告，美國此舉不僅會導致影響力的衰退，而且，將傷害柬埔寨對美國的認知，而此一事實將把柬埔寨進一步推進中國的經濟勢力範圍中。[346]

　　總的來說，柬埔寨的經濟發展在四大支柱產業，以及三大外部動力的強勢帶動下，不僅在2004-2016年間的GDP平均年成長

Justification- Foreign Assistance Supplementary Tables, accessed 3 July 2017, https://www.state.gov/documents/organization/271014.pdf.

345 〈洪森：柬埔寨不怕美國減少援助金〉，《東華日報》，2017年6月18日，http://cn.thekhmerdaily.com/article/18865。

346 Ananth Baliga, "Document Suggests US Aid Cuts," *Phnom Penh Post*, 26 April 2017;〈美國到2018年將停止對柬援助〉，《東華日報》，2017年4月26日，http://www.jianhuadaily.com/?option=com_k2&view=item&id=25497:2018。

率達到7.7%，而且，連續六年的成長率都維持在7.0%以上，是世界上經濟發展最快速且最穩定的國家之一；同時，40%最窮人口的人均消費平均成長率為7.9%，是世界上前十名的國家。前世銀駐東主任薩朝（Ulrich Zachau）就指出：任期內印象最深刻的就是柬埔寨持續地轉變，GDP以平均7.6%的速度在成長，貧窮率也從2007年的47.8%降到2014年的13.5%，單就消除貧窮來看，柬埔寨是東亞各國中的領導者。柬埔寨的經濟表現有目共睹，無論是金邊市，或是鄉間，人民的生活均較以前為佳。此外，他也認為教育將對於經濟能否持續成長具有決定性的作用。[347] 這也是金邊政府近年將大量外援與外資投注在教育領域的用意所在。世銀駐東經理杜拉賈（Inguna Dobraja）就表示，未來柬埔寨若要繼續向前邁進，必須確保提高有利於成長的投資，像是基礎設施領域；同時，也必須注重提高工人的技術能力，強化公部門的服務等。[348]

　　由於柬埔寨政府正致力深化各項改革工作，以及東協經濟共同體亦已在2015年底建設完成，未來將吸引更多資金和投資，擴大區域貿易規模，都是有利於經濟前進的動力。尤其是，隨著中國啟動「一帶一路」的建設，柬埔寨因先天地理位置的優越性，

---

[347] Work Bank, *Cambodia: Sustaining Strong Growth for the Benefit of All* （Washington, D.C.: World Bank Group, 2017）, p. 11; May Kunmakara, "World Bank: Education Is the Key to Reducing Poverty," *Khmer Time*, 19 June 2017. http://www.khmertimeskh.com/news/39430/world-bank--education-is-the-key-to-reducing-poverty/.

[348] Work Bank, "Increasing Productivity is Key for the Future," 17 May 2017, accessed 24 September 2017, http://www.worldbank.org/en/news/press-release/2017/05/17/growth-in-cambodia-remains-strong-while-productivity-improvements-needed-going-forward.

將成為各國與中國之間互連互通的連結點。[349]對柬埔寨來說,「一帶一路」倡議與柬埔寨的國家發展規劃相當契合,特別是與金邊政府目前正致力推進的《四角戰略》第三階段及《工業發展政策》緊密連結。[350]

　　時至2017年,中國已經成為柬埔寨最大的貿易夥伴、投資者與債權國。雙方的貿易總值達到60.4億美元,較2016年提升了17%,占柬埔寨對外貿易總值的23.6%。其中,柬埔寨對中國的進口值達到52.9億美元,較2016年成長了16.2%,占柬埔寨進口貿易總值的37%,是柬埔寨第一大進口來源國。[351]在投資方面,中國是柬埔寨過去5年（2013-2017）的最大投資來源國,在投資方面,中國是柬埔寨過去五年（2013-2017）的最大投資來源國,這段期間的總投資金額達到53億美元,2017年柬埔寨從中國吸引到14億美元的固定資產投資,約佔中國對柬埔寨投資總額的27%。在援助方面,柬埔寨在2017年獲得來自中國將近42億美元的贈與和優惠貸款等形式的援助。截至2017年底,在柬埔寨所累計達到96億美元的外債中,有42%是來自中國。[352]由此顯示,中

---

349 〈四大經濟支柱平穩發展‧柬經濟增長可保7%〉,《柬埔寨星洲日報》,2017年1月1日,http://www.camsinchew.com/node/49267?tid=5。

350 〈為柬埔寨經濟發展提供動力——訪柬埔寨首相洪森〉,《人民日報》,2017年5月15日,第10版。

351 Ministry of Commerce, Kingdom of Cambodia, "Value of Exports and Imports in 2017," 14 September 2018, accessed 20 October 2018, https://www.moc.gov.kh/Portals/0/Docs/TradeInfo/TS18%20Value%20of%20Exports%20and%20Imports%20in%202017-20180914151746293.pdf.

352 Pheakdey Heng, "Are China's Gifts a Blessing or a Curse for Cambodia?" *East Asia Forum*, 29 August 2018, accessed 20 October 2018, http://www.eastasiaforum.org/2018/08/29/are-chinas-gifts-a-blessing-or-a-curse-for-cambodia/.

國的經濟實力與影響力實是東埔寨得以持續發展的來源。中國駐東大使熊波曾公開表示，中國將繼續在各個領域持續擴大與深化和東埔寨的合作，尤其是貿易和經濟關係。

儘管有學者認為外援對於經濟發展具有益處，例如：密特拉（Rajarshi Mitra）運用經濟模型的研究導出「每增加1%的ODA就可以讓GDP提升0.32%」的結果，所以歸結外援對東埔寨經濟長期來看是有利的。[353]不過，也有學者紛紛痛陳外援為東埔寨帶來後續的負面影響，例如：東裔美籍政治學者艾爾（Sophal Ear）就指出，外援是無效的，並不會降低所得的不平衡，只會讓菁英更加富有、更為強大，而且，由於海外援助資金挹注，降低政府對稅金的需求，使國內施壓政府提升問責性（accountability）的能力被削弱，影響政治改革的進展。[354]特別是中國推動「一帶一路」倡議為東埔寨帶來的龐大外債已經引起國際社會的關注，此即所謂的「中國外債陷阱」（China debt trap）。[355]批評者認為中國在擴張軟權力時，缺乏稱職的國際官僚而不善於處理對外援助事務，可能帶來不可預料的政治議題；同時，許多中國在東埔寨所推動的項目缺乏透明性與不確定性，也將為東埔寨帶來風險。不過，從北京的角度來看，正如中國外交部發言人華春瑩所言：來自西方國家的金錢就被讚許為良善與甜蜜的，相反地，來自中國

---

[353] Rajarshi Mitra, "Foreign Aid and Economic Growth: A Cointegration Test for Cambodia," *Journal of Economics and Behavioral Studies* 5, No. 2（February 2013）: 117-121.

[354] Sophie Ear, *Aid Dependence in Cambodia: How Foreign Assistance Undermines Democracy*（New York: Columbia University Press, 2013）.

[355] Veasna Var, "Cambodia, Sri Lanka and the China Debt Trap," *East Asia Forum*, 18 March 2017, accessed 20 October 2018, http://www.eastasiaforum.org/2017/03/18/cambodia-sri-lanka-and-the-china-debt-trap/.

的金錢就被視為惡意而且是個陷阱，這種認知相當的不合理。[356]

　　華春瑩的說法正反映出西方國家長期對於外援所抱持的論述邏輯，亦即：接受外援→經濟成長→社會穩定→政治民主化。西方援助國甚至直接以援助與否來威脅受援國接受其設定的條件，強行將其價值主張及期待貫徹於受援國，以實現援助國家的自我利益。此種隱含援助國的企圖與利益的援助觀點，經常在實踐過程中引發援助國與受援國之間極大的衝突。[357]實際上，外援就是強權國家用「金錢」購買影響力，擴張國家利益的政策工具；相對地，受援國也因有利可圖才會尋求援助，甚至犧牲國家的若干自主性來換取外援。[358]依此，相較於西方國家動輒以民主化、人權議題作為附加條件的援助，洪森政府自然更傾向於接受中國不附帶其他條件的援助。

　　儘管中國投資的大量湧入，導致「柬埔寨中國化」（Cambodia's Chinafication）的情況日益明顯，[359]亞洲人權委員會資深研究員劉蒙海更直言，中國在柬埔寨變得越來越傲慢，而其行為越來越像過去的殖民主義者，[360]但是，這卻成為洪森在尋求延長33年掌權

356　Robin Spiess, "Belt and Road could bring risks for Cambodia debt," *Phnom Penh Post*, 27 March 2018; "China's 'Silk Road' Project Runs into Concerns over Debt Jam," *Phnom Penh Post*, 3 September 2018.

357　李文志，《「外援」的政治經濟分析：重構「美援來華」的歷史圖像（1946-1948）》（台北：憬藝企業出版，2003），頁3-6。

358　同前註，頁191。

359　"Cambodia's Chinafication," *Nikkei Asian Review*, 19 July 2018, accessed 22 October 2018, https://asia.nikkei.com/Print-Edition/Issue-2018-07-19.

360　Sebastian Strangio, "China's Aid Emboldens Cambodia," *YaleGlobal Online*, 16 May 2012, accessed 23 June 2017, https://yaleglobal.yale.edu/content/chinas-aid-emboldens-cambodia.

時的最佳利器。2018年7月以後，隨著CPP以橫掃全部125席的氣勢贏得大選，洪森不僅取得繼續執政的機會，而且在單一政黨組成國會的結構下，更能夠按照個人意志來制訂政策。可預見的是，未來柬埔寨在洪森的繼續掌權下，中國的投資將持續帶動柬埔寨各主要經濟領域的快速發展。這也意味著，中國對柬埔寨的國內政治和經濟的發展將更具影響力。

第七章

結語

　　柬埔寨是一個古老的東南亞國家。吳哥王朝建立起柬埔寨在東南亞地區的聲譽與威望。19世紀中葉，安東國王（Ang Duong, 1796-1860）在位時，是柬埔寨歷史上國力衰退、版圖急遽縮小的時期。安東國王為擺脫來自東西兩大強鄰的制約，希望引進法國勢力來協助收復被越南與暹羅所併吞的領土。安東國王病故以後，長子諾羅敦（Norodom Prohmbarirak, 1834-1904）繼任國王。在法國的砲艦外交（gunboat diplomacy）的壓力下，諾羅敦國王先於1863年被迫簽署《法柬條約》（Franco-Cambodia Treaty），柬埔寨成為法國的保護國；1887年又被迫簽署第二份《法柬條約》，並在法國成立法屬印度支那聯邦（Union of French Indochina）以後，被納為其中的一個邦，正式成為法國的殖民地。

　　第二次世界大戰結束以後，世界各地興起一股民族獨立運動風潮，西方殖民主義遭遇嚴重挑戰。在中南半島，隨著法國將重心擺在歐洲本土的經濟復原，加上印度支那局勢的惡化，嚴重地削弱法國對殖民地的控制能力，開啟柬埔寨逐步邁向獨立的契機。在施亞努國王的積極幹旋之下，柬埔寨先在1946年與法國簽訂法柬臨時協定，法國承認柬埔寨的過渡性地位，即是柬埔寨取得自治權；1949年，雙方簽訂法柬協定，賦予柬埔寨更多的自治權，並廢除1946年的臨時協定，取消柬埔寨的被保護國地位；1953年11月9日，雙方簽訂最終協議，柬埔寨在淪為法國保護國的90年之後，終於獲得全面獨立，正式成立柬埔寨王國。然而，柬埔寨是否就此擺脫外部勢力的干預而得以獨立自主地發展呢？

　　本書從柬埔寨先天的地理環境與位置出發，認為柬埔寨因為與越南和泰國兩大強國為鄰，同時，又在地緣政治上位居諸權力中心的中間地帶，這種政治地理特性在冷戰對峙的時代裡尤其明顯，使得柬埔寨的政治經濟發展難以擺脫外部干預。相對地，從國內政治角度來看，柬埔寨當代政治菁英承襲封建時期所遺留的政治傳統，利用宗教信仰中的神君崇拜來作為權力的正當性來源，而與西方式的民主制度有所衝突。雖然柬埔寨從1947年起就已經開始舉行國民議會選舉，但其政治發展仍長期處於威權政治，甚至是獨裁的狀態。在權力鬥爭的過程中，政治菁英為鞏固政治權力，經常會根據各自的政治意圖來選擇與外部勢力合作或結盟，接受其政治、經濟與軍事的援助來獲取政治利益。內外交織使得權力關係網絡更加地治絲益棼，深深制約著柬埔寨的政治與經濟的發展。

申言之，法國殖民統治柬埔寨期間，實施一種「文明化任務」（mission civilisatrise），雖然包含保留吉蔑文化遺產，但在剝削有限天然資源的同時，卻也逐漸地弱化位居支配地位的皇室菁英，造成一種柬裔學者索龐波所稱的「不穩定的霸權權力結構」（unstable hegemonic power structure），亦即由支配性的政治領袖，亦即所謂的「強人」，試圖控制一個衰弱的國家和碎裂化的社會—政治環境。[1]影響所及，獨立後的柬埔寨歷史就呈現出一種特性：每個階段都有各種外國軍事介入，並且加劇了殖民時期所遺留下來的權力結構不平衡。

柬埔寨獨立之初，施亞努國王面臨一個菁英導向的政黨——「民主黨」所支配的政治環境。他為了要快速地鞏固權力，先是放棄王位，然後透過公民複決的程序動員人民來支持他所創建的政治運動——「人民社會同盟」（Sangkum），並且成功地將多數的政治人物納入Sangkum，然後，推展所謂「佛教社會主義」的意識形態來作為政治權威的根源，從而支配了柬埔寨的政治、

1　Peou, *Intervention and Change in Cambodia*, pp. 119-121.

經濟與社會——文化生活，形成一種「家戶長式的威權主義」（paternalistic authoritarianism）。施亞努主政期間，雖有透過選舉活動來產生國民議會成員，但這種看似民主的程序實質上只是為了要正當化其權力的個人化。不過，他的家戶長式統治確實為柬埔寨帶來一段政治穩定時期。施亞努主政後期，面臨來自國家內部與外部的激烈挑戰，包括：山玉成為首的吉蔑伊沙拉、龍諾為首的極右派保守份子等，以及泰國、南越等鄰國，導致其政治上的霸權性角色逐漸衰落。

在經濟政策上，施亞努基於「佛教社會主義」的原則，推動國有化經濟，在美援大量挹注下，確實在經濟發展上取得可觀的成果，為柬埔寨帶來經濟繁榮，但在1963年拒絕美援以後，柬埔寨的經濟發展就開始每況愈下。在外交政策上，施亞努雖然嘗試擺脫外部勢力的干涉，名義上採取不結盟的中立主義外交政策。但是，隨著國際政治局勢進入美蘇對峙的冷戰時期，柬埔寨外部環伺著「蘇聯—北越」的共產勢力，以及「美國—泰國—南越」的西方勢力，驅使著施亞努國王接受各國的援助，特別是美國取代法國，提供大量的外援。1963年，施亞努表明拒絕美國援助；兩年後，進一步切斷與美國的外交關係，選擇向中國靠攏。然而，這樣的選擇並未將柬埔寨從一連串外部勢力干預的漩渦中拯救出來，反而提供赤柬崛起的機會。

1960年代末期，柬埔寨共產黨在越南人的支持下，開始於柬埔寨北部省分進行破壞和叛亂。隨著越戰的升級，美國為摧毀越共在柬埔寨的庇護基地，開始對柬埔寨展開轟炸。美國重返柬埔寨實際上強化右派的力量。1970年，龍諾將軍在美國的支持下，發動政變推翻施亞努，成立高棉共和國，施亞努則與赤柬共組柬埔寨民族統一陣線，在中國北京成立柬埔寨王國民族聯合政府，使柬埔寨陷入嚴重的內戰狀態。這時期，柬埔寨的政治體制從先前的君主議會制變成共和的總統制。雖然龍諾政府制訂民主的憲法，並且允許反對黨的存在，卻也鎮壓反對勢力，甚至實施不民主的選舉法，導致各政黨抵制1972年的國會選舉，最後由龍諾的社會共和黨贏得勝利，柬埔寨幾乎要變成單一政黨的政治體制。1975年，赤柬取得勝利以後，成立民主柬埔寨，宣告內戰正式終結，卻也使柬埔寨走入另一個悲劇之中。

　　赤柬統治期間，一開始並未公開赤柬的真正領袖，僅以所謂的「安卡」（Angkar）作為領導政權的組織，直至1977年以後才正式公開柬埔寨共產黨總書記波布是赤柬真正的領袖，並由波布擔任民主柬埔寨總理。波布掌權期間，採取一種革命性極權主義的統治方式，對內實施嚴厲的恐怖統治，發動一系列的極端措施，包括：經濟上實行極左的國有化政策；集體化農業生產；社會文化方面，推行嚴格的控制，取消宗教生活等。其中，影響最大者則是進行一場以「重構柬埔寨社會」為目的的種族清洗（ethnic cleansing）。這場被法國學者拉古特（Jean Lacouture）稱為「自我滅絕的大屠殺」（auto-genocide），[2] 導致柬埔寨人口的大量死亡，尤其是境內的各個少數族群，像是越族、寮族、泰族、占族及華人等，使整個柬埔寨儼然成為一個「殺戮戰場」。

　　赤柬對柬埔寨的恐怖統治，特別是對境內越南人的全面整肅，引發越南政府的不滿；此外，波布為奪回昔日柬埔寨王國失去的省分，以及報復兩大強鄰，亦屢次派遣精銳部隊進犯南越與

2　Jean Lacouture, "The Bloodiest Revolution," *The New York Review of Books* 24, No. 5（31 March 1977）, accessed 23 April 2017, http://www.nybooks.com/articles/1977/03/31/the-bloodiest-revolution/.

泰國。1978年12月25日，越南揮軍進入柬埔寨，推翻激進的波布政權，並扶植橫山林建立柬埔寨人民共和國（PRK）。橫山林政府執政期間，師法越南採取社會主義的路線，政治上由柬埔寨人民革命黨進行一黨統治，經濟上實施社會主義式的指令性經濟政策。雖然橫山林政府恢復了柬埔寨的政治穩定，也逐步改善了經濟發展，但是，國際社會將其視為越南的傀儡政權，不僅拒絕承認PRK作為柬埔寨的合法政府並對其展開抵制，而且還對柬境內的反抗勢力提供支持，導致橫山林政府對外面臨來自國際社會要求越南撤軍的壓力，對內也遭遇來自赤柬、施亞努、宋山等派系所領導的反政府勢力的挑戰，導致柬埔寨再度陷入動盪的局勢中。

正當反抗勢力成功整合為施亞努所領導的民主柬埔寨聯盟政府（CGDK）之際，PRK在越南與蘇聯的經濟援助下，開始逐步完善國家機關，政治菁英也著手進行權力鞏固，透過私人投資、走私活動等方式，建立起個人的扈從網絡。其中最著名的就是洪森的崛起。1980年代中期以後，洪森向黨中央提出一系列經濟自由化措施的經改方案，成功地將柬埔寨的經濟體制從指令經濟轉型成市場經濟，為後衝突時期的經濟重建奠定了基礎。

1990年代以前，柬埔寨就像歐洲的波蘭一樣，根本是一個地理與政治未發展的犧牲品。[3] 直至1990年代初期，在聯合國的強勢主導與國際強權的介入下，柬埔寨各派勢力終於達成和平解決方案。1991年10月，《巴黎和平協定》的簽訂，宣告柬埔寨的和平即將到來。正如法國外長杜馬所稱：「惡夢已經遠離柬埔寨……在印度支那持續五十年的戰爭和殺戮，柬埔寨長達二十年的悲

3　Shawcross, *Cambodia's New Deal*, p. 5.

劇，在巴黎結束了。」⁴在聯合國在柬埔寨過渡時期權力機構的監督下，柬埔寨終於在1993年舉行內戰後首次的自由、公平地選舉，順利地組成聯合政府，為柬埔寨帶來邁向多黨的自由民主體制的契機。

　　理論上，隨著新政府的成立，柬埔寨應該進入一個空前和平的時期。就像拉納烈先前在制憲會議閉幕時所指出：「制憲會議以壓倒性的票數通過新憲法的結果，建立一個新的基礎，我們柬埔寨人將可以把柬埔寨重建得像吳哥時代一樣的繁榮。」⁵然而，柬埔寨作為一個長期受到戰爭洗禮的國家，政治、社會、經濟等各方面自然存在許多障礙，不利於和平的建立與維持。除了柬埔寨人民缺乏實踐民主政治的經驗，主要政黨忽略人民渴望民主的要求而持續地處於武裝衝突的狀態，柬埔寨經濟亦處於百廢待興的局面。在赤柬統治的4年間，城市中心被迫進行土地重分配，整個國家因注重農業生產而忽略工業發展，導致人民無法獲得足夠的所得收入與空閒時間，來教育自己投入民主進程的參與。更嚴峻的是，具備改善經濟發展所需的技術、專業與政治技術的那些人，不是遭到赤柬殺害，就是已經流亡其他國家。⁶尤其是，在1993年大選舉行以前，柬埔寨國內仍充斥著各方敵對的政治勢力，況且，施亞努、赤柬、洪森等主要派系也沒有任何實踐真正的民主政治的經驗。他們在不同的時期，多半以非民主的治理形式來統治國家。此外，國際強權之間的地緣政治競爭，因為冷戰

4　Jean-Marie Cambaceres著，《西哈努克》，頁179。

5　Ker Munthit, "Constitution Ratified," *Phnom Penh Post*, 24 September 1993.

6　Nhan T. Vu, "The Nondemocratic Benefits of Elections – The Case of Cambodia," *Case Western Reserve Journal of International Law* 28, No. 2（1996）: 396-397.

終結而表面上稍有趨緩，使得柬埔寨所遭遇的外部干預不若冷戰時期那般的明顯，但是，此種根源地緣政治思維的大國競爭轉而表現在援助、投資、貿易等經濟行為上，更加地激化政治菁英間的鬥爭。拉納烈和洪森之間的「七月流血事件」率先為後衝突時期的柬埔寨政治鬥爭揭開序幕。

儘管以第一總理拉納烈為首的奉辛比克黨（FUNCINPEC）是柬埔寨的多數黨，但第二總理洪森率領的柬埔寨人民黨（CPP）實際上仍控制著軍隊、警察、國家機關，以及地方的行政機關。直至1997年7月，洪森透過「七月流血事件」的權力鬥爭，順利取得政治主導權，然後在1998年7月的國會大選中，率領CPP贏得選舉，並於年底組成單一總理執政的第二屆聯合政府。自此以後，洪森就透過貌似民主的選舉手段，逐漸地鞏固與壟斷柬埔寨的政治權力。與此同時，柬埔寨也在洪森的領導下，開始邁向後衝突時代的復原與重建之路。

長期來看，柬埔寨在過去半個世紀歷經世界上變動性最大的成長經驗，經濟發展在1970年至1982年間因國家能力喪失而處於長期的崩潰狀態，然後才隨著國家能力的重建而逐漸且不穩定地逐年回升。換言之，柬埔寨的經濟發展衰退可以追溯到施亞努獨立後政治解決的失敗、捲入越南戰爭與赤柬政權的恐怖統治災難，然後，在越南的支持與國際的援助下，終於在1991年達成政治和平解決，為柬埔寨的經濟重建與復興創造出有利的環境。過去20年，柬埔寨在洪森的強人政治領導下，不僅成長加速而且維持高度成長，一直保持將近8%的成長速度，尤其在1999年至2007年間的經濟年平均成長率更是高達9. 8%。放眼東協各國乃至整個東亞地區，柬埔寨重建後的經濟成就相當的突出，絲毫不遜色於經濟改革成績斐然的越南（參考圖7-1）。IMF就表示：柬

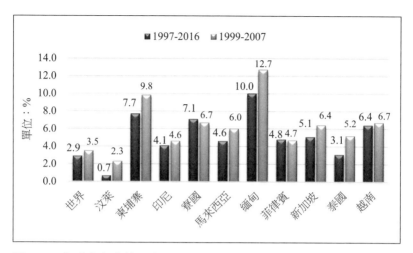

圖7-1：柬埔寨與東協國家的經濟成長率（1997-2016）

資料來源："World Development Indicators," *The World Bank*. http://data.worldbank. org/data-catalog/world-development-indicators.

埔寨是21世紀前十年世界成長最快速的經濟體之一。[7]

　　柬埔寨亮眼的經濟表現並沒反映現代化理論（modernization paradigm）最重要的命題，亦即經濟和社會的發展會帶來政治的開放和民主化。柬埔寨雖然定期舉行選舉，但政治發展實際上反而朝向以洪森為中心的威權政權甚至是獨裁政權的方向發展。由於柬埔寨的政治文化過度強調政治領袖的個人特質與私人權力網絡，造成政黨組織鬆散，有些政黨甚至缺乏完整的層級架構，從而沒有一完整的政治綱領來引導政黨的政策或行動，導致柬埔寨

7　Olaf Unteroberdoerster, "Introduction: Cambodia Entering a New Phase of Growth," in *Cambodia: Entering a New Phase of Growth*, ed. Olaf Unteroberdoerster（Washington, D.C.: IMF, 2014）, p. 1.

的政黨制度極為脆弱而難以朝向制度化發展。一位柬埔寨省級民政官員Ngeth Suphan曾經表示：「政治領袖不了解民主，他們只想要權力。」[8] 此種政黨政治結構讓洪森得以輕易地策動反對黨成員的背叛，甚至裂解反對黨，然後達成權力鞏固的目的。

　　洪森在1997年7月利用軍事政變打擊拉納烈親王及其領導的FUNCINPEC，破壞1993年所確立的權力分享原則，開始將政治權力掌握在自己的手中。當山蘭西所領導的山蘭西黨（Sam Rainsy Party, SRP）在2003年大選展現出取代FUNCINPEC的政治實力以後，洪森改以司法手段來打擊山蘭西，迫使其流亡海外，直至2006年2月才得以返回金邊。2008年，洪森雖然贏得大選，並未停止對反對黨的鬥爭，在2009年至2010年間多次針對SRP的國會議員進行法律訴訟，導致多位國會議員被撤銷國會豁免權，山蘭西甚至因此無法參與2013年的國會選舉。

　　然而，洪森的政治打壓卻也促成反對黨的整合。2012年7月，SRP和人權黨（Human Rights Party, HRP）合併為柬埔寨救國黨（Cambodia National Rescue Party, CNRP），並且在2013年大選贏得55席，較CPP的68席僅差距13席。CNRP的勝利引發洪森政權的威脅意識，再次對山蘭西等反對黨人士展開政治鬥爭。洪森為確保能贏得2018年的選舉勝利，乾脆藉口CNRP主席金速卡勾結美國，企圖發動顏色革命，下令解散CNRP；同時，也打壓獨立媒體和非政府組織。2017年11月，柬埔寨最高法院宣判CNRP將被強制解散，該黨118名資深成員全遭到5年內禁止參選

8　Lindsay Murdoch, "Khmer Rouge Lays Plans for Future in Cambodia," *The AGE* (Melbourne), 29 May 1993. Quoted in Vu, "The Nondemocratic Benefits of Elections," 398.

的限制，而其國會席次被按比例全部分配給各個小黨，同時喪失全部的地方議會席次。[9]隨著山蘭西、莫淑華等反對黨人士流亡海外，環顧整個柬埔寨已經沒有可以挑戰洪森政權的反對勢力。毫無意外，2018年大選結果是CPP如預期般的橫掃全部的席次。

　　整體來看，柬埔寨的政治發展集中在政治領袖及其權力的競爭。儘管柬埔寨在1953年取得獨立以前，就已經展開政黨政治，但是，政治權力也僅止於極少部分的政治菁英。這種現象源自於柬埔寨傳統的政治文化：領袖將自身視為「人民之王」（kings of the people），藉由神聖的權力來進行統治。他們要控制權力，但一般拒絕與他人分享。絕對主義的領袖和缺乏權力分享的傳統等兩者的相互結合，就導致一種極端個人化的政治形式。[10]另一方面，柬埔寨的鄉民經常將政治領袖想像為具有功德之人，因為前世累積的功德，造成今世的社會地位。[11]於是，政治領袖的重要性就反映在選民的投票行為上：「當人民投票時，他們是將票投給特定領袖，而不是投給一個政黨。」[12]無論是1960年代的施亞努，抑或掌權超過30年的洪森都是如此，他們透過佛教傳統根深柢固的權威崇拜來作為政權的正當性根源。

　　以洪森為例，他為了確立政權的正當性，處處頌揚王室的優點，沉浸在其神秘風采與掠奪其象徵主義。尤其是，他自比為16

9　Ben Sokhean, Mech Dara and Anath Baliga, "'Death of Democracy': CNRP Dissolved by Supreme Court Ruling," *Phnom Penh Post*, 17 November 2017.

10　Jeroen de Zeeuw, "Political Party Development in Post-War Societies: The Institutionalization of Parties and Party Systems in El Salvador and Cambodia," （Ph.D. diss., University of Warwick, 2009）, pp. 267-268.

11　Chandler, *The Tragedy of Cambodian History*, p. 4.

12　Zeeuw, "Political Party Development in Post-War Societies," p. 268.

世紀的平民英雄斯德切坎（Sdech Kan, Srei Ney Kan, r. 1512-1516），一個弒王後成為新國王的平民百姓。洪森已經為斯德切坎在全國各地建立好幾座雕像。在2013年2月施亞努的葬禮中，西哈莫尼國王、王太后與資深僧侶輪流嘗試為火葬儀式點火而不可得，但輪到洪森時，火立刻點燃。稍後，洪森表示這是一項奇蹟與徵兆，他已經繼承保護王室的工作。[13]洪森的統治模式猶如傳統的柬埔寨國王。

　　基本上，傳統王權在「血緣政治」下，權力的繼承不是憑藉百姓的意志，而在於繼承者與在位者間有無血緣關係，實行民主政治就是要打破這種家天下的血統政治，但洪森卻試圖透過民主選舉來重建這種「家天下」的統治模式。他曾經表示要到90歲（即2043年）才退休，2017年9月6日的最新說法是接下來10年還要繼續擔任總理，以確保國家穩定發展，尤其是推動柬埔寨在2030年實現中等偏高收入國家目標。洪森強調，他將在2028年不再出任總理候選人，把機會讓給年輕人。果真如此，洪森將與利比亞獨裁者格達費（Muammar Gaddafi）並列為世界上掌權最久的政治強人。[14]事實上，洪森不僅要自己牢牢掌控政治權力，更是積極培養第二代作為接班人，三子洪馬尼（Hun Many）早在2015年底接受廣播節目訪問時，就已經毫不隱藏其欲擔任總理的意願，公開表態要當洪森的接班人。[15]

13　Giry, "Autopsy of a Cambodian Election," pp. 147-148.

14　Andrew Nachemson and Phak Seangly, "Hun Sen Vows to Stay in Power Another Decade for the Sake of 'Stability'," *Phnom Penh Post*, 7 September 2017；〈洪森：2028年不再任總理候選人把機會讓給年輕人〉，《華商日報》，2018年1月15日。

15　Kuch Naren, "Hun Many Says Goal Is to Be Prime Minister," *The Cambodian*

　　至今，柬埔寨在政治強人洪森的統治下，執政黨從未停止運用黨、政、軍等各種手段向反對黨進行鬥爭，而且鬥爭方式不採取暴力、暗殺等傳統的非法手段，而是透過法律手段合法地壓迫反對黨，尤其在執政黨的選舉表現未如預期時，鬥爭力道更加地強烈。2017年，洪森在解散令宣布的兩個星期以後，偕同第一夫人參加在象徵古代王權的吳哥窟舉行的一場盛大祈福大會，慶祝CNRP被解散後柬埔寨所享有的「和平、獨立與政治穩定」。若從民主政治的角度來看，就像前CNRP副主席莫淑華所言：「反對黨的滅亡聽起來就像是為柬埔寨民主敲響喪鐘一樣。」[16]《紐約時報》前記者喬‧布林克里（Joel Brinkley）出版的《柬埔寨：被詛咒的國度》（聯經，2014）一書中感慨：「事實證明，柬埔寨在21世紀淪為一個貪污、獨裁領袖所統治的國家。事後看來，聯合國高估柬埔寨實踐民主變遷的能力。」[17]

　　然而，洪森能夠進一步追求威權統治，除了內部政治、經濟與社會結構所提供的有利環境之外，更無法忽略「中國」這個外部因素的影響。根據前文所述，中國無論在雙邊貿易、投資及援助等方面，都已經是柬埔寨最重要的合作與發展夥伴。當西方國家威脅以切斷援助和經濟制裁作為回應柬埔寨政治動亂的手段

Daily, 1 January 2016. https://www.cambodiadaily.com/news/hun-many-says-goal-is-to-be-prime-minister-104231/.

[16] 原文是 "The demise of the opposition sounds like the death knell for democracy in Cambodia." "Hun Sen Assumes a Monarch's Mantle," *Asia Sentinel*, 6 December 2017. https://www.asiasentinel.com/politics/hun-sen-assume-monarch-mantle/.

[17] 原文是 "As it turned out, in the twenty-first century a corrupt, autocratic leader was running the country. The United Nations, in hindsight, had overestimated its ability to effect democratic change." Brinkley, *Cambodia's Curse*, p. xvi.

時，中國日漸增加的投資與援助卻抵銷西方國家制裁的作用力。因為這些來自中國的投資與援助不僅為柬埔寨帶來明顯的經濟成長，同時，大舉流向洪森的財富也成為支撐個人關係網絡的支柱，讓洪森可以全面性的打擊反對黨，然後，確保選舉的勝利，在形式上維持著政權的正當性，構成一種貌似民主的選舉式威權政權。由於中國一向以柬埔寨作為在東南亞地區的戰略樞紐，隨著中國近年大力推動「一帶一路」，對柬埔寨提供大量的資金與貸款投入基礎建設，使其重要性超越其他西方國家，導致「柬埔寨中國化」的傾向日漸明顯。當中國與柬埔寨的關係更為緊密，就更有利於洪森維持威權政權。國內因素與國際因素的連結明顯構成影響柬埔寨政治發展的一種循環。

總的來說，從洪森的人格特質及其過去對政治權力的渴望來看，幾乎不可能放鬆對反對勢力的打壓。作者曾在造訪柬埔寨時，隨機地進行街頭訪談。受訪的當地人亦無奈地表示，洪森一定能贏得選舉的勝利，因為他控制著這個國家的所有一切，而且，為確保選舉的勝利，舞弊行為處處可見。然而，洪森過去之所以能夠維持其政權的正當性，乃是取決於看似民主的競爭性選舉的存在。如今，洪森為保證贏得選舉勝利，公開地對反對勢力進行暴力解散，鎮壓異議人士、社會團體及獨立媒體，根據作用力與反作用力的力學原理，洪森政府的高壓統治一旦超過人民可忍受的臨界點，是否會帶來嚴重的反效果？另一方面，中國以柬埔寨作為東南亞戰略的支點，不但升高周邊國家的警戒，同時也引發美、日、歐等國際強權的焦慮，這是否會衝擊中國與柬埔寨的緊密關係，進而對洪森的權力基礎產生影響，甚至產生政權轉型的機會？

2018年7月大選的結果揭曉後，CPP的得票率高達76.85%，囊括全部的125個席次，反觀反對勢力在CNRP因解散而缺席大選的情況下，現存的前三大反對黨的得票數總和才將近90萬票，僅占全部636萬張有效票的14.1%。本次選舉結果正說明洪森的獨裁統治已經相當穩固，此一事實不僅對柬埔寨日後的政治發展深具影響力，同時也將升高柬埔寨在東南亞甚至是亞洲的地緣政治賽局中的戰略地位。過去10年，洪森政府為感激中國所提供的大量援助與投資，乃以地緣政治上的支持作為回報，具體的行為就是在南海爭端上與中國持同一立場。[18]隨著國際局勢逐漸朝美中對抗的地緣政治結構演進，柬埔寨將再次成為新代理人戰爭的場域，從而使得洪森贏得2018年大選勝利而得以繼續掌權更顯深意。無論美中對抗是否會演變成美國學者艾里森（Graham T. Allison）所稱的「修昔底德陷阱」（Thucydides Trap），[19]柬埔寨因與中國具有緊密的地緣政治和經濟關係，預料將會在未來的地緣政治賽局中扮演起關鍵性的角色。

---

18 2012年，柬埔寨是東協的輪值主席。在第二十屆東協高峰會議舉行以前及會議召開期間，相關各國紛紛提出要將南海問題納入討論議程，但作為東道主的金邊並未將其列入正式議程。

19 所謂「修昔底德陷阱」是指，當一個崛起大國威脅取代現有大國地位時所引發的內在結構性壓力。艾里森表示，當一個崛起大國在崛起過程中，它慢慢發現自己越來越強大，自身的利益越來越重要，同時需要更大的影響力和話語權。它也會覺得現行的體系對它是一種束縛，因此就希望擺脫。對於現有大國來說，它會對此感到緊張，認為自己的地位受到挑戰，必須採取行動抑制新興國家的崛起，而最終結果極有可能走向戰爭一途。〈繞不開的修昔底德陷阱，美中必有一戰？〉，《美國之音》，2017年6月9日。https://www.voacantonese.com/a/us-china-thucydides-trap-20170608/3893475.html（2018年7月3日）；關於艾里森的論述，參考：Graham T. Allison, *Destined for War: Can America and China Escape Thucydides's Trap*（New York: Houghton Mifflin Harcourt, 2017）.

參考書目

一、中文部分

〈(中柬)聯合公報〉,載於成都軍區政治部聯絡部、雲南省社科院東南亞研究所編,《柬埔寨問題資料選編,1975-1986》上,昆明:雲南省社科院東南亞研究所,1987,頁30-35。

〈一九八五年的柬埔寨戰局和越南的陰謀〉,載於成都軍區政治部聯絡部、雲南省社科院東南亞研究所編,《柬埔寨問題資料選編,1975-1986》下,昆明:雲南省社科院東南亞研究所,1987,頁238-242。

〈中華人民共和國和柬埔寨王國友好和互不侵犯條約〉,載於《印度支那問題文件彙編》第3集,北京:世界知識出版社,1961,頁241-242。

〈中華人民共和國和柬埔寨王國聯合公報(1964年10月5日)〉,載於《印度支那問題文件彙編》第5集,北京:世界知識出版社,1965,頁588-592。

〈中華人民共和國政府聲明〉,載於成都軍區政治部聯絡部、雲南省社科院東南亞研究所編,《柬埔寨問題資料選編,1975-1986》上,昆明:雲南省社科院東南亞研究所,1987,頁262-264。

〈尼赫魯總理和施亞努親王的聯合公報(1955年3月18日)〉,載於《印度支那問題文件彙編》第1集,北京:世界知識出版社,1959,頁372。

〈民主柬埔寨政府改組〉,載於成都軍區政治部聯絡部、雲南省社科院東南亞研究所編,《柬埔寨問題資料選編,1975-1986》上,昆明:雲南省社科院東南亞研究所,1987,頁256。

〈民主柬埔寨政府關於施亞努親王請求退休聲明的聲明〉,載於成都軍區政治部聯絡部、雲南省社科院東南亞研究所編，《柬埔寨問題資料選編，1975-1986》上，昆明：雲南省社科院東南亞研究所，1987，頁69-70。

〈民柬聯合政府發表聲明同意與越南舉行間接談判〉，載於成都軍區政治部聯絡部、雲南省社科院東南亞研究所編，《柬埔寨問題資料選編，1975-1986》下，昆明：雲南省社科院東南亞研究所，1987，頁223-224。

〈周恩來總理和諾羅敦・施亞努首相的聯合聲明（1956年2月18日）〉，載於《印度支那問題文件彙編》第1集，北京：世界知識出版社，1959，頁379-380。

〈東盟對柬局勢的態度〉，載於成都軍區政治部聯絡部、雲南省社科院東南亞研究所編，《柬埔寨問題資料選編，1975-1986》上，昆明：雲南省社科院東南亞研究所，1987，頁354-361。

〈法國和泰國和平條約（1941年5月9日訂於東京）〉，載於《領土邊界事務國際條約和法律彙編》，北京：世界知識出版社，2006，頁27-30。

〈法暹協定的條款和附件（1946年11月17日訂於華盛頓）〉，載於中華人民共和國外交部條約法律司編，《領土邊界事務國際條約和法律彙編》，北京：世界知識出版社，2006，頁30-32。

〈附件四：柬埔寨王國政府聲明〉，載於《印度支那問題文件彙編》第1集，北京：世界知識出版社，1959，頁73。

〈施亞努在聯合國安理會討論柬埔寨問題時發言的全文〉，載於成都軍區政治部聯絡部、雲南省社科院東南亞研究所編，《柬埔寨問題資料選編，1975-1986》上，昆明：雲南省社科院東南亞研究所，1987，頁264-273。

〈施亞努親王在聯大的講話全文〉，載於成都軍區政治部聯絡部、雲南省社科院東南亞研究所編，《柬埔寨問題資料選編，1975-1986》上，昆明：雲南省社科院東南亞研究所，1987，頁35-48。

〈柬埔寨王國政府為拒絕美國對柬埔寨的「援助」致美國政府的照會（摘要）（1963年11月20日）〉，載於《印度支那問題文件彙編》第5集，北京：世界知識出版社，1965，頁538-539。

〈柬埔寨共產黨宣布解散〉，載於成都軍區政治部聯絡部、雲南省社科院東南亞研究所編，《柬埔寨問題資料選編，1975-1986》下，昆明：雲南省社科院東南亞研究所，1987，頁11-13。

〈柬埔寨特別國民大會新聞公報〉，載於成都軍區政治部聯絡部、雲南省社科院東南亞研究所編，《柬埔寨問題資料選編，1975-1986》上，昆明：雲南省社科院東南亞研究所，1987，頁21-23。

〈柬埔寨國內幾個抗越組織的情況〉，載於成都軍區政治部聯絡部、雲南省社科院東南亞研究所編，《柬埔寨問題資料選編，1975-1986》上，昆明：雲南省社科院東南亞研究所，1987，頁340-347。

〈柬埔寨救國民族團結陣線宣言〉，載於成都軍區政治部聯絡部、雲南省社科院東南亞研究所編，《柬埔寨問題資料選編，1975-1986》上，昆明：雲南省社科院東南亞研究所，1987，頁124-132。

〈柬埔寨第一屆人民代表大會第一次全體會議新聞公報〉，載於成都軍區政治部聯絡部、雲南省社科院東南亞研究所編，《柬埔寨問題資料選編，1975-1986》上，昆明：雲南省社科院東南亞研究所，1987，頁71-77。

〈柬愛國、民主、民族大團結陣線和民柬政府提出聯合抗越五點最低政治綱領草案〉，載於成都軍區政治部聯絡部、雲南省社科院東南亞研究所編，《柬埔寨問題資料選編，1975-1986》下，昆明：雲南省社科院東南亞研究所，1987，頁9-10。

〈柬電台廣播喬森潘宣讀柬政府二日聲明全文〉，載於成都軍區政治部聯絡部、雲南省社科院東南亞研究所編，《柬埔寨問題資料選編，1975-1986》上，昆明：雲南省社科院東南亞研究所，1987，頁257-260。

〈紅色高棉系列之一：紅色高棉是怎樣被宣布非法的？〉，2011年2月27日。http://www.7jpz.com/thread-2705-1-4.html（2017年7月3日）

〈美利堅合眾國和柬埔寨王國的軍事援助協定（1955年5月16日）〉，載於《印度支那問題文件彙編》第1集，北京：世界知識出版社，1959，頁373-377。

〈喬森潘主席在柬電台宣讀民主柬埔寨政府致柬埔寨革命軍和全國人民書〉，載於成都軍區政治部聯絡部、雲南省社科院東南亞研究所編，《柬埔寨問題資料選編，1975-1986》上，昆明：雲南省社科院東南亞研究所，1987，頁151-154。

〈越老柬偽首腦會議發表《關於在柬埔寨的越南志願軍的聲明》〉，載於成
　　都軍區政治部聯絡部、雲南省社科院東南亞研究所編，《柬埔寨問題
　　資料選編，1975-1986》下，昆明：雲南省社科院東南亞研究所，
　　1987，頁120-123。

〈越南、老撾、柬偽歷次外長會議簡介〉，載於杜敦信、趙和曼主編，《越
　　南老撾柬埔寨手冊》，北京：時事出版社，1988，頁442-447。

〈越南《人民報》報導柬傀儡組織公布「目前解放區八項政策」〉，載於成
　　都軍區政治部聯絡部、雲南省社科院東南亞研究所編，《柬埔寨問題
　　資料選編，1975-1986》上，昆明：雲南省社科院東南亞研究所，
　　1987，頁234-237。

〈越南外交部白皮書《三十年越中關係真象》（節選）〉，載於成都軍區政
　　治部聯絡部、雲南省社科院東南亞研究所編，《越南問題資料選編，
　　1975-1986》上冊，昆明：雲南省社會科學院東南亞研究所，1987，
　　頁231-241。

〈越報刊登的《柬埔寨救國民族團結陣線的聲明》〉，載於成都軍區政治部
　　聯絡部、雲南省社科院東南亞研究所編，《柬埔寨問題資料選編，
　　1975-1986》上，昆明：雲南省社會科學院東南亞研究所，1987，頁
　　128-129。

〈當前柬埔寨抗越鬥爭形勢〉，載於成都軍區政治部聯絡部、雲南省社科院
　　東南亞研究所編，《柬埔寨問題資料選編，1975-1986》下，昆明：雲
　　南省社科院東南亞研究所，1987，頁49-56。

〈關於在柬埔寨停止敵對行動的協定（1954年7月20日）〉，載於《印度支
　　那問題文件彙編》第1集，北京：世界知識出版社，1959，頁91-94。

〈關於在柬埔寨停止敵對行動的協定〉，載於《印度支那問題文件匯編》第
　　1集，北京：世界知識出版社，1959，頁91-96。

〈繞不開的修昔底德陷阱，美中必有一戰？〉，《美國之音》，2017年6月9
　　日。https://www.voacantonese.com/a/us-china-thucydides-trap-20170608/
　　3893475.html（2018年7月3日）

Jean-Marie Cambaceres著，錢培鑫譯，《西哈努克：永不沉沒的國王》

（*Sihanouk, Le Roi Insubmersible*），上海：上海遠東出版社，2015。

Kate L. Turabian著，邱炯友、林雯瑤審譯，《Chicago論文寫作格式：Turabian手冊》（譯自 *A Manual for Writers of Research Papers, Theses, and Dissertations: Chicago Style for Students and Researchers*, 8th ed.）。台北：書林出版，2015。

Michael R. J. Vatikiotis著，林若雩譯，《東南亞政治與發展》（譯自 Political change in Southeast Asia），新北：韋伯文化，1999。

中國國民黨中央委員會大陸工作會，〈施亞努重返金邊後的高棉情勢〉，載於中國國民黨中央委員會大陸工作會主編，《國際共黨》，台北：幼獅文化，1992，頁365-378。

中華人民共和國外交部，〈中華人民共和國政府和柬埔寨王國政府聯合公報（全文）〉，2018年1月11日。http://www.fmprc.gov.cn/web/ziliao_674904/1179_674909/t1525092.shtml（2018年1月20日）

中華人民共和國外交部編，《中華人民共和國條約集：第5集》，北京：法律出版社，1958。

中華人民共和國國務院新聞辦公室，〈中國的對外援助（2014）〉，2014年7月。http://www.gov.cn/zhengce/2014-07/10/content_2715467.htm（2017年10月8日）

中華人民共和國駐柬埔寨王國大使館經濟商務參贊處，〈柬埔寨電力現狀和發展趨勢〉，2012年11月15日。http://cb.mofcom.gov.cn/article/zwrenkou/201211/20121108436231.shtml（2017年10月8日）。

王士錄編著，《當代柬埔寨經濟》，昆明：雲南大學，1999。

王忠田，〈大勢所趨　舉步多艱──柬埔寨問題形勢回顧與展望〉，《國際展望》，第24期（1990）：3-5。

王爱飛，《波爾布特》，北京：中國文史出版社，1997。

───《叢林戰火二十年：施亞努沉浮錄（上）》，北京：國防大學出版社，1995。

仲力，〈《洪森成為柬埔寨唯一總理紀實》之七月流血事件〉，2011年1月25日。http://blog.sina.com.cn/s/blog_5a0347c50100o465.html（2017年5月3日）

朱雲漢，〈為何新興民主如此脆弱〉，《天下雜誌》，第542期（2014年3月
　　15日）：26。

亨利‧基辛格（Henry Kissinger）著，慕羽譯，《基辛格越戰回憶錄》
　　（*Ending the Vietnam War: A History of America's Involvement in and
　　Extrication from the Vietnam War*），海口：海南出版社，2009。

余春樹，《柬埔寨：邁進和平發展新時代》，第2版，香港：香港城市大
　　學，2012。

宋立道，《神聖與世俗：南傳佛教國家的宗教與政治》，北京：宗教文化出
　　版社，2000。

宋學文，〈層次分析對國際關係研究的重要性及模型建構〉，《問題與研
　　究》47，第4期（2008年12月）：167-199。

────，〈議題連結與兩岸關係之研究〉，《問題與研究》37，第2期
　　（1998年2月）：21-35。

杉麗雅（Celia Hatton），〈研究：北京給了其它國家多少援助資金？〉，
　　《BBC中文網》，2017年10月11日。https://www.bbc.com/zhongwen/
　　trad/business-41579400

李文志，《「外援」的政治經濟分析：重構「美援來華」的歷史圖像（1946-
　　1948）》，台北：憬藝企業出版，2003。

李晨陽等編著，《柬埔寨》，列國志，第2版，北京：社會科學文獻出版
　　社，2010。

李琰文譯，〈外國在柬埔寨投資法〉，《東南亞研究》，第3期（1990）：
　　108-111。

李謀等譯注，《琉璃宮史》上卷，北京：商務印書館，2007。

杜敦信，〈侵柬是越南拼湊「印支聯邦」的重要步驟〉，載於廣西社會科學
　　院印支研究所編，《越南地區霸權主義問題》，南寧：社會科學院印支
　　研究所，1984，頁17-24。

周達觀著，夏鼐校注，《真臘風土記校注》，北京：中華書局，1981。

波爾布特，《在柬埔寨共產黨正確領導下柬埔寨革命偉大的勝利》，北京：
　　人民出版社，1978。

阿部市五郎著，李長傅、周宋康譯，《地理政治學》，上海：商務印書館，

1935。

洪森（Hun Sen）著，邢和平譯，《柬埔寨十年：柬埔寨人民重建家園的艱辛紀錄》，桃園：順德文化，2001。

洪應灶譯，〈柬埔寨王國憲法〉，《世界各國憲法大全》，世界各國憲法大全編輯委員會主編，台北：國民大會憲政研討委員會，1965，頁797-806。

國家建設計畫委員會編，《越戰越南化問題之研究》，台北：國家建設計畫委員會，1971。

康矛召，《外交官回憶錄》，北京：中央文獻出版社，2000。

張勉勵，〈中國對柬埔寨經濟技術援助的歷史探析（1956-1970）〉，《中國浦東幹部學院學報》8，第1期（2014年1月）：108-115、128。

張錫鎮，《呻吟的吳哥窟：施亞努家族》，北京：社會科學文獻，1998。

理查‧尼茲彼（Richard E. Nisbett）著，劉世南譯，〈序論〉，載於《思維的疆域：東方人與西方人的思考方式為何不同？》（譯自 The Geography of Thought: How Asians and Westerners Think Differently and Why?），新北：聯經出版公司，2007，頁xv-xxiii。

理查德‧尼克松（Richard Nixon）著，裘克安等譯，《尼克松回憶錄：中冊》（The Memoirs of Richard Nixon），北京：世界知識出版社，2000。

畢世鴻等編著，《柬埔寨經濟社會地理》，東南亞叢書第2輯，廣州：世界圖書，2014。

郭明主編，《中越關係演變四十年》，南寧：廣西人民出版社，1992。

陳佩修，〈柬埔寨2013年全國大選後的政局走向及其外部效應〉，《戰略安全研析》，第102期（2013年10月）：23-29。

陳潔華，〈東京柬埔寨問題會談之背景〉，《國際展望》，第13期（1990年）：9-10。

陳鴻瑜，《柬埔寨史》，台北：獨立作家出版社，2015。

陸豔冰，〈阿育王的統一與並治〉，《中華佛學研究》，第2期（1998年）：153-175。

喬森潘著，陳紹光譯，《我與紅色高棉》，香港：天地圖書，2015。

普麟，〈政體變遷的國際面向：民主輸出、威權擴散與中國因素〉，《菜市

　　場政治學》，2017年11月12日。http://whogovernstw.org/2017/11/12/
　　linpu3/

越南國防部軍事研究院編，廖賢春等譯，《越南人民軍歷史：第2集》，南
　　寧：廣西人民出版社，1991。

越南國防部軍事歷史院編，劉煥璞等譯，《越南人民軍50年（1944-
　　1994）》，北京：軍事誼文出版社，1996。

楊三億，〈歐洲中小型國家安全政策：策略選擇與轉型〉，《問題與研究》
　　56，第2期（2017年6月）：31-66。

賈麗，〈為什麼柬埔寨把水電項目都交給了中國公司〉，《WTO經濟導
　　刊》，第11期（2015）：38-39。

甄中興譯，〈韓桑林政權憲法〉，《東南亞研究》，第2期（1990）：92-100。

趙和曼，〈黎筍集團在柬埔寨推行的越南化政策〉，載於《越南地區霸權主
　　義問題》，廣西社會科學院印支研究所編，廣西：社會科學院印支研
　　究所，1984，頁72-86。

劉博，《美國對柬埔寨的政策（1955-1961）》，東北師範大學，碩士論文，
　　2007。

鄭懷德著，〈嘉定城通志・疆域志〉，《嶺南摭怪等史料三種》，戴可來、
　　楊保筠校注，鄭州：中州古籍出版社，1991，頁119-172。

蕭文軒、顧長永，〈泰、柬柏威夏寺爭端之探析：領土國族主義的政治〉，
　　《問題與研究》54，第4期（2015年12月）：31-77。

諾羅敦・施亞努、伯納德・克里歇爾著，王爱飛譯，《我所交往的世界領
　　袖》，北京：中國文史出版社，1997。

諾羅敦・施亞努著，晨光等譯，《施亞努回憶錄：甜蜜與辛酸的回憶》，哈
　　爾濱：黑龍江人民出版社，1987。

謝小英，《神靈的故事：東南亞宗教建築》，南京：南京大學出版社，
　　2008。

薩德賽（D. R. SarDesai）著，蔡百銓譯，《東南亞史》（譯自 *Southeast
　　Asia: Past and Present*），台北：麥田出版，2001。

羅楊，《他邦的文明：柬埔寨吳哥的知識、王權與宗教生活》，北京：北京
　　聯合出版公司，2016。

二、英文部分

"Appendix B: Sharpen the Consciousness of the Proletarian Class to Be as Keen and Strong as Possible, *Revolutionary Flag*, Special Issue (September-October 1976): 33-97," in *Cambodia, 1975-1978: Rendezvous with Death*, edited by Karl D. Jackson, Princeton, New Jersey: Princeton University Press, 1989, pp. 269-291.

"Cambodia Commune Council Elections 3 February 2002," European Union Election Observation Mission, Final Report. Accessed 23 November 2016, https://eeas.europa.eu/sites/eeas/files/cambodia_2002.pdf.

"Cambodia: Hun Sen's Abusive Generals 'Dirty Dozen' Central to Undermining Rights and July Elections," *Human Rights Watch*, 28 June 2018, https://www.hrw.org/news/2018/06/28/cambodia-hun-sens-abusive-generals

"Cambodia's Chinafication," *Nikkei Asian Review*, 19 July 2018. Accessed 22 October 2018, https://asia.nikkei.com/Print-Edition/Issue-2018-07-19.

"Cambodia's Top Ten Tycoons," *WikiLeaks*, 9 August 2007, Accessed 23 November 2016, https://wikileaks.org/plusd/cables/07PHNOMPENH1034_a.html.

"China Supports International Guarantee of Cambodian Neutrality," *Peking Review* 5, No. 36 (7 September 1962): 10-11.

"Chinese Government Formally Recognizes Royal Government of National Union of Cambodia," *Peking Review*, 15 May 1970.

"Coalition of Three Kampuchean Resistance Forces," *Contemporary Southeast Asia* 3, No. 4 (March 1982): 406-409.

"Composition of Royal Government of National Union under Leadership of National United Front of Kampuchea," *Peking Review*, 15 May 1970.

"Consensus Statement of the Chairman of the Jakarta Informal Meeting," *Contemporary Southeast Asia* 11, No. 1 (June 1989): 107-111.

"Constitution, 5 May 1989," *Annual Review of Population Law* 16, No. 2 (1989): 254-256.

"Constitution of Democratic Kampuchea," in François Ponchaud, *Cambodia:*

Year Zero. Translated by Nancy Amphoux, New York: Holt, Rinehart and Winston, 1978, pp. 199-206.

"Declaration of the Formation of the Coalition Government of Democratic Kampuchea," *Contemporary Southeast Asia* 4, No. 3（December 1982）: 410-412.

"Democratic Cambodia: Delegates to People's Congress Elected," *Peking Review*, 2 April 1976.

"Deputy Prime Minister Khieu Samphan and Ieng Sary Visit China," *Peking Review*, 22 August 1975.

"European Union Funds Democratic Elections in Cambodia," 16 January 1998. Accessed 23 November 2016. Accessed 23 April 2017, http://europa.eu/rapid/press-release_IP-98-43_en.htm.

"Extracts from the Joint Communique of the Twenty-First ASEAN Ministerial Meeting Bangkok, 4-5 July 1988," *ASEAN Economic Bulletin* 5, No. 2 （November 1988）: 183-189.

"Facts about Vietnam-Kampuchea Border Question," *Journal of Contemporary Asia* 8, No. 3（1978）: 399-410.

"Hanoi VNA International Service in English 0217 GMT 24 June 1967," in *Foreign Broadcast Information Service, Daily Report No. 123 Asia and Pacific*, 26 June 1967.

"Heng Samrin Delivers New Year's Message," in *Foreign Broadcast Information Service, Daily Report, No. 70 East Asia*, 14 April 1993, pp. 46-47.

"Joint Declaration of the Summit Conference of the Indo-Chinese Peoples," *Peking Review*, 8 May 1970.

"Joint Statement by His Royal Highness Samdech Norodom Sihanouk, His Excellency Mr. Son Sann and His Excellency Mr. Khieu Samphan," *Contemporary Southeast Asia* 3, No. 3（December 1981）: 301.

"Khieu Samphan Chairs NUFC Congress Session; Communique Issued," in *Foreign Broadcast Information Service, Daily Report 4, No. 40 Asia and Pacific*, 27 February 1975, H2-H5.

"Khmer Rouge Cut All Roads to Capital, Urge 'Uprising'," *Stars and Stripes*, 29 June 1973, Folder 04, Box 23, Douglas Pike Collection: Unit 02 – Military Operations, The Vietnam Center and Archive, Texas Tech University. Accessed 24 September 2017, https://www.vietnam.ttu.edu/virtualarchive/items.php?item=2132304134.

"Khmer Rouge Trade Union Urges Urban Uprisings and Migration to Liberated Zone," 8 January 1972, Folder 02, Box 04, Douglas Pike Collection: Unit 15 – Cambodia, The Vietnam Center and Archive, Texas Tech University. Accessed 24 September 2017, https://www.vietnam.ttu.edu/virtualarchive/items.php?item=2430402039.

"Law on Investment (5 August, 1994) and Law on the Amendment to the Law on Investment_030324," *Council for the Development of Cambodia, CIB & CSEZB*, 17 September 2011. Accessed 15 August 2017, http://www.cambodiainvestment.gov.kh/law-on-investment-august-05-1994-and-law-on-the-amendment-to-the-law-on-investment_030324.html.

"Law on the Election of Commune/Sangkat Council," accessed 23 November 2016, https://data.opendevelopmentmekong.net/dataset/3429af12-7074-4e3e-a52e-fc03517ec9f6/resource/37d012e7-109f-44ec-b681-e0a4125d9fa0/download/5b6c5aec-96ee-4bb2-8c84-c09a34726738.pdf.

"New Bonds of Friendship-Prince Sihanouk's Fifth China Visit-," *Peking Review* 12, No. 41 (9 October 1964): 11-13.

"Phnom Penh Radio Domestic Service in Cambodian at 1330 GMT on 17 May Carried a Recorded Press Conference Held at 1250 GMT on 17 May by Prince Sihanouk in Chamcar Mon palace, Phnom Penh," in *Foreign Broadcast Information Service, Daily Report No. 96 Asia and Pacific*, 19 May 1969.

"Pol Pot's Interview with Yugoslav Journalists," *Journal of Contemporary Asia* 8, No. 3 (1978): 413-421.

"Premier Zhao Visits Burma and Thailand," *Beijing Review*, 9 February 1981.

"Proclamation of the Royal Government of National Union under the

Leadership of the National United Front of Kampuchea," *Peking Review*, 15 May 1970.

"Samdech Sihanouk's Inspection Tour of the Cambodian Liberated Zone," *Supplement to China Pictorial*, No. 6, Peking, June 1973.

"Signing of Japanese ODA Loan Agreement with Cambodia: Expanding Sihanoukville Port to Contribute to Improvements to the Logistics Environment of Cambodia," *Japan International Cooperation Agency*, 8 August 2017. Accessed 24 September 2017, https://www.jica.go.jp/english/news/press/2017/170808_01.html.

"Sihanouk on Bonn Relations, Captured Viet Cong," in *Foreign Broadcast Information Service, Daily Report No. 96 Asia and Pacific*, 19 May 1969, H1-H3.

"SRV Government Statement on Relations with Cambodia," *Journal of Contemporary Asia* 8, No. 2（1978）: 272-273.

"Statement by the Government of Democratic Kampuchea for the Attention of All Friends, Near or Far, in the Five Continents and of the World Opinion," *Journal of Contemporary Asia* 8, No. 2（1978）: 252-257.

"Statement of the Conference of Foreign Ministers of Laos, Kampuchea, and Vietnam," *Contemporary Southeast Asia* 2, No. 3（December 1980）: 283-284.

"Statement of the Government of the SRV on the Vietnam-Kampuchea Border Issue," *Journal of Contemporary Asia* 8, No. 2（1978）: 249-251.

"Still Trying," *Asiaweek*（Hong Kong）, 4 May 1986.

"Strengthening and Improving the Party's Leadership Stance and Leadership Attitude," *Revolutionary Flag*, July 1973. Accessed 27 September 2016, https://www.eccc.gov.kh/sites/default/files/documents/courtdoc/00713994-00714000_E3_785_EN.TXT.pdf.

"Tap Chi Cong San Article on SRV Policy Toward Southeast Asia," in *Foreign Broadcast Information Service, Daily Reports No. 249 Asia and Pacific*, 27 December 1978, K4-K8.

"Text of an Interview with Prime Minister Lee Kuan Yew by Mr. Derek Davies, Editor, and Mr. Susumu Awanohara, Correspondent, of *Far Eastern Economic Review* on 16 October 1981 at Istana Office Wing," National Archives of Singapore, Document Number: lky19811016, accessed 8 July 2016, http://www.nas.gov.sg/archivesonline/data/pdfdoc/lky19811016.pdf.

"Text of Hun Sen Address in Kandal 22 Apr," in *Foreign Broadcast Information Service, Daily Report, No. 81 East Asia*, 29 April 1993, pp. 44-52.

"The Cambodia ODA Database," *Council for the Development of Cambodia.* Accessed 4 April 2017, http://odacambodia.com/OwnReport/make_own_report.asp?title=Query.

"The Cambodian Coup D'etat: A New Act of Aggression by the U.S. Imperialists," *Hoc Tap*, No. 3 (March 1970): 84-87. ("Cuộc đảo chính ở Campuchia một hành động Xâm lược mọi của đế quốc Mỹ," *Hoc Tap* 3 (1970): 84-87.)

"The Communist Party of Kampuchea: 17 Militant Years," *Peking Review 20*, No. 41 (7 October 1977): 46.

"The Presentation of the Comrade Party Representative, on the Occasion of the 9th Anniversary of the Founding of the Brave, Strong, Skilled, and Magnificent Revolutionary Army of Kampuchea," *Revolutionary Flag*, Special Issue, December 1976-January 1977. Accessed 27 September 2016, https://www.eccc.gov.kh/sites/default/files/documents/courtdoc/2014-08-28%2013:05/E3_25_EN-2.PDF.

"Three Cambodian National Assembly Deputies Statement," *Peking Review*, 17 April 1970.

"Treaty of Friendship and Cooperation between the Lao People's Democratic Republic and the Socialist Republic of Vietnam," *Chinese Law and Government* 16, No. 1 (1983): 8-12.

"Treaty of Friendship and Cooperation between the Socialist Republic of Vietnam and the Union of Soviet Socialist Republics," *Chinese Law & Government* 16, No. 1 (1983): 13-17.

"Two Plans," *Asiaweek* (Hong Kong), 14 June 1985.

"U.N. Conference on Kampuchea: Final Draft Declaration," *Contemporary Southeast Asia* 3, No. 3（December 1981）: 302-304.

"Vietnam-Kampuchea Treaty of Peace, Friendship and Cooperation," *Contemporary Southeast Asia* 1, No. 1（May 1979）: 106-108.

"Visit of Cambodian Military Delegation," *Peking Review* 7, No. 12（20 March 1964）: 4-5.

Acharya, Amitav. *Constructing a Security Community in Southeast Asia: ASEAN and the Problem of Regional Order*. London and New York: Routledge, 2001.

ADB. "Here Comes Cambodia: Asia's New Tiger Economy," 10 May 2016. Accessed 24 September 2017, https://www.adb.org/news/features/here-comes-cambodia-asia-s-new-tiger-economy.

———. *Asian Development Bank and Cambodia: Fact Sheet*, April 2017. Accessed 24 September 2017, https://www.adb.org/sites/default/files/publication/27757/cam-2016.pdf.

———. *Assessment of Public-Private Partnerships in Cambodia: Constraints and Opportunities*. Mandaluyong City, Philippines: Asian Development Bank, 2012.

———. *Cambodia: Country Poverty Analysis 2014*. Mandaluyong City, Philippines: Asian Development Bank, 2014.

———. *Country Strategy and Program Update 2004-2006: Cambodia*. Mandaluyong City, Philippines: Asian Development Bank, 2003.

Aeusrivongse, Nidhi. "The Devaraja Cult and Khmer Kingship at Angkor," in *Explorations in Early Southeast Asian History: The Origins of Southeast Asian Statecraft*, edited by Kenneth R. Hall and John K. Whitmore, Ann Arbor: Center for South and Southeast Asian Studies, University of Michigan, 1976, pp. 107-148.

Alagappa, Muthiah. "Regionalism and the Quest for Security: ASEAN and the Cambodian Conflict," *Australian Journal of International Affairs* 47, No. 2（1993）: 439-467.

———. "The Cambodian Conflict: Changing Interests," *The Pacific Review* 3, No. 3 (1990): 266-271.

Albritton, Robert B. "Cambodia in 2003: On the Road to Democratic Consolidation," *Asian Survey* 44, No. 1 (2003): 102-109.

Allison, Graham T. *Destined for War: Can America and China Escape Thucydides's Trap.* New York: Houghton Mifflin Harcourt, 2017.

Amer, Ramses, Johan Saravanamuttu, and Peter Wallensteen. *The Cambodian Conflict 1979-1991: From Intervention to Resolution.* Penang: Research and Education for Peace, School of Social Sciences, Universiti Sains Malaysia; Uppsala: Department of Peace and Conflict Research, Uppsala University, 1996.

———. "Border Conflicts between Cambodia and Vietnam," *IBRU Boundary and Security Bulletin* 5, No. 3 (Summer 1997): 80-91.

———. "Sino-Vietnamese Normalization in the Light of the Crisis of the Late 1970s," *Pacific Affairs* 67, No. 3 (Autumn, 1994): 357-383.

———. "The Ethnic Vietnamese in Cambodia: A Minority at Risk?" *Contemporary Southeast Asia* 16, No. 2 (September 1994): 210-238.

———. "The United Nations' Peace Plan for Cambodia: From Confrontation to Consensus," *Interdisciplinary Peace Research* 3, No. 2 (October/ November 1991): 3-27.

———. "The United Nations' Peacekeeping Operation in Cambodia: Overview and Assessment," *Contemporary Southeast Asia* 15, No. 2 (September 1993): 212-231.

Amnesty International. *Amnesty International Report 2016/17: The State of the World's Human Rights.* London: Amnesty International, 2017.

———. *Courts of Injustice: Suppressing Activism Through the Criminal Justice System in Cambodia.* London: Amnesty International, 2017.

Amos, Harry O. *The First Two Years of The Khmer Republic – re: Neutrality, Growing Difficulty with the Khmer Left, The New American Presence, 1969 – The Last Days of Neutrality, and The Events of 18 March 1970,* Folder

04, Box 01, Andrew Antippas Collection, The Vietnam Center and Archive, Texas Tech University. Accessed 23 November 2016, https://www.vietnam. ttu.edu/virtualarchive/items.php?item=24280104001.

An, Tai Sung. "Turmoil in Indochina: The Vietnam-Cambodia Conflict," *Asian Affairs* 5, No. 4（March-April 1978）: 245-256.

Andō, Hideyuki. *Cambodia General Election 2003: Report of International Observation Missions, 15th May-31st July 2003*. Bangkok: Asian Network for Free Elections and Asian Forum for Human Rights and Development, 2003.

Andrew Mertha, *Brothers in Arms: Chinese Aid to the Khmer Rouge, 1975-1979*. Ithaca and London: Cornell University Press, 2014.

Ang Cheng Guan, *Ending the Vietnam War: The Vietnamese Communists' Perspective*. London: RoutledgeCurzon, 2004.

Anonymous. "Cambodian Courage: Vote Was a Referendum against the Khmer Rouge," *Far Eastern Economic Review*, 10 June 1993.

ASEAN Secretariat. "ASEAN Statement on Kampuchea Issued by the ASEAN Foreign Ministers, Bangkok, 12 February 1985," in *ASEAN Document Series 1967-1988*, 3rd. ed. Jakarta: ASEAN Secretariat, 1988, pp. 160-161.

———. "Declaration on the Admission of the Kingdom of Cambodia into the Association of Southeast Asian Nations," *ARC – ASEAN Secretariat Resource Centre*. Accessed 6 December 2016, http://arc-agreement.asean. org/file/doc/2014/02/declaration-on-the-admission-of-the-kingdom-of-cambodia-into-asean.pdf.

———. "Eighteenth ASEAN Ministerial Meeting, Kuala Lumpur, 9 July 1985," in *ASEAN Document Series 1967-1988*, 3rd. ed. Jakarta: ASEAN Secretariat, 1988, pp. 124-132.

———. "Fourteenth ASEAN Ministerial Meeting, Manila, 17-18 June 1981," in *ASEAN Document Series 1967-1988*, 3rd. ed. Jakarta: ASEAN Secretariat, 1988, pp. 97-103.

———. "Ha Noi Declaration of 1998, 16 December 1998," *ASEAN Archive*.

Last modified 19 June 2012. Accessed 6 December 2016, http://asean.
org/?static_post=ha-noi-declaration-of-1998-16-december-1998

―――. "Joint Communique of the 22nd ASEAN Ministerial Meeting Bandar
Seri Begawan, 3-4 July 1989," *ASEAN Archive*, Last modified 29 June
2012. Accessed 6 December 2016, http://asean.org/?static_post=joint-
communique-of-the-22nd-asean-ministerial-meeting-bandar-seri-begawan-
3-4-july-1989.

―――. "Joint Communiqué of the 23rd ASEAN Ministerial Meeting Jakarta,
24-25 July 1990," in *ASEAN Document Series 1989-1991*, Suppl. ed.
Jakarta: ASEAN Secretariat, 1991, pp. 9-17.

―――. "Joint Declaration of the Fourth ASEAN-EC Ministerial Meeting,
Bangkok, 25 March 1983," in *ASEAN Document Series 1967-1988*, 3rd.
ed. Jakarta: ASEAN Secretariat, 1988, pp. 446-450.

―――. "Statement by the Indonesian Foreign Minister Mochtar
Kusumaatmadja as Chairman of the ASEAN Standing Committee on
the Escalation of the Armed Conflict between Vietnam and Kampuchea,
Jakarta, 9 January 1979," in *ASEAN Document Series 1967-1988*, 3rd. ed.
Jakarta: ASEAN Secretariat, 1988, p. 587.

―――. "The Special Meeting of the ASEAN Foreign Ministers on the Current
Political Development in the Southeast Asia Region, Bangkok, 12 January
1979," in *ASEAN Document Series 1967-1988*, 3rd. ed. Jakarta: ASEAN
Secretariat, 1988, p. 156.

―――. "Thirteenth ASEAN Ministerial Meeting, Kuala Lumpur, 25-26 June
1980," in *ASEAN Document Series 1967-1988*, 3rd. ed. Jakarta: ASEAN
Secretariat, 1988, pp. 90-96.

Ashly, David. *Safeguarding Peace: Cambodia's Constitutional Challenge*.
London: Conciliation Resource, 1998.

Asia Watch. "Cambodian: Human Rights Before and After the Elections," *Asia
Watch* 5, No. 10 (May 1993). Accessed 6 May 2016, https://www.hrw.org/
sites/default/files/reports/CAMBODIA935.PDF.

Association of Southeast Asian National Parliamentarians for Human Rights （APHR）. "ASEAN Parliamentarians Alarmed by Cambodia Crackdown," 3 August 2017, https://aseanmp.org/2017/08/31/asean-parliamentarians-alarmed-by-cambodia-crackdown/.

Australia Department of Foreign Affairs and Trade. *Cambodia: An Australian Peace Proposal: Working Papers for the Informal Meeting on Cambodia, Jakarta, 26-28 February 1990.* Canberra: Department of Foreign Affairs and Trade, 1990.

Ayres, David M. *Anatomy of a Crisis: Education, Development, and the State in Cambodia, 1953-1998.* Honolulu, Hawaii: University of Hawai'i Press, 2000.

Balais-Serrano, Evelyn., ed. *Cambodia: Struggling for Justice and Peace: Report of Missions on the 1998 Cambodian Election.* Bangkok: Asian Network for Free Elections, Asian Forum for Human Rights and Development, 1999.

Bader, Julia. "The Political Economy of External Exploitation. A Comparative Investigation of China's Foreign Relations," *Democratization* 22, No. 1 （2015）: 1-21.

Bader, Julia. Jörn Grävingholt and Antje Kästner. "Would Autocracies Promote Autocracy? A Political Economy Perspective on Regime-type Export in Regional Neighbourhoods," *Contemporary Politics* 16, No. 1 （2010）: 81-100.

Banister, Judith and Paige Johnson, "After the Nightmare: The Population of Cambodia," in *Genocide and Democracy in Cambodia: The Khmer Rouge, the United Nations, and the International Community*, edited by Ben Kiernan, New Haven, Conn.: Yale University Southeast Asia Studies, 1993, pp. 65-139.

Bansok, Ros, Nang Phirun and Chhim Chhun, *Agricultural Development and Climate Change: The Case of Cambodia.* Phnom Penh: CDRI, December 2011.

Barron, John and Anthony Paul. *Murder of a Gentle Land: The Untold Story of Communist Genocide in Cambodia.* New York: Crowell, 1977.

Bartu, Friedemann. "Kampuchea: The Search for a Political Solution Gathers Momentum," in *Southeast Asian Affairs 1989*, edited by Ng Chee Yuen, Singapore: Institute of Southeast Asian Studies, 1989, pp. 171-184.

Bechert, Heinz. "Aspects of Theravada Buddhism in Sri Lanka and Southeast Asia," in *The Buddhist Heritage*, edited by T. Skorupski, Trink, U.K.: Institute of Buddhist Studies, 1989, pp. 19-28.

Becker, Elizabeth. *When the War was Over: Cambodia and the Khmer Rouge Revolution*. New York: Simon & Schuster. 1986.

Bekaert, Jacques. "Kampuchea: The Year of the Nationalists?" in *Southeast Asian Affairs 1983*, edited by Pushpa Thambipillai, Aldershot, Hampshire: Gower Publishing Company Limited, 1983, pp. 164-180.

―――. "Kampuchea's 'Loose Coalition': A Shotgun Wedding," *Indochina Issues*, No. 22 (December 1982): 1-7.

Benda, Harry J. "The Structure of Southeast Asian History: Some Preliminary Observations," *Journal of Southeast Asian History* 3, No. 1 (March 1962): 106-138.

Bermeo, Sarah Blodgett. "Foreign Aid and Regime Change: A Role for Donor Intent," *World Development* 39, No. 11 (2011): 2021-2031.

Bhattacharya, S.S. "Kampuchea Issue at the Summit," *Strategic Analysis* 7, No. 1 (April 1983): 13-18.

―――. "Migration of Ethnic Chinese from Vietnam," *Strategic Analysis* 3, No. 5 (1979): 172-176.

Boraden, Nhem. *The Khmer Rouge: Ideology, Militarism, and the Revolution that Consumed a Generation*. Santa Barbara, California: Praeger, 2013.

Bosi, Lorenzo. "Safe Territories and Violent Political Organizations," *Nationalism and Ethnic Politics* 19, No. 1 (2013): 80-101.

Boua, Chanthou. "Observations of the Heng Samrin Government 1980-1982," in *Revolution and Its Aftermath in Kampuchea: Eight Essays*, edited by David P. Chandler and Ben Kiernan, New Haven: Yale University Southeast Asia Studies, 1983, pp. 259-271.

Boyle, Kay Don Duncan, Russell Johnson, Floyd B. McKissick, and Marc Stone. *Is Cambodia Next? Final Report of "Americans Want to Know"*. Washington, D.C.: Russell Press, 1967.

Brinkley, Joel. "Cambodia's Curse," *Foreign Affairs* 88, No. 2（March/April 2009）: 111-123.

———. *Cambodia's Curse: The Modern History of a Troubled Land*. New York: Public Affairs Books, 2011.

Brown, Frederick Z. *Second Chance: The United States and Indochina in the 1990s*. New York: Council on Foreign Relation Press, 1989.

Brown, MacAlister and Joseph J. Zasloff. "Laos 1979: Caught in Vietnam's Wake," *Asian Survey* 20, No. 2（February 1980）: 103-111.

———. *Cambodia Confounds the Peacemakers, 1979-1998*. Ithaca, NY: Cornell University Press, 1998.

Burchett, Wilfred. *The China-Cambodia-Vietnam Triangle*. Chicago: Vanguard Books, 1981.

Buszynski, Lee. "Vietnam Confronts China," *Asian Survey* 20, No. 8（August 1980）: 829-843.

Buszynski, Leszek. "SEATO: Why It Survived until 1977 and Why It Was Abolished," *Journal of Southeast Asian Studies* 12, No. 2（September 1981）: 287-296.

Caldwell, Malcolm and Lek Tan. *Cambodia in the Southeast Asian War*. New York: Monthly Review Press, 1973.

Cambodia Development Resource Institute. "Getting Things Moving-Regional and National Infrastructure and Logistics for Connectivity, Growth and Development," *Cambodia Outlook Brief*, 2016. Accessed 24 September 2017, https://cdri.org.kh/wp-content/uploads/ob16e.pdf.

Cambodia National Rescue Movement in Japan. "Petition," 10 May 2018. Accessed 22 October 2018, https://y-fujita.com/wp-content/uploads/2018/0 5/817de900f8d2274e4a96e7687d543764-1.pdf.

Carney, Timothy. "Compromise and Confrontation: The Cambodian Future," in

Whither Cambodia? Beyond the Election, edited by Timothy Carney and Tan Lian Choo, Singapore: Institute of Southeast Asian Studies, 1993, pp. 1-17.

———. "The Unexpected Victory," in *Cambodia, 1975-1978: Rendezvous with Death*, edited by Karl D. Jackson, Princeton, New Jersey: Princeton University Press, 1989, pp. 13-36.

———. *Communist Party Power in Kampuchea: Documents and Discussion*. Ithaca, N.Y.: Southeast Asia Program, Department of Far Eastern Studies, Cornell University, 1977.

CDRI. *Pro-Poor Tourism in the Greater Mekong Subregion*. Phnom Penh, Development Analysis Network, 2007.

Chachavalpongpun, Pavin. *Reinventing Thailand: Thaksin and His Foreign Policy*. Singapore: Institute of Southeast Asian Studies, 2010.

Chakraborti, Tridib. "Vietnam-Kampuchea Confrontation: A Background Study," *China Report* 21, No. 2 (March/April 1985): 143-164.

Chanda, Nayan. "Foreign Relations: Cambodia and China Cool," *Far Eastern Economic Review*, 30 September 1977.

———. *Brother Enemy: The War After the War*. New York: Harcourt Brace Jovanovich, 1986.

Chandler, David P. "Changing Cambodia," *Current History* 59, No. 352 (December 1970): 333-338, 364.

———. "The Constitution of Democratic Kampuchea (Cambodia): The Semantics of Revolutionary Change," *Pacific Affairs* 49, No. 3 (Fall 1976): 506-515.

———. *A History of Cambodia*. 2nd ed. Chiang Mai: Silkworm Books, 1993.

———. *Brother Number One: A Political Biography of Pol Pot*. Boulder, Colo.: Westview Press, 1999.

———. *The Tragedy of Cambodian History: Politics, War, and Revolution since 1945*. New Haven: Yale University Press, 1991.

Chang, Pao-Min. "Beijing Versus Hanoi: The Diplomacy over Kampuchea," *Asian Survey* 23, No. 5 (May 1983): 598-618.

Chea, Nuon. "Statement of the Communist Party of Kampuchea to the

Communist Workers' Party of Denmark, July 1978," *Journal of Communist Studies* 3, No. 1（1987）: 21-36.

Chheang, Vannarith. "CNRP: 8 Points Policy," 17 May 2013. Accessed 23 November 2016, https://vannarithchheang.com/2013/05/17/cnrp-8-points-policy/.

———. "CPP: 11 Points Policy," 17 May 2013. Accessed 23 November 2016, https://vannarithchheang.com/2013/05/17/cpp-11-points-policy/.

———. "The 5th Cambodia Elections: A Turning Point for the Democratic Process," *Kyoto Review of Southeast Asia*, November 2013. Accessed 23 February 2017, http://kyotoreview.org/uncategorized/the-5th-cambodia-elections-a-turning-point-forthe-democratic-process/.

Chinwanno, Chulacheeb. "Rising China and Thailand's Policy of Strategic Engagement," in *The Rise of China: Responses from Southeast Asia and Japan*, edited by Jun Tsunekawa, Tokyo: The National Institute for Defense Studies Press, 2009, pp. 81-109.

Choinski,Walter Frank. *Cambodia: Country Study*. Washington, D.C.: The Military Assistance Institute, Department of Defense, 1963.

Ciorciari, John D. "China and the Pol Pot Regime," *Cold War History* 14, No. 2（2014）: 215-235.

Clarke, Helen Jenks. "Research for Empowerment in a Divided Cambodia," in *Researching Violently Divided Societies: Ethical and Methodological Issues*, edited by Marie Smyth and Gillian Robinson, New York: United Nations University Press, 2001, pp. 92-105.

Cleland, John R.D. *End of Tour Report MEDTC, 1972-1974*, 20 February 1974.

Clymer, Kenton. *The United States and Cambodia, 1969-2000: A Troubled Relationship*. London and New York: RoutledgeCurzon, 2004.

———. *The United States and Cambodia,1870-1969: From Curiosity to Confrontation*. New York: RoutledgeCurzon, 2004.

Coedès, George. *The Indianized States of Southeast Asia*, translated by Susan Brown Cowing. Honolulu: East-West Center Press, 1968.

Colbert, Evelyn. "Vietnam in Cambodia: Continued Stalemate?" in *Asian Issues 1985*, edited by Asia Society, Lanham, Md.: University Press of America, 1986, pp. 17-32.

Comptroller General of the United States. *U.S. Assistance to the Khmer Republic (Cambodia): Report to the Congress on the Department of State, Agency for International Development, and Department of Defense (B 169832)*. Washington, D.C.: Comptroller General of the United States, October 1973. Accessed 7 June 2016, https://www.gao.gov/assets/210/200096.pdf.

Copper, John F. "China's Foreign Aid in 1976," *Current Scene* 15, No. 6-7 (June-July 1977): 12-22.

———. "China's Foreign Aid in 1977," *Current Scene* 16, No. 8 & 9 (August-September 1978): 18-36.

———. *China's Foreign Aid: An Instrument of Peking's Foreign Policy*. Lexington, MA: D.C. Heath, 1976.

Corfield, Justin. *Khmers Stand Up!: A History of the Cambodian Government 1970-1975*. Clayton, Victoria, Australia: Centre of Southeast Asian Studies, Monash University, 1994.

———. *The History of Cambodia*. Santa Barbara, Calif.: Greenwood Press, 2009.

Cosslett, Tuyet L. "The Economy," in *Cambodia: A Country Study*, edited by Russell R. Ross, Washington, D.C.: Federal Research Division, Library of Congress, 1990, pp. 139-184.

Council for the Development of Cambodia. "Investment Trend," accessed 3 July 2017, http://www.cambodiainvestment.gov.kh/investment-enviroment/investment-trend.html.

Craig, David and Pak Kimchoeun. "Party Financing of Local Investment Projects: Elite and Mass Patronage," in *Cambodia's Economic Transformation*, edited by Caroline Hughes and Kheang Un, Copenhagen: NIAS, 2011, pp. 219-244.

Croissant, Aurel. *Electoral Politics in Cambodia: Historical Trajectories and Current Challenges*. Singapore: ISEAS-Yusof Ishak Institute, 2016.

Curtis, Grant. *Beyond Transition: Cambodia in the Post-UNTAC Period.* Phnom Penh: United Nations Research Institute for Social Development, 1996.

―――. *Cambodia Reborn? The Transition to Democracy and Development.* Washington, D.C.: Brookings Institution, 1998.

Cuyvers, Ludo, Reth Soeng, Joseph Plasmans and Daniel Van Den Bulcke. "Determinants of Foreign Direct Investment in Cambodia," *Journal of Asian Economics* 22, No. 3 (June 2011): 222-234.

David, Steven R. *Choosing Sides: Alignment and Realignment in the Third World.* Baltimore, Md.: The Johns Hopkins University Press, 1991.

Deac, Wilfred P. *Road to the Killing Fields: The Cambodian War of 1970-1975.* College Station: Texas A&M University Press, 1997.

DeRouen, Jr., Karl and Uk Heo., eds. *Civil Wars of the World: Major Conflicts Since World War II, Volume I.* Santa Barbara, California: ABC-CLIO, 2007.

Desbarats, Jacqueline. *Prolific Survivors: Population Change in Cambodia, 1975-1993.* Arizona: Arizona State University, Program for Southeast Asian Studies, 1995.

Devillers, Philippe. "Dynamics of Power in Cambodia," in *Politics in Southern Asia*, edited by Saul Rose, pp. 143-163. London: MacMillam & Co., Ltd., 1963.

―――. "The New Indochina and Its Implications for the Region," in *Southeast Asian Affairs 1976*, edited by Lim Joo-Jock and S. B. D. de Silva, Singapore: Institute of Southeast Asian Studies, 1976, pp. 80-91.

Diamond, Larry Jay. "Thinking about Hybrid Regimes," *Journal of Democracy* 13, No. 2 (April 2002): 21-35.

Document on Conference I of Legislature I of the People's Representative Assembly of Kampuchea, 11-13 April 1976. Accessed 23 November 2016, https://www.eccc.gov.kh/sites/default/files/documents/courtdoc/00184048-00184078_E3_165_EN.TXT.pdf.

Documentation Center of Cambodia. "Minutes of Meeting of the Standing Committee, The Front, 11 March 1976," translated by Bunsou Sour, edited by David Chandler. Accessed 23 November 2016, http://www.d.dccam. org/Archives/Documents/DK_Policy/DK_Policy_Standing_Committee_ Minutes.htm.

Drekmeier, Charles. *Kingship and Community in Early India*. Stanford, California: Stanford University Press, 1962.

Dunbar, Ian. "Following Peking's Revolutionary Model," *Far Eastern Economic Review*, 23 May 1975.

Duncanson, Dennis. "China's Vietnam War: New and Old Strategic Imperatives," *The World Today* 35, No. 6 (June 1979): 241-249.

Dy, Khamboly. *A History of Democratic Kampuchea (1975-1979)*. Phnom Penn: Documentation Center of Cambodia, 2007.

Ear, Sophal. *Cambodia's Economic Development in Historical Perspective: A Contribution to the Study of Cambodia's Economy*. Berkeley, CA: S. Ear, August 1995.

Ear, Sophie. *Aid Dependence in Cambodia: How Foreign Assistance Undermines Democracy*. New York: Columbia University Press, 2013.

Edwards, Penny. "Ethnic Chinese in Cambodia," in *Ethnic Groups in Cambodia*, edited by Researchers from Center for Advanced Study (CAS), Phnom Penh: Center for Advanced Studies, 2009, pp. 174-233.

Ehrentraut, Stefan. "Perpetually Temporary: Citizenship and Ethnic Vietnamese in Cambodia," *Ethnic and Racial Studies* 34, No. 5 (May 2011): 779-798.

Eiland, Michael. "Cambodia in 1985: From Stalemate to Ambiguity," *Asian Survey* 26, No. 1 (January 1986): 118-125.

EIU, the Economist Intelligence Unit. *Country Report: Indochina, Vietnam, Laos, Cambodia*. London: Economist Intelligence Unit, 1987.

Eliste, Paavo and Sergiy Zorya. *Cambodian Agriculture in Transition: Opportunities and Risks*. Washington, D.C.: World Bank Group, 2015.

Emmers, Ralf. *Cooperative Security and the Balance of Power in ASEAN and the ARF*. London and New York: RoutledgeCurzon, 2003.

Emmerson, Donald K. "The 'Stable' War: Cambodia and the Great Powers,"

Indochina Issues, No. 62（December 1985）: 1-7.

Eng, Netra and Caroline Hughes, "Coming of Age in Peace, Prosperity, and Connectivity: Cambodia's Youth Electorate and Its Impact on the Ruling Party's Political Strategies," *Critical Asian Studies* 49, No. 3（2017）: 96-410.

Engelbert, Thomas and Christopher E. Goscha, *Falling Out of Touch: A Study on Vietnamese Communist Policy Towards an Emerging Cambodian Communist Movement, 1930-1975*. Clayton, Victoria, Australia: Center of Southeast Asia Studies, Monash University, 1995.

Esterline, John H. "Vietnam in 1986: An Uncertain Tiger," *Asian Survey* 27, No. 1（January 1987）: 92-103.

Etcheson, Craig. *The Rise and Demise of Democratic Kampuchea*. Boulder, Colorado: Westview Press, 1984.

―――. *After the Killing Fields: Lessons from the Cambodian Genocide*. Westport, CT.: Praeger, 2005.

Evans, Gareth. "Achieving Peace in Cambodia," Paper to the Hague Centennial Peace Conference on Dispute Settlement, Humanitarian Law and Disarmament, University of Melbourne, 20 February 1999.

Extraordinary Chambers in the Courts of Cambodia, Office of the Co-Investigating Judges, *Closing Order, Case No 002/19-09-2007-ECCC-OCIJ*, 15 December 2010, paras 740-841. Accessed 23 November 2016, https://www.eccc.gov.kh/sites/default/files/documents/courtdoc/D427Eng.pdf.

Fall, Bernard B. "Cambodia's International Position," *Current History* 40, No. 235（March 1961）: 164-170.

Fifield, Russell H. "ASEAN: Image and Reality," *Asian Survey* 19, No. 12（December 1979）: 1199-1208.

―――. *The Diplomacy of Southeast Asia: 1945-1958*. New York: Harper & Brothers, 1958.

Findlay, Trevor. *Cambodia: The Legacy and Lessons of UNTAC*. New York:

Oxford University Press, 1995.

Finley, Lowell. "The Major Powers Still Play for Keeps in Indochina," *Southeast Asia Chronicle*, No. 64 (September-October 1978): 19-30.

————. "The Propaganda War: The Bitter Exchange Reveals Little Ground for Compromise," *Southeast Asia Chronicle*, No. 64 (September-October 1978): 31-36.

Food and Agriculture Organization of the United Nations. *Regional Overview of Food Insecurity Asia and the Pacific 2015*. Bangkok, 2015.

Forest, Alain. "Buddhism and Reform: Imposed Reforms and Popular Aspirations," in *People of Virtue: Reconfiguring Religion, Power, and Moral Order in Cambodia Today*, edited by Alexandra Kent and David Chandler, Copenhagen: Nordic Institute of Asian Studies, 2008, pp. 16-34.

Francois, Grunewald. "The Rebirth of Agricultural Peasants in Cambodia," *Cultural Survival Quarterly* 14, No. 3 (September 1990): 74-76.

Frieson, Kate G. "The Cambodian Elections of 1993: A Case of Power to the People?" in *The Politics of Elections in Southeast Asia*, edited by R. H. Taylor, New York: Cambridge University Press, 1996, pp. 224-251.

————. "The Politics of Getting the Vote in Cambodia," in *Propaganda, Politics and Violence in Cambodia: Democratic Transition Under United Nations Peace-Keeping*, edited by Stepher R. Heder and Judy Ledgerwood, Armonk, N.Y.: M.E. Sharpe, 1995, pp. 183-207.

Frings, Viviane. *The Failure of Agricultural Collectivzation in the People's Republic of Kampuchea (1979-1989)*. Clayton, Victoria: Monash University Centre of Southeast Asian Studies Working paper 80, 1993.

Frings, Viviane. "Cambodia after Decollectivization (1989-1992)," *Journal of Contemporary Asia* 24, No. 1 (1994): 49-66.

Frost, Frank. "Cambodia: From UNTAC to Royal Government," in *Southeast Asian Affairs 1994*, edited by Daljit Singh, Singapore: Institute of Southeast Asian Studies, 1994, pp. 79-101.

————. "The Cambodia Conflict," *Parliamentary Research Service Background*

Paper, Department of the of Australia, Canberra, 7 May 1991. Accessed 23 November 2016, https://www.aph.gov.au/binaries/library/pubs/bp/1991/91bp08.pdf.

Funnel, Victor. "The Soviet Union and Vietnam: Bilateral Relations in a Great-Power Triangle," in *Troubled Friendships: Moscow's Third World Venture*, edited by Margot Light, London: British Academic Press, 1993, pp. 82-109.

Gallup, Jeffrey. "Cambodia's Electoral System: A Window of Opportunity for Reform," in *Electoral Politics in Southeast and East Asia*, edited by Aurel Croissant, Gabi Bruns, and Marei John, Singapore: Friedrich-Ebert-Stiftung, 2002, pp. 25-75.

Ganesan, N. "Rethinking ASEAN as a Security Community in Southeast Asia," *Asian Affairs: An American Review* 21, No. 4（Winter 1995）: 210-226.

Garment Manufacturers Association of Cambodia（GMAC）. *Annual Bulletin 2010*. Accessed 27 March 2017, https://www.gmac-cambodia.org/bulletin_pdf/1505179680.pdf.

Giry, Stéphanie. "Autopsy of a Cambodian Election: How Hun Sen Rules?" *Foreign Affairs* 94, No. 5（Sep/Oct 2015）: 144-159.

———. *Cambodia's Second Kingdom: Nation, Imagination, and Democracy*. Ithaca, United States: Cornell University Press, Cornell Southeast Asia Program, 2016.

Global Witness. *Cambodia's Family Trees: Illegal Logging and the Stripping of Public Assets by Cambodia's Elite*. Washington, D.C.: Global Witness, June 2007.

———. *Hostile Takeover: The Corporate Empire of Cambodia's Ruling Family*. Washington, D.C.: Global Witness, July 2016.

———. *How Cambodia's Elite Has Captured the Country's Extractive Industries*. Washington, D.C.: Global Witness, February 2009.

Gluckman, Ron. "Bringing Commerce to Cambodia," *Forbes Asia*, 2 November 2008.

Gordon, Bernard K. "Cambodia: Where Foreign Policy Counts," *Asian Survey*

5, No. 9 (September 1965): 433-448.

Gordon, Bernard K. and Kathryn Young. "Cambodia: Following the Leader?" *Asian Survey* 10, No. 2 (February 1970): 169-176.

————. "The Khmer Republic: That Was the Cambodia that Was," *Asian Survey* 11, No. 1 (January 1971): 26-40.

Gottesman, Evan. *Cambodia after the Khmer Rouge: Inside the Politics of Nation Building*. Chiang Mai: Silkworm Books, 2004.

Gyallay-Pap, Peter. "Reconstructing the Cambodian Polity: Buddhism, Kingship and the Quest for Legitimacy," in *Buddhism, Power and Political Order*, edited by Ian Harris, London and New York: Routledge, 2007, pp. 71-103.

Guan, Ang Cheng. *Singapore, ASEAN and the Cambodian Conflict 1978-1991*. Singapore: National University of Singapore Press, 2013.

Haas, Michael. "The Paris Conference on Cambodia, 1989," *Bulletin of Concerned Asian Scholars* 23, No. 2 (1991): 42-53.

Haas, Michael. *Genocide by Proxy: Cambodian Pawn on a Super Power Chessboard*. New York: Praeger Publishers, 1991.

Hach, Sok, Chea Huot and Sik Boreak. *Cambodia's Annual Economic Review–2001*. Phnom Penh: Cambodia Development Resource Institute, August 2001.

Hall, C. Michael and Greg Ringer. "Tourism in Cambodia, Laos and Myanmar: From Terrorism to Tourism?" in *Tourism in South and Southeast Asia: Issues and Cases*, edited by C. Michael Hall and Greg Ringer, London and New York: Routledge, 2000, pp. 178-194.

Hammer, Ellen J. *The Struggle for Indochina*. Stanford: Stanford University Press, 1954.

Hara, Kimie. "Rethinking the 'Cold World' in the Asia-Pacific," *The Pacific Review* 12, No. 4 (1999): 513-536.

Hartmann, Christof. "Cambodia," in *Elections in Asia and the Pacific: A Data Handbook, Volume II South East Asia, East Asia and the South Pacific*, edited by Dieter Nohlen, Florian Grotz and Christof Hartmann, Oxford:

Oxford University Press, 2001, pp. 53-81.

Hayes, Michael. "Trading Places: Khmer Rouge Weakened by Defections," *Far Eastern Economic Review*, 19 January 1995.

Heder, Stephen P. "The Kampuchean-Vietnamese Conflict," in *Southeast Asian Affairs 1979*, edited by Leo Suryadinata, Singapore: Institute of Southeast Asian Studies, 1979, pp. 157-186.

Heder, Stephen R. "Khmer Rouge Opposition to Pol Pot: 'Pro-Vietnamese' or 'Pro-Chinese'," presented at Australian National University, Canberra, 28 August 1990.

―――. "Origins of the Conflict," *Southeast Asia Chronicle*, No. 64 (September-October 1978): 3-18.

Heder, Steve. "Cambodia: Capitalist Transformation by Neither Liberal Democracy Nor Dictatorship," in *Southeast Asian Affairs 2012*, edited by Daljit Singh, Singapore: Institute of Southeast Asian Studies, 2012, pp. 103-115.

―――. "Hun Sen's Consolidation: Death or Beginning of Reform?" in *Southeast Asian Affairs 2005*, edited by Chin Kin Wah and Daljit Singh, Singapore: Institute of Southeast Asian Studies, 2005, pp. 113-130.

Heijmans, Philip. "Hun Sen—and China—Win Cambodia Elections," *Newsweek*, 29 July 2018. Accessed 20 October 2018, https://www.newsweek.com/china-wins-cambodia-elections-1047309.

Hein, Gordon R. *Soeharto's Foreign Policy: Second-Generation Nationalism in Indonesia*. Ann Arbor, MI: University Microfilms International, 1988.

Heine-Geldern, Robert. "Conceptions of State and Kingship in Southeast Asia," *The Far Eastern Quarterly* 2, No. 1 (November 1942): 15-30.

Heng, Pheakdey. "Are China's Gifts a Blessing or a Curse for Cambodia?" *East Asia Forum*, 29 August 2018. Accessed 20 October 2018, http://www.eastasiaforum.org/2018/08/29/are-chinas-gifts-a-blessing-or-a-curse-for-cambodia/.

Henrikson, Alan K. "The Geographical 'Mental Maps' of American Foreign

Policy Makers," *International Political Science Review* 1, No. 4 (1980): 495-530.

Hervouet, Gérard. "The Cambodian Conflict: The Difficulties of Intervention and Compromise," *International Journal* 45, No. 2 (Spring, 1990): 258-291.

Herz, Martin F. *A Short History of Cambodia: From the Days of Angkor to the Present.* London: Steven and Son, 1958.

Hiebert, Murray. "Soviet Aid to Laos and Cambodia," *Indochina Issues*, No. 51 (November 1984): 5.

———. "Cambodia: Guerrilla Attacks Curb Development," *Indochina Issues*, No. 69 (September 1986): 1-6.

———. "Peace or Propaganda?" *Far Eastern Economic Review*, 22 October 1987.

———. "Pessimism for Peace: Despite a Lull in Fighting Hopes for Talks Are Low," *Far Eastern Economic Review*, 30 May 1991.

Hill, Hal and Jayant Menon. "Cambodia: Rapid Growth in an Open, Post-conflict Economy," *The World Economy* 37, No. 2 (December 2014): 1649-1668.

Hood, Steven J. *Dragons Entangled: Indochina and the China-Vietnam War.* New York: M. E. Sharpe, 1992.

Hor, Chantha and Nalitra Thaiprasert. "Analysis of International Tourism Demand for Cambodia," in *Econometrics of Risk*, edited by Van-Nam Huynh, Vladik Kreinovich, Songsak Sriboonchitta and Komsan Suriya, Cham, Switzerland: Springer International Publishing, 2015, pp. 414-425.

Horn, Robert C. "Soviet-Vietnamese Relations and the Future of Southeast Asia," *Pacific Affairs* 51, No. 4 (Winter 1978-79): 585-605.

Hughes, Caroline. *The Political Economy of Cambodia's Transition, 1991-2001.* London and New York: RoutledgeCurzon, 2003.

———. "Reconstructing Legitimate Political Authority through Elections?" in *Beyond Democracy in Cambodia: Political Reconstruction in a Post-*

Conflict Society, Joakim Öjendal and Mona Lilja, Copenhagen: NIAS Press, 2009, pp. 31-69.

———. "Understanding the Elections in Cambodia 2013," *AGLOS: Journal of Area-Based Global Studies*（2015）: 1-20.

Human Rights Watch Asia. "Cambodia: Fair Elections Not Possible," *Human Rights Watch Report* 10, No. 4（June 1998）. Accessed 23 April 2017, https://www.hrw.org/legacy/reports/reports98/cambodia/.

Human Rights Watch. "Cambodia: Democracy Faces Death," 15 November 2017. Accessed 4 December 2017, https://www.hrw.org/news/2017/11/15/cambodia-democracy-faces-death.

———. "Cambodia's Commune Council Elections: Human Watch Press Backgrounder," 18 January 2002. Accessed 9 June 2017, https://www.hrw.org/legacy/backgrounder/asia/cambodia_elections.pdf.

———. *Cambodia's Dirty Dozen: A Long History of Rights Abuses by Hun Sen's Generals*. New York: Human Rights Watch, 2018.

Hun Sen. *"Rectangular Strategy" for Growth, Employment, Equity and Efficiency Phase II*, First Cabinet Meeting of the Fourth Legislature of the National Assembly at the Office of the Council of Ministers, Phnom Penh, 26 September 2008. Accessed 20 April 2017, http://pressocm.gov.kh/en/archives/1224.

———. *The Rectangular Strategy for Growth, Employment, Equity and Efficiency in Cambodia*. Phnom Penh, July 2004.

Hung, Nguyen Manh. "The Sino-Vietnamese Conflict: Power Play among Communist Neighbors," *Asian Survey* 19, No. 11（Nov., 1979）: 1037-1052.

Huon, Tan Kim. *Role of the Universities in Development Planning: The. Khmer Republic Case*. Singapore: Regional Institute of Higher Education and Development, 1974.

Huxley, Tim. "Cambodia in 1986: The PRK's Eighth Year," in *Southeast Asian Affairs 1987*, edited by M. Ayoob, Singapore: Institute of Southeast Asian Studies, 1987, pp. 161-173.

IMF. *Cambodia: Poverty Reduction Strategy Paper*. Washington, D.C.: International Monetary Fund, 2006.

————. *External Debt Statistics: Guide for Compilers and Users*. Washington, D.C.: International Monetary Fund, 2003.

International Crisis Group. "Cambodia's Elections Turn Sour," *Cambodia Report*, No. 3 (10 September 1998). Accessed 23 April 2017, https://d2071andvip0wj.cloudfront.net/cambodia-s-elections-turn-sour.pdf.

International Labour Organization. "What Explains Strong Export and Weak Employment Figures in the Cambodian Garment Sector?" *Cambodia Garment and Footwear Sector Bulletin*, Issue 6 (May 2017): 1-12. Accessed 3 July 2017, http://www.ilo.org/wcmsp5/groups/public/---asia/---ro-bangkok/documents/publication/wcms_555290.pdf.

International Monetary Fund – Khmer Republic. "Recent Economic Developments," Confidential Report, 27 November 1974.

International Republican Institute, *Kingdom of Cambodia Parliamentary Election, 26 July 1998: Observation Report*, February 1999. Accessed 23 April 2017, http://www.iri.org/sites/default/files/Cambodia's%201998%20Parliamentary%20Elections.pdf.

Inter-Parliamentary Union, "Cambodia Senate," accessed 23 April 2017, http://archive.ipu.org/parline/reports/2365_E.htm.

Jackson, Karl D. "Cambodia 1977: Gone to Pot," *Asian Survey* 18, No. 1 (January 1978): 76-90.

————. "The Ideology of Total Revolution," in *Cambodia, 1975-1978: Rendezvous with Death*, edited by Karl D. Jackson, Princeton, New Jersey: Princeton University Press, 1989, pp. 37-78.

Jencks, Harlan W. "China's 'Punitive' War on Vietnam: A Military Assessment," *Asian Survey* 19, No. 8 (August 1979): 801-815.

Jenkins, D. "Maintaining an Even Keel," *Far Eastern Economic Review*, 1 June 1979.

Jennar, Raoul M. "UNTAC: International Triumph in Cambodia?" *Security*

Dialogue 25, No. 2（1994）: 145-156.

Jennar, Raoul Marc. *Cambodian Chronicles, 1989-1996: Bungling a Peace Plan, 1989-1991*. Bangkok: White Lotus Press, 1998.

Jones, Lee. "ASEAN Intervention in Cambodia: From Cold War to Conditionality," *The Pacific Review* 20, No. 4（2007）: 523-550.

Keefer, Edward C. and David W. Mabon. eds. *Foreign Relations of the United States, 1958-1960, East Asia-Pacific Region; Cambodia; Laos, Vol. 16*. Washington: United States Government Printing Office, 1992.

Kelemen, Paul. "Soviet Strategy in Southeast Asia: The Vietnam Factor," *Asian Survey* 24, No. 3（March 1984）: 335-348.

Kershaw, Roger. "The Coalition Government of Democratic Kampuchea: A Personal View," *Contemporary Southeast Asia* 4, No. 3（December 1982）: 405-409.

Keyes, Charles. "Buddhism and Revolution in Cambodia," *Cultural Survival Quarterly* 14, No. 3（September 1990）. Accessed 25 October 2018, https://www.culturalsurvival.org/publications/cultural-survival-quarterly/buddhism-and-revolution-cambodia.

Khanh, Huynh Kim. "Into the Third Indochina War," in *Southeast Asian Affairs 1980*, edited by Leo Suryadinata, Singapore: Institute of Southeast Asian Studies, 1980, pp. 327-346.

Kiernan, Ben. "Conflict in the Kampuchean Communist Movement," *Journal of Contemporary Asia* 10, No. 1-2（1980）: 7-74.

———. "Kampuchea 1979-81: National Rehabilitation in the Eye of an International Storm," in *Southeast Asian Affairs 1982*, edited by Huynh Kim, Singapore: Institute of Southeast Asian Studies, 1982, pp. 167-195.

———. "External and Indigenous Sources of Khmer Rouge Ideology," in *The Third Indochina War: Conflict between China, Vietnam and Cambodia, 1972-1979*, edited by Odd Arne Westad and Sophie Quinn-Judge, London and New York: Routledge, 2006, pp. 187-206.

———. "Introduction," in *Peasants and Politics in Kampuchea, 1942-1981*, edited by Ben Kiernan and Chanthou Boua, London: Zed Press, 1982, pp. 1-28.

———. "Pol Pot and the Kampuchean Communist Movement," in *Peasants and Politics in Kampuchea, 1942-1981*, edited by Ben Kiernan and Chanthou Boua, London: Zed Press, 1982, pp. 227-317.

———. "The American Bombardment of Kampuchea, 1969-1973," *Vietnam Generation* 1, No. 1 (1989): 4-41.

———. "The Death Tolls in Cambodia, 1975-79, and East Timor, 1975-80," *Critical Asian Studies* 35, No. 4 (2003): 585-597.

———. "The Impact on Cambodia of the U.S. Intervention in Vietnam," in *The Vietnam War: Vietnamese and American Perspectives*, edited by Jayne S. Werner, and Luu Doan Huynh, New York: Armonk, 1993, pp. 216-229.

———. "The Samlaut Rebellion, 1967-68," in *Peasants and Politics in Kampuchea, 1942-1981*, edited by Ben Kiernan and Chanthou Boua, London: Zed Press, 1982, pp. 166-205.

———. *How Pol Pot Came to Power: A History of Communism in Kampuchea, 1930-1975*. London: Verso, 1987.

Kingdom of Cambodia. "Cambodia: Law of 1997 on the Election of the Members of the National Assembly, 26 December 1997," accessed 23 November 2016, http://www.refworld.org/docid/3ae6b5448.html

Kirk, Donald. "Cambodia's Economic Crisis," *Asian Survey* 11, No. 3 (March 1971): 238-255.

Kubota, Yuichi. *Armed Groups in Cambodian Civil War: Territorial Control, Rivalry, and Recruitment*. New York, NY: Palgrave Macmillan, 2013.

Kulke, Hermann. "The Devaràja Cult: Legitimation and Apotheosis of the Ruler in the Kingdom of Angkor," in *Kings and Cults: State Formation and Legitimation in India and Southeast Asia*, edited by Hermann Kulke, New Delhi: Manohar, 1993, pp. 327-381.

Kuroyanagi, Yoneji. "The Kampuchean Conflict and ASEAN: A View from the Final Stage," *Japan Review of International Affairs* 3, No. 1, (Spring 1986): 57-81.

Lacouture, Jean. "The Bloodiest Revolution," *The New York Review of Books* 24, No. 5, 31 March 1977. Accessed 23 April 2017, http://www.nybooks. com/articles/1977/03/31/the-bloodiest-revolution/.

Laird, Melvin R. "A More Balanced Sharing of the Burdens of Security," *The Department of State Bulletin* 63, No. 1243（21 December 1970）: 753-756.

Lancaster, Donald. *The Emancipation of French Indochina*. London: Oxford University Press, 1961.

Langran, Irene. "Cambodia in 1999: Year of Hope," *Asian Survey* 40, No. 1 （January-February 2000）: 25-31.

Larson, Deborah Welch. "Bandwagon Images in American Foreign Policy: Myth or Reality?" in *Strategic Beliefs and Great Power Competition in the Eurasian Rimland*, edited by Robert Jervis and Jack Snyder, Oxford: Oxford University Press, 1991, pp. 85-111.

Laurance, Edward J. *Light Weapons and Intrastate Conflict: Early Warning Factors and Preventive Action*. Carnegie Corporation of New York, 1998.

Lavenex, Sandra and Frank Schimmelfennig. "EU Democracy Promotion in the Neighbourhood: From Leverage to Governance?" *Democratization* 18, No. 4（2011）: 885-909.

Lawson, Eugene K. *The Sino-Vietnamese Conflict*. New York: Praeger, 1984.

Le Billon, Philippe. "The Political Ecology of Transition in Cambodia 1989-1999: War, Peace, and Forest Exploitation," *Development and Change* 31, No. 4（September 2000）: 785-805.

Ledgerwood, Judy. "Patterns of CPP Political Repression and Violence During the UNTAC Period," in *Propaganda, Politics and Violence in Cambodia: Democratic Transition Under United Nations Peace-Keeping*, edited by Stepher R. Heder and Judy Ledgerwood, Armonk, N.Y.: M.E. Sharpe, 1995, pp. 114-133.

Lee, Deng-ker. "Soviet Foreign Policy in Southeast Asia—An Analysis of the Moscow-Hanoi Alliance," *Issues and Studies* 19, No. 7（July 1983）: 50-67.

Lee, Matthew. "Fighting Words," *Far Eastern Economic Review*, 15 August

1996.

Lee, SungYoung and Abdelgabar Abdelrahman. "The Intervention of 'Neighbor' Countries in Civil War Peace Negotiations," *Conflict Resolution Quarterly* 33, No. 4 (Summer 2016): 355-381.

Legerwood, Judy L. "Rural Development in Cambodia: The View from the Village," in *Cambodia and the International Community: The Quest for Peace, Development, and Democracy*, edited by Frederick Z. Brown and David G. Timberman, Singapore: Institute of Southeast Asian Studies, 1998, pp. 127-148.

Leifer, Michael. "Cambodia and Her Neighbours," *Pacific Affairs* 34, No. 4 (Spring 1966): 361-374.

———. "Cambodia: The Limits of Diplomacy," *Asian Survey* 7, No. 1 (Jan., 1967): 69-73.

———. "Cambodia: The Politics of Accommodation," *Asian Survey* 4, No. 1 (January 1964): 674-679.

———. "The International Dimensions of the Cambodian Conflict," *International Affairs* 51, No. 4 (1975): 531-543.

———. "Post Mortem on the Third Indochina War," *The World Today* 35, No. 6 (June 1979): 250-258.

———. "Rebellion or Subversion in Cambodia?" *Current History* 56, No. 330 (February 1969): 88-93, 112-113.

———. "The Cambodian Opposition," *Asian Survey* 2, No. 2 (April 1962): 11-15.

———. *ASEAN and the Security of South-East Asia*. London: Routledge, 1989.

———. *Cambodia: The Search for Security*. London: Pall Mall Press, 1967.

———. *Indonesia's Foreign Policy*, Rev. ed. London: Routledge, 2013.

Leighton, Marian Kirsch. "Perspectives on the Vietnam-Cambodia Border Conflict," *Asian Survey* 18, No. 5 (May 1978): 448-457.

Lenart, Edith. "Indochina: Each to His Own," *Far Eastern Economic Review*, 13 June 1975.

Levitsky, Steven and Lucan A. Way. "Linkage Versus Leverage. Rethinking the International Dimension of Regime Change," *Comparative Politics* 38, No. 4（2006）: 379-400.

Lintner, Bertil. "The Day of Reckoning in Cambodia?" *Asia Pacific Media Services Limited*, March 2009. Accessed 23 April 2016, http://www. asiapacificms.com/articles/cambodia_day_of_reckoning/.

Livingstone, Ian. "Development Planning in a Re-emergent Cambodia: The First Socioeconomic Development Plan, 1996-2000," *Journal of the Asia Pacific Economy* 3, No. 2（1998）: 207-222.

Lizée, Pierre P. "Testing the Limits of Change: Cambodia's Politics After the July Elections," in *Southeast Asian Affairs 1999*, edited by John Funston, and Daljit Singh, Singapore: Institute of Southeast Asian Studies, 1999）, pp. 79-91.

Locard, Henri. *Pol Pot's Little Red Book: The Sayings of Angkar*. Chang Mai: Silkworm Books, 2005.

———. "State Violence in Democratic Kampuchea（1975-1979）and Retribution（1979-2004）," *European Review of History—Revue europe'enne d'Histoire* 12, No. 1（March 2005）: 121-143.

Luhulima, C.P.F. "The Kampuchean Issue Revisited," *The Indonesian Quarterly* 14, No. 4（October 1986）: 585-596.

Ly, Sodeth. "Cambodia Is Now a Lower-Middle Income Economy: What Does This Mean?" *The World Bank Group*, 8 November 2016. Accessed 24 September 2017, http://blogs.worldbank.org/eastasiapacific/cambodia-is-now-a-lower-middle-income-economy-what-does-this-mean.

Mabbett, I. W. *Truth, Myth and Politics in Ancient India*. New Delhi: Thomson Press, 1972.

———. "Kingship in Angkor," *Journal of the Siam Society* 66, No. 2（1978）: 1-51.

MacIntyre, Andrew J. "Interpreting Indonesian Foreign Policy: The Case of Kampuchea, 1979-1986," *Asian Survey* 27, No. 5（May 1987）: 515-534.

Mahbubani, Kishore. "The Kampuchean Problem: A Southeast Asian Perception," *Foreign Affairs* 62, No. 2（Winter 1983/1984）: 407-425.

Majumdar, Mun Mun. "The Kampuchean Crisis and Indonesia," *The Indonesian Quarterly* 22, No. 2（1994）: 158-169.

Mam, Kalyanee. "The Endurance of the Cambodian Family under the Khmer Rouge Regime: An Oral History," in *Genocide in Cambodia and Rwanda: New Perspectives*, edited by Susan E. Cook, New Jersey: Transaction Publishers, 2006, pp. 119-162.

Marsot, Alian-Gerard. "China's Aid to Cambodia," *Pacific Affairs* 42, No. 2（Summer 1969）:189-198.

Marston, John. "Cambodia 1999," *Asia Pacífico*, No. 7. Accessed 21 March 2016, http://ceaa.colmex.mx/profesores/paginamarston/imagenespaginamarston/ap00.htm.

———. "Cambodia in 2003: New Kinds of Turbulence," *Asia Pacífico 2004*: 20-43. Accessed 21 March 2016, http://ceaa.colmex.mx/profesores/paginamarston/imagenespaginamarston/Ap04.htm.

———. "Camboya," *Asia Pacífico*, No. 7（2000）: 136-168. Accessed 21 March 2016, http://ceaa.colmex.mx/profesores/paginamarston/imagenespaginamarston/ap00.htm.

Martin, Marie Alexandrine. *Cambodia: A Shattered Society*. Berkeley, CA: University of California Press, 1994.

Mataxis, Theodore C. *End of Tour Report*, prepared by U.S. Military Equipment Delivery Team Cambodia, 12 February 1972.

McCargo, Duncan. "Cambodia in 2013:（No）Country for Old Men?" *Asian Survey* 54, No. 1（January/February 2014）: 71-77.

———. "Thailand's Urbanized Villagers and Political Polarization," *Critical Asian Studies* 49, No. 3（2017）: 365-378.

McCorrnack, Gavan. "The Kampuchean Revolution, 1975-1978: The Problem of Knowing the Truth," *Journal of Contemporary Asia* 10, No. 1-2（1980）: 75-118.

Mearsheimer, John J. *The Tragedy of Great Power Politics*. New York: W. W. Norton & Company, 2001.

Mehta, Harish C. and Julie B. Mehta. *Hun Sen: Strongman of Cambodia*. Singapore: Graham Brash, 1999.

————. *Strongman: The Extraordinary Life of Hun Sen: From Pagoda Boy to Prime Minister of Cambodia*. Singapore: Marshall Cavendish Editions, 2013.

Ministry of Agriculture, Forestry and Fisheries. *Agricultural Sector Strategic Development Plan 2014-2018*. Phnom Penh, 2015.

Ministry of Education, Youth and Sport. *The Education Strategic Plan 2014-2018*. Phnom Penh: Ministry of Education, Youth and Sport, March 2014.

Ministry of External Affairs, *India, Foreign Affairs Record*（New Delhi）, Vol. 1, No. 3, March 1955.

Ministry of Foreign Affairs of Democratic Kampuchea. *Black Paper: Facts and Evidences of the Acts of Aggression and Annexation of Vietnam against Kampuchea*. Phnom Penh: Department of Press and Information of the Ministry of Democratic Kampuchea, September 1978.

Ministry of Foreign Affairs, Socialist Republic of Viet Nam. *Facts and Documents on Democratic Kampuchea's Serious Violations of the Sovereignty and Territorial Integrity of the Socialist Republic of Vietnam*. Hanoi: Department of Press and Information, Ministry of Foreign Affairs, Socialist Republic of Viet Nam, 1978.

Ministry of Information of Cambodia. *Self-aid for Cambodia*. Phnom Penh: Ministry of Information of Cambodia, 1963.

Ministry of Information. "Declaration of the Government of the Democratic Republic of Vietnam on Recognition of the Present Borders of Cambodia," in *Documents on Vietcong and North Vietnamese Aggression against Cambodia*（*1970*）. Phnom Penh: The Ministry of Information, 1970.

Ministry of Commerce, Kingdom of Cambodia. "Value of Exports and Imports in 2017," 14 September 2018. Accessed 20 October 2018, https://

www.moc.gov.kh/Portals/0/Docs/TradeInfo/TS18%20Value%20of%20 Exports%20and%20Imports%20in%202017-20180914151746293.pdf.

Ministry of Planning. *A Poverty Profile of Cambodia, 2004*. Phnom Penh: Ministry of Planning, 2006.

————. *Migration in Cambodia in Cambodia: Report of the Cambodian Rural Urban Migration Project（CRUMP）*. Phnom Penh: Ministry of Planning, August 2012.

————. *The Second Five Year Socioeconomic Development Plan（2001-2005）: National Economic Growth and Poverty Reduction Strategy*. Phnom Penh, 29 July 2002.

Mitra, Rajarshi. "Foreign Aid and Economic Growth: A Cointegration Test for Cambodia," *Journal of Economics and Behavioral Studies* 5, No. 2 （February 2013）: 117-121.

Moorthy, K. Krishna. "Interview（Thanat Khoman）," *Far Eastern Economic Review*, 30 May 1963.

Morello, Ted. "The Pol Pot Trail," *Far Eastern Economic Review*, 26 November 1992.

Morgenbesser, Lee. "Elections in Hybrid Regimes: Conceptual Stretching Revived," *Political Studies* 62, No. 1 （2014）: 21-36.

————. *Behind the Facade: Elections under Authoritarianism in Southeast Asia*. Albany: State University of New York Press, 2016.

————. "Misclassification on the Mekong: The Origins of Hun Sen's Personalist Dictatorship," *Democratization*, （2017）: 1-18. Accessed 11 June 2017, http://dx.doi.org/10.1080/13510347.2017.1289178.

————. "The Failure of Democratisation by Elections in Cambodia," *Contemporary Politics* 23, No. 2 （2017）: 135-155.

Morris, Stephen J. *Why Vietnam Invaded Cambodia: Political Culture and the Cause of War*. Stanford, Ca.: Stanford University Press, 1999.

Mosyakov, Dmitry. "The Khmer Rouge and the Vietnamese Communists: A History of Their Relations as Told in the Soviet Archives," in *Genocide in*

Cambodia and Rwanda: New Perspectives, edited by Susan E. Cook, New Jersey: Transaction Publishers, 2006, pp. 41-71.

Mouhot, Henri. *Travels in Central Parts of Indo-china. Siam）, Cambodia, and Laos, during the Years 1858, 1859, and 1860, Vol. I.* London: John Murray, 1864.

Mu, Zhou. "Fruitful Exchanges between China and Thailand," *Beijing Review*, 10 November 1980.

Munson, Frederick P., Caroline S. Birnberg, Federic H. Chaffee, Chungnim C. Han, Millard Peck, and Jojn Hughes Stodter. *Area Handbook for Cambodia*. Washington, D.C.: U.S. Government Printing Office, 1963.

Munson, Frederick P., Keenneth W. Martindale, David S. McMorris, Kathryn E. Parachini, William N. Raiford, and Charles Townsend. *Area Handbook for Cambodia*. Washington, D.C.: U.S. Government Printing Office, 1968.

Mysliwiec, Eva. *Punishing the Poor: The International Isolation of Kampuchea*. Oxford, UK: Oxfam, 1988.

Naidu, D. Ananda. "The Role of the Khmer Rouge in Cambodian Politics, 1960-1970," Ph.D. diss., Jawaharlal Nehru University, 1982.

Narine, Shaun. "ASEAN and Management of Regional Security," *Pacific Affairs* 71, No. 2（Summer 1998）: 195-214.

National Democratic Institute and International Republican Institute. "Statement by the Pre-Election Assessment Mission," 14 July 1998. Accessed 23 April 2017, https://www.ndi.org/sites/default/files/1054_kh_preelect98_5.pdf.

National Democratic Institute. *The 2002 Cambodian Commune Council Elections*. Washington, D.C.: National Democratic Institute for International Affairs, 2002.

———. "The Cambodian Election Process: The National Democratic Institute's Second Post-Election Statement," 22 August 1998. Accessed 23 April 2017, https://www.ndi.org/sites/default/files/1052_kh_postelect_5.pdf.

National Institute of Statistics, Ministry of Planning. *Cambodia Socio-Economic Survey 2016*. Phnom Penh: Ministry of Planning, October 2017.

National United Front of Kampuchea. *Political Programme of the National United Front of Kampuchea (NUFK)*, adopted Unanimously by the Congress Held in Peking on Sunday, 3 May 1970.

Nayan, Chanda. "Three Men in a Boat: Sihanouk Tries to Help Communist to Save Face," *Far Eastern Economic Review*, 17 November 1988.

Ngor, Haing S. *Surviving the Killing Fields: The Cambodian Odyssey of Haing S. Ngor*. London: Pan Books, 1989.

Nguyen, Hoang. "The Vietnam-Kampuchea Conflict," in *The Vietnam-Kampuchea Conflict: A Historical Record*. Hanoi: Foreign Languages Publishing House, 1979.

Nhem, Boraden. "The Cambodia Civil War and the Vietnam War: A Tale of Two Revolutionary Wars," Ph.D. diss., University of Delaware, 2015.

———. *The Khmer Rouge: Ideology, Militarism, and the Revolution that Consumed a Generation*. Santa Barbara, CA.: Praeger, 2013.

Niazi, Tariq H. *Deconcentration and Decentralization Reforms in Cambodia: Recommendations for an Institutional Framework*. Mandaluyong City, Philippines: Asian Development Bank, 2011.

Niksch, Larry A. "Thailand in 1981: The Prem Government Feels the Heat," *Asian Survey* 22, No. 2 (February 1982): 191-199.

———. "Vietnam and ASEAN: Conflict and Negotiation over Cambodia," Paper prepared for the Conference on '*Southeast Asia: Problems and Prospects*' Sponsored by the Defense Intelligence College and the Georgetown Center for Strategic and International Studies, Washington, D.C., 4-5 December 1984.

Nishihara, Masashi. "The Sino-Vietnamese War of 1979: Only the First Round," in *Southeast Asian Affairs 1980*, edited by Leo Suryadinata, Singapore: Institute of Southeast Asian Studies, 1980, pp. 66-77.

Nivolon, Francois. "Cambodia-The Universal Beneficiary," *Far Eastern Economic Review*, 16 July 1959.

Nixon, Richard. "Report on the Cambodian Operation," 30 June 1970. Online by Gerhard Peters and John T. Woolley, *The American Presidency Project*. Accessed 23 November 2016, http://www.presidency.ucsb.edu/ws/?pid=2564.

————. *The Cambodia Strike: Defensive Action for Peace, A Report to the Nation 30 April 1970*. Washington, D.C.: Department of State Publication, 1970.

Noren-Nilsson, Astrid. "Cambodia at a Crossroads: The Narratives of Cambodia National Rescue Party Supporters after the 2013 Elections," *Internationales Asienforum* 46, No. 3-4（2015）: 261-278.

————. *Cambodia's Second Kingdom: Nation, Imagination, and Democracy*. Ithaca, New York: Southeast Asia Program, Cornell University, 2016.

————. "Good Gifts, Bad Gifts, and Rights: Cambodian Popular Perceptions and the 2013 Elections," *Pacific Affairs* 89, No. 4（December 2016）: 795-815.

Norton, Stephen Ross. "Geography Never Changes," *The Hr-net Forum: International Policy*, August 1998. Accessed 30 March 2016, http://www.hri.org/forum/intpol/norton.html.

O'Driscoll, Jr. Gerald P., Edwin J. Feulner, and Mary Anastasia O'Grady. *2003 Index of Economic Freedom*. Washington, D.C.: The Heritage Foundation and Dow Jones & Company, Inc., 2003.

O'Neill, Daniel. "Playing Risk-Chinese Foreign Direct Investment in Cambodia," *Contemporary Southeast Asia* 36, No. 2（August 2014）: 185-191.

Oesterheld, Christian. "Social Division and Historical Tropes in Electoral Politics: The Case of Cambodia's National Elections 2013," Paper presented at *the International Conference on Counstructing Southeast Asia*（*COCONSEAS*）, Universitas Gadjah Mada, Yogyakarta, 23-24 October 2013.

Office of the United States Trade Representative. "U.S.-Cambodian Textile Agreement Links Increasing Trade with Improving Workers' Rights,"

7 January 2002. Accessed 23 November 2016, https://ustr.gov/archive/Document_Library/Press_Releases/2002/January/US-Cambodian_Textile_Agreement_Links_Increasing_Trade_with_Improving_Workers'_Rights.html.

Osborne, Milton E. *Sihanouk: Prince of Light, Prince of Darkness*. Honolulu: Hawaii U.P., 1994.

————. "Cambodia: The Endgame of Politics?" in *Southeast Asian Affairs 2006*, edited by Daljit Singh and Lorraine Carlos Salazar, Singapore: Institute of Southeast Asian Studies, 2006, pp. 117-132.

Padelford, Norman J. "SEATO and Peace in Southeast Asia," *Current History* 28, No. 222 (February 1960): 95-101.

Pak, Kimchoeun et al., *Accountability and Neo-Patrimonialism in Cambodia: A Critical Literature Review*. Phnom Penh: Cambodia Development Resource Institute, 2007.

Panaritis, Andrea. "Cambodia: The Rough Road to Recovery," *Indochina Issues*, No. 56 (April 1985): 1-7.

Pao-Min, Chang. *Kampuchea between China and Vietnam*. Singapore: Singapore University Press, 1985.

Paribatra, Sukhumbhand. "Strategic Implications of the Indochina Conflict: Thai Perspectives," *Asian Affairs* 11, No. 3 (Fall 1984): 28-46.

Party Center, "The Party's Four-Year Plan to Build Socialism in All Fields, 1977-1980," in *Pol Pot Plans the Future: Confidential Leadership Documents from Democratic Kampuchea, 1976-1977*, edited by David P. Chandler, Ben Kiernan, and Chanthou Boua, New Heaven: Yale University Southeast Asia Studies, 1988, pp. 119-176.

Peang-Meth, Abdulgaffar. "Understanding Cambodia's Political Developments," *Contemporary Southeast Asia* 19, No. 3 (December 1997): 286-308.

Peou, Sorpong. "A Further Look at UNTAC's Performance and Dilemmas: A Review Article," *Contemporary Southeast Asia* 17, No. 2 (September 1995): 207-223.

————. "Cambodia in 1997: Back to Square One?" *Asian Survey* 38, No. 1 (January 1998): 68-74.

————. "Cambodia," in *Good Intentions: Pledges of Aid for Postconflict Recovery*, edited by Shepard Forman and Stewart Patrick, Boulder: Lynne Rienner, 2000, pp. 67-112.

————. "Cambodia: A Hegemonic Party System in the Making," in *Political Parties, Party Systems and Democratisation in East Asia*, edited by Liang Fook Lye and Wilhelm Hofmeister, Singapore: World Scientific, 2011, pp. 79-106.

————. "Party and Party System Institutionalization in Cambodia," in *Party System Institutionalization in Asia: Democracies, Autocracies, and the Shadows of the Past*, edited by Allen Hicken and Erik Martinez Kuhonta, Cambridge: Cambridge University Press, 2014, pp. 212-235.

————. "Toward Democratic Consolidation in Cambodia? Problems and Prospects," in *Political Change, Democratic Transitions and Security in Southeast Asia*, edited by Mely Caballero-Anthony, London and New York: Routledge, 2010, pp. 77-96.

————. *Conflict Neutralization in the Cambodia War: From Battlefield to Ballot-Box*. New York: Oxford University Press, 1997.

————. *Intervention and Change in Cambodia: Towards Democracy?* Singapore: Institute of Southeast Asian Studies, 2000.

Piao, Keng. "Report on the Situation on the Indochinese Peninsula," *Issues and Studies* 17, No. 1 (1981): 78-96.

Pike, Douglas. "The Cambodian Peace Process: Summer of 1989," *Asian Survey* 29, No. 9 (September 1989): 842-852.

Pilger, John. "The Long Secret Alliance: Uncle Sam and Pol Pot," *Covert Action Quarterly*, No. 62 (1997): 5-9.

Ponchaud, François. *Cambodia: Year Zero*. Translated by Nancy Amphoux. New York: Holt, Rinehart and Winston, 1978.

————. "Social Change in the Vortex of Revolution," in *Cambodia, 1975-1978:*

Rendezvous with Death, edited by Karl D. Jackson, Princeton, New Jersey: Princeton University Press, 1989, pp. 151-177.

Poole, Peter A. "Cambodia 1975: The Grunk Regime," *Asian Survey* 16 No. 1 (January 1976): 23-30.

―――. "Cambodia: The Cost of Survival," *Asian Survey* 12, No. 2 (February 1972): 148-155.

―――. "Cambodia: Will Vietnam Truce Halt Drift to Civil War?" *Asian Survey* 13, No. 1 (January 1973): 76-82.

Porter, Gareth. "ASEAN and Kampuchea: Shadow and Substance," *Indochina Issues*, No. 14 (February 1981): 3-9.

―――. "Cambodia: Sihanouk's Initiative," *Foreign Affairs* 66, No. 4 (Spring 1988): 809-826.

―――. "The Sino-Vietnamese Conflict in South-east Asia," *Current History* 75, No. 442 (December 1978): 193-196.

―――. "Toward a Kampuchean Peace Settlement: History and Dynamics of Sihanouk's Negotiations," in *Southeast Asian Affairs 1988*, edited by Mohammed Ayoob and Ng Chee Yuen, Singapore: Institute of Southeast Asian Studies, 1988, pp. 123-132.

―――. "Vietnamese Policy and the Indochina Crisis," in *The Third Indochina Conflict*, edited by David W. P. Elliott, Boulder, CO: Westview Press, 1981, pp. 69-138.

Pot, Pol. *Long Live the 17th Anniversary of the Communist Party of Kampuchea: Speech by Pol Pot, Secretary of the Central Committee of the Communist Party of Kampuchea, at the Meeting in Phnom Penh to Commemorate the 17th Anniversary of the Founding of the Communist Party of Kampuchea and on the Occasion of the Solemn Proclamation of the Official Existence of the Communist Party of Kampuchea, 27 September 1977*. New York: Group of Kampuchean Residents in America, 1977.

―――. *Let Us Continue to Firmly Hold Aloft the Banner of the Victory of the Glorious Communist Party of Kampuchea in Order to Defend Democratic*

Kampuchea, Carry on Socialist Revolution and Build up Socialism: Speech made by Comrade Pol pot Secretary of the Central Committee of the Communist Party of Kampuchea on the Occasion of the 18th Anniversary of the Founding of the Communist Party of Kampuchea, Phnom Penh, 27 September 1978. Phnom Penh: Department of Press and Information, Ministry of Foreign Affairs, Democratic Kampuchea, 1978.

Prasad, M. Nagendra. *Indonesia's Role in the Resolution of the Cambodian Problem.* Aldershot: Ashgate, 2001.

Prescott, Nicholas and Menno Pradhan. *A Poverty Profile of Cambodia.* Washington, D.C.: World Bank, 1997.

Quinn, Kenneth M. "Cambodia 1976: Internal Consolidation and External Expansion," *Asian Survey* 17, No. 1（Jan., 1977）: 43-54.

Quinn-Judge, Sophia. "Kampuchea in 1982: Ploughing towards Recovery," in *Southeast Asian Affairs 1983*, edited by Pushpa Thambipillai, Singapore: Institute of Southeast Asian Studies, 1983, pp. 153-163.

Quinn-Judge, Paul. "View from the Front," *Far Eastern Economic Review*, 9 April 1982.

Rahula, Walpola. *What the Buddha Taught: Revised and Expanded Edition with Texts from Suttas and Dhammapada.* New York: Grove Press, 1974.

Rainsy, Sam. *We Didn't Start the Fire: My Struggle for Democracy in Cambodia.* Chiang Mai: Silkworm Books, 2013.

Rajan, M. S. "The Non-Aligned Movement: The New Delhi Conference and After," in *Southeast Asian Affairs 1982*, edited by Huynh Kim Khanh, Singapore: Institute of Southeast Asian Studies, 1982, pp. 60-72.

Raszelenberg, Patrick Peter Schier, and Jeffry G. Wong, *The Cambodia Conflict: Search for a Settlement, 1979-1991: An Analytical Chronology.* Hamburg: Institute of Asian Affairs, 1995.

Rattanasengchanh, P. Michael. "The Role of Preah Vihear in Hun Sen's Nationalism Politics, 2008-2013," *Journal of Current Southeast Asian Affairs* 36, No. 3（2017）: 63-89.

Ray, Nick, Greg Bloom, and Daniel Robinson. *Cambodia*. 7th ed. Victoria, Australia: Lonely Planet Publication, July 2010.

Reddi, V. M. "A History of the Cambodian Independence Movement, 1863-1955," Ph.D. diss., Sri Venkateswara University, 1962.

Reng, Thach. "A Diplomatic Miracle: The Settlement of the Cambodian Conflict," *Indochina Report*, No. 29 (October-December 1991): 1-28.

Richardson, Sophie. *China, Cambodia, and the Five Principles of Peaceful Coexistence*. New York: Columbia University Press, 2013.

Rithauddeen, Tengku Ahmad. "The Kampuchean Problem and Non-Aligned Movement," *Contemporary Southeast Asia* 1, No. 3 (December 1979): 205-210.

Roberts, David W. *Political Transition in Cambodia 1991-99: Power, Elitism and Democracy*. Richmond, Surrey: Curzon Press, 2001.

Roseman, Alivin. "Thailand, Laos and Cambodia: A Decade of Aid," *Current History* 49, No. 291 (November 1965): 271-277.

Ross, Helen Grant. "The Civilizing Vision of an Enlightened Dictator: Norodom Sihanouk and the Cambodian Post-Independence Experiment (1953-1970)," in *Cultural Heritage as Civilizing Mission: From Decay to Recovery*, edited by Michael Falser, Switzerland: Springer International Publishing, 2015, pp. 149-178.

Roth-Haas, Richard. "Vietnam to Withdraw from Cambodia by End of September," *United Press International*, 5 April 1989. Accessed 23 November 2016, http://www.upi.com/Archives/1989/04/05/Vietnam-to-withdraw-from-Cambodia-by-end-of-September/9192607752000/.

Royal Government of Cambodia. *"Rectangular Strategy" for Growth, Employment, Equity and Efficiency Phase III of the Royal Government of Cambodia of the Fifth Legislature of the National Assembly*. Phnom Penh, September 2013.

———. *Cambodia Industrial Development Policy 2015-2025: "Market Orientation and Enabling Environment for Industrial Development,"* approved by Council of Ministers at Its Plenary Meeting on 6 March 2015.

————. *Development Cooperation and Partnerships Report*, prepared by Cambodian Rehabilitation and Development Board, and Council for the Development of Cambodia, May 2016.

————. *Interim Poverty Reduction Strategy Paper*. Phnom Penh, October 2000.

————. *National Poverty Reduction Strategy 2003-2005*. Phnom Penh, 20 December 2002.

————. *National Strategic Development Plan update 2009-2013*, Phnom Penh, 14 November 2008.

————. *Policy Paper on the Promotion of Paddy Production and Rice Export*. Phnom Penh, July 2010.

————. *The National Programme to Rehabilitate and Develop Cambodia*. Phnom Penh: Royal Government of Cambodia, 1994.

————. *The National Strategic Development Plan, 2006-2010*, Approved by the Council of Minister meeting on 27 January 2006.

————. *Tourism Development Strategic Plan 2012-2020*, Adopted in the Plenary Meeting of the Office of the Council Minister, Held 20 July 2012.

Salehyan, Idean. "Transnational Rebels: Neighboring States as Sanctuary for Rebel Groups," *World Politics* 59, No. 2（January 2017）: 217-242.

Samphân, Khieu. *Cambodia's Economy and Industrial Development*. translated and with introduction by Laura Summers. Ithaca: Southeast Asia Program, Dept. of Asian Studies, Cornell University, 1979.

————. *Cambodia's Recent History and the Reasons behind the Decisions I Made*. translated by Reahoo Translation. Phnom Penh: Ponleu Khmer Print. & Publishing House, 2004.

Sangkhim, Mean. "Democratic Kampuchea: An Update View," in *Southeast Asian Affairs 1977*, edited by Huynh Kim Kanh, Singapore: Institute of Southeast Asian Studies, 1977, pp. 93-106.

Santoli, Al. *Endless Insurgency: Cambodia*. Washington, D.C.: Center for Strategic and International Studies, Georgetown University, 1985.

Saravanamuttu, Paikiasothy. "The Superpowers and Southeast Asia," in *Superpower Competition and Crisis Prevention in the Third World*, edited by Roy Allison and Phil Williams, New York: Cambridge University Press, 1990, pp. 227-245.

SarDesai, D. R. *Indian Foreign Policy in Cambodia, Laos, and Vietnam, 1947-1964*. Berkeley: University of California Press, 1968.

Save Cambodia's Wildlife. *Atlas of Cambodia: Maps on Socio-Economic Development and Environment*. 2nd ed. Phnom Penh: Save Cambodia' Wildlife, 2014.

Scheffer, David J. "Arming Cambodian Rebels: The Washington Debate," *Indochina Issues*, No. 58（June 1985）: 1-7.

Schier, Peter. "Kampuchea in 1985: Between Crocodiles and Tigers," in *Southeast Asian Affairs 1986*, edited by Lim Joo-Jock, Singapore: Institute of Southeast Asian Studies, 1986, pp. 139-161.

Schulzinger, Robert D. *A Time for War: The United States and Vietnam, 1941-1975*. New York: Oxford University Press, 1997.

Schweller, Randall L. "Bandwagoning for Profit: Bringing the Revisionist State Back In," *International Security* 19, No. 1（Summer, 1994）: 72-107.

Shaplen, Robert. *Time out of Hand: Revolution and Reaction in Southeast Asia*. London: Andre Deutsch, 1969.

Sharp, Bruce. "The Banyan Tree: Untangling Cambodian History," *Beauty and Darkness: Cambodia in Modern History, Mekong.Net*, last updated 30 July 2009. Accessed 3 July 2016, http://www.mekong.net/cambodia/banyan1.htm.

Shaw, John M. *The Cambodian Campaign: The 1970 Offensive and America's Vietnam War*. Lawrence: University Press of Kansas, 2005.

Shawcross, William. *Cambodia's New Deal: A Report*. Washington, D.C.: Carnegie Endowment for International Peace, 1994.

———. *Sideshow. Kissinger, Nixon and the Destruction of Cambodia*. New York: Simon and Schuster, 1979.

Short, Philip. *Pol Pot: Anatomy of a Nightmare*. New York: Henry Holt, 2005.

Sihanouk, Norodom. "Cambodia, China and S.E. Asia: Interview in *Le Monde* 24 June 1964," *Survival* 6, No. 5（1964）: 242-243.

———. "Statement of Cambodian Head of State Samdech Norodom Sihsnouk-Armed Invasion of Cambodia by U.S. Severely Condemned," *Peking Review*, 8 May 1970.

———. *Message and Solemn Declaration of Samdech Norodom Sihanouk, Head of State of Cambodia（23 March 1970）*. [S.l.]: Royal Government of National Union of Cambodia, 1970.

———. *My War with the CIA: The Memoirs of Prince Norodom Sihanouk*. New York: Pantheon Books, 1972.

———. "Declaration by Samdech Norodom Sihanouk, 2 April 1976," in François Ponchaud, *Cambodia: Year Zero*. Translated by Nancy Amphoux, New York: Holt, Rinehart and Winston, 1978, pp. 207-209.

———. *War and Hope: The Case for Cambodia*. New York: Pantheon, 1980.

———. "Forging Cambodian Nationhood," *Far Eastern Economic Review*, 13 January 1994.

———. *Shadow over Angkor, Volume One: Memoirs of His Majesty King Norodom Sihanouk of Cambodia*, edited and translated by Julio A. Jeldres. Phnom Penh: Monument Books, 2005.

Silber, Irwin. *Kampuchea: The Revolution Rescued*. Oakland, California: Line of March, 1986.

Simon, Sheldon W. "Cambodia and Regional Diplomacy," in *Southeast Asian Affairs 1982*, edited by Huynh Kim, Singapore: Institute of Southeast Asian Studies, 1982, pp. 196-207.

———. "China, Vietnam, and ASEAN: The Politics of Polarization," *Asian Survey* 19, No. 12（December 1979）: 1171-1188.

Singh, Bilveer. *Singapore-Indonesia Defence Cooperation: A Case Study of Defence Bilateralism within ASEAN*. Kuala Lumpur: Institute of Strategic and International Studies Malaysia, 1990.

Singh, L. P. "The Thai-Cambodian Temple Dispute," *Asian Survey*,（October

1962):23-26.

Siphana, Sok. *Lessons from Cambodia's Entry into the World Trade Organization*. Tokyo: Asian Development Bank Institute, 2005.

Slater, Dan. "The Architecture of Authoritarianism: Southeast Asia and the Regeneration of Democratization Theory," *Taiwan Journal of Democracy* 2, No. 2 (December 2006): 1-22.

Slocomb, Margaret. "Commune Elections in Cambodia: 1981 Foundations and 2002 Reformulations," *Modern Asian Studies* 38, No. 2 (2004): 447-467.

———. "The K5 Gamble: National Defence and Nation Building under the People's Republic of Kampuchea," *Journal of Southeast Asian Studies* 32, No. 2(June 2001): 195-210.

———. "The Nature and Role of Ideology in the Modern Cambodian State," *Journal of Southeast Asian Studies* 37, No. 3 (2006): 375-395.

———. *An Economic History of Cambodia in the Twentieth Century*. Singapore: NUS Press, 2010.

———. *The People's Republic of Kampuchea, 1979-1989: The Revolution after Pol Pot*. Chiang Mai: Silkworm Books, 2003.

Smith, Bardwell L., ed. *Religion and Legitimation of Power in Thailand, Laos, and Burma*. Chambersburg, Pa: Anima Books, 1978.

Smith, Roger M. "Cambodia," in *Governments and Politics of Southeast Asia*, edited by George McTurnan Kahin, 2nd ed. Ithaca and London: Cornell University Press, 1964, pp. 593-675.

———. *Cambodia's Foreign Policy*. Ithaca, NY: Cornell University, 1965.

Soesastro, Hadi, "The US and the USSR in the Second 'Cold War' and Its Implications for Southeast Asia," *The Indonesian Quarterly* 10, No. 1 (January 1982): 57-58.

Solarz, Stephen J. "Cambodia and the International Community," *Foreign Affairs* 69, No. 2 (Spring 1990): 99-115.

Soon, Lau Teik. "ASEAN and the Cambodian Problem," *Asian Survey* 22, No. 6 (June, 1982): 548-560.

Sowath, Nem. *Civil War Termination and the Source of Total Peace in Cambodia: Win-win Policy of Samdech Techo HUN SEN in International Context*. Phnom Penh: Reahoo, 2012.

Spykman, Nicholas J. "Geography and Foreign Policy, II," *The American Political Science Review* 32, No. 2（April 1938）: 213-236.

———. *America's Strategy in World Politics: The United States and the Balance of Power*. New York: Harcourt, Brace and Company, 1942.

———. *The Geography of the Peace*. New York: Harcourt, Brace and Company, 1944.

Spykman, Nicholas J. and Abbie A. Rollins, "Geographic Objectives in Foreign Policy, I," *The American Political Science Review* 33, No. 3（June 1939）: 391-410.

Sricharatchanya, Paisal. "New Mix to Old Cocktail," *Far Eastern Economic Review*, 27 August 1987.

St John, Ronald Bruce. "Japan's Moment in Indochina," *Asian Survey* 35, No. 7（July 1995）: 668-681.

———. "The Political Economy of the Royal Government of Cambodia," *Contemporary Southeast Asia* 17, No. 3（December 1995）: 265-281.

———. *Revolution, Reform and Regionalism in Southeast Asia: Cambodia, Laos and Vietnam*. London and New York: Routledge, 2006.

Stanic, Slavko. "Kampuchea: Socialism without a Model," *Socialist Thought and Practice*（Belgrade）18, No. 10（October 1978）: 67-84.

Stark, Miriam T. "Pre-Angkorian and Angkorian Cambodia," in *Southeast Asia: From Prehistory to History*, edited by Ian Glover and Peter Bellwood, London: RoutledgeCurzon, 2004, pp. 89-119.

Statistics and Tourism Information Department, Ministry of Tourism. *Tourism Statistics Annual Report 2016*. Phnom Penh, 2016.

Staub, Ervin. *The Roots of Evil: The Origins of Genocide and Other Group Violence*. Cambridge: Cambridge University Press, 1989.

Steinberg, David J. *Cambodia: Its People, Its Society, Its Culture*. New Haven:

HRAF Press, 1959.

Stier, Ken. "Thailand: Log Rolling," *Far Eastern Economic Review*, 21 January 1993.

Strangio, Sebastian. "China's Aid Emboldens Cambodia," *YaleGlobal Online*,16 May 2012. Accessed 23 June 2017, https://yaleglobal.yale.edu/content/chinas-aid-emboldens-cambodia.

———. *Hun Sen's Cambodia*. New Haven and London: Yale University Press, 2014.

Stuart-Fox, Martin. "Resolving the Kampuchean Problem: The Case for an Alternative Regional Initiative," *Contemporary Southeast Asia* 4, No. 2 （September 1982）: 210-225.

———. "Buddhism and Politics in Laos, Cambodia, Myanmar and Thailand," *the Cambodia, Laos, Myanmar and Thailand Summer School, Asia Pacific Week 2006*, 31 January 2006. Accessed 24 September 2008., http://www.anu.edu.au/thaionline/BUDDHISM%20AND%20POLITICS%20IN%20SOUTHEAST%20ASIA.pdf.

Subrahmanyam, K. "The Seventh Summit," *Strategic Analysis* 7, No. 1 （1983）: 1-13.

Summers, Laura. "Defining the Revolutionary State in Cambodia," *Current History* 71, No. 422 （December 1976）: 213-217.

———. "The Sources of Economic Grievance in Sihanouk's Cambodia," *Southeast Asia Journal of Social Science* 14, No. 1 （1986）: 16-34.

Sutsakhan, Sak. *The Khmer Republic at War and the Final Collapse*. Washington, D.C.: US Army Center of Military History, 1980.

Sutter, Robert G. *The Cambodian Crisis and U.S. Policy Dilemmas*. Boulder, Co.: Westview Press, 1991.

Sutton, Jonathan. "Hun Sen's Consolidation of Personal Rule and the Closure of Political Space in Cambodia," *Contemporary Southeast Asia* 40, No. 2 （August 2018）: 173-195.

Szule, Tad. *The Illusion of Peace: Foreign Policy in the Nixon-Kissinger Years*.

New York: The Viking Press, 1978.

Tambiah, Stanley. *World Conqueror and World Renouncer: A Study of Buddhism and Polity in Thailand Against a Historical Background.* Cambridge: Cambridge University Press, 1976.

―――. "The Galactic Polity: The Structure of Traditional Kingdoms in Southeast Asia," *Annals of the New York Academy of Sciences*, 293（1977）: 69-97.

Tansey, Oisín, Kevin Koehler and Alexander Schmotz. "Ties to the Rest: Autocratic Linkages and Regime Survival," *Comparative Political Studies* 50, No. 9（2017）: 1221-1254.

Tarling, Nicholas. *Britain and Sihanouk's Cambodia.* Singapore: NUS Press, 2014.

―――. "Cambodia: Frontiers and Guarantee," in *Neutrality in Southeast Asia: Concepts and Contexts*, London and New York: Routledge, 2017, pp. 118-141.

Tarr, Chou Meng. "The Vietnamese Minority in Cambodia," *Race and Class* 34, No. 2（1992）: 33-47.

Tasker, Rodney. "Cambodia: Fortunes at Risk," *Far Eastern Economic Review*, 12 November 1992.

―――. "Cambodia: The Odd Couple," *Far Eastern Economic Review*, 28 November 1991.

―――. "Cosy Compromise," *Far Eastern Economic Review*, 4 July 1991.

―――. "Prince of Wiles," *Far Eastern Economic Review*, 20 June 1991.

―――. "Trading Charges: Phnom Penh Accuses Thais of Aiding Khmer Rouge," *Far Eastern Economic Review*, 28 April 1994.

Taylor, John. "Prince Sihanouk and the New Order in Southeast Asia," *ESAU* 26（1964）, https://www.cia.gov/library/readingroom/docs/esau-25.pdf.

Teramoto, Masatoshi. "Development Plans of Cambodia," in Japan International Cooperation Agency, *Country Study for Japan's Official Development Assistance to the Kingdom of Cambodia: From Reconstruction to Sustainable Development*, Tokyo: Japan International Cooperation Agency, 2002, pp. 100-108.

Thakur, Ramesh and Carlyle A. Thayer. *Soviet Relations with India and Vietnam*. London: Macmillan, 1992.

Than, Tin Maung Maung. "Cambodia: Strongman, Terrible Man, Invisible Man, and Politics of Power Sharing," in *Southeast Asian Affairs 2004*, edited by Daljit Singh and Chin Kin Wah, Singapore: Institute of Southeast Asian Studies, 2004, pp. 73-86.

Thayer, Carlyle A. "Statement of Carlyle A. Thayer," in *Cambodia after 5 years of Vietnamese Occupation: Hearing and Markup before the Committee on Foreign Affairs and Its Subcommittee on Asian and Pacific Affairs, House of Representatives, Ninety-Eighth Congress, First session on H. Con. Res. 176, September 15, October 6, and 18, 1983*, Washington: U.S. Government Printing Office, 1983, pp. 33-46.

———. "The United Nations Transitional Authority in Cambodia: The Restoration of Sovereignty," in *Peacekeeping and Peacemaking: Towards Effective Intervention in Post-Cold War Conflicts*, edited by Tom Woodhouse, Malcolm Dando, and Robert Bruce, Basingstoke: Macmillan, 1998, pp. 145-165.

Thayer, Nate and Rodney Tasker. "Cambodia: Vicious Circle," *Far Eastern Economic Review*, 29 April 1993.

———. "Voice of the People," *Far Eastern Economic Review*, 3 June 1993.

Thayer, Nate. "A Breather Between Rounds," *Far Eastern Economic Review*, 20 April 1979.

———. "Bloody Agenda: Khmer Rouge Set out to Wreck Planned Election," *Far Eastern Economic Review*, 15 April 1993.

———. "Brother Number Zero," *Far Eastern Economic Review*, 7 August 1997.

———. "Cambodia in 1986: Beginning to Tire," *Asian Survey* 27, No. 1, （January 1987）: 115-124.

———. "Cambodia in 1987: Sihanouk on Center Stage," *Asian Survey* 28, No. 1 （January 1988）: 105-115.

———. "Cambodia: 'I Want to Retake Power'," *Far Eastern Economic Review*,

4 February 1993.

———. "Cambodia: Fighting Words," *Far Eastern Economic Review*, 20 August 1992.

———. "Cambodia: Funds to Repair the Economy," *Far Eastern Economic Review*, 26 September 1975.

———. "Cambodia: Rumours of War," *Far Eastern Economic Review*, 22 April 1993.

———. "Cambodia: Strained Ties," *Far Eastern Economic Review*, 17 December 1992.

———. "Cambodia: UN Divisions," *Far Eastern Economic Review*, 3 July 1992.

———. "Defector's Dilemma: Broken Problems Hold It back Khmer Rouge Surrenders," *Far Eastern Economic Review*, 30 December 1993-6 January 1994.

———. "Dying Breath," *Far Eastern Economic Review*, 30 April 1998.

———. "Medellin on the Mekong," *Far Eastern Economic Review*, 23 November 1995.

———. "Next Generation: Khmer Rouge Put on a New Face," *Far Eastern Economic Review*, 7 August 1997.

———. "Peace Pipe: Cambodian Government Reaches Out to Old Foes," *Far Eastern Economic Review*, 16 December 1993.

———. "Shattered Land," *Far Eastern Economic Review*, 27 May 1993.

———. "Sugar Daddy," *Far Eastern Economic Review*, 23 November 1995.

———. "Survival Tactics: Khmer Rouge Plans Its Post-Poll Strategy," *Far Eastern Economic Review*, 10 June 1993.

———. "Test of Strength," *Far Eastern Economic Review*, 27 January 1994.

———. "Unsettled Land," *Far Eastern Economic Review*, 27 February 1992.

The Committee for Free and Fair Elections In Cambodia（COMFREL）. *Report on the Commune Council Elections（3 February 2002）*. Phnom Penh, COMFREL, 2002.

———. *Final Assessment and Report on 2007 Commune Council Elections.*

Phnom Penh: COMFREL, 2007.

———. *Final Assessment and Report on 2008 National Assembly Elections*. Phnom Penh: COMFREL, 2008.

———. *Final Assessment and Report on 2012 Commune Council Elections. 3 June 2012*）. Phnom Penh: COMFREL, 2012.

———. *Final Assessment and Report on the 2013 National Assembly Elections*. Phnom Penh: COMFREL, December 2013.

The Council for the Development of Cambodia. *Cambodia Investment Guidebook 2013*. Phnom Penh, 2013.

The Government of Democratic Kampuchea, "Statement by the Government of Democratic Kampuchea: In Response to the Request for Retirement of Head of State Norodom Sihanouk," in François Ponchaud, *Cambodia: Year Zero*. Translated by Nancy Amphoux, New York: Holt, Rinehart and Winston, 1978, pp. 211-212.

The Vietnam-Kampuchea Conflict: A Historical Record. Hanoi: Foreign Languages Publishing House, 1979.

Theeravit, Khien. "Thai-Kampuchean Relations: Problems and Prospects," *Asian Survey* 22, No. 6（June 1982）: 561-576.

Tho, Tran Dinh. *The Cambodian Incursion*. Washington, D.C.: U.S. Army Center of Military History, 1979.

Thompson, Virginia. *French Indochina*. New York: The Macmillan Company, 1937.

Tola, Nhean and Chea Sophak. "A Framework for Understanding Roles of Official Development Assistance in Development – General Review and Experiences of Cambodia," *Commentaries*, Issues 24（19 October 2016）: 1-5.

Turley, William S. "Thai-Vietnamese Rivalry in the Indochina Conflict," in *East Asian Conflict Zones: Prospects for Regional Stability and Deescalation*, edited by Lawrence E. Grinter and Young Whan Kihl, New York, NY: St. Martin's Press, 1987, pp. 149-176.

Um, Khatharya. "Cambodia in 1988: The Curved Road to Settlement," *Asian Survey* 29, No. 1（January 1989）: 73-80.

————. "Cambodia in 1993: Year Zero Plus One," *Asian Survey* 34, No. 1（Jan., 1994）: 72-81.

————. "One Step Forward, Two Steps back: Cambodia and the Elusive Quest for Peace," in *Southeast Asian Affairs 1998*, edited by John Funston, and Derek da Cunha, Singapore: Institute of Southeast Asian Studies, 1998, pp. 71-85.

————. *From the Land of Shadows: War, Revolution, and the Making of the Cambodian Diaspora.* New York: New York University Press, 2015.

Un, Kheang. "Cambodia in 2002: Towards Developmental Authoritarianism?" in *Southeast Asian Affairs 2013*, edited by Daljit Singh, Singapore: Institute of Southeast Asian Studies, 2013, pp. 71-86.

————. "China's Foreign Investment and Assistance: Implications for Cambodia's Development and Democratization," *Peace and Conflict Studies* 16, No. 2（2009）: 65-81.

————. "Patronage Politics and Hybrid Democracy: Political Change in Cambodia, 1993-2003," *Asian Perspective* 29, No. 2（2005）: 203-230.

UN. "44/22. The Situation in Kampuchea," in *Resolutions and Decisions Adopted by the General Assembly during Its Forty-Fourth Session, Volume I, 19 September-29 December 1989: General Assembly Official Records: Forty-Fourth Session, Supplement No. 49（A/44/49）*, New York: United Nation, 1990, pp. 29-31.

————. "Adoption of the Agenda of the Twenty-Eighth Regular Session and Allocation of Agenda Items: Fifth Report of the General Committee," UN Document A/9200/Add.4, 16 October 1973.

————. "Agenda Item 106: Restoration of the lawful rights of the Royal Government of National Union of Cambodia in the United Nations（concluded）," UN Document A/PV.2191, 5 December 1973.

————. "Agenda Item 3: Credentials of Representatives to the Twenty-Eighth Session of the General Assembly（concluded）:（b）Report of the Credentials Committee," UN Document A/PV.2204, 17 December 1973.

———. "Agenda Item 8: Adoption of the Agenda（continued）, Fifth Report of the General Committee," UN Document A/PV.2155, 17 October 1973.

———. "Credentials of Representatives to the 53rd Session of the General Assembly: Special Report of the Credentials Committee," UN Document A/53/726, 4 December 1998.

———. "Credentials of Representatives to the Twenty-Eighth Session of the General Assembly: Second Report of the Credentials Committee," UN Document A/9179/Add.1, 12 December 1973.

———. "Declaration by Norodom Sihanouk," UN Document, A/44/97, 26 January 1989.

———. "Draft Resolution on Implementation of the Cambodia Peace Process," UN Document S/24652, 12 October 1992.

———. "EU Statement on Cambodia, Letter Dated 11 June 1993 from the Permanent Representative of Denmark to the United Nations Addressed to the Secretary-General," UN Document, S/25940, 14 June 1993.

———. "Final Communiqué of the Informal Meeting of the Supreme National Council of Cambodia（Beijing, 17 July 1991）, Letter Dated 18 July 1991 from the President of the Supreme National Council of Cambodia Addressed to the Secretary-General," UN Document A/46/310 and S/22808, 18 July 1991.

———. "Final Communiqué of the Supreme National Council of Cambodia, Letter dated 23 September 1991 from the President of the Supreme National Council of Cambodia addressed to the Secretary-General," UN Document A/46/494 and S/23066, 24 September 1991.

———. "First Progress Report of the Secretary-General on the United Nations Transitional Authority in Cambodia," UN Document S/23870, 1 May 1992.

———. "Fourth Progress Report of the Secretary-General on the United Nations Transitional Authority in Cambodia," UN Document S/25719, 3 May 1993.

———. "General Assembly Official Records, 53rd Session: 80th Plenary

Meeting, 7 December 1998, New York," UN Document A/53/PV.80.

———. "General Assembly Resolution 45/3: The Situation in Cambodia," UN Document A/RES/45/3, 15 October 1990.

———. "Joint Communiqué of the Informal Meeting on Cambodia, Jakarta, 10 September 1990, Letter Dated 18 September 1990 from the Permanent Representative of Cambodia to the United Nations addressed to the Secretary-General," UN Document A/45/519 and S/21788, 18 September 1990.

———. "Letter Dated 16 January 1990 from the Permanent Representatives of China, France, the Union of Soviet Socialist Republics, the United Kingdom of Great Britain and Northern Ireland and the United States of America addressed to the Secretary-General," UN Document S/21087, 18 January 1990.

———. "Letter Dated 18 March 1986 from the Permanent Representative of Democratic Kampuchea to the United Nations Addressed to the Secretary-General," UN Document, A/41/225, 19 March 1986.

———. "Letter Dated 2 June 1993 from the Secretary-General Addressed to the President of the Security Council," UN Document S/25879, 2 June 1993.

———. "Letter Dated 22 August 1990 from the Permanent Representative of Cambodia to the United Nations addressed to the Secretary-General," UN Document A/45/431 and S/21591, 22 August 1990.

———. "Letter Dated 3 September 1987 from the Charge d'affaires a.i. of the Permanent Mission of the Lao People's Democratic Republic to the United Nations Addressed to the Secretary-General," UN Document, A/42/534, 3 September 1987.

———. "Letter Dated 30 August 1990 from the Permanent Representatives of China, France, the Union of Soviet Socialist Republics, the United Kingdom of Great Britain and Northern Ireland and the United States of America to the United Nations addressed to the Secretary-General," UN Document A/45/472, 31 August 1990.

———. "Letter Dated 30 March 1983 from the Permanent Representative of India to the United Nations Addressed to the Secretary-General, Annex: Final Documents of the Seventh Conference of Heads of State or Government of Ron-Aligned Countries, Held at New Delhi from 7 to 12 March 1983," UN Document A/38/50 and S/15675, 8 April 1983.

———. "Letter Dated 30 November 1992 from the Permanent Representative of Thailand to the United Nations Addressed to the President of the Security Council," UN Document S/24873, 30 November 1992.

———. "Letter Dated 30 October 1991 from the Permanent Representatives of France and Indonesia to the United Nations Addressed to the Secretary-General," UN Document A/46/608 and S/23177, 30 October 1991.

———. "Letter Dated 9 April 1990 from the Chargé d'affaires a.i. of the Permanent Mission of Cambodia to the United Nations addressed to the Secretary-General," UN Document A/45/209 and S/21240, 9 April 1990.

———. "Press Statement Issued by the Democratic Kampuchea Party on 19 September 1990, Letter Dated 19 September 1990 from the Permanent Representative of Cambodia to the United Nations addressed to the Secretary-General," UN Document A/45/521 and S/21794, 19 September 1990.

———. "Report of the Secretary-General on Cambodia," UN Document S/23613, 19 February 1992.

———. "Request for Inclusion of an Additional Item in the Agenda of the Twenty-Eighth Session," UN Document A/9195, 11 October 1973.

———. "Second Progress Report of the Secretary-General on the United Nations Transitional Authority in Cambodia," UN Document S/24578, 21 September 1992.

———. "Second Progress Report of the Secretary-General on the United Nations Transitional Authority in Cambodia," UN Document S/24578, 21 September 1992.

———. "Second Special Report of the Secretary-General on the United Nations Transitional Authority in Cambodia," UN Document S/24286, 14 July 1992.

———. "Security Council Official Records, 15th Year: 877th Meeting, 20/21 July 1960, New York," UN Document A/PV.877, 29 September 1960.

———. "Security Council Resolution 668（1990）, Endorsing the Framework for a Comprehensive Political Settlement of the Cambodia Conflict, Adopted by the Security Council at Its 2941st Meeting, on 20 September 1990," UN Document S/RES/668, 20 September 1990.

———. "Security Council Resolution 717（1991）, on Establishment of the UN Advance Mission in Cambodia, Adopted by the Security Council at Its 3014th Meeting, on 16 October 1991," UN Document S/RES/717, 16 October 1991.

———. "Security Council Resolution 728（1992）, on The Situation in Cambodia: Report of the Secretary-General on Cambodia, Adopted by the Security Council at Its 3029th Meeting, on 8 January 1992," UN Document S/RES/728.

———. "Security Council Resolution 745（1992）, on The Situation in Cambodia: Report of the Secretary-General on Cambodia, Adopted by the Security Council at Its 3057th Meeting, on 28 February 1992," UN Document S/RES/745.

———. "Security Council Resolution 783（1992）, on The Situation in Cambodia: Report of the Secretary-General on Cambodia, Adopted by the Security Council at Its 3124th Meeting, on 13 October 1992," UN Document S/RES/783, 13 October 1992.

———. "Security Council Resolution 792（1992）, on The Situation in Cambodia: Report of the Secretary-General on Cambodia, Adopted by the Security Council at Its 3143rd Meeting, on 30 November 1992," UN Document S/RES/792, 30 November 1992.

———. "Security Council Resolution 835（1993）, on the Completion of the Election for the Constituent Assembly in Cambodia, Adopted by the Security Council at Its 3227th Meeting, on 2 June1992," UN Document S/RES/835, 2 June 1993.

————. "Security Council resolution 860（1993）, on the Withdrawal of the UN Transitional Authority in Cambodia, Adopted by the Security Council at its 3270th Meeting, on 27 August 1993," UN Document S/RES/860.

————. "Statement by ASEAN Foreign Ministers on Cambodia, Letter Dated 18 June 1993 from the Chargé d'affaires a.i. of the Permanent Mission of Singapore to the United Nations Addressed to the Secretary-General," UN Document, S/25971, 18 June 1993.

————. "Statement of the National Supreme Council of Cambodia, Letter dated 24 June 1991 from the Chargé d'affaires a.i. of the Permanent Mission of Cambodia to the United Nations addressed to the Secretary-General," UN Document A/46/267 and S/22733, 24 June 1990.

————. "Statement of the National Supreme Council of Cambodia, Letter Dated 25 June 1991 from the Chargé d'affaires a.i. of the Permanent Mission of Cambodia to the United Nations Addressed to the Secretary-General," UN Document A/46/269 and S/22736, 25 June 1991.

————. "Telegram Dated 3 January 1979 from the Deputy Prime Minister in Charge of Foreign Affairs of Democratic Kampuchea Addressed to the President of the Security Council," UN Document S/13003, 3 January 1979.

————. "Telegram Dated 31 December 1978 from the Deputy Prime Minister in Charge of Foreign Affairs of Democratic Kampuchea Addressed to the President of the Security Council," UN Document S/13001, 3 January 1979.

————. "Third Progress Report of the Secretary-General on the United Nations Transitional Authority in Cambodia," UN Document S/25124, 25 January 1993.

————. *The Yearbook of the United Nations 1960, Volume 14*. New York: Department of Public Information, United Nations, 1961.

————. *The Yearbook of the United Nations 1979, Volume 33*. New York: Department of Public Information, United Nations, 1982.

————. *The Yearbook of the United Nations 1980, Volume 34*. New York: Department of Public Information, United Nations, 1983.

————. *The Yearbook of the United Nations 1981, Volume 35.* New York: Department of Public Information, United Nations, 1985.

————. *The Yearbook of the United Nations 1982, Volume 36.* New York: Department of Public Information, United Nations, 1986.

————. *The Yearbook of the United Nations 1984, Volume 38.* New York: Department of Public Information, United Nations, 1988.

————. *The Yearbook of the United Nations 1992, Volume 46.* New York: Department of Public Information, United Nations, 1993.

United Nations Development Programme. *Report on the 2007 Commune Council Elections in Cambodia.* Phnom Penh: United Nations Development Programme, 2007.

Unteroberdoerster, Olaf., ed. *Cambodia: Entering a New Phase of Growth.* Washington, D.C.: IMF, 2014.

US Department of State. "Agreement on Ending the War and Restoring Peace in Vietnam（Paris, 27 January 1973）," *The Department of State Bulletin* 68, No. 1755（12 February 1973）: 169-188.

————. "Testimony by Winston Lord Assistant Secretary of State for East Asian and Pacific Affairs before the House Subcommittee on Asia and the Pacific, 21 September 1995, http://dosfan.lib.uic.edu/ERC/bureaus/eap/950921LordCambodia.html.

————. *Cambodia, Fact Sheet: Aid in Action.* Washington, D.C.: U.S. Government Printing Office, 1961.

————. *FY 2017 Congressional Budget Justification – Foreign Assistance Summary Tables,* https://www.state.gov/documents/organization/252735.pdf.

————. *FY 2018 Congressional Budget Justification – Foreign Assistance Supplementary Tables,* https://www.state.gov/documents/organization/271014.pdf.

————. "President Nixon's News Conference of March 21," *The Department of State Bulletin* 62, No. 1606（6 April 1970）: 437-440.

————. *American Foreign Policy, 1950-1955: Basic Documents, Vol. 1.* Washington,

D.C.: U.S. Government Printing Office, 1957.

———. *American Foreign Policy, 1950-1955: Basic Documents, Vol. 2.* Washington, D.C.: U.S. Government Printing Office, 1957.

———. *American Foreign Policy: Current Documents, 1962.* Washington, D.C.: U.S. Government Printing Office, 1966.

USAID (US Agency for International Development). "Measuring Competitiveness and Labor Productivity in Cambodia's Garment Industry," Report prepared by Natha Associates, Inc., 2005.

Van der Kroef, Justus M. "ASEAN, Hanoi, and the Kampuchean Conflict: Between 'Kuantan' and a 'Third Alternative'," *Asian Survey* 21, No. 5 (May 1981): 515-535.

———. "Cambodia: A 'Third Alternative'?" *Asian Affairs* 7, No. 2 (November-December 1979): 105-117.

———. "Cambodia: From 'Democratic Kampuchea' to 'People's Republic'," *Asian Survey* 19, No. 8 (Aug., 1979): 731-750.

———. "Cambodia: The Vagaries of 'Cocktail' Diplomacy," *Contemporary Southeast Asia* 9, No. 4 (March 1988): 300-320.

———. "Hanoi and ASEAN: Is Co-existence Possible?" *Contemporary Southeast Asia* 1, No. 2 (September 1979): 164-178.

———. "Kampuchea: The Diplomatic Labyrinth," *Asian Survey* 22, No. 10 (Oct., 1982): 1009-1033.

———. "Political Ideology in Democratic Kampuchea," *Orbis* 22, No. 4 (Winter 1979): 1007-1030.

———. "The Cambodian-Vietnamese War: Some Origins and Implications," *Asia Quarterly*, No. 2 (1979): 83-94.

———. "The Indochina Tangle: The Elements of Conflict and Compromise," *Asian Survey* 20, No. 5 (May 1980): 477-494.

———. *Dynamics of the Cambodian Conflict.* London: Institute for the Study of Conflict, 1986.

Var, Veasna. "Cambodia, Sri Lanka and the China Debt Trap," *East Asia Forum*,

18 March 2017. Accessed 20 October 2018, http://www.eastasiaforum. org/2017/03/18/cambodia-sri-lanka-and-the-china-debt-trap/.

Vasilkov, Ye. "Kampuchea The Maoist 'Experiment' that Failed," *Far Eastern Affairs* (Moscow) 3, No. 21 (1979): 44-51.

Verver, Michiel and Heidi Dahles. "The Institutionalisation of Oknha: Cambodian Entrepreneurship at the Interface of Business and Politics," *Journal of Contemporary Asia* 45, No. 1 (2015): 48-70.

Verver, Michiel. "Templates of 'Chineseness' and Trajectories of Cambodian Chinese Entrepreneurship in Phnom Penh," *Cross-Currents: East Asian History and Culture Review*, Issue 4 (2012): 23-51.

Vickery, Michael. *Cambodia: 1975-1982*. Boston: South End Press, 1984.

———. *Kampuchea: Politics, Economics, and Society*. London: Frances Pinter, 1986.

———. "Refugee Politics: The Khmer Camp System in Thailand," in *The Cambodian Agony*, edited by David A. Ablin and Marlowe Hood, New York: M.E. Sharpe, Inc., 1990, pp. 293-331.

———. "Notes on the Political Economy of the People's Republic of Kampuchea," *Journal of Contemporary Asia* 20, No. 4 (1990): 435-465.

Vo, Nghia M. *Saigon: A History*. Jefferson, North Carolina and London: McFarland & Company, 2011.

von Marschall, Walther Baron. "The War in Cambodia: Its Causes and Military Development and the Political History of the Khmer Republic 1970-1975," in *Royal College of Defence Studies in 1975*, New York: Royal College of Defence Studies, 1975, pp. 91-127.

Vongsavanh, Soutchay. *RLG Military Operations and Activities in the Laotian Panhandle*. Washington, D.C.: U.S. Army Center of Military History, 1981.

Vu, Nhan T. "The Nondemocratic Benefits of Elections – The Case of Cambodia," *Case Western Reserve Journal of International Law* 28, No. 2 (1996): 395-472.

Walt, Stephen M. *The Origins of Alliances*. Ithaca: Cornell University, 1987.

Wanandi, Jusuf. "An Indonesian View," *Far Eastern Economic Review*, 28 March 1980.

Weatherbee, Donald E. "ASEAN: Indonesia's 'Dual Track' Diplomacy," *Indochina Issues*, No. 64 (February-March 1986): 7-11.

Weggel, Oskar. "Cambodia in 2006: Self-Promotion and Self-Deception," *Asian Survey* 47, No. 1 (January/February 2007): 141-147.

Weinstein, Franklin B. *Indonesian Foreign Policy and the Dilemma of Dependence: From Sukarno to Soeharto*. 1st Equinox ed. Jakarta: Equinox Pub., 2007.

Weltig, Matthew S. *Pol Pot's Cambodia*. Minneapolis, MN.: Twenty-First Century Books, 2009.

Westad, Odd Arne, Chen Jian, Stein Tønnesson, Nguyen Vu Tungand and James G. Hershberg. *77 Conversations Between Chinese and Foreign Leaders of the Wars in Indochina, 1964-1977*. Washington, D.C.: Cold War International History Project, 1998. Accessed 11 August 2017, https://www.wilsoncenter.org/sites/default/files/ACFB39.pdf.

Whitaker, Donald P., Judith M. Heimann, John E. MacDonald, Kenneth W. Martindale, Rinn-Sup Shinn, and Charles Townsend, *Area Handbook for the Khmer Republic (Cambodia)*. Washington, D.C.: U.S. Government Printing Office, 1973.

Widyono, Benny. *Dancing in Shadows: Sihanouk, the Khmer Rouge, and the United Nations in Cambodia*. Lanham: Rowman & Littlefield Publishers, 2008.

Willmott, William E. "Cambodian Neutrality," *Current History* 52, No. 305 (January 1967): 36-40.

Wolters, Oliver W. *History, Culture and Region in Southeast Asian Perspectives*. Singapore: Institute of Southeast Asian Studies, 1982.

Wong, Chun Han. "In Cambodia, a King by Another Name," *The Wall Street Journal*, 31 January 2013. Accessed 23 November 2016, http://www.iri.org/resource/wall-street-journal-cites-iri-cambodia-poll.

World Bank. "Increasing Productivity is Key for the Future," 17 May 2017.

Accessed 24 September 2017, http://www.worldbank.org/en/news/press-release/2017/05/17/growth-in-cambodia-remains-strong-while-productivity-improvements-needed-going-forward.

―――. *Cambodia – Agenda for Rehabilitation and Reconstruction*. Washington, D.C.: World Bank, 1992.

―――. *Cambodia: Sustaining Strong Growth for the Benefit of All*. Washington, D.C.: World Bank Group, 2017.

―――. "Cambodia Economic Update, October 2014," accessed 24 September 2017, http://www.worldbank.org/en/country/cambodia/publication/cambodia-economic-update-october-2014.

―――. *Cambodia Economic Update: Cambodia Climbing up the Manufacturing Value Chains – October 2017*. Washington, D.C.: World Bank Group, 2017.

―――. *Cambodia Economic Update: Staying Competitive Through Improving Productivity*. Washington, D.C.: World Bank Group, 2017.

―――. *Report of Economic Mission to Cambodia – 1969. Volume 1: The Main Report*. Washington, D.C.: World Bank, 1970.

―――. *Report of Economic Mission to Cambodia – 1969. Volume 2: Sectoral Annexes*. Washington, D.C.: World Bank, 1970.

―――. *Report of Economic Mission to Cambodia – 1969. Volume 3: Statistical Appendix*. Washington, D.C.: World Bank, 1970.

Wyatt, David K.. *Thailand: A Short History*. 2nd ed. New Heaven: Yale University Press, 2003.

Yamagata, T.. "The Garment Industry in Cambodia: Its Role in Poverty Reduction through Export-oriented Development," *IDE Discussion Paper*, No. 62（2006）. Accessed 3 May 2017, http://hdl.handle.net/2344/131.

Yee, Herbert S.. "The Three World Theory and Post-Mao China's Global Strategy," *International Affairs* 59, No. 2（Spring 1983）: 239-249.

Yeonsik, Jeong. "The Idea of Kingship in Buddhist Cambodia," *Kyoto Review of Southeast Asia* 11（March 2011）. Accessed 17 October 2018, https://kyotoreview.org/issue-11/the-idea-of-kingship-in-buddhist-cambodia/.

Ying, Dai. "A Future Arms Trade Treaty: Key Issues from a Human Security Perspective," *China ATT Update*, No. 2 (June 2012): 1-5.

Yuon, Hou, "Solving Rural Problems: A Socialist Programme to Safeguard the Nation," in *Peasants and Politics in Kampuchea, 1942-1981*, edited by Ben Kiernan and Chanthou Boua, London: Zed Press, 1982, pp. 134-165.

Zago, Marcello. "Contemporary Khmer Buddhism," in *Buddhism in the Modern World*, edited by Heninrich Dumoulin and John Maraldo, New York: Macmillan, 1976, pp. 109-119.

Zagoria, Donald S. & Sheldon W. Simon. "Soviet Policy in Southeast Asia," in *Soviet Policy in East Asia*, edited by Donald S. Zagoria, New York: The Council on Foreign Relation, 1982, pp. 153-173.

Zasloff, Joseph J. and MacAlister Brown. "The Passion of Kampuchea," *Problems of Communism* 28 (January/February 1979): 28-44.

Zeeuw, Jeroen de. "Political Party Development in Post-War Societies: The Institutionalization of Parties and Party Systems in El Salvador and Cambodia," Ph.D. diss., University of Warwick, 2009.

Zhinian, Zhang. "Peace Talks on Cambodia End without Progress," *Beijing Review*, 17 June 1993.

三、法文資料

"Communiqué de Norodom Sihanouk, Roi du Cambodge," Phnom Penh, le 5 Novembre 2003.

de Labrusse, Serge. "Communications maritimes et fluviales du Cambodge," *Politique étrangère* 24, No. 3 (1959): 329-342.

Delvert, Jean. "L'économie cambodgienne et son évolution actuelle," *Tiers-Monde*, 4, No. 13-14 (1963): 193-212.

Garry, Robert. *La Renaissance du Cambodge de Jayavarman VII, roi d'Angkor à Norodom Sihanouk Varman*. Phnom Penh: Department de l'Information Cambodge, 1964.

Ministère de l'Information. ed., *Considerations sur le socialisme khmer*. Phnom Penh: Imprimerie du Ministère de l'Information, 1961.

Prud'Homme, Rémy. *L'économie du Cambodge*. Paris: Presses Universitaires de France, 1969.

Sangkum Reastr Niyum. *Biographie des membres du Comité central et des membres des Comités provinciaux du Sangkum Reastr Niyum*. Phnom Penh, 1955.

Sihanouk, Norodom. *Statut de Sangkum Reastr Niyum*. Phnom Penh: Ministère de l'Information, 1955.

———. "Extraits du discours du chef de l'Etat prononcé à l'occasion de l'inauguration de l'exposition permanente des réalisations du Sangkoum, le 11 novembre 1964," in Royaume du Cambodge, *Les progrès du Cambodge, 1954-1964*. Phnom Penh: Department de l'Information Cambodge, 1964.

———. *L'Indochine vue de Pékin: Entretiens avec Jean Lacouture*. Paris: Éd. du Seuil, 1972.

———. *Souvenirs doux et amers*. Paris: Hachette, 1981.

United States Opérations Mission tô Cambodia. *Le programme de l'aide économique américaine au Cambodge 1955-1959*. Phnom Penh: Administration de Coopération internationale, mission d'aide AmericainauCambodge, 1960.

四、柬文資料

"វ៉ាស់ ហ៊ើនជ.ស.ស និងការចូល្ រម្ួ ច្ុំដ៉ា រួល៉់ ស៉ា នលើ៉មវសញ្ យ នមើ យ៉ុ ។,, http://www.mef.gov.kh/documents/mustsee/Cambodia_Growth_Snapshot_2017_VNC.pdf

National Election Committee, "ការងលទុធផលផ្លួវការនកៃការបល៉ាះឆ្នតល៉ាកជ្ រល៉ើសកៅ៉ាងគុំណាងរាស្ុត្រ នីតិកាលទើ៦(ស៉ុ្ឡ្ៃងឆ្នតល៉ាកស្របល៉ុ៉បស់គណបកុ សនិម្ួយ៉ សនុ្លើកឆ្នតល៉ាកបានការ និងសនុ្លើកឆ្នតល៉ាកមើនបានការ)," 15 August 2018. Accessed 20 October 2018, https://www.necelect.org.kh/khmer/content/3520.

National Election Committee, "ការងលទុធផលផុល្បការនថៃៃន្នុនអ្នកបេាះ
ឆ្នាតេាកជុរេៅសភាំងកំណាងរាស្ត្រ នីតិកាលទី៦ ថ្ងៃអាទិត្យ ទី២៩
ខែកុកដា ឆ្នាំ២០១៨," 17 August 2018. Accessed 20 October 2018,
https://www.necelect.org.kh/khmer/content/3522.

五、影像資料

PRESS OCM, "KHMER – ដំណ ើរណ្ពាេះណ្ាេរកការសណ្គុរេាះជាតិ
（Marching Towards National Salvation）," YouTube Video, 3 January 2018.
Accessed 25 October, 2018, https://www.youtube.com/watch?v=2yfBz5qoc7w.

柬埔寨的政治經濟變遷（1953-2018）

2020年2月初版　　　　　　　　　　　　　　　　定價：新臺幣750元
有著作權‧翻印必究
Printed in Taiwan.

著　　者	蕭	文	軒
	顧	長	永
	林	文	斌
叢書主編	沙	淑	芬
校　　對	陳	佩	伶
封面設計	沈	佳	德
編輯主任	陳	逸	華

出　版　者	聯經出版事業股份有限公司	總 編 輯	胡 金 倫
地　　　址	新北市汐止區大同路一段369號1樓	總 經 理	陳 芝 宇
編輯部地址	新北市汐止區大同路一段369號1樓	社　　長	羅 國 俊
叢書主編電話	(02)86925588轉5310	發 行 人	林 載 爵
台北聯經書房	台 北 市 新 生 南 路 三 段 9 4 號		
電　　　話	(0 2) 2 3 6 2 0 3 0 8		
台 中 分 公 司	台 中 市 北 區 崇 德 路 一 段 1 9 8 號		
暨門市電話	(0 4) 2 2 3 1 2 0 2 3		
台中電子信箱	e - m a i l：l i n k i n g 2 @ m s 4 2 . h i n e t . n e t		
郵 政 劃 撥 帳 戶 第 0 1 0 0 5 5 9 - 3 號			
郵 撥 電 話	(0 2) 2 3 6 2 0 3 0 8		
印　刷　者	世 和 印 製 企 業 有 限 公 司		
總　經　銷	聯 合 發 行 股 份 有 限 公 司		
發　行　所	新北市新店區寶橋路235巷6弄6號2樓		
電　　　話	(0 2) 2 9 1 7 8 0 2 2		

行政院新聞局出版事業登記證局版臺業字第0130號

國家圖書館出版品預行編目資料

柬埔寨的政治經濟變遷（1953-2018）/蕭文軒、顧長永、
林文斌著 . 初版 . 新北市 . 聯經 . 2020年2月 . 732面 . 14.8×21公分
　ISBN　978-957-08-5468-8（精裝）

　1.柬埔寨史　2.政治經濟

738.41　　　　　　　　　　　　　　　　　　　109000159